말씀 전파자의 최고 표준

# 예수 그리스도

# 말씀 전파자의 최고 표준, 예수 그리스도

## 이정근 목사 대표 설교선집

초판 1쇄 발행 | 2022년 7월 20일

지은이 | 이정근

펴낸이 | 김금실

펴낸곳 | 북앤미

출판등록 | 2010년 10월19일(제 321-2010-000212호)

주소 | 서울시 서초구 동산로 6길 2, 602호

대표전화 | 070-7766-9500

이메일 | book9500@naver.com



책값은 뒤표지에 있습니다.

ISBN 978-89-966060-1-7 03230

이정근 목사 대표 설교선집

말씀 전파자의 최고 표준

# 예수 그리스도

이정근 지음

십자가 없는 설교는, 설교가 아니다

JESUS, IMMANUEL

북앤미

# 추천사

벌써 반세기가 더 넘었네요. 목사님께서 고등학교 교사직을 마감하고 서울신학대학교 총장 행정보좌로 부임하게 된 일 말입니다. 제가 한국어로 글 쓰는 일에 부족함이 있었는데 이 목사님이 크게 도와주었고 또 학교행정에도 많은 도움을 주었습니다. 저는 이 목사님의 유학과 교수활동을 도왔지요

이 목사님은 글쓰기에 재능과 소명이 있는 문필가입니다. 그리고 전문적 훈련을 받았습니다. 〈글목회〉로 부르심을 받았다는 간증이 지금도 생생하게 기억됩니다. 이십대에 벌써 한국의 유력 일간신문에 칼럼 곧 〈조각글〉을 쓰기 시작했습니다.

이 목사님은 열심히 공부하며 자기성장에 박차를 가하는 학자입니다. 취득한 학위만 해도 학사, 석사 셋, 박사입니다. 평생을 공부하는 학구파 목회자입니다. 열심히 책을 읽고 공부하는 학생목회자인 점에 박수를 보냅니다.

이 목사님은 신학과 목회 사이에 균형을 이루어가고 있다는 점에서 배울 것이 많은 분입니다. 〈미주성결대학교〉를 창설한 초대총장으로 헌신한 것이 웅변으로 말합니다. 요한 웨슬리 목사님께서 옥스퍼드대학에서 공부하셨지만 목회현장에서 더 많이 배운 것을 모범 삼는 일입니다. 냉철하고 건강한 신학자의 눈으로 공부하고 뜨거운 가슴으로 목회하는 모범

웨슬리언입니다.

제가 자주 말해왔습니다. 이정근 목사님에게서 부러운 것 세 가지가 있다고요. 장로직분으로 교회에 헌신한 점, 교회 개척자가 된 점, 담임목회를 했던 점이라고요. 이런 점에서 이정근 목사님이 초안자가 된 12개 항목의 <미주성결교회 교리적 선언>은 신학적 목회, 목회적 신학의 좋은 열매가 된다고 확신합니다.

50여 년 전, 신랑 이정근 군과 신부 박부강 양의 주례자 기도가 좋은 열매를 맺었기에 주님께 감사드릴 뿐입니다.

**조종남** 박사, 서울신학대학교 명예총장

한 사람이 세상을 살아가면서 얼마나 많은 사람들에게 영향력을 끼치며 살아갈 수 있는지 모릅니다. 세상에 진정한 영향력을 끼칠 수 있는 사람은 하나님을 만난 사람일 것입니다. 모세가 그랬고 바울이 그랬습니다. 제가 이정근목사님을 만나 제자되어 목회할 수 있는 것은 큰 축복입니다.

이정근 목사님은 '작은 예수'로서 평생 본을 보이며 살아오셨고, 제자들과 성도들에게 '작은 예수 돼라!' 부탁하셨습니다. 목사님은 '서로 사랑하라'는 새 계명을 실천하시며 오늘도 살아가십니다. 목사님은 많은 학문을 하셨음에도 바울처럼 영적 품격을 지니셨습니다. 목사님의 삶과 전하시는 메시지가 오직 복음입니다.

제가 잊을 수 없는 것은 미성대 마지막 강의 시간에 주신 말씀으로

'설교할 때 평생 십자가 지고 하라!'

'십자가 없는 설교는 설교가 아니다.'

'교회에서 십자가 떼면 개 집 되는데 교회를 개 집 만들지 말아라!'

'설교 원고는 반드시 작성해야 해야 한다.'

저는 목사님 주신 교훈대로 주님께 쓰임 받는 종이 되려고 오늘도 이렇게 앞으로 나아가고 있습니다. 제가 목회를 시작하고 여기까지 이른 것은 목사님의 가르치심을 잘 따랐기 때문입니다. 이 설교집을 읽으시는 분들에게도 십자가의 흔적, 보혈의 강물 그리고 구원의 능력이 하나님의 지혜로 풍성하게 임하시기 바랍니다.

이정근 목사님 사역 위에 임하셨던 쉐키나의 영광이 이 설교집을 읽는 여러분들에게도 똑같이 임하여 설교의 새로운 지평이 활짝 열리기를 기원합니다.

**권다윗** 사랑성결교회 목사

작은 아버지, 이정근 목사님은 부족한 저를 목회자의 길로 인도하신 분입니다. 항상 따듯하셨고 강직하셨습니다. 아주 시골에서 거의 같은 환경, 같은 학교를 다녔는데 이 목사님이 서울대에 합격하면서 우리 집안은 그 지역에서 유명한 집안이 되었습니다. 가족들의 기대도 컸습니다. 당시 아무도 이 목사님이 목회자가 되리라고는 생각하지 못했습니다. 미국으로 유학을 가서 신학을 공부하고 목회자의 길로 들어섰다는 소식은 제게 큰 충격이었습니다. 먼저 신학과정을 밟고 있던 저는 사명감이 없어 휴학을 하고 '내가 왜 이 길을 가야만 하는가'라는 질문을 늘 마음 속에 품고 있었기 때문입니다.

그런데 작은 아버지가 목회자의 길로 들어서는 모습을 보면서 상당한 영적 도전이 되었습니다. 선택할 길이 얼마든지 많았을 텐데 하필이면 목회자의 길이라니 ….

그것이 제게는 하나님의 큰 손이 확실하게 붙들어 주시는 것으로 보였습니다. 이목사님이 서울신학대학을 제게 소개할 때는 집사님이셨는데 목회자의 길로 가면서 확고한 사명감을 불러일으켜 주셨습니다. 뿐만 아니라 우리 집안에 많은 가족들과 후손들이 목회자의 길로 가면서 교회에서 중직을 맡아 헌신하는 계기를 마련해 주셨습니다.

우리 집안에서 제가 제일 먼저 목사 안수를 받았습니다. 그런데 저보다 나중에 목회 길에 들어선 작은 아버지 목사님은 저보다 아주 훨씬 앞서 가고 계십니다. 역시 주님 말씀에 먼저 된 자가 나중 되고 나중 된 자가 먼저 된다는 말씀이 떠오릅니다.

**이한노** 목사

미주성결교회 초대총무와 9대 총회장을 역임하신 이정근 목사님께서 40여 년간 전하셨던 하나님의 말씀을 한 권의 설교집으로 출판하시게 됨을 진심으로 축하드립니다. 장로 직분을 비롯 교회의 모든 직분을 거쳐 뒤늦게 소명을 받으셨고 〈목회자의 최고 표준 예수 그리스도〉라는 저서에서 세계 최초로 〈함생 목회론〉을 주창하신 이 목사님은 튼튼한 학문과 풍부한 경험을 갖추신 설교자이시고, 부흥사이시고, 문필가이십니다.

그리고 우리 미주성결교단의 자랑스러운 행정가요, 지도자이시며, 더 나아가 교단의 화합과 일치와 발전에 크게 기여하셨습니다. 저의 선임총무로서 좋은 롤 모델(role model)이 되셨습니다.

**신원철** 목사, 미주성결교단 총무 역임

워싱턴에서 담임 사역할 때에 이정근 목사님을 초청하여 부흥성회를 열었습니다. 공부 많이 하시고 책도 여러 권 쓰신 분이라 부흥회 성과보다는 우리 교회 성도가 거의 타 교단 출신 교인들이어서 성결인으로서의 정체성을 확고히 하는데 기대를 걸었습니다.

그런데 성결교회 전도표제 곧 중생, 성결, 신유 재림을 '성결교회 사대 신앙강령'이라 새롭게 이름 붙이고, 성경적 구원론의 핵심으로 간단명료하게 풀어 열정적으로 성경말씀을 선포하셨습니다. 참석한 성도들이 큰 은혜를 받았고 저는 워싱톤한인성결교회를 부흥 사역하는데 큰 도움을 받았습니다.

그 후 목사님들이 부흥회 강사를 모시고자 물으면 주저 없이 이정근 목사님을 추천했습니다. 그리고 대성전을 새로 건축할 때 성전 한쪽 벽 전면에 붙박이로 큼직하게 〈성결교회 사대 신앙강령: 중생 성결 신유 재림〉의 표제를 한글 한문 영어로 써 붙였습니다. 그 옆에는 '주님의 재림 벽화'를 만들어 통전적 구원론을 영혼 깊이 뿌리내리도록 하였습니다.

**최승운** 목사, 미주성결교단 총회장 역임

이정근 목사님께서 설교집을 출판한다는 소식을 듣고 기쁘고 감사했습니다. 그 이유는 이 목사님만이 가지신 특성이 있기 때문입니다. 첫째로 창의적이고 열정적인 분이십니다. 둘째로 미주성결교단의 전통과 신학을 대변하는 역할을 해오셨습니다. 셋째로 글의 표현이 정확하고 적절하고 맛이 있기 때문에 누구나 편하게 이해할 수 있습니다.

이정근 목사님의 이 설교집은 다른 저서들과 함께 다음 시대 교회지도

자들에게 설교사전이나 설교교과서의 용도로 사용될 수 있을 것을 확신하며, 또 그것을 기대하기에 기쁨으로 격려의 박수를 보내드립니다.

**류종길** 목사, 미성대 제3대 총장

너무나 감사합니다. 우리 미주성결교단 출신으로는 최초로 현역 미군목 중위로 임관하여 21년 5개월을 복무한 뒤 중령으로 은퇴했습니다. 우리 미주성결교단은 자체 배서인(Endorser)이 있어 미군에 군목을 파송할 수 있는 탁월한 교단입니다. 이정근 목사님께서 교단 초대총무로서 이 제도를 마련하셨습니다. 미국의 전통있는 교단들도 자체 배서인이 없어 군목파송을 못하는 경우가 많습니다.

그리고 우리 미주성결교단 파송 군목으로는 현재 민병권 중령, 유명옥 중령, 조은희 소령, 심호심 소령, 이성우 소령, 이의석 대위, 권다니엘 대위가 있습니다. 예비군으로는 남경운 중령, 이상기 소령, 조진호 소령, 이병헌 소령이 있고 채플린 후보로는 조영운 소위, 그리고 입소절차 중인 정요한 목사, 권영난 목사가 있습니다. 현역 7명을 포함하여 모두 18명이 육군 군목사역자이고 곧 해군 군목 1명도 탄생하게 됩니다. 미국에 성결교단의 모교단이 없는 것을 생각하면 참으로 기적에 가까운 일입니다. 미군 군목으로 사역할 길을 열어주신 미주성결교단에 감사드립니다. 주님께로부터 충성되고 지혜로운 종이라는 찬사를 받도록 더욱 헌신하겠습니다.

**조 다니엘** 군목 중령 (Daniel Cho, Chaplain)

이 설교집이 마지막 저서가 될 것 같다는 목사님 말씀에 크나 큰 공허감을 느낍니다. 미래를 내다보는 예리한 혜안으로 무척 신선한 글을 써오셨는데요. 이정근목사님이 우리 성결교단을 대표하는 문인이심을 늘 감사하며 자랑하고 있습니다.

문학가로, 수필가로, 각종 논문으로, 시론으로, 특히 조각글로 주옥같은 글을 남기셨습니다. 출간하시는 이 설교집도 일평생 목회현장에서 외치셨던 그 천국복음의 메시지이면서, 장차 올 역사 속에서도 설교의 기본적인 틀로 계속 영향력을 발휘하게 되기를 기대하며 기도합니다.

**장석진** 목사, 뉴욕성결교회 초대목사, 미주성결대학교 이사장

열정이 식지 않는 교육목회자, 이정근목사님!

교육목회가 무엇인가를 보여주시는 목사님의 설교집 출간을 축하합니다. 목회현장을 잘 아는 신학자, 기독교교육 전문가, 설교자, 교수로서 또 실천적인 교사로서의 신학과 신앙, 말씀과 해석, 이해와 통찰이 녹아있는 설교들이 후배 사역자들에게 큰 힘이 되기를 기원합니다!

**이영운** 박사, 횃불트리니티신학대학원 기독교교육학 교수 역임

이정근 목사님은 미주성결교단 뿐만 아니라 미주성결교단 신학교인 미성대학교 역사의 산 증인이십니다. 특히 미성대학교의 초대 총장을 역임하시면서 신학교의 기반을 정립하셨습니다. “너 하나님의 사람아, 성경의 사람, 성결의 사람, 기도의 사람, 전도의 사람이 되라”는 표어는 이정근 목사님께서 만드신 교훈이며 학교의 교가 또한 목사님의 작품입니다. 그 헌신과 공로를 생각할 때마다 진심으로 감사할 뿐입니다. 한 평생을 하나

님 나라를 위해 살아오신 목사님께서 후배들을 위해 출간하신 이 귀한 책이 더욱 많은 분들에게 읽혀지길 바랍니다. 진심으로 축하드립니다. 그리고 이 책을 읽는 분들마다 그리스도를 닮아가는 삶이 되시기를 기도하며 추천합니다.

**이상훈** 박사, AEU 미성대학교 총장

저는 이정근 목사님께서 유니온교회 목회하실 때 3년 동안 부교역자로 섬겼습니다. 그리고 은퇴하신 후에는 후임 담임목사로 4년 동안 사역했습니다. 이 목사님의 사역을 직접 배울 수 있는 특권을 누렸습니다. 목사님의 목회는 사랑의 목회, 화해의 목회, 십자가의 목회였습니다.

목사님은 원수사랑재단을 설립하여 사역하실 정도로 사랑의 목회를 하셨고, 교회와 교회를 하나 되게 하는 화해의 목회를 하셨으며, 십자가 복음을 특히 강조하시고, 친히 십자가 지는 목회를 하셨습니다. 이 시대에 요청되는 목회를 앞서 실천하셨습니다. 그런 점에서 특히 후배들에게 모범되는 목회사역자이셨습니다.

**문병용** 목사, 유니온교회 3대 담임목사

미주 한인사회에서 성결교회를 홍보하시는 일에 크게 공헌하신 이정근 목사님께서 설교집을 출판하게 된 것을 축하드립니다. 창립하여 담임하셨던 유니온교회는 미주 한인사회에서 아름다운 칭찬을 많이 듣는 교회일 뿐만 아니라 성결교회를 미주에 홍보하는 일에 있어서도 크게 공헌한 내실있는 교회입니다.

이 목사님이 창설하고 총장으로 헌신하신 미주성결대학교에서 제가 교회행정을 강의하고 담임목회 하셨던 교회강단에서 설교하면서 많은 것을 배우고 도전받았습니다. 특히 제가 사역하는 〈청주우리교회〉와 〈용인푸른초장기도원〉에서의 특별집회를 통해 목회사역의 여러 지혜와 열정을 터득했습니다. 무엇보다도 제가 〈한국웨슬리언교회지도자협의회〉 창설을 주도하고 사무총장으로서 여러 해 사역하게 된 것도 바로 이 목사님의 사역과 협력 덕분이었습니다. 웨슬리언 지도력을 균형있게 갖추신 이정근 목사님께서 설교사역을 마치시고 은퇴하신지 10여 년이 지난 뒤에 대표설교집을 출판하시는 일도 저에게 좋은 귀감이 됩니다.

**양기성** 목사, 청주우리교회 담임, 한국웨슬리언지도자협 사무총장

이정근 원로 목사님의 금번 설교집 발간을 진심으로 축하드립니다. 후임 목사의 자리에서 볼 때, 긴 세월 동안 한 교회 공동체를 개척하고 또 수고를 다하여 섬겨 오신 원로 목사님은 늘 큰 바위 얼굴과 같은 존재이십니다. 당연히 부족한 면들이 있고 또 느끼실 텐데, 당신은 지적이나 질책이 아닌 한결같은 격려와 응원으로 후배 목사를 챙겨 주셨습니다.

늘 감사하고 있던 어느 날, 설교 부탁을 거절하시며 “이제 설교 사역을 내려놓고 글 사역만 하기로 했습니다” 말씀하셨는데 순간 이해는 하지만 얼마나 서운하고 또 섭섭했는지요. 그런데 이번에 당신의 인생과 사역이 녹아있는 귀한 설교집이 출간된다 하니 너무도 기쁘고 감사합니다. 자타가 인정하는 귀한 은사, 글쓰기를 통해 나온 이 설교집이 모든 성도들과 후배 목회자들을 위한 주님 “현재형 말씀”으로 화하게 될 줄로 믿습니다.

**김신일** 목사, 유니온교회 담임목사, 미성대 이사장

## 1부 살리려고 오셨습니다

Contents

## 2부 자라서 나무가 되어

## 3부 모든 일에 감사하라

## 4부 늙어가는 겉사람, 젊어가는 속사람

## 5부 청년 예수 남몰래 방랑기 (조각소설)

1. 예수 그리스도에 관한 연구는 성경이 가장 중요한 기본문서이다.

2. 특히 그 가운데서도 신약성경이다. 따라서 기독론에 관한 한 성경은 신약성경의 시각에서 구약을 해석해야 한다.

3. 신약성경 가운데서도 네 복음서가 가장 중요한 문서이다. 사도행전에서부터 요한계시록까지는 2차 문서이다. 그리고 도마복음 이하 여러 외경들은 3차 문서가 된다.

4. 예수그리스도에 관한 수많은 연구, 설교, 간증들은 참고문헌이 된다.

5. 설교형식으로 쓴다. 설교가 지천으로 많고 또 설교라면 인기가 없는 시대조류에 대한 저항이다. 하나님의 말씀이 외면당하는 것은 말씀이신 예수 그리스도께서 외면당하는 것이기 때문이다.

6. 유니온강단에서 외친 설교, 오대양 6대주를 넘나들며 했던 설교, 개인을 향한, 교회를 향한, 하나님의 백성을 향한, 믿지 않는 인간들을 향한, 예수를 죽이겠다고 덤벼드는 인간들에 대항하여 쓴 설교이다.

7. 되도록 생활언어, 현장 언어, 평신도 언어, 미래 언어, 의사소통적 언어를 사용하고 신학적, 기독교 게토적, 학문적, 신학적 전문용어는 되도록이면 배제한 설교이다.

8. 좋은 설교란 무엇인가. 나쁜 설교는 무엇인가. 지금 잘하는 설교도 있고 못하는 설교가 더 잘하는 설교일 수도 있다.

9. 이 설교집은 되도록 복음주의 입장을 유지하고 있다. 열린 보수, 근

본주의적인 부분도 있고 자유주의적 해석을 채택하기도 했지만 전체적으로는 복음주의적인 입장, 열린 보수 입장을 견지하고 있다.

10. 성경해석에 있어서도 문자주의적 해석을 해야 할 부분도 있고, 상황적 해석을 해야 할 경우도 있다. 예수 그리스도께서 구약성경을 해석하신 원리를 따르도록 유의했다.

11. 예수 그리스도의 사역이 생명의 구원과 증진을 가장 큰 과제로 삼고 있다는 것을 확신하는 함생주의 시각을 유지하고 강조했다.

12. 성경말씀을 성경말씀으로 해석하도록 노력했다.

13. 글로 읽는 설교의 모범을 보이도록 한다.

14. 원어나 외국말은 괄호 안에 넣는다. 헬라말이나 히브리말은 특별한 경우가 아니면 독자들의 이해를 돕기 위하여 한글로 그 음을 표시한다.

15. 되도록 성경 텍스트 중심, 컨텍스트는 변화되는 것이라, 너무 추상적 설교가 되는 것이 약점이다.

16. 알곡 목사가 되겠다는 간증이다.

17. 각 설교를 한 문단으로 요약하여 마지막 부분에 게재한다. 시간 없는 사람은 요약만 읽어도 된다.

18. 간증도 설교적 간증이 있다. 빌리 그래함 등. 사도바울의 간증도 성경에 설교로 기록되었다.

일러두기

이 책에 인용된 성경 본문은 개역개정을 중심으로 여러 번역본을 참조하여 채택하였습니다. 필자가 번역한 경우도 있습니다.

1부

# 살리려고 오셨습니다

함생주의

페리코레시스(perichoresis) 곧 복합적인 다수의 상호 침투(mutual interpenetration)가 기초이고 상생(symbiosis)을 한 차원 더 높인 사상체계로서 나도 살고, 너도 살고, 힘을 합하여 남을 살리는 것을 중심으로 합니다.

## 함생의 사람, 예수 그리스도

네 마음을 다하며 목숨을 다하며 힘을 다하며 뜻을 다하여
주 너의 하나님을 사랑하고 또한 네 이웃을 네 자신처럼 사랑하라
(눅 10:27)

예수님께서 불과 며칠 뒤면 십자가에 처형될 때였습니다. 뛰넘절(유월절) 절기가 가까워 예루살렘에 사람들이 바글바글 모여들 때였습니다. 예수님께서 나귀 타시고 성안으로 들어오시니 수많은 군중이 호산나 호산나(우리를 구원하소서)하며 환영했습니다. 예수님께서 구약성경에 예언된 메시야/그리스도/구원주이시라는 선포식이었습니다. 게다가 성전에서 장사하는 사람들을 내어 쫓으시는 일대 사건을 일으키시기도 했습니다.

이렇게 되자 유대교 지도자들이 예수님께 도전해 왔습니다. 대제사장, 백성의 장로들, 율법학자들, 바리새 당원들, 사두개 당원들은 기다렸다는 듯이 격렬한 논쟁을 걸어왔습니다. 로마 황제 가이사에게 세금을 바치는 것을 어떻게 생각하느냐, 부활하게 되면 일곱 형제와 계대결혼을 했던 여자는 누구 아내가 되는 것이냐, 그런 다음에 율법학자가 대들었습니다. 구약성경에 기록된 계명 가운데 어떤 것이 가장 큰 것이냐는 질문을 예수님 앞에 던졌습니다. 그러나 예수님은 주저하지 않고, 아니, 이미 확신을 가지고 정답을 주셨습니다. 요약하면 '하나님 사랑과 이웃 사랑'입니다.

이 말씀은 예수님께서 새롭게 창안해낸 것이 아닙니다. 첫째 계

명인 '하나님 사랑'은 구약성경 신명기 6장 4절부터 나오는 '쉐마 이스라엘' 곧 "이스라엘아 들으라"로 시작되는 말씀에서 5절의 인용입니다. 둘째 계명인 '이웃 사랑'은 레위기 19장 18절에 근거하고 있습니다. 마태, 마가, 누가 복음서에는 각각 조금씩 다른 문구로 기록되어 있습니다. 마태/마가복음에는 예수님께서 가장 큰 계명의 내용을 말씀하셨지만 누가복음에는 예수님께서 율법학자에게 역질문을 하셔서 받아낸 대답형식입니다. 그러나 핵심은 바로 첫째로 하나님 사랑, 둘째로 이웃 사랑, 그리고 셋째로 이 두 말씀이 모든 율법서와 예언서 곧 구약성경의 기축교훈(cardinal doctrine)이라는 선언입니다. 언어는 그릇과 같습니다. 어떤 언어는 매우 작은 그릇이어서 그 담고 있는 용량이 조금 밖에 되지 않습니다. 그러나 어떤 그릇은 매우 커서 많은 것, 높은 것, 넓은 것, 깊은 것을 모두 담아낼 수 있습니다. 가령 '사랑'이라는 말은 그 용량이 엄청나게 큰 언어입니다. 하늘과 땅, 옛날과 지금과 앞날, 인간세상과 하늘나라의 뜻을 담아가질 만한 그릇입니다. 그것을 신약성경이 기록된 헬라말로 풀면 다음과 같이 정리될 수 있습니다.

첫째 사랑은 욕심입니다. 헬라말로 '에피튜미아'라고 합니다. "욕심이 잉태한 즉 죄를 낳고"(약 1:15)에서 욕심에 해당됩니다. 욕심은 나쁜 것입니다. 범죄행위입니다. 스승이며 메시야이신 예수님까지 돈 받고 팔아먹은 가룟사람 유다가 대표적입니다. 그러나 자기 사랑이 다 나쁜 것은 아닙니다. 자기만을 사랑하는 것은 나쁜 일이지만 자기를 사랑하는 것은 당연히 해야 할 의무입니다. 사람이 무엇을 하고자 하는 의욕은 자기사랑에서 나옵니다. “내가 고난을 받기 전에 너희와 함께 이 유월절 먹기를 원하고 원하였노라”(눅 22:15)하셨습니다. ‘에피튜미아’를 반복 사용하신 것입니다. 심리학에서 말하는 자존감(self-esteem)은 ‘좋은 자기사랑’입니다. 그러나 사랑의 용량으로 치면 자기 혼자만의 사랑일 뿐입니다. 다른 사람과 ‘함께’가 전혀 없습니다. 스승이며 메시야이신 예수님까지 돈 벌기 위하여 팔아먹은 가룟 유다는 자기만 사랑한 인물입니다.

둘째 사랑은 에로스입니다. 흔히 성적 사랑 남녀간의 사랑이라고 말합니다. 부부함생체를 뜻합니다. 성경에 나오는 말은 아닙니다. 청년 요셉을 유혹했던 유부녀, 밧세바와 통정한 다윗, 그들의 사랑입니다. 그런데 이 에로스적 사랑이 없으면 부부가 한몸 되지 못합니다. 새 생명이 잉태되지 않습니다. 성적 욕망이지만 여기에는 적어도 남녀 두 사람의 관계를 담을 만큼 사랑의 그릇이 커졌습니다.

셋째로는 가족사랑 곧 ‘스토르게’입니다. 가족은 피를 함께 나눈 함생체입니다. 가족 사랑은 부모 사랑, 형제자매 사랑, 자녀 사랑을 포함합니다. 사랑이란 그릇이 훨씬 커졌습니다. 더 나아가면 민족 사랑까지 갑니다. 혈통이 같기 때문입니다.

넷째로는 친구 사랑 곧 ‘필리아’입니다. 이해관계가 전혀 없어도 나이가 같다거나 학교, 직장, 군대에서 함께 지내면서 친구를 사귀게 됩니다. 인간적인 사랑으로는 최고의 사랑입니다. 때로는 피부색을 넘어 친구가 되기도 하고, 언어를 넘어, 나이를 넘어, 성별을 넘어, 빈부 차이를 넘어 친구가 되기도 합니다. 다윗과 요나단의 사이가 친구사랑의 모범입니다. 더욱 더 예수님도 제자들에게 "너희를 종이라 하지 않고 … 친구라 하였노라"(요 15:15)고 말씀하셨습니다. 따라서 친구의 사랑은 수많은 사람들과 한몸 되는 것입니다.

그러나 마지막 사랑은 '아가페'입니다. 무조건적 사랑이라고도 하지만 쉽게 '하나님의 사랑' 혹은 하늘사랑이라 이름합니다. 하늘에서 내려온 사랑 곧 하나님의 사랑입니다. 온 인류를 사랑하시는 하나님의 사랑, 악인과 선인 모두에게 햇볕을 주시고, 의로운 자와 불의한 자 모두에게 비를 내려주시는 하나님의 사랑, 아니, 무엇보다도 원수까지 사랑하시고 인내하시며 마침내 구원해 내시겠다는 하나님의 사랑입니다(마 5:43-48). "아무도 멸망하지 아니하고 다 회개하기에 이르기를 원하시는" 그 같은 사랑(벧후 3:8), 온전하신 하나님 온전하신 사람이 되신 예수님께서 십자가 위에서 보여주신 그 사랑입니다. 아무런 책임질 일이 없으신 데도 지옥 아랫목으로 가야 마땅할 죄인을 사랑해 주신 아가페의 사랑 말입니다.

그래서 우리는 예수님을 함생의 사람이라 부릅니다. 그리스도 곧 메시야를 피조물과 함생하시는 하나님으로 믿습니다. 삼위일체 하나님은 우주 곧 코스모스 전체를 극진히 사랑하고 계십니다. 함께 십자가 죽음의 고통을 체험하시면서까지 사람을 정점으로 하는 우주만물을 살려가고 계십니다(요 3:16). 우리는 마지막에는 선악 간에 모든 사람이 영원한 생명을 얻게 된다는 궁극적 만인자동구원설에는 동의하지 않습니다. 그러나 모든 사람을 구원하시려는 하나님의 그 무한하신 사랑에 박수를 보냅니다.

## 살리려고 오셨습니다

인자가 온 것은 잃어버린 자를 찾아 구원하려 함이다
(눅 19:10, 마 18:11)

예수님은 살리려고 오셨습니다. 열두 살 난 소녀를 살려 내셨습니다. 로마군대 백부장 야이로의 딸입니다. 소녀의 손을 잡고 '달리다굼' 하셨습니다. 예수님 고향 말인데 번역하면 '소녀야, 일어나라'는 뜻입니다. 그 말씀이 떨어지자 소녀가 곧 일어나 걸었습니다. 물론 그것을 직접 목격한 사람들이 놀라고 또 놀랐습니다(막 5:35-43).

예수님은 살리려고 오셨습니다. 죽어서 땅에 묻으러 가던 젊은이를 살려내셨습니다. '나인'이라는 동네에 살고 있었습니다. 하필이면 과부의 외아들인데 죽었습니다. 예수님께서는 어머니를 보시고 울지 말라고 위로하셨습니다. 그리고 그 관에 손을 대시고 명령하셨습니다. "청년아, 내가 네게 말한다. 일어나라."하셨습니다. 그랬더니 죽은 청년이 벌떡 일어나 앉아서 말을 했습니다(눅 7:11).

예수님은 살리려고 오셨습니다. 죽은 나사로를 살리셨습니다. 죽은지가 나흘이나 되었고 시체가 썩어서 냄새가 지독했던 사람입니다. 기도하신 뒤에, "나사로야 나오너라" 하고 무덤을 향하여 외치셨습니다. 나사로가 수의를 입은 채로 무덤 속에서 걸어나왔습니다(요 11:39-44).

성경에는 죽은 사람 살려낸 기록들이 더 있습니다. 엘리야도 사르밧 과부의 죽은 아들을 살려냈고(왕상 17:17-24), 엘리사도 수넴 여인의 죽은 아들을 살려냈습니다(왕하 4:32-37). 사도 바울도 죽었다고 판정된 유두고라는 청년을 살려냈습니다. 예수님께서 십자가 위에서 운명하실 때에도 '무덤이 열리고 죽었던 성도의 몸이 다시 살아났습니다.'(마 27:52-53).

이런 일들은 모두 성삼위 하나님은 전능하시다는 것을 확실하게 보여주는 사건들입니다. 그것과 함께 놓치지 말아야 할 대목이 있습니다. 그것은 곧 생명의 창조주이시고, 생명의 주관자이시라는 사실입니다. 그리고 무엇보다도 예수 그리스도께서는 생명, 특히 인간의 생명을 살려내시려고 이 세상에 오신 구원주이심을 확실하게 깨우쳐 주십니다.

예수님은 살리려고 오셨습니다. 생명을 살리려고 오셨습니다. 우주 그 자체를 살리시고, 그 우주 안에 있는 모든 자연도 살리십니다. 그러나 무엇보다도 사람을 살려내려고 이 세상에 오셨습니다. 성삼위 하나님께서 가장 큰 사랑으로 창조해 내신 바로 그 인간을 구원하려고 이 세상에 오셨습니다.

죽은 자만 살리신 것이 아닙니다. '죽어가는 자들'도 살려내셨습니다. 열두 해 하혈하던 여자가 있었습니다. 자기가 죽어가는 중이라는 걸 너무나 잘 알고 죽음의 공포에 떨고 있는 여자였습니다. "딸아, 네 믿음이 너를 구원하였으니 평안히 가라. 네 병에서 노여 건강할지어다."(막 5:34). 그렇게 축복하여 주셨습니다. 하나밖에 없는 목숨이 바람 앞에 촛불 같던 여자가 예수님의 능력과 기도로 마침내 죽음을 탈출했습니다. 그 여자의 이름이 베로니카라는 전설도 있습니다.

삭개오도 죽어가던 사람이었습니다. 로마정부와 세금장사를 잘해서 상당한 재력을 자랑하는 사람이었습니다. 로마정부와 결탁하여 동족을 괴롭히는 이스라엘 민족의 반역자였습니다. 그 이름 삭개오 곧 '깨끗하다'는 뜻과는 정반대로 살고 있었습니다. 그 사람도 영혼이 죽어가고 있었습니다. 그런 때에 예수님을 만나게 되었습니다. '삭개오 선생, 나무에서 내려오시오. 제가 선생 댁에서 머물까 하오' 예수님께서는 죽어가던 영혼을 살리시기 위하여 삭개오의 집에 머무르셨습니다. 삭개오는 큰 기쁨으로 예수님을 환영했습니다. 집안으로만 환영한 것이 아니라 바로 그의 영혼의 집안인 심장과 두뇌에 예수님을 모셨습니다.

그 때 예수님은 모여든 수많은 사람들이 들으라고 크게 크게 선언하셨습니다. "인자가 온 것은 잃어버린 자를 찾아 구원하기 위함입니다." 이 말씀은 영원한 생명을 얻으려면 어린아이와 같아야 한다면서 잃은 양 한 마리의 생명을 찾아 구원하는 것이 곧 하늘 아버지의 뜻이라고 선언하시던 말씀(마 18:1-14)에도 포함되어 있습니다.

예수님은 생명을 살리시려고 이 세상에 오셨습니다. 그런 목적을 여러 가지로 밝히셨습니다.

"아버지께서 죽은 자들을 일으켜 살리심 같이 아들도 자기가 원하는 자들을 살리느니라."(요 5:21).

"내가 진실로 진실로 너희에게 이르노니, 내 말을 듣고, 또 나 보내신 이를 믿는 자는 영원한 생명을 얻었고, 심판에 이르지 아니하나니, 사망에서 생명으로 옮겼느니라."(요 5:24).

모세가 하나님의 백성을 통치하던 시대였습니다. 사막 땅에 거주하던 시절 안식일에 나무하던 사람이 적발되었습니다. 여호와 하나님은 모세에게 그 사람을 사형시키라고 엄명하셨습니다. 온 백성이 그에게 돌을 던져 사형집행을 하라고 하셨습니다. "온 회중이 곧 그를 진영 밖으로 끌어내고, 돌로 그를 쳐 죽여서 여호와께서 모세에게 명령하신 대로 했다."(민 15:36).

그토록 엄격하게 지켜야 했던 안식일입니다. 그런데 예수님은 안식일을 죽이는 날에서 생명을 살리는 날로 바꾸어 놓으셨습니다. 안식일에 예수님께서 제자들과 함께 밀밭 사이로 걸어가시게 되었습니다. 제자들이 밀 이삭을 잘라 손으로 비벼 먹었습니다. 구약성경에 따르면 그건 도적질이 전혀 아닙니다. 그런데 바리새파 사람들이 격렬하게 항의했습니다. 어찌하여 안식일에 일을 하느냐는 것입니다. 또 다른 안식일에도 예수님은 오른손이 마비된 사람을 고치셨습니다. 그 때에도 바리새파와 성경학자들이 격렬하게 항변했습니다. 하지만 예수님께서는 이렇게 결론 내리셨습니다. "안식일에 선을 행하는 것과 악을 행하는 것, 생명을 살리는 것과 죽이는 것, 어느 것이 옳으냐? "(눅 6:1-11).

나무꾼을 돌로 쳐서 죽인 사건에 비추어 보면 바리새파와 성경학자들의 항변은 부분적으로는 정당하고 용기 있는 일입니다. 율법을 바로 세우기 위하여 초기에 그런 조치도 있어야 합니다. 그러나 안식일 제도의 궁극적 뜻은 그것이 아닙니다. 예수님은 그것을 예견하시고 목숨 걸고 투쟁하셨습니다. '죽으면 죽으리라'의 결단을 갖고 안식일의 바른 뜻을 선포하셨습니다. 성삼위 하나님께서 안식일을 제정하신 것은 목숨을 살려내기 위한 것이 제일 큰 목적이라는 말씀입니다. 특히 하나님 편에서의 궁극적 선은 모든 생명을 살리는 것이고, 궁극적 악은 그 생명들을 죽이는 것입니다. 특히 하나님의 형상을 가진 사람의 생명을 죽이는 것은 최악의 범죄입니다. 물론 그 말을 뒤집어서, 사람의 생명을 살려 내는 것이 가장 높은 지고선(至高善, the highest good)이라는 선언입니다.

## 사랑을 물려받아야 했다

네 아우는 죽었다가 살아났으며 내가 잃었다가 얻었기로
(눅 15:32)

하늘사람이신 예수님의 지지자들이 엄청나게 불어났습니다. 하지만 반대파들의 저항도 그만큼 거세졌습니다. 메시야 곧 구원주라고 자칭하는 자가 기껏 세금장사꾼, 창녀, 목자 같은 하층 노동자, 불치병 환자, 가난한 백성, 게다가 거룩하지 못한 이방인들과만 어울려 다니느냐며 비난의 화살을 마구 쏘아댔습니다. 그래서 예수님은 누가복음 15장에 기록된 '잃은 양 한 마리 비유,' '잃은 동전 비유' 그리고 '탕자의 비유'로 하늘진리를 밝히셨습니다.

어떤 부자의 둘째 아들이 사춘기를 맞으면서 아버지에게 유산분배를 요청합니다. 아버지가 죽음의 문턱에 이르러서야 유산 3분의 1을 물려받는 것이 그 때의 생활규범이었습니다. 그러니까 '아버지, 빨리 죽으세요.' 그런 모욕적 행동입니다. 아들 눈에 아버지는 돈주머니로만 보였습니다. 아버지는 꾹 참고 그의 몫을 떼어주었고 둘째 아들은 상속이 끝나자마자 재산을 후딱 팔아버렸습니다. 현금을 움켜쥐고 거룩하지 못한 이방의 땅으로 떠납니다. 그 곳에서 창녀들과 놀아나고, 먹고 취하고, 도박하다가 그 재산을 깡그리 탕진했습니다. 돈 떨어지고, 음식 떨어지니 살아남을 길이 없었습니다. 게다가 큰 흉년이 들었습니다. 유대인들이 가장 혐오하는 돼지 목동도 자원했지만 돼지 먹이조차도 얻어먹지 못했습니다. 죽음이 그의 모가지를 꽉 움켜쥐고 있었습니다. 그 때에야 비로소 정신이 버쩍 들었습니다. 일꾼으로라도 고용해 달라는 마지막 희망을 안고 아버지에게로 돌아오게 됩니다.

여기까지 들으면 예수 믿는 사람들은 누구나 압니다. 예수님의 비유 가운데 가장 널리 알려진 '탕자 이야기' 아니 '돌아온 탕자 이야기'라는 것 말입니다. 심지어 기독교를 반대하는 이들조차도 예수님의 이 '이야기 설교'에만은 귀 기울여 듣습니다. 손바닥처럼 짧은 소설인데도 하늘의 엄청난 진리를 담고 있습니다. 인류역사의 방향을 바로 세우는 교훈입니다. 불효 막심, 배신, 모욕, 방탕, 오만, 인생몰락한 아들이었지만 아버지는 그 다시 돌아오는 아들을 얼싸안으며 입을 맞추고, 새 옷을 입히고, 반지를 끼워주며 상속자 지위를 회복시키고, 소를 잡고, 풍악을 울리며 사람들을 초청하여 큰 축제를 벌입니다. 그러나 진짜 탕자는 큰 아들이었습니다. 아버지와 동생이 벌인 그 꼬락서니를 도저히 눈뜨고 볼 수가 없었습니다. 집에도 들어오지 않은 채 아우를 구제불능의 범죄자로 몰아세웁니다. 특히 아우만 탕자가 아니라 아버지도 탕부 곧 타락한 아버지라고 선언합니다. 아마도 속으로 '그 놈이나, 그 애비나 ….'하며 침을 탁 뱉었을 것입니다. 아무튼 동생은 밖에서 돌아온 탕자였고 형은 집안에 있는 탕자가 되었습니다.

그런데 이 비유의 진짜 속살, 핵심, 뇌수가 무엇인지 아십니까? 두 아들이 아버지의 재산을 물려받는 일에는 눈을 까뒤집고 핏발들을 세웠습니다. 그러나 아버지의 사랑을 귀중한 유산으로 물려받는 일에는 완전히 실패했다는 경고 아닙니까? 아버지의 사랑, 하늘처럼 넓고 높은 사랑, 자신을 죽여 아무짝에도 쓸모없는 죄인들까지 구원하는 메시야의 사랑, '아가파오'의 사랑, 특히 자신의 생명을 죽이려고 호시탐탐 노리는 원수들까지 사랑하는 '십자틀의 사랑'을 영원한 유산으로 이어받는 일에 첫째 아들은 완전히 실패했습니다. (재산을 잃는 것은 조금 잃는 것입니다. 명예를 잃는 것은 많이 잃는 것입니다. 건강을 잃는 것은 더 많이 잃는 것입니다. 그러나 생명을 잃는 것은 전부를 잃는 것입니다.)

"이 네 동생은 죽었다가 살아났으며 내가 잃었다가 얻었기로 우리가 즐거워하고 기뻐하는 것이 마땅하니라." 아버지의 선언입니다. 아니 십자가 위에 생명을 통째로 바쳐 '나 같은 죄인'을 영원한 생명의 소유자로 살려 내신 성자 예수님과 성부 하나님의 합작선언입니다. 그리고 지금 온 세계에서 가장 자주 불리고, 가장 큰 눈물과 감동을 뿜어내고, 인생의 갈 길을 바로 찾도록 깨우치는 찬송가, '나 같은 죄인 살리신 주 은혜 놀라와, 잃었던 생명 찾았고 참 빛을 얻었네.' 그것을 생산해낸 성경말씀입니다. 소유물과 향락에만 정신이 팔려 있는 '나 같은 죄인'을 살려내신 십자가의 은혜요 십자틀의 사랑입니다. 그런데 그토록 못된 탕자들이 정말 누구일까요? 이스라엘 민족일 것입니다. 하나님의 사랑을 모르는 이방종교인들일 것입니다. 그러나 혹시 우리들의 자화상은 아닐까요? 달콤한 축복과 은혜만 받으려고 아우성을 칠 뿐, 예수님께서 지셨던 그 십자가는 내동댕이치고 있는 우리 자신 말입니다.

## 되찾아낸 양, 돈, 그리고 아들

하나를 잃으면 등불을 켜고 집을 쓸며 찾아내기까지
부지런히 찾지 아니하겠느냐? (눅 15:6)

기회만 되면 예수님을 깨부수려는 사람들이 많았습니다. 이번에는 바리새파 사람들과 율법학자들이 또 나섰습니다. 그들은 한 피를 나눈 이스라엘 민족이 로마 식민지로부터 해방되려면 십계명을 비롯한 율법을 일점일획도 어기지 않고 꼭 지켜내야 한다며 깃발을 휘날렸습니다. 그러나 위선자들이었습니다. 예수님은 그들을 향하여, '저주를 받으라, 바리새파 사람들과 율법학자들이여' 하고 거침없이 꾸짖으셨습니다(마 23:13). 말로만 그럴 뿐 행동은 따르지 않았기 때문입니다. "뭐야? 예수, 당신이 메시야라고? 어째서 하나님처럼 거룩해야 할 당신이 그 민족반역자인 세금장사꾼들, 창녀들, 이방인들과 어울려 함께 식사를 하다는 거야?" 그런 비난입니다.

그런 비난에 대하여 예수님은 세 가지 비유를 들어 하늘진리를 가르치셨습니다. 모두가 세심하게 들으라고 큰 소리로 말씀하셨습니다. 잃었다가 찾은 양의 비유, 잃었다가 찾은 동전의 비유, 잃었다가 찾은 아들의 비유입니다. 누가복음 15장은 이 세 가지 비유로 가득 차 있습니다. 예수 웬만큼만 믿은 사람이면 들어서 알고 있는 이야기입니다. 아니, 성경을 잘 모르는 세상 사람들에게도 귀에 익은 이야기입니다.

그런데 이 세 가지 비유는 매우 치밀하게 짜여 있습니다. 첫째 비유는 잃은 주체가 목자, 둘째는 주부, 셋째는 아버지입니다. 성별로 말하면 남자, 여자, 남자이고, 나이별로 말하면 청소년, 결혼한 아내, 그리고 나이 많은 아버지입니다. 잃은 대상은 양, 돈, 그리고 아들인데 그들은 곧 동물, 무생물, 그리고 사람입니다. 첫째 비유는 100분의 1을 잃었고, 둘째는 10분의 1, 그리고 셋째는 2분의 1을 잃었습니다.

이렇게 자세히 분석해 보면 예수님께서 세 가지 비유를 말씀하신 것이 그저 생각나는 대로 하신 것이 아니라 사전에 치밀하게 계획하신 것이었다는 걸 금방 알 수 있습니다. 그리고 이 세 가지 비유는 실상 그 중심사상, 핵심 생각, 혹은 주제는 "잃어버렸던 것을 찾아낸 기쁨"입니다. 즐긴다, 기뻐한다, 잔치한다는 말이 반복하여 나옵니다. 사람의 생명은 천하보다도 더 귀중합니다. 하나님의 형상을 넣어서 창조하셨기 때문입니다. 그리고 그 생명의 값은 선택된 민족이라는 자부심을 가진 이스라엘 사람이나 이방인들이나 똑같습니다. 남자나 여자가 똑같고, 소년과 장년과 노년이 똑같습니다. 바리새파 사람들이나 율법학자들이 비난의 화살을 쏘아댄 것처럼 예수님께서 율법 파괴자들인 세금장사들, 창녀들, 이방인들과 놀아나신 것은 죄인들을 구원하시기 위하여 이 땅 위에 오신 그 위대한 사명을 수행하신 것일 뿐입니다. 성삼위 하나님은 쓰레기만도 못한 인간의 영혼 하나하나를 구원하시기 위하여 성자 예수님의 생명을 십자가에 처형하실 정도로 우리 인간을 사랑하셨으니 한 영혼의 구원이 얼마나 큰 기쁨이겠습니까. 땅의 기쁨인 동시에 하늘의 기쁨입니다.

그런데 이 세 가지 비유에는 또 다른 엄청난 진리가 숨어 있습니다. 그것은 바로 이 세 가지 비유가 잃었던 한 영혼을 찾아낸 기쁨만을 말해줄 뿐만 아니라 한 영혼 한 영혼이 어떻게 구원의 길로 들어설 수 있는가의 비밀을 가르쳐 줍니다. 잃은 양이 구원받는 과정은 그 때 목자들의 목양방식으로 보아 '목자는 잃은 양의 이름을 부르고, 잃은 양은 목자의 음성을 듣고 그 부름에 응답함으로' 마침내 찾아낼 수 있게 됩니다. 그러나 드라크마 동전은 다릅니다. 결혼의 징표로 받은 그 동전을 찾기 위하여 등불을 켜고 집을 쓸며 부지런히 찾다가 드디어 발견합니다. 동전은 자신이 구원받기까지, "여주인님, 내가 여기 있어요"하고 외칠 줄도 모릅니다. 그리고, 둘째 아들의 경우는 어떻습니까? 아버지가 죽을 때에 임박하여 재산을 자녀들에게 나누어 주는 절차를 무시했습니다. 재산소유권자가 되자마자 즉각 팔아서 챙깁니다. 그리고 이방 땅으로 도망가서 창녀들과 놀아나고 사치와 방탕한 생활에 모두 낭비합니다. 돈이 거덜 나고, 배에서 쪼르락 소리가 나고 돼지만도 못한 취급을 받자 그 때서야 정신이 번쩍 들어 아버지 집을 생각하게 됩니다. "이에 스스로 돌이켜"(눅 15:17) 아버지 집을 생각하게 됩니다. 그리고 마침내 아버지 품으로 돌아옵니다.

잃은 양의 구원은 하나님께서 먼저 부르시고 잃은 양이 그 음성에 응답하여 신호를 보내는 방식으로 이루어집니다. 하나님의 부르심(calling)과 인간의 호응(responding)으로 구원이 이루어집니다. 신인협력론(synergism), 곧 하나님과 사람의 협력에서 결정됩니다. 베드로가 그 대표적 사례입니다. 잃은 돈은 여주인이 지혜를 다 동원하여 찾아내어 구원이 이루어집니다. 하나님의 일방적 결정, 곧 신적단동론(divine monergism)입니다. 사울이라는 청년이 구원받고 바울이 되는 과정입니다. 그러나 이 비유의 둘째 아들은 자기 자신의 결단으로 타락했고 자신의 결단으로 아버지 집으로 돌아와서 부자관계를 회복합니다. 인적단동론(human monergism)입니다.

그러나 이것으로 구원방식이 모두 설명된 것은 아닙니다. 실상 모든 사람들의 구원과정은 똑같은 것이 아니라 개개인마다 차이가 있습니다. 성삼위 하나님은 단 하나의 원리로 인간을 구원하실 수도 있지만 각 개개인마다 다른 절차, 과정, 방식으로 구원하시기도 합니다. 한 사람 한 사람 속에 하나님의 형상이 회복되는 체험을 개별화(individualizing) 하시기 때문입니다.

## 지옥에는 절대로 가지 말라

거기에서는 구더기도 죽지 않고 불도 꺼지지 아니하느니라 (막 9:48)

지옥이 없다는 사람들이 있습니다. 지옥이 없기를 희망하기 때문입니다. 아니, 지옥의 공포심이 의식 밑바닥에 도도히 흐르고 있기 때문입니다.

우리가 쓰는 성경에는 '지옥'이 13번 나옵니다. 그것도 신약성경에만 있습니다. 게다가 11번은 직접 예수님의 입으로 하신 말씀에 포함되어 있습니다.

"형제에게 미련한 놈이라 하는 자는 지옥불에 들어가게 되리라."(마 5:22).

"몸과 영혼을 능히 지옥에 멸하실 수 있는 이를 두려워하라."(마 10:28).

"뱀들아, 독사의 새끼들아, 너희가 어떻게 지옥의 판결을 피하겠느냐? "(마 23:33).

만약 지옥이 없다면 그것은 그리스도 예수님을 거짓말쟁이로 만드는 것입니다. 만약 지옥이 없다면 성경은 허위문서가 됩니다. 속히 폐기처분해야 합니다. 만약 지옥이 없다면 예수 그리스도와 성경이 그토록 강조하는 '하나님의 나라'도 속빈 강정입니다. 이 세상에서도 범죄하면 감옥에 간다는 걸 누구나 다 압니다. 감옥은 지옥의 지점이고 지옥은 감옥의 본점이라는 걸 아십니까?

지옥은 헬라말로 '게헨나'라고 합니다. '힌놈의 골짜기' 혹은 '힌놈의 아들들의 골짜기'라는 뜻입니다. 예루살렘은 언덕 위에 있는 도시입니다. 그리고 두 개의 골짜기로 둘러싸여 있습니다. 하나는 올리브산으로 건너가는 기드론 골짜기입니다. 그 골짜기를 건너면 예수님 일행이 간절히 기도하시던 겟세마네 동산이 있습니다. 또 하나는 예루살렘 서남쪽에 있는 힌놈의 골짜기입니다. 그곳은 '힌놈'이라는 가문이 소유했던 곳입니다. 나중에는 그 곳에서 우상들에게 제사를 지냈습니다. 특히 몰록신에게 제사를 드렸는데 아들들 가운데 가장 건장한 아이를 골라서 제물로 삼고 불에 태워 신에게 바쳤습니다. "보라, 다시는 이곳을 도벳이나 힌놈의 아들의 골짜기라 부르지 아니하고 오직 죽음의 골짜기라 부르는 날이 이를 것이라. 여호와의 말이니라."(렘 19:6). 그런 우상숭배가 없어지면서 힌놈의 골짜기, 곧 게헨나는 예루살렘의 쓰레기 처리장이 되었습니다. 그 곳에는 음식 찌꺼기가 많아 구더기가 우글우글했습니다. 쓰레기를 태우느라고 불이 꺼지지 않았습니다.

예수님은 시인다운 소질을 충분히 갖추셨습니다. 산상보훈에서 그 풍모를 충분히 발견할 수 있습니다. 예수님은 소설가의 재질을 충분히 갖추셨습니다. 돌아온 탕자, 착한 사마리아 사람 같은 조각 소설들이 확실하게 입증합니다. 그런데 정서적이고 감미로운 언어를 사용하시는 분께서 지옥과 관련된 대목에서는 거친 언어, 협박의 언어, 공포분위기를 자아내는 언어들을 거침없이 사용하셨습니다. "연자 맷돌을 목에 매여 바다에 빠져 죽어라, 네 손을 찍어 버리라, 네 발을 찍어버리라, 네 눈을 빼어 버리라, 뱀들아 독사의 새끼들아 ….” 읽기만 해도 온 몸에 소름이 확확 끼쳐옵니다.

어쩐 일입니까? 불장난하는 아이들에게 불을 손 가까이 대면 ‘앗 뜨거워’ 하며 울든지 무서워 도망갑니다. 그것이 불장난에서 올 수 있는 사고를 미리 방지하는 교육방법입니다. 무슨 뜻입니까?

우리의 구원주 예수님께서는 한 영혼이라도 결단코 지옥에 보내지 않겠다는 확고부동한 결단을 가지신 분입니다. 한 손을 싹둑 잘라버릴 정도의 결단으로 지옥 갈 짓은 결단코 하지 말라, 한 발을 싹둑 잘라 버리는 한이 있더라도 지옥 갈 짓은 결단코 하지 말라, 한 눈을 쏙 빼어버리는 한이 있더라고 지옥 갈 짓은 결단코 하지 말라, 범죄한 혓바닥을 잘라서 쓰레기통에 버리는 한이 있더라도 형제를 모욕하는 말을 결단코 하지 말라, 생식기를 싹둑 잘라 버리겠다는 결단으로 결단코 지옥에는 가지 말라 ….

성경에는 지옥이라는 것과 비슷한 것을 뜻하는 표현들이 여럿 있습니다. 음부(하데스)가 여러 번 나옵니다. 옥, 꺼지지 않는 불, 영원한 불, 고난의 장소, 바깥 어두운 곳, 불못, 유황 불못 같은 말도 있습니다. 사망의 길, 죽음의 어두운 골짜기, 넓은 문, 깊음(하데스, 창 1:2) …. 예수님은 거지 나사로와 부자의 죽음 뒤의 운명을 제시하시면서 아브라함의 품과 음부를 아주 생생하게 대조시키셨습니다(눅 16:19-31).

그러나 이런 말씀들은 뒤집어 풀어야 바로 이해할 수 있습니다.

예수님께서 이처럼 듣는 사람들에게 이 같은 언어폭탄을 던지신 깊은 이유가 무엇입니까? 단 한 영혼이라도 지옥에는 결코 보낼 수 없다는 사랑이 불타오르신다는 뜻입니다. 뒤집어 말하면 사람은 누구든지 하나님 나라에 반드시 가야 한다는 확고부동한 결단을 가지셨습니다.

사람은 죽으면 가는 길이 단 둘밖에 없습니다. 천국이냐 지옥이냐, 좁은 문이냐 넓은 문이냐, 생명의 길이냐 사망의 길이냐(렘 21:8), 푸른 풀밭 잔잔한 시냇가냐 죽음의 어두운 골짜기냐, 유황불로 멸망당한 소돔과 고모라냐 하나님의 도성 예루살렘이냐 …. 배신자 가룟 유다가 목을 매어 자살했던 곳이 바로 힌놈의 골짜기, 곧 지옥이었습니다. "몸이 곤두박질하여 배가 터져 창자가 다 흘러나왔습니다"(행 1:18).

그러나 예수님은 지옥문을 물샐틈 없이 막기 위하여 십자가의 제물이 되셨습니다. 인간으로서 극한의 고통을 당하신 십자가의 잔인한 처형을 정면에서 응전하셨습니다. 우리들이 하늘나라로 가는 밝은 길을 열어놓으셨습니다.

## 뱀을 잡으려고 뱀이 되시다

모세가 광야에서 뱀을 든 것 같이 인자도 들려야 하리니 이는 그를 믿는 자마다 영생을 얻게 하려 하심이니라 (요 3:14-15)

우리 한국 사람들은 뱀 이야기를 좋아합니다. 유난스레 좋아합니다. 브라질에 있는 뱀공원을 관광한 적이 있습니다. 가지각색의 징글맞은 뱀들을 모아놓았습니다. 그런데 같은 아시안들이라 해도 여기에 오면 한국 사람인지 아닌지 금방 알 수 있답니다. 관광가이드의 그 말에 우리 일행은 모두가 귀를 쫑긋했습니다. "산 뱀 보고 입맛 다시는 사람은 틀림없이 한국 사람입니다." 모두 폭소를 터트렸습니다. 남미에서 산 뱀을 여럿 사서 비행기로 밀수하던 한국인도 있었답니다. 그런데 비행기가 공중을 날 때 짐칸에 있던 그 뱀들이 튀어나와 객석을 휘젓고 다니는 바람에 큰 소동이 일기도 했답니다. 하기야 설교만 시작하면 쿨쿨 자던 신자들도 뱀 이야기만 하면 정신을 번쩍 차리고 눈을 동그랗게 뜨기도 합니다.

성경에도 뱀 이야기가 많습니다. "그런데 뱀은 여호와 하나님이 지으신 들짐승 중에 가장 간교하니라"(창 3:1)로 시작됩니다. 그리고 요한계시록에는 더욱 엄청나게 큰 뱀인 용 혹은 붉은 용이 여러 번 나옵니다. "용을 잡으니 곧 옛 뱀이요 마귀요 사탄이라."(계 20:2). 그 간교한 뱀의 유혹에 첫 사람 아담과 하와 부부가 범죄자로 전락해서 그의 모든 후손인 우리들 손목에 수갑을 채웠습니다. 아담과 하와가 한국인이었다면 그 뱀을 보자마자, "너 이놈, 잘 만났다. 잡아서 뱀탕이나 해 먹자"고 해 뱀이 혼비백산하여 꼬리야 날 살려라 도망갔을 것입니다.

인류의 역사를 '뱀과의 투쟁사'로 과장하는 이들도 있습니다. 마치, "하나님의 아들이 나타나신 것은 마귀의 일을 멸하려 하심이라"(요일 3:8)에 근거하여 예수님께서 사람의 몸을 입고 이 땅 위에 오신 궁극적 목적이 마귀, 곧 옛 뱀과의 싸움에 있는 것으로 과장하는 것과 같습니다. 예수님의 궁극적 목적은 '생명의 영원한 구원'에 있을 뿐입니다. 마귀와의 싸움은 다만 '수단적 목적'이 될 뿐입니다. 그렇다고 뱀이나 붉은 용(계 12:3)과의 투쟁을 경솔하게 여겨서도 안 됩니다. 야훼 하나님이 무엇이라 말씀하셨습니까. "내가 너로 여자와 원수가 되게 하고 네 후손도 여자의 후손과 원수가 되게 하리니 여자의 후손은 네 머리를 상하게 할 것이요 너는 그의 발꿈치를 상하게 할 것이니라."(창 3:15). 뱀과 여자의 후손의 싸움은 이미 머리를 상하게 하는 여자의 후손의 승리로 결판날 것이 보장되었습니다. 그렇더라도 에덴동산에 나타난 뱀은 여자의 후손의 발꿈치를 계속 물어뜯고 독을 집어넣을 것입니다. 그리고 우리 조상 아담부부와의 뱀, 마귀, 붉은 용의 싸움은 요한계시록에까지 계속된다는 사실에 주목해야 합니다. 그러나 하나님은 '그 날이 오면' 날랜 뱀 리워야단을 벌하시며 바다에 있는 용을 죽이실 것입니다(사 27:1). 모세도 뱀과의 싸움에서 자기를 물려고 드는 이집트의 뱀을 하나님의 명령대로 꼬리를 잡으니 그 뱀이 되었던 지팡이가 '하나님의 지팡이'로 변했습니다 (출 4:1-5, 20).

성경요절에 '모세가 광야에서 뱀을 든 것 같이'라는 말씀은 민수기 21장 4-9절에 기록된 사건을 뜻합니다. 이스라엘 백성들이 하나님의 임명받은 지도자 모세에게 반역하던 때였습니다. 사람에 대한 반역이 아니라 하나님에 대한 반역이었습니다. 성경에 '원망하다'는 말이 45번 나오는데 출애굽기와 민수기에만 21번이 나옵니다. 야훼 하나님께서 불뱀들을 백성들에게 보내 마구잡이로 물게 하셨습니다. 겁에 질린 백성들이 모세에게 아우성을 했습니다. 하나님께 불순종하여 범죄한 것을 회개했습니다. 빨리 독사들을 제거하도록 하나님께 기도해 달라고 울부짖었습니다. 모세의 간절한 기도를 들은 하나님은 이렇게 지시하셨습니다.

"불 뱀을 만들어 장대 위에 매달아라. 물린 자마다 그것을 보면 살리라."(민 21:8).

모세가 놋 뱀을 만들어 장대 위에 매달고 백성들에게 선포했습니다. '저 구리뱀을 쳐다보아라. 그러면 뱀독에서 살아날 것이다.'

뱀에 물린 자마다 그 구리놋뱀을 쳐다보고 살아났습니다. 너무너무 쉬운 치료방법이었습니다. 고개를 들어 올려다보기만 하면 살아납니다. 수술을 받는 것도 아니고, 주사나 침을 맞는 것도 아니고 무슨 약을 먹는 것도 아니고 그냥 올려다보기만 하면 되었습니다. 그렇다고 치료비를 내는 것도 아닙니다. 하나님은 오직 값없이 은혜를 주시고 그 은혜를 받아들이는 믿음만으로 영원한 생명으로 회복시키셨습니다.

그러나 믿음에는 각 사람마다 차이가 있었습니다. 그것으로 뱀독이 몸에서 빠져나갈 것 같지 않지만 하나님의 약속의 말씀이니까 전적으로 의지하고 올려다보았습니다. 어떤 사람은 밑져야 본전이라고 생각하고 올려다보기도 했을 것입니다. 어떤 사람들은 남들이 올려다본 뒤 감쪽같이 치유되는 것을 보고서야 슬금슬금 눈치보며 따라했을 것입니다.

그런데 성경에는 비록 "뱀에게 물린 자가 놋뱀을 쳐다본즉 모두 살더라"(민 21:9)라고 했지만 안쳐다 보고 그냥 죽은 사람들도 있었을 것입니다. 사람이 많으면 별의 별 사람이 다 있으니까요. 도대체 왜 안 올려다보았을까요? 고집불통들도 있었을 것입니다. 차라리 죽는 게 더 편하다는 자살파도 있었겠지요. 물게 하실 때는 언제고 올려다보면 다시 살게 할 때는 언제냐며 하나님의 변덕을 비판하는 자도 있었을 것입니다. 그러나 올려다보기를 끝내 거부한 사람 가운데는 당당한 자기논리, 사뭇 고상한 철학적 논리를 가진 자도 있었습니다. 산 뱀에 물려 죽는 놈이 죽은 뱀 올려다보고 나을 리가 전혀 없다는 논리입니다.

예수님은 뱀이 되셨습니다. "뱀들아, 독사의 새끼들아, 너희가 어떻게 지옥의 판결을 피하겠느냐? " (마 23:33) 하고 독설을 퍼부으시던 예수님께서 뱀이 되셨습니다. "너희는 뱀처럼 지혜롭고 비둘기 같이 순결하라"(마 10:16) 하고 전도지침을 주셨던 주 예수님께서 뱀이 되셨습니다. 하나님의 아들이 뱀이 되어 십자가 장대 위에 높이 달리신 것입니다. 그 십자가에 달리신 구원주 예수님만 올려다보아도 구원을 받을 수 있게 되었습니다. 십자가 동창생 가운데 우편에 달린 강도가 그런 사람입니다.

예수님은 뱀 물린 사람을 구원하시기 위하여 뱀의 형상을 입으셨습니다. '나 같은 죄인'을 구원하시기 위하여 죄로 염색된 육신(사르크스)을 입으셨고 '죄 있는 육신의 모양으로' 나타나셨습니다(요 1:14, 롬 8:3, 빌 2:8). 곧 성육신(成肉身, incarnation) 혹은 도성인신道成人身의 진리입니다. 하지만 이를 오해하는 사람들도 있습니다. '믿는 사람에게는 뱀을 집어 올리는 기적이 따를 것'(막 16:17-18)이란 말씀을 악용하는 교회도 있습니다. 장대에 달렸던 구리뱀을 우상화시킨 일도 있습니다(왕하 18:4).

그러므로 구원받은 우리들도 '간교한 뱀'에게서 '뱀 같은 지혜'를 배워야 합니다(마 10:16). 간교와 지혜는 헬라원어로 같은 말입니다. 영혼 구원을 위하여 로마에 간다면 당연히 로마 말을 쓰고, 로마 음식을 먹고, 로마 사람의 옷을 입는 것이 당연히 지혜로운 일 아닐까요.

## 내 피를 마셔라

내 살을 먹고 내 피를 마시는 자는 영생을 가졌고
마지막 날에 내가 그를 다시 살리리라 (요 6:54)

예수님께서는 배고픈 사람들에게 식사를 제공하셨습니다. 남자만 5천명을 먹이셨습니다. 여자들과 아이들까지 합치면 얼추잡아 2만 명 이상이 됨 직합니다. 그들 모두가 보리빵 다섯 쪽과 물고기 두 마리를 나누어 먹었는데 남은 것만도 열두 바구니였습니다. 그 때에는 특권층을 빼고는 모두 헐벗고 굶주렸습니다. 그로부터 2천년이 지난 지금도 국민에게 밥도 제대로 못 먹여주는 나라들이 얼마나 많습니까.

하나님은 항상 필요한 것을 공급하심으로 그 백성들을 사랑하셨습니다. 모세 시대에도 사막의 땅을 통과할 때 그 백성들을 만나와 메추라기로 먹여주셨습니다 (출 16장). 하나님의 아들 예수님께서 백성들을 먹이신 것도 그런 뜻이 포함되어 있습니다. 생명의 창조주께서는 그 생명을 유지시킬 수 있도록 필요한 것들을 공급하셨습니다.

그런데 예수님께서는 보리빵과 물고기로 식사를 제공하신 뒤에 한 단계 더 높은 하늘의 진리를 가르쳐 주셨습니다. 그것은, '예수님의 살을 먹고, 예수님의 피를 마심으로 영원한 생명을 얻으라'로 요약됩니다. 곧 영혼을 살리기 위한 양식 그것도 영원히 살리기 위한 양식을 공급받으라는 말씀입니다.

어떤 사건이 마태, 마가, 누가, 요한 복음서에 모두 기록되어 있다는 것은 매우 드문 일입니다. 원래 요한복음서는 앞의 세 복음서 곧 공관복음서에 기록되지 않은 것들이 그 내용의 대부분을 차지합니다. 그런데 5천명을 먹이신 일은 요한복음 6장 전체에 아주 자세히 기록되어 있습니다. 요한복음에는 '기적, 이적, 표적'이라는 비슷한 용어 가운데 표적(表蹟, sign)을 더 자주 사용합니다. 기적을 넘어 그 기적이 가르쳐 주는 교훈을 강조하기 위함입니다. 그래서 요한복음 6장은 예수님의 표적 설교라고 할 수 있습니다. 기적을 보여 주시고 그것을 통하여 하늘진리를 깨우쳐 주시는 교육전략입니다. "들에 핀 백합화를 보라", "공중에 나는 새를 보라"와 같은 실물설교도 됩니다.

그런데 예수님의 이 설교는 실패작으로 평가됩니다. 우선 이 설교를 들은 제자들 가운데 여럿이, "이 말씀은 어렵도다. 누가 들을 수 있느냐? "고 반응했습니다. 제자들이 그런 불평하는 것을 예수님도 들으셨습니다. 그 때부터 그의 제자 중에서 많은 사람이 떠나갔고, 다시는 예수님과 다시 함께 다니지 않았습니다. 만약 오늘날 목사의 설교를 듣고 그 설교 때문에 성도들이 대량으로 교회를 떠나가서 다시는 출석하지 않게 되었다면 그런 설교를 한 목사가 계속 남아 사역을 할 수 있을까요?  목사와 후보생들에게 꼭 가르치는 설교학적 지혜가 있습니다. '설교에 실패하면 모든 목회에 실패한 것과 같다'는 바로 그것입니다.

그런데 또 있습니다. 예수님께서 제자들에게, "내 살을 먹어라,

내 피를 마시라" 하신 것은 말할 것도 없이 요한복음판 성찬예식입니다. 그런데 초대교회에서 성도들이 많이 순교당한 이유의 하나가 바로 이 성찬예식이었습니다. 살을 먹고 피를 마시라는 것 때문에 그리스도인들이 세상 사람들에게 야만적 식인종 그리고 예수님은 흡혈귀라는 오해를 받았습니다. 그래서 더 많은 순교자를 낳게 된 것입니다. 그런데 예수님께서 그런 모든 것을 예상하셨을 터인데도 어찌하여 이 설교를 하셨을까요?

이유는 간단합니다. 그런 희생을 치른다 해도 그리스도인이라면 꼭 가르쳐야 할 핵심적 진리이기 때문입니다. 어째서 핵심적 진리가 되겠습니까? 범죄로 말미암아 영원히 죽을 수밖에 없는 인간이 예수 그리스도의 속죄의 은혜로 영원한 생명을 얻어 구원받을 길이 열렸습니다. 그런데 그 열쇠는 바로 믿음입니다. 그것이 성경적 구원의 핵심입니다. "너희는 그 은혜에 의하여 믿음으로 말미암아 구원을 받았으니"(엡 2:8) 하신 말씀 그대로입니다. 그런데 믿음이 무엇이냐고 물으면 대답이 여러 가지입니다.

예수 그리스도를 아는 지식이 믿음입니다. 예수님께서 하나님의 아들 메시야임을 인정, 동의, 시인하는 것이 믿음입니다. 그분을 의지하는 것이 믿음입니다. 그분에게 순종하는 것이 믿음입니다. 그분을 주인으로 영접하는 것이 믿음입니다. 희망이 믿음입니다. 사랑이 믿음입니다. 그러나 가장 대표적이고 또 위의 말씀들을 포함하는 핵심적이며 명확한 말씀이 있습니다. 그것은 바로 '예수 그리스도의 장기로 이식수술 받는 것'이 믿음이라는 것입니다.

이 진리를 가르쳐 주시려고 야훼 하나님은 양이나 비둘기 등의 짐승을 잡아 제단에 드리는 제사제도를 창설하셨습니다. 아브라함에게는 사랑하는 아들 이삭을 제물로 바치게 하셨습니다. 그리고 끝에 가서는 하나님의 아들 예수님을 십자가 제단에 바쳐 살을 찢고 피를 흘림으로 모든 죄인들에게 속죄(贖罪, redemption)의 길을 열어 놓으셨습니다.

"깊도다, 하나님의 지혜와 지식의 풍성함이여."(롬 11:33).

'구원받는 믿음'이 무엇이냐고 물으면 이제 확실하게 대답할 수 있습니다. 예수님의 살을 먹어 내 살이 되게 하는 것, 예수님의 피를 마셔 내 피가 되게 하는 것, 예수님의 심장으로 내 심장을 이식수술하는 것, 예수님의 뇌수로 내 뇌수를 이식수술하는 것, 예수님의 눈으로 내 눈을 이식수술하는 것, 내 손을 잘라내고 예수님의 손으로 이식수술하는 것, 그리고 무엇보다도 예수님의 입으로 이식수술 받는 것.

"내가 예수 그리스도의 심장으로 너희 무리를 얼마나 사모하는지 하나님이 내 증거자이시니라"(빌 1:8).

## 강제로 지워진 십자가였지만

나가다가 시몬이란 구레네 사람을 만나매
그에게 예수의 십자가를 억지로 지워 가게 하였더라 (마 27:32)

예수님께서 십자가를 지시고 사형집행 장소인 골고다, 곧 해골언덕으로 올라가실 때였습니다. 이미 너무 혹독하게 매를 맞는 등 고문을 당해서 몸을 제대로 가누기도 힘드셨습니다. 그런데 금요일 새벽 이제는 십자가를 등에 메고 골고다를 향하여 걸어가시게 되었습니다. 빌라도 집무실에서 시작된 고난의 길(Via Dolorosa) 14지점 가운데 5번째에 이르렀습니다. 이미 땅을 치며 통곡하는 어머니 마리아를 만나신 뒤에 이제는 더 걸으실 수가 없었습니다. 그러자 부하 100명을 지휘하는 백부장이 명령합니다. 그 십자가 가로지름대를 다른 사람에게 지우라는 것입니다.

그래서 강제로 끌려온 청년 하나가 있었습니다. 나이도 이십대 중반을 갓 넘었을 건장한 청년입니다. 멀리 북아프리카 지금의 리비아인 구레네 도시에 살고 있는 유태인이었습니다. 뛰넘절(유월절)이 되어 알렉산더와 루포 두 아들을 데리고 율법의 규정에 따라 절기를 지키려고 불원천리 천신만고하며 예루살렘에 왔습니다. 사람들이 많이 모여드는 걸 보고 무슨 구경거리라도 있을 것이라고 짐작했습니다. 그런데 피투성이가 된 어떤 사람이 넘어져서 일어나지를 못합니다. 로마군인들이 사정없이 채찍질을 몇 번이나 해도 일어날 수가 없었습니다. 그러자 로마 군인 한 명이 구레네에서 온 시몬을 강제로 끌어다가 아무 것도 묻지 않고 다짜고짜로 그 십자가를 지웠습니다. 마르지도 않은 통나무라서 상당히 무거웠습니다.

물론 알렉산더와 루포 두 아들도 깜짝 놀랐고 당황했습니다. 행여 아버지를 잃을까봐 덜컥 겁이 나기도 했습니다. 그래서 아버지를 따라 십자가를 세워 놓은 처형장까지 올라갔습니다. 하지만 더 놀라고 분통이 터지는 것은 바로 당사자 시몬이었습니다. 양들을 사서 제단에 바치도록 헌물하는 것이 가장 중요한 급선무인데 팔자가 사나워서 십자가를 지게 되었으니 이게 어떻게 된 일인지 당황했습니다. 팔자가 왜 이리도 사나운가, 정말 재수가 옴 붙었구나, 그렇게 원망하며 사형집행장까지 올라갔습니다.

그런데 엄청난 일이었습니다. 예수라는 자칭 하나님의 아들이 있다는 말을 듣기는 했지만 바로 그 사람이 죽어야 할 십자가를 자기가 지게 된 것입니다. 병자들도 많이 고치고, 악령도 쫓아냈다는 그 사람, 그래서 성경 이사야서와 여러 예언서에 '이스라엘 민족을 구원할 메시야'일 것이다, 혹은 전혀 아니라는 논쟁을 불러일으킨 예수 바로 그 사람이 지고 가는 십자가를 지게 된 것입니다.

그래서 시몬과 그 두 아들 알렉산더와 루포는 십자가에 못 박힌 예수님의 모습을 어느 누구보다도 자세히 살폈습니다. 그 유명한 '일곱 마디 말씀'을 하나 하나 영혼 깊이 새겼습니다. 예수님의 십자가 양쪽에서 처형된 강도 두 사람의 반응도 보았고, 십자가에서 내려오면 하나님의 아들로 믿겠다는 조롱도 들었습니다. 예수님 운명하실 때에 큰 지진이 나서 땅이 흔들리고 무덤이 열렸으며 예루살렘 성전 휘장 한 가운데가 쩍 갈라졌다는 소식도 듣고 내려가 확인했습니다.

그리고 무엇보다도 예수님을 처형한 사형집행관 백부장이 이 모든 되어진 일들을 보고 내린 결론도 들었습니다. "이 사람은 진실로 하나님의 아들이었도다"(막 15:39). 그 고백에 자기도 전적으로 동감했습니다. 시몬은 뛰넘절 행사가 끝나는 대로 고향으로 내려갔습니다. 그리고 재산을 정리하고 아내와 함께 예루살렘으로 돌아왔습니다. 큰 아들 알렉산더와 루포 네 식구가 살면서 예수님의 제자들을 만났습니다. 특히 마가의 가정과는 한 가족처럼 지냈습니다. 어쩌면 다시 살아나신 예수님께서 하늘나라에 올라가시기 전에 몇 사람을 더 만나셨다면 아마도 십자가 처형집행관인 백부장과 십자가를 대신 져 준 구레네 시몬의 가정도 포함되었을 것이라고 상상해도 큰 무리는 아닙니다.

시몬은 억지로 졌던 그 십자가, 재수 되게 옴 붙었다고 불평했던 그 십자가가 자신과 가족 모두에게 '하늘의 은혜를 받는 큰 통로'인 것을 절절히 깨닫게 되었습니다. 사람의 육신을 입고 오신 구원주(그리스도, 메시야) 예수님과 유일한 십자가 동창생이 된 것이 얼마나 은혜로운 특권인지 절절히 깨달았습니다. 그래서 선교사로 자원했습니다. 이방인들을 위한 첫 교회인 안디옥교회로 파송되었습니다(행 11:20, 13:1). 자녀들도 모두 반석 같은 믿음을 가지고 온 가족이 선교사역에 헌신했습니다. 그리고 무엇보다도 사도 바울

선교팀에 합류하여 어머니처럼 헌신했으며 로마교회로 파송되어 온 천하에 복음을 전하는 일에 평생을 바쳤습니다. "주 안에서 택함을 입은 루포와 그의 어머니에게 문안하라. 그 어머니는 곧 내 어머니니라" (롬 16:13).

억지로 진 십자가가 오히려 그 뜻을 깊이 깨닫고 보니 엄청난 은혜의 십자가가 되었습니다.

(추가:시몬의 아들 알렉산더 유골함이 1941년 겟세마네 근처에서 발견됨. 십자가의 도가 멸망하는 자들에게는 미련한 것이지만 구원을 얻은 우리에게는 하나님의 능력이 된다 - 고전 1:18).

## 알곡이냐, 쭉정이냐

그의 알곡은 모아 그의 곳간에 들이고 쭉정이는
꺼지지 않는 불에 태우시리라 (마 3:12)

예수님의 실체를 파악하는 데는 그분에 관하여 다른 사람들이 어떻게 말하고 있는가를 세심하게 살피는 것도 본질적으로 중요합니다. 객관적으로 파악한 의견이기 때문입니다. 그 대표적인 사례가 세례자 요한의 시각입니다. 예수님보다 6개월 정도 먼저 태어났던 세례자 요한은 예수님의 친척입니다. 예수님의 어머니 마리아가 성령잉태된 것을 천사들로부터 전하여 듣고 바로 찾아간 곳이 세례자 요한의 어머니 엘리사벳이었습니다. 마리아의 인사를 받는 순간 엘리사벳 뱃속에 있던 아기 요한이 춤을 추었습니다(눅 1:39-45).

그 세례자 요한은 마지막 대언자(예언자/선지자)였습니다. 그의 어록과 행동이 좀 더 많이 기록되었더라면 하는 아쉬움이 너무 큽니다. 그는 인간적인 성품으로도 '옳은 것은 옳다' 하고 '아닌 것은 아니다'라고 항변한 용기 있는 대언자였습니다. 이복동생 헤롯 빌립의 아내 헤로디아와 결혼한 안티바스 헤롯왕을 향하여, '그건 불법결혼이오'라고 과감하게 외쳤다가 목이 잘려 죽었습니다 (마 14:1-12).

세례자 요한이 예수님에 관하여 언급한 대목 가운데 예수님을 타작하는 사람으로 비유한 어록이 있습니다. 손에 바람 일으키는 키를 들고, 타작마당을 깨끗하게 하신 뒤에, 알곡은 모아서 곳간에 들여 놓고, 쭉정이는 꺼지지 않는 불에 태우실 것이라는 예언입니다 (마 3:12, 눅 3:17).

개인적인 간증부터 한다면 이 설교자는 바로 그 말씀에서 거듭남의 체험을 한 사람입니다. 중학교 2학년 때 시골교회에 첫 발을 들여 놓았는데 한 달쯤 지나 춘기심령대부흥회가 열렸습니다. 그 때의 주제가 바로 '알곡이냐, 쭉정이냐'였습니다. 부흥집회 첫 날 예배당에 들어가니 강단 뒤에 붓글씨로 써서 붙인 그 주제의 말씀이 눈으로 확 들어왔습니다. 그 순간 마음속으로 결심했습니다. "아하, 예수 믿으면 쭉정이 인생이 되지 말고 알곡 인생이 되어야 하는구나. 그래 이제부터 알곡이 되자." 그렇게 단단히 결심했습니다. 농사꾼의 아들이었기에 알곡과 쭉정이의 운명이 어떤지는 아무런 설명이 필요 없었습니다. 알곡은 가마니에 담아 방 윗목에 쌓아 놓습니다. 방을 창고로 겸용했습니다. 반면에 쭉정이는 모아서 불에 태웁니다. 체험으로 압니다. 그래서 알곡처럼 살겠다고 차돌처럼 단단하게 결심했습니다.

이 결단이 내 인생을 새로운 차원으로 끌어올렸습니다. 예수 믿기 전에도 착실한 사람이라는 칭찬을 꽤 자주 들었습니다. 그러나 이 순간부터는 무엇을 하든지 알곡처럼 살겠다는 각오가 내 속사람을 가득 채웠습니다. 알곡 아들이 되자, 알곡 학생이 되자, 알곡 반사가 되자, 알곡 반장이 되자, 알곡 학생회장이 되자, 알곡 성가대원이 되자, 알곡 군인이 되자, 알곡 남편이 되자, 알곡 애비가 되자,

알곡 코리안이 되자 등. 지금도 남들이야 무어라 하건 알곡 목사, 알곡 교수가 되려고 혼신의 힘을 기울이고 있습니다.

성경요절 암송을 통하여, "한 알의 밀이 땅에 떨어져 죽지 아니하면 한 알 그대로 있고 죽으면 많은 열매를 맺느니라"(요 12:24)는 말씀에 맞닥뜨렸습니다. 이것은 물론 예수님께서 헬라 사람들에게 자신에 관하여 하신 예언입니다. 예수님 자신이 십자가에 달려 사형처분을 받고 죽어야만 많은 열매를 맺게 된다는 뜻입니다. 이 말씀에서 알곡은 바로 예수님을 가리킨다는 확신이 들었습니다. 그래서 성경을 더 추적했고 성령께서 요한일서 5장 12절을 내 심장에 큰 글자로 새겨주셨습니다.

"아들이 있는 자에게는 생명이 있고, 하나님의 아들이 없는 자에게는 생명이 없느니라."

그렇습니다. 예수님을 내 마음에 모시고 살면 내가 알곡이 되어 하늘나라 창고에 들어갈 자격을 얻게 됩니다. 그러나 아무리 예수님 흉내를 많이 낸다 해도 예수님께서 내 마음과 뇌수에 계시지 아니하시면 나는 쭉정이 인생일 뿐입니다. 그러니까 예수님을 믿는다는 것은 곧 알곡사람이 되는 것을 뜻합니다. 알곡 사람은 예수님을 그 안에 모셨기 때문에 '내가 곧 그 생명'(the life, 헤 조에)이라 하신 예수 그리스도께서 바로 내 인생의 주인이 되셨습니다 (요 14:6). 영원한 생명을 확보했다는 뜻입니다. 그래서 예수님은 단언하셨습니다. "볼지어다, 내가 문밖에 서서 두드리노니 누구든지 내 음성을 듣고 문을 열면 내가 그에게로 들어가 그와 더불어 먹고 그는 나와 더불어 먹으리라” (계 3:20). 그래서 한국말 성경에는 이 설교 제목 아래 적힌 요절이 ‘알곡은 모아 곳간에 들이고’로 되어 있지만 성경 헬라말 원문에는 ‘그의 알곡은 모아 그의 곳간에 들이고’라고 했습니다. 알곡은 예수 그리스도 바로 그분의 것이요 그분의 창고 곧 하나님 나라 백성이 됩니다. 그러나 쭉정이는 그분의 것이 결코 아닙니다. 지옥 곧 꺼지지 않는 불에 태워질 운명입니다.

‘구원받는 믿음’이 무엇이냐고 물으면 영원한 생명이신 예수 그리스도를 내 마음 속에 주인으로 모시는 일이라고 할 수 있습니다. 예수 그리스도와의 연합(union with Christ)이라고 신앙연구가들은 말합니다. 영적 연합도 있고, 세례예식이나 성찬예식 같은 예전적 연합도 있고, 성령적 연합도 있고, 체험적 연합도 있습니다. 찬송가 가사처럼, “주 예수 내 맘에 들어와 계신 후 변하여 새 사람 되고” 혹은 “예수와 함께 나 죽었으니 예수와 함께 나 살았도다”도 그런 뜻입니다. 믿음이란 예수님의 장기로 이식수술 받는 것이라 푸는 것도 예수 그리스도와의 연합을 의학 용어로 설명하는 일입니다.

# 예수, 임마누엘

볼지어다, 내가 세상 끝날까지 너희와 항상 함께 있으리라
(마 28:20)

예수쟁이들이 자주 쓰는 말 가운데 세상 사람들이 잘 모르는 것들이 여럿 있습니다. 여호와, 여호와 이레, 여호와 닛시, 여호와 삼마, 아멘, 할렐루야, 메시야, 사탄 등 그런 것들인데 말하자면 교회의 은어들입니다. 어느 모임이나 그 회원들만이 사용하는 은어가 있는 것은 전혀 이상한 일이 아닙니다.

임마누엘도 그 가운데 하나입니다. 성경에 세 번만 나오는 것이어서 그렇게 자주 썼던 말도 아닙니다. "보라, 처녀가 잉태하여 아들을 낳을 것이요 그의 이름은 임마누엘이라 하리라 하셨으니 이를 번역한즉 하나님이 우리와 함께 계시다 함이라."(마 1:23).

신약성경에 나오는 유일한 임마누엘입니다. 구약성경 이사야 7장 14절에서 인용된 것입니다. 그리고, "임마누엘이여, 그가 펴는 날개가 네 땅에 가득하리라"(사 8:8)는 말씀이 있을 뿐입니다.

임마누엘은 '하나님이 우리와 함께 계시다'는 뜻입니다. 함께(임마), 우리(누), 하나님(엘)입니다. 대언의 책 이사야에 기록된 이 임마누엘의 배경은 이렇습니다. 8세기 전 남왕국 유다와 북왕국 이스라엘이 갈라져서 싸우던 시절입니다. 북왕국이 강대국 아람의 지원을 받아 형제국 유다를 침공해오자 남왕국 유다의 아하스 왕은 다른 강대국 앗수르와 동맹을 맺으려 합니다. 그 때 대언자 이

사야가 아하스 왕에게 하나님의 계획을 전달합니다. 결단코 강대국을 의지하지 말고 하나님만 의지하라는 것입니다. 임마누엘은 이사야가 아하스에게 전달한 말씀 가운데 나옵니다. 임마누엘 곧 '하나님이 우리와 함께 계신다'는 선언입니다. 이런 역사성을 가지고 탄생한 이름 임마누엘은 세 가지의 큰 뜻을 가지고 있습니다. 첫째로는 이사야가 받은 예언처럼, '하나님이 유다 나라와 함께 하신다'는 선언입니다. "만일 하나님이 우리를 위하시면 누가 우리를 대적하리요"(롬 8:31) 하신 말씀 그대로입니다. 그러므로 어떤 위기가 오더라도 하나님을 붙들어야 합니다. 국력만 의지해서도 안 됩니다. 군대만 의지해서도 안 됩니다. 무기만 의지해서도 안 됩니다.

"두려워하지 말라. 내가 너와 함께 함이라. 놀라지 말라, 나는 네 하나님이 됨이라. 내가 너를 굳세게 하리라. 참으로 너를 도와주리라. 참으로 나의 의로운 오른 손으로 너를 붙들리라" (사 41:10).

그러나 그처럼 굳게굳게 약속을 했는데도 아하스는 끝내 하나님 말씀을 듣지 않았습니다. 그래서 기원전 586년에 드디어 바벨론에게 멸망당했습니다. 하나님은 나라가 망하고, 성전이 불타버리고, 예루살렘이 폐허가 되고, 백성들의 대부분이 바벨론 포로가 되었지만, "내가 너와 함께 하리라"는 약속을 굳게 지키셨습니다.

다음으로는, '임마누엘의 눈'으로 구약성경을 다시 읽어야 한다는 말씀입니다. 비록 임마누엘은 구약성경에 단 두 번 나올 뿐이지만 그 사상과 신앙은 대들보처럼 중요합니다. 몇 가지만 증거하겠습니다. 하나님은 아담과 하와와 함께 하셨습니다. 에녹, 노아, 아브라함과 함께 하셨고, 그 자손 이삭, 야곱 … 요셉에게는 이집트 감옥에도 함께 계셨습니다. 모세에게 대명을 맡기실 때에는, "내가 반드시 너와 함께 있으리라"(출 3:12) 하셨고 심지어 "내가 네 입과 함께 있어서 할 말을 가르치리라"(출 4:12)고도 약속하셨습니다. 그리고 '하나님의 지팡이'까지 그 손에 쥐어 주셨고, 이스라엘 민족이 광야를 지나올 때에는 낮에는 구름기둥 밤에는 불기둥으로 함께 하셨습니다. 모세를 이어받은 여호수아가 겁먹었을 때에는 무어라고 약속하셨습니까? "강하고 담대하라. 두려워하지 말며 놀라지 말라. 네가 어디로 가든지 네 하나님 여호와가 너와 함께 하느니라"(수 1:9). 누구를 더 말하겠습니까? 사무엘, 다윗(삼상 16:13, 이 날 이후로 다윗이 여호와의 영에게 크게 감동되니라), 솔로몬, 수많은 대언자들.

그러나 반대의 경우도 따져 보아야 합니다. 하나님이 함께 하시지 않았기에 어떤 일이 생겼습니까? 소돔과 고모라의 멸망이 무슨 뜻입니까? 모세와 하나님의 백성들에게 홍해를 갈라 큰 길을 열어 주실 때에 이집트 군대들은 어찌 되었습니까? 바닷물에 휩쓸려 물고기의 밥이 된 원인이 무엇입니까? 하나님의 말씀을 대언하지 않고 자기 이익만을 추구한 발람에게서 하나님은 손을 떼셨습니다. 소년 다윗의 물매 돌에 맞아 죽은 골리앗에게도 하나님은 함께 하지 않으셨습니다. 하나님께서 함께 하시지 않는다는 말은 곧 지옥에 버려둔다는 뜻입니다. 가룟 유다가 목매어 자살할 때에도 하나님은 함께 하지 않으셨습니다.

마지막으로, 임마누엘은 예수님의 또 다른 이름입니다. 예수님이 누구냐고 물으면 그 대답이 무척 많습니다. 그러나 매우 중요한 것의 하나가 바로 '임마누엘' 곧 '우리와 함께 하시는 하나님'이라는 선언입니다. "보라, 처녀가 잉태하여"의 말씀에서 '처녀'는 젊은 여자를 뜻한다는 연구도 있어서 굳이 결혼하기 전의 동정녀여야 할 이유가 없다는 별스런 주장도 있습니다. 예수님은 '우리와 함께 계신 하나님'이십니다. 개인적으로 말한다면 '나와 함께 하시는 하나님'이십니다. 그분은 사람의 몸 그것도 죄악성에 물든 몸을 입고 이 땅 위에 사람의 모양으로 나타나셨습니다. 삼위일체 하나님의 한 위격이시면서도 "자기를 비워 종의 형체를 가지심으로 사람들과 같이 되셨고 사람의 모양으로 나타나셨습니다."(빌 2:7-8). 그래서 흉악한 형틀인 십자가에 달려 죽으셨습니다.

예수님을 믿는다는 것은 임마누엘이란 이름의 뜻 그대로 사는 것입니다. 그분께서는 33년 동안만 이 세상 사람들과 함께 계셨던 것이 아닙니다. 이미 구약성경 시대에도 여러 모양과 형체로 우리들과 함께 계셨지만 부활하시고 하늘나라에 올라가신 뒤에는 더욱더 우리들과 함께 계신 하나님이십니다. 특히 성령 곧 예수님의 영의 모습으로 함께 계십니다(행 16:6-7). 그리고 "세상 끝날까지 항상 함께 있겠다"고 굳게 선언하셨습니다. 하나님의 나라 혹은 천국이 무엇이냐고 물으면 그 첫 대답은 바로 '주님의 사랑을 받고 또 주님을 사랑하며 사는 삶'이라고 대답해야 합니다. (참고:개역성경에 '함께' 1403회, goodbye는 God be with you 곧 주님 함께)

## 베드로와 바울의 구원과정

그들이 곧 그물을 버려두고 예수를 따르니라 (마 4:20)
사울아, 사울아, 네가 어찌하여 나를 박해하느냐? (행 9:4)

예수님의 제자 가운데 두 대표적 인물이 있습니다. 마치 예루살렘 성전의 두 기둥 보아스와 야긴처럼 베드로와 바울 두 사람이 예수님의 대표적 제자들입니다. 그것을 가장 간명하게 나타내 주는 것이 사도행전입니다. 사도행전의 1장부터 12장까지는 시몬 베드로가 주연배우입니다. 그리고 13장부터 28장까지의 후반부는 바울이 주연배우입니다.

이 두 제자는 공통점도 많지만 서로 다른 대조점도 여럿입니다. 사람이라는 점에서 같습니다. 남자라는 점도 같습니다. 유태인이라는 점도 같습니다. 나이도 비슷합니다. 영원한 생명을 얻은 하나님 나라의 백성이라는 점도 같습니다. 사도(아포스톨로스)라는 점에서도 같습니다. 둘 다 큰 도시 로마에서 네로 황제 시대에 순교로 일생을 마감했다는 점에서도 같습니다. 그리고 그 편지글들이 신약성경에 남아 있다는 점도 같습니다.

그러나 다른 점도 여럿입니다. 베드로는 어부출신입니다. 바울은 율법에 정통한 바리새파였고 천막 제조업으로 생활비를 마련했습니다. 베드로는 갈릴리 사람입니다. 바울은 길리기아 다소에서 태어나 자랐습니다. 베드로는 식민지 백성입니다. 바울은 로마 시민권을 가졌습니다. 베드로는 초등교육에 해당되는 회당교육을 받았을 것입니다. 그러나 바울은 대학교육 이상입니다. 특히 바울은 인류 문명의 3대 흐름인 예루살렘의 종교, 로마의 정치와 법률, 그리스의 철학에 정통했던 사람입니다. 베드로는 결혼했습니다. 바울은 독신으로 삶을 마쳤습니다. 베드로는 열두 제자의 대표입니다. 바울은 열두 제자 밖의 사람입니다. 베드로는 이스라엘 동족들을 위한 선교사명을 받았습니다. 바울은 이방인을 위한 선교사였습니다. 베드로는 히브리/아람말 곧 모국어를 사용했습니다. 그러나 바울은 그것들과 함께 그 시대의 세계어(lingua franca) 헬라말과 라틴말을 생활언어로 사용했습니다.

그러나 이 두 사람의 가장 큰 공통점은 예수님을 그리스도/메시야로 믿어 영원한 생명을 얻었고 하나님 나라의 시민이 되었다는 점입니다. 그리고 가장 다른 점은 그 구원받는 과정이 선명하게 대조적이라는 점입니다. 영원한 생명을 얻는다는 목표는 같으나 그 목표를 달성해 가는 과정은 매우 다릅니다.

먼저 베드로부터 살펴보겠습니다. 베드로는 갈릴리 바다에서 물고기를 잡을 때 그 아우 안드레와 함께 예수님의 부르심을 받았습니다. "나를 따라오라. 내가 너희로 사람을 낚는 어부가 되게 하리라 하시니 곧 그물을 버려두고 따르니라" (막 1:17-18). 즉석에서 예수님을 따라 나섰습니다. 생각할 여유를 달라는 요청도 없습니다. 기도해 보겠다는 반응도 아닙니다. 부모나 아내와 의논해 보겠다고도 하지 않았습니다. 그냥 곧바로 따라 나섰습니다. 예수님을 따라 나서면 먹고 사는 건 어떻게 되는 것이냐고 묻지도 않았습니다. 베드로는 처가살이를 했는데 어부생활을 포기하면 남은 가족의 생계가 막연해지는 걸 몰랐겠습니까? 그런데도 베드로와 안드레 형제는 즉각 예수님을 따라 나섰습니다.

예수님은 니고데모에게 말씀하셨습니다. "진실로 진실로 네게 이르노니 사람이 물과 성령으로 나지 아니하면 하나님의 나라에 들어갈 수 없느니라" (요 3:5). '진실로 진실로'(아멘 아멘)가 붙어 있는 말씀입니다. 그리고 그 앞 3절에는, "사람이 거듭나지 아니하면 하나님 나라를 볼 수 없다"고 단언하셨습니다. 그래서 이 '거듭남의 과정'을 반드시 통과해야 합니다. 거듭남(born-again) 중생(重生, regeneration)이라고도 하고 새로남 혹은 신생(新生, born-anew)이라고도 합니다. 동시에 '위로 난다'(born-above, 게네세이 아노센)는 뜻이 매우 중요합니다.

생명의 길로 들어서는 구원 받는 첫 단계가 무엇이냐에 관하여는 성경말씀 여러 군데에서 여러 가지로 말하고 있습니다. 그리고 시대와 교회에 따라, 그리고 신학체계에 따라 다른 용어를 사용합니다. 하나님의 부르심이라고 합니다. 예정과 선택이라고도 합니다. 회개라고도 합니다. 회심이라고도 합니다. 죄를 용서받는다고도 합니다. 거듭난다고도 합니다. 새로 난다고도 합니다. 계약한다고도 합니다. 죄를 깨끗이 씻김받는다고도 합니다. 주님의 이름을 부른다고도 합니다. 그래서 전문연구가가 아니면 매우 머리가 복잡합니다. 그러나 그런 이유가 있습니다. 하늘의 영원한 진리를 이 땅 위에 있는 사물들과 인간의 생각으로 표현하자니까 그렇게 여러 가지 복잡한 용어들이 많습니다. 가령 거듭난다는 말은 아기 낳는 과정 곧 출산의 언어로 생명구원을 설명한 것입니다.

아무튼 여기에서 중요한 질문은 베드로가 과연 거듭나서 그 이름이 하늘나라 생명책에 기록된 때가 언제냐는 것입니다. 어부일 때 부르심받고 냉큼 예수님을 따라 나선 그 순간일까요? 베드로의 믿음생활을 보면 그렇다고 확신하기는 어렵습니다. 베드로는 그 때 예수님 무릎 아래 꿇어 엎드려, "주여, 나를 떠나소서. 나는 죄인이로소이다"라고 했습니다 (눅 5:8).

갈릴리 바다에 미친 바람이 일어나 배가 뒤집힐 것 같았습니다. 제자들이 황급히 예수님을 깨웠습니다. 예수님은 베드로를 포함한 열두 제자에게, "너희가 어찌 아직도 믿음이 없느냐"고 꾸짖으셨습니다(막 4:40). 믿음이 없는데 구원받았다고 할 수 있을까요? 한밤중에 예수님께서 갈릴리 바다 위를 걸어오실 때에 예수님 명령을 듣고 베드로도 물위로 걸어가겠다고 했습니다. 처음에는 잘 나가다가 거세게 부는 바람을 보고 무서워 하니 물속으로 빠져들어갔습니다. 그 때에도 예수님은 베드로에게, "믿음이 작은 자여, 왜 의심하였느냐? " 하고 책망하셨습니다. 베드로가 과연 구원받았을까요?

예수님께서 "너희는 나를 누구라 하느냐? " 하고 중간고사를 보셨습니다. 그 때에 베드로는, "그리스도시요 살아계신 하나님의 아들입니다"하고 모범답안을 냈습니다. 그 때 예수님은 베드로를 크게 칭찬하시면서 교회를 세울 비밀계획을 밝히셨습니다. 천국열쇠까지 손에 쥐어주셨습니다. 그러나 예수님께서 자신의 십자가 죽음을 말씀하시니까 베드로가 강압적으로 반대했습니다. 그랬더니 예수님은 베드로에게 가혹하게 말씀하셨습니다. "사탄아, 내 뒤로 물러가라. 너는 나를 넘어지게 하는 자로다. 네가 하나님의 일을 생각하지 아니하고 도리어 사람의 일을 생각하는구나" (마 16:23). 사탄의 지배를 받는 베드로가 과연 거듭난 사람, 위로부터 난 사람, 새롭게 난 사람 곧 영원한 생명을 확실히 얻은 사람일까요? 그리고 무엇보다도, 예수님께서 체포되어 심문받으실 때, '닭이 두 번 울기 전에 세 번씩이나 예수님을 모른다고 잡아뗀' 베드로, 그가 과연 거듭난 신자일까요?

우리는 베드로의 이름이 하늘나라 생명책에 기록된 때를 잘 모릅니다. 그러나 베드로의 믿음은 올라갔다 떨어지고 또 올라갔다 떨어지기를 반복합니다. 그러면서도 전체적으로는 예수 그리스도를 닮아가는 상향곡선입니다. 그래서 예수님은 '내 양을 먹이라'고 목회대명을 주셨습니다. 베드로는 이에 철저히 응답하고 십자가에 거꾸로 못 박혀 순교했다고 전해옵니다.

그런데 바울은 다릅니다. 예수 믿는 사람들의 씨를 말리려고 박해했습니다. 믿음 좋은 스데반을 죽였습니다. 예수 반역자의 두목 노릇을 하려고 다마스커스를 가다가 갑자기 정오쯤 하늘로부터 음성을 들었습니다. "사울아, 사울아, 어찌하여 네가 나를 박해하느냐? 가시채를 뒷발질하기가 네게 고생이니라" (행 26:14). 그와 함께 눈이 사흘 동안이나 멀었습니다. 하지만 예수님의 파송을 받은 제자 아나니아의 안수기도를 통하여 멀었던 눈이 밝아지고 성령의 충만함을 입었습니다. 그리고 "이 사람은 내 이름을 이방인과 임금들과 이스라엘 자손들에게 전하기 위하여 택한 나의 그릇이라" (행 9:15)는 사명을 전달받았습니다. 그래서 '즉시로' 각 회당에서 예수가 하나님의 아들이심을 전파하기 시작했고 그 열매가 크게 크게 맺어 지금은 예수님의 이름을 부르짖으며 기도하는 사람들 사는 땅에 해질 날이 없게 되었습니다.

하나님은 베드로의 믿음을 전진과 후퇴를 계속하면서도 전체적으로는 '올라가 올라가 독수리같이' 하는 찬송가대로 인도하셨습니다. 종교심리학자 윌리암 제임스는 그것을 점진적 회심(gradual conversion)이라고 뜻을 매겼습니다. 그러나 사울 곧 바울은 한 순간에 거듭났습니다. 급진적 회심(sudden conversion)이라고 합니다. 베드로형 점진적 회심은 자기 영혼이 새로 난 날짜나 시간을 잘 모릅니다. 그러나 바울형 급진적 체험은 영적 생일이 언제인지 명확합니다. 그리고 우리 모두는 그 둘 사이 어디엔가 해당됩니다. 첫째 아담은 한 순간에 성숙한 인간이 되었고 마지막 아담인 예수님은 키가 자라고 심령이 강해지고 지혜가 충족하여 가며 잉태과정 성장과정을 거치신 것과 같습니다.

## 작은 마을에서 터진 우주적 사건

왕이 모든 대제사장과 백성의 서기관들을 모아,
그리스도가 어디서 나겠느냐 물으니,
이르되 유대 베들레헴이니이다 (마 2:4-5)

온 인류의 역사에서 예수 그 이름만큼 널리 알려진 것이 있을까요? 따르는 사람들이 그분보다 많은 사람이 있을까요? 그분에 대하여 혹독하게 비판하는 사람들도 있지만 그분만큼 존경을 받는 분이 또 있을까요? 기독교 주류가 철저히 고백하는 것처럼 온전하신 하나님이시면서 동시에 온전한 사람으로 신앙되는 분이 또 있을까요? 인간을 교육시키고 변화시키는 일에 그분만큼 영향력을 행사하신 분이 있을까요? 아니, 과거 현재뿐만 아니라 미래의 인류 역사를 주도해 가실 것으로 평가되는 이가 예수 그 이름 외에 누가 또 있을까요?

그런데 그 예수님은 유대 땅 베들레헴에서 탄생하셨습니다. 예루살렘에서 20리(8 km)가량 떨어진 곳입니다. 헤브론과 이집트를 내려가는 큰 길목에 있는 동네여서 여관도 있고 마구간도 있었습니다. 그 땅이 바로 룻과 보아스가 재혼하여 다윗 왕의 할아버지 오벳과 아버지 이새를 낳고 길렀던 마을입니다. '다윗의 본적지 동네'였습니다. 베들레헴은 '빵집'이란 뜻인데 그 곳은 밀농사가 잘 되었던 땅입니다. 그러나 예수님 탄생 당시에는 매우 작은 마을이었습니다.

“베들레헴 에브라다야, 너는 유다 족속 중에 작을지라도 이스라엘을 다스릴 자가 네게서 내게로 나올 것이라. 그의 근본은 상고에, 영원에 있느니라” (미 5:2).

성경에 베들레헴이란 이름의 마을이 하나 더 있어서 그것과 구별하기 위하여 옛 이름인 베들레헴 에브라다라고 했습니다. 그 곳은 야곱의 둘째 부인 라헬의 무덤이 있는 곳입니다.

그런데 미가서에는 ‘비록 베들레헴이 작은 마을일지라도 다스리는 자가 나올 것’이라 했고 이를 인용한 마태복음 2장 6절에는 “또 유대 땅 베들레헴아, 너는 유대 고을 중에서 가장 작지 아니하도다”라고 했습니다. 기본적 뜻은 같으나 어감이 다릅니다. 미가서의 말씀은 ‘작은 마을’이라는 사실을 강조한 반면에 마태복음은 ‘가장 작은 것이 아니다’는 사실을 드러냅니다. 결국 베들레헴 예수님의 탄생지는 작은 마을이면서도 작지 않은 마을, 한 단계 더 나아가면 큰 마을이라는 뜻으로 들립니다. 왜냐하면 베들레헴에서 한 다스리는 자, 곧 왕이 나와서 이스라엘 민족의 목자가 될 것이기 때문입니다.

예수님의 탄생은 그 당시 문명국인 큰 나라 로마의 황제 가이사 아구스두(Caesar Augustus)의 신격화된 권력에 비교하면 파리 목숨도 안 되는 존재였습니다. 로마의 식민지 유대 땅 어느 조그만 시골에서 태어난 아기였기 때문입니다. 그것도 집이 아니라 마구간에서 태어나 말구유에 뉘여 짐승의 대우를 받는 아기였습니다. 자칫하면 동정녀 마리아가 결혼하여 남편과 합방하기 전에 잉태하였으므로 간통의 씨앗으로 몰릴 수도 있었습니다. 돌에 맞아 아기엄마와 함께 돌무덤에 묻히고 말 팔자였습니다. 미혼모의 아기였기 때문입니다.

그러나 예수님의 탄생은 온통 우주적인 사건이었습니다. 이미 마리아에게 잉태를 알렸던 천사들의 활동을 통하여 베들레헴 근처 목동들에게 선포되었습니다. 하늘에는 신비한 별들이 나타났습니다. 천문학자들인 동방의 현자들에게도 알려졌습니다. 그 때 나타났던 이상한 별에 관하여 신라시대 삼국사기에서도 증언한다는 연구가 있습니다.

무엇보다도 헤롯대왕이 예수님 탄생에 관하여 겁을 집어먹었습니다. 그래서 동방박사들에게 그 아기의 소재지를 알려달라고 신신당부를 했습니다. 그러나 하나님께서 하시는 일을 사람이 막을 수는 없었습니다. 천사들을 통하여 동방박사들에게 할 일을 알려 주셨습니다. 베들레헴 일대의 두 살 이하 아기들을 몰살시켰지만 하나님은 그 당시 또 하나의 문명국인 이집트로 피난시키셨습니다. 모세를 이름 그대로 '나일강 물에서 건져 내신 하나님'께서는 예수 이름 곧 '여호와는 구원하신다'는 뜻 그대로 이집트로 안전대피시키셨습니다.

예수님의 탄생은 시간적으로도 무척 험악하던 때였습니다. 로마대제국이 세금을 많이 거두어들일 목적으로 인구조사를 강제로 실시했습니다. 그래서 그 작디작은 식민지의 하나인 유대 땅에서도 인구조사가 실시되었습니다. 마리아와 정혼한 남편 요셉은 마침내 나귀에 아내를 싣고 70마일(약 300리)이 넘는 길을 여행해야 했습니다. 임산부에게는 유산의 위험이 큰 여행이었습니다. 더욱이 베들레헴에 도착하니 이미 숙식을 할 수 있는 여관이 없었습니다. 그래서 만삭이 된 아내와 함께 가축을 위한 천연동굴로 된 외양간에 머물게 되었습니다. 유아사망률이 매우 높던 그 당시로서는 참으로 위험천만한 일이었습니다.

그러나 예수님은 살아남으셨습니다. 추위도 피했습니다. 여행에 지친 어머니의 몸도 문제가 없었습니다. 헤롯대왕의 칼끝도 피해갔습니다. 혹독한 추위와 사납고 거친 사막의 위험을 물리치고 이집트로 피난했습니다.

예수님의 생애는 사실 인간의 눈으로 보면 오늘날처럼 그토록 위대한 분이 되실 요건이 별로 없습니다. 그런데 온 인류 역사에 가장 위대하신 분이 되신 것만으로도 그분은 바로 하나님이 보내신 온 인류의 생명 구원자인 것이 하늘의 태양보다도 더 확실합니다. 불가능한 가능성(impossible possibility)이라고 할지 아니면 가능한 불가능성(possible impossibility)이라고 할는지요.

그런데 지혜로운 사람들이 인간은 누구나 소우주小宇宙라고 합니다. 이 소우주 안에 우주를 창조하신 예수 그리스도를 주인으로 모실 때에만 참된 소우주가 될 것입니다.

## 나사렛에서 온 대언자 예수

예수께서 예루살렘에 들어가시니 온 성이 들끓어 말하기를
이는 누구냐 하거늘 무리가 이르되
갈릴리 나사렛에서 나온 대언자 예수라 하니라 (마 21:10-11)

예수님의 예루살렘 전쟁이 시작되었습니다. 영적 전쟁이요 목회 전쟁입니다. 아니, 하나님 나라의 모형인 교회설립 전쟁입니다. 바리새파, 사두개파, 서기관, 원로, 집권자들과의 전쟁이면서 실은 자기 자신과의 전쟁이었습니다. 예수님께서는 이 전쟁에 목숨을 걸었습니다. 탄생 8일 만에 처음 예루살렘에 오셨고 그 이래 서너 번 더 오셨지만 사람의 몸을 입고 들어오신 것은 마지막이었습니다. 그분의 전투는 해골산에서 십자가에 처형되신 것으로 일단 끝나기 때문입니다.

평소에는 5만여 명이 거주하는 도시이지만 그러나 뛰넘절(유월절)이 되면 2백만 명 넘는 유대인들이 몰려들어 바글바글했습니다. 그런 때에 예수님은 나귀새끼를 타고 예루살렘에 들어오셨습니다. 교회가 지키는 절기를 따르면 종려주일입니다. 왕 중의 왕이신 예수님, 아니 황제 중의 황제이신 예수님의 대관식이요 취임식입니다. 무리들의 대다수는 그들의 겉옷이나 종려나무 가지를 길에 폈습니다. 앞에서 가고 뒤에서 따르는 군중들은 소리 높여 노래를 불렀습니다. "호산나(우리를 구원하소서), 다윗의 자손이여, 찬송하리로다. 주의 이름으로 오시는 이여, 가장 높은 곳에서는 호산나"

(마 21:9).

1980년 9월 28일 주일 <유니온교회> 개척예배를 드렸습니다. 미국인들의 루터파 교회(Our Savior's Luthern Church)의 친교실 하나를 임대하여 오전 11시에 시작되었습니다. 한국동란의 인천상륙작전이 성공하고 이어서 수도 서울을 재탈환한 기념일이었습니다. 국회의사당에서 당시 연합군사령관 맥아더 장군이 서울탈환을 해서 이승만 대통령에게 수도 인수인계식을 할 때 그 예식을 '주기도문'으로 마쳤다는 날입니다. "하늘에 계신 우리 아버지, 이름이 거룩히 여김을 받으시옵소서, 나라가 임하옵소서, 뜻이 하늘에서 이루어진 것처럼 유니온교회에서도 이루어지게 하시옵소서." 그런 기도로 시작한 교회였습니다.

그 날 그 첫 유니온교회 창립예배에서의 설교 제목이 바로 "이 사람이 누구요? "였습니다. 성경본문은 마태복음 21:10-17절이었습니다. 예루살렘 성전에서 하나님께 영광은 뒷전이고 개인들의 욕망을 채우기에 눈을 까뒤집고 있는 종교권력자들을 향한 예수님의 심판선언이었습니다. 모든 교회의 대표적 상징이었던 예루살렘 성전의 죄악들을 제거하고 바른 교회로의 회복운동을 위하여 격렬한 행동으로 보여주셨습니다. 그것이 그분의 십자가 처형의 중요한 원인이 되었습니다. 목숨 걸고 교회 '원형회복운동'을 전개하셨습니다. 그 예수님을 머리로 모신 바른 교회(the authentic church)를 건설해 보자는 결단이 있었습니다. '하늘에 있는 것의 모형과 그림자'(히 8:5)인 그런 교회를 해 보자는 각오였습니다.

예수님이 누구이십니까? 그에 대한 대답은 실로 여러 가지입니다. 이 본문에서는 '선지자'라고 했습니다. 예언자라고도 번역할 수 있습니다. 아니, 대언자라는 번역이 더 좋습니다. 그것도 성경 헬라말 원본을 보면 '그 대언자'(호 프로페테스)입니다. 하나님께서 모세에게 언약하신 "너와 같은 선지자"(신 18:18) 곧 메시야/그리스도/구원주입니다. 선지자라는 말은 앞으로 될 일, 되어져야 마땅할 일, 그리고 앞으로 임할 심판을 하나님의 말씀을 받아 전파하는 직책입니다. 그것이 '앞으로 될 일'이라는 점에 강조점을 두어 '예언자'라고 번역합니다. 그러나 한국말에서 예언자는 점쟁이라는 전이해(preunderstanding)가 있어서 대언자代言者라고 번역합니다. 정치에서 흔히 사용하는 대변인(spokes-person)이라는 뜻입니다.

하나님의 백성들이 지켜야 할 절기 가운데 뛰넘절은 가장 으뜸되는 행사입니다. 여러 나라에 흩어져 사는 하나님의 백성들이 예루살렘에 모여들었습니다. 오늘날의 언어로 표현하면 예루살렘은 지구마을, 곧 글로벌 커뮤니티(global community)의 축소판이었습니다. 예수님은 바로 그 때 그리고 그 곳에서 대언자의 사명을 실천하셨습니다. 하나님의 대언자이십니다. 구약성경의 삼대 직분인 제사장, 선지자, 왕이 통합된 대언자 직분입니다. 십자가 위에서의 죽으심과 부활은 그 사명의 절정이요 핵심이요 완성입니다.

그리스도 예수님은 교회의 머리이십니다. 그리고 교회는 그분의 몸입니다. "만물 안에서 만물을 충만하게 하시는 이의 충만"입니다(엡 1:23). 유니온교회 안에서 유니온교회를 충만하게 하시는 그

충만함이십니다.

그러므로 교회는 예수님의 말씀을 대언해야 합니다. 말로 해야 합니다. 행동으로 해야 합니다. 삶으로 해야 합니다. 문화와 문명으로 대언해야 합니다. 예수님처럼 목숨을 걸고 해야 합니다. 가족에게 해야 합니다. 이웃에게, 같은 민족에게, 아니 다른 민족에게, 심지어는 동물과 식물과 자연에게까지 하나님의 말씀을 대언해야 합니다. 혼자서 단기필마로 해야 합니다. 부부처럼 둘이서 한 몸 되어 해내야 합니다. 여럿이서, 아니 온 지구인 모두가 함께해야 합니다.

## 교회는 꼭 하나가 되어야

거룩하신 아버지여, 내게 주신 아버지의 이름으로
그들을 보전하사
우리와 같이 그들도 하나가 되게 하옵소서 (요 17:11)

예수님은 유니온교회 창설자이십니다. 개척목사 이정근을 대리인으로 세웠지만 실제 설립자는 예수님이셨습니다. “이 반석 위에 내 교회를 세우리라”고 선언하신 분이십니다. 반석(마 16:18) 곧 편편한 바위의 실제 내용이 무엇이냐에 대하여는 교회 지도자들 사이에 논쟁이 있습니다. 베드로라는 대답은 로마 가톨릭교회의 것입니다. 베드로의 신앙고백 곧 예수님은 그리스도(메시야, 구원주)이시고 하나님의 아들이시라는 것은 개신교회의 것입니다. 예수 그리스도라는 반석(고전 10:4)을 뜻한다는 주장도 공감대가 넓습니다. “여호와는 나의 반석”(시 18:2)이라는 점에서 삼위일체 하나님을 뜻한다고도 할 수 있습니다. 어쩌면 그 모든 것을 합친 것으로 이해해도 좋습니다.

설교 전문가들 가운데는 ‘간증은 설교가 아니다’라는 순수파들도 있습니다. 설교는 하나님의 말씀을 사람들에게 배달하는 일이라면서 간증에는 성경말씀이 포함될 수 있지만 성경말씀은 아니라는 뜻입니다. 그러나 신앙간증이야말로 삶의 현장에서 받는 하나님의 말씀이요 특히 선교대명에 있는 ‘내 증인이 되라’의 바로 그 증언인 점에서 ‘목숨을 걸고 순교적 각오로 해야 하는 참된 설교’라는 주장에도 귀를 기울여야 합니다. 그래서 이 설교는 간증형식으로 정리했습니다.

교회개척 대리인인 저는 미국에서 박사학위과정을 빨리 마치고 서울신학대학교로 돌아가 휴직 중에 있는 교수직을 계속해야 할 절박한 사정이었습니다. 휴직 기간을 한 번 연장했는데 또 다시 연장하기가 어렵기 때문입니다. 그래서 전도사로서 로스앤젤레스에 개척했던 코비나교회를 9개월 만에 사임했습니다. 앞으로 일 년 안에 박사학위과정을 마치고 학교로 돌아가야 했습니다.

그런데 박정희 대통령 시해사건이 터지면서 대학교들이 대단한 몸살을 앓게 되었습니다. 총장이 바뀌면서 학교로 돌아갈 수 없게 되었습니다. 이미 내 자리에 다른 사람이 임용됐기 때문입니다. 쉽게 말하면 내가 공중에 뜬 것입니다. 박사논문을 빨리 써야 하는데 재정적 후원이 끊어져 버렸으니 막막할 따름이었습니다. 그렇다고 사임한 교회로 다시 돌아갈 수도 없었습니다. 그래서 '울며 겨자 먹기'로 개척한 것이 유니온교회였습니다. 그렇지만 교회 개척이 재정문제 해결에는 전혀 도움이 되지 않았습니다. 식품을 살 돈조차 없어서 우유, 빵 등 날짜 지난 것들을 그냥 얻어다 먹기도 했습니다.

1980년 9월 28일 코리아타운 근처에서 개척을 했습니다. 교회 이름은 여러 가지 안을 검토하다가 기상이 씩씩하고 미국적 정신이 깃든 '파이오니어교회'로 일차 내정했었습니다. 그런데 그 말이 너무 어렵다는 의견이 있었습니다. 그래서 다시 숙고를 거듭한 끝에

'유니온교회'로 최종확정했습니다. 각 교파 사람들이 다 모여드는 이민교회 특성에도 잘 맞는 것 같았습니다. 특히 교회를 이끌어가야 할 설교자에게는 춤을 덩실덩실 출 만큼 좋은 이름이었습니다.

1950년대 중반, 그러니까 휴전 직후였습니다. 어떤 시골교회 신자들이 양편으로 갈라져 싸웠습니다. 오른쪽 편에서 기도하면 왼쪽 편에서 악을 쓰며 찬송을 불러댔습니다. 물론 왼쪽 편에서 기도하면 오른쪽 편에서 아우성 찬송을 했습니다. 담임목사가 설교하려고 강단에 올라가면 저쪽 편 사람들이 우르르 몰려가서 끌어내렸고, 저 쪽 편 목사가 올라가면 반대편 신도들이 멱살을 잡고 끌어내렸습니다. 그 때부터 교회는 모이기만 하면 난장판이 되었습니다. 자주 경찰이 동원되어 해산시켰습니다. 정치적 편 가르기 양상도 있었고 싸움을 즐기는 신자들도 꽤 많았습니다.

싸움은 법정으로 비화되었습니다. 담임목사 직권정지, 예배인도금지, 출입금지, 상해죄 등으로 고소와 맞고소가 이어졌습니다. 그런데 결국은 재산싸움이었습니다. 미국선교사들의 도움으로 만들어진 교회당, 목사사택, 유치원 건물이 건립돼 있었습니다. 소송에 이기려면 신도수가 많아야 한다고 해서 열심히 사람도 동원했습니다. 또 좋은 변호사를 사야 승소한다고 해서 가난한 살림에도 손 크게 헌금했습니다.

두 해 가까이 걸려 법원 판결이 났습니다. 한 쪽은 교회당을 소유하고 다른 쪽은 목사 사택 등을 소유하라는 판결이었습니다. 절반씩 나눈 셈입니다. 그런데 양 편이 싸우느라고 쓴 돈, 소송비용

등을 합치면 예배당 하나를 짓고도 남는 액수였습니다. 잃은 것은 재산만이 아니었습니다. 사랑을 잃었고, 영혼을 잃었고, 교회라는 이름에 오물을 끼어 얹었습니다. 무엇보다도 교회의 머리이신 예수 그리스도를 잃었습니다.

교회의 분쟁은 어제 오늘의 일이 아닙니다. 성경에서 가장 악명 높은 분쟁교회는 바로 고린도교회입니다. 바울, 베드로, 아볼로라는 지도자들에 따라 패거리가 생겼습니다. 스캔들 문제로 싸웠고, 예배 복장문제로 싸웠습니다. 성찬예식 때문에 또 싸웠고, 은사가 다르다고 해서, 재정문제로, 심지어 예수님의 부활문제로 머리가 터지도록 싸웠습니다. 싸우는 교회에는 모든 것이 싸움의 씨앗이 됩니다. 그런 나쁜 전통을 이어받으려는지, 한국교회와 미주한인교회는 싸움질이 너무 많았습니다. 작은 교회는 자주 싸우고 큰 교회는 크게 싸웠습니다. 따라서 교회의 싸움에 무신경 풍조도 생겼습니다. 교회의 분쟁과 싸움은 이단들의 발호와 지도자들의 윤리 파탄과 함께 교회를 망하게 하는 삼대 질병의 하나입니다.

이런 때에 유니온교회라는 이름을 주셨습니다. 유니온 곧 하나가 되라는 절대명령으로 이해했습니다. 그래서 담임목사는 창립 초부터 이렇게 선언했습니다. “만약 유니온교회도 갈라져서 싸우면 담임목사는 그 즉시 사임할 것이고 재산은 자선기관에 기부할 것입니다. 교회의 머리이신 예수 그리스도의 몸을 갈기갈기 찢으면서 어찌 교회라는 이름을 붙이겠습니까?”

요한복음 17장은 예수님의 ‘대제사장 기도’로 이해합니다. 그런데 이 긴 기도, 십자가 처형을 앞두고 피눈물을 쏟으면서 하신 기도에 교회가 하나 되도록 적어도 네 번(11, 21, 22, 23)이나 간절히 부르짖으셨습니다. 성부 성자 성령 하나님께서 하나 되신 것처럼 예수님의 열두 제자로 시작된 교회도 꼭 하나가 되게 해 주시도록 기도하셨습니다. 그러니까 무슨 이유를 막론하고도 교회는 갈라져서 싸우면 삼위일체 하나님께 대한 반역행위인 것입니다. 하나님 나라의 형상을 사탄의 나라 형상으로 바꾸는 죄악입니다. 교회는 수직적으로는 삼위일체 하나님과 함께 사는 하나님 나라의 모형이고, 수평적으로는 사람과 사람이 하나 되는 사랑의 공동체입니다. 이단 사이비들이 믿음에 대한 배신이라면 교회 안의 분쟁은 사랑에 대한 배신행위입니다.

## 낮추시고, 높이시고

사람의 모양으로 나타나시어서 자기를 낮추시고 죽기까지 복종하셨으니
곧 십자가에 죽으심이라. 이러므로 하나님이 그를 지극히 높여
모든 이름 위에 뛰어난 이름을 주시어서 (빌 2:8-9)

예수님도 이력서가 있습니다. 온 우주 만물이 예수님의 이력서입니다. 인류의 역사가 예수님의 이력서입니다. 교회의 역사가 예수님의 이력서입니다. 사람 하나하나의 삶도 예수님 이력서의 한 부분입니다. 특히 충성스럽게 예수 믿는 사람들의 생애가 바로 예수님의 이력서입니다. 물론 성경 전체가 바로 그분의 이력서입니다. 특히 신약성경에는 예수님의 이력서가 더 구체적으로 기록되어 있습니다. 더욱더, 네 복음서는 예수님의 이력서가 가장 자세히 기록된 문헌입니다. "데오빌로 각하여, 내가 먼저 쓴 글에는 무릇 예수께서 행하시며 가르치시기를 시작하심부터 … 승천하신 날까지의 일을 기록하였노라" (행 1:1-2, 눅 1:1-4). 네 복음서에 이어 교회의 구체적 시작인 사도행전의 첫 머리입니다.

신약성경 빌립보서는 바울 사도가 로마 감옥에서 빌립보교회에 써 보낸 예수님의 이력서입니다. 그 가운데서 바울 사도는 예수님의 이력서를 아주 핵심만 뽑아서 간략하게 압축하였습니다. 그것이 바로, "너희 안에 이 마음을 품으라. 곧 그리스도 예수의 마음이니"(빌 2:5)라는 머리말로 시작되어, "하나님 아버지께 영광을 돌리게 하셨느니라"(11절)로 끝나는 편지입니다. 그러면서도 이 요약

본 이력서에만 담고 있는 독특하고 값진 진리도 포함하고 있습니다. 가령 7절에 있는 "자기를 비워"는 하나님이신 그분께서 어떻게 죄악으로 물든 사람의 육신을 입으셨을까의 비밀을 풀어주는 '케노시스 이론'의 근거가 됩니다. (참조: "말씀이 육신이 되어 우리 가운데 거하시매" (요 1:14).

그런데 이 예수님의 이력서를 더욱 간략하게 요약한다면 그것은 바로 '낮추시고'(8절)와 '지극히 높여'(9절)라고 성경연구가들은 결론짓습니다. 우선 예수님은 그 근본이 하나님의 본체(모르페이 쎄우)이십니다. 그러나 하나님과 맞먹으려 하지 않고, 자기를 비워 사람의 모양으로 나타나셨습니다. 거기에서 또 한 단계 더 낮추어 종의 형체를 가지셨습니다. 여기에서 또 낮추셔서 흉악범 취급을 받으셨습니다. 십자가 위에서 최악의 고통을 받으며 사형집행을 당하셨고 땅 속에 묻히셨습니다. 그리고 지옥 혹은 어둠의 감옥(저승)까지 내려가셨습니다(벧전 3:19). 예수님의 이력서는 그러므로 떨어지시고, 떨어지시고, 떨어지시고, 또 떨어지셨다는 뜻입니다. 하늘에서 땅 위로, 땅 위에서 다시 땅 속으로 떨어지셨습니다. 창조주 하나님이신 신분에서 흉악범으로 처형되시고 저승에까지 내려가셨습니다. 그러나 예수님은 그 때부터 올라오셨습니다. 저승에서 땅 위에 올라오셨습니다. 사람의 모양으로 다시 부활하셨습니다. 부활체로서는 흉터를 가진 사람이면서도 천사처럼 자유자재로 다닐 수 있는 존재로 높아지셨습니다. 올리브 산 위에 올라가셨습니다. 구름을 타고 공중으로 또 올라가셨습니다. 그리고 성부 하나님

보좌 오른 편에 좌정하셨습니다. 이제는 하늘에 있는 자들과 땅에 있는 자들과 땅 아래 있는 자들 모두가 그 무릎을 예수님 앞에 꿇게 되었습니다. 그분은 하나님 아버지와 동등됨을 회복하셨습니다. 어린 양이신 예수님께서 '만주의 주'가 되시고 '만왕의 왕'으로 회복되셨습니다 (계 17:14).

다시 말씀드립니다. 예수님의 이력서는 '떨어뜨려지시고, 올리워지셨다'의 두 마디로 요약됩니다. 능동적으로 표현하면 예수님은 '내려오시고, 올라가셨다'가 됩니다. 지극히 높으신 분께서 지극히 낮아지시고 또 다시 지극히 높이심을 받으셨습니다. 이런 점에서 예수님은 다른 큰 종교들의 창설자와 전혀 다른 인생역정을 걸으셨습니다. 유교의 큰 스승 공자와도 다르고 불교의 창설자 석가와도 전혀 다릅니다. 예수님은 하늘에서 내려오셔서 사람이 되신 '하늘사람'이셨고, 사람 가운데서도 흉악범죄자 취급을 받아 사형처분을 받으셨으나 다시 살아나셨고 하늘에 올라가심으로 또 하늘사람으로 회복되셨습니다. 그분의 이력서는 영어 알파벳으로는 '브이'(V)에 해당합니다. 빅토리(승리)의 첫 글자입니다. 그러므로 떨어진 뒤에 올라가는 것만 보장된다면 스스로 많이 떨어지는 것이 인생을 성공적으로 사는 방법입니다.

예수님의 이 같은 이력서는 목숨 걸고 그분을 따르는 우리들 '예수쟁이'들에게는 물론 온 인류에게 하늘처럼 높고 땅처럼 구체적인 진리를 선물합니다. 이처럼 '떨어지고 올라가는' 예수님의 이력은 개인의 이력서이면서도 온 인류가 가야하는 바른 역사의 길입니다. 인류의 온 역사를 운행하시는 성삼위 하나님, 만왕의 왕, 만황제의 황제이신 하나님의 뜻입니다. 국가를 통치하는 사람은 황제이건 대통령이건 가장 낮은 자리에서 살고 있는 국민들에게까지 내려와야 하고 그래야만 백성들의 높임을 받을 수 있습니다. 부모들도 자녀교육을 잘하려면 자녀들 수준까지 무릎을 낮추어야 하고 그래야 나중에 더 큰 행복의 수준으로 높여집니다. 물론 목회자도 가장 흉악한 죄수들의 입장으로 낮아지는 사랑의 목회를 해야 합니다. 사업가도 실패의 쓴 잔을 몇 번씩 마시면서 다시 더 큰 기업인으로 재기하여야 합니다. 하나님께서는 그네를 어느 나라에나 선물하셨습니다. 특히 오월 단오에는 한국에서만 볼 수 있는 높다란 그네가 있습니다. 주로 젊은 여자들이 즐기는 그네입니다. 그런데 예수님의 이력서는 바로 그네인 것을 아십니까? 그네는 많이 떨어져야 많이 올라간다는 원리 말입니다. 많이 올라가기 위하여서는 더 많이 떨어져야 합니다. 성경에 나오는 존경받는 인물들은 모두 그네 인생을 살았습니다. 아브라함, 이삭, 야곱, 요셉, 모세, 여호수아, 다윗, 다니엘, 욥, 세례 요한, 베드로, 바울 등등 그중에서도 그런 그네 인생을 가장 선명하게 보여주신 분이 예수님이십니다. 그래서 예수라는 보배를 질그릇인 자기 몸에 가진 사람은 "거꾸러뜨림을 당하여도 망하지 않습니다."(고후 4:9). 아니, 거꾸러뜨림을 심하게 당할수록 더 크게 올라갑니다. 이집트에서 잔혹한 노예 생활하던 이스라엘 민족이 "학대를 받을수록 더욱 번성하여 퍼져나갔다"(출 1:12)는 말씀을 기억하십시오.

## 요나의 기적, 예수의 기적

악하고 음란한 세대가 표적을 구하나
대언자 요나의 표적 밖에는 보일 표적이 없느니라.
요나가 밤낮 사흘 동안 큰 물고기 뱃속에 있었던 것 같이
인자도 밤낮 사흘 동안 땅 속에 있으리라 (마 12:39-40)

예수님은 수많은 기적을 행하셨습니다. 태어날 때부터 맹인이었고 거지 노릇하던 청년의 눈에 침 섞은 진흙을 발라 물가로 가서 씻게 하셨습니다. 그랬더니 눈이 반짝 떠졌습니다. 미친 바람과 거센 파도에 배가 뒤집힐 것 같은 상황에서 바람과 바다를 향하여 '잔잔하라, 고요하라' 명령하시니까 그대로 되었습니다. 소년이 가진 보리빵 다섯 덩어리와 물고기 두 마리를 가지고 수만 명이 먹고도 열두 광주리가 남는 음식을 만들어 내셨습니다. 난치병, 아니 불치병이었던 나병, 곧 문둥병도 손을 대어 감쪽같이 낫게 하셨습니다. "저물매 사람들이 귀신 들린 자를 많이 데리고 예수께 오거늘 예수께서 말씀으로 귀신들을 쫓아내시고 병든 자들을 다 고치셨습니다."(마 8:16). 이것은 몇 가지 예를 든 것뿐입니다. 예수님의 가르치심과 행하신 일을 적은 네 복음서에는 수없이 많은 기적들이 기록되어 있습니다. '병든 자들을 다 고치셨다'는 이 한 마디가 증명합니다.

이런 소문이 퍼져나가자 어느 날 율법학자와 바리새파 몇 사람

이 예수님을 찾아와 강력하게 요구했습니다. '표적을 보여 주십시오. 우리들 눈앞에서요. 그러면 우리가 당신이 메시야인 것을 믿겠소.' 구약성경 기록처럼 자신들의 눈으로 똑똑히 보아야만 예수님께서 바로 모세, 엘리야 같은 대언자이든지 혹은 식민지로 고통당하는 이스라엘 민족의 구원자 곧 메시야로 믿겠다는 것입니다. 그랬더니 예수님께서 한 마디로 거절하셨습니다. 그뿐만 아니라 율법학자와 바리새파들을 향하여 '악하고 음란한 세대'라고 규정짓습니다. 구약성경을 가장 잘 아는 체하고 성경구절 하나하나를 엄격하게 지킨다고 자부하는 그들이지만 실상은 '자기우상화'에 빠져 있다는 경고입니다. "그들의 마침은 멸망이요, 신은 배요, 그 영광은 그들의 부끄러움에 있고, 땅의 일을 생각하는 자"라는 뜻입니다(빌 3:19).

그런 경고를 하시면서 기적에 대한 매우매우 귀중한 진리를 가르쳐주셨습니다. "대언자 요나의 표적 밖에는 보여줄 것이 없다"고 선언하셨습니다. 요나의 표적이 무엇입니까? 예수님 스스로 설명하셨습니다. "요나가 밤낮 사흘 동안 큰 물고기 뱃속에 있었던 것 같이 인자(사람의 아들)도 밤낮 사흘 동안 땅 속에 있으리라" (마 12:40). 지금 우리들은 예수님께서 밤낮 사흘 동안 땅 속에 있게 된다는 뜻이 무엇인지 잘 알고 있습니다. 사도신경 말씀처럼 예수님께서, "장사된 지 사흘 만에 죽은 자 가운데서 다시 살아나셨다"는 고백입니다. 찬송가 '사셨네, 사셨네, 예수 다시 사셨네."입니다. 그러나 예수님께서 이 말씀을 하실 때에는 예수님 외에는 그 말씀이 부활의 기적인 줄을 전혀 알지 못했습니다.

예수님은 잘라 말씀하셨습니다. 기적 중의 제일 큰 기적은 부활이라고 단언하셨습니다. 표적 중의 제일 분명한 표적은 죽은 자가 다시 살아나는 부활이란 뜻입니다. 그 부활의 기적이 바로 자신에게서 이루어질 것을 미리 예언하셨습니다. 또 그 말씀 그대로 심판을 받으시고 온갖 고문을 다 당하신 뒤에 죽으시고 땅에 묻히셨으며 드디어 사흘 만에 다시 살아나셨습니다.

그런데 하나님은 예수님 부활 이전에 부활 기적을 미리 보여주셨습니다. 그 가운데 대표적인 것이 바로 요나가 큰 물고기 뱃속에서 3일 동안 갇혔다가 다시 살아난 일이라고 밝히셨습니다. 대언자 요나는 예수님의 부활을 미리 체험한 것입니다. 요나가 누구입니까? 그 이름은 '비둘기'라는 뜻입니다. 요나는 가뭄과 흉년인 때에 엘리야를 정성껏 대접했던 사르밧 과부의 아들(왕상 17:8-24)이라는 유대의 전설이 있습니다. 그런 덕택에 '통의 가루와 병의 기름이 떨어지지 않는 기적'을 체험하고 살아날 수 있었습니다. 그리고 그 과부의 아들이 숨이 끊어졌을 때 엘리야의 기도를 받고 '혼이 몸으로 돌아와 살아났던' 엄청난 기적을 체험했습니다. 그것도 예수님 부활기적의 예표였습니다. 그런데 바로 그 사르밧 과부의 아들이 구약성경 요나서의 중심인물인 요나 선지자라는 전설입니다.

성경 연구가들은 기적이 많이 일어나는 시대가 있다고 밝혀냈습니다. 모세가 하나님의 백성을 이끌고 이집트를 탈출하여 광야 40년을 거치고 여호수아의 지도로 가나안 복지에 입성하던 때까지 기적이 많았습니다. 우상숭배로 가득 차 있던 때에 외로운 영적 전쟁을 단기필마로 수행했던 대언자 엘리야/엘리사 대언자들 시대, 이방민족의 포로가 되어 이스라엘 민족 전체의 운명이 바람 앞의 촛불과 같던 다니엘의 시대, 그리고 예수님과 사도들의 시대입니다.

요나의 기적은 지금도 논쟁이 많습니다. 목사 안수를 받으려면 목사고시를 반드시 보아야 합니다. 그런데 목사고시에서 자주 묻는 질문이 무엇인지 아십니까? "후보생은 요나가 큰 물고기 뱃속에서 3일 동안 있다가 다시 살아나온 것을 믿는가? "입니다. "아닙니다. 전혀 믿지 않습니다. 아니, 큰 물고기 뱃속에 사흘이나 있었으면 뼈도 못 추릴 터인데 어찌 살아서 나오겠습니까? 그건 옛날 옛적 신화 혹은 아이들 동화(fairy tale)일 뿐입니다." 그래야만 목사안수시험에 합격시켰습니다. 지금부터 100여 년 전, 진화론과 과학만능주의가 극성을 부리던 시절입니다.

"네, 저는 요나가 큰 물고기 뱃속에 3일간 있다가 살아 나왔다는 것을 믿믿습니다. 그리고 하나님은 전지전능하신 분이시므로 무엇이든지 하실 수 있는 분입니다 송사리 뱃속에 들어갔다 살아나왔다 해도 믿습니다. 하나님의 말씀은 일점일획 그대로다. 아니, 저는 과학도 하나님의 기적의 하나일 뿐이라고 믿습니다." 그렇게 대답해야 목사고시에 합격했습니다. 기적 만능주의자입니다.

기적을 전적으로 부인하는 것은 하나님이 전지전능 전재하신다는 사실을 믿지 않는 것입니다. 하지만 모든 문제를 기적으로만 해결하려는 것도 좋은 믿음 같지만 하나님의 뜻은 아닙니다. 어떤 아이가 학기말 시험 때에 자습 복습 공부는 전혀 안하고 시험에 만점 받게 해달라고 금식철야기도만 한다면 그게 좋은 신앙입니까?

모든 기적은 부활의 기적에서 완성됩니다. 예수님으로부터 고침 받은 환자들도 모두 죽었습니다. 만약 그들에게 부활이 없다면 병 고침 받았거나 악령이 쫓겨난 것은 큰 기적이라고 할 수 없습니다. 요나가 큰 물고기 뱃속에서 다시 살아나와서 한 일이 무엇입니까. 이방민족의 대표도시 니느웨에서 전도하여 12만 명이 재를 뿌리며 회개하고 영혼이 구원받았으며, 마침내는 부활의 축복스런 소망(blessed hope)도 선물로 받게 된 것 아닙니까?

## 단 3일 걸려 세운 성전

이 성전을 헐라. 내가 사흘 동안에 일으키리라
(요 2:19)

예수님께서 노끈으로 채찍을 만드셨습니다. 그것을 휘두르시며 성전 뜰을 휘젓고 다니셨습니다. 예루살렘 성전입니다. 온 세상에서 단 하나밖에 없는 성전, 영원 자존자 하나님께서 자세한 설계도를 주셔서 지은 성전입니다. 소를 팔고, 비둘기를 팔고, 돈을 바꾸는 사람들을 향하여 채찍으로 위협하셨습니다.

채찍에 맞았다는 사람들이 있다는 기록은 없습니다. 좋게 말하면 위협에 그치셨는지도 모릅니다. 채찍은 양과 소를 성전 뜰 밖으로 내어보내는 데만 쓰셨는지도 모릅니다. 그러나 채찍에 얻어맞은 사람들이 있고 없고는 큰 차이가 없습니다. 채찍도 사용하실 수 있다는 것을 보여주셨습니다. 돈 바꾸는 사람들의 돈도 땅바닥에 몽땅 쏟으셨습니다. 그들이 쓰는 테이블을 뒤엎으셨습니다. 예수님께서 폭력을 사용하셨던 것은 변명의 여지가 전혀 없습니다.

예수님이라고 폭력을 못 쓰실 이유가 있을까요? 아무렴요. 있습니다. 너희 원수를 사랑하라고 하신 그분 아니십니까? 너희를 박해하는 자들을 위하여 기도하라고 하신 분이 아니십니까? 악한 자를 대적하지 말라고 하셨습니다. 누구든지 네 오른 편 뺨을 때리거든 왼편 뺨도 돌려대라고 하셨습니다. 속옷을 달라는 자에게는 겉옷까지 주라고 하셨고, 저주하는 자에게는 축복하라고 말씀하신 분 아닙니까? 그보다 더 한 가르침도 있습니다. 간통하다가 현장에서 잡힌 여자도 살려주셨습니다. 그런 예수님께서 폭력으로 사건을 해결하려 하셨다면 자기모순 아닐까요? 그렇습니다. 당연히 그런 의문을 가질 법도 합니다.

그런데 예수님의 이 '성전 청소 사건'은 한 번에 그치지 않으셨습니다. 어쩌면 30세 때 곧 목회를 시작하실 때에 한 번 하셨고(요 2:13-22), 그리고 십자가에 처형되시기 며칠 전에 또 한 번 성전 대청소를 감행하셨습니다(막 11:15-18). 단 한 번으로 해석하는 분들도 있지만 그렇다 해도 별 문제는 아닙니다. 그러나 예수님의 목회는 예루살렘 성전 대청소로 시작되고 또 마감되었다고 해도 은혜가 많습니다. 여기에서는 두 가지를 종합하여 풀어드립니다. 그러나 특히 첫 번 청소에 더 근거를 두었습니다.

예수님께서 왜 폭력까지 동원하시면서 성전 청결을 감행하셨을까요? 아니, 이런 행동이 예수님을 십자가에 처형시키는 매우 매우 중요한 원인이 될 것을 너무나도 잘 알고 계셨습니다. 예수님을 재판할 때에 안식일에 병 고친 사건과 함께 결정적 죄목이었습니다(마 26:61, 27:40). 물론 외형적 최대 죄목은 '자칭 메시야'였지만 대제사장과 공회의원들의 돈줄을 끊어 놓는 이 사건이 실제적 사형죄목이었습니다.

그렇습니다. 예수님은 목숨을 걸고 성전 청결을 감행하셨습니다. 그래서 노끈채찍을 사용하시는 등 폭력을 행사하셨습니다. 그런 점에서 예수님은 절대적 평화주의자 혹은 절대적 전쟁반대자는 아니십니다. 가능한 한의 선택적 평화주의자요 가능한 한의 선택적 전쟁반대자이십니다.

문제는 왜 예수님께서 성전을 깨끗하게 하시는 일에 목숨을 걸으셨느냐 하는 것입니다. 그게 메시야 곧 구원주 되시는 예수 그리스도의 그토록 중요한 사역일까요?

그렇습니다. 바로 보셨어요. 그 일에 목숨을 거실 만큼 중요한 일입니다. 그런 말씀이, "이 성전을 헐라. 내가 사흘 동안에 일으키리라"입니다. 생명을 으깨서 만들어낸 무시무시한 선언입니다. 헤롯대왕이라는 자가 46년이나 걸려 지은 성전이지만 이 성전은 진짜가 아니라는 선언입니다. 하나님께서 기뻐하시는 성전이 결코 아니라는 뜻입니다. 이스라엘 민족의 피와 이방인의 피가 섞인 헤롯대왕이 자기의 정치적 목적을 위하여 세운 성전이기 때문에 그 근본부터 하나님께 영광과 찬양을 드리는 성전은 결코 아니라는 뜻입니다. 그리고 지금도 대제사장들과 제사장, 바리새파 사람들과 사두개파 사람들, 성경학자들이 거룩한 제사를 빙자하여 돈 버는 수단으로 전락한 이 성전은 위조지폐와 같은 가짜 성전이라는 것입니다.

다른 어떤 절기보다도 뛰넘절(유월절)이 되면 유대인들과 또 유대교를 믿는 이방인들까지도 성지순례를 옵니다. 멀고 먼 나라에 흩어져 사는 유대인들(디아스포라)도 성지순례차 오게 됩니다. 그리고 제물을 바칩니다. 양이나 소나 비둘기 같은 제물입니다. 그리고 성전세금을 내기 위하여 외국돈을 유대의 화폐로 바꿉니다. 그런데 제물로 바칠 동물들을 지정한 곳에서 사면 제물검사관이 쉽게 통과시킵니다. 지정되지 않은 곳에서 사면 통과가 잘 안 됩니다. 그래서 장사속이 생깁니다. 뒷거래가 있게 됩니다. 검은 돈이 굴러다닙니다. 쉽게 말하면 이 성전은 46년이나 걸려 지은 웅장한 것이지만 하나님께 영광을 드린다는 본래 목적은 온 데 간 데 없고 정권 탐욕자들의 권력연장의 수단이 되었습니다. 제물을 하나님께 드리는 것은 대제사장부터 시작해서 그 제물을 바치는 사람들의 생명을 하나님의 제단에 바치는 것이 본래적 목적입니다. 그런데 그런 거룩한 목적이 오히려 성전 헌신자들이 자기 배를 불리는 도구가 되었습니다. 하나님의 영광을 도적질하여 자기 영광을 확보하기에 미쳐버렸습니다. 순리順理대로 써야 할 것을 역리逆理로 썼습니다(롬 1:26).

예수님께서 이 세상에 오신 최대목적은 영혼구원이요 그것은 곧 하나님의 나라를 모든 사람들의 마음속에 건설하시겠다는 뜻입니다. 성삼위 하나님께서 통치하시는 나라, 그 하나님을 사랑하는 까닭에 이웃은 물론 원수까지 사랑하며 사는 인간으로 새롭게 만드시려는 것입니다.

그렇다면 지금 예수님께서 우리들이 소속한 교회에 오신다면 무어라 말씀하실까요? 행여 우리들이 소속한 교회에도 만의 하나 하나님의 영광을 가로채는 일들에 재미 붙인 사람들은 없을까요? 그렇지 않기를 진심으로 기도합니다. 무엇보다도 목회자들에게 간담이 서늘한 경고입니다. 그러나 개신교회는 만인목회자론을 믿습니다. 우리 모두가 황금으로 표시되는 우리 자신의 이익을 위하여 거룩한 일들 곧 교회를 역리로 쓰고 악용하는 일은 없는지요? 예수님이 내려치시는 진노의 채찍을 맞기 전에 다시 한 번 회개의 눈물을 흘려야 합니다. 교회는 예수 그리스도의 몸, 곧 죽으시고 사흘 만에 다시 살아나신 몸이 되어야 합니다. 그래서 교회를 위하여 죽어야만 합니다. 그러면 하나님께서 사흘 만에 다시 살려주십니다. 참 교회는 십자가를 지시고 죽으신 뒤에 사흘 만에 부활하신 예수 그리스도께서 머리 되시고 우리들이 몸의 각 지체 되는 때에만 순도 100% 교회가 됩니다. 교회는 영혼을 살리고 사람을 살리고 모든 피조물을 살리는 함생체이기 때문입니다.

## 좁은 문, 넓은 문

좁은 문으로 들어가라.
멸망으로 인도하는 문은 크고 그 길이 넓어
그리로 들어가는 자가 많고
생명으로 인도하는 문은 좁고 길이 협착하여
찾는 자가 적음이라 (마 7:13-14)

질문: 당신은 지금 영원한 삶의 문으로 가고 있는가, 아니면 영원한 죽음의 길로 가고 있는가.

학교에서는 학생들에게 숙제를 내어 줍니다. 숙제를 너무 많이 내어준다고 교사에게 불평하는 이들이 있습니다. 그러나 숙제가 없는 학교를 만들어 달라는 요구는 별로 들어본 일이 없습니다. 오히려 숙제를 많이 내어달라고 요청하는 학부모들이 많습니다.

그런데 왜 숙제를 내줄까요? 대답은 여럿입니다. 학교에서만 공부하는 것이 아니고 집에서도 공부하라는 뜻입니다. 그래서 숙제를 영어로는 홈웍(home work) 곧 '집에서 하는 일'이라고 합니다. 학교에서만 공부하는 것이 아니고 집에서도 공부하라는 뜻입니다. 교사가 보는 앞에서만 공부하지 말고 스스로 공부하는 습관을 기르라는 뜻도 있습니다. 자기주도학습(self-directed learning)입니다. 인간을 자율하는 존재로 만드는 것이 교육의 큰 목적입니다.

그러나 무엇보다도 숙제를 꼭 해와야 한다는 이유가 있습니다.

인생이란 결국 문제해결과정(problem solving process)이라는 걸 깨우쳐주기 위함입니다. 인생은 누구나 많은 문제, 의무, 사명들과 싸우며 이것들을 해결하여 가는 과정이기 때문입니다.

예수님도 많은 숙제를 하시며 성장하셨습니다. 모유를 먹는 연습, 소변 대변을 가리는 일, 발걸음을 떼어가며 아장아장 걷는 일, 밥을 혼자서 먹는 일, 부모의 일을 돕는 일, 말을 배우고 또 글자를 사용하는 일, 부친을 따라 목공을 배우는 일, 대인관계, 기도하는 일, 회당에 가서 안식일을 지키는 일, 예루살렘 성전에 가서 뛰넘절 등 절기를 지키는 일 등 성경에는 자세한 기록들이 없지만 당연히 해내야 하는 숙제들입니다.

"아기가 자라며, 강하여지고, 지혜가 충만하며, 하나님의 은혜가 그의 위에 있더라" (눅 2:40).

"예수는 지혜와 키가 자라가며 하나님과 사람에게 더욱 사랑스러워 가시더라" (눅 2:52).

이런 말씀들이 그런 사실을 웅변으로 증명합니다.

그러면서 인생의 가장 중요한 숙제가 무엇인지를 깨달으셨습니다. 회당에 가셔서 배우고, 성경을 읽고, 성경을 해설한 여러 책들을 읽으면서 인생 최종의 숙제를 찾아내셨습니다. 그것은 영원한 삶과 영원한 죽음 바로 그것입니다. 우리 같은 보통 인간이라면 50세 이상이나 되어야 고민할 문제들인데 예수님은 일찍이 깨달으셨습니다. 우리 한국사람들의 경우 불교라면 우상숭배라는 측면에서 기피하는 경향이 강합니다. 그러나 그 창설자인 석가모니도 인생의 가장 큰 고민 곧 해결해야 할 최대숙제를 '생로병사'生老病死 곧 삶, 늙음, 병듦, 죽음의 네 가지로 분석했다는 점과 그것을 바로 해결하기 위하여 왕궁을 떠나 일부러 고통의 길을 걸었다는 점에서 존경할 만한 인물입니다. 다만 성경적 눈으로 보면 그가 삶과 죽음, 죽음과 삶의 문제를 바르고 완벽하게 해결했다고 인정하기 어렵습니다.

그렇습니다. 인간에게 최종적이면서도 가장 심각한 숙제는 바로 삶과 죽음, 죽음과 삶의 문제입니다. 가령 배고픈 것이나 목마른 사람에게 물어보십시오. 그것이 왜 그리 심각한 문제입니까? 대답은 하나입니다. 배고픈데 계속 아무 것도 먹지 않으면 굶어죽기 때문입니다. 목마른데 계속 물을 마시지 않으면 죽음에 이르기 때문입니다. 공기 오염이 왜 문제가 됩니까? 나쁜 공기를 마시면 죽음에 이르기 때문입니다. 병 특히 암과 같은 난치병에 걸리는 것이 왜 문제가 됩니까? 전쟁이 왜 큰 문제입니까? 마약이 왜 나쁩니까? 반대로 묻습니다. 정치가 왜 필요합니까? 군인들이 어째서 있어야 합니까? 병원은 왜 있어야 하고 병원비를 많이 내면서도 입원합니까?

대답은 오직 하나, '생명이 살아남기 위하여'입니다.

그러나 인간이 고안해 낸 기술이나 문명만으로는 죽음의 문제를 영원히 해결할 수 없습니다. 의학의 발전으로 생존기간을 어느 정도 늘려가는 것은 인류 역사가 증명하고 있습니다. 언제인가는 므두셀라가 살았었다는 구백육십구세를 넘겨 살 수도 있을 것 같습니다(창 5:27). 그러나 육신의 죽음 문제를 완벽하게 해결할 수 있는 시대가 올 수 있을까요?

예수님께서 메시야로서 이 땅 위에 사람의 몸을 입고 오신 것은 비단 육신의 죽음 문제 해결에 국한되지는 않습니다. 사람을 살리시고, 인간의 문명을 살리시고, 우주의 모든 피조물을 살리고, 특히 인간의 영혼을 살리시려고 오셨습니다.

"인자가 온 것은 잃어버린 자를 찾아 구원하려 함이니라" (눅 19:10).

예수님의 명백한 사명선언입니다.

사람 앞에는 누구에게나 두 가지 길이 있습니다. 하나님은 이렇게 말씀하셨습니다.

"보라, 내가 너희 앞에 생명의 길과 사망의 길을 두었노라. 너는 이 백성에게 전하라" (렘 21:8). 그러나 생명의 길로 가는 것이 죽음의 길로 가는 것보다 훨씬 힘들고 어렵습니다. 그래서 예수님은 '좁은 문으로 들어가라'고 말씀하셨습니다. 넓은 문 곧 죽음의 길로 가는 문은 생명의 문으로 들어가는 길보다 훨씬 쉽다는 뜻입니다. 왜 그렇습니까? 좁은 문으로 들어가는 길은 바로 예수님께서 걸어가신 길. 고통, 고통, 또 고통의 연속 가운데서 사시다가 마침내 십자가를 지고 죽으셨기 때문입니다. 그러나 하나님의 구원으로 다시 살아나셨습니다. 그래서 하는 말이 무엇입니까? '십자가가 없으면 왕관도 없다' (No cross, no crown).

"아무든지 나를 따라오려거든 자기를 부인하고 날마다 제 십자가를 지고 나를 따를 것이니라" (눅 9:23).

주님께서 걸어가신 길이 피로 얼룩진 고난의 길이지만 그 길이 바로 영원한 생명의 길이라는 선언입니다. 우리들도 그런 영원한 생명의 길, 좁은 문으로 들어가려면 '자기를 버리고, 예수님 걸어가신 길을 따라' 나서야 합니다.

## 그리스도의 심장으로

내가 예수 그리스도의 심장으로 너희 무리를 얼마나 사모하는지
하나님이 내 증거자이시니라 (빌 1:8)
내 살을 먹고 내 피를 마시는 자는 영생을 가졌고,
마지막 날에 내가 그를 다시 살리리니,
내 살은 참된 양식이요 내 피는 참된 음료로다 (요 6:54-55)

요한복음 5장은 '예수님의 실패한 설교'라는 딱지가 붙어 있습니다. 예수님의 설교를 들은 제자들이 무어라 했습니까? "이 말씀은 어렵도다. 누가 들을 수 있느냐."(60절). 아무도 이해할 수 없다는데 어찌 성공적 설교라고 하겠습니까? 게다가 설교를 들은 사람들이 불평하며 수군거리기도 했습니다. 그런 결과 그 설교를 들은 제자들 가운데 많은 사람이 예수님을 떠나가게 되었습니다. 그리고 다시는 그분과 함께 다니지 않았다고 했으니 어찌 좋은 설교라고 하겠습니까? (66절). 그리스도교가 시작된 이래 지금까지 목사의 자격 가운데 제일 중요한 것이 있다면 무엇이겠습니까? 바로 설교입니다. 설교에 실패하면 목회는 총체적으로 실패하게 됩니다. 그리스도교는 성경말씀이 그 기초 중의 기초이기 때문입니다.

그것뿐이 아닙니다. 더 있습니다. 초대교회 신자들이 가는 곳마다 박해를 받은 문화적 이유가 있습니다. 그리스도인들은 사람의 살을 먹고 사람의 피를 마신다는 악한 소문이 돌았답니다. 초대교회 성도들이 비밀모임에서 사람의 살을 먹고 피를 마신다고 하니

까 그런 유언비어가 퍼져나간 것입니다. 그래서 성도들이 생명을 잃기도 했습니다. 그런데 어찌 그 설교가 성공적인 말씀이라고 하겠습니까?

그런데 예수님께서도 이 사실을 자세히 알고 계셨습니다. 제자들이 이 설교에 대하여 불평하고 수군거리는 것을 '스스로 아셨습니다.' "이 말이 너희에게 걸림돌이 되느냐? "그렇게 물으셨습니다(61절). 제자들이 상당수 떠나가니까 예수님은 열두 제자에게도 너희들조차 떠날 것이냐고 물으셨습니다. 그 때 베드로가 대표로 결심을 밝힙니다. 예수님은 주님이십니다. "영원한 생명의 말씀이 주님께 있는데 저희들이 누구에게로 떠나가겠습니까? "(68절). 그리고 이어서 베드로가 또 고백합니다. 예수님은 하나님이 보내신 거룩하신 분 곧 메시야이신 것을 믿고 알았습니다(69절).

예수님은 이 설교가 오고 오는 세대에 여러 가지 부작용이 생길 수도 있다는 것도 예상하셨습니다. 그리스도인들이 흡혈귀라는 오해도 있었고 그래서 많은 순교자들이 나오기도 했답니다. 그런 값을 치루더라도 이 설교는 꼭 해야겠다는 것이 예수님의 결단입니다. 그만큼 중요한 그리스도교의 핵심진리라는 뜻입니다.

요한복음 6장은 보리빵 다섯 개와 물고기 두 마리로 오천 명을 먹이신 표적으로 시작됩니다. 공관복음서에는 남자만 5천명으로 밝히고 있습니다. 그런 기적을 보고 사람들이 예수님을 왕으로 추대하려 했습니다. 그때나 이때나 먹는 문제를 해결해 주는 사람, 경제문제 해결능력을 갖춘 사람을 최고의 통치자로 뽑는 것은 당연한 일이기도 합니다. 그런 다음 바다 위로 걸어오시는 표적도 보여주셨습니다. 요한복음은 마태/마가/누가 복음이 기록하지 않은 것들을 주요내용으로 하고 있는데 그러나 오천 명 먹이시는 일과 바다 위로 걸어오시는 일은 공관복음서들도 함께 기록하고 있습니다. 중요하기 때문입니다. 예수님께서 특히 자신이 '하늘에서 내려온 생명의 빵'이라는 점을 강조하셨습니다. "나는 생명의 빵이니 내게 오는 자는 결코 주리지 아니할 터이요, 나를 믿는 자는 영원히 목마르지 아니하리라"(35절). 예수님의 선언입니다.

이런 맥락에서 보면 요한복음 6장은 '요한복음 판 성찬예식'을 기록하고 있습니다. 그래서 지금 이 설교를 읽는 형제자매님들에게는 모두 낯익은 말씀들입니다. 어느 교회에 소속되었든지 그리스도인들은 누구나 성찬예식 참여를 매우 중요하게 여깁니다. 그런데 요한복음 판 성찬예식은 공관복음서나 고린도 전서 11장에 기록된 성찬예식에서는 발견할 수 없는 심오한 진리를 가르쳐 줍니다.

요한복음 6장에는 우선 '내 살을 먹어라, 내 피를 마셔라'처럼 적극적 명령이 반복해서 나옵니다. 강조의 뜻이 있습니다. 그뿐만 아니라, '내 살을 먹지 아니하면 … 내 피를 마시지 아니하면' 하고 부정적 명령도 반복해서 나옵니다. 메시야 곧 구원주 되시는 예수님께서 이 세상에 오셔서 십자가에 처형되심으로 찢기신 살과 흘리신 피를 먹고 마시는 성찬예식이 성경 전체의 핵심교훈이라는 선언입니다.

우리들의 생명이 영원한 구원을 얻는다는 일이 무엇인가를 예수님은 아주 쉽게 이해할 수 있도록 우리들의 몸을 가지고 가르쳐 주셨습니다. 사람은 누구나 “그 은혜에 의하여 믿음으로 말미암아” 구원을 받습니다(엡 2:8). ‘그 은혜’는 바로 예수님께서 십자가 위에서 ‘찢기신 살과 흘리신 피’입니다. 그리고 ‘믿음’은 예수님의 살과 피를 ‘받아서 내 몸 속에 집어넣는 결단’이라는 선언입니다. 요한복음이나 에베소서나 모두 에베소 교회와 관련이 있다는 점에서 이 말씀들을 더욱 주목해야 합니다.

그런데 한 단계 더 생각해야 합니다. 예수님께서 자신의 살과 피를 주신다는 것은 온 몸 전체를 주신다는 뜻으로 확장하면 더 큰 은혜가 됩니다. 내 몸 속의 살을 예수님의 것으로 이식수술하고 지금도 온 몸을 힘차게 흘러 다니는 피를 예수님의 피로 바꾼다는 것은 지금 시대의 말로 하면 장기 이식수술의 핵심부분입니다. 그러니 믿음이 무엇이냐는 질문에는 ‘예수님의 장기로 내 몸 속의 장기를 이식수술하는 것’이라고 대답할 수 있습니다.

현대의학은 이런 이식수술을 수없이 많이 실행합니다. 간도 바꾸고, 위도 바꾸고, 심장 판막도 바꾸고, 눈의 각막도 이식수술합니다. 그럴 바에야 예수님의 장기로 바꾸어 이식수술해야 합니다. 눈 하나만 예수님의 눈으로 이식수술 받아도 세상이 달라집니다. 아니 자신이 새롭게 변화됩니다. 그래서 사도 바울도 빌립보교회 성도들을 향하여 이렇게 편지했습니다. “내가 예수 그리스도의 심장으로 너희 무리를 얼마나 사모하는지 하나님이 내 증거자이시니라” (빌 1:8). 여기에서 심장이란 말은 우리 몸속의 모든 장기를 뜻합니다. 우리는 말싸움을 할 때, "뭐 누구는 간도 없고 쓸개도 없어?" 하고 소리를 지릅니다. 그리스도 예수의 사람은 그 간 그 쓸개가 바로 예수님의 것으로 이식수술 받은 사람입니다. 특히 예수님은 피와 살 그리고 뇌수와 심장까지 모든 성도들에게 선물로 기증해 주셨습니다. 그 기증식이 바로 십자가 처형입니다. 그리고 또 그 분 자신이 의사가 되셔서 수술을 도와주십니다.

결단하십시오. 우리 몸속의 장기, 가령 작은 것 하나라도 예수님의 장기로 이식수술 받으셔야 합니다. 예수님을 당신 생명의 주인으로 영접하시기만 하면 됩니다.

"영접하는 자 곧 그 이름을 믿는 자들에게는 하나님의 자녀가 되는 권세를 주셨습니다" (요 1:12).

## 삭개오는 이렇게 구원 받았다

오늘 구원이 이 집에 이르렀으니
이 사람도 아브라함의 자손임이로다 (눅 19:9)

예수님께서 예루살렘으로 올라가시는 길이었습니다. 그런데 그 발걸음이 여리고에 이르렀습니다. 여호수아와 그 군대가 법궤를 메고 일곱 번 돌은 뒤 함성을 질러 무너뜨린 적이 있는 도시였습니다. 교통의 요지여서 장사꾼들이 빈번하게 다니고 물자의 교류가 많았습니다. 그 덕에 통관세도 많이 거둘 수 있었습니다. 예수님께서 '착한 사마리아 사람' 비유를 말씀하실 때에 "어떤 사람이 예루살렘에서 여리고로 내려가다가 강도를 만났다"(눅 10:30)고 하셨습니다. 창녀 라합도 바로 여리고에 살고 있었습니다. 그러니까 여리고는 매우 흥청거리는 도시라는 뜻입니다.

그 곳을 들어가서 예루살렘으로 곧장 올라가려 하셨는데 예수님을 보려는 사람들이 무척 많았습니다. 그런데 한 청년이 돌무화과나무 위에 올라가서 예수님께서 지나가시는 것을 구경하려고 기다리고 있었습니다. 예수님의 눈이 마침 그 사람과 맞부딪쳤습니다. 그러자 예수님은 소리쳐 그를 불렀습니다.

"삭개오 씨, 속히 내려오시오. 오늘 댁에 가서 머물고 싶소이다."

어떻게 이름을 아셨는지 여쭈어 볼 틈도 없었습니다. 황급히 내려 와서 예수님께 인사를 했습니다. 그렇지 않아도 한 번 꼭 뵙고 싶었습니다. 이스라엘 사람으로서 자기 백성들을 착취해서 과도하게 세금을 거두고 그것을 적대국가인 로마 정부에 바치는 것 때문에 늘 하나님이 두려웠습니다. 그리고 다른 사람들 눈에 반역자로 낙인찍혀 살게 되었습니다. 자기뿐 아니라 온 가족, 특히 자식들조차 따돌림을 받았습니다.

게다가 말할 수도 없는 심적 고통이 있었습니다. 아버지가 그 이름을 삭개오라고 지어 주셨을 때에는 그 글자 그대로 '바르고, 의롭고, 깨끗하게' 살아야만 했습니다. 그런데 오히려 하나님을 모르는 이방민족인 로마국가의 반역자가 되어 '더럽고, 추악한 불의의 괴수'가 되어 정반대로 살고 있는 고통입니다. 특히 몇 년 전에 세례자 요한이 세례 받으러 나오는 이들에게, "독사의 자식들아 … 도끼가 나무뿌리 아래 놓였으니 좋은 열매를 맺지 아니하는 나무마다 찍혀 불에 던져지리라"(눅 3:9) 하고 소름끼칠 정도로 꾸짖었고, 정당하게 부과된 세금 외에는 결코 더 거두지 말라고 추상같이 명령했다고 들었습니다.

거기에 비하면 예수님은 자기 같은 세리들을 친구로 삼고 함께 식사도 하고 대화도 했답니다. 그것 때문에 바리새파 사람들의 손가락질도 받았지만 전혀 신경을 안 쓰셨답니다. 그리고 무엇보다도 자기와 똑같이 민족반역자 노릇을 하고 있는 마태를 열두 제자에 포함시키셨다는 사실도 들었습니다. 그래서 예수님을 꼭 만나고 싶었는데 키가 작고 사람들이 많아서 할 수 없이 나무 꼭대기에 올라갔던 것입니다. 먼발치에서라도 한 번 그 얼굴을 바라보고 싶었습니다. 그런데 자신의 이름을 어떻게 알았는지 친히 불렀습니다.

"바르게 살아야 할 사람이여, 어서 속히 내려오시오. 내가 오늘은 댁에 가서 머무르려 하오." 영혼에 대한 뜨거운 사랑이 배어 있는 음성이었습니다.

삭개오는 너무 황홀한 나머지 황급히 나무에서 내려왔습니다. 그리고는 예수님 옆에 바짝 붙어서 팔을 붙잡고 기쁨으로 자기 집으로 모셨습니다. 예수님을 만나려던 수많은 구경꾼들이 예수님에게 실망한 나머지, "저 사람이 결국 삭개오 같은 죄인 중의 두목의 집에 들어갔다"고 비난했지만 그런 소리는 이제 조금도 두렵지 않았습니다. 무엇보다도 자신의 아버지로부터 받은 그 값진 이름 "의롭고 바르게 살아야 할 사람"이라는 깊은 뜻을 다시 찾아낸 것만이 뛸 듯이 기뻤습니다.

삭개오는 예수님께서 집안에 들어서시고 자리에 앉기도 전에 자원해서 말했습니다. "주님, 제가 꼭 약속합니다. 제 소유의 절반은 팔아서 가난한 자들에게 주겠습니다. 그리고 제가 누구의 것이든 속여 빼앗은 것이 있다면 그것들은 율법의 규정처럼 네 배로 갚겠습니다." 그렇게 결단했습니다(출 22:1 참고).

이 결단을 들으신 예수님은 당사자인 삭개오 보다 훨씬 더 기뻐하셨습니다. 자신이 이 세상에 온 목적, 특히 목숨을 십자가에 걸고 죽으려는 목표가 달성되었기 때문입니다. "삭개오 씨, 이제 이름대로 살게 되었습니다. 회개하고 믿기만 하면 누구든지 죄사함을 받고 영원한 구원의 문으로 들어가는 하나님의 자녀가 된다고 누누이 가르쳐왔는데 이 여리고에서 또 좋은 열매를 거두게 되었네요. 삭개오 씨뿐만 아니라 이제 온 가족도 영원한 생명을 얻게 될 것이요. 믿음의 조상 아브라함 자손의 지위를 완전히 회복한 것을 축하합니다."

그리고는 삭개오의 가족들과 거기까지 따라온 수많은 사람들을 한 번 휘휘 둘러 보시고는 이렇게 말씀하셨습니다. "나는 삭개오 씨 같은 잃어버린 사람을 찾아 구원하려고 사람의 몸을 입고 이 땅에 나타난 존재입니다."

삭개오는 며칠 뒤에 예수님께서 십자가 위에서 처형되셨다는 것과 다시 살아나셨다는 소식을 들었습니다. 그래서 세금장사 사업을 모두 정리하고 예수님과 약속한 것을 이행했습니다. 그런 다음 땅 끝까지 이르러 예수님의 증인 곧 순교자가 되어 생명을 던졌습니다. 전설에 따르면 중요 항구도시 가이사랴의 감독이 되어 복음을 여러 나라로 실어 보내는 사역에 목숨을 걸었습니다.

## 목숨은 절대적 최고 가치

사람이 만일 온 우주를 얻고도
제 목숨을 잃으면 무엇이 유익하겠느냐.
사람이 무엇을 주고 제 목숨과 바꾸겠느냐?
(마 16:25-26)

예수님께서 교회 창설을 선언하셨습니다. "너는 베드로라. 내가 이 반석 위에 내 교회를 세우리라"(마 16:18)며 확고부동하게 약속하셨습니다. 이것은 예수님의 말씀이 아니라 교회주의자들이 덧보태 놓은 소설적 허구일 뿐이라는 주장들이 있습니다. 믿을만한 것이 아닙니다. 거듭 말하거니와 예수님은 교회를 세우실 것을 결심하셨습니다.

교회설립계획은 그분의 이 세상 목회활동이 끝나갈 무렵에 발표되었습니다. 특히 대표제자 베드로가, 예수님을 그리스도/메시야이시고 '살아계신'(헬, 존토스) 하나님 곧 생명이신 하나님의 아들이시라는 엄청난 고백에 이어서 확고하게 밝히셨습니다. 스승이신 예수님은 제자들의 믿음이 이토록 성숙해진 것을 확인하셨기에 하늘나라의 비밀을 밝히실 단계가 되었다고 판단하셨습니다. 그래서 두 가지 크나 큰 비밀을 밝히셨습니다. 하나는 교회를 세우시겠다는 것이고 또 하나는 자신이 십자가에 처형된 뒤 제3일에 다시 살아나실 것이라는 비밀입니다.

그러자 베드로가 반대에 나섰습니다. 예수님을 메시야 곧 구원주로 고백했던 베드로, 그래서 하늘나라의 문을 열 수 있는 열쇠까지 선물로 받은 베드로가 완강하게 반대했습니다. '주님, 그래서는 결코 결코 안 됩니다' 하면서 예수님을 협박했습니다. 아직도 예수님께서 이스라엘의 왕이 되실 것으로만 이해했기 때문입니다. 생각만 해도 몸서리가 처지는 십자가 죽음이라니요. 예수님께서 다윗처럼 왕이 되시면 무언가 큼직한 한 자리 차지할 기대에 잔뜩 부풀어 있는데요.

예수님의 꾸중은 더욱 거칠었습니다. 베드로를 향하여, "사탄아, 내 뒤로 물러가라. 너는 내게 걸림돌이구나. 네가 하나님의 일이 아니라 오히려 사람의 일을 생각하는구나" (마 16:23). 아끼고 또 아끼는 제자 베드로를 사탄으로 몰아붙이셨습니다. 예수님을 은전 30개에 팔아먹은 가룟 유다가 사탄의 손에 사로잡혀 있는 것을 연상하게 됩니다(요 13:2).

이 대목에서 예수님은 하늘나라의 큰 진리를 밝히셨습니다. 하늘나라로 올라가는 길은 곧 십자가의 길이라는 사실입니다. 예수님께서 온 인류를 구원하시기 위하여 십자가에 처형되실 것을 결심하신 것뿐만 아니라 영원한 생명을 얻으려는 사람도 누구든지 십자가의 길을 가야 한다는 확고한 선언입니다. 예수님께서 속죄양이 되셔서 십자가 제단에 바쳐진 제물이 되셨기 때문에 '값없이' 받은 은혜로 우리가 구원을 얻지만 실상 그 때부터 우리는 모두가 십자가의 길로 들어서야만 한다는 큰 진리입니다. "누구든지 나를 따라오려거든 자기를 부인하고 날마다 자기 십자가를 지고 나를 따라와야 한다"(눅 9:23)는 말씀입니다.

그 말씀에 이어서 예수님께서 생명의 값을 밝히셨습니다. 이 설교 제목 아래 있는 요절의 말씀으로, 목숨의 값은 온 천하를 주고도 바꿀 수 없을 만큼 귀중하다는 뜻입니다. '천하'는 원문 헬라말로는 '코스모스'인데 이는 우주, 세계, 세상, 질서라는 폭넓은 뜻을 가졌습니다. 그리고 목숨은 '프쉬케'이며 생명의 본질, 생명, 호흡, 영혼, 마음, 목숨이라는 여러 의미로 사용됩니다. 생명이라는 뜻으로는 '조에'라는 헬라말이 요한복음에 특히 많이 나오는데, "내가 곧 길이요, 진리요 생명이다"(요 14:6)는 구절에서 생명이 바로 '조에'입니다. 하나 더 있습니다. '비오스'입니다. 생명, 재산 등의 뜻으로 쓰이며 영어 생물학(biology)에서 사용됩니다. 그러나 큰 틀에서 보면 프쉬케, 조에, 비오스는 같은 범주의 언어입니다. 예수님께서는 목숨이나 생명의 값을 온 우주를 주고도 바꿀 수 없다고 단언하셨습니다. 그리고 강조하셨습니다. 목숨이 음식보다 더욱 귀중하고 몸이 의복보다 훨씬 귀중하다는 선언입니다 (마 6:25, 눅 12:23).

여기에서 우리가 깨닫는 진리가 있습니다. 생명의 값에도 우선순위가 있다는 점입니다. 성경을 전체로 이해하면 무생물보다는 생물이 더 귀중합니다. 같은 생물이라도 식물보다는 동물의 생명이 더욱 귀중합니다. 동물보다는 사람의 생명이 더 귀중합니다. 그러나 사람의 생명보다는 성삼위 하나님의 생명 값이 가장 높으십니다.

성부 하나님은 생명을 창조하신 절대생명이십니다. 성자 하나님은 육신을 입고 이 땅 위에 오셨다가 온갖 고난을 당하시고 십자가에 처형되셨고 다시 살아나신 생명입니다. 성령 하나님은 바람, 불, 물로 표현되는 생명 제공체입니다.

그런데 절대생명체이신 하나님께서 그 자신이신 또 다른 생명체를 십자가 제단에서 희생시키심으로 인간생명의 구원작전을 수행하셨습니다. 창조주의 생명을 바쳐 피조물의 생명을 영원히 살도록 구원하신 것입니다. 아, 하나님의 엄청난 사랑이여. 그래서 사람의 생명을 우주보다도 귀중하다고 값을 매기셨습니다. 아니, 사람의 생명이 아니라 이 설교를 쓰는 저, 그리고 이 설교를 읽는 당신, 옛날 시골교회 성도들이 기도했던 것처럼 발가락 사이의 때만도 못한 이 생명 하나를 살리기 위하여 창조주 하나님께서 스스로의 생명을 십자가 제단에 드리셨습니다. 우리 눈에는 십자가에 걸려 있는 생명은 아들 예수님 뿐인 것처럼만 보이지만 그 때에 성부 하나님, 성령 하나님도 함께 그 죽음의 고통을 맛보셨다는 뜻입니다.

그렇게 하여 성삼위 하나님은 아가페 사랑을 피조물에게 선물하셨습니다. 특히 온 인류에게 베푸셨습니다. '생명은 우주 전체보다도 귀중하다'는 예수님의 말씀으로 인하여 인류의 역사는 줄곧 인권존중의 길을 걸어왔습니다. 노예들이 해방되어 오고 있습니다. 인종차별이 제거되어 가고 있습니다. 빈부차별이 극복되어 가고 있습니다. 남녀성차별도 없어져 가고 있습니다. 어린이와 어른의 생명값이 똑같게 되었습니다.

철학자 임마누엘 칸트는 사람의 생명이 절대적 가치라는 것을 '정언명법'(categorical imperative), 곧 무조건적이며 절대적 명령이라고 풀었습니다. 그의 이름 임마누엘 곧 '하나님이 우리와 함께 계시다'는 뜻 그대로의 사명을 수행했습니다.

그러나 아직도 멀었습니다. 온 우주의 생명체들이 환경오염으로 인하여 대량 학살되고 있습니다. 지구 위의 인간생명, 하나님의 형상을 가진 인간생명들이 대량으로 살해되고 학대받고 있습니다. 성삼위 하나님의 생명절대존중의 뜻을 온 인류 가슴 가슴마다 가득 채워야 합니다. 무슨 이유로도 사람의 생명을 죽여서는 안 됩니다. 예수님께서 십자가에 처형되시면서 선언하신 '인간생명 절대존중'의 선언을 예수 따르는 우리들이 먼저 지켜야 합니다. 철저하고 엄격하게 지켜야 합니다. 목숨을 걸고 지켜야 합니다.

## 이 돌들로 빵이 되게 하라

시험하는 자가 예수께 나아와서 이르되, 네가 만일
하나님의 아들이면 이 돌들에게 명령하여 빵이 되게 하라 (마 4:3-4)
예수께서 대답하여 이르시되, 사람이 빵으로만 살 것이 아니요
하나님의 입으로부터 나오는 모든 말씀으로
살 것이라고 기록되었다 (눅 4:1-4)

예수님께서 사탄에게 유혹을 받으셨습니다. 세례를 받으신 뒤 바로 이어서 40일 동안의 금식기도를 마치시는 때였습니다. 사해 바다와 여리고에서 그리 멀지 않은 곳입니다. 아주 황량한 사막이고 지금도 '시험산'이라고 불리는 곳으로 그리 높지는 않고 나무가 거의 없습니다.

마가복음에는 예수님께서 시험을 받으셨다는 사실만 기록되어 있습니다. 누가복음에는 마태복음과 마찬가지로 세 가지 시험이 기록되어 있는데 그 두 번째 시험과 세 번째 시험의 순서가 다릅니다. 여기에서는 첫 번째 유혹사건 곧 돌들에게 명령해서 빵이 되게 하라는 사탄의 도전에 초점을 맞춥니다.

우선 예수님께서 40일 동안 금식하셨습니다. 40일 동안의 금식은 인간이 감내할 수 있는 최대기간으로 이해됩니다. 예수님께서는 한계상황에 이르셨습니다. 모세가 호렙산에서 하나님으로부터 언약, 곧 십계명이 기록된 두 돌판'을 받기 전에 빵먹기와 물마시기를 거부했던 40낮 40밤의 기나긴 기간입니다(신 9:8-11). 광대뼈

가 툭 튀어나오고 뼈만 앙상하게 남은 산송장의 모습입니다. 삶과 죽음, 생존과 사망의 격렬한 최후 투쟁을 벌이는 극한상황입니다.

그래서 사탄은 먹고 마시는 문제로 예수님을 타락시키려는 전략을 선택했습니다. '이 돌들에게 명령해서 빵이 되게 하시오. 그리고 40 밤낮을 굶주려 창자가 착 달라붙은 당신의 배를 채우시오.' 어떻게 들으면 달콤하고 따뜻한 사랑의 권고입니다. 곧 사망판정이 내려질 산송장에게 이보다 더 반가운 지혜가 어디 있겠습니까. 한계상황을 단번에 탈출할 수 있는 비법입니다.

예수님께서 유혹과 격렬하게 투쟁하시던 그 곳 유혹의 산 근처에는 돌이 많이 있었습니다. 이스라엘 땅 전체에 바위, 반석, 돌들이 널려 있습니다. 비교적 비옥한 땅인 갈릴리 지방에도 '돌밭'에 씨가 떨어졌다는 비유가 있을 정도입니다. 특히 그런 돌들은 그 모양도 빵처럼 생겼습니다. 어쩌면 예수님도 목숨 건 금식투쟁기간 동안 그 근처에 굴러다니는 돌들을 보시면서, '아이고야, 저 돌들이 빵이라면….' 하셨을 것입니다. 배고픈 사람에게는 길가의 쇠똥조차도 맛있는 빵으로 보여서 침이 고이게 됩니다.

만약 그런 돌들로 빵을 만들어 내신다면 예수님은 당장 왕이나 황제로 추대되실 것입니다. 실제로 예수님께서 보리빵 다섯 개와 물고기 두 마리로 몇 만 명을 먹이셨고 열두 광주리 남았을 때에 그분을 황제로 모시려는 운동이 있었습니다. "예수께서 그들이 와서 자기를 억지로 붙들어 임금 삼으려는 것을 아시고 다시 혼자 산으로 떠나가셨다"(요 6:15)고 했습니다. 지금도 세계 각 나라에서 최고지도자를 선택할 때는 경제문제 해결능력이 자격의 1순위 아닙니까. 예수님은 경제 메시야이셨습니다. '무엇을 먹을까, 무엇을 마실까, 무엇을 입을까 염려하지 말라.'고 단언하셨습니다(마 6:25). 그 당시의 수많은 무리들은 누구나 의식주 문제 해결이 안되어 고통이 막중했었습니다. '진짜 문제는 경제야, 이 바보들아.' 그런 구호로 미국대통령에 당선된 사람이 있었습니다.

사탄들의 유혹은 언제나 절반은 진짜입니다. 그러나 그 남은 절반은 허위입니다. 예수님을 아들로 두신 우리 하나님은 공중을 날아다니는 새들도 먹이십니다. 땅에 기어 다니는 벌레들도 먹이십니다. 바다의 물고기와 산에 있는 나무들과 들에 있는 풀들도 먹이십니다. 하물며 하나님의 형상을 지닌 인간을 굶기시겠습니까? 하지만 굶어 죽고 목말라 죽는다는 것은 기나긴 고통이 따르는 비극입니다. 그런 점에서 '돌들에게 명령해서 빵이 되게 하라'는 유혹은 아주, 아주 잘 짜놓은 각본입니다.

그런데 '이 돌들에게 명령해서 빵이 되게 하라'는 사탄의 선동은 그 유혹의 정도가 훨씬 큽니다. 다른 것이 아닙니다. 바로 '십자가 죽음을 통한 구원계획' 그것을 완전 무효화시키려는 음모이기 때문입니다. 사람들에게 먹을 것과 마실 것을 공급하고, 의복을 제공하고, 주택을 건설하여 분양하고, 일자리를 마련해 주고, 무이자로 사업자금을 무제한 대여해 주고, 못 갚으면 빚을 탕감해 주고, 사업을 발전시키고, 외국에서 명품들을 배로 실어다가 싼 값에 공급하는, 그런 왕이 된다면 그것이 곧 하나님의 나라를 통치하는,

그리고 이스라엘 최고의 왕 다윗의 법통을 잇는 메시야로 추대될 것입니다. 어느 누가 미련하게도 십자가의 죽음을 통하여 인류를 구원하겠다는 자를 황제로 추대하겠습니까?

그러나 사탄은 뻔히 알고 있었습니다. 그 아들 예수님을 십자가 제단에 매달아 죽임으로써 영원한 구원의 길을 열어 놓으실 성부 하나님의 영원한 계획 말입니다. "여자의 후손은 네 머리를 상하게 할 것이요 너는 그의 발꿈치를 상하게 할 것이니라."(창 3:15). 그 말씀 속에 깊게 깊게 감추어 있는 속뜻입니다. 여자의 후손인 예수님께서는 사탄과의 싸움에서 발꿈치를 물리시겠지만 그러나 마침내 사탄의 머리를 으깨 놓을 것이라는 예언의 말씀입니다. 뱀으로 나타난 사탄은 머리를 으깨 죽여야 끝을 보게 됩니다.

예수님에게 돌들에 명령해서 빵이 되도록 하라는 사탄의 유혹은 지금도 계속되고 앞으로도 극성을 부릴 것입니다. 돌들로 빵을 만들 기적의 능력이 있다면 돌들로 황금도 만들고 미국 화폐인 달러도 만들 것입니다. 이미 은 삼십 개에 스승 예수님을 팔아넘긴 그 유다에게서 증명되었습니다. 폭락해버린 주식을 대량 매입하여 몇 시간만 기다려 폭등한 값에 팔 수 있습니다. 예수님을 믿고 따르는 사람마다 그런 연금술 수준의 능력을 부어주신다면 이 세상 모든 사람들이 예수님을 메시야로 영접할 것인데 무엇 때문에 미련하기 짝이 없는 십자가 죽음을 선택한다는 말입니까?

그런데 성경의 기록과 교회역사를 살펴보면 하나님과 재물을 겸하여 섬기는 일이 얼마나 많았는지요(마 6:24). 겉으로는 하나님을 섬기는 것처럼 행세하지만 속으로는 맘몬, 곧 돈신을 섬긴 사례가 헤아릴 수 없이 많습니다. 아니, 다른 사람 이야기가 아니라 바로 설교자 자신의 실존적 모습입니다. 아아, 나는 불쌍한 사람입니다. 십자가를 무효화시킨 이 죄악을 어찌 해결하겠습니까?

지금도 사탄은 교회를 향하여 '이 돌들에게 명령해서 빵이 되게 하라.'고 유혹합니다. 교회에 와서 한 시간 주일예배 드리는 사람에게는 미국 돈으로 100달러씩 드리겠다고 광고하면 아마 교회당은 발 디딜 틈도 없이 많은 사람들이 몰려들 것입니다. 십자가의 진리가 멸망하는 자들에게는 미련한 것처럼 보입니다. 그러나 구원을 얻고 있는 우리들에게는 하나님의 능력, 핵폭탄을 터뜨리는 것과 같은 파워(power)입니다(고전 1:18).

## 그 분은 하늘사람

하늘에서 내려온 자 곧 인자 외에는 하늘에 올라간 자가 없느니라
(요 3:13, 행 1:10-11)

예수님은 여러 가지 이름을 가지셨습니다. 우선 '예수'입니다. '여호와는 구원하신다'는 뜻을 가졌습니다. 천사가 전달해 준 것으로 하늘아버님께서 지어주신 이름입니다. 그 밖에도 여러 명칭들이 있습니다. 그리스도, 메시야, 사람의 아들(인자), 하나님의 아들, 성자, 임마누엘, 로고스, 주, 종, 구주, 하나님, 랍비, 선생, 선지자, 제사장, 대제사장, 예언자, 중보자, 왕, 만왕의 왕, 만주의 주, 알파와 오메가, 만유의 상속자, 하나님의 영광의 광채, 본체의 형상, 아버지의 독생자, 독생하신 하나님, 아브라함의 자손, 다윗의 자손, 여자의 후손, 나사렛 사람, 목수, 목수의 아들, 갈릴리 사람, 대속자, 신랑, 하나님의 어린 양.

어떤 성경연구가는 100개의 이름을 제시하기도 했습니다. 실로 이런 이름들은 하나하나가 모두 심오한 뜻을 가졌기 때문에 그 이름들만 연구해도 은혜를 엄청나게 받게 됩니다. 하지만 이런 명칭들이 주로 기독교 문명권에서 생산되고 사용된 것이기에 한계가 있습니다. 성경일제고사를 치러보면 가장 빈번히 사용되는 '예수 그리스도'의 뜻을 모르는 크리스천들도 상당히 많습니다. 하물며 비기독교인들에게는 얼마나 생소한 것들이겠습니까.

성경연구가들과 교회 지도자들의 고민이 바로 여기에 있습니다.

어떻게 하면 예수님의 이름 뜻을 사전을 찾지 않고도 바르게 그리고 속히 알게 할 수 있을까요. 그래야 교육효과를 더 높일 수 있지 않겠습니까. 이름이 무엇인지 성이 무슨 뜻인지도 모른다면 하물며 그 인격이나 그가 가르치신 정신적 영적 교훈들을 제대로 깨닫기가 어렵습니다. 아니, 여러 이름과 명칭을 아는 것 자체가 그분의 속뜻을 깊이 있게 파악하는 일이 됩니다.

거듭 말합니다. 우리가 지금 쓰고 있는 예수님에 대한 여러 명칭들은 대부분 유대교, 가톨릭교, 개신교 안에서만 사용되는 전문용어(technical term)들입니다. 세상 사람들에게는 알아듣기 어려운 방언과 같습니다. 만일 나팔이 분명하지 못한 소리를 내면 누가 전투를 준비하겠습니까? (고전 14:8).

그래서 기독교를 잘 모르는 사람들도 쉽게 이해할 수 있는 명칭을 예수님께 붙여 드렸으면 하는 희망이 있어 왔습니다. 그 최선의 대안이 바로 '하늘사람 예수'(Jesus, Heavenly Human)일 것으로 확신합니다. 결코 새로 지어낸 말이 아닙니다. 예수님 스스로가 자신을 가리켜, "하늘에서 내려온 자, 곧 인자(사람의 아들) 외에는 하늘에 올라간 자가 없느니라"(요 3:13)고 선언하셨습니다. 그리고 자신은 '생명의 빵'인데 '하늘에서 내려와 세상에 생명을 주는 생명의 빵'(요 6:33, 35)이라고 선언하셨습니다. 자신이 하늘에서 내려온 생명의 빵 곧 출애굽 할 때 하나님의 백성들이 먹었던 '만나'라는 말씀입니다. 하늘에서 내려오셨다는 말씀은 하나님에게서 왔다는 것을 뜻하는 문학적 표현입니다.

하늘은 성경에 여러 번 반복해 '하나님이 계신 곳'이라고 했습니다. 예수님도, "하늘에 계신 우리 아버지여"(마 6:9, 주기도문)라고 하셨습니다. "여호와께서 그의 보좌를 하늘에 세우시고 그의 왕권으로 만유를 다스리시도다"(시 103:19)는 말씀도 있습니다. 무엇보다도 마태복음에 쏟아져 나오는 '천국'은 '하늘나라'인데 마가/누가/요한 복음서에는 '하나님의 나라'라는 데서 하늘과 하나님의 밀접한 관계를 확인할 수 있습니다.

예수님은 하늘사람이십니다. 하늘에서 내려오셨다가 이 세상에서 삼십 삼년 사시고 하늘나라로 올라가신 하늘사람이십니다. 예수님을 흔히 '온전하신 하나님 온전하신 사람'(vere homo vere Deus)이라고 합니다만 이것은 오랜 동안의 기도와 연구와 토론을 거쳐 확정된 가르침입니다. 아직도 그것의 깊이와 넓이를 다 알지 못하는 신비성이 있습니다. 곧 예수님은 100% 하나님이시고 동시에 100% 사람이시라는 뜻입니다. 의심 많던 제자 도마가 고백했던 것처럼 예수님은 곧 '나의 하나님'이십니다(요 20:28). 제자들이 보는 가운데서 하늘로 올라가셨습니다(행 1:9-11). 그리고 지금도 하늘에 있는 하나님 나라 보좌 우편에서 성부 하나님, 성령 하나님과 함께 목회에 전심전력을 기울이고 계십니다.

그러나 그분께서 이 땅 위에 계실 때에는 온전하신 사람이셨습니다. 여자의 몸에서 태어나시고, 모유를 먹으시고, 걸음마도 말도 배우시고, 화장실 가시고, 키와 지혜와 대인관계가 자라시고, 피곤하여 잠을 주무시는 등 우리와 똑같은 100% 사람이셨습니다. 그래서 이 둘을 합하여 '하늘사람'이 되셨습니다.

인류 문명이 발달할수록 하늘을 쳐다보는 시간이 줄어듭니다. 예수님께서 하늘을 올려다보며 사셨던 시간에 비하면 우리들은 하늘을 바라보는 시간이 너무 적습니다. 집안에 있다가 자동차 타고 가서 또 건물 안에서 일하다가 다시 자동차 타고 집으로 돌아옵니다. 그래서 하늘 높은 줄도 모르고, 하늘 넓은 줄도 모릅니다. 특히 하늘을 무서워할 줄 모릅니다. 옛날 우리 선조들은, '네 이놈, 하늘 무서운 줄도 모르느냐?'는 꾸중들을 많이 했습니다. 지금은 그 말이 거의 사라졌습니다. 그래서 특히 '하늘사람 예수' 그 이름을 온 세상에 퍼뜨려야 하겠습니다. 음성으로, 글로, 예술품으로, 행동으로, 그리고 삶으로 …. '하늘사람 예수' 그분이 바로 온 인류의 생명 구원주이시기 때문입니다.

## 니고데모와 사마리아 여인

바리새인 중에 니고데모라 하는 사람이 있으니
유대인의 지도자라 (요 3:1)
사마리아 여자 한 사람이 물을 길으러 왔으매
예수께서 물을 좀 달라 하시니라 (요 4:7)

예수님께서는 수많은 사람들을 만나셨습니다. 그런 사람들 가운데 니고데모와 사마리아 여인도 끼어 있습니다. 니고데모를 만나신 사건은 요한복음 3장 1절에서부터 21절까지, 그리고 사마리아 여인과의 만남은 바로 그 다음 장 곧 요한복음 4장 1절부터 42절까지 기록되어 있습니다. 하나는 21절 분량이고 또 하나는 42절 분량이니까 사마리아 여인 만남 기록이 니고데모 뉴스보다 두 배나 많습니다. 그러나 니고데모에 관한 기록은 그 뒤에도 두 번 더 나옵니다 (요 7:50-51, 요 19:39).

그런데 이 두 사람 곧 니고데모와 사마리아 여인은 여러 가지 점에서 서로 비교도 되고 대조도 됩니다. 성경을 연구하는 방법의 하나로 비교법(比較法, comparison)과 대조법(對照法, contrast)이 있습니다. 비교법은 공통점을 찾아내는 것이고 대조법은 서로 반대되는 점들을 발견해내는 것입니다. 논리학이나 문장 수사법에서 자주 언급되지만 성경공부에서도 진리를 발견하고 은혜를 찾아내는 매우 효과적인 방법들입니다. 대조법부터 적용해 보겠습니다.

니고데모는 남자입니다. 사마리아 여인은 여자입니다. 그 때에는 남자 중심의 사회였고 남성 중심의 문화였습니다.

니고데모는 니고데모라는 이름을 가지고 있습니다. '니고'는 이긴다는 뜻이고 '데모'는 사람들을 의미합니다. 그러니까 사람들과의 경쟁이나 투쟁에서 이겨야 한다는 아버지의 기도가 담긴 이름입니다. 그러나 사마리아 여인의 이름은 무엇인지 기록되지 않았습니다. 예수님께서도 '네 이름이 무엇이냐' 하고 묻지도 않으셨나 봅니다. 이름은 그 사람이 누구인지를 말하는 자아성의 대표적 도구인데도 말입니다.

니고데모는 유대인이었습니다. 유대인은 야곱의 열두 지파 가운데 유다 자손들입니다. 그러나 남북분단시대에는 유다와 베냐민 지파 후손을 뜻했고 바벨론 포로시대부터는 남쪽 유다 출신과 북쪽 이스라엘 출신 12지파 후손 모두를 유대인이라 했습니다. 지금은 전 세계에 흩어진 모든 히브리 사람들을 유대인이라 합니다.

반면에 그 여인은 사마리아 사람이었습니다. 북왕국인 이스라엘에 속했던 땅이고 도시였던 사마리아는 주전 722년 앗수르의 점령지가 되었고 그들의 혼혈정책으로 말미암아 이방인의 피가 섞이게 되었습니다. 그래서 느헤미야가 예루살렘 성벽을 재건할 때, 스룹바벨 성전을 지을 때에 그것을 방해했습니다.

니고데모는 유대인 중에서도 지도자였습니다. 예수님 당시 로마의 식민지가 되어 있을 때 유대인의 민사재판과 종교 문화 곧 유대교와 관련된 사항을 결정하고 재판하는 최고 기관의 회원입니다.

대단한 권력자입니다.

사마리아 여인은 그 직업이 창녀처럼 보입니다. 이전에 남편 다섯이 있었고 지금도 남자와 살고 있지만 그 남자도 그 여자의 남편이 아니라고 예수님께서 잔인할 정도로 폭로하셨습니다. 그 여인의 손에는 험악한 세상에서 살아남을 수 있는 도구가 별로 없었기에 어쩌면 몸 파는 여인의 신세였습니다.

니고데모는 도덕적으로도 흠잡을 데 없는 모범적인 사람입니다. 존경받는 유대인의 랍비 곧 스승입니다. 예수님께서 그를 '이스라엘의 선생'(요 3:10)이라고 호칭하셨습니다. 그러나 사마리아 여인은 윤리나 도덕 같은 것은 아예 그 수준을 가늠하는 것이 무의미할 정도입니다. 니고데모는 유대교의 정통파 신자였습니다. 그리고 거룩한 성전이 있는 하나님의 도성 예루살렘에 살고 있었습니다. 안식일을 엄수하고 뛰넘절(유월절) 등 절기를 철저히 지키며, 구약성경은 물론 미쉬나와 탈무드 같은 유대인들의 교훈집들도 숙달했던 사람입니다.

그러나 사마리아 여인은 모세 오경만을 하나님의 말씀으로 믿는 사마리아 종교 추종자입니다. 그리심산이 성지입니다. 유대교의 시각에서 보면 사이비요 이단종파에 속했다는 뜻입니다.

종합적으로 말한다면 니고데모는 어느 모로나 존경을 받을 수 있는 사람입니다. 어디를 가든지 높은 자리에 앉을 수 있습니다. 무척 잘 나가는 사람입니다. 그러나 사마리아 여인은 하층 중에도 하층에 살고 있는 팔자 사나운 여인입니다. 어디 가든지 사람 취급을 받지 못합니다. 그 사마리아 동네에서는 물론 유대인들에게서는 멸시 천대라는 화살의 과녁이 되었습니다.

이 두 사람을 대조해 보면 더욱 풍성한 은혜를 받을 것입니다. 가령 니고데모는 예수님을 한 밤중에 찾아갔습니다. 그러나 사마리아 여인은 대낮에 우물가에서 쉬시다가 우연히 만나셨습니다. 그러나 중요한 것은 이것입니다. 곧, 예수님은 이 두 사람을 똑 같이 보셨습니다. 남녀의 차이를 넘어 똑같은 사람으로 보셨습니다. 하나님께서 태초에 '천하보다도 귀중한 생명'(마 16:26)으로 창조해 주셨고 하나님 자신의 형상을 불어넣어 지으신 생명입니다(창 1:27, 창 2:7). 그러나 지금은 똑같이 죄인들입니다. 지옥열차를 타고 가는데도 어디를 가는지를 모르고 살아가는 죄인들입니다. 하지만 영원한 생명 곧 영원한 죽음이 가져오는 공포심에서 해방되기를 간절히 바라는 구원의 열망을 가진 영혼들입니다.

그래서 예수님은 그 두 생명을 반드시 구원해 내시겠다는 결단을 하셨습니다. 그리고 마침내 '다 이루었다'고 하신 말씀에 그 두 사람의 생명을 포함시키셨습니다. 영원한 생명의 길로 인도하셨습니다. 그들이 또 다른 생명을 구원하는 일에 헌신하도록 변화시키셨습니다.

## 그 때 당신은 누구였을까

이를 구경하러 모인 무리도 그 된 일을 보고
다 가슴을 치며 돌아가고,
예수를 아는 자들과 갈릴리로부터 따라온 여자들도
다 멀리 서서 이 일을 보니라 (눅 23:48-49)

예수님께서 십자가에 달려 죽으시고 다시 살아나신 사건이 성경 66권의 심장과 같고 뇌수에 해당됩니다. 예수님께서는 "이것들보다 더 큰 계명이 없느니라"(막 12:31)고 잘라서 말씀하신 교훈이 있습니다. 그 제일 큰 계명이 무엇입니까? "네 마음을 다하고, 목숨을 다하고, 뜻을 다하고, 힘을 다하여 주 너의 하나님을 사랑하라."(막 12:30). 이것이 첫째입니다. 그리고 그것은 곧 "네 이웃을 네 자신과 같이 사랑하라"(막 12:31)는 둘째 계명으로 이어집니다.

예수님께서 가르치신 모든 교훈은 바로 이 '하나님 사랑과 이웃 사랑'으로 요약됩니다. 예수님께서 삶과 행동으로 보여주신 모든 것들도 바로 하나님 사랑과 이웃 사랑의 실천이었습니다. 거듭 말합니다. 그분께서 십자가 제단에 자신의 생명을 기꺼이 바치신 가장 큰 목적이 곧 하나님 아버지를 사랑하시고, 예수님의 이웃인 모든 인류를 사랑하셨기 때문입니다.

그것을 가장 철저하게 보여주는 것이 바로 십자가 처형과 부활사건입니다. 마태, 마가, 누가, 요한이 기록하여 남긴 복음서들이 이런 사실을 공통적으로 확인해 줍니다. 예수님의 생애와 교훈 가운데는 단연 '십자가에 달려 죽으시고 다시 살아나신 일'을 가장 상세하고, 집중적이고, 많은 분량으로 기록했습니다.

1986년 9월 그러니까 30여 년 전입니다. 유니온교회에서는 <아, 골고다>라는 뮤지컬을 공연했습니다. 문화선교행사의 일종인데 로스앤젤레스 시내 윌셔 이벨극장에서 가졌습니다. 미주 한인교회 역사에서는 처음 있는 일로 800여명의 관객이 공연장을 꽉 채웠습니다. 내용은 예수님의 십자가 처형과 부활 사건이었습니다. 그 때 여러 배역을 맡았던 이들과 도왔던 분들을 만나면 화제가 많습니다. 이 설교는 그 때부터 쓰기 시작한 셈입니다. 비록 담임목사였던 이 설교자는 특별한 배역을 맡지는 않았지만 만약 무대에 올라간다면 어떤 인물이 되어볼까 그런 생각이 지금까지도 문득문득 머리를 스쳐갑니다. 특히 이스라엘 땅을 방문했을 때에는 이런 질문 때문에 괴로움도 많았고 은혜도 더 많았습니다. 거기에는 예수님께서 처형되신 해골언덕이 두 군데나 있었습니다.

예수님을 처형하는 일에 적극 나선 사람들이 있었습니다. 대제사장 가야바와 안나스가 예수님의 처형을 주도했던 대표적 인물들입니다. 예수님을 체포했던 성전 경비원들도 적극 가담자였습니다. 그들을 뒷받침한 사람들이 산헤드린 공회 의원들로 권력을 쥔 바리새파, 사두개파, 성경학자와 서기관, 장로들입니다. 그리고 누구보다도 예수님께서 무죄라다는 걸 알면서도 인민재판의 명분을 빌어 합법적 사형선고를 내렸던 로마 총독 빌라도입니다. 게다가 필요 이상으로 잔인하게 학대를 가했던 그 군인들입니다. 그리고 또 빼어 놓을 수 없는 사람이 바로 예수님의 열두 제자였던 가룟 유다입니다. 스승까지 팔아서 돈을 벌었던 도둑놈입니다. 당신은 과연 이런 인물들 가운데 누구였습니까?

예수님 처형에 박수를 친 사람들이 더 많이 있습니다. 살인범 바라바를 석방시키고 예수를 즉각 처형하라고 아우성을 쳤던 군중들입니다. 그리고 해골언덕에서 예수님을 조롱하며 "네가 하나님의 아들이라면 십자가에서 내려오라"며 머리를 흔들고 조롱하던 '지나가던 자들'입니다. 게다가 함께 십자가에 달린 주제에 예수님에게 욕설을 퍼 부었던 강도들도 있습니다.

당신은 그 때에 과연 누구였습니까? 예수님을 십자가에 처형하는 일에 적극적으로 가담했던 그런 인물이 아닐는지요? 예수님 때문에 자기의 이익이 줄어들거나 없어지기 때문에 예수님의 존재를 아예 뿌리 채 뽑아버리겠다고 이를 박박 가는 사람은 아닐는지요?

예수님께서 처형되실 때에 무관심한 사람들도 있었습니다. 예루살렘에 사는 수많은 사람들이 그렇습니다. 뛰넘절이라 발 디딜 틈도 없이 많은 사람들이 모였습니다. 많은 사람들이 예수님 처형 사건에 흥미를 가졌습니다. 그러나 '그건 나와는 상관없는 일'이라며 지나쳐버린 사람들이 훨씬 많습니다. 지금도 예수님이 십자가에 처형되셨다가 다시 살아나셨거나 말거나 별다른 관심 없는 사람들이 이 지구상에 훨씬 많습니다. 당신은 그 때에 과연 누구였습니까?

처음에는 예수님 처형에 적극 가담 내지 방관했지만 나중에 태도를 바꾼 사람들이 있습니다. 베드로가 대표적입니다. 처음에는 예수님께서 당하신 잔혹한 형벌이 두려워서 '모른다, 정말 모른다, 목숨 걸고 말하는데 절대로 모른다'고 했던 베드로, 그러나 닭 우는 소리에 소스라치게 깨어나 통곡하며 회개했던 베드로가 그 대표입니다. 예수님과 십자가 처형 동기생이었던 강도 한 사람도 처음에는 예수님을 조롱하다가 크게 회개했습니다. 그리고 예수님을 향하여, '나를 구원하소서' 하고 죽기살기로 외쳤습니다. 그래서 마침내 막차 타고 구원받은 사람이 되었습니다(눅 23:39-43). 또 있습니다. 예수님 처형을 맡은 로마 군인 백부장입니다. 그는 처음에는 예수님을 가혹하게 고문했습니다. 그러나 나중에는, 지진과 되어지는 모든 일을 보고 크게 회개했습니다. '이분은 진실로 하나님의 아들이요 의인이십니다.'(마 27:54, 평행절). 전설에 따르면 빌라도도 그 아내가 예수 믿는 여자였던 까닭에 나중에 크게 회개했다고 합니다.

예수님께서 처형되실 때에 당신은 과연 어떤 사람이었습니까?

그러나 처음부터 진심으로 예수님을 따른 사람들이 있습니다. 예수님의 어머니 마리아가 첫 번입니다. 예수님의 '사랑받는 제자' 요한도 십자가를 떠나지 않았습니다. '예수님을 섬기며 갈릴리에서부터 따라온 많은 여자들이 멀리서 예수님을 지켜보고 있었습니다. 예수님을 도왔던 막달라 마리아 등입니다. 그리고 예수님께서 십자가를 더 이상 지고 가실 수 없을 때 억지로라도 대신 지고 갔던 구레네 사람 시몬도 있고, 장례식을 정성스레 모셨던 아리마대 사람 요셉과 니고데모 등 '숨은 제자'들이 있었습니다.

당신은 과연 그 때에 누구였습니까? 아니 누구보다도 빼어놓을 수 없는 분이 바로 한 분 있습니다. 예수님 바로 그 분이십니다. 골고다 처형장의 주인공이십니다. 베드로도 십자가에 거꾸로 못 박혀 순교했다는 전설을 우리 모두는 들었습니다.

당신은 과연 앞으로 어떤 사람이 되려고 하십니까?

# 그 아기가 자라가며

그 아기가 자라가며, 강하여지고, 지혜가 충만하며,
하나님의 은혜가 그의 위에 있더라 ...
예수는 지혜와 키가 자라가며,
하나님과 사람에게 더욱 사랑스러워 가시더라 (눅 2:40, 52).

예수님은 자라셨습니다. 예수님은 자라가셨습니다. 키가 자라가셨습니다. 지혜가 자라가셨습니다. 하나님의 은혜가 항상 그의 위에 있었습니다. 모태에 성령으로 잉태되실 적부터 자라기 시작하셨습니다. 이 세상에 태어나셔서도 멈추지 않고 자라가셨습니다. 열두 살이 지난 뒤에도 자라가셨습니다. 하나님과의 관계도 자라가셨고 사람과의 관계도 자라가셨습니다.

예수님께서 자라나셨다는 것이 전혀 이상스러운 일이 아닙니다. 조금도 비정상적인 일이 아닙니다. 아주 정상적으로 자라셨다는 뜻입니다. 성령으로 잉태되신 것이 우리들과 다른 것일 뿐 성장과정을 겪었다는 점은 보통의 아기들과 다름이 없습니다.

그러나 조금 다른 관점에서 볼 필요가 있습니다. 예수님은 '마지막 아담'(고전 15:45), '첫 아담은 오실 자의 모형'(롬 5:14)이라는 관점입니다. 모든 인류의 첫 조상인 아담은 하나님께서 처음부터 완제품으로 만드셨습니다. "여호와 하나님이 땅의 흙으로 사람을 지으시고 생기를 그 코에 불어넣으시니 사람이 생령이 되니라."(창 2:7). 첫 사람 아담을 결코 어린 아기로 탄생하게 하시지 않았습니다. 누군가가 혹은 짐승이라도 아담에게 젖을 먹여 키운 것이 아닙니다. 처음부터 결혼할 수 있는 청년으로 만드셨습니다. 또한 그 아내 하와도 아담의 갈빗대 하나를 뽑아내서 만드셨습니다. 아기로 만들지 않으셨습니다. 하와는 아기로 만드셨어도 아담이 길러낼 수도 있었을 터이지만 어쩐 연고인지 하나님은 완제품으로 만드셨습니다. 그래서 아담과 하와는 성장과정이 없습니다.

그러니까 하나님은 예수님을 반드시 아기로 태어나게 하시지 않고도 '말씀에다가 육신을 입혀'(요 1:14) 보내실 수 있는 분이십니다. 그런데도 굳이 동정녀 마리아를 선택하시고 자신의 아들을 성령으로 잉태되게 하셨습니다. 그리고 열 달 가까이 지나서 어린 아기로 탄생하게 하셨습니다. 그러니까 예수님은 마리아의 몸에 잉태되시는 순간부터 자라나기 시작하셨다는 뜻입니다. 이 세상에 태어나셔서 이집트로 피난가시는 중에도 자라나셨습니다. 다시 돌아와 나사렛에서 부모님과 함께 사시는 동안에도 성장하셨고, 회당학교에 다니면서도 성장하셨습니다.

한 때 불트만이 주도한 이론인 '성경의 비신화화'라는 말이 큰 논쟁을 불러 일으켰고 대단하게  크게 유행한 적이 있습니다. 아직도 성경 연구방법에 있어서 '역사적 예수 연구'와 '신앙적 그리스도 연구'라는 말이 큰 대립을 보이고 있습니다. 역사적 연구는 '아래로부터의 연구'이고 신앙적 연구는 '위로부터의 연구'라고도 합니다. 비신화화적 연구는 성경기록자들이 신화적 방법으로 글을 썼으므로 현대처럼 이성적, 지성적, 과학적 시대에 사는 사람들을 위하여서는 신화성을 벗겨 내고 그 속에 숨은 뜻을 찾아내어서 해석해야 바른 진리를 발견하게 된다는 주장입니다. 가령 예수님의 동정녀 탄생론이 비신화화 해석의 대표적 대상이라는 것입니다.

그런 연구방법이 부분적으로는 예수님의 말씀과 삶을 해석하는 일에 도움이 되기도 합니다. 그러나 만약 그런 비신화화 방법을 지나치게 확대하니까 예수님께서 가르쳐 주신 기도에서는 '하늘에 계신 우리 아버지'만 예수님께서 직접 말씀하신 것이고 나머지는 후대 사람들이 필요에 따라 개칠한 것이라는 엉터리 주장에 도달합니다. 아무튼 예수님께서 키도 자라시고, 건강해지시고, 지혜도 자라시고, 대인관계도 성장하셨다는 이 말씀을 보면 성경 특히 복음서가 신화적 방법으로 기록되었다는 것은 신빙성이 없습니다.

예수님은 자라셨습니다. 정상적으로 자라나셨습니다. 하나님의 아들이라고 해서 다른 아기들보다 더 빨리 자라셨다는 흔적도 없습니다. 십자가에 죽으신 뒤에 입으셨던 세마포가 발견되었다는 것은 성경고고학자들 사이에 상당히 신빙성 있는 일로 판정받고 있습니다. 그 세마포를 표준으로 한다면 예수님의 키는 약 180cm가 넘는답니다. 상당히 크게 자라신 편입니다.

예수님은 건강하게 자라나셨습니다. '강하여지고'라는 말씀 그대로입니다. 이것도 세례 요한이 자라난 모습 곧 "아이가 자라며 심령이 강하여지며"(눅 1:80)와 비교해 보면 예수님은 몸만 건강해진 것이 아니라 심령 곧 속사람도 아주 튼튼하게 성장하셨습니다. 담력, 용기, 의지적 결단력과 실천력이 대단했다는 뜻입니다.

예수님은 지혜가 충만하여 가셨습니다. 지혜라면 우리는 곧 솔로몬을 생각합니다. 그가 공정한 재판을 거뜬히 해낼 정도로 하나님께서 지혜를 주셨습니다. 그래서 그는 후일 지혜학교를 세워 지도자를 육성했고 그 교과서가 바로 잠언 전도서 등의 구약성경 지혜서랍니다. 그러나 지혜는 지도자의 필요조건은 되지만 충분조건은 결코 아닙니다. 한 때 그가 큰 나라를 다스렸지만 이방 여자들을 첩으로 삼았고 그들이 들여온 잡신들의 신당을 세웠습니다. 그래서 한 때 일천 번제를 드리던 하나님에 대한 충성을 버렸고 그래서 하나님에게도 버림받았습니다.

예수님은 하나님의 은혜도 점점 더 충만해져 가셨습니다. 하나님과의 사랑의 끈이 아주 튼튼했습니다. 사람과의 관계 곧 대인관계 혹은 사회성이 순조롭게 발달되어 가셨습니다. 결코 독불장군이 아니셨습니다. 함께 살고, 함께 일하고, 함께 결정하고, 서로를 돌보는 것이 성품에 익숙해 지셨습니다. 그 말은 나만주의를 뛰어넘어 너도주의자가 되셨고, 너도주의를 뛰어넘어 '너만주의자'로 성장하셨다는 뜻입니다. 그래서 최종적으로는 하늘 아버지의 뜻을 따라 온 인류를 구원하시는 '너만주의자'가 되셨습니다. 그래서 십자가 제단에 드려진 어린 양이 되셨습니다.

따라서 우리는 하나님의 지혜가 얼마나 크고 오묘한 지 다시 한 번 깨닫습니다. 예수 믿는 모든 사람들, 어린이는 물론 청년, 어른, 할머니 할아버지까지 평생토록 믿음을 키워야 한다는 그 오묘한 지혜 바로 그것입니다.

## 내가 진실로 속히 오리라

이것들을 증언하신 이가 이르시되,
내가 진실로 속히 오리라 하시거늘,
아멘, 주 예수여, 오시옵소서 (계 22:20)

요한계시록은 성경 66권의 마지막 책입니다. 그리고 예수님께서, "내가 진실로 속히 오리라" 하신 재림의 약속과 "아멘, 주 예수여, 오시옵소서'의 신실한 성도들의 응답, 그리고 축복기도로 마감됩니다. 요한계시록은 하나님의 백성들이 크게 박해를 받던 때에 받은 말씀들이기 때문에 '구리거울로 보는 것처럼 그 뜻이 희미하여'(고전 13:12), 그 뜻을 단번에 알기가 쉽지 않습니다. 그래서 옛 번역에서는 이 책을 '묵시록'이라 했습니다. 그러나 조금만 알아도 큰 은혜를 받을 수 있는 말씀들입니다.

예수님은 다시 오십니다. 예수님께서 다시 오신다는 것은 성경에 많은 약속이 있습니다. "그 때에 … 인자가 구름을 타고 능력과 큰 영광으로 오는 것을 보리라"(마 24:30)가 대표적 선언입니다. 다시 말하면 성삼위 하나님은 예수님께서 우리들에게 다시 오신다는 것을 여러 번 반복적으로 계약하셨습니다. 그리고 성경 마지막 권 마지막 부분에서 또 한 번 확실하게 약속하고 계십니다.

어떤 사람이 나를 찾아온다면 우리는 대체로 세 가지 태도를 취할 것입니다. 첫째로는 적대적 태도입니다. 찾아오는 사람을 적으로 여깁니다. 가령, 자기에게 손해를 끼치거나 무슨 이유로 못마땅한 사람일 경우 무슨 핑계를 대서 안 만날 것입니다. 심하면 숨어 버리거나 어디로 도피할 것입니다. 적극적으로 대처한다면 총이나 칼로 무장을 하고 결투할 준비를 갖출 것입니다. 자기를 죽이려고 오거나 혹은 손해를 끼치려고 오는 사람들일 경우입니다. 야곱의 입장에서 볼 때에 그의 형 에서가 바로 그런 사람입니다.

예수님께서 찾아오셨을 때에 대적하는 사람들이 있었습니다. 가다라 동네에 공동묘지가 있었고 거기에 귀신들린 사람 둘이 있었습니다. 그들이 얼마나 사나운지 아무도 그 근처에 얼씬도 못했습니다. 이 두 사람은 예수님이 가까이 오시는 것을 보고 소리를 고래고래 지릅니다. "하나님의 아들 나사렛 예수여 … 우리를 괴롭게 하려고 여기 오셨나이까?"(마 8:28이하, 막 5:1이하). 그런 정도만이 아닙니다. 한 때 가장 신임 받던 제자 유다는 은 30개를 받고 그 스승을 팔아넘겼습니다. 바리새파, 사두개파, 성경학자, 대제사장, 빌라도 등은 자신들의 이익이 줄어들고 신분의 위협을 받게 되자 예수님을 괴롭히고 협박하더니 마침내 십자가에 처형하고 말았습니다.

어떤 사람이 나를 찾아온다면, 두 번째로, 무관심한 태도를 취합니다. 그와 만나서 이익을 볼 것도 별로 없고 그렇다고 손해를 볼 것도 없는 경우입니다. 그를 꼭 만나고 싶은 마음도 별로 없고, 그렇다고 만나기를 거부해야 할 특별한 이유도 없습니다.

예수님은 이런 무관심한 사람들을 반대하는 자들 못지않게 전도하기 어려운 계층으로 여기셨습니다. 제자들을 전도단으로 파송하실 때에 이런 말씀을 하셨습니다. "누구든지 너희를 영접하지도 아니하고 너희 말을 듣지도 아니하거든 그 집이나 성에서 나가 너희 발의 먼지를 떨어 버리라. 내가 진실로 너희에게 이르노니 심판 날에 소돔과 고모라 땅이 그 성보다 견디기 쉬우리라."(마 10:14-15). 마가/누가 복음 평행절에는 '발에서 먼지를 떨어 버려 그들에게 증거를 삼으라'고까지 단호하게 말씀하셨습니다.

마지막으로, 누가 나를 찾아온다면 아주 적극적으로 환영하는 태도가 있습니다. 얼굴표정부터 확 달라집니다. 행복한 웃음으로 가득 찹니다. 집안을 청소하고 옷을 갈아입습니다. 좋은 화장품과 옷으로 꾸밉니다. 맛있는 음식을 마련하고 정성을 다하여 대접합니다. 집안에 깨끗한 침소를 마련하기도 합니다. 그리고 돌아갈 때에는 노자와 선물 보따리까지 안겨줍니다.

어떤 사람들이 찾아올 때 그렇습니까? 자신에게 이익이 되는 사람들입니다. 그리고 또 있습니다. 자신에게 손해가 되더라도 사랑의 대상일 때 그렇습니다. 군대훈련을 마치고 첫 휴가를 올 때 보았던 어머니의 행복한 얼굴을 평생 잊을 수 없습니다. 첫 데이트 때 상대편의 기뻐하는 표정이 평생을 갑니다. 결혼해서 첫 아기를 낳아 대면할 때 조금 전까지의 산통은 싹 사라지고 아기 울음소리에 웃음의 함박꽃이 산모의 얼굴을 뒤덮습니다.

예수님께서는 우리들을 만나러 조속히 오시겠다고 하십니다. '진실로' 속히 오시리라고 확언하셨습니다. 구름을 타고 오신다면 구름 위에서도 달리기를 하실 것입니다. 비행기를 타고 오신다면 비행기 안에서도 뜀박질을 하며 오신다는 뜻입니다.

그런데 그 말을 들은 사람들에게서 우리는 세 가지 태도를 볼 수 있습니다. 첫째로는, 예수라는 이름만 들어도 지긋지긋하다며 도망치는 사람들이 있습니다. 어쩌면 권총을 준비했다가 쏘아 죽이거나 칼을 준비해서 목을 뎅겅 잘라놓겠다는 사람들입니다. 지금도 예수 믿는 사람들이 수없이 총에 맞아 죽고 칼에 찔려 죽고 목이 잘려 죽습니다. 예수를 악명 높은 아편장사라고 매도하며 교회를 박살낸 공산주의 정권들과 이슬람 극렬주의자들입니다.

둘째로, 무관심한 사람들입니다. 예수님이 다시 오시거나 말거나 아무런 흥미가 없는 사람들입니다. 자신과는 아무 관계가 없는 일이라고 생각합니다.

그러나 마지막 태도가 있습니다. 예수님이 오신다는 소식에 신발을 거꾸로 끌고 나가 환영하는 사람들입니다. 그런 사람을 예수쟁이라고도 하고 그리스도쟁이라고도 부릅니다. 예수님이 이미 오셨을 때에 멀리서 생명을 걸고 찾아왔던 동방의 현자들이 그런 사람입니다. 예수님의 옷에 손을 댄 끝에 하혈병을 말끔하게 고침 받은 그 여인입니다. 여리고의 세금주식회사 사장 삭개오가 그랬습니다. 예수님이라면 껌뻑 죽는 사람들입니다. '예수님 생각만 해도 내 맘이 좋거든, 그 얼굴 뵈올 때에야 얼마나 좋으랴' 하고 지금도 목마르게 예수님 다시 오시기를 기다리는 수많은 성도들입니다.

하지만 예수님을 만나면 칼로 목을 뎅겅 자르겠다는 사람들에게도 그분은 죽기 살기로 찾아오십니다. 무관심한 사람들에게도 큰 관심을 가지고 찾아오십니다. 그러나 심판자로 속히 오십니다. 그리고 무엇보다도 사랑하는 사람들에게는 목숨을 걸고 속히 찾아오십니다. 사람들이 가장 받고 싶어 하는 은혜인 영원한 생명, 바로 그것을 주시려고 목숨 걸고 찾아오십니다.

## 높은 산에 올라가셨더니

예수께서 무리를 보시고 산에 올라가 앉으시니,
제자들이 나아온지라 입을 열어 가르쳐 이르시되 ... (마 5:1-2)
엿새 후에 예수께서 베드로와 야고보와 그 형제 요한을 데리시고
따로 높은 산에 올라가셨더니 (마 17:1)

예수님께서 산에 올라가셨습니다. 예수님께서 산에 올라가셨다는 것이 조금도 이상할 것이 없습니다. 그분께서 사셨던 땅에는 산이 많았기 때문입니다. 갈릴리 지방과 지중해 해변 그리고 요단강 좌우를 제외하면 대부분 산악지대였습니다. 게다가 사람들은 누구든지 산행을 좋아합니다. 특히 젊은 시절에는 더욱 그렇습니다. 아니, 요즈음에는 노인들도 산에 자주 오릅니다. 건강을 증진하려는 목적도 있습니다.

그런데 '무리를 보시고' 산에 올라가 앉으셨다고 했습니다. 일부러 산에 올라가셨다는 뜻입니다. 의도적으로 올라가셨습니다. 사전에 계획을 세워 실천하셨습니다. 무슨 목적이 있는 행동입니다. 결단을 하셨다는 뜻입니다.

요절말씀은 상산수훈山上垂訓의 첫 머리입니다. 마태복음 5,6,7장의 말씀의 시작입니다. 예수님의 이 '산위 설교'는 '하나님 나라 헌법'입니다. 구약성경과 신약성경 전체의 핵심이요 요약입니다. 구약성경만 있을 때 이스라엘 나라의 헌법은 십계명이었습니다. 출애굽

기 20장 1절에서 17절, 그리고 신명기 5장 6절에서 21절까지 기록된 십계명이 바로 하나님이 세우신 나라 이스라엘의 헌법임과 같습니다.

그런데 이 첫 번 헌법은 하나님께서 모세에게 주셨습니다. 하나님이 손가락으로 친히 돌판에 새겨서 주셨습니다. 그런데 그 십계명을 받은 곳이 바로 시내산(높이 2,244 미터)입니다. 모세는 산에서 내려가서 그 십계명을 백성들에게 선포했습니다.

그래서 예수님도 산에 올라가셨습니다. 갈릴리 호수가 가까이 있는 헬몬산(2,740 미터) 산자락입니다. 지금은 '8복교회당'이 서 있는 곳입니다. 누가복음에는 이 하나님 나라 헌법 선포식을 '평지'에서 가졌다고 기록되어 있습니다(눅 6:17). 그래서 성경을 읽는 사람들이 혼란을 겪기도 합니다. 어떤 이들은 예수님의 '평지 수훈'이라 하여 산상수훈과는 별도로 그 내용을 다시 한 번 강조하여 말씀하신 것으로 이해합니다. 어떤 이들은 산인데 그 때 모인 사람들이 산자락 평평한 곳에 모였다고도 설명합니다. 누가복음에 기록된 말씀이, "예수께서 그들과 함께 (산에서) 내려오셔서, 평지에 서시니"라고 한 것을 보면 누가복음 6장20절부터 49절까지에 기록된 말씀은 예수님께서 한 번 더 하셨던 설교일 가능성이 높습니다.

성경에 나오는 대표적 인물들은 모두 '산의 사람'이었습니다. 아브라함은 인생의 가장 결정적 체험을 모리야산에서 했습니다. 뒤늦게 낳은 아들 이삭을 제물로 바쳤던 모리야산입니다. 대언자의 대표 엘리야는 우상숭배자들과 갈멜산 큰 싸움에서 최후승리를 거두었습니다. 다윗은 시온산에 하나님의 법궤를 안치했습니다.

그러나 예수님은 누구보다도 산에 오르기를 좋아하셨습니다. 산에 가서 자주 기도하셨습니다. "무리를 보내신 후에 기도하러 따로 산에 올라가시니라."(마 14:23). 산에서 많은 병자들도 고치셨습니다(마 15:29이하). 빌립보 지방 가이사랴 곧 헬몬산 중턱에서 자신을 누구로 알고 따라다니느냐고 물으셨습니다. 그래서 예수님은 그리스도/메시야 곧 '그 구원주'이시고 하나님의 아들이심을 밝히셨습니다.

예수님은 제자들에게 또 한 가지 엄청난 비밀을 밝히셨습니다. 자신이 왕 중의 왕이시라는 사실입니다. 이미 메시야라고 하실 때에 그런 뜻이 포함되어 있습니다만 그래도 꼭 찍어서 '왕권을 가지고 온다'는 말씀을 명확히 밝히신 것입니다. 왕으로 즉위하는 것을 열두 제자들 가운데 죽기 전에 볼 사람도 있다고까지 밝히셨습니다. 그러더니 6일 뒤에 베드로, 야고보, 요한을 데리고 따로 높은 산에 올라가셨습니다. 그 산 이름이 성경에 기록되지 않아서 학자들 사이에는 논쟁이 있습니다. 헬몬산이냐 아니면 다볼산(562 미터)이냐의 논쟁입니다. 명확히 알 길은 없습니다.

그러나 하나님의 나라 모습을 보여주셨습니다. 신비한 모습입니다. 그 세 제자 앞에서 신비한 모습으로 변형되셨습니다. 얼굴이 태양처럼 빛났고 흰옷처럼 하얗게 되셨습니다. 그리고는 이어서 모세와 엘리야가 나타나서 삼두회의가 열렸습니다. 율법의 대표 모세,

대언자의 대표 엘리야 그래서 구약성경의 주인공들과 신약성경의 주인공이 함께 모였습니다. 회의의 주제가 무엇이었는지 또 결정사항이 무엇이었는지 성경기록이 없어서 안타깝습니다.

그런데 홀연히 빛난 구름이 저들을 덮으며 구름 속에서 소리가 났습니다. "이는 내 사랑하는 아들이요 내 기뻐하는 자니 너희는 그의 말을 들으라."(마 17:5). 예수 그리스도께서 하나님 나라의 왕, 곧 만왕의 왕, 만주의 주가 되신다는 선포식입니다(계 19:16). 그것이 '높은 산에서 일어난 사건'입니다.

예수님은 산 사람이셨습니다. '모든 민족으로 제자를 삼으라'를 선포하셨고, '땅 끝까지 이르러 내 증인이 되리라'는 선교대명의 말씀도 올리브산에서 선포하셨습니다. 그리고 그 산에서 하늘로 올라가셨습니다.

예수님은 산의 사람이셨습니다. 아브라함이 모리아 산의 사람이었던 것처럼 산의 사람이셨습니다. 모세가 시내산의 사람이셨던 것처럼 산의 사람이셨습니다. 엘리야가 갈멜산의 사람이었던 것처럼 산의 사람이셨습니다. 하나님 아버지께서 산을 만드신 창조주이신 것처럼 산의 사람이셨습니다.

## 나만주의, 너도주의, 너만주의

사람이 친구를 위하여 목숨을 버리면 이에서 더 큰 사랑이 없나니,
너희는 내가 명하는 대로 행하면 곧 나의 친구라.
이제부터는 ... 너희를 친구라 하였노라 (요 15:13-15)

예수님께서 그 제자들을 '친구'라고 선언하셨습니다. 성경의 어느 말씀들이나 모두 심오한 뜻을 가지고 있습니다. 성경말씀에는 그래서 그 뜻을 쉽게 파악할 수 있는 것들이 대부분입니다. 그냥 읽으면 깊이 연구하지 않아도 바로 그 뜻을 알게 됩니다. 요절의 말씀도 그렇습니다. 우리 모두가 기뻐 부르는 찬송가, "죄 짐 맡은 우리 구주/ 어찌 좋은 친군지/ 걱정 근심 무거운 짐/ 우리 주께 맡기세." 하고 그냥 흥얼거리면 됩니다. 혹은 우리가 뜻밖의 어려운 일을 당했을 때 제일 먼저 뛰어오셔서 돌보아 주실 친구가 바로 그 분이라고 생각해도 큰 위로가 됩니다.

그런데 그것이 모두가 아닙니다. 아무리 쉽게 알 수 있는 성경말씀이라 해도 인간의 지혜로는 그 말씀의 깊이와 높이와 넓이를 모두 헤아려 낼 수 없기도 합니다. 알면 알수록 모르는 것이 더 많은 심오한 말씀이기 때문입니다. 그래도 조금 깊이 있게 캐어내 보겠습니다.

예수님께서, "나는 참 포도나무이다"(요 15:1)라고 선언하신 다음에 제자들을 친구라고 규정하셨습니다. 요한복음에는 예수님 말씀 가운데 '나는 무엇 무엇이다'라는 형식의 가르침이 여러 번 나

옵니다. 이런 가르침은 하나님께서 자신의 이름을 여호와(야훼)라고 밝히신 것을 배경으로 합니다. “나는 스스로 있는 자니라.”(출 3:14). ‘나는 나다.’(I AM WHO I AM)로 풀기도 합니다. 그래서 성경학자들 사이에는 헬라말로 ‘에고 에이미’라고도 합니다. 나는 선한 목자이다, 나는 양의 문이다, 나는 세상의 빛이다, 나는 길이다, 나는 진리이다, 나는 생명이다, 나는 생명의 물이다, 나는 부활이다…. 그리고 ‘나는 참 포도나무이다’라고 하셨습니다.

‘나는 참 포도나무이다’는 말씀에는 헬라와 로마의 신화적 배경도 있습니다. 예수님께서 사람으로 사셨던 시대에는 헬라/로마 양대 문명의 영향이 매우 컸습니다. 특히 포도주 혹은 술의 신이 있어 헬라 이름으로 디오니소스, 로마 이름으로 바커스입니다. 예수님께서 ‘나는 참 포도나무이다’라고 하신 것은 디오니소스나 바커스 같은 신들은 거짓 신들이라는 부정적 선언이랍니다.

그런데 구약성경의 배경도 있습니다. 구약성경에서는 포도나무는 무화과, 올리브와 함께 이스라엘 민족을 상징하기도 합니다. 요담의 비유(삿 9:12-13)에서 포도나무는 하나님의 말씀의 순종자였습니다. 그러나 자주 “좋은 포도 맺기를 바랐더니 들 포도를 맺었도다”(사 5:2)는 탄식의 말씀처럼 불순종의 모습도 있습니다.

하나님은 구약성경에 나오는 큰 인물들에게 이미 ‘친구’가 되신다는 선례를 보여주셨습니다. “나의 벗 아브라함의 자손아”(사 41:8)라고 하셨습니다. “사람이 자기의 친구와 이야기함과 같이 여호와께서는 모세와 대면하여 말씀하셨다”(출 33:11)는 성경기록도 있습니다. 하나님은 거룩하신 분 곧 구별되신, 멀리 동떨어져 계신 분이시라 감히 가까이 갈 수 없으신 절대권자이십니다. 그러나 하나님 편에서 아브라함과 모세 구약시대의 큰 인물과는 친구가 되셨습니다.

그런 배경에서 보면 예수님께서 제자들에게 '너희는 나의 친구이다'라고 하신 말씀은 가히 폭탄발언 수준입니다. 그 당시의 교육을 전담한 랍비들은 제자들을 종으로 취급했습니다. 그런데 예수님께서는 제자들을 친구라고 동등한 계급으로 말씀하셨습니다. 아니, 그것에 그치지 않습니다. 더 나아가서 예수님은 이 같은 '제자 친구'들을 위하여 목숨까지 버리시겠다고 단언하셨습니다. 우리가 모두 잘 아는 것처럼 십자가에 못 박혀 죽으실 것을 밝히신 것입니다. 노예들을 살려내기 위하여 노예의 주인이 목숨을 바치신다는 것입니다.

우리들의 삶이라는 배경에서 보면 친구가 어떤 존재입니까? 이 세상을 성공적으로 살아가려면 친구가 많아야 합니다. 독불장군처럼 살아서 위대한 인물이 된 이들이 없지는 않지만 그것은 예외입니다. 특히 민주주의가 발달해서 인간관계가 평등해지면서 친구를 사귀는 것은 삶의 크나큰 자산입니다. 그래서 그 사람을 알려면 친구들을 보라는 말도 있습니다. 그런데 우리들은 감히 온 인류 역사 가운데 가장 훌륭하신 분을 친구로 두었습니다. 그 이름이 무엇입니까? 예수 그리스도 바로 그분입니다.

그런데 예수님의 친구론은 세상의 것과 같으면서도 그분만의 다른 차원이 있습니다. 이 세상의 인간관계는 세 가지로 분석할 수 있는데 그것에 비추어 보면 됩니다. 첫째는 나만주의자로 사는 사람들의 인간관계입니다. 이런 사람들은 철저히 자신의 유익을 위하여서만 친구관계를 맺습니다. 그래서 철저히 친구를 이용해 먹습니다. 만약 이용가치가 전혀 없든지 혹은 자신의 유익을 확보하기 위하여 필요하다면 친구관계를 끊습니다. 아니, 친구는커녕 형제자매 혹은 부모까지도 적으로 만들어 고문하고 죽이기도 합니다. 한문 글자의 '원수 구'仇라는 글자는 본래 '짝 구'자였습니다. 가룟 유다를 예수님 쪽에서는 친구로 삼았는데 그 쪽에서는 흉악범으로 몰아 죽이는 동조자가 되었습니다. 아비멜렉은 60여명의 배다른 형제들을 모두 살해했습니다. 압살롬은 그 아버지 다윗까지 죽이려 했습니다.

둘째로는, 너도주의자의 인간관계입니다. '누이 좋고 매부 좋은 인간관계'입니다. '상호혜택'이라는 말이 국가간 외교관계의 기본축이라고 합니다. 친구들 사이에는 너 좋고 나 좋고, 아니, 나도 좋고, 너도 좋고의 너도주의자만 되어도 매우 훌륭한 수준입니다. 부모 좋고 자식 좋고, 회사 주인 좋고 고용원 좋고, 장교 좋고 사병 좋고, 스승 좋고 학생 좋고, 의사 좋고 환자 좋고 등, 너도주의자만 되어도 예수님의 칭찬을 받을 만합니다.

그러나 예수님께서는 한 단계 더 높은 친구의 도리를 밝히셨습니다. '너만주의자'가 되셨습니다. '너를 살려내기 위하여 내가 기쁨으로 죽겠다'고 선언하셨습니다. 우선 요절을 원문으로 읽으면 친구는 ‘필리아’ 곧 인간적 차원의 사랑 그 자체란 뜻입니다. 그리고 ‘사랑’은 ‘아가파오’ 그러니까 하나님의 무조건적인 사랑이란 뜻이 됩니다. 예수님께서는 그 말씀 그대로 실천하셨습니다.

그러므로 가슴에 손을 얹고 자신에게 물어 보아야 합니다. 특히 예수 그리스도의 십자가 앞에서 물어 보아야 합니다.

당신은 나만주의자입니까, 너도주의자입니까, 너만주의자입니까. 나만주의자에서 너도주의자를 거쳐 너만주의자로 바뀌어 가지 않으시렵니까. 내 힘으로는 도저히 안 된다고 절망하십니까. 예수 그리스도의 도움을 요청하십시오. 완전한 너만주의자는 그분뿐입니다.

하나님의 나라가 무엇과 같을까,
내가 무엇으로 비교할까.
마치 사람이 자기 채소밭에 갖다 심은 겨자씨 한 알 같으니
자라서 나무가 되어 공중의 새들이
그 가지에 깃들였느니라 (눅 13:18-19)

2 부

# 자라서 나무가 되어

## 땅에 있는 집, 하늘에 있는 집

여우도 굴이 있고 공중의 새도 집이 있으되
인자는 머리 둘 곳이 없구나 ... (눅 9:58; 마 8:20)
너희는 마음에 걱정하지 말라. 하나님을 믿으니 또 나를 믿어라.
내 아버지 집에 머물 곳이 많도다 (요 14:1-2)

수많은 사람들이 예수님을 에워쌌습니다. 예수님께서 나병환자, 백부장 부하의 중풍병, 그리고 베드로 장모의 열병을 고치신 것을 직접 목격했기 때문입니다. 예수님께서 그 곳을 떠나 건너편으로 가려고 하실 때 한 서기관이 예수님 앞에 나섰습니다. "선생님, 어디로 가시든지 저도 따라가겠습니다." 필경 무릎을 꿇고 호소했을 것입니다. 자신도 예수님의 제자로 평생을 바치겠다는 각오를 밝혔습니다. 대단한 결단입니다. 서기관은 이 경우 '성경학자'를 뜻합니다. 그리고 산헤드린 공회 의원이어서 학력, 재력, 권력을 잘 갖춘 지도자급의 사람입니다.

그에게 예수님은 말씀하셨습니다. "여우도 굴이 있고 공중을 날아다니는 새들도 둥지가 있지만 사람의 아들인 나는 머리 둘 곳도 없네요." 마치 동문서답인 것 같습니다. 하지만 예수님은 그 성경학자가 왜 예수님의 제자가 되겠다는 것인지, 말하자면 속에 품은 동기를 꿰뚫어 보셨습니다. 또 하나의 신분상승 곧 더 높은 명성, 더 많은 재력, 더 큰 권력을 확보하겠다는 그 불순한 동기입니다. 그래서 하신 말씀이 여우만도 못하고 날아다니는 새들만도 못한 나를 무엇 때문에 따라나서겠다는 거냐며 점잖게 거절하셨습니다. '성경학자인 당신은 지금 대궐 같은 집에서 살고 있지 않소. 그런데 그걸 다 팔아서 가난한 사람들에게 주고 빈털터리가 된 다음에 나를 따라올 수 있겠소?' 그런 도전적 질문입니다(막 10:17-31).

예수님께서는 숙식과 생활을 하실 수 있는 집이 없으셨습니다. 30세쯤에 하늘나라 복음을 전파하는 전도사역에 전적으로 헌신하시기 위하여 나사렛 집을 떠나신 뒤부터 그 집은 어머니와 동생들의 거처가 되었고 예수님은 집 없이 떠돌아다니시는 분이 되셨습니다. 그래서 세례요한의 두 제자였을 안드레와 요한이 예수님을 따라 나서겠다고 하시자 예수님은 '와서 보아라.' 하시고 그 거처를 공개하셨습니다. 성경연구가들은 '그 계신 곳'(요1:39)이 베다니 시몬 곧 마르다와 마리아의 집이었거나 아니면 임시숙소였을 것이라고 합니다.

예수님은 자신의 집이 없으셨습니다. 머리 둘 곳이 없다고 하셨지만 그것만이 아닙니다. 손 둘 곳도 없으시고 발 둘 곳도 없으셨습니다. 몸을 둘 곳이 없으셨습니다. 그리고 신발을 둘 곳도 없으셨고 입을 옷을 둘 곳도 없으셨습니다. '집 없는 설움'을 매일 매일 뼈저리게 체험하시며 사셨습니다. '집 없는 천사'라는 말 그대로입니다. 그래도 예수님을 따르는 사람들이 예수님에게 '머리 둘 곳'을 제공했습니다. 베드로의 집, 야고보와 요한 부모의 집, 마태의 집, 마가의 집, 마르다의 집, 아리마대 사람 요셉의 집 등등.

그런데 예수님은 목수이셨습니다. 문짝도 고치시고 집도 수리하시는 목수이셨습니다. 그러나 무엇보다도 집 전체를 새로 짓는 건축가이셨습니다. 예수님 고향 나사렛 동네는 집이 50 내지 100호 정도였을 것으로 추정됩니다. 그러나 거기에서 그리 멀지 않은 곳에 '세포리'라는 제법 큰 도시가 있었습니다. 거기에는 건축사업이 많았습니다. 제법 큰 건물을 설계하고 시공하는 일을 예수님께서는 적지 않게 하셨을 것이라고 성경학자들은 말합니다.

그래서 예수님은 건축사업과 관련된 것을 하나님 나라 진리를 밝히시는 일에 중요하게 사용하셨습니다. '반석 위에 지은 집' 교훈으로 산상수훈의 결론을 삼으셨습니다. "누구든지 나의 이 말을 듣고 행하는 자는 그 집을 반석 위에 지은 지혜로운 사람과 같다."(마 7:24). "내 말을 듣고 실행하는 자마다…집을 짓되 깊이 파고 주추를 반석 위에 놓은 사람과 같다."(눅 6:47-48). 산상수훈은 십계명과 함께 성경전체의 심장과 뇌수가 되는 '새 계명'입니다. 포도원 망대를 짓는 말씀도 하셨습니다. 망대를 짓게 되면 우선 완공할 수 있을지 예산을 세우고, 설계를 잘해서 꼭 준공하라고 강조하셨습니다(눅 14:28-30).

사람들에게 집이 중요합니다. 집 없는 설움을 겪은 세대들의 말을 들어보신 적이 있습니까? 한국전쟁 중에 '1.4후퇴'라는 말이 있습니다. 중공군의 후원으로 북조선이 1951년 1월 4일 서울을 점령했던 사건입니다. 그 때 너무너무 추웠고 눈이 많이 쌓였습니다. '살을 에는 추위'였습니다. 그 때 피난민들 가운데 임시 숙소를 찾지 못해서 밖에서 밤을 새우다가 꽁꽁 얼어 죽은 가족들도 있었습니다. 예수님께서 바로 이 '집 없는 자의 고통'을 체험하셨습니다. 건축가이시기 때문에 집이 없는 고통을 더욱 절실하게 자신의 문제로 보셨습니다. 그래서 하신 말씀이 무엇입니까?

'집 없다고 걱정하지 마. 그것 가지고 절망할 것 없어. 집 없는 설움은 하늘 아버님을 더욱 의지하라는 뜻이야.' 그런 말씀입니다. 특히 '나 예수의 아버지 집에는 머물 곳이 엄청나게 많다.'는 것을 확인해 주셨습니다. 예수님 자신이 십자가에 처형되는 것은 여러 가지 심오한 뜻이 있지만 또 하나, 너희가 하늘나라에 오게 되면 머물 집을 준비하려는 것을 결코 잊지 말라고 선언하셨습니다. 그리고 그것을 예수님 당시의 결혼제도로 풀어주셨습니다. 요셉이 마리아에게 정혼한 뒤에 자기 집에 돌아가서 앞으로 신혼부부가 쓸 집을 마련한다는 풍습입니다. 그리고는 다시 신부에게 와서 결혼식을 치루고 신부를 데리고 그 집에 가서 살게 됩니다. 이미 신혼집이 마련되었으니 염려할 필요가 전혀 없습니다.

성삼위 하나님도 집 마련에 무척 신경을 많이 쓰십니다. 모세에게 '성막'을 만드는 자세한 설계도와 건축자재까지 지정해 주셨습니다. 그 성막의 모형인 방주 만드는 일에도 노아에게 자세히, 자세히 말씀하셨습니다. 예루살렘 성전을 온 국력을 기울여 지었던 솔로몬 왕을 축복하셨습니다. 예수님도 벌써 열두 살 때 (눅 2:49) "너희가 이 성전을 헐라. 내가 사흘 동안에 일으키리라"(요2:19)고 선언하셨습니다.

## 질병이 목을 조를 때

열두 해를 혈루증으로 앓아온 한 여자가 있어
많은 의사에게 많은 괴로움을 받았고, 가진 것도 다 허비하였으되
아무 효험이 없고, 도리어 더 중하여졌던 차에,
예수의 소문을 듣고 무리 가운데 끼어,
뒤로 와서 그의 옷에 손을 대니,
이는 내가 그의 옷에만 손을 대어도 구원을 받으리라 생각함일러라
(막 5:25-28)

예수께서 군대귀신 들린 사람들을 고치시고 가버나움으로 돌아오셨습니다. 갈릴리 바다 해변도시 가버나움은 예수님의 전도본부가 있는 곳입니다. 이미 예수님에 관한 뉴스가 많이 퍼져 있었던 터라 사람들이 금방 몰려들었습니다. 그런데 회당장 야이로가 예수님에게 와서 급히 도와주시기를 간청했습니다. 자신의 열두 살 된 무남독녀가 금방 숨이 넘어가고 있으니 제발 살려달라는 것입니다.

예수님께서는 급히 방향을 틀어 그 집으로 향하셨습니다. 꺼져가는 촛불과 같은 어린 생명을 살리셔야 했습니다. 이 세상 무엇과도 바꿀 수 없는 생명입니다. 게다가 회당장 야이로의 딸을 살려내면 전도의 파급효과도 클 것입니다. 그런데 그 무리들이 에워싸고 있어서 걸음속도가 느려집니다.

게다가 그 군중 가운데 한 여자가 예수님께 바짝 다가오고 있습니다. 혈루증 환자입니다. 하혈병입니다. 여자의 몸 '아래'에서 피가 줄줄 흘러내리는 질병입니다. 여성의 생리현상이 불순했거나 아

니면 오줌길에서 피를 흘리는 질병에 시달립니다. 시도 때도 없이 피가 흘러내리는 것입니다. 그래서 의사들에게 진단을 받고 처방을 받았습니다. 그 때 의사는 남자들이었습니다. 여자가 그런 병을 앓고 있다는 걸 말한다는 게 여간 수치스러운 일이 아니었습니다. 게다가 돈은 엄청나게 들었습니다. 그나마 차도라도 조금 있었다면 춤을 추며 기뻐했을 것입니다. 돈을 꾸어서라도 치료를 받을 것입니다.

그런 하혈병을 열두 해째 앓고 있었습니다. 마취제도 없던 그 시절이라 치료받는 과정에서 별별 아픔을 다 겪었습니다. 동네에도 그런 소문이 나사 사람 만나는 것도 지긋지긋했습니다. 그래도 제법 돈 많은 부모를 두었습니다. 열두 해 동안 의사를 찾아다니며 치료에 치료를 거듭했습니다. 그런데 이제는 돈도 떨어져 치료비를 더 댈 수 없게 되었습니다.

게다가 영적 고통이 너무 컸습니다. 율법에 따르면 여자는 생리기간이나 하혈기간에는 부정한 여자, 곧 더러운 여자로 취급 받아야 했습니다(레 15장). 다른 사람들을 일체 가까이 할 수가 없습니다. 그러므로 가족과도 격리되어 살아야 합니다. 뛰넘절 같은 절기행사 때에 예루살렘 성전 여인뜰에 들어갈 수도 없습니다. 그러니 세상에서 살면서도 감옥생활을 하는 셈입니다. 하혈병이라는 쇠사슬에 꽁꽁 묶여서 살아야만 했습니다.

그런데 이제는 모든 것이 막혔습니다. 재산과 돈이 떨어졌습니다. 새로 찾아가야 할 의사도 없습니다. 집안에서 부모형제와 살아서도 안 됩니다. 다른 사람을 만날 수도 없습니다. 그래도 그런 건 참을 수 있습니다. 가장 큰 문제는 앞이 캄캄하다는 것입니다. 죽음이 눈앞에 찰랑거립니다. 혈루증이라는 무쇠손이 이 여자의 목을 꽉 움켜쥐고 있습니다. 그리고 그 손이 분초를 다투어 목을 조여오고 있습니다. 자살도 여러 번 생각했을 것입니다.

바로 그 때에 예수님의 소문을 들었습니다. 베드로 장모의 열병을 고치셨다는 소문, 문둥병도 고치셨다는 소문, 귀신들린 자들에게서 귀신을 쫓아내셨다는 소문이 들려왔습니다. 처음에는 그런 소문도 별로 신통한 것 같지 않았습니다. 그간 유명한 의사라는 소문을 듣고 단박에 고침 받을 희망을 안고 찾아갔지만 돈만 낭비하고, 치료받느라고 고통만 많이 받아서 그런 소문이 별로 믿어지지 않았습니다. 소문이란 갈수록 커지고 허황되다는 것을 체험으로 깨달은 것입니다.

그러나 이제는 출구가 없는 인생이 되었습니다. 죽음이라는 무서운 존재가 자신의 생명을 삼키려고 무시무시한 입을 벌리고 자신 앞에 떡 버티고 있습니다. 그 앞에서 벌벌 떨지 않을 사람이 누가 있겠습니까? 이십대 중반을 넘어서 별별 고통을 다 겪었지만 죽음은 여전히 무서웠습니다. 죽으면 모든 것이 끝나기 때문입니다.

그래서 용기를 냈습니다. '밑져야 본전'이라는 생각도 들었습니다. 아니, 발악을 해서라도 예수을 만나 치료를 받겠다는 용기가 어디에서인가 샘솟고 있었습니다. '그분은 사람의 옷을 입으신 하나님'이시라는 소문도 들었습니다. 눈 먼 자와 같은 환자들을 고치는 것이 자신이 이 땅 위에 오신 목적이라고 선포하셨답니다. 그래서 사람의 힘으로 고칠 수 없는 질병들을 말씀 한 마디나 손으로 한 번 만져서 고치셨답니다.

예수님께서 가버나움에 오셨다는 소문을 듣자마자 옷을 차려입었습니다. 뛰어나갔습니다. 너무나도 지쳐서 걸음도 제대로 못 걸었는데 어디에서 힘이 나는지 이번에는 제법 달려갈 정도였습니다. 희망이 생명을 약동하게 만들었습니다. 그런데 또 장애가 생겼습니다. 큰 장애입니다. 너무 너무 많은 사람들이 예수님을 둘러싸고 있었습니다. 그래도 포기하지 않았습니다. 예수님이시라면 자기 병을 꼭 고쳐주실 것이라는 믿음이 심장과 뇌수를 가득 채웠습니다. 그래서 '못 말려' 여인이 되었습니다. 예수님의 옷자락만 슬쩍 만져도 하혈병이 싹 말라버릴 것 같았습니다.

예수님 뒤로 바싹 다가갔습니다. 손가락을 대었습니다. 몸이 갑자기 뜨거워졌습니다. 그러더니 다시 시원해졌습니다. 그리고 날아갈 듯이 가벼워졌습니다. 하혈이 그 순간에 멎은 것을 느꼈습니다. 할렐루야! 열두 해 앓던 하혈병, 많은 의사들에게 시달림을 받고도 치료받지 못했던 하혈병, 있는 재산 모두 날렸던 하혈병, 아니 무엇보다도 하나밖에 없는 생명을 삼키려고 붉은 혀를 날름대던 하혈병이 한 순간에 사라졌습니다.

예수님은 '누가 내 몸에 손을 대었느냐'고 물으셨습니다. 이 여인은 또 무슨 큰 죄를 지은 것 같아 벌벌 떨었습니다. 그래서 예수님 앞으로 나가 무릎 꿇고 이실직고 있는 대로 말씀드렸습니다.

"딸아, 네 믿음이 너를 구원하였으니 평안히 가라. 네 병에서 놓여 건강할지어다."(막 5:34).

축복까지 해주셨습니다. 그리고 몸 병만 고침받은 것이 아니라 영혼까지 구원했다고 보증해 주셨습니다.

이 여성의 이름은 베로니카라고 알려졌습니다. 예수님께서 십자가 지시고 해골언덕으로 올라가실 때 너무 채찍을 많이 맞고 굶주려 그 자리에 쓰러지신 적이 있습니다. 그 때 구레네 사람 시몬에게 로마 군병이 십자가를 대신 지웠습니다. 그 순간 어느 젊은 여성이 뛰어와 예수님에게 머리에 썼던 수건을 무릎 꿇고 드렸습니다. 그 수건에 예수님의 가시관 핏물이 흘러서 예수님 얼굴이 새겨졌습니다. 그 수건을 예수님께 드린 주인공이 바로 이 하혈병 고침받은 베로니카라는 전설도 있습니다.

## 그 뱀의 꼬리를 잡아라

여호와께서 모세에게 이르시되, 네 손을 내밀어 그 꼬리를 잡아라.
그가 손을 내밀어 그것을 잡으니 그의 손에서 지팡이가 되니라 (출 4:4)

모세가 하나님 앞에 섰습니다. 장소는 호렙산, 시내산, 곧 하나님의 산이었습니다. 성경은 '하나님의 사자가 그에게 나타났다'(출 3:2)고 했습니다. 그리고 이어서, "여호와께서 그가 오는 것을 지켜보셨다 …. 하나님이 떨기나무 가운데서 그를 불러 이르시되, '모세야, 모세야' 하고 부르셨다"(출 3:4)고 했습니다. 이름을 두 번 연거푸 부르신 것은 상황이 급박하거나 혹은 매우 매우 중요한 사명을 맡기신다는 뜻입니다. 이집트의 노예가 된 하나님의 백성을 이끌고 가나안 땅으로 인도하여 내라는 중대한 사명을 맡기셨습니다. 지엄한 분부요 온 인류를 구원하시려는 하나님의 거룩한 사업의 또 다른 출발입니다.

모세는 곧 바로 순종해야만 했습니다. 그러나 그럴 수 없었습니다. 이집트의 바로 왕이 얼마나 무서운 권력자인지 잘 알기 때문입니다. 이스라엘 백성들을 끌고 나오면 이집트의 경제는 폭삭 주저앉을 수도 있는데 바로 왕이 그걸 가만 둘리가 없습니다. 게다가 이집트는 막강한 군사력을 가지고 있었습니다. 이에 반하여 이스라엘 백성들은 군대도 없고 재력도 없고 단결도 잘 될 것 같지 않았습니다. 아니, 무엇보다도 이집트 나일강변만큼 비옥한 땅이 있을 것 같지 않았습니다.

모세는 못 가겠다고 결심합니다. 자신이 왕궁에서 자랐기 때문에 속속들이 압니다. 무엇으로 보나 그것은 전혀 승산 없는 싸움입니다. 하나님께서도 자기 백성을 가나안 복지로 인도하시겠다는 결단과 계획을 길고 자세하게 밝히면서 조금도 양보하지 않으셨습니다. 그런데도 모세는 마음속으로, '아닙니다, 아닙니다'만 되뇌였습니다. 모세가 왕세자 시절에 공사현장에 나간 적이 있었습니다. 그때 이스라엘 백성을 학대하는 이집트 사람을 쳐 죽여 비밀리에 사막에 묻은 사건이 있었습니다. 그런데 그 암살사건을 고발한 것이 바로 이스라엘 동족이었습니다. 자신은 도망자가 된 살인범인데 어찌 그런 일을 해 낼 수 있겠습니까? 그들이 저의 말을 듣겠습니까? 당장 이집트 탈출 명령은 허위로 조작된 것이라고 콧방귀도 안 뀔 것입니다.

그래도 하나님은 포기하시지 않으셨습니다. 모세를 끈질기게 설득하십니다. 그래서 물으셨습니다. "네 손에 있는 것이 무엇이냐?" 모세는 지팡이를 잡은 오른 손을 높이 쳐들고 대답했습니다. '이 지팡이 하나뿐입니다. 저의 전 재산입니다. 손에 쥔 돈도 없고, 무기도 없고, 권력도 없습니다. 빈털터리입니다. 게다가 도망자 신세가 된 살인범입니다.'

그런데 하나님은 그걸 땅에 던지라고 하셨습니다. 그 지팡이를 땅에 내어버리라는 것입니다. 그것조차 의지할 것이 못 된다는 뜻입니다. 양들과 심지어 목자까지 잡아먹으려고 달려드는 사나운 짐승들로부터 생명을 보호할 마지막 의지물입니다. 그걸 던져버리라는 것입니다. 그래서 휙 던져버렸습니다. 땅바닥에 내동댕이쳤습니다. 목숨 빼어 놓고는 그의 마지막 재산을 내버린 것입니다. 하나님 정말 되게 잔인하시다는 불평도 했을 법 합니다.

그런데, 그 지팡이가 뜻밖에도 뱀이 되었습니다. 독사가 되었습니다. 코브라가 되었습니다. 사람이나 양을 물면 맹독을 뿜어 단박에 죽이는 그 코브라입니다. 모세는 본능적으로 피했습니다. 살고 싶은 욕망이 불처럼 타올랐습니다. 무슨 수를 써서라도 살아야 했습니다. 생명은 하나밖에 없기 때문입니다. 바로 그 순간 하나님의 명령이 또 들려왔습니다.

"네 손을 내밀어 그 꼬리를 잡아라" (출 4:4).

모세는 그 순간 눈앞이 더욱 캄캄해졌습니다. 뱀을 잡으려면 뱀의 머리를 짓이겨 놓아야 합니다. 사막의 땅 이집트에 사는 사람이라면 삼척동자도 잘 알고 있습니다. 그런데 이집트 왕궁에서 자랐고 "이집트 사람의 모든 지혜를 배워 그의 말과 하는 일이 다 능한" 큰 인물(행 7:22) 모세가 그걸 모를 리가 없습니다. 아니, 이미 하나님은 아담과 하와 첫 사람에게 말씀하셨습니다. 앞으로 뱀과의 싸움에서 뱀은 사람의 발꿈치를 물게 되지만 여자의 후손 곧 사람은 그 뱀의 '대가리'를 으깨놓을 것이라고요(창 3:15).

그런데 하나님께서 뱀 잡는 방법을 모르시고 모세에게 그 꼬리를 잡으라고 하셨을까요? 독사들은 꼬리를 잡는 순간 그 사람의 몸을 휘휘 감고 목에 있는 동맥을 꽉 물어 온 몸으로 독이 퍼지게 한답니다. 이 설교자가 초등학교 들어가기 전에 독사에 물려 죽다가 살아났습니다.

모세가 가진 학문과 상식으로 뱀과의 싸움에서 그 꼬리를 잡는다는 것은 폭탄을 등에 지고 불구덩이에 뛰어드는 자살행위일 뿐입니다. 그러나 모세는 그 때 하나님의 깊은 뜻을 깨달았습니다. "하나님의 어리석음이 사람보다 지혜롭고, 하나님의 약하심이 사람보다 강하다" (고전 1:22). 그 진리입니다. 하나님께서 모세가 가진 믿음의 분량을 측정하고 계시다는 것도 그 순간에 깨달았습니다. '믿음은 바라는 것들의 실상이고 보이지 않는 것들의 증거'라고 했습니다(히 1:1). 뱀의 꼬리를 잡아도 결코 그 독사에 물려 죽지 않을 것이라는 확신이 모세의 가슴과 머리를 가득 채웠습니다. 그래서 하나님 말씀에 동의했고, 의지했고, 순종했습니다. 마침내 손을 힘차게 내밀어서 그 뱀의 꼬리를 '꽈악' 잡았습니다. 그 뱀이 모세의 몸을 휘감고 목의 동맥을 문다면 그것 때문에 죽는다 해도 죽으리라는 믿음의 결단입니다. 후일 오랜 세월이 지나서 하나님의 아들 예수 그리스도께서 십자가를 지고 죽으실 것을 미리 나타내는 '예표'(type)가 되었습니다.

꼬리를 잡자마자 뱀은 다시 지팡이가 되었습니다. 원상복구가 되었습니다. 하나님은 모세에게 이 지팡이를 다시 던져주셨습니다. 그 지팡이는 이제 모세의 지팡이가 아니라 '하나님의 지팡이'가 되었습니다. 뱀처럼 생겨먹은 나무지팡이였지만 하나님의 사람의 손에 잡힌 지팡이가 되었습니다.

이집트에서 노예생활에 찌든 이스라엘 백성을 이끌고 나오는 일은 인간의 눈에는 성공확률보다는 실패할 확률이 훨씬 높은 계획이었습니다. 그런데 하나님은 그것을 위하여 모세를 지도자로 세우셨습니다. 그리고 그 모세에게는 지팡이 하나를 선물로 주셨습니다. 지금까지는 모세의 지팡이였으나 이제부터는 '하나님의 지팡이'가 되었습니다(출 4:20). 그리고 하나님의 지팡이인 까닭에 그것은 천하도 뒤집어 엎을 수 있는 '기적의 지팡이'가 되었습니다(출 4:17, 21). 모세는 이 지팡이를 사용하여 홍해바다를 갈라 육지처럼 건너가게 하는 등 엄청난 기적을 일으켰습니다.

종말시대에는 붉은 용이 천하를 유혹하고 어지럽힙니다. 일곱 머리와 열 개의 뿔을 가진 무시무시한 존재입니다. 하늘의 별 삼분의 일을 그 꼬리로 끌어다가 땅에 던지기도 합니다. 이 붉은 용이 아기 예수를 삼키려고 입을 떡 벌리고 위협합니다. 그러나 사탄을 대표하는 그 붉은 용도 하나님의 지팡이로 바뀔 수 있다는 희망이 하나님의 백성들에게 있습니다. 하나님은 믿음의 사람들에게 엄청난 기적능력을 주셨습니다. 믿음으로 기도하면 '이 산더러 들려 바다에 던져지라 하여도 그대로 될 것이라'(마 21:21)고 예수님께서 보증하셨습니다. 겨자씨 한 알만큼만의 믿음이 있어도 뱀의 꼬리를 잡을 때 이 뱀이 변하여 '하나님의 지팡이, 기적의 지팡이'를 선물로 받을 수 있다는 약속입니다 (눅 17:6).

## 니고데모, 새로운 사람

바리새인 중에 니고데모라 하는 사람이 있으니
유대인의 지도자라 ... 예수께서 대답하시되,
진실로 진실로 네게 이르노니, 사람이 물과 성령으로 나지 아니하면
하나님의 나라에 들어갈 수 없느니라 (요 3:1-5)

예수님을 찾아간 사람이 있었습니다. 니고데모였습니다. 예수님께서 뛰넘절(유월절)에 예루살렘에 머물고 계실 때였습니다. 그것도 낮이 아니라 밤에 찾아왔습니다. 그런데 한 가지 분명한 사실이 있습니다. 예수님이나 니고데모나 한 밤중에라도 꼭 만나야 할 매우 중대한 일이 있었다는 사실입니다. 그것이 무엇일까요? '어떻게 하여야 영원한 생명을 얻을 수 있을까'에 대한 대답입니다. 그래서 니고데모를 만난 예수님은 곧바로 '중생의 도리' 곧 거듭남의 진리를 집중적으로 말씀하셨습니다. '사람이 거듭나지 아니하면 하나님 나라를 볼 수 없다.' (요 3:3).

'사람이 물과 성령으로 거듭나지 아니하면 하나님의 나라에 들어갈 수 없다.'(요 3:5).

'거듭나야만 하겠다' (요 3:7).

'성령으로 난 사람도 다 그러하다' (요 3:8).

'이는 그를 믿는 자마다 영생을 얻게 하려 하심이니라' (요 3:15).

예수님은 니고데모에게 이런 말씀을 폭포수처럼 쏟아 부으셨습니다.

그래서 중생의 도리, 신생의 도리, 위로 남의 도리(birth from the above)는 죽음을 극복하고 영원한 생명을 얻으려는 사람은 누구든지 반드시 통과해야 하는 구원의 과정입니다. 구원과정을 개신교회에서는 대체로 크게 3단계로 나누어 말합니다. 첫 단계는 칭의(稱義, justification)와 중생(重生, regeneration), 둘째 단계는 성화(聖化, sanctification), 셋째 단계는 영화(榮化, glorification)입니다. 구원의 첫 관문은 칭의의 관문입니다. 하나님 편에서는 아직도 죄인이지만 의롭다고 인정하시는 것이 칭의입니다. 하나님과의 관계에서 본 구원단계입니다. 그리고 중생은 구원받는 사람의 내면이 변화되는 것입니다. 그것은 회개, 회심, 예수를 그리스도로 영접, 물세례 등을 내용으로 합니다. 성화는 믿음의 성장과정입니다. 하늘에 계신 우리 아버지의 온전하심같이 구원받은 하나님의 자녀가 온전해 가는 과정입니다(마 5:48). 그리고 영화는 영원한 하나님의 나라에 들어가서 해와 같이 빛나게 됨을 뜻합니다(마 13:43).

그렇다면 니고데모는 과연 구원받았을까요? 의롭다 함을 얻었을까요? 거듭났겠습니까? 새 사람이 되었을까요? 거듭났다면 어떤 과정을 거쳐 거듭났습니까? 그리고 그 열매는 무엇들일까요?

니고데모는 좋은 집안에서 태어났습니다. 예수님 시대에 역사가인 요세푸스의 형제라는 전설도 있습니다. 유대인의 지도자입니다. 70명으로 구성된 공회의 의원입니다. 게다가 율법을 가르치는 교수입니다. 그리고 바리새파 사람이었습니다. 율법을 엄격히 연구하고 준수하는 것이 다시는 이집트, 앗수르, 바벨론, 로마 같은 강대국의 노예가 되지 않고 해방되는 길이라고 굳게 믿고 실천하는 계급입니다. 그리고 부자였습니다. 그 이름 니고데모는 '사람들과 경쟁해서 이기는 자'(victor over the people)라는 뜻입니다.

니고데모가 예수님을 만나는 것은 그 당시로서는 수치스러운 일이었습니다. 특히 바리새파 사람들은 예수님을 매우 매우 못마땅하게 여겼으며 죽이려는 음모까지 꾸몄습니다. 천민 취급을 당하는 갈릴리 출신 목수청년을 만난다는 것 자체가 바리새파 사람들과 유대 지도자들에게 비난받을 일이었습니다.

하지만 니고데모에게는 해결되지 않은 절대적으로 중요한 문제가 하나 있었습니다. 어떻게 하면 육신의 죽음 이후에 자신의 영혼이 지옥으로 떨어지지 않을까? 어떻게 하면 영원한 생명을 얻을 수 있을까? 바로 그 문제입니다. 그런데 이스라엘 나라 전체의 중요정보를 접할 수 있었던 니고데모는 예수님의 가르침을 상당 부분 전해 들었습니다. 특히 영원한 생명의 길을 끈질기게 가르치는 그분의 교훈에 매혹되었습니다. 그래서 예수님께서 예루살렘에 머무시는 기회에 찾아온 것입니다. 그러므로 구원으로 가는 첫 관문은 '죽음의 문제를 꼭 해결해야 한다'는 철저한 문제의식입니다.

니고데모는 성경학자였습니다. 예수님도 인정하시는 '이스라엘의 선생'입니다.(요 3:10). 메시야가 오실 것도 잘 알고 있었습니다. 어쩌면 예수님께서 바로 그 메시야이신지 주목했습니다. 당연히 그분에 대한 여러 정보도 수집하고 분석했습니다. 죽음의 문제를 해결하려면 죽음이 무엇인지, 삶이 무엇인지, 영원히 사는 길이 무엇인지를 알아야 합니다. 문제는 해결하려 들지 않으면 해결되지 않습니다. 특히 죽음의 문제는 온 인생을 걸고 적극적으로 해결에 나서야 합니다. 무슨 값을 지불하더라고 꼭 해결해야 하겠다는 의지가 있어야 합니다. 그래서 한 밤중에라도 예수님을 찾아갔습니다.

니고데모는 예수님의 말씀을 자세히 듣고 머리에 기록했습니다. 아니면 종이에 메모를 했을 수도 있습니다. 그래서 예루살렘에서 공부한 요한에게 전달되어 요한복음에만 기록되었습니다. 그것도 매우 자세하게 적었습니다. 특히 죽음의 문제 해결이 절실했고 예수님에 대한 존경심이 매우 높았기에 학습효과도 좋았습니다. 예수님을 '랍비'라고 부르며, '하나님께로부터 오신 스승'으로 인정했습니다. 이미 물로 포도주를 만드셨던 가나의 결혼잔치 표적도 알고 있었습니다.

니고데모는 거듭남의 진리를 백 퍼센트 받아들였습니다. 세례 요한의 입을 통하여 예수님은 불성령의 세례도 베푸신다는 것을 들었는데(마 3:11), 예수님의 입으로는 직접 물성령으로 거듭남을 배웠고 체험했습니다. 성령님의 일하심을 통하여 예수님을 메시야로 의심 없이 영접했습니다. 예수님을 하나님께서 보내신 유일하신 아들 곧 독생자로 믿었습니다(요 3:16).

니고데모는 거듭난 사람, 위로부터 난 사람이 되었습니다. '거듭나야만 하겠다'는 말씀은 동시에 '위로부터 난다' 곧 하늘로부터 태어난다는 뜻입니다.

예수님의 구원목회가 파상적으로 확산되면서 그를 체포하여 죽이려는 음모도 더욱 거세졌습니다. 그래서 바리새파 지도자들 사이에 논쟁이 벌어졌습니다. 그런데 바리새파 지도자인 니고데모는 예수님을 옹호하는 발언을 거침없이 했습니다. "우리 율법은 사람의 말을 듣고 그 행한 것을 알기 전에 심판하느냐?" 그렇게 변호했습니다. 니고데모의 믿음이 그만큼 자랐습니다.

니고데모는 '숨은 제자'로 알려졌습니다. 예수님의 시체를 자기 묘지에 안장했던 아리마대 사람 요셉과 동지였습니다. 니고데모는 예수님 시신에 몰약과 침향을 넉넉히 발라서 예수님 장례를 모셨습니다. 자신이 죽으면 사용할 것을 주님께 드린 것입니다(요 19:38-40). 성경에 기록은 없지만 다시 살아나신 예수님께서 아리마대 사람 요셉과 니고데모를 꼭 만나셨을 것 같습니다. 끝까지 충성하고 헌신하는 제자였기 때문입니다.

## 소풍 인생, 출장 인생

시몬 베드로가 이르되, 주여, 어디로 가시나이까?
예수께서 대답하시되,
내가 가는 곳에 네가 지금은 따라올 수 없으나 후에는 따라 오리라
(요 13:36)

예수님에게 베드로가 물었습니다. "주님, 어디로 가십니까? " 라틴말로 '도미네, 쿠오 바디스'입니다. 유명한 소설 <쿠오 바디스>의 제목이 여기에서 나왔습니다. 예수님께서 어디로인가 가시겠다고 강조하여 말씀하시니까 베드로가 궁금해서 물었습니다. 그래도 예수님께서는 어디로 가시는지 딱 집어서 말씀하지 않으셨습니다. 어디로인지 잠시 떠나신다는 사실만 줄기차게 강조하셨습니다.

원래 예수님은 많이 돌아다니는 분이셨습니다. 어머니 마리아가 임신했을 때 갈릴리 나사렛에서 유대 산중에 있는 세례 요한의 부모 집까지 여행하셨습니다. 인구 조사 당시에도 또 한 번 같은 방식으로 베들레헴까지 여행하셨습니다. 거기에서 먼 나라 이집트까지 또 여행하셨습니다. 그리고 거기에서 다시 나사렛 동네로 오셨습니다.

소년 시대에는 뛰넘절(유월절) 등의 행사에는 나사렛에서 예루살렘 여행을 하셨습니다. 그리고 아버지가 목수 일로 여기 저기 돌아다닐 때 함께 다녔습니다. 나사렛 근처에 세포리라는 큰 도시에

자주 건축 사업이 있어서 그곳에도 출장을 다닌 일이 있었을 것이라는 연구들이 꽤 있습니다. 갈릴리 바다 연안에 있는 여러 도시와 마을들도 익숙할 정도로 다니셨습니다. 십대 이십대에는 더 먼 나라들로 여행하셨을 가능성도 충분히 있습니다.

전업 목회자, 전업 전도자 시절에는 더욱 더 열심히 여러 곳을 다니셨습니다. 예루살렘에도 몇 번이나 가서 머무셨습니다. 여러 날을 제자들과 함께 지내기도 하셨습니다. 특히 갈릴리 지방과 호변 도시들을 집중적으로 방문하며 전도하셨습니다. "이에 온 갈릴리에 다니시며 그들의 여러 회당에서 전도하시고 또 귀신들을 내쫓으시더라"(막 1:39)는 말씀 그대로입니다. 그야말로 풍찬노숙(風餐露宿), 바람과 이슬을 맞으며 거친 들에서 먹고 주무시는 생활이었습니다. 물론 예수님의 목회협력자들이 숙소와 음식과 편의를 제공하기도 했습니다.

그래서 예수님을 방랑자라고 합니다. 이곳저곳 정처 없이 돌아다니는 떠돌이셨고 나그네셨습니다. 가출하신 분이시고 출가하신 분이셨습니다. 산천경개 구경하며 다니시는 관광객도 되시고 요즈음 말로는 '홈리스' 곧 무주택자 신세이기도 하셨습니다. 그래서 어떤 성도는 갓 쓰고 지팡이 짚고 술 마시고 시를 읊으며 전국을 방랑하는 김삿갓처럼 생각합니다. 그 김삿갓이 성경을 한 손에 든 뒷모습을 그린 화가도 있었습니다. 예수님은 일부러 개나 거지처럼 살아가는 견유학파(cynicism)의 '라이프 스타일'을 선호하셨을 것이라는 주장도 있습니다.

그러나 예수님은 온 인류에게 인생을 바로 보여주셨습니다. 사람은 누구나 '출장 차' 이 곳 지구에 와서 머물고 있다는 사실을 깨우쳐 주십니다. 첫째, 뚜렷한 목적을 가지고 이 세상에 파송되셨다는 것, 둘째, 그 목적을 수행하시는 일에 목숨을 걸어 놓으셨다는 것, 셋째, 그런 뒤에는 파송하신 분에게 돌아가서 목표달성 결과를 보고 드려야 한다는 것, 그것이 바로 모든 인생의 삶의 길이 되어야 한다는 말씀입니다. 곧 '출장 인생관'입니다. 그래서 예수님은 제자들에게 이렇게 말씀하셨습니다. "내가 너희와 함께 조금 더 있다가 나를 보내신 이에게로 돌아가겠노라."(요 7:33). 그런 뜻으로 여러 번 반복하여 말씀하셨습니다. 제자들은 그 뜻을 잘 이해하지 못했습니다. 그래서 흩어져 사는 헬라인들에게 교육하러 가시는 것으로도 오해했습니다(요 7:34-36).

요즈음 흔히, '잠시 소풍 왔다가 돌아가는 것이 인생'이라고 합니다. 그 말은 '이래도 한 세상, 저래도 한 세상' 하고 탄식하며 짧은 일생을 사는 사람들에게 위로가 되기도 합니다. 그러나 예수님께서 보여주신 인생행로는 결코 잠시 소풍 왔다가 가는 것만은 아닙니다. 오히려 인생은 '잠시 출장 왔다가 마치고 돌아가는 존재'라는 것이 예수님이 삶으로 가르쳐주신 삶의 궤적입니다.

왜냐하면 예수님의 인생은 먹고, 마시고, 쉬고, 즐기고, 노래 부르고, 게임하고, 친구들과 어울리고, 휴식하는 등의 그런 소풍의 삶이 아닙니다. 사람이 살아가는 동안 그런 몸과 마음을 풀어 재정비하는 시간이 필요 없다는 것은 아닙니다. 일의 효율을 더욱 높이기 위한 휴식과 재정비 곧 릴랙스(relax)하는 시간도 있어야 합니다. 오히려 중차대한 사명을 등짐으로 짊어지고 이 세상에 출장 오셔서 그 사명의 완성을 위하여 올인(all-in), 전력투구하신 분입니다. 전적으로 목적이 이끄는 삶이셨습니다. 목표 곧 초점, 타깃만을 정조준하며 달려가는 것이 바로 출장(business trip)인 것과 같습니다. 예수님은 그런 출장 목표를 여러 가지로 표현하셨습니다. 우선 그분의 이름 '예수' 그 뜻대로 하나님의 인간구원과 만물 구원을 실현시키려 출장 오셨습니다. "우리가 다른 가까운 마을들로 가자. 거기서도 전도하리니, 내가 이를 위하여 왔노라"(막 1:38)고 하셨습니다. 양을 먹이는 선한 목자의 표준을 보여주시려고 오셨습니다(요 10:11). 말씀이 육신이 되셔서 하나님을 나타내시는 계시로 오셨습니다. 어두운 세상을 밝히기 위한 빛으로 오셨습니다. 이 세상에 하나님 나라를 설립하고 통치하시기 위하여 오셨습니다(계 11:15). 포로된 자에게 자유를 주시기 위하여 오셨습니다. 병든 자들에게 건강을 회복시키기 위하여 오셨습니다. 교회를 설립하기 위하여 오셨습니다. 심지어 전쟁하게 하려고 오셨다고도 선언하셨습니다(눅 12:51). 총제적으로 종합하면 '위하여 인생'을 살라는 것입니다. 하나님을 위하여 살고, 이웃과 원수까지 살리는 인생을 살아야 한다는 뜻입니다.

그분께서 이 지구로 출장오신 목적은 더 많은 언어로 표현되어 있습니다. 그러나 여기에서는 그분께서 이 세상에 오신 것은 뚜렷한 사명을 가지고 오신 출장이라는 것만 강조하려 합니다. 엄중한 목적이 있는 여행입니다. 소명(召命, calling)의 실천을 위한 일관된 삶을 보여주셨습니다.

출장 보내는 회사에서는 그 사람이 출장 목적을 더 많이 달성할 수 있도록 필요한 것을 지원합니다. 우선 여비를 지원합니다. 시간을 제공합니다. 교통수단도 준비합니다. 미리 만날 사람들에게 협조를 부탁합니다. 그래서 예수님도 우리에게 말씀하셨습니다. 무엇을 먹을까, 무엇을 마실까, 무엇을 입을까 염려하지 말라고 하셨습니다(마 6:25).

성삼위 하나님은 우리를 이 세상에 출장 보내셨습니다. 그러므로 우리는 출장 때 맡겨진 사명의 완성을 위하여 목숨을 걸고 전심전력을 기울여야 합니다. 그래서 이 땅을 떠나서 영원한 하나님 나라에 돌아가게 되면 군대에서 하는 것처럼 '임무 끝!'이라고 우렁찬 목소리로 보고해야 합니다.

예수님께서는 이런 '출장인생관'을 여러 가지 방식으로 말씀하셨습니다. 사는 사람은 받은 목표를 완성하기 위하여 온 인생을 걸어 놓고 삽니다. 곧 목표가 과정을 결정하는 삶이요, 장래가 현재를 결정하는 삶의 길을 걸어간다는 뜻입니다. 예수님처럼, 그리스도이신 예수님처럼.

## 동정녀 마리아에게서 나시고

보라, 처녀가 잉태하여 아들을 낳을 것이요,
그의 이름은 임마누엘이라 하리라 ... (마 1:23)
마리아가 천사에게 말하되,
나는 남자를 알지 못하니
어찌 이 일이 있겠습니까? (눅 1:34)

예수님은 동정녀에게서 태어나셨습니다. 기독교 교리의 기본인 사도신경에 있는 그대로입니다. "나는 그의 유일하신 아들 우리 주 예수 그리스도를 믿습니다. 그는 성령으로 잉태되어 동정녀 마리아에게서 나셨습니다." 동정녀 탄생론(virgin birth)은 남녀의 육체적 관계가 없이 처녀 몸에 임신이 되어 태어나셨다는 뜻입니다.

성경의 기록을 검토해 보면 예수님의 처녀몸 출산론은 매우 강조되어 있는 편입니다. 우선 마태복음에 비교적 상세히 적혀 있습니다(마 1:16-25). 남자 중심의 족보에서 유독 아기 예수에 관하여는 '마리아에게서 그리스도라 칭하는 예수가 나시니라'고 모계중심론을 펼쳤습니다. 어머니 마리아가 청년 요셉과 약혼했으나 부부의 육체관계를 갖기 전에 잉태되었다고 했습니다. 특히 성령의 역사로 잉태되었습니다. 그리고 요셉은 '주의 전령이 분부한 그대로 약혼녀를 데려 왔지만, 아들을 낳기까지 잠자리를 함께하지 않았습니다.' 요셉 중심의 기록입니다.

이런 사실은 누가복음에는 다른 시각에서 더욱 상세히 적혀 있습니다(눅 1:26-56, 2:1-7). 천사 가브리엘이 하나님의 보내심을 받아 나사렛으로 가서 처녀 마리아에게 소식을 전달했습니다. "보라. 네가 잉태하여 아들을 낳으리니 그 이름을 예수라 하라"는 말씀입니다. 그 소식을 들은 마리아의 첫 반응은 이렇습니다. "나는 남자를 알지 못하니 어찌 이런 일이 있겠습니까?" 예수 아기의 동정녀 탄생 사실을 확실하게 보여주는 대목입니다. 마리아가 '남자를 알지 못한다'는 말은 육체관계를 갖지 않았다는 뜻입니다. 가브리엘 천사는 조금 길게 설명한 뒤에, "대저 하나님의 모든 말씀에는 능하지 못하심이 없느니라"(눅 1:37)고 결론을 맺습니다. 그리고 마리아가 응답합니다. "주의 여종이오니 말씀대로 내게 이루어지소서."(눅 1:38).

예수님의 동정녀 잉태출산론은 구약성경에 이미 예언된 것입니다. "보라 처녀가 잉태하여 아들을 낳을 것이라"(사 7:14)는 예언의 말씀이 이루어진 것이라고 확인합니다(마 1:23). 이사야서의 이 말씀이 반드시 메시야를 뜻하는 것은 아니라는 주장도 있고, 또 이사야서의 '처녀'는 반드시 결혼 안한 여자가 아니라 '젊은 여자'라는 뜻도 있답니다. 그렇다고 '처녀'라는 뜻을 부정하는 것은 아닙니다. 아기 예수의 동정녀 탄생론은 지난 2천년 동안 사실이 아니거나 믿을 수 없다는 주장들도 있어왔습니다. 예수는 로마군인 판테로스와 창녀 마리아 사이에 태어난 사생아랍니다. 물론 아예 예수라는 인물이 태어난 적도 없고, 그래서 성경기록은 완전한 위조뉴스라고 합니다. 예수님이 동정녀 마리아에게서 태어나셨다는 것은 신화시대의 이야기라는 사람, 영웅화 작업이라는 사람, 무식층이 많던 시절에 상상력으로 꾸며낸 이야기라는 사람, 이솝우화처럼 동물들이 말을 하는 것처럼 쓰여진 동화라는 사람도 있고 심지어 기독교 신학자라는 이름을 붙여 밥 먹고 사는 사람들 가운데도 동정녀탄생만은 믿지 못하겠다는 이들도 있습니다.

그래도 그런 사람들이 믿지 못하겠다는 주장을 들어 보아야 합니다. 우선 생물학적으로 불가능한 일입니다. 인류 역사에 그렇게 태어난 사람이 아무도 없습니다. 한국역사에서도 환웅이 여자가 된 곰과 결혼해서 단군을 낳았다는 이야기와 비슷합니다. 예수님께서 하나님의 아들로 이 세상에 태어나기 전에 존재하셨다는 성경의 가르침과 모순됩니다. 마태복음의 기록과 누가복음의 기록이 매우 다릅니다. 마가복음과 요한복음에는 전혀 언급이 없습니다. 남자의 생씨(정충)와 여자의 생알(난자)의 결합 없이 여자의 생알만으로 사람이 되었다면 비정상인이랍니다. 이런 문제로 지금도 논쟁이 뜨겁습니다. 특히 이성과 논리와 과학을 중시하는 근대 계몽주의가 예수님의 동정녀 탄생론을 박살내가고 있습니다.

그래도 기독교는 예수님의 동정녀 탄생론을 무효화시키거나 성경에서 삭제할 생각이 추호도 없습니다. 그것은 전지, 전능, 전재하신 창조주 하나님을 굳건히 믿기 때문입니다. 아니 우주를 창조하시고 그 안에 만물을 지으신 분이 무엇인들 못하시겠습니까? 다른 것은 그만두고 이 글설교를 읽으시는 당신 자신을 생각해 보시면 됩니다. 당신이 지금 이 땅에 살아 있는 것이 완전한 우연이라고 믿으십니까? 혹은 자연적 진화과정으로 생겨났다고 생각하십니까? 남자와 여자를 만드신 하나님, 둘이 서로 사랑하고 몸도 하나가 되어 새로운 생명이 탄생하도록 지으신 하나님 아닙니까? 예수님을 하늘에서 뚝 떨어뜨려 주실 수도 있는 하나님이십니다. 최초의 인간 아담처럼 흙을 재료로 몸을 만드시고 하나님의 숨결 곧 성령을 불어넣어 만들 수도 있습니다.

예수님께서 동정녀 마리아의 몸을 통하여 나오신 것과 관련된 해석도 여러 가지입니다. 개신교회와 가톨릭교회가 매우 다르고, 개신교회 안에서도 지도자들이 서로 다른 의견을 제시하고 있습니다. 그러나 가장 많은 동의와 신뢰를 얻는 것은 예수 그리스도께서 '중보자'(Mediator)가 되셨다는 확실한 진리입니다. 100퍼센트 하나님이신 예수께서 100퍼센트 인간이 되심으로 말미암아 창조주 하나님과 피조물이며 죄인들인 인간 사이의 '다리'(bridge)가 되셨다는 뜻입니다. "하나님은 한 분이시요 또 하나님과 사람 사이의 중보자도 한 분이시니 곧 사람이신 그리스도 예수라." (딤전 2:5). 그 말씀 그대로입니다. "그 중보자는 한 편만 위한 자가 아니니라."(갈 3:20). 하나님 편과 사람 편을 모두 연결시키는 존재란 뜻입니다. 그래서 결혼중매자나 부동산 소개업자처럼 이 편에 가면 이 편 사람이 되고 저 편에 가면 저 편 사람이 됩니다. 아니, 반대로 하나님 편에 가시면 사람 편이 되시고 사람 편에 오시면 하나님 편이 되시기도 합니다.

예수님은 삼위일체 하나님이신 성령으로 말미암아 동정녀 마리아에게 잉태되어 출산되셨습니다. 만약 이 사실을 과학과 논리라는 이유로 받아들일 수 없다면 그것은 곧 하나님의 전지전능, 전재하심을 믿지 못하는 것입니다. 그렇게 되면 예수님께서 행하신 모든 기적을 믿지 못하게 됩니다. 성경에 나오는 모든 기적도 못 믿습니다. 그리고 심지어 예수님의 부활도 믿지 못합니다. 자신의 생명이 이 땅 위에서 죽으면 어디로 가는지 아니면 영혼은 있는 것인지도 믿지 못합니다.

그러므로 "그는 성령으로 잉태되어 동정녀 마리아에게서 나시고…"라고 사도신경을 더욱 더 힘차게 외우셔야 합니다.

## 그가 귀신들려 미쳤거늘

예수의 친족들이 듣고 그를 붙들러 나오니,
이는 그가 미쳤다 함일러라... (막 3:21)
그가 귀신 들려 미쳤거늘
어찌하여 그 말을 듣느냐? (요 10:20)

예수님이 미쳤다는 소문이 널리 널리 퍼져가고 있었습니다. 특히 친척들 가운데 알만 한 사람은 모두 알고 있었습니다. 그래서 어머니 마리아가 예수님의 동생들을 데리고 예수님을 붙들러 나왔습니다. 미쳐도 보통 미친 것이 아닙니다. 귀신 가운데서도 왕귀신인 바알세불에 사로잡혔다는 것입니다. 그러니 예수님의 남동생들 같은 장정이 필요했습니다. 귀신들려 미친 사람들은 대개 힘이 엄청 세기 때문입니다.

어머니 마리아는 수소문을 해서 마침내 아들 예수가 있는 곳을 찾아냈습니다. 그 열두 제자들과 또 여러 사람을 앉혀 놓고 무엇인가 열심히 가르치고 있었습니다. 식사 때가 지났는데도 점심 잡수실 생각도 안했습니다. 그래서 가까이 가지 않고 사람을 보냈습니다. 어머니, 남동생, 여동생들이 왔다고 전달했습니다. 그런데 멀리서 예수님의 대답이 어머니와 동생들의 귀에 들려왔습니다. '누가 내 어머니며 누가 내 동생들이냐?'는 것입니다. 그리고는 제자들을 가리키며 이렇게 말했습니다. "내 어머니와 내 동생들을 보라.

누구든지 하나님의 뜻대로 행하는 자가 내 형제요, 자매요, 어머니이니라" (막 3:34-35). 이 말을 들은 어머니와 형제자매들이 무엇이라고 했을까요? 혹시, '아이고, 미쳐도 보통 미친 게 아니구나. 완전히 머리가 돌았구나.' 그랬을 법도 합니다. 인간적인 눈으로 볼 때 예수님께서 해도해도 너무 하셨습니다.

그 후에 예수님께서는 제자들에게 '선한 목자의 비유'(요 10:1-18)를 말씀하셨습니다. 목회 대헌장인 "나는 선한 목자라. 선한 목자는 양들을 위하여 목숨을 버리느니라"(요 10:11)는 말씀도 베푸셨습니다. 그리고 이 목회대명은 '내 아버지에게서 받았다'고 선언하셨습니다. 이번에는 이 말씀 때문에 유대인 가운데서 다툼이 일어났습니다. 한 편에서는, "그가 귀신들려 미쳤거늘 어찌하여 그 말을 듣느냐?"고 힐난했습니다. 그렇게 말하는 사람이 대다수였습니다. 그러나 소수의 반론도 있었습니다. "이것은 귀신들린 자의 말이 아니다. 귀신이 맹인의 눈을 뜨게 할 수 있느냐?" 하고 항변했습니다. 날 때부터 맹인 된 사람을 예수님께서 고쳐주신 적이 있었습니다(요 9장).

예수님은 정신병자 취급하는 사람들에게 즉각적으로 강력하게 반박하셨습니다. 예수님께서 미친 것은 귀신이 들렸기 때문이라는 비난이 있었기 때문입니다. 예수님의 적대자들은 툭하면 예수님이 귀신이나 악령이나 생명파괴자인 바알세불에 붙잡혀 있다고 모함했습니다(마 요7:20). 그렇게 터무니없는 악의적 비판에 대하여 예수님은 '이 세상과 오는 세상에서도 용서받지 못할 것'이라고 경고

하셨습니다(마 12:31).

그러나 한편으로 예수님께서는 미쳤다는 평가를 받으실 만했습니다. 30세가 넘도록 결혼도 하지 않았으니 미쳤다는 소리를 들을 만도 합니다. 목수 일을 팽개치고, 가족 생계를 나몰라라 했으니 그럴 법도 합니다. 젊은이들과 떼를 지어 산으로 들판으로 돌아다니니 미쳤다는 의심을 받게도 되었습니다. 게다가 귀신을 쫓아내고 기적을 일으키는 것을 보고 예루살렘에서 내려온 성경학자들이 예수가 미쳤다고 떠들어댔습니다. 모세는 이렇게 가르쳤지만 자신은 저렇게 가르치셨기 때문에 제 정신이 아니라고 했습니다. 무엇보다도 스스로가 하나님의 아들이요, 또 그런 까닭에 하나님이라고 하시니까 정신병자라는 모욕을 받으셨습니다.

그러나 그런 비난에는 전혀 개의치 않으셨습니다. 그것은 예수님의 육신적 조상 다윗 왕도 미친 놈 행세를 한 적이 있기 때문입니다(삼상 21:10-15). 다윗이 가드 왕 아기스 앞에서 일부러 "미친 체 하고 대문짝에 그적거리며 침을 수염에 흘렸습니다." 그랬더니 아기스는, 이 미치광이를 어찌하여 내게 데려왔느냐며 부하에게 호통을 쳐 내어 쫓았습니다. 그래서 목숨을 건졌습니다. 이처럼 하나님의 나라 건설에 몰입하시기 위하여 일부러 미친 놈 행세를 해내신 측면도 있습니다. 다윗 왕국은 하나님 나라의 모형이기 때문입니다.

이런 모습은 사도 바울에게서도 찾아볼 수 있습니다. 그가 가이사랴 야외극장에서 공개재판을 받은 적이 있습니다. 그 때 로마 총독 베스도 앞에서 자신의 회심체험을 간증하며 예수 그리스도의 부활로 전도했습니다(행 26장). 그 때 베스도 총독은 큰 소리로 외쳤습니다.

"바울아, 네가 미쳤도다. 네 많은 학문이 너를 미치게 한다."

그러나 바울은 조금도 위축되지 않았습니다. "베스도 각하여, 내가 미친 것이 아닙니다. 오히려 참되고 온전한 말을 하고 있습니다." 그러면서 전도를 계속했습니다(행 26:24-29). 바울은 정말 예수님에 대하여 미친 사람이 되었습니다. 그러나 전도하기 위하여서는 자신이 아주 정상적인 사람이라고 변호했습니다.

그 사도 바울은 고린도교회 성도들을 향하여 이렇게 편지설교를 했습니다. '알지 못하는 방언을 하는 것은 좋은 일이나 불신자들에게 미쳤다는 소리를 들을까 염려가 된다.'(고전 14:23). 그러면서도, "우리가 만일 미쳤어도 하나님을 위한 것이요, 정신이 온전하여도 너희를 위한 것이니 그리스도의 사랑이 우리를 강권하시는도다"(고후 5:13-14) 하였습니다. 미친 행동에 대하여 경고를 함께 보낸 것입니다. 그런 점에서도 '예수님처럼'을 보여 주고 있습니다.

인류 역사는 증명합니다. 밝히 증명합니다. 무엇엔가 미쳐 있는 사람들이 위대한 일을 해냈다는 사실 말입니다. 특히 예수에 미친 사람들 가운데 그렇습니다. 예수에 미치는 것은 '건강하게 미치는 것'이요 '목숨 걸만한 일에 미치는 것'이기 때문입니다. 선한 광기狂氣란 뜻입니다.

## 영광, 평화, 기쁨

홀연히 수많은 천군이 그 천사들과 함께 하나님을 찬송하여 이르되,
지극히 높은 곳에서는 하나님께 영광이요,
땅에서는 하나님이 기뻐하신 사람들 중에
평화로다 하니라 (눅 2:13-14)

예수님이 출생하셨습니다. 아기 예수님께서 베들레헴에서 탄생하셨습니다. 베들레헴은 '빵집동네'라는 뜻입니다. 이 세상에 빵으로 오셨기에 빵집 마을에서 탄생하셨습니다. 생명의 빵, 영원한 생명을 주는 빵으로 오셨습니다(요 6:48).

예수님 탄생의 직접적 뉴스는 마태복음과 누가복음에만 기록이 남아 있습니다. 간접적 기록들은 성경 전체에 흩어져 있지만 직접적 기록은 그리 많지 않습니다. 그렇다고 마가복음이나 요한복음이 예수님 탄생에 대하여 침묵한다고 해서 신빙성이 절반밖에 안 된다는 주장들은 악의적 폄훼입니다. 침묵은 부정일 수도 있고 더욱 강한 긍정일 수도 있습니다.

예수님 탄생은 우주적인 사건을 뛰어 넘습니다. 창조주께서 참여하셨고 모든 피조물이 참여했습니다. 특히 피조물 가운데 수많은 천사와 천군 곧 하늘의 군대가 참여했습니다. 성경에 천사가 혼자 혹은 짝을 지어 나타나는 것은 흔한 일입니다. 그러나 그처럼 '허다한 천군이 그 천사들과 함께' 나타난 것은 매우 드문 이례적 사

건입니다. '수많은 천군이 그 천사들과 함께' 나타난 것은 "그 수가 천천이요 만만"인 것을 뜻합니다(계 5:11). 예수님의 탄생이 그만큼 하나님의 보좌인 하늘과, 우주의 모든 피조물과 특히 하나님의 형상을 가진 사람들에게 엄청난 사건이라는 뜻입니다.

이 엄청난 사건이 무엇입니까? '그 천사'가 전달해준 것처럼 '온 백성에게 미칠 큰 기쁨의 좋은 소식'(눅 2:10)이 무엇입니까? 바로, "오늘, 다윗의 동네에 너희를 위하여 구원주가 나셨으니 곧 그리스도 (메시야)요 주님이시니라"(눅 2:11)는 뉴스입니다. "하나님이 세상을 이처럼 사랑하셔서 독생자를 주셨으니, 이는 그를 믿는 자마다 멸망하지 않고, 오히려 영원한 생명을 얻게 하려 하심이라"(요 3:16)는 말씀 그대로입니다. 이 같은 '큰 기쁨의 좋은 소식'을 가리켜 복음(福音, the Gospel) 곧 행복한 소식이라 합니다. 그래서 요한복음 3장 16절은 성경 전체의 요약이요 핵심이 됩니다.

누구나 아는 것처럼 예수님의 탄생은 세상 역사의 분기점이 되기도 합니다. 그리고 성경적으로는 구약, 곧 하나님이 모세를 통하여 이스라엘 민족과 체결한 언약과 신약, 곧 하나님께서 예수님을 통하여 온 민족과 체결한 새로운 언약의 분기점이 되기도 합니다.

이처럼 예수님의 탄생은 역사 변혁적인 일대 사건인 것을 천천이요 만만의 천군천사들이 찬양을 통하여 더욱 확실하게 선포했습니다. 천사들의 중대한 사명 중 하나는 하나님을 찬양하는 것입니다. 성경 어디에도 사탄이나 악령들이 노래를 부르거나 찬송을 했다는 기록이 없습니다. 찬양은 천군천사의 몫입니다. 역으로 하나님을 찬양하는 사람은 천사 같은 사람들이라고도 할 수 있습니다. 입으로만 부르는 찬송이 아니라 생명을 짜서 부르는 찬송이라야 천군천사 닮았다는 뜻입니다.

그런데 이토록 귀중한 천군천사들의 찬양을 들은 사람들은 목자들이었습니다. 지금도 이스라엘 땅을 순례하게 되면 예수탄생교회에서 멀지 않은 곳에 바로 양을 치던 목자들이 천군천사의 음성을 들었다는 장소를 안내받습니다. 이 설교자도 성도들과 함께 그것에 가서 바로 위의 요절 말씀을 외쳤습니다. 하늘을 올려다보며 합성을 질렀습니다.

"지극히 높은 곳에서는 하나님께 영광이요, 땅에서는 하나님이 기뻐하신 사람들 중에 평화로다."(눅 2:14).

그러나 이 말씀은 성경 원문에 보면 정관사나 동사가 없는 문장구조입니다. 그래서 성경번역가들 가운데는 이 말씀을 이렇게 번역하기도 합니다.

"지극히 높은 곳에서는 하나님께 영광, 땅 위에는 평화, 사람들 가운데는 기쁨."

이렇게 번역하는 것도 큰 은혜가 됩니다. 더 요약하면 '하나님께는 영광, 땅 위에는 평화, 사람들에게는 기쁨'입니다. 그래서 함께 모인 사람들과 이렇게 함성을 질렀습니다. '하나님께는 큰 영광, 땅 위에는 영원한 평화, 이정근에게는 엄청난 기쁨'

이 말씀은 또 이렇게 풀어도 은혜가 됩니다. '성삼위 하나님께도 영광과 평화와 기쁨, 온 땅 위에서도 영광과 평화와 기쁨, 모든 사람들에게도 영광과 평화와 기쁨' 바로 그것입니다. '영광스럽게 한다'는 원어는 '독사조'로 '생각한다'는 뜻의 '도케오'에서 파생된 말입니다. 좋게 생각한다는 뜻입니다. 현대어에서는 하나님께 영광榮光을 돌리는 것은 '하나님을 빛나게 해드린다'는 의미가 강합니다.

평화는 그냥 싸움만 안하고 사는 공존이나 무관계보다 훨씬 그 뜻이 깊습니다. 구약성경 원어의 '샬롬'입니다. 히브리말의 인사말입니다. 그러나 무전쟁 무갈등의 평화에서 훨씬 높은 단계의 말입니다. 행복, 복지, 어쩌면 사랑의 관계에까지 확장됩니다. 기쁨은 헬라말 원어의 뜻으로는 '기쁘게 생각한다, 은혜롭게 생각한다'는 뜻입니다. 그러니까 천사들의 대 합창 내용은 창조주 성삼위 하나님, 이 지구를 포함한 우주만물, 그리고 특히 모든 사람들에게 영광, 행복, 은혜를 가져오신 분이 바로 오늘 탄생하신 아기 예수 그리스도라는 선포입니다.

그래서 수많은 천군과 천사들의 노래는 '함생의 노래'가 되었습니다. 그것은 인간의 몸을 입고 탄생하신 아기 예수가 바로 '함생의 사람'이시기 때문입니다.

## 구원자가 나셨으니

오늘 다윗의 동네에 너희를 위하여 구원자가 나셨으니
곧 그리스도 주시니라 (눅 2:11)

예수님이 출생하셨습니다. 베들레헴이라는 아주 작은 마을입니다. 베들레헴 곧 '빵집마을'에서 나셨습니다. 보리농사를 많이 짓는 동네였으니까 보리빵 동네였을 것입니다. 이곳에 다윗의 증조부모 보아스와 룻이 살았고 다윗도 여기서 출생했습니다. 그래서 '다윗의 동네'로 알려졌습니다. 바로 이 다윗 왕의 고향마을에서 예수님께서 탄생하셨습니다.

예수님의 탄생은 천사가 제일 먼저 그 지역 목자들에게 선언한 것처럼, "온 백성에게 미칠 큰 기쁨의 좋은 소식"(눅 2:10)이었습니다. 사람 개개인에게 미칠 좋은 소식입니다. 온 인류에게 좋은 소식입니다. 엄청나게 큰 뜻이 있는 소식입니다. 기쁨의 소식입니다. 인류 역사 이래 가장 큰 기쁨의 소식입니다. 좋은 소식입니다. 영원하도록 좋은 소식입니다. 구원자가 나셨다는 소식이기 때문입니다. 구원자는 헬라말로 '소테에르'입니다. 한국말 성경에는 구주 혹은 구세주라고 번역했습니다. 그러나 원문에 충실하게 번역하면 '구원자'가 더 좋겠습니다.

예수님은 구원자로 이 세상에 오셨습니다. 성삼위 하나님의 원대하신 구원계획에 따른 것입니다. 성부 하나님은 계획하셨고, 성자 하나님은 동의와 순종하셨고, 성령 하나님은 이 일을 집행하셨습니다. 그리고 천군 천사들이 도왔으며 다윗 마리아, 요셉 등 여러 사람들이 협력했습니다. 예수님의 탄생은 그러므로 창조주이신 삼위일체 하나님과 피조물들, 특히 인간들이 함께 이루어낸 일이었습니다. 함생사건의 기본모형입니다.

예수님의 목회 목적은 온 인류의 구원이었습니다. 생명을 영원토록 구원하시기 위하여 이 땅에 오셨습니다. 그것이 바로 온 민족에게 미칠 큰 기쁨의 좋은 소식입니다. 영원히 살아남을 수 있는 길을 닦고 그 길로 인도하시려는 원대한 사명을 안고 이 세상에 출장 오셨습니다.

가난한 사람들에게 구원자가 되셨습니다. 목숨을 위하여 무엇을 먹을까 혹은 무엇을 입을까 염려하지 말라고 단정하여 말씀하셨습니다(마 6:25). '가난한 자들에게 기쁜 소식을 전하려고 기름부음을 받았고 그리스도가 되었다'고 선언하셨습니다(눅 4:14). 보리빵 다섯 덩어리와 물고기 두 마리로 우리들을 넉넉하게 먹여주셨습니다. 자신의 몸에서 솟아나는 생명수로 우리들의 목마름을 시원하게 하셨습니다.

각종 질병들로 육신의 고통을 당하는 자들에게 구원자가 되셨습니다. 열병으로 죽어가는 베드로의 장모를 고치셨습니다. 열두 해 하혈병 앓던 여자를 고치셨습니다. 나면서부터 맹인된 청년을 고치셨습니다. 38년 동안 질병에 꽁꽁 묶였던 자를 풀어 놓으셨습니다. 하늘의 형벌이라던 나병환자들도 열 명이나 한꺼번에 고쳐주셨습니다(눅 17:11-19). 그렇게 하여 고침받기를 원하는 이들의 "모든 병과 모든 약한 것을 고치셨습니다" (마 9:35).

귀신이나 악령들에 사로잡힌 자들의 구원자가 되셨습니다. 귀신 들려 말 못하는 자 속에 있던 귀신을 쫓아내셨습니다. 일곱귀신 들렸던 막달라 마리아를 고치셨습니다(막 16:9, 눅 8:2). 군대귀신이 들려 무덤가에서 밤잠도 자지 않고 고래고래 소리 지르던 자들의 구원주가 되셨습니다(막 5:1-20). 간질 귀신에 붙잡혀 불에도 넘어지고 물에도 넘어지는 소년을 고쳐주셨습니다(마 17:14-20).

죄악으로 인하여 영혼의 질병으로 꽁꽁 묶여 있는 자들의 구원자가 되셨습니다. 영혼의 죄악이 육신의 중풍병으로 나타나 고생하던 사람, 네 친구가 지붕을 뚫고 예수님 앞에 내려놓았던 사람에게, '네 죄 사함을 받았다'고 선언하셨고 구원하셨습니다(막 2:1-12). 성매매를 하다가 현장에서 붙잡혔던 여자를 투석살해 위협에서 구출하시고, '다시는 죄를 더 짓지 말라'고 서약을 받으셨습니다(요 8:1-11). 옥합을 깨뜨려 향유를 예수님의 발에 바르고 머리털로 씻겨드렸던 여자에게 주변 사람들의 비난을 물리치시고 , "네 죄 사함을 받았다"고 선언하셨고, "네 믿음이 너를 구원하였으니 평안히 가라"고 단호하게 말씀하셨습니다(눅 7:48).

예수 그리스도께서는 죽음으로부터 사람의 생명을 건져내시는 구원주가 되셨습니다. 이 세상에서 목회하실 때에도 가버나움 회당장의 열두 살짜리 딸을 살려 내셨습니다(막 5:35-43). 나인동네의 홀어머니 아들이 죽어서 장례식 지내려 가는 도중에 만나, "청년아, 일어나라" 명령하시니까 죽었던 자가 일어나 앉아 말을 했습니다(눅 7:11-17). 그리고 베다니에 살고 있던 나사로, 이미 죽은 지 나흘이나 되어 무덤에 묻혔고 시체가 썩었던 나사로도 살려 내셨습니다. "나사로야, 나오너라." 그 말씀 한 마디로 구원해 내셨습니다. 지금도 그 무덤이 남아있어 예수님이 어떤 구원주이신가를 생생하게 증거하고 있습니다.

예수님은 구원주이십니다. 유일하신 '완벽 구원주'이십니다. 그분의 이름 '예수'는 성부 하나님께서 지어주셨습니다. '여호수아'와 같은 이름입니다. '하나님은 구원하신다'는 뜻입니다. 그분을 구원주로 믿기만 하면 완전하게 구원하여 주십니다. 그분을 구원주 곧 그리스도로 영접하여 그분과 생명을 공유한 사람에게서는 그 누구도 이 영원한 생명을 빼앗지 못합니다. 누가 우리를 그리스도의 사랑, 우리에게 영원한 생명을 보증해 주신 그 사랑에서 끊어낼 수 있겠습니까? (롬 8:35).

"나는 부활이요 생명이니 나를 믿는 자는 죽어도 살겠고, 무릇 살아서 나를 믿는 자는 영원히 죽지 아니하리니 이것을 네가 믿느냐? "(요 11:25-26)는 예수님의 엄숙한 질문 앞에 당신은 지금 무어라 대답할 수 있습니까?

## 말구유에서 터져 나온 우주적 사건

또 유대 땅 베들레헴아,
너는 유대 고을 중에서 가장 작지 아니하도다.
네게서 한 다스리는 자가 나와서
내 백성 이스라엘의 목자가 되리라 (마 2:6)

예수님이 출생하셨습니다. 베들레헴이라는 동네였습니다. '빵집 마을'에서 태어나셨습니다. 보리농사를 많이 짓는 동네였으니까 보리빵 동네였을 것입니다. 성경에는 자주 작은 마을이라고 했습니다. 작은 마을이지만 작은 것만은 아니라고 했습니다. 그 당시에는 1천명에서 2천명의 거주자가 있는 마을이었다는 연구보고가 있습니다.

그런데 이 마을이 갑자기 주목을 받게 되었습니다. 다윗 왕의 본적지였기 때문입니다. 바로 이곳에 다윗의 증조부 보아스와 증조모 룻이 살았습니다. 할아버지 오벳 부부도 살았었고, 아버지 이새 부부도 살았습니다. 그래서 다윗도 여기서 출생했습니다. 그런데 바로 이 다윗 왕의 고향마을에서 예수님께서 탄생하셨습니다.

외형적으로는 요셉과 마리아 부부의 맏아들로 출생했습니다. 나사렛이라는 천대받고 기대할 것이 전혀 없던 마을(요 1:46)에 살던 가난한 목수 부부의 첫 아들입니다. 하지만 성경의 기록으로는 다윗 왕의 28대 손으로 태어나셨습니다. 다윗은 유다지파의 왕이었고 그 이후 통일된 이스라엘의 왕이었습니다. 예수 그리스도께서 오시기 전에는 하나님의 가장 큰 사랑을 받는 대표적 통치자가 다윗이었습니다. 그래서 구약성경에는 대언자 미가를 통하여 하나님의 말씀이 선포되었습니다. “베들레헴 에브라다야, 너는 유다 족속 중에 작을지라도 이스라엘을 다스릴 자가 네게서 내게로 나올 것이라” (미 5:2).

거듭 말합니다. 아기 예수는 천민의 도시 나사렛의 가난한 목수의 첫 아들로 태어났습니다. 그리고 별 볼 일 없는 베들레헴 작은 마을의 크게 번성하지 못했던 유다 자손으로 이 세상에 오셨습니다. 쉽게 말한다면 인생의 출발은 실로 형편 없었습니다. 28대 할아버지가 다윗 왕이라고 해서 별다른 특권이 있는 것도 아니었습니다. 아니, 예수님은 자칫 십대 미혼모와 함께 돌에 맞아 죽을 수도 있었습니다. 어머니 마리아가 처녀로서 아기를 가졌기 때문입니다. 또 있습니다. 예수님은 마구간에서 태어나셨습니다. 태어나서 바로 포대기에 싸여 말구유에 누웠던 아기였습니다. 모태에서 나와 눈을 뜨자마자 기다리고 있는 것은 가축대접이었습니다. 이런 천덕꾸러기가 세상에 몇이나 되겠습니까. 다행히 예수님 탄생을 축하하려고 첫 번으로 온 사람들이 있었지만 그들 역시 사회 하류층이었습니다. 밤 새워 추위에 떨며 양떼를 지키는 목자들이었습니다.

거듭 말합니다.

예수님은 다윗 왕의 후손에서 그리고 그 다윗의 본적지 동네에서 태어나셨습니다.

구원주, 메시야 곧 그리스도가 탄생한다는 것은 오래 전에 확정된 하나님의 계획이었습니다.

대언자 나단이 하나님에게서 받아서 다윗에게 그대로 전달한 계시의 말씀입니다.

그런데 베들레헴은 예루살렘에서 5마일 정도 남서쪽에 있는 작은 마을이지만 지리적으로는 헤브론과 이집트로 가는 큰 도로를 끼고 있습니다. 더 중요한 것은 유대 땅에서 이집트로 가는 출발점으로 알려진 동네입니다. 국경도시라는 뜻입니다.

예수님의 탄생일은 온 세계에서 12월 25일로 지킵니다. 태양신을 숭배했던 날이라는 주장도 있고 예수님의 진짜 탄생일은 1월 6일이라는 주장도 있습니다. 예수님의 탄생일자가 분명하게 기록되지 않은 것에는 몇 가지 원인이 있습니다. 기록을 중요시하지 않던 그 당시 습관 때문입니다. 예수님께서는 생일을 챙기지 않으셨을 것입니다. 반대로, 헤롯왕과 같은 악당들은 생일에 굉장한 축제를 벌였습니다(막 6:21). 그리고 또 하나 더 있습니다. 생일을 저주한 성경적 인물이 둘이 있다는 점입니다. 욥과 예레미야입니다(욥 3:1, 렘 20:14). 그렇더라도 태양신 숭배일에 예수님께서 탄생하셨다고 한다면 오히려 더 큰 뜻이 있습니다. 죄악의 본질인 우상숭배와 싸워 결정적으로 승리하신 분이 바로 예수 그리스도 그분이셨기 때문입니다.

예수님의 탄생은 전 '우주적인 사건'(cosmic event)이 되었습니다. 우선 다윗의 왕통을 이어받는 아기였습니다. 하나님께서 대언자 나단을 통하여 이렇게 말씀하셨습니다. "내가 네 몸에서 날 네 씨를 네 뒤에 세워 그의 나라를 견고하게 하리라 … 나는 그의 나라 왕위를 영원히 견고하게 하리라" (삼하 7:12-13). 이스라엘을 다스릴 자가 바로 베들레헴에서 나오게 된다는 예언의 말씀이 그대로 실현되었습니다.

세상의 눈으로 보면 베들레헴 작은 마을 가난한 목수 부부의 자녀로 태어났습니다. 그것도 객지에서 출생했고 첫 잠자리는 짐승의 구유였습니다. 그러나 이는 하나님의 철저한 계획에 따른 것이었습니다. 그리고 이것이 인류 역사의 기원전(BC)과 기원 후(AD)를 갈라놓는 사건이 되었습니다. 아니, 하늘과 땅과 인간의 합작으로 탄생하셨습니다.

아기 예수가 장차 유대인의 왕 그리고 통일된 이스라엘 국가의 왕이 된다는 것을 그 당시 사람들은 글자 그대로 정치적 왕으로만 생각했습니다. 선조 다윗처럼 유대의 왕이 되고 이어서 통일된 이스라엘의 왕이 될 것으로 기대했습니다. 그것이 맞습니다. 동방박사들도, "유대인의 왕으로 나신 분이 어디 계십니까?"(마 2:2) 그렇게 물었습니다. 그들은 이방인이었습니다. 천문연구가였습니다. 그리고 지혜자였습니다. 그런데 그들에게 특별한 별이 나타났기에 유대인의 왕통을 이을 아기가 탄생한 것을 파악했습니다. 아기 예수 탄생이 이방 나라들로 퍼져나갔고 급기야 하늘의 사건으로 확대되었습니다.

그런데 동방박사들은 인간적인 한계도 있었습니다. 유대인의 왕으로 태어나셨으니까 당연히 예루살렘 왕궁 안에서 탄생했을 것이라고 오판했습니다. 이로 인하여 예수 탄생의 비밀이 헤롯대왕에게 알려졌습니다. 권력유지에 혈안이 된 헤롯은 그 일대 두 살 이하의 영아들을 전원 학살했습니다. 모든 사람을 구원하려고 오신 분이 예수님이신데 그것 때문에 천하보다도 더 귀중한 생명들이 파괴되었습니다.

이로 인하여 또 다른 일이 벌어졌습니다. 아기 예수를 이집트로 피난시키라는 '주의 사자'의 분부에 따라 그 부모가 비밀리에 안전 도피작전을 수행했습니다. 원래 베들레헴은 이스라엘과 이집트 사이의 국경도시였습니다. 그리고 이집트는 당시 큰 나라였고 문명이 매우 발달된 나라였습니다. 야곱 시대에 이스라엘 사람들이 7년 대흉년으로 인하여 이집트로 피난했다가 모세 때에 다시 이집트에서 탈출하는 사건을 아기 예수님이 재현했습니다. 그래서 예수님의 탄생은 동방박사들의 방문과 함께 국제적인 사건이었습니다.

또 거기에 그치지 않습니다. 아기 예수 탄생이 우주적 사건 아니 그 이상의 크나큰 사건이란 것을 목동들이 체험합니다. 밤 깊도록 자기 양떼를 지키던 목자들에게 천사가 나타났습니다. "주의 사자가 곁에 서고, 주의 영광이 그들을 두루 비추매"(눅 2:9)라는 성경 기록은 그 정황으로 보아서 성부 하나님께서 직접 나타나셨음을 뜻합니다. 그리고 홀연히 수많은 천군이 그 천사들과 함께 우주 전체가 울리는 찬양을 합니다. '지극히 높은 곳에서는 하나님께 영광, 땅 위에는 평화, 사람들에게는 기쁨' 예수님의 탄생은 바로 창조주 하나님, 피조물인 온 우주, 그리고 하나님의 형상을 가진 인간 모두를 살려내고 살맛나게 하는 사건이라는 뜻입니다. 창조주, 피조물, 창조주의 형상을 가진 피조물이 완벽하게 함생체를 이루었습니다.

아직도 이 세상에서는, '예수가 과연 누구냐?'에 대한 논쟁이 불꽃 튀기고 있습니다. 그가 인간이냐, 하나님이냐, 하나님도 아니고 인간도 아니냐, 인간인데 하나님으로 위장한 것 아니냐, 하나님이신데 인간의 몸을 입으신 것이냐, 절반은 하나님이고 절반은 인간이냐 등등.

목숨을 걸고 명확하게 선언할 수 있는 확고한 사실 한 가지가 있습니다. 아기 예수님이 탄생하셨을 때의 전모를 인간적 눈으로 면밀히 분석해 본 결과입니다. 그가 만약 단순한 인간이었다면 그는 도저히 오늘의 예수일 수는 없었다는 사실 말입니다. 한 때 지구 땅을 절반 넘게 점령하는 위세를 발하면서 예수의 씨를 말리려고 했던 유물론자들조차 예수 앞에 무릎을 꿇게 된 것을 두 눈으로 똑똑히 보아왔던 우리들이 아닙니까.

다시 한 번 확실하게 선언합니다. 예수는 하늘사람이십니다. 온 인류의 구원주이십니다. 완벽하신 구원자이십니다. 베들레헴 작은 마을, 마구간 구유에서 첫 인생을 시작하신 그분, '예수의 이름에는 해질 날이 없다'는 바로 그분, 그분께서 지금 이 설교글을 읽는 당신에게는 누구이십니까?

## 결코 불안에 떨지 말라

너희는 마음에 근심하지 말라.
하나님을 믿으니 또 나를 믿어라 (요 14:1)

예수님께서는 전도를 위하여 이 세상에 오셨다고 명확하게 선언하셨습니다. "우리가 다른 가까운 마을들로 가자. 거기서도 전도하겠는데, 내가 이를 위하여 왔단다." 그렇게 말씀하시고 온 갈릴리 마을들로 다니시면서 여러 회당에서 전도하셨습니다(막 1:38-39). 그래서 베드로와 안드레를 제자로 부르시면서, '내가 너희를 사람을 낚는 어부가 되게 하겠다'고도 하셨습니다(마 4:19). 그렇다면 낚시로 물고기를 잡을 경우에 미끼가 무엇이냐가 매우 매우 매우 중요합니다. 전도자들에게 당연히 좋은 미끼, 물고기가 덥석 물고 흔들 수 있는 좋은 미끼들이 무엇들일까요?

예수 믿으면 건강하게 오래 삽니다. 예수 믿는 사람들이 믿지 않는 사람들보다 약 10퍼센트나 더 장수한답니다. 미국의 보험회사 통계니까 믿을만한 것입니다. 한국인 전체의 평균수명이 만약 75세라면 예수 잘 믿는 사람들의 평균수명은 85세쯤 된다는 뜻입니다. 그야 술, 담배, 마약 안하고, 규칙적으로 생활 잘하고, 근심걱정이나 혈압 오를 두통거리들은 하나님의 손에 맡기니까 그럴 것입니다. 성경에 아담이 930 살, 노아가 950 살, 가장 오래 살았던 므두셀라가 969 살을 살았습니다. 물론 사람의 수명은 하늘에 있다 人命在天 하니 일찍 죽는 예수쟁이들도 꽤 있습니다. 예수님도 서른세 살밖에 못 사셨습니다. 아니, 그분께서 단명하심으로 그분을 따르는 이들이 장수를 누리게 되었습니다.

예수 믿으면 넉넉하게 삽니다. 예수 잘 믿는 사람은 30년, 곧 한 세대만 지나면 어느 사회에서나 경제적으로 중산층이 된다는 통계도 있습니다. 믿겨지지 않으십니까? 쉬운 질문을 드리겠습니다. 어디서 예수 믿는 거지를 보셨습니까? 일주일 내내 동냥하다가 주일이면 거지업 휴업하고 교회에 예배드리러 가는 그런 거지가 있던가요? 기독교 특히 개신교 신자들이 많은 나라일수록 경제발전이 쾌속으로 이루어진다는 통계를 알고 계십니까? "나는 생명의 빵이니 내게 오는 사람은 결코 주리지 않으리라" (요 6:35). 예수님 말씀 그대로입니다.

예수 믿으면 가정이 튼튼하고 자녀들이 훌륭히 자랍니다. 예수 믿는 가정에는 부부싸움이나 부모자녀 갈등이 현저히 줄어듭니다. 오히려 사랑의 함생체가 되어 서로를 위하여 기도하고, 사랑하고, 화목하고, 도와주고, 격려합니다. 요즈음은 한국사회도 안정이 되어서 '개천에서 용이 난다'는 말이 점점 사라져 간다는 지적이 있습니다. 금수저 집안에서 금수저 인물이 나오고 흙수저 집안에서 흙수저 인물들이 나오는 사회가 되었다는 뜻입니다. 그러나 예수 믿는 가정에서는 여전히 개천에서 용이 솟아오르고 있습니다. 성경에 나오는 '붉은 용'이 아니라 임금의 의자를 뜻하는 용상의 용입니다. "주 예수를 믿어라. 그리하면 너와 네 집이 구원을 얻으리라" (행 16:31). 성경말씀 그대로입니다.

예수 믿으면 '위기'는 '위대한 기회'가 됩니다. 성경에 나오는 쓸 만한 인물들은 모두 위기를 위대한 기회로 만든 사람들입니다. 어디 성경 인물 가운데 한 번도 위험한 기회를 겪지 않은 사람이 있던가요? 위대한 인물들일수록 위태한 기회를 많이 겪었습니다. 노아가 그렇고, 아브라함이 그렇고, 야곱이 그렇고, 요셉이 그렇고, 모세가 그렇고, 여호수아가 그렇고, 다윗이 그렇고, 엘리야가 그렇고, 욥이 그렇고, 다니엘이 그렇고 … 베드로가 그렇고, 바울이 그렇고, 아니 누구보다도 예수님이 그렇습니다.

예수 믿으면 사명에 불타는 지도자가 될 가능성이 매우 높습니다. 성경원리에 따라 사는 사람들은 우선 목표 지향적입니다. 기독교는 역사 전체를 시작이 있고 끝이 있는 것으로 이해합니다. 어떤 종교처럼 돌고 도는 무목표적 역사관을 채택하지 않습니다. 그런 까닭에 예수쟁이 개개인도 또렷하게 목표의식을 갖고 인생을 설계합니다. 하나님은 시작의 하나님이요 마침의 하나님이시기 때문입니다. 특히 예수쟁이들이 설정한 목표는 하나님으로부터 받은 소명(召命, calling)으로 이해합니다. 그런 까닭에 그 사명 달성을 위하여서는 시간, 물질, 에너지, 지식 등을 집중적으로 퍼붓습니다. 그래서 예수쟁들은 어느 조직에서나 지도자 역할을 많이 수행합니다. 노벨상이 생긴 이래 그 수상자들의 종교를 통계낸다면 말할 것도 없이 기독교-유대교 출신들이 압도적입니다. 미국은 말할 것도 없고 한국만 해도 대통령, 장관, 대학총장, 군대장성, 국회의원, 대법관 등 사회 고위층 인사들의 신자 평균율이 국민평균 비율보다

현저히 높습니다.

특히 한국 근대사에서 두각을 나타낸 여성지도자는 거의 대부분이 기독교신자들입니다. 한 때 전 세계 여성 거물지도자들 가운데 목사의 딸이 많았습니다. 독일의 앙겔루스 메르켈 수상, 영국의 메이 총리, 미국의 라이스 국무장관 등이 그런 인물들입니다.

예수 믿으면 마음이 항상 평안하고 행복과 감사가 넘치게 됩니다. "인생 백년 산대도 슬픈 탄식뿐, 우리 생명 무엔가 운무로구나." 허사가의 한 절입니다만 이것이 우리 인간의 적나라한 모습입니다. 실존철학자들의 표현으로는 '존재의 불안'과 싸우며 산다는 것입니다. 그래서 여러 가지 정신적 질환의 노예가 됩니다. 그러나 예수님은 소리쳐 외치셨습니다. '너희는 마음에 근심하지 말아라.' 예수님을 구원주로 믿기만 하면 이런 근심, 염려, 걱정, 불안, 공포, 치매, 악몽, 절망에서 벗어날 수 있다는 것입니다. 그리고 그런 것들이 차지했던 자리를 평안, 행복, 감사, 희망, 자신감 등으로 채울 수 있습니다. 예수 그리스도를 구원주로 믿는 것이 가장 확실한 처방입니다.

그러나 이 모든 것을 통합하여 말한다면 '구원'이 가장 좋은 미끼입니다. 존재의 불안이란 결국 죽음에서 오는 불안과 공포입니다. 예수님을 믿기만 하면 죽음과 싸워 이기게 됩니다. 그리고 영원한 생명을 얻습니다.

## 너희의 원수들을 사랑하라

너희들의 원수들을 사랑하며
너희들을 박해하는 자들을 위하여 기도하라.
그렇게 하면 하늘에 계신 너희들 아버지의 아들들이 되리라
(마 5:44-45)

사람에게 가장 무서운 적이 있다면 말할 것도 없이 죽음입니다. 어린 아기에게도 죽음이 가장 무섭고, 어른에게도 가장 무섭습니다. 아니 내일 모레면 숨이 끊어질지도 모를 노인에게도 죽음은 무섭고, 더 무섭고, 가장 무서운 최악의 적입니다. 그래서 우리 코리안들이 툭하면 '죽여 버린다'는 협박을 남용하는 것에 무척 신경이 쓰입니다.

'죽음, 그것 아무 것도 아니야' 하고 큰 소리 치는 사람들이 없지 않습니다. 그러나 그건 단순히 허세이거나, 아니, 오히려 죽음이 가장 무서운 것이라는 걸 더욱 확실하게 입증할 뿐입니다. 칼에 목이 잘리는 순간이나 혹은 독배를 마시면서도 허허허허 하고 큰 소리로 웃으면서 태연자약하게 죽는 사람들이 없지 않습니다. 참으로 위대한 사람들입니다. 예수님께서도 십자가 처형을 앞두시고, '내 마음이 무척 고민하여 죽게 되었다'고 하신 실존적 모습과 비교할 때 더욱 그렇습니다(마 26:38). 한 때나마 죽음 앞에 겁을 먹은 존재가 되셨습니다.

그런데 예수님께서 이 세상에 태어나신 '근본적 목적'은 바로 이 '죽음'이라는 최악의 문제를 해결하시기 위함입니다. 예수님이 태어나셨을 때 천사의 선언이 무엇입니까. '온 백성에게 미칠 큰 기쁨의 좋은 뉴스'를 전달한다고 했습니다. 온 백성, 큰 기쁨, 좋은 소식이라는 최상급 수식어가 붙어 있는 선언입니다. 그리고 그것은 바로 다윗의 마을 베들레헴에 온 인류의 구원자가 탄생하셨다는 뉴스입니다. 죽음에 대하여 사형을 선고하셨습니다. 사망이란 놈에게 사형을 집행하시겠다는 뜻입니다. 아니, 적극적으로 말합니다. 모든 사람을 죽음에서 구원해내시겠다는 선언입니다. "사망아, 너의 승리가 어디 있느냐? "(고전 15:55). 성경말씀 그대로입니다.

그런데 죽음 자체가 모든 사람의 원수입니다. "맨 나중에 멸망받을 원수는 사망"(고전 15:26)이라고 했습니다. 그래서 신앙생활이 무엇이냐고 물으면 그것은 바로 '죽음과의 목숨 건 싸움'이라고 대답합니다. 그 때 자신의 목숨을 불같이 살라먹으려고 그야말로 목숨 걸고 덤벼드는 놈이 도대체 누구입니까? 바로 원수 놈들 아닙니까. 전쟁터를 체험한 사람들은 그래서 원수들과 죽기 아니면 죽이기 싸움을 벌여야 합니다.

그런데 예수님은 원수를 사랑하라고 가르치셨습니다. 그것도 그냥 슬쩍 지나가다가 하신 말씀이 결코 아닙니다. 산상수훈에서 명백하게 그리고 아주 구체적으로 교훈하셨습니다. '악한 원수가 네 오른 뺨을 때리거든 왼 편도 돌려 대라. 너를 고발하여 속옷을 가지고자 하면 겉옷까지도 가지게 해라. 누구든지 억지로 5리를 가게 하거든 그 사람과 10리를 동행해라.'(마 5:39-41).

평지수훈에서는 산상수훈의 것을 반복하시면서 더욱 강력하고 자세하게 가르치셨습니다. '너희 원수를 사랑하며, 너희를 미워하는 자를 선대하며, 너희를 저주하는 자를 위하여 축복하며, 너희를 모욕하는 자를 위하여 기도하라. 너의 이 뺨을 치는 자에게 저 뺨도 돌려대며 네 겉옷을 빼앗는 자에게 속옷도 거절하지 말라.'(눅 6:27-29). 그렇게 가르치셨습니다.

아니, 가르치시는 정도가 아니라 아예 명령하셨습니다. 그것도 엄격한 명령입니다. "너희 원수를 사랑하며, 너희를 박해하는 자를 위하여 기도하라" 하셨습니다. 그것이 바로 하나님의 자녀가 되는 길이라고 하셨습니다(마 5:44-45). 원수를 사랑하지 아니하면 사탄의 자식일 뿐이라고 못 박으셨습니다.

여기까지만 해도 예수님께서 가르치신 사랑 대명, 곧 '하나님을 사랑하고 네 이웃을 사랑하라'로 요약되는 사랑대명은 바로 원수까지 사랑하는 데서 완성된다는 것을 밝히 깨닫게 됩니다. 그러나 더 있습니다. 그것은 예수님의 모든 가르치심과 실천하심이 '원수까지의 사랑'을 최고목표로 하고 있다는 사실입니다. 그리고 그 사랑 실천편의 최고 완성이 그분의 십자틀 위에서의 죽으심입니다. 그 사형틀에 매달려 있을 때에도 자신을 죽이는 원수들을 향하여 용서기도까지 하셨습니다. '아버지, 저 사람들을 용서하여 주옵소서. 그들이 자기들의 하는 짓을 알지 못하기 때문입니다.'(눅 23:34). 아니, 그분의 십자가 제단 제물되심이 죄로 말미암아 원수

되었던 우리를 용서하시고 사랑하심의 실천입니다. 그분의 원수된 자들의 구원을 위하여 하나밖에 없는 그 귀중한 목숨을 바치셨습니다.

그러나 원수사랑이라는 하늘진리에 대하여서는 아직도 의문이 많습니다. 정말 성삼위 하나님께서는 원수까지도 사랑하셨는가 물어야 합니다. 원수까지 사랑하신다면 왜 노아의 홍수 때 그 수많은 사람들과 동물들의 생명을 물에 빠져 죽게 하셨습니까? 소돔과 고모라 성은 왜 유황불로 멸망시키셨나요? 모세를 반역했던 사람들을 왜 그토록 많이 죽이셨나요? 여리고성을 점령할 때에 여호수아 군대는 왜 '남녀노소와 소와 양과 나귀를 칼날로 멸종'시키셨나요? (수 6:21). 가룟 사람 유다는 왜 사랑하지 않으시고 목을 매어 죽게 내버려 두셨나요?

성경을 여러 가지로 풀어 그런 질문에 대한 대답을 할 수는 있습니다. 교육용이라는 대답도 그 하나입니다(벧후 2:6), 최후에는 모든 인류가 다 구원을 받을 것이라는 '만인최후 구원설'도 있습니다(벧후 3:9). 그러나 이런 담론들은 아직도 논쟁이 많이 있습니다.

그만큼 원수사랑 대명에 대하여는 아직도 격렬한 논쟁이 계속되고 있습니다. 그렇다면 예수쟁이들은 절대평화주의자가 되어 군입대를 거절해야 하는가. 강도가 죽이겠다고 총기로 위협하면 가만히 죽기만 기다려야 하는가. 정당방위를 위한 반격은 죄가 되는가. 사탄 마귀 악령들과 싸우라는 것은 또 무엇인가. 원수를 사랑한다면 그것들이 겉옷을 달라고 할 때에 속옷까지 주어야 하는 것 아닌

가. 그렇다면 우상숭배는 왜 또 절대로 안 되는 것인가.....원수사랑 대명을 생각할 때마다 그런 의심의 구름이 잔뜩 떠오릅니다.

그럼에도 불구하고 예수쟁이들은 '원수까지 사랑해야' 합니다. 원수사랑은 정말로, 정말로 어려운 것이지만 그렇기 때문에 십자가를 져야 합니다. 자기도 제대로 사랑하지 못하면서 원수를 사랑할 수 있을까요? 가족이나 친구사랑도 그토록 어려운데 정말 원수까지 사랑할 수 있을까요? 아니, 원수 개인은 어떻게 해서라도 관용을 베풀고, 용서할 수 있겠지만 예수님은 '너희들이 원수들을 사랑해야 한다'고 강조하셨는데 정말 원수집단과 원수집단이 서로 사랑할 수 있을까요? 개인은 도덕적일 수 있어도 집단 간에는 도덕적이기가 얼마나 어렵습니까?

그러나 예수님은 대답해 주셨습니다. "하늘에 계신 너희 아버지의 완전하심과 같이 너희들도 완전하라."(마 5:48). 그것입니다. 악인과 선인 모두에게 햇볕을, 의로운 사람과 불의한 사람에게 모두 비를 내려 주시는 분이 우리들의 하나님이 아니시냐? 하고 덧붙이셨습니다. 원수까지 사랑하는 것이 바로 하나님을, 아니 사람 몸을 입으신 하나님 곧 예수님을 따르는 최고의 길이라는 뜻입니다.

## 모퉁이 돌이 되었나니

건축자의 버린 돌이 모퉁이의 머릿돌이 되었느니라 (눅 20:17)

야곱은 아브라함의 손자요 이삭의 아들입니다. 그리고 에서의 쌍둥이 동생입니다. 그런데 쌍둥이 형과의 갈등으로 인하여 어린 시절에 집을 떠나야 했습니다. 고향 브엘세바를 떠나 첫 날 하루 종일 북쪽을 향하여 걸어갔습니다. 외삼촌 댁이 있는 밧단아람으로 가는 길입니다. 그러다가 첫날 저녁에 사막에서 잠을 자게 되었습니다. 사막의 추위, 사나운 짐승들, 또 도적떼들의 위험을 무릅쓰고 너무 피곤해서 돌베개를 베고 깊은 잠에 빠졌습니다. 그런데 꿈을 꾸었습니다. 땅에서 하늘에 닿아 있는 사다리 꿈입니다. 하나님의 심부름꾼들이 그 위로 오르내리고 그 꼭대기 계신 하나님께서 할아버지 아브라함과 아버지 이삭에게 주셨던 축복을 재확인하셨습니다.

잠이 깬 야곱은 너무도 기뻤습니다. "하나님이 과연 여기에도 계시도다. 여기가 바로 하나님의 집이요 하늘로 들어가는 문이도다." 그렇게 외치며 베개로 삼았던 돌을 가져다가 기둥으로 세웠습니다. 그 위에 기름을 붓고 제사를 드렸습니다. 그리고 서원기도를 했습니다. "내가 기둥으로 세운 이 돌이 하나님의 집이 될 것이며 십일조를 반드시 하나님께 드리겠다"는 것입니다. 그리고 그곳 이름을 벧엘 곧 '하나님의 집'이라고 붙였습니다. 하나님의 집은 그 이후 모세를 통하여 주신 성막, 예루살렘 성전, 예수님께서 설립하신 교회로 나타났습니다. 야곱의 믿음을 통하여 세워진 그 '돌기둥'은 바로 교회의 예형이 되었습니다(창 28:10-22).

하나님은 야곱이 결혼도 하고 자녀들도 두게 되면서 다시 고향 브엘세바로 돌아오게 하십니다. 그 길에서 형 에서와의 갈등이 있었지만 믿음과 지혜로 잘 극복했습니다. 그리고 하나님께 서약한 것을 잊지 않고 벧엘을 방문했습니다. 하나님의 지시 그대로 모든 우상과 이방신상들을 버리고 바로 그곳에 가서 다시 하나님께 제단을 쌓았습니다. 야곱은 그곳 이름을 엘벧엘 곧 '베델의 하나님' 이라고 불렀습니다(창 35:7).

하나님은 이미 야곱에게 주신 새 이름 '이스라엘'도 재확인해 주셨습니다. '하나님과 겨루어서 이겼다'는 뜻입니다 (창 32:28, 35:10). 축복도 재확인해 주셨습니다. "생육하고 번성하라. 한 백성과 백성들의 총회가 네게서 나오고 왕들이 네 허리에서 나오리라. 내가 아브라함과 이삭에게 준 땅을 네게 주고 내가 네 후손에게도 그 땅을 주리라" (창 35:11-12). '총회'는 바로 교회의 예형입니다.

야곱의 이 돌기둥은 모세에게는 '구름기둥과 불기둥'으로 나타났습니다. 이집트를 탈출하여 가나안 복지를 향하여 떠난 하나님의 백성들 앞에 낮에는 구름기둥으로 그들의 길을 안내하시고 밤에는 불기둥을 그들에게 비추셔서 낮이나 밤이나 이스라엘 민족의 대이동이 순조롭게 진행되도록 이끄셨습니다. 그 구름기둥과 불기둥은 하나님의 백성들이 안전하게 탈출하도록 보호하는 기둥도 되었습니다. 바로의 군대가 하나님의 백성을 추격할 수 없도록 막았습니다. 낮에는 구름그늘로 더위를 막고 밤에는 불기둥으로 추위를 막으셨습니다(출 13:21-22).

이 기둥은 솔로몬왕이 예루살렘 성전을 건축할 때 주랑 앞에 세운 두 기둥이 되었습니다. 백합화 모양으로 윗부분이 장식된 이 두 기둥에는 전례 없이 이름을 붙였습니다. 오른쪽 기둥은 야긴(저가 세우리라), 왼쪽 기둥은 '보아스'(그에게 능력이 있다)입니다.

그러나 무엇보다도 야곱이 세웠던 돌기둥은 예수님의 가르치심과 삶으로 더욱 깊고, 신비하고, 핵심적인 진리를 품게 되었습니다. 예수님께서는 목수이셨습니다. 그것도 건축가 수준의 목수(텍톤)이셨습니다. 집과 건물을 수많이 지으셨던 분입니다. 산상수훈의 결론에서 예수님은 "나의 이 말을 듣고 행하는 자는 그 집을 반석 위에 지은 지혜로운 사람 같다"고 선언하셨습니다(마 7:24). 그 주추를 반석 위에 놓은 까닭이라고 하셨습니다. 반면 어리석은 사람은 그 주추를 모래 위에 놓기 때문에 비가 많이 오고 홍수가 지면 무너집니다.

그 말씀과 함께 예수님은 자신이 바로 모퉁이 돌(Cornerstone)임을 명백하게 선언하셨습니다. "건축자가 버린 돌이 집 모퉁이의 머릿돌이 되었나니 이는 여호와께서 행하신 것이요 우리 눈에 기이한 바로다" (시 118:22-23). 모퉁이 돌은 건축할 때 첫 번 기초석(foundational stone)입니다. 그것이 자리를 잡아야 다른 주춧돌의 위치가 결정됩니다. 그리고 건축물의 전체가 완성되어 갑니다.

이방신을 믿는 이들은 이 모퉁이돌을 놓기 전에 아들 가운데 제일 건장한 자를 골라서 불태워 죽여 제사를 드렸답니다. 그런데 하나님의 아들 예수님은 바로 그 모퉁이 돌 곧 기초석이 되셨습니다. 이스라엘의 후손들이 내다버린 모퉁이 돌입니다. 그것을 가장 잘 보여 주는 것이 골고다 언덕 곧 해골 언덕 위에 세워진 십자틀입니다. 예수님의 온 몸을 매달았던 십자가는 하늘과 땅을 연결시키는 기둥이 되었습니다. 그래서 기둥 중의 기둥이 되신 분은 바로 예수 그리스도이십니다.

그런 까닭에 성경에는 베드로, 야고보, 요한을 '기둥같이 여기는 사도들'이라고 했습니다(갈 2:9). 예수님께서 하늘과 땅을 연결하는 기둥이요 사다리가 되신 까닭에 온 인류의 구원주 되심을 선언하셨습니다. 따라서 예수 그리스도를 생명의 주인으로 모신 사람은 누구든지 하나님께서 기둥으로 삼으신다는 뜻입니다. 그래서 예수님께서는 확고하게 약속하셨습니다. "이기는 자는 내 하나님 성전에 기둥이 되게 하리니 그가 결코 다시 나가지 아니하리라. 내가 하나님의 이름과 하나님의 성 곧 하늘에서 내 하나님께로부터 내려오는 새 예루살렘의 이름과 나의 새 이름을 그이 위에 기록하리라."(계 3:12).

## 나사렛 예수, 유대인의 왕

빌라도가 패를 써서 십자가 위에 붙이니
나사렛 예수 유대인의 왕이라 기록되었더라 (요 19:19)

예수님께서는 십자가 위에 못 박히셨습니다. 예루살렘 성문 밖에 있는 해골동산이었습니다. 십자가 위에는 죄패가 붙어 있었습니다. 빌라도 총독이 사형선고를 내린 뒤에 예수님의 죄목을 기록한 널빤지를 만들어 예수님의 목에 걸었거나 아니면 로마 군병이 그것을 들고 예수님보다 앞장서 걸어갔을 것입니다. 그리고 처형장에 와서 구레네 사람 시몬이 메고 왔던 십자가에 예수님을 못 박고 또 그 죄목을 적은 팻말도 못 박았습니다. 예수님의 머리 위에 있었습니다. 죄목은 "나사렛 예수, 유대인의 왕"이라는 것입니다. "이는 유대인의 왕 예수"라고도 했고(마 27:37), "유대인의 왕"이라고도 했습니다(막 15:26). 그러나 요한복음에 기록된 "나사렛 예수 유대인의 왕"이 더 정확할 것 같습니다.

그런데 그 죄패 조차 시빗거리가 되었습니다. 유대인의 대제사장들이 항의를 했습니다. "자칭"을 넣어 달랍니다. 예수님이 유대인의 왕이라는 걸 전혀 인정할 수 없다는 것입니다. 아니, 예수님을 죽이기 위하여 유대인의 왕을 참칭한 죄목을 그분에게 뒤집어씌운 것이 바로 대제사장 자신들인데 그 죄목 간판 하나로 그것이 음모라는 걸 만천하에 폭로시키게 되었기 때문입니다. 그러나 빌라도는 듣지 않았습니다. 예수님은 자칭 유대인의 왕이 아니라 진짜 유대인의 왕이라는 것입니다. 그래서 빌라도는, "내가 쓸 것을 썼다"라며 일점일획도 수정할 수 없다고 버텼습니다.

대제사장들과 이스라엘 원로지도자들은 예수님을 처형하기 위한 죄목을 세속말로 '눈을 까뒤집고' 찾아내려 했습니다. 그런 음모의 대표적인 것이 바로 로마 황제 가이사에게 세금을 바쳐야 하느냐 아니냐의 문제였습니다. 만약 예수님께서 신격화된 가이사 황제에게 국세를 바쳐야 한다고 하면 이것은 예수님께서 하나님의 반역자라는 것을 명백하게 선포하는 증거입니다. 만약 바치지 말라고 하면 이것은 지금 유대땅을 식민통치하는 로마황제에게 반역하는 행위입니다. 이래도 저래도 목숨을 잃는 덫에 걸리게 마련입니다. 그 때에 예수님은 유명한 말씀, "가이사의 것은 가이사에게, 하나님의 것은 하나님에게 바치라"(마 22:21)고 선언하셨습니다.

로마황제 가이사의 임명을 받은 빌라도 총독은 예수님을 심문할 때 예수께서 왕이 되어 로마황제의 반역자인가를 집중적으로 캐어물었습니다. 유대인들이 빌라도를 향하여, "무릇 자기를 왕이라 하는 자는 가이사를 반역하는 것이요"(요 19:12) 하고 소리소리 질렀기 때문입니다.

"네가 유대인의 왕이냐? "(요 18:34). "그러면 네가 왕이 아니냐? "(요 18:37). "보라, 너희 왕이로다" (요 19:14). "그러면 너희는 내가 유대인의 왕을 너희에게 놓아 주기를 원하느냐? "(요

18:39). "내가 너희 왕을 십자가에 못 박으랴?"(요 19:15).

예수님은 유대인의 왕이셨고, 또 이스라엘의 왕도 되셨습니다. 예수님 탄생 때에 동방에서 온 천문학자들이 뭐라고 물었습니까? "유대인의 왕으로 나신 분이 어디 계십니까?"(마 2:2). 예수님께서 나귀새끼를 타시고 예루살렘에 입성하신 일은 '왕의 부임행차'였습니다. 그 때 환영인파들과 제자들은 이렇게 찬양했습니다. "찬송하리로다. 주의 이름으로 오시는 왕이여."(눅 19:38). 빌라도가 예수님을 향하여, "네가 유대인의 왕이냐?"고 심문했을 때 예수님은, "네 말이 옳도다."하고 잘라서 말씀하셨습니다(눅 23:3. 마/막 평행절). 예수님께서 만주의 주이시고 만왕의 왕이심을 요한계시록에도 확고히 선언하고 있습니다. 성탄절이 되면 온 교회들이 "왕이 나셨도다, 왕이 나셨도다" 하고 찬송을 드립니다. 예수님은 이리 보나 저리 보나 영원한 왕이십니다. 그것도 왕 중의 왕이십니다. 아니 황제 중의 황제이십니다. 다윗왕의 후손이신 예수 그리스도께서는 영원한 하늘나라의 영원한 왕으로 통치하십니다(계 11:15).

그런데 예수님은 빌라도가, "네가 유대인의 왕이냐?" 하고 물었을 때 일차적으로는 '그렇다'고 단언하셨습니다. 하지만 그 다음으로, '내가 왕이 되어 통치할 나라는 이 세상에 속한 것이 아니라'(요 18:36)고 단정지었습니다. 자신은 이 세상 정치제도에 있는 국왕이 아니라 "진리의 왕"일 뿐이라고 밝히셨습니다(요 19:37). 곧 하나님께서 통치하시는 나라의 왕이라는 뜻입니다. 그래서 지금은 이 지구 위 어디서나 예수님을 만왕의 왕으로 찬양해도 정권유지의 위협을 느낄 왕이나 황제들이 없게 되었습니다.

예수님께서 십자가에 처형되셨을 때에 그 죄패에 쓰인 '나사렛 예수, 유대인의 왕'은 히브리말, 로마말, 헬라말로 기록되었습니다. 히브리말은 유대인들이 쓰는 지방언어이고 로마말은 지금 막 국제언어가 되어가고 있는 중이었습니다. 그리고 헬라말은 그 당시 유럽과 중동에서 이미 국제언어(lingua franca)의 확고한 위치를 확보했습니다. 예수님의 십자가 처형사건은 실로 예루살렘 영문 밖 해골언덕에서 있었던 지방적 일인데 그것이 지금은 가장 많은 인류가 자세히 알게 된 사건, 아니, 엄청나게 많은 찬성과 반대를 받아온 사건, '십자가에 달린 예수'는 온 지구에서 해지는 날이 없는 인물이 되었습니다. 그것만으로도 예수님의 십자가 처형사건은 창조주와 피조물인 인간들의 합작품임이 확인됩니다.

이 세상 사람들은 예수님을 따르는 사람들을 크리스천, 곧 그리스도인이라고 부릅니다. 특히 한국에서는 '예수쟁이' 곧 예수 전문가라고 부릅니다. 그렇습니다. 예수쟁이나 그리스천이나 모두 예수님처럼 살겠다고 결심한 사람들입니다. 예수 그리스도를 반대하거나 무관심한 세상 사람들이 우리들을 그렇게 인정하여 그런 훈장을 주었습니다.

한문 글자로 왕王자를 뜯어보면 거기에 또 신비한 비밀이 숨겨져 있습니다. 그것은 원래는 하늘, 사람, 땅을 꿰뚫었다는 뜻입니다. 그러나 자세히 살펴보면 '하늘과 땅 사이의 십자가'입니다. 하늘과 땅 사이에서 십자가 진 사람만이 참다운 왕이라는 뜻입니다.

예수님을 따르기 위해서는 그분의 말씀을 열심히 배워야 합니다. 그분이 전도한 것처럼 전도해야 합니다. 그분이 가르치신 것처럼 가르쳐야 합니다. 그분이 배고픈 자들을 먹이신 것처럼 먹여주어야 합니다. 그분께서 밤새워 기도하신 것처럼 기도해야 합니다. 십자가를 전혀 지지 않은 채로 우리는 예수쟁이나 크리스천이라는 이름을 달고 다닐 수 있습니다.

그러나 진짜, 진짜, 진짜 그리스도인이요 예수쟁이 곧 예수 전문가라고 한다면 십자가를 내동댕이치고 살 수는 전혀 없습니다. 십자가를 지는 사람만이 '왕 같은 제사장들'(벧전 2:9)로 인정받을 수 있습니다. 십자가 지우는 사람보다 십자가 지는 사람이 참다운 하나님의 자녀입니다. 십자가 지우는 신자들보다 십자가 지는 신자가 많은 교회가 하나님 나라에 더 가깝습니다. "누구든지 나를 따라오려거든 자기를 부인하고 날마다 자기 십자가를 지고 나를 따라야 한다."(눅 9:23). 그 말씀 그대로입니다. 자기를 완전히 버리고 자기 십자가를 지고 예수님 걸어가신 길을 따라가야 합니다.

"내가 그리스도와 함께 십자가에 못 박혔나니, 그런즉 이제는 내가 사는 것이 아니요 오직 내 안에 그리스도께서 사시는 것이라"(갈 2:20).

## 십자가는 하나님의 활동무대

해골이라 하는 곳에 이르러 거기서 예수를 십자가에 못 박고
두 행악자도 그렇게 하니 하나는 우편에, 하나는 좌편에 있더라
(눅 23:33)

예수님께서 십자가에 못 박히셨습니다. 그것은 아무런 새로운 일이 아닙니다. 예수 믿는 사람들은 어린 아이들까지 누구나 아는 일입니다. 안 믿는 사람들도 그걸 모르는 사람들이 별로 많지 않습니다. 그래도 거듭 말합니다. 예수님께서 십자가에 못 박혀 죽으셨습니다. 못 박혀 죽으신 것이 아니라 십자가에 달려 죽으셨다고 해야 맞다는 연구가들의 주장도 있습니다. 못 박혀 죽으셨든 달려서 죽으셨든 아무튼 예수님은 십자가 위에서 죽으셨습니다.

성경의 기록을 의심하는 사람들이 많습니다. 가령 예수님께서 다시 살아나셨다는 것을 의심합니다. 그래서 도적놈들이 시체를 훔쳐가고 헛소문을 냈다고도 하고, 예수님을 너무 사모한 여자들이 환상을 보았을 뿐이라고도 합니다. 혹은 예수님께서 완전히 죽으신 것이 아니라고도 우깁니다. 예수님 부활에 관하여 그토록 많은 기록이 성경에 있는데도 그건 사실이 아니라고 박박 우겨댑니다. 그러나 예수님의 십자가 처형을 의심하는 사람들은 별로 없습니다. 기둥에 잘 박힌 못처럼 확실한 것이기 때문입니다. 열두 제자 도마도 예수님의 부활을 의심했습니다. “내가 그의 손의 못 자국을 보며, 내 손가락을 그 못 자국에 넣으며, 내 손을 그 옆구리에 넣어

보지 않고는 믿지 아니하겠노라."(요 20:27). 그렇게 바락바락 우겼습니다. 그런 의심 많은 도마도 예수님께서 십자가에 못 박혀 죽으신 것에 대하여는 추호도 의문을 제기하지 않았습니다.

예수님께서는 십자가 위에서 죽으셨습니다. 강조하기 위하여 거듭 말합니다만 예수님은 십자가 위에서 처형되셨습니다. 서른 세 살 되던 해로 추정됩니다. 예수님의 십자가 죽음에는 정말 엄청난, 아니 그 깊이와 높이와 넓이와 부피를 헤아릴 수 없는 뜻이 있습니다. 이 설교에서는 제목 그대로 십자가는 하나님의 활동무대라는 관점에서 그 뜻을 캐내어 보겠습니다.

예수님의 십자가 죽으심은 기독교 신앙은 물론 인류 역사에서도 본질적으로 중요한 일입니다. 비록 성경에 '십자가'라는 낱말이 79회 정도이고, 그것도 구약성경에는 전혀 나오지 않습니다. '나무 위에 매달아 처형한다'는 간접표현이 있을 뿐입니다(신 21:22-23). 십자가 처형은 유대방식이 아니라 이집트나 바벨론에서 도입되었답니다. 그리고 로마정부는 로마시민권자가 아닌 이방인들의 사형틀로 사용했습니다. 그러고 보면 십자가 그 자체가 이미 세계성의 의미를 담고 있는 셈입니다. 그런데 여기에서는 십자가를 활동무대라는 시각에서 하나님의 말씀하심을 캐어내려 합니다.

십자가는 사람들의 활동무대였습니다. 십자가가 서 있던 골고다 곧 해골언덕에는 수많은 사람들이 몰려와 있었습니다. 우선 예수님을 처형하는 로마 군인들의 무대였습니다. 백부장이 그 사형집행 최고책임자였고, 100명의 로마군병이 동원되었습니다. 되도록 잔인하게 예수님께 형벌을 가했습니다. 십자가에 매달기 전에 이미 반쯤 죽도록 채찍질하고, 가시관을 씌우고 침을 뱉었습니다. 옷을 벗겨 십자가에 못 박은 뒤에는 그 옷들을 누가 가질지 제비를 뽑았습니다. 십자가 처형 최고결정자인 빌라도 로마총독이 비록 사형집행현장에는 오지 않았지만 십자가는 사형선고를 내린 그의 활동이 연장된 무대였습니다.

예수님에 대하여 적대적인 사람들은 더 있었습니다. 두고두고 예수님을 제거하기 위하여 모든 음모를 꾸몄던 대제사장과 소위 성경학자들도 예수님을 희롱했습니다. 저 사람이 남들은 구원했지만 자기는 구원하지 못하는 놈이라고 큰 소리로 욕설을 했습니다. 구경나온 자들도 대제사장의 동조자들이 되었습니다. 심지어 함께 못 박혔던 예수님 좌우의 강도들도 한 때 그들의 동조자였습니다.

십자가는 예수님을 사랑하는 사람들의 무대였습니다. 누구보다도 예수님의 어머니 마리아가 있었습니다. 그리고 멀리서 바라보는 여자들도 있었습니다. 막달라 마리아, 살로메, 그 밖에 갈릴리에서 온 여성들입니다. 그들은 해골언덕에 도착하시기 전부터 울며불며 예수님을 따라왔습니다. 예수님과 아픔을 함께 나누는 사랑의 무대가 바로 십자가였습니다. 열두 제자 가운데는 '사랑받는 제자' 요한만이 십자가 가까이서 예수님 어머니 마리아를 부축하고 십자가를 주목하고 있었습니다. 예수님은 요한에게 모친의 여생을 부탁했습니다. 그리고 또 한 사람 빼어 놓을 수 없는 사람이 있습니다. 멀리 구레네(리비아)에서 유월절 순례로 왔던 시몬이라는 사람입니다. 예수님 지셨던 바로 그 십자가를 잠시나마 대신 졌던 유일한 사람입니다.

십자가는 사탄들의 활동무대였습니다. 예수님에게 십자가 처형 사형선고를 내렸던 빌라도의 마음 속에 있던 사탄입니다. 아니, 그 이전에 가룟 사람 유다의 마음에 예수님을 팔 생각을 꽉꽉 집어넣었던 사탄입니다. "마귀가 벌써 시몬의 아들 가룟 유다의 마음에 예수를 팔려는 생각을 넣었더라" (요 13:2). 그 말씀 그대로입니다. 그리고 대표제자 베드로의 마음속에 들어가 예수님을 전혀 모른다고 잡아떼게 했던 그 사탄입니다(막 14:66-72). 그 사탄과 악령들이 로마군인들의 의식 속에 들어가 잔인함을 더하게 했고, 함께 못 박힌 강도들의 마음속에서도 맹렬히 활동했습니다.

그런데 무엇보다도 십자가는 하나님의 활동무대였습니다. 성부 하나님, 성자 하나님, 성령 하나님 곧 삼위일체 하나님의 맹렬하신 활동무대였습니다. 우선 성자 예수님의 십자가 처형사건 전체는 하나님께서 그 각본을 쓰셨습니다. '여자의 후손은 뱀의 머리를 상하게 하는 반면에 뱀은 여자 후손의 발꿈치를 상하게 할 것'(창 3:15)이라는 예언, 그리고 아브라함이 100세에 난 아들 이삭을 죽여 제물로 바치라는 명령(창 22:1-3), 정결한 양, 소, 염소, 비둘기 등을 제물로 삼은 제사제도의 창설, 은돈 30개와 나그네의 묘지인 피밭(마 27:3-10) 이런 것들이 모두 예수님의 십자가 처형은 성삼위 하나님의 각본과 연출로 이루어졌다는 것을 확고하게 증명합니다.

예수님께서 십자가 위에서 죽음의 대행진을 하실 때에 성전 성소휘장이 저절로 갈라지고, 지진이 나서 땅이 흔들리고, 바위가 터지고, 무덤이 열렸고, 죽었던 성도들의 몸이 다시 살아나는 천재지변과 해괴한 일들이 벌어졌습니다. 성자 예수님께서 십자가 고통을 겪으실 때에 삼위일체 하나님 전체가 큰 아픔을 겪으셨던 것으로 이해합니다. 이것을 가장 잘 알아차린 사람이 바로 예수님 처형집행관인 백부장이었습니다. 그는 이렇게 선언했습니다. "진실로 이 분은 하나님의 아들이었습니다."(마 27:54).

십자가는 저주의 막대기였지만 하나님께서 귀중하게 사용하신 까닭에 온 인류 구원의 위대한 길이 되었습니다. 인류역사상 가장 위대한 진리가 되었습니다. 천하보다도 더 귀중한 생명 구원의 기초가 되었습니다. "내가 곧 길이요, 진리요, 생명이다"는 선언대로 되었습니다(요 14:16).

## 십자가의 약효

누구든지 나를 따라오려고 하면 자기를 부인하고
자기 십자가를 지고 나를 따라야 한다.
누구든지 제 목숨을 구원하고자 하면 잃을 것이요,
누구든지 나를 위하여 제 목숨을 잃으면 찾는다 (마 16:24-25)

예수님께서는 베드로에게서 '그리스도(메시야) 곧 구원주, 그리고 살아계신 하나님의 아들'이시라는 고백을 듣고 매우 매우 기뻐하셨습니다. 그래서 장차 되어질 비밀을 더 많이 밝혀주셨습니다. 그것 가운데 하나가 바로 예수님 자신이 십자가에 달려 죽게 된다는 사실입니다.

그러나 이 말을 듣고 베드로는 하늘이 무너지는 듯 깜짝 놀랐습니다. 베드로는 예수님께서 앞으로 회복될 이스라엘의 왕이 되실 것으로 기대했기 때문입니다. 그래서 예수님에게 강요하듯이 말렸습니다. 제3일에 다시 살아나게 된다는 예수님 말씀은 베드로의 귀에는 들리지도 않았습니다. 앞으로 예수님께서 십자가에 처형되신다니 이게 무슨 청천벽력입니까. 그렇다면 베드로와 열두 제자의 운명은 어떻게 되는 것입니까?

그런데 예수님께서는 베드로와 제자들을 또 한 번 크게 놀라게 했습니다. 베드로에게, '사탄아, 내 뒤로 꺼져라. 너는 나를 실패하게 하는 자이구나' 하셨기 때문입니다(마 16:23). 이미 사탄은 사십일 동안 금식투쟁하신 예수님의 장래 사역을 완전 파괴하려고 유혹했었기 때문입니다.

예수님은 이어서 근본적으로 중요한 진리를 선포하셨습니다. "누구든지 나를 따라오려거든 자기를 부인하고 자기 십자가를 지고 나를 따라야 한다. 누구든지 제 목숨을 구원하고자 하면 잃을 것이요, 누구든지 나를 위하여 제 목숨을 잃으면 찾게 된다." 그리고 이어서 더 중요한 말씀을 주셨습니다. "사람이 만일 온 천하를 얻고도 제 목숨을 잃으면 무엇이 유익하겠느냐. 사람이 무엇을 주고 제 목숨과 바꾸겠느냐" (마 16:25-26).

십자가에 목숨 바치기는 곧 하나뿐인 생명을 제단에 바치는 일입니다. 그것은 구약성경에 엄중하게 강조된 제사제도의 근본적인 뜻을 가르치신 말씀입니다. 제사의 종류가 번제, 속건제, 속죄제, 화목제, 감사제 등 여럿이고 또 복잡하고 세밀하게 지시되어 있습니다. 예수님께서 십자가 제단 위에서 제물로 바쳐지신 것은 그런 모든 제사들의 종합적 완성입니다. 그리고 또 그 이상입니다. 구약성경에서는 양, 염소, 소, 비둘기 등을 제물로 드립니다.

그런 제사제도는 유교식 제사와 같은 점도 있지만 다른 점이 훨씬 많습니다. 제사의 집행이 엄격하다는 점에서는 같습니다. 유교 제사에서는 죽은 조상에게 식사를 제공하는 것이 기본정신입니다. 그러나 성경의 제사제도는 그것보다는 더 많은 뜻을 가졌습니다. 속죄(贖罪, atonement), 대속(代贖, redemption), 죄와 결별(expiation), 하나님의 진노를 녹임(propitiation) 등의 뜻이 있습니다. 하나님과 죄인의 화해(和解, reconciliation)의 뜻이 있습니다. 그리스도 예수님은 우리들의 지은 죄값을 지불하시기 위하여 자신의 목숨을 제물로 바치셨다는 뜻이 있습니다. 그리고 뛰넘절(유월절, passover)에 양을 잡아 그 문설주와 인방에 피를 바르고 또 뛰넘절 제사를 드리는 것은 특히 해방(解放, liberation)의 선언입니다. "포로 된 자에게 자유를, 눈 먼 자에게 다시 보게 함을 전파하며, 눌린 자를 자유롭게 하고, 주의 은혜의 해를 전파하게 하려 하심이다" (눅 4:18). 그 말씀 그대로입니다.

그러나 이 모든 것을 합하여 예수님께서 십자가에서 완성하신 것은 구원(救援, salvation)입니다. 예수 그리스도께서 십자가 제단에서 생명을 제물로 드리심으로 우리 한 사람 한 사람의 생명을 구원하셨습니다. 우리들이 사형집행을 받아야 마땅한 죄인이 되었을 때에 어린 양이 되셔서 십자가 제단 위에서 대신 제물이 되심으로 우리를 구원하셨습니다. 그분을 나의 구원주로 모셔들이기만 하면 다시 하나님의 자녀의 지위를 회복하게 됩니다. "하나님이 세상을 이처럼 사랑하셔서 독생자를 주셨으니, 이는 그를 믿는 자마다 멸망하지 않고 영생을 얻게 하려 하심이다" (요 3:16). 그 말씀 그대로입니다.

예수님의 약효는 거기에 그치지 않습니다. 하나님에 대하여는 천하보다도 귀중한 생명을 구원해 내신 일을 하셨습니다. 그런데 하나님을 반대하는 세력들 곧 모든 죄악의 근본세력인 사탄에게도 완전승리를 거두셨습니다. 가룟 유다로 대표되는 사탄입니다(요

13:2). 그는 스스로 목을 매어 죽었습니다(마 27:5). 최후에는, "그들을 미혹하는 마귀가 불과 유황 못에 던져져서 … 세세토록 밤낮 괴로움을 받게 된다"는 말씀입니다(계 20:7-10).

그러므로, "십자가의 도(道, Logos)가 멸망하는 자들에게는 미련한 것이나, 구원을 받고 있는 우리들에게는 하나님의 능력이다"(고전 1:18). '능력'이라는 헬라 원말은 '듀나미스'입니다. 엄청난 폭발력을 가진 다이너마이트란 말이 여기에서 나왔습니다. 십자가의 진리는 멸망의 길을 가는 자들에게는 완전파괴의 다이너마이트가 됩니다. 그러나 구원받은 우리들에게는 엄청난 하나님의 능력, 곧 파워(power)의 근원입니다.

예수님을 생명의 주인으로 영접하십시오. 그런 사람에게는 십자가가 모든 문제 해결의 만능열쇠(master key)가 됩니다. 성삼위 하나님께서 주시는 만능열쇠입니다. 영원한 생명으로 들어가는 문을 열 수 있는 만능열쇠입니다. 이 세상의 수많은 문제들을 해결할 수 있는 만능열쇠입니다. 육신의 질병, 가정의 질병, 인간관계의 질병, 못된 성격이라는 질병을 마침내 고쳐내는 만능열쇠입니다.

## 믿음의 위력

만일 너희에게 믿음이 겨자씨 한 알만큼만 있어도
이 산을 명령하여 여기서 저기로 옮겨지라 하면 옮겨질 것이요
또 너희가 못할 것이 없으리라 (마 17:20)

예수님께서는 이미 천국 혹은 하나님 나라에 관하여 제자들에게 여러모로 가르쳐주셨습니다. 그런 뒤에 앞으로 '내 교회를 창설하겠다'고도 선언하셨습니다(마 16:18). 그리고 연이어서 십자가에 처형되실 것과 그리고 다시 살아나실 것이라는 비밀계획도 밝혀주셨습니다.

그런 다음에 또 하나의 신비한 비밀을 밝히셨습니다. 열두 제자 가운데 죽기 전에 예수님 자신이 '그 왕권'을 가지고 오는 것을 볼 사람들도 있을 것이라는 예고입니다(마 16:28). 제자들은 이 예고의 말씀에 별다른 반응을 보이지 않았습니다. 그러나 마태복음의 기록을 따르면 그런 선언을 하신지 엿새 뒤에 예수님은 높은 산에 올라가셨습니다. 헬몬산이거나 다볼산이라는 의견이 있지만 어느 산인지는 밝혀놓지 않았습니다.

그 산 위에서는 엄청난 일이 벌어졌습니다. 예수님의 용모가 변화되고 그 옷이 희어져 광채가 났습니다. 그리고 이미 죽은 지 퍽 오래된 모세와 엘리야가 나타나 예수님과 회의를 하셨습니다. 삼거두 회의입니다. 예수님께서 율법과 제사장의 대표 모세와 예언자 대표 엘리야에게 장차 예루살렘에서 별세 곧 출애굽하실 것을 말

씀하시는 것을 베드로, 요한, 야고보의 3대 제자가 확실하게 들었습니다. 예수님은 그 세 제자들에게 하나님 나라의 모습을 영화 예고편처럼 보여주셨습니다.

그런 다음 모세와 엘리야가 사라지고 예수님만 남았습니다. 그리고 빛난 구름이 예수님과 세 제자를 덮었습니다. 그런 다음 구름 속에서 신비한 소리가 들려왔습니다. '이는 내 사랑하는 아들이요 내가 기뻐함으로 선택한 자이니 너희는 그의 말을 들어라.'(마 17:1-13, 막 9:2-8, 눅 9:28-38).

이 설교의 요절은 그런 다음에 있었던 일에서 뽑았습니다. 예수님께서 세 제자들과 함께 산에서 내려오시는 길이었습니다. 많은 사람들이 예수님을 기다리고 있었습니다. 남은 아홉 제자들도 함께 있었습니다. 그중 한 사람이 예수님 앞에 꿇어 엎드렸습니다.

'주님, 제 아들을 불쌍히 여겨 꼭 고쳐주세요. 간질병 귀신에게 붙들렸습니다. 불에도 넘어지고 물에도 넘어져 자칫하면 목숨을 잃을 것 같습니다. 그래서 제자들에게 데리고 와서 부탁했지요. 하지만 말짱 헛일이었습니다. 예수님, 꼭 고쳐 주세요.' 그 말을 듣고 예수님은, '정말 고집 세고 믿음 없는 세대구나' 하고 깊게 탄식하셨습니다. 제자들에게 이미 병고치는 능력을 주었는데도 그걸 활용하지 못하는 것이 너무 안타까우셨습니다. 그래서 그 더러운 귀신에게 속히 나오고 다시는 들어가지 말라고 명령하셨습니다. 그 귀신이 그 아이를 부들부들 떨게 하고 그 아이는 죽은 것 같았습니다. 그런데 예수님께서 그 손을 잡아 일으키시니 그 아이가 정상적인 건강아가 되었습니다.

예수님에게 제자들이 물었습니다. '선생님, 우리들에게 병도 고치고 귀신도 쫓아내는 능력을 주셨는데 왜 우리는 못 고치는 것입습니까?' 예수님은 즉시 대답하셨습니다. '믿음이 적은 까닭이니라."(마 17:20). 그것으로 그치지 않으셨습니다. 위의 요절 말씀으로 더 풀어주셨습니다. 겨자씨만큼의 믿음만 있더라고 산더러 당장 옮겨지라고 명령하면 이루어진다는 것입니다. 예수님 당시로는 겨자씨가 제일 작은 씨앗이라는 뜻입니다. 믿음이 조금만 있더라도 그 믿음으로 '산이 옮겨지게 해 주시옵소서' 기도하면 옮겨진다는 뜻입니다. 정말 그 말씀이 있은 이래 산을 옮기는 기도가 있었을까요? '저 큰 산을 옮겨 바다에 던져주소서' 하고 저녁에 기도하고 잤는데 아침에 일어나 보니 그 산이 바다로 옮겨졌다는 기적이 있었을까요?

창조주 하나님께서 하시고자 하시면 얼마든지 이루실 수 있습니다. 아니, 산과 물과 바다를 창조하신 하나님이신데 어찌 못하시겠습니까? 산을 창조하신 하나님께서 그것을 훅 불어 날려버리실 수 없다면 말이 됩니까? "큰 산아, 네가 무엇이냐? 네가 스룹바벨 앞에서 평지가 되리라"(슥 4:7) 하셨습니다. 감히 외람되게 말합니다. 그것이 하나님의 허풍이겠습니까?

아닙니다. 결코 아닙니다. 하나님은 이미 모세가 지팡이를 들고 손을 쭉 뻗어 홍해바다를 가리켰더니 바다가 쫙 갈라졌습니다. 그래서 하나님의 백성들이 마른 땅처럼 건넜습니다(출 14:21). 뱀처럼 생긴 지팡이, 한 때 땅에 던지니 살인독사 코브라처럼 되어 모세를 물으려고 달려들었던 지팡이입니다. 그 지팡이 하나가 홍해를 갈랐고, 이스라엘 민족과 이집트 민족의 운명을 갈랐고, 구원의 길과 멸망의 길을 갈라놓았습니다.

이런 기적은 성경에 여러 번 기록되어 있습니다. 믿음의 사람들, 겨자씨만한 믿음을 가진 사람들을 통하여 엄청난 일을 행하시는 하나님의 모습입니다. 가녀린 여자 에스더의 믿음, "죽으면 죽겠습니다"(에 4:17)의 믿음이 대학살의 위기에서 하나님의 백성을 살려냈습니다. 소년 다윗의 손에 잡힌 다섯 개 믿음의 돌(삼상 17:40)이 백전노장 칼과 창으로 무장했던 골리앗을 단박에 죽였습니다(삼상 17:41-49). 사르밧 홀어머니의 겨자씨만한 믿음이 흉악한 흉년기에도 병에서 기름이 계속 쏟아져 나오고, 통에서 가루가 계속 쏟아져 나오게 했습니다(왕상 17:8-16). 에스겔의 믿음이 골짜기를 가득 채웠던 시체들에게 하나님의 생기가 들어가서 그들을 살려냈고 하나님의 군대를 만들었습니다(겔 37:1-10). 무엇을 더 말하겠습니까?

지금도 이 지구 위에서는 전도하는 사람들이 셀 수 없이 많습니다. 그들이 무슨 말을 하든 그 내용은 모두, "예수 믿으세요"입니다. 성경에서 '믿으세요' 혹은 믿음이라는 말은 전문용어로서는 매우 크고, 매우 깊고, 매우 높고, 매우 넓은 뜻을 가졌습니다. 그러나 또 매우 단순한 뜻도 있습니다. 일상생활에서 쓰는 말로는 별다른 설명이 필요하지 않습니다. 우리 모두가 보통으로 쓰는 뜻 그대로입니다.

그런데 잊지 마십시오. 믿음은 엄청난 위력 곧 파워를 가졌습니다. 산을 옮기고, 바다를 갈라 큰 길을 내고, 민족을 구원하고, 짱돌로 칼과 창을 이기는 엄청난 위력입니다. 악한 귀신을 쫓아내는 위력, 아니 그것보다도 죄악이라는 독약에 취해서 지옥으로 달려가는 인간의 생명을 구원해 내는 엄청난 위력, 생명 건설의 위력을 가진 것이 믿음입니다. 그래서 또 한 번 외칩니다. 소리높여 외칩니다. "할 수 있거든이 무슨 말이냐, 믿는 자에게는 능히 하지 못할 일이 없느니라."(막 9:23).

## 자라서 나무가 되어

하나님의 나라가 무엇과 같을까,
내가 무엇으로 비교할까.
마치 사람이 자기 채소밭에 갖다 심은 겨자씨 한 알 같으니
자라서 나무가 되어 공중의 새들이
그 가지에 깃들였느니라 (눅 13:18-19)

예수님께서는 천국/하늘나라 혹은 하나님의 나라에 관하여 집중적으로 가르쳐 주셨습니다. 마태복음서에는 천국 혹은 하늘나라로, 마가/누가/요한 복음서에는 '하나님의 나라'로 기록되었습니다. 그리고 더러는 주의 나라/예수의 나라/그 나라 등으로도 표현되었습니다. 자세한 뜻으로는 차이가 있지만 큰 시각에서는 같은 뜻입니다. 그래서 '하나님 나라'를 대표어로 삼았습니다.

하나님 나라는 그 뜻이 여럿이고 매우 다양합니다. 구약성경에는 하나님 나라라는 용어가 나오지 않지만 그러나 구약성경 전체와 신약성경 전체의 핵심사상, 기축사상(foundational/cardinal thought)은 바로 하나님 나라라고도 말해도 됩니다. 모든 설교와 신학들은 하나님 나라를 조금씩 풀어 놓은 것이라고 해도 됩니다. 특히 예수님께서 말씀과 삶으로 선포하신 '복음'의 최고핵심이 바로 하나님 나라입니다. 실로 성경계시 전체, 역사계시 전체, 그리고 자연계시 전체가 하나님 나라의 이야기라고 이해해야 합니다. 물론 하나님 나라가 아니고 가령 구원이나 사랑 같은 말로 풀 수도

있습니다.

예수님은 특히 하나님 나라를 말씀하실 때에 여러 가지 비유를 사용하셨습니다. 그것은 하나님 나라라는 말에 숨겨진 비밀 혹은 신비가 엄청나게 많고 그것은 인류역사가 진행되는 동안 여러 모로 나타날 것이기 때문입니다(막 4:11과 평행절). 그래서 연구가들은 하나님 나라가 언제 실현되느냐를 놓고 '이미-아직'(already-not yet)이라는 공식을 제시하고 있습니다. 하나님 나라는 이미 예수 그리스도의 오심으로 실현되었지만 그러나 아직 완성된 것은 아니라는 뜻입니다. 이 설교자가 그 공식을 '이미-지금-아직'(already-now-not yet)으로 보완했습니다. 과거 일이나 현재 일이나 장래 일 모두가 하나님 나라를 기축적 가르침(cardinal doctrine)으로 삼아야 합니다.

그런데 하늘나라에서 오신 스승 예수님은 바로 하나님 나라가 자라왔고, 자라고 있고 앞으로 자랄 것이고 또 자라나야만 한다는 것을 명백하게 가르쳐주셨습니다. 하나님의 나라를 겨자씨 한 알에 비유하셨습니다. 겨자씨는 매우 작은 씨앗인데 그것을 좋은 채소밭에 심으니까 쑥쑥 자라났습니다. 심지어 공중에 날아다니는 새들이 그 가지에 깃들 정도로 자랐습니다. 그리고 또 비교해서 말씀하셨습니다. 하나님의 나라는 어떤 여인이 가루 서 말 속에 갖다 넣어 그 가루를 전부 부풀게 한 바로 그 누룩과 같다고 하셨습니다. 누가복음의 기록입니다. 마태복음 평행절에는 누가복음과 대체로 일치되는 내용과 언어를 사용했습니다. 다만 그 심은 겨자씨가

‘모든 씨보다 작은 것’인데 자란 뒤에는 풀보다 더 큰 나무가 된다는 점이 강조되어 있습니다. 겨자씨가 가장 작은 씨는 아니라는 반론도 있습니다. 겨자씨가 매우 작은 것을 강조한 점에서는 마가복음도 마태복음과 같습니다.

그러나 네 복음서 중에 제일 먼저 기록되었다는 마가복음에는 그 겨자씨 비유 다음에 누룩 비유는 없습니다. 그 대신 겨자씨 비유 앞에 다음 비유가 있습니다. ‘하나님 나라는 사람이 씨를 땅에 뿌림과 같다. 그 씨를 뿌린 사람이 밤낮 자고 깨고 하는 가운데 그 씨가 나서 자랐다. 하지만 그 씨 뿌린 사람은 그 이치를 알지 못했다. 땅이 스스로 열매를 맺되 처음에는 싹, 다음에는 이삭, 그 다음에는 이삭에 충실한 곡식, 그리고 열매가 익으면 곧 낫을 대어 베는데 이는 추수 때가 이르렀기 때문이다’ (막 4:26-29).

이렇게 세 복음서에 기록된 예수님의 겨자씨 비유를 비교해 볼 때 우리는 ‘하나님 나라는 자라나는 것’이라는 확신을 갖게 됩니다. 성삼위 하나님은 밭을 갈고, 씨를 뿌리고, 거름을 주고, 잡초를 뽑아내고, 벌레를 잡아주고, 추수를 하는 농부와 같다는 뜻입니다. 그리고 그 작은 겨자씨가 좋은 땅에 떨어져 잘 자라서 좋은 열매를 맺도록 성삼위 하나님의 협력자가 되는 것이 바로 하나님의 백성이라는 확실한 선언입니다. 이 설교를 읽거나 듣는 동지들에게도 그런 사명을 주셨습니다.

이 진리를 확신 있게 깨달은 인물이 바로 사도 바울입니다. 그는 고린도교회가 분쟁으로 난리를 칠 때 신앙적으로 어린 아이들을 달래고 꾸중하듯이 가르쳤습니다. “그런즉 아볼로는 무엇이며 바울은 무엇이냐?… 나는 심었고, 아볼로는 물을 주었으되 오직 하나님께서 자라나게 하셨느니라” (고전 3:5-6). 개인을 초점으로 하면 신앙이 자라는 것을 말하고 교회를 초점으로 하면 교회가 양적 질적으로 교회답게 성장해야 된다는 뜻입니다. 그런데 ‘자라나게 하셨느니라’는 성장이 계속된다는 뜻을 가졌습니다.

하나님의 창조로 생겨난 우주만물은 생물과 무생물로 나눕니다. 생물에는 생명이 있고 무생물에는 생명이 없습니다. 그런데 생명 특히 하나님께서 창조하신 생명에는 다섯 가지 특징이 있습니다. 자라고, 재생산하고, 수명이 있고, 변화되고, 환경에 적응합니다. 그런데 자란다는 말은 또 여러 가지로 풀어낼 수 있습니다. 수량적 성장, 공간적 성장, 자질적 성장, 시간적 지속성 연장, 영향력 확장 등입니다.

예수님께서 하나님의 나라가 자라야 한다는 점을 강조하셨습니다. 살아 있는 것은 자라나야 합니다. 믿음도 자라야 합니다. 예수님을 아는 단계, 그 말씀에 동의하는 단계, 자기중심주의 곧 죄악을 회개하는 단계, 예수님을 영접하는 단계, 예수님을 온전히 닮아가는 단계들로 성장해 가야 합니다. 교회도 자라나야 합니다. 예수님의 첫 번 교회가 자란 것과 같습니다. 12 제자, 70제자, 120여 제자, 3천명, 5천명 제자로 성장해 갑니다. 하나님 나라의 모형과 그림자인 교회의 숫자와 복음의 영토도 확장되어 왔습니다. 마가의 다락방, 예루살렘, 온 유대, 사마리아, 안디옥, 헬라, 로마, 아시아,

아프리카, 땅 끝까지로 확대되었습니다(마 28:19-20, 행 1:8, 6:7, 9:31).

무엇보다도 예수님의 이름, 말씀, 그리고 영향력이 놀라울 정도로 자라왔고, 지금도 자라가고 있고, 또 앞으로도 더욱 자라갈 것입니다. 갈릴리 시골 목수였던 예수님, 예루살렘 성 밖에 있는 해골언덕이라는 처형장에서 흉악범으로 십자가에 처형되었던 예수님의 이름, 그 이름에 목숨을 걸고 사는 이들이 오늘날 개신교회와 가톨릭교회만 합쳐도 통칭 25억, 이슬람까지 합치면 38억 명입니다. 게다가 75억 온 인류가 예수님의 교훈을 존경합니다. 실로 예수 그리스도께서는 말씀의 씨앗을 심으셨고, 또 심은 것들이 자라나도록 지금도 열심히 땀을 흘리십니다. 아니, 십자가를 지시고 그 일에 목숨을 걸으셨습니다. 그 예수님이 바로 우리가 구원주로 믿는 예수 그리스도이십니다. 그리고 또 있습니다. 예수님은 그 겨자나무이시고, 우리들은 그 나무에 깃든 새들이기도 합니다.

## 완전한 인물이 되어가라: 성결화의 길 1

그러므로 하늘에 계신 너희 아버지의 완전하심과 같이
너희도 완전하여라 (마 5:48)

예수님께서는 '완전해지라'고 명령하셨습니다. 그냥 완전해지는 것이 아니라 '하늘에 계신 너희 아버지의 완전하심과 같이' 완전해지라고 하셨습니다. 예수님의 이 가르침은 그 말씀을 하신 때부터 수많은 논쟁이 있어왔습니다. 그리고 그 논쟁은 아직도 끝나지 않았습니다. 아마도 인류 역사가 계속되는 한 뜨거운 논쟁은 계속될 것입니다.

예수님의 이 말씀을 '완전히' 이해하기는 어느 시대 어느 누구에게나 어려울 것 같습니다. 성경말씀 전체는 물론 자연계시와 역사계시도 그렇습니다. 어느 것 하나도 우리들이 이 땅 위에 사는 동안에는 완전한 이해에 도달할 것 같지 않습니다. 불가지론不可知論적 세계관입니다. 인간의 제한성과 죄성 때문이기도 하고, 하나님은 항상 새 일을 행하시는 분이시기 때문이기도 합니다(계 21:5). 그래도 우리 하나님의 자녀들은 이 말씀을 최선을 다하여 이해해야 합니다. 세상 사람들이 금강석이나 금은보석을 캐는 일에 목숨을 거는 것보다 더욱 열심히 성경의 진리를 캐내어야 합니다.

'완전해지라'는 이 말씀은 그 유명한 산상보훈 설교에 포함되어 있습니다. 예수님의 설교라면 어느 것 하나 소홀히 취급할 수 없는 것이지만 특히 산상보훈(마 5-7)이나 평지수훈(눅 6)은 사람의 심장이나 뇌수와 같은 가르침입니다. 예수님 가르치심의 가장 중요한 것이 바로 천국 혹은 하나님 나라인데 이 산상보훈과 평지수훈은 바로 하나님 나라의 '헌법'으로 이해됩니다. 헌법은 국가의 모든 법률과 규칙의 기본법인 것처럼 이 산상보훈과 평지보훈은 하나님 나라의 기초요 오고 또 오는 세대의 신앙생활의 표준입니다.

그런데 이 산상수훈은 마태복음과 누가복음에 집중적으로 기록되었습니다. 마가복음이나 요한복음에는 집중적으로 기록된 것이 없습니다. 또 마태복음과 누가복음 내용에 공통되는 부분도 있지만 상당부분 다르기도 합니다. 마태복음의 산상수훈은 3장에 걸쳐 기록되었으므로 누가복음의 것보다도 4배 정도 더 분량이 많습니다. 그리고 누가복음에는 '원수사랑'에 강조점이 주어져 있습니다. 또 마태복음에는 주기도문이 산상수훈에 포함되어 있지만 누가복음에는 없습니다.

말씀하신 장소와 사정도 다릅니다. 누가복음에는 "예수께서 그들과 함께 내려오사 평지에 서시니 그 제자의 많은 무리와 … 많은 백성도 있더라"(눅 6:17)고 했습니다. 그러나 마태복음에는, "예수께서 무리를 보시고 산에 올라가 앉으시니 그의 제자들이 나아온지라"(마 5:1)고 했습니다. 여기에서 '제자'는 열두 제자 선정 이전이므로 정확히 누구들인지 잘 모릅니다. 그래도 말씀을 들은 대상은 일치합니다. 다만 장소가 누가복음에는 '평지'여서 평지수훈이라 하고 마태복음에는 '산에 올라가 앉으셨다'고 했으므로 갈릴리 바다를 내려다 볼 수 있는 지금의 '팔복교회당'일 것입니다. 같은 장소의 두 가지 표현이라는 연구도 있습니다.

그런데 이 설교 주제와 관련하여 주목할 대목이 있습니다. 마태복음에는, "그러므로 하늘에 계신 너희 아버지의 온전하심과 같이 너희도 온전하라"(개정개역판)로 기록되었습니다. 그러나 누가복음에는, "너희 아버지의 자비로우심 같이 너희도 자비로운 자가 되라"(눅 6:36)입니다.

더 많은 연구가 있습니다만 마태복음의 산상보훈과 누가복음의 평지수훈은 예수님의 한 설교를 다르게 기록했다기 보다는 두 군데서 가르치신 것으로 이해하는 것이 더 좋습니다.

이런 배경을 이해하면 요절말씀을 더 잘 이해할 수 있습니다. 우선 예수님께서 그 제자들과 수많은 무리들에게 공개적으로 '완전해지라'고 하신 것은 그냥 지나쳐야 할 말씀이 전혀 아닙니다. 그분의 설교계획에서 사람의 뇌수나 심장처럼 중요한 말씀입니다. 꼭 남기고 가셔야 할 말씀이었습니다.

예수님은 아마도 특정한 제자들에게 그분의 교훈을 기록해 두라는 직분을 맡기셨을 것 같습니다. 하나님께서 모세에게도 그렇게 명령하셨고 십계명 돌비로 모범을 보이셨습니다(출 17:14, 24:4, 12). 그런 사명을 열두 제자와 마가에게 맡기신 것 같습니다. 특히 세금장부처럼 정확하게 기록을 남길 줄 아는 마태가 이 역할을 수행해 냈을 것으로 상상해 봅니다.

배경설명이 길었습니다. 이 '완전하라'는 말씀이 엄청나게 중요하기 때문입니다. 여기에서 '너희도 완전하라' 하신 것은 그 말씀을 듣는 무리들과 제자 모두에게 집단적으로 주시는 말씀이기도 하고 각각 개인 한 사람 한 사람에게 주시는 가르치심이기도 합니다. 여기에서는 개인에게 더 초점을 맞추겠습니다. 그리고 앞서의 질문으로 다시 돌아갑니다. 과연 하나님 앞에서 사람이 완전해 질 수 있을까요?

그럴 수 있습니다. 확실하게 말입니다. 만약 그럴 수 없다면 무엇 때문에 예수님은 '완전해지라'고 강조하셨겠습니까? 아니, 성경에는 이런 말씀이 여러 군데 나옵니다.

"너희는 거룩하라. 이는 나 여호와 너희 하나님이 거룩함이니라" (레 19:2).

"내가 거룩하니 너희도 거룩할지어다" (레 11:45, 벧전 1:16).

"온전하여 흠이 없고 아직 멍에 메지 아니한 붉은 암송아지를 네게로 끌어오게 하고" (민 19:2).

"온 이스라엘 가운데에서 압살롬 같이 아름다움으로 크게 칭찬 받는 자가 없었으니 그는 발바닥부터 정수리까지 흠이 없음이라" (삼하 14:25 - 압살롬은 후에 자기 아버지 다윗을 죽이려고까지 했었다).

다니엘과 그 세 친구들도 '흠이 없고 용모가 아름다우며 모든 지혜를 통찰하며 지식에 통달하며 학문에 익숙하여 왕궁에 설만한 소년'들이었다(단 1:4).

"티나 주름 잡힌 것이나 이런 것들이 없이 거룩하고 흠이 없게 하려 하심이라" (엡 5:27).

“이는 너희가 흠이 없고 순전하여 … 하나님의 흠 없는 자녀로 세상에서 그들 가운데 빛들로 나타내며” (빌 2:15).

이런 말씀들에 근거해 보면 사람은 누구나 완전해질 수 있습니다. 이 세상을 사는 동안에는, “제자가 그 선생보다 높지 못하나 무릇 온전하게 된 자는 그 선생과 같으리라”(눅 6:40)는 말씀대로입니다. 가령 우리가 예수님처럼 원수까지 사랑하기 위하여 십자가의 고통을 스스로 각오하고 맛본다면 그는 다른 인간적인 부족함이 있음에도 불구하고 ‘완전한 자’의 평가를 받게 됩니다. 상대적 완전자입니다. 미국의 학교에서는 시험을 쳐서 100점을 맞으면 교사가 100점이라고 쓰기도 하지만 ‘완전하다’는 뜻의 ‘Perfect’라고 합니다. 그 학년 수준에서 완전하다는 뜻입니다.

그러나 더 중요한 진리가 여기에 있습니다. 곧 ‘완전지향성’(perfection-directivity)입니다. 요절 말씀의 원문의 뜻은, “하늘에 계신 너희 아버지의 온전하심같이 너희도 항상 온전하여 가야 하겠다”로 풀어야 합니다.

“우리가 다 하나님의 아들을 믿는 것과 아는 일에 하나가 되어 온전한 사람을 이루어 그리스도의 장성한 분량이 충만한 데까지 이르리라”(엡 4:13)는 말씀 그대로입니다.

## 예수님처럼, 꼭 예수님처럼

내가 너희에게 행동한 것처럼
너희도 행동하게 하려고 견본을 주었다...
새 계명을 너희에게 준다. 서로 사랑하여라.
내가 너희를 사랑한 것처럼 너희도 서로 사랑하거라 (요 13:15, 34)

예수님께서는 유니온교회에 엄청난 선물을 주셨습니다. 유니온교회는 많은 선물, 귀중한 선물을 그 머리 되시는 그분에게서 받았지만 대표적인 것은 "예수님처럼, 꼭 예수님처럼"입니다. 유니온교회가 영어세대로 바뀔 것과 또 지구공동체(global community) 시대가 오고 있는 것을 예상해서 영어로는, 'Like Jesus, Just Like Jesus'를 함께 사용했습니다. 유니온교회가 개척될 때부터 강조해 온 영구표어입니다. 유니온교회의 최고 목표는 첫째로, 그 회원 한 사람 한 사람이 예수님처럼 변화되어야 하고, 둘째로, 교회공동체로서도 예수님처럼 되어야 하고, 셋째로, 온 인류와 모든 교회들이 예수님처럼 변화되도록 돕는 것을 그 사명선언(mission statement)의 핵심으로 선포했습니다.

그렇다면 정말 우리가 '예수님처럼' 될 수가 있을까요? 어림도 없습니다. 믿음의 가장 대표적 견본이 되어야 할 담임목자부터 예수님처럼 되기는커녕 그 근처에도 가지 못할 정도입니다. 유니온교회를 개척하여 30년간 목회하고 은퇴했습니다만 예수님을 100점으로 해서 점수를 매긴다면 과연 몇 점이나 될는지요. 너무 부끄러워서 식은땀이 등골을 적시곤 합니다.

그런데 우리들 인간은 정말 예수님처럼, 꼭 예수님처럼 될 수 없는 차원이 있습니다. 무엇보다도 우리 모두는 동정녀에게서 잉태된 자가 아닙니다. 예수님처럼 마음만 먹으면 언제든지 기적을 보여줄 수는 없습니다. 이미 죽어서 시체조차 썩어가고 있는 자를 다시 살려낼 수는 없습니다. 간혹 예수님처럼 순교를 당할 수는 있지만 그 죽음이 죄인들을 구원하기 위한 '속죄의 죽음'은 결코 아닙니다. 그리고 무엇보다도 죽은 뒤 3일 만에 다시 살아나서 40일 동안 활동하시고 하늘나라로 올라가신 그분처럼 될 수는 없습니다. 게다가 예수님 수준의 하늘의 진리를 베풀 수도 없습니다. 특히 육신을 입고 이 땅 위에 오신 삼위일체 하나님이 될 수는 전혀, 전혀 없습니다. 그리고 성령을 불어 넣는 일도 우리들 사람의 몫이 아닙니다(요 20:22-23).

그런데도 성경말씀은 예수님처럼 꼭 예수님처럼 변화되고, 예수님처럼 꼭 예수님처럼 살아가야 한다고 강조하고 있습니다. 위의 요절은 두 군데 성경에서 뽑았습니다. 첫 번 요절은 예수님께서 제자들의 발을 씻기신 사역을 뜻합니다. 지금도 그리스도에게 소속한 교회들은 대부분 세족예식(洗足禮式, foot-washing, pedilavium)을 실시합니다. 그 때에 예수님은 열두 제자의 발을 씻기셨습니다. 제자들을 섬기기 위하여 종 혹은 머슴이 되신 것을 친히 보여주셨습니다.

그것도 십자가에 처형되시기 하루 전의 일입니다. 뛰넘절 식사에 이어 성찬예식이 있었는데 그것보다도 바로 앞서서 발 씻기는 모범을 보여주셨습니다. 베드로가 항변했습니다. 그러나 예수님은 아주 단호하게 말씀하셨습니다. "내가 너를 씻어주지 않으면 나와 너는 아무 관계가 없게 된다"(요 13:8)고 하셨습니다. 의절하겠다는 말씀입니다. 이런 강경한 태도에 베드로도 고집을 꺾었습니다. 그리고 결론 지어 말씀하셨습니다. "내가 너희에게 행동한 것처럼 너희도 행동하게 하려고 견본을 보여 주었다"는 것입니다. 그러니까 다른 것은 몰라도 다른 사람, 특히 열두 사도들에게 앞으로 따라올 수많은 제자들의 발을 씻기는 스승이 되어야 한다고 잘라 말씀하십니다. '주와 선생이 되어 너희 발을 씻었으니 너희도 서로 발을 씻어주는 것이 마땅하다'고도 강조하셨습니다. '주와 선생'이면 백성이나 학생들이 절대존경하고 절대순종 해야 할 대상입니다. 그런데 2천 년 전에 예수님은 그런 관계를 뒤집어 놓으셨습니다. 절대권자가 노예들을 섬겨야 하고, 절대적 존경을 받는 자가 제자들을 섬겨야 할 것을 작심하여 선언하신 것이 바로 발 씻기 행사였습니다. 아, 예수님의 위대하심이여. 이것이야말로 인간생명 증진을 위한 혁명적 사상이 아니겠습니까? 이 말씀을 하신 뒤 약 2천년 정도가 지난 최근에 이르러서야 비로소 '섬김의 지도력'(servant leadership)이라는 문명의 틀이 개발되기 시작했습니다.

예수님처럼, 꼭 예수님처럼 살아야 한다는 더 큰 교훈을 예수님은 '새 계명'이란 이름으로 제시하셨습니다. '새 계명'이라니까 우선 새롭고 좋아 보입니다. 그러나 예수님께서 '새 계명'이라고 하셨을 때에는 사형처분을 각오하고 하신 말씀입니다. 하나님께서 시내산에서 돌판에 새겨 모세에게 주셨던 것이 바로 십계명입니다. 그런데 그것을 감히 변질시키고 훼손시킨다면 돌에 맞아 죽을 수도 있는 범죄행위였습니다. 스데반이 그런 일로 돌에 맞아 죽었습니다(행 7).

예수님은 얼마 있으면 십자가에 처형되실 것을 예견하셨습니다. 이래도 죽고 저래도 죽으셔야 합니다. 그래서 목숨 걸고 하신 말씀이 바로 새 계명, 곧 사랑의 계명입니다. 십계명의 열 가지 항목을 단 한 마디 '사랑'(아가페)으로 풀어주셨습니다. '네 마음을 다하고, 목숨을 다하고, 뜻을 다하여 주 너의 하나님을 사랑하고, 네 이웃을 네 자신같이 사랑하라'고 하셨습니다. 그리고 이 두 계명이 온 율법과 선지자 곧 구약성경 전체의 줄거리(강령)라고 풀어주셨습니다. (마 22:37-40, 막 12:28-34, 눅 10:25-28). 이 사랑의 계명만은 네 복음서가 비록 표현은 다소 다르지만 성경 전체의 핵심인 것을 명확하게 밝혀주고 있습니다.

그런데 요한복음에는 제자들끼리 서로 사랑하라는 것을 강조하시면서 아주 귀중한 말씀 한 마디를 남기셨습니다. 곧, "내가 너희를 사랑한 것 같이 너희도 사랑하라." 하셨고, 또 이어서, "너희가 서로 사랑하면 이로써 모든 사람이 너희가 내 제자인 줄 알리라"(요 13:35)고 밝혀 말씀하셨습니다. 이런 예수님의 말씀들에서 '사랑하다'는 말은 '아가파오'를 뜻합니다. 조건없는 사랑, 반대급

부가 없는 사랑, 원수까지 사랑하는 그런 사랑 곧 인류의 구원을 위하여 자신의 생명을 십자가 제단에 드린 예수님의 사랑, 그 아들 예수님을 우리들에게 보내주신 하나님의 사랑…. 그래서 완전한 사랑(perfect love)이라고도 합니다. 구원에 있어서 가장 중요한 조건은 은혜와 믿음인데 성경을 연구해 보면 은혜는 죄인을 향한 하나님의 사랑이고, 믿음은 하나님을 향한 죄인의 사랑으로 이해됩니다. 그러므로 하나님의 본질이 무엇이냐고 물으면 '하나님은 사랑이시다'(요일 4:8, 16 등)는 대답을 할 수 있습니다.

그런데 예수님께서 어떻게 우리를 사랑하셨으며, 사랑하고 계시며, 앞으로도 사랑하시는지 아십니까? 십자가에 자신의 생명을 바쳐 우리 죄인들이 영원한 생명을 얻을 길을 열어 놓으셨습니다. 그러므로 우리도 생명구원을 위하여 자원하여 십자가를 지는 것이 바로 예수님처럼 꼭 예수님처럼 살아가는 가장 중요하고 확실한 길입니다. 십자가를 지고 평생토록, 그리고 순간순간마다 예수님처럼, 꼭 예수님처럼 살아가기로 결단하고, 그 결단을 실천하는 삶이어야 합니다. 그게 바로 '예수님의 사람'이 되는 길입니다.

## 교회는 하나님 나라의 형상

진실로 너희에게 이르노니,
여기 서 있는 사람 중에 죽기 전에
인자가 그 왕권을 가지고 오는 것을 볼 자들도 있느니라.
엿새 후에... 그 때에 모세와 엘리야가 예수와 더불어 말하는 것이
그들에게 보이니라 (마 16:28-17:3)

예수님께서 하나님으로부터 받은 사명을 가장 명확하게 선언하신 말씀은 바로, "회개하라, 천국이 가까이 오고 있다."(마 4:17) 혹은 "때가 찼고 하나님의 나라가 가까웠으니 회개하고 복음을 믿어라"입니다(막 1:15). 성경학자들은 마가복음이 마태복음보다 먼저 기록되었다고 합니다.

그런데 마태복음에 따르면 '회개하라, 천국이 가까이 왔다'는 말씀은 예수님보다  앞서서 세례자 요한이 먼저 우렁차게 외쳤던 첫 번 선언이었습니다(마 3:2). 예수님과 세례자 요한은 나이도 6개월 차이나는 동갑내기이고 또 어머니 쪽으로 친척이어서 어릴 때부터 아주 가까이 지냈을 것입니다. 그래서 '회개하라, 천국이 가까이 왔다'는 선언에 미리 합의했을 수도 있습니다.

마태, 마가 두 복음서 기록에는 차이도 있습니다. 마가복음에는 '때가 찼다'와 '복음을 믿어라'가 포함되어 있는데 마태복음에는 그것들이 생략되어 있습니다. 그리고 마가복음에는 '하나님의 나라'(kingdom of God)인데 마태복음에는 '천국'(하늘나라)입니다.

그래서 하나님의 나라와 천국이 다른 것이냐 같은 것이냐의 논쟁도 성경학자들 사이에 있습니다. 여기에서는 같은 것으로 봅니다. 그리고 '하나님 나라'로 합니다. 하나님 나라(바실레이아 투 테우)라는 진리는 예수님 사역의 심장과 뇌수를 합쳐 놓은 것만큼 중요합니다. 사람이 심장과 뇌수가 죽으면 사망한 것으로 판정하지 않습니까? 예수님 사역에서 하나님 나라를 제거하면 그것은 성경도 죽은 것이고 교회도 사망선고를 받은 것이며 기독교 전체가 재기불능이 되고 맙니다. '하나님 나라'는 그만큼 중요한 핵심진리요 기본진리입니다. 하나님 나라는 성삼위 하나님께서 우주와 모든 인류를 창조하시고 통치하시는 모든 것을 총합한 진리입니다. 심지어 성경 창세기부터 요한계시록 끝까지, 우주 만물을 통하여 나타내시고, 인간의 모든 역사(history)를 이루어 가시는 중심축이 바로 하나님 나라이기 때문입니다. 그래서 이 책에 기록된 모든 설교는 실상 하나님 나라를 주제로 하고 있습니다. 그리고 이 '교회는 하나님 나라의 형상'이라는 설교는 앞으로 더 캐내어야 할 하나님 나라에 관한 머리말 혹은 총론이 됩니다.

이 설교의 요절말씀이 있기 전에 예수님께서는 깊이 감추어 두셨던 비밀계획 몇 가지를 말씀하셨습니다. 첫째 비밀은 예수님께서 베드로의 입을 통하여 '그리스도 곧 메시야이시고 그것은 바로 하나님의 아들'이시라는 천고의 비밀을 밝히셨습니다. 이미 구약성경에 여러 형태로 예언된 메시야가 바로 예수님이시라는 고백이 확증된 것입니다. 그리고 둘째 비밀은 '교회의 설립'입니다 (마

16:18). 천국 곧 하나님 나라의 열쇠를 가진 교회를 설립하신다는 계획을 예수님은 밝히셨습니다. 이 교회는 결코 지옥의 권력, 죄악의 권력, 사탄의 권력이 이겨내지 못하는 존재라고 매우 매우 강조하여 밝히셨습니다. 셋째 비밀은 예수님께서 이번에 예루살렘에 올라가시면 '많은 고난을 당하고, 마침내 죽임을 당하지만 그러나 제3일에 다시 살아나시게 될 수난과 부활'의 예고였습니다. 넷째로, 사람의 아들 예수님께서, "아버지의 영광으로 그 천사들과 함께 오셔서 그 때에 각 사람이 행한 그대로 갚아주겠다"는 재림과 최후 심판의 비밀을 밝히셨습니다.

그리고 마지막으로 간곡하고 주의 깊게 말씀하셨습니다. "여기서 있는 사람 중에 죽기 전에 사람의 아들 예수님께서 그 왕권을 가지고 오는 것을 볼 자들도 있다"는 선언입니다(마 16:28).

이런 비밀을 밝히신 것은 헬몬산 산자락에서 예루살렘을 바라보시며 감행하셨습니다. 예수님께서 왕권을 가지고 오신다는 말은 로마제국의 가이사 왕과 그 분봉왕 헤롯왕들에 대한 반역을 뜻합니다. 오늘날이면 그 말씀을 비밀리에 녹음해서 그들에게 제공하면 엄청난 현상금을 받게 됩니다. 그 대신 예수님은 즉결처분을 당할 수 있는 크나큰 비밀입니다. 예수님은 그것을 각오하시고 승부수를 던지셨습니다.

그러더니 엿새 뒤에 그 열두 제자 가운데 베드로, 야고보, 요한의 세 제자를 뽑아서 함께 '높은 산'에 올라가셨습니다. 두 가지 목적이 있으셨습니다. 하나는 기도하시는 일이었습니다. 그리고 또 하나는 이미 약속하신 그대로 하나님 나라의 모습을 명확하게 보여 주시는 일입니다. 그 높은 산은 백두산 높이의 헬몬산이라고도 하고 혹은 다볼산이라고도 합니다.

산 정상에 올라가서 기도하시면서 예수님의 모습이 변형되셨습니다. 용안(얼굴)이 해처럼 빛나고 옷도 빛처럼 하얗게 되었습니다. 그런데 또 놀라운 일이 세 제자들 눈에 명확하게 보였습니다. 모세, 이미 비스가 산에서 죽었고 그 묘지가 어디 있는지도 모르는 모세가 거기에 있었습니다. 그리고 또 엘리야도 함께 있었습니다. 모세는 시내산에서 하나님을 직접 뵙고 십계명을 받은 하나님의 사람입니다. 율법의 대표이기도 합니다. 그리고 엘리야는 갈멜산에서 바알신 추종세력들과 영적 대결을 벌여 통쾌하게 승리한 대언자의 대표입니다. 설교자는 이 변화산에 관한 말씀을 대언할 때마다 그곳에 역사서를 대표하는 다윗 왕도 있었더라면 더 좋았을 것이라는 생각을 종종 합니다. 그리고 매우 궁금한 것이 한 가지 더 있습니다. 성경에는, “그 때에 모세와 엘리야가 예수로 더불어 말씀하는 것이 저희에게 보였다”고 했습니다(마 17:3). 그 협의하신 내용이 무엇이었는지가 기록되지 않은 것이 굉장히 아쉽습니다. 그러나 하나님의 오묘하신 뜻과 계획을 모두 헤아릴 수는 없습니다. 기록된 그대로 받아들일 뿐입니다.

그래도 굳이 추측한다면 그들 셋이 하나님의 나라를 이루어 갈 목적을 재확인하고, 하나님 나라가 이 땅 위에서 실현되도록 그 지혜로운 방안을 논의했을 것 같습니다. 구약성경을 대표하는 모세와 엘리야, 그리고 신구약 성경을 모두 대표하시는 그리스도 예수님께서 합력하여 이룩하시려는 것입니다 (롬 8:28). 그들 셋은 '하나님을 사랑하는 자 곧 그 뜻대로 부르심을 받은 자들이었기에 모든 것이 합력하여 선을 이룩하는 일에 평생을 헌신했던 믿음의 영웅들' 아닙니까? 아무튼 이 변화산의 모습은 예수님께서 십자가에 처형될 것을 예고 받고 낙심 천만했던 제자들에게 큰 위로가 되었을 것입니다. 그 세 제자의 보고를 통하여 다른 제자들도 이를 확인했을 것입니다. 예수님께서 결코 십자가 처형으로 하나님 나라 회복사업과 건설사업이 끝난 것이 아니라 이제부터 새로운 시작이라는 것도 깨닫게 되었습니다. 변화산의 모습 특히 예수님께서 모세와 엘리야와 동격으로 이해했지만 하나님은 홀연히 빛나는 구름 속에서 이렇게 단정지어 말씀하셨습니다. "(예수는) 내 사랑하는 아들이요 내 기뻐하는 자니 너희는 그의 말을 들으라" (마 17:5).

교회는 하나님 나라의 모형과 그림자입니다. 첫 사람 아담 속에 하나님의 형상이 있었던 것처럼 구원받은 아담과 하와로 이루어진 하나님의 교회는 바로 하나님 나라의 모형과 그림자입니다. 하나님의 형상이 깨어지면 마귀나라의 자식이 되듯이 교회도 하나님 나라의 형상이 파괴되면 마귀집단이 될 뿐입니다. 그러므로 다시 확언합니다. 교회는 예수 그리스도의 몸이어야 참 하나님의 나라의 모형입니다. 교회는 예수님의 신부가 되어야 참 하나님의 나라입니다. 교회는 예수님을 메시야 곧 그리스도 구원주로 모셔야 바로 하나님 나라의 형상이 살아 있게 됩니다.

## 내 피로 세우는 새 언약이니: 거듭남의 길 1

이 잔은 내 피로 세우는 새 언약이니
곧 너희를 위하여 붓는 것이다 (눅 22:20)

유니온 가족들도 이제 묵은해를 보내고 새해를 맞이하기 위하여 이곳에 모였습니다. 예수 그리스도는 유니온교회의 머리이십니다. 유니온교회를 이끌고 가시는 최고 사령관이십니다. 그러므로 예수님께서 우리들에게 주시는 말씀이 무엇일까, 지난 일 년을 결산하고 새해의 계획을 세우는 우리들에게 주실 말씀이 무엇인가 생각해 보겠습니다.

첫째로 회개해야 합니다. 예수님은 "회개하라, 천국이 가까웠느니라"(마 4:17)는 말씀으로 목회를 시작하셨습니다. 지난 일 년 동안 하나님 앞에 잘못한 것들을 정직하게 말씀 드려야 합니다. 이기주의로만 산 것을 회개해야 합니다. 가족에게 잘못한 것, 친구나 이웃에게 잘못한 것을 회개해야 합니다. 교회를 위하여 헌신하지 못한 것들을 회개해야 합니다. 전도하지 않은 것, 성경공부 열심히 못한 것, 기도하지 못한 것들을 회개해야 합니다.

사람에게는 누구나 중요한 것들이 많이 있습니다. 건강이 중요합니다. 돈이 중요합니다. 인간관계가 중요합니다. 집이 중요합니다. 학생에게는 책이 중요합니다. 그러나 제일 중요한 것은 바로 생명입니다. 죽으면 이 세상 것들은 모두 다 소용이 없게 됩니다. 그래서 성경은 '생명이 피에 있다'고 했습니다(레 17:11).

우리들이 사람들에게 죄를 지으면 그것은 곧 하나님에게 범죄하는 것과 같습니다. 부모나 자녀를 학대하면 하나님을 학대하는 것입니다. 다른 사람들에게 손해를 끼치면 하나님께 손해를 끼치는 것입니다. 사랑을 베풀지 않으면 하나님을 미워하는 것과 같습니다.

그런데 죄에 대하여는 하나님께서 가만 두시지 않습니다. 반드시 보복하십니다. 그래서 "이는 이로 갚고, 눈은 눈으로 갚고, 손은 손으로 갚고, 발은 발로, 살인한 자는 죽음으로 갚으라"고 하셨습니다(출 21:23-25). 만약 하나님께서 그렇게 행하셨으면 여기 처벌받지 않을 사람 아무도 없을 것입니다.

그런데 하나님은 그걸 피할 길을 열어 놓으셨습니다. 곧 속죄의 제사(sacrifice for atonement)를 드리라는 것입니다. 양을 잡아서 피를 흘려 제사를 드리라는 것입니다(레 5:5-6). 그런데 그 양은 바로 예수님이십니다. 성경에, "보라, 세상 죄를 지고 가는 하나님의 어린 양이로다"(요 1:29)고 했습니다. 곧 예수님께서 하나님의 어린 양이 되어 십자가 제단 위에서 피 흘리심으로 우리의 죄가 용서함을 받았습니다.

둘째, 감사해야 합니다. 우리가 추수감사절이 되면 늘 듣는 말씀이 있습니다. "범사에 감사하라"는 말씀입니다(살전 5:18). 우리는 지난 1년 동안 하나님께서 우리를 돌보아 주신 것을 감사드려야 합니다. 하나님께서 눈동자처럼 사랑하여 주셨습니다. 우리들에게 배가 터지도록 일용할 양식을 많이 주셨습니다. 우리들에게 건강을 주셨습니다. 병원치료나 약을 먹고 건강이 회복되게 하셨습니다. 성경에 하나님은 사랑하는 자들에게 잠을 선물로 주신다고 했습니다. 목표하던 것들이 이루어졌습니다. 무엇보다도 수많은 위험 가운데서 우리를 강한 손으로 보호하시고 건져주셨습니다. 좋은 이웃과 친구를 주셨습니다. 이런 모든 하나님의 사랑을 표현한 말씀이 무엇일까요? "여호와께서 자기의 눈동자같이 지키셨도다"(신 32:10)는 말씀입니다. 지난 일 년 동안 하나님께서 내 생명과 건강과 가족과  재산을 눈동자처럼 보호하여 주신 것을 감사드려야 합니다. 아니, 실패의 쓴 잔을 마시고, 손해를 보고, 통곡을 해야 했던 것들도 예수님의 눈으로 본다면 그 모두가 바로 하나님께서 주시는 고귀한 선물이라는 것을 반드시 기억해야 합니다.

성경에는 역시 양들을 잡아서 제사 드리는 목적 가운데 하나가 감사의 제사입니다(레 7:17). 예수님께서도 성찬예식을 베푸실 때 감사의 기도를 드리셨습니다. 떡을 떼어 주실 때에도 감사하셨고 잔을 나누어주실 때에도 감사하셨습니다. 그분께서 어린 양이 되셔서 십자가 제단에서 피를 흘리신 것은 바로 그런 뜻입니다. 따라서 우리들이 드리는 예배 정신은 바로 생명을 바치는 결단이어야 합니다. 피가 바로 생명의 핵심이기 때문입니다.

마지막으로, 새로운 결심을 해야 합니다. 예수님께서는 오늘 읽은 성경 본문에서 "내 피로 세우는 새 언약"이라 하셨습니다. 이 말씀 한 마디를 제대로 이해하려면 성경공부를 정말 많이 해야 합니다. 그러나 간략하게 말씀 드립니다.

우리는 성경을 구약과 신약으로 나눕니다. 구약성경은 옛 언약이고 신약성경은 새 언약입니다. 구약은 십계명이 핵심이고 신약은 사랑 혹은 은혜가 핵심입니다. 만약 십계명에 있는 '살인하지 말라'는 말씀을 어기고 사람을 죽이면 그는 사형처분을 반드시 받아야 합니다. 그러나 신약성경에서는 스데반을 돌로 쳐 죽였던 사울도 그 죄를 회개함으로 용서받았습니다. 왜냐하면 예수님께서 대신 그 죄를 갚아주셨기 때문입니다. 하나님은 사울을 영원한 죽음에서 살려내신 것입니다. 그것이 바로 하나님의 은혜요 사랑입니다. 그래서 새 언약이라고 합니다.

계약을 체결할 때에는 계약체결 당사자들끼리 양을 잡아 피를 흘리고 그 고기를 함께 구워 먹었습니다. 만약 계약을 어길 때에는 먼저 어긴 쪽이 피를 흘릴 것이라는 말씀입니다. 그래서 아브라함에게 첫 번 할례를 행하라고 하실 때에도, "이것이 나와 너희 사이의 언약의 표징이라"(창 17:11)이라고 했습니다.

이런 배경에서 예수님께서는 첫 번째 성만찬을 베푸셨습니다. 여러분 예수님의 피로 내 죄를 깨끗이 씻었다는 믿음을 가지신 분들은 모두 적극 참여하시기 바랍니다. 세례를 받은 것이 기본자격이기는 합니다만 그러나 구원받은 확신이 더 중요한 자격입니다. 하지만 아직도 회개하지 않은 죄가 있어 성찬 받기에 거리낌이 있으시면 둘 중의 하나입니다. 떡과 잔을 사양하실 수 있습니다. 아니면 지금 회개하십시오. 그리고 떡과 잔을 받으시면 됩니다.

그러나 더 중요한 자격이 있습니다. 새해를 맞이하면서 '새 사람'

이 되어야 합니다. 옛 사람을 벗어버리고 새 사람을 입으셔야 합니다(엡 4:22-24). 옛 사람이란 사탄을 따라 사는 사람이고 새 사람은 성령 곧 예수님의 영을 따라 사는 사람입니다. 새해에는 새로운 결심(new year's resolution)을 하여야 합니다. 특히 우리 그리스도인은 예수님을 한 걸음 더 닮아 가려는 결단을 해야 합니다. "예수님처럼, 꼭 예수님처럼" 되는 것이 예수님과 새 언약을 체결하는 일입니다. 겉사람은 한 살 더 먹어서 낡아지지만 속사람은 오히려 날로 새로워져야 한다고 성경에 말씀했습니다(고후 4:16). 누구든지 그리스도 안에 있으면 새로운 피조물이라 하셨고(고후 5:17), 하나님은 만물을 새롭게 한다고 하셨습니다(계 21:5).

## 영원한 죽음에서 탈출하라: 거듭남의 길 2

내가 진실로, 진실로 네게 이르노니,
사람이 물과 성령으로 나지 아니하면
하나님의 나라에 들어갈 수 없느니라.
육으로 난 것은 육이요 영으로 난 것은 영이니,
'내가 네게 거듭나야만 하겠다.' 하는 말을
놀랍게 여기지 말라 (요 3:5-7)

니고데모는 인생을 성공적으로 산 사람입니다. 그 이름은 '사람들과 경쟁하여 이긴다'는 뜻을 가졌습니다. 이스라엘의 산헤드린 곧 최고회의 의원입니다. 유대율법에 정통한 사람입니다. 권력도 있고, 명망도 있고, 재력도 있고, 도덕적으로도 존경받았습니다.

그런데 그가 자기보다 나이도 어리고 교육수준도 낮고 사회적 신분도 보잘 것 없고 게다가 가난한 청년을 찾아왔습니다. 예수님입니다. 그것도 낮이 아니라 한 밤중에 찾아왔습니다. 한 밤중에라도 꼭 만나야 할 사정이 있었습니다. 이제 나이가 많아 죽을 날이 점점 다가오는 때에 죽음 뒤에 영원히 사는 길을 발견하려는 것입니다. '어떻게 하여야 영원한 생명을 얻을까'에 대한 시원한 대답을 얻어야만 했습니다. 영원한 죽음에서 탈출할 수 있는 길을 확인해야 했습니다. 특히 인간은 누구나 사형선고 받고 집행날짜를 기다리는 존재인데 죽은 다음에는 자신의 영혼이 어디로 가게 되는지 정답을 얻어야만 했습니다.

그에게 예수님은 단도직입적으로 "거듭나야만 하나님의 나라에 들어갈 수 있다"고 선언하셨습니다. 하나님의 자녀가 되려면 거듭나야만 합니다. 하나님 나라의 시민이 되려면 거듭나야만 합니다. 생명으로 인도하는 좁은 문으로 들어가려면 거듭나야만 합니다. 예수 그리스도의 제자가 되려면 거듭나야만 합니다. 사탄의 사람에서 해방되어 성령의 사람이 되려면 거듭나야만 합니다. 꺼지지 않는 지옥 불에 들어가지 않으려면 거듭나야만 합니다.

'거듭난다'의 성경 원말은 '겐네데 아노덴'입니다(요 3:3, 5). '위로부터 태어나다'(to be born above)와 '다시 태어나다'(to be born again)의 두 가지 뜻을 함께 가지고 있습니다. 그래서 신생(새로 태어남)이라고도 하고 중생(거듭 태어남, regeneration)이라고도 합니다. 원어 '팔링게네시아스'(딛 3:5)도 있습니다. '다시 태어남'이라는 뜻입니다.

그런데 예수님께서 니고데모에게 밝히신 거듭남의 진리는 해석의 차이가 있습니다. 흔히, '물과 성령으로 거듭나야만 한다'는 말씀에서, 1)물로 거듭나야 한다, 그리고 2)성령으로 거듭나야 한다는 두 가지 조건을 충족시키거나 혹은 두 단계를 거쳐야만 구원받는 것으로 이해합니다. "믿고 세례를 받는 사람은 구원을 얻을 것"이라는 말씀과 연결시킵니다(막 16:16). 혹은 물은 하나님의 말씀에 순종하는 것이라고도 합니다. "너희가 거듭난 것은 … 살아있고 항상 있는 하나님의 말씀으로 되었느니라"(벧전 1:23)는 말씀과 연결시킨 결과입니다. 그러나 '물과 성령'은 성령을 강조하는 성경적 언어사용법으로 이해할 수 있습니다. 마치, "성령과 불로 너희에게 세례를 베푸실 것"(마 3:11)이란 말씀이 불세례 따로 성령세례 따로가 아니고 성령세례를 강조한 것과 같습니다. "사람이 물과 성령으로 나지 아니하면" 하고 명시된 말씀이 그 다음절에는, "성령으로 난 사람도 다 그러하니라"라고 예수님은 밝혀 말씀하셨습니다. '물'이 빠져 있는 것에 주목해야 합니다. 그러므로 영원한 생명의 길로 들어가는 첫 단계는 바로 중생重生입니다. 거듭남은 영원한 구원의 문으로 들어가는 첫 관문입니다. 누구든지 이 관문을 거치지 않으면 영원한 생명을 얻을 수 없습니다.

거듭나는 일에 대하여 성경말씀에는 여러 가지 표현을 사용하고 있습니다. 회개하라, 그 이름을 믿으라, 예수 그리스도를 영접하라, 죄의 용서함을 받으라, 의롭다 함을 얻으라, 하나님의 자녀가 되라, 새 사람을 입으라, 새로운 피조물이라, 주의 이름을 부르라, 돌이키라, 구원을 받으라, 하나님과 화해하라 외에도 더 많습니다.

그러므로 사람이 영원히 살려면 거듭나야만 합니다. 죽음 뒤에 지옥으로 떨어지지 아니하고 하나님 나라 시민이 되려면 거듭나야만 합니다. 예수님을 그리스도 곧 자신의 구원주(personal Savior)로 영접하여야 합니다. 자신의 유익만을 위하여 살아왔던 죄악을 모두 회개하여 확실하게 용서를 받아야 합니다. 그리고 이제부터는 무엇을 하든지 하나님의 영광을 위하여 살기로 결단해야만 합니다. "하나님의 영광을 바라고 즐거워"해야 합니다(롬 5:2). 먹든지 마시든지 무엇을 하든지 하나님의 영광을 위하여 살아야만 합니다(고전 10:31).

## 죽음에서 생명으로 옮겨가야: 거듭남의 길 3

내가 진실로 진실로 너희에게 이르노니
내 말을 듣고 또 나 보내신 이를 믿는 자는 영생을 얻었고
심판에 이르지 아니하나니
사망에서 생명으로 옮겼느니라 (요 5:24)
그러므로 하늘에 계신 너희 아버지의 온전하심과 같이
너희도 온전하라 (마 5:48)

거듭나는 것은 원칙적으로 '단번에' 일어나는 사건입니다. 예수님께서 니고데모에게 가르치신 말씀의 뜻이 그렇습니다. 반복되는 사건이 아닙니다.

그러나 중생을 체험하는 인간의 입장에서 보면 타락했다가 두 번도 열 번도 거듭날 수 있습니다. 또 그 단번이 긴 긴 시간일 수도 있습니다. 설혹 짧은 순간에 일어나는 일이라 해도 논리적으로 분석해 보면 중생의 도리는 3단계로 나누어 볼 수 있습니다.

첫째는 거듭남의 뜻과 그 중요성을 알아야만 하는 단계입니다. "이 진리를 알지니 이 진리가 너희를 자유롭게 하리라"는 말씀 그대로입니다(요 8:32). 예수 그리스도께서 구원주이신 것을 알아야 합니다. 자기 자신이 죄인인 것을 알아야 합니다. 회개가 무엇인지 또 거듭남이 무엇인지, 거듭나거나 혹은 거듭나지 아니하면 어떻게 되는지, 거듭난 사람들의 체험을 알아야 합니다. 성경적 진리는 믿고서야 바로 깨닫기도 되고 또 제대로 알고서야 바로 믿게도 됩니

다. “그런즉 그들이 믿지 아니하는 이를 어찌 부르리오. 듣지도 못한 이를 어찌 믿으리오. 전파하는 자가 없이 어찌 들으리오.”(롬 10:14). 그래서 니고데모도 예수님에게 거듭남의 도리를 자세히 듣고 또 잘 모르는 것에 대해서는 질문도 했습니다.

둘째는 자신의 죄악을 회개하는 단계입니다. 그래서 예수님은 “회개하라, 하늘나라가 가까웠느니라”하고 요구하셨습니다(마 4:17). 타협 없는 요구입니다. 자신이 하나님의 영광을 위하여 살지 않고 자기 자신의 영광을 위하여 살아왔다는 사실을 인정하고 그것과 관련된 모든 영적 범죄들을 하나님 앞에서 심지어 사람들 앞에서 낱낱이 고백해야 합니다. 그것이 곧 자기를 부인하는 단계입니다(눅 9:23). 자기를 버려야 한다는 것이 더 실감납니다. 모든 죄악은 근본적으로 이기주의에서 비롯되기 때문입니다.

셋째 단계는 구원주이신 예수님을 메시야, 그리스도, 곧 자신의 생명의 주인으로 모셔 들여야 합니다. 그래서 거듭난다는 것은 곧 생명의 주인을 교체하는 결단을 요구합니다. 지금까지 자기 생명의 주인이 곧 자기 자신인 줄로 믿기에 자신의 영광만을 위하여 살아왔던 것을 깨끗이 청산해야 합니다. 이제는 자신의 생명을 창조하신 분에게 자신의 생명을 맡겨야 합니다. 이것이 바로 거듭나는 일입니다. 그리고 그런 결단을 믿음이라고 합니다.

이런 과정을 통하여 자신의 인격 전체에 일대 혁명이 일어나는 것을 체험하게 됩니다. 자기중심적 세계관에서 하나님 중심의 세계관으로 바뀌게 됩니다. 예수 그리스도의 대속의 피로 말미암아 자신이 하나님의 의롭다하심을 받은 것 곧 칭의(稱義, justification)를 확인하게 됩니다. 자신이 사탄의 자식에서 하나님의 자녀가 된 것을 체험하게 됩니다. 죽음에서 생명으로 옮겨진 것을 깨닫게 됩니다. (요 5:24). 죄의 노예에서 해방되었으므로 죽음의 공포에서 벗어납니다. 자기를 통째로 부정하고 자기 십자가를 지고 예수 그리스도의 삶을 따라가게 됩니다. 하늘에 계신 하나님의 온전하심처럼 우리도 온전하여질 때까지 변화되어가기 시작합니다. 하나님의 형상이 회복된다고도 풀 수 있습니다. 죄에서 해방되어 자유함을 얻게 되는 길로 들어섰습니다(요 8:32). 이것은 실로 "신비에 속한 영적 변화"이며 "예수 그리스도를 믿을 때 성령의 역사로 새 생명을 얻어 그 사람의 심령과 인격 전체에 근본적 일대 변혁을 일으키는 것"입니다. 옛 사람을 벗어 버리고 새 사람을 입은 새로운 피조물이 됩니다.

구원주이신 예수 그리스도께서는 그 모든 말씀과 행동이 '영원한 구원'을 핵심주축으로 하고 있습니다. 그래서 성경 전체의 교훈은 "하나님은 구원하신다"로 요약됩니다. 그리고 성경은 언약 혹은 거룩한 언약 곧 성약이기 때문에 구약성경, 신약성경이라는 말을 사용합니다. 따라서 성경은 영원한 구원에 대한 약속입니다.

이런 점에서 예수 그리스도께서는 영원한 생명으로 인도하는 첫 관문인 거듭남의 진리를 여러 가지 방식으로 가르치셨습니다. 돌아온 탕자의 이야기는 너무도 유명합니다. 그러나 누가복음 15장에 기록된 이 탕자 이야기는 잃은 양에 대한 비유와 잃은 돈에 대한 비유가 먼저 있고 그 다음에 나오는 비유입니다. 그리고 이 세 가지 비유는 잃은 영혼 하나가 구원받았을 때에 성삼위 하나님께서 얼마나 행복해 하시는가를 그림처럼 보여주고 있습니다.

그런데 이 세 가지 비유를 통해 우리는 거듭나는 과정에서 하나님의 역할과 죄인의 역할이 무엇인가를 깨닫게 됩니다. 잃은 양을 찾을 때에는 목자가 먼저 나섭니다. 목자가 양의 이름을 부르면 양은 자기 목자의 음성을 알기 때문에 울음소리로 반응하게 됩니다. 그래서 마침내 목자가 찾아냅니다. 이런 방식을 복음적 협동론(evangelical synergism)이라고 합니다.

잃은 돈은 그와 다릅니다. 그 돈의 여주인이 등불을 들고 돈이 있는 곳을 찾아내기까지 돈은 아무런 역할도 못합니다. 전적으로 돈의 구원은 여주인에게 달려 있습니다. 돈이 원하든 말든 여주인은 일방적으로 찾아냅니다. 신적 단동론(divine monergism)입니다.

그러나 둘째 아들은 자기의 결심으로 탕자의 길로 들어섰을 뿐만 아니라 아버지 집에 돌아오는 것도 비참한 처지를 스스로 깨달아서입니다. 아버지의 사랑이 동기가 되기는 했지만 돌아올 결심은 스스로 한 것입니다. 이것은 인적 단동론(human monergism)입니다.

하나님은 그 사람됨에 따라 거듭나는 일에 하나님의 역할을 탄력성 있게 적용하시는 분입니다. 어떤 사람은 하나님의 절대 예정과 성령님의 일방적 역사로 거듭납니다. 사울이라는 청년 곧 바울

사도가 그런 과정을 겪었습니다.

어떤 사람은 하나님께서 먼저 부르시지만 그 죄인의 응답을 기다려 거듭남의 열매가 맺도록 하십니다. 마르틴 루터나 요한 웨슬리의 경우입니다.

그러나 착한 자나 악한 자 모두에게 햇볕과 비를 내려 주시는 하나님의 보편적 은혜(common grace) 혹은 예수 그리스도의 대속의 죽음으로 인한 선재은혜(prevenient grace)로 말미암아 스스로 결심하고 교회에 출석하고, 성경말씀을 배우고, 거듭남의 도리를 깨달아 회개하고 예수님을 구원주로 영접한 사람들도 많습니다. 근본주의자들은 이런 해석을 인본주의니 혹은 펠라기우스주의라는 딱지를 붙이지만 그건 하나님도 성경도 잘 모르는 소치입니다. 스스로 계신 하나님, 자유하시는 하나님의 자연적 형상, 이성적 형상의 작용일 뿐입니다.

## 변하여 새 사람 되고: 거듭남의 길 4

진리가 예수 안에 있는 것 같이
너희가 과연 그에게서 듣고,
또한 그 안에서 가르침을 받았을 진대,
너희는 유혹의 욕심을 따라
썩어져 가는 구습을 좇는 옛 사람을 벗어버리고,
오직 심령으로 새롭게 되어
하나님을 따라 의와 진리의 거룩함으로 지으심을 받은
새 사람을 입으라 (엡 4:21-24)

참된 의미에서 그리스도인들은 누구나 거듭남을 체험한 사람들입니다. 우선 영원한 생명을 얻으려면 무엇보다도 먼저 그리고 반드시 거듭나야 한다는 진리를 첫 번으로 들었던 니고데모가 거듭났습니다. 예수님을 만난 때에 바람처럼 자유롭게 역사하시는 성령님의 도움으로 예수님을 구원주로 모신 것입니다. 그래서 예수님을 변호하는 사람으로 바뀌었습니다. 특히 예수님께서 십자가 위에서 처형된 뒤에 아리마대 요셉과 함께 그 장례식을 책임진 '숨은 제자'가 되었습니다 (요 7:50-52, 요 19:38-42).

성경에는 거듭난 사람들의 이야기가 많이 기록되어 있습니다. 어부였던 베드로, 안드레, 야고보, 요한, 빌립, 율법학자 나다나엘, 여리고 세무청장 삭개오, 세관원 마태, 막달라 마리아, 나면서부터 맹인 되었던 청년, 백부장, 나인 동네의 홀어머니, 무덤가의 귀신들렸던 사람, 열두 해 혈루증 앓던 여자, 바나바, 오순절에 거듭나서 세례 받은 3천 명, 로마군대 백부장 고넬료, 에디오피아 재무장관, 총독 서기오 바울, 디모데, 빌레몬, 오네시모, 루디아, 빌립보 교도관, 그리고 무엇보다도 사울이라는 청년 곧 바울을 비롯해 역사적으로는 어거스틴, 프란시스코, 루터, 웨슬리, 스펄전, 무디, 심슨, "나 같은 죄인 살리신 주 은혜 놀라워"의 찬송 가사를 지은 뉴턴, 그래함, 교도소 전도에 평생을 헌신했던 콜슨 등 중생간증 체험들이 지금도 큰 감동을 주고 있습니다.

이 설교자도 중학교 2학년 때 교회에 처음 출석하면서 "알곡은 모아 곳간에 들이고 쭉정이는 꺼지지 않는 불에 태우시리라"(마 3:12)는 말씀과 부딪쳐 지금까지 쭉정이 인생을 살아온 자기를 버리고 생명의 구원주이신 예수 그리스도를 영접함으로 거듭났습니다. 자기가 자신의 생명의 주인 노릇하던 것을 포기하고 그 자리에 주님을 주인으로 모셨습니다.

□ 베드로처럼, 바울처럼

사람이 거듭나는 과정은 천차만별입니다. 만약 성도 열 사람이, "나는 이렇게 거듭났다"는 주제로 간증을 한다면 그 세세한 내용은 열 사람이 모두 다릅니다. 삭개오의 체험은 열두 해 혈루증 앓던 여자와 다르고, 나면서부터 눈 먼 맹인은 빌립보 감옥의 교도관과 다릅니다. 그리고 기독교 역사의 큰 인물들인 어거스틴과 웨슬리의 거듭난 과정도 물론 다릅니다.

그런 점에서 베드로와 바울의 거듭난 체험도 다릅니다. 여기에서는 가장 중요한 것 한 가지만 제시하려 합니다. 베드로는 어느 순간에 거듭났는지 알 수가 없습니다. 예수님께서 맨 처음 사람을 낚는 어부로 부르신 때일까요? 밤새 물고기를 잡지 못했으나 예수님의 지시로 깊은 곳에 그물을 내려 그물이 찢어질 정도가 되었을 때 예수님 앞에 무릎 꿇고, "주여, 나를 떠나소서. 나는 죄인이로소이다" 했을 때일까요. 갈릴리 바다에서 물 위로 걸어오다가 빠져 죽을 위험에서 건짐 받았을 때일까요? "주는 그리스도시요 살아계신 하나님의 아들"이라고 고백했을 때일까요? 예수님으로부터 "사탄아, 내 뒤로 물러가라"는 문책을 받고 돌아섰을 때일까요? 예수님 체포되셨을 때에 가야바 법정에서 세 번 모른다고 부인했다가 예수님의 얼굴과 맞닥뜨린 뒤에 밖에 나가 통곡했을 때일까요?

베드로가 거듭난 것은 명백하지만 어느 순간에 거듭났는지는 알 길이 없습니다. 차라리 베드로는 점진적으로 거듭났다고 하는 편이 좋다고 신앙심리학자들은 설명합니다. 그의 거듭남의 체험을 줄로 표시한다면 향신적 상향곡선向神的 上向曲線이 될 것입니다. 이런 베드로형 회심과정은 여자에게보다는 남자에게 많고, 청소년들보다는 나이든 세대에 많고, 감성적인 사람보다는 지성적인 사람에게 많다는 연구가 많습니다.

바울의 경우는 다릅니다. 그는 베드로와 확연히 대조적인 체험을 보여줍니다. 교회를 박멸하기 위하여 이미 스데반을 사형시켰습니다. 그리고 큰 도시 다메섹으로 기독교 신자들을 체포하러 가는 길입니다. 그런데 헬몬산을 돌아 다메섹 가까이 이르렀고 때는 대낮인데 갑자기 하늘로부터 오는 밝은 빛을 체험합니다. 너무 놀라서 땅에 엎드려 있는 때에 신비한 음성이 들려옵니다.

"사울아, 사울아, 네가 어찌하여 나를 박해하느냐? 나는 네가 박해하는 예수라."

그런 음성을 들었습니다(행 9:1-19). 성경에는 그 때의 거듭난 체험이 더 상세히 기록되어 있습니다. 그런 사실을 바울은 여러 번 간증했습니다.

그리하여 사울이라는 청년 곧 바울 사도는 한 순간에 새 사람이 되었습니다. 예수 그리스도께서 그 생명의 주인이 되셨습니다. 인생관, 세계관, 가치관이 전혀 다른 차원의 것으로 바뀌었습니다. 예수님을 따르는 자들과 그의 교훈의 씨를 말리려던 자가 이제는 예수님을 위하여 목숨을 건 자가 되었습니다. 그리고 최후에는 목이 잘려 죽었습니다. 한 순간에 일어난 신비한 사건이 그를 옛 사람을 벗어버리고 새 사람을 입게 만들었습니다. 바울형의 거듭남입니다.

지금도 성삼위 하나님께서는 온 인류를 구원하시려는 일에 몰두하고 계십니다. 자신의 아들을 죽여서라도 한 생명을 구원하시려는 것입니다. 어떤 사람은 잃은 양처럼, 어떤 사람은 잃은 돈처럼, 어떤 사람은 잃은 아들처럼, 어떤 사람은 베드로처럼, 어떤 사람은 바울처럼, 어떤 사람은 삭개오처럼, 어떤 사람은 어거스틴처럼.

□ 어떻게 하여야만 구원을 얻을까

성지 순례를 하는 중에 빌립보 감옥에도 갔었습니다. 바울과 실라가 선교하던 중에 체포되어 옥살이를 했던 교도소였습니다. 그곳에서 머리 숙여 기도할 때 교도관의 절규가 들려왔습니다.

"선생님, 제가 어떻게 하여야 구원을 얻게 되겠습니까?"(행 16:30).

사형선고 받은 죄수가 탈옥하면 그 교도관이 대신 죽어야 하는 것이 그 때의 법률이랍니다. 그런데 큰 지진으로 인하여 감옥 문이 열리고 차꼬가 다 풀어지게 되어 죄수들이 한꺼번에 도망갈 절박한 상황이 되었습니다.

"주 예수를 믿으라. 그리하면 너와 네 집이 구원을 얻으리라."

그것이 바로 초대교회 최대 복음전도자였던 사도 바울의 대답입니다. 회개하십시오. 이기주의의 화신이 된 자기를 버리십시오. 예수님을 생명의 구원주로 모시십시오. 그리하여 성삼위 하나님께 영광 드리는 일에 일생을 투자하십시오. 성령님께서 당신을 도와주고 계십니다. 새 사람을 입으십시오. 겉 사람과 속사람 모두 예수님 자신을 옷으로 만들어 입으셔야 합니다.

## 믿음이 자라게 하소서: 성결화의 길 2

오직 사랑 안에서 참된 것을 하여
범사에 그에게까지 자랄지라.
그는 머리니 곧 그리스도이시라 (엡 4:15)

□ 믿음이 자라게 하소서

예수님께서는 성령으로 잉태하신 때부터 자라나셨습니다. 마리아의 탯속에서부터 자라나셨고 이 땅 위에 태어나신 뒤에도 계속하여 자라나셨습니다.

"아기가 자라며, 강하여지고, 지혜가 충만하며, 하나님의 은혜가 그 뒤에 있더라 … 예수는 지혜와 키가 자라가며 하나님과 사람에게 더욱 사랑스러워 가시더라."(눅 2:40, 52).

예수님께서 자라나셨다는 것은 당연한 사실입니다. 자라지 않는 아이가 있다면 부모와 본인이 얼마나 안타깝겠습니까. 하나님은 살아 있는 모든 것을 자라도록 창조하셨습니다.

그런데 예수님은 '둘째 아담' 곧 마지막 아담'이십니다(고전 15:45). '오실 자' 곧 예수 그리스도의 모형'이십니다(롬 5:14). 그런데 첫 사람 아담은 자라난 적이 전혀 없습니다. 처음부터 완제품으로 만들어졌기 때문입니다.

그런데 왜 하나님은 아기 예수님은 잉태과정에서부터 자라나게 만드셨을까요? 키가 다 자란 어른의 몸을 입고 이 땅 위에 나타나셨어도 될 일 아닙니까? 처음부터 지혜가 완벽하신 존재로 오실 수도 있지 않습니까.

그 신비를 어찌 다 알겠습니까? 그러나 한 가지는 분명합니다. 인간은 결코 처음부터 완전한 존재가 아니라 '자라가는 존재'라는 사실 말입니다. 믿음도 처음부터 완벽한 것이 아닙니다. 믿음은 자라야 합니다. 사랑도 처음부터 완전한 것이 아닙니다. 온전한 사랑에 도달하려면 평생토록 노력에 노력을 거듭해야 합니다. 성결함도 처음부터 완벽한 것이 아닙니다. 성령충만도 성전에서 흘러나오는 물처럼 발목까지, 무릎까지, 허리까지, 그리고 건널 수 없을 정도로 점진적으로 충만한 경우도 있습니다. (참조: 겔 47:1-8).

그러므로 이제 큰 진리 하나를 깨닫게 됩니다. 그것은 '온전하라'는 하나님의 명령은 '온전해 가라'는 목표지향성을 포함하고 있다는 사실입니다. 죄를 뜻하는 '하마르티아'가 과녁을 비껴간다는 뜻인데 반하여 온전해지는 것은 화살이 과녁을 향하여 바른 길로 달려간다는 뜻이 됩니다.

이것은 중생을 초기 성결(initial sanctification)이라 부르고 성결의 최종목표를 완전 성결(entire sanctification)이라고 이름을 붙인 데서도 명확하게 드러납니다. 그리스도인의 완전함을 '절대적 완전'이 아닌 '상대적 완전'이라고 말하는 것도 그런 이유입니다. 절대적 완전을 향하여 달려가는 과정이 평생토록 계속되어진다는 현재 진행형의 성결이기 때문입니다.

"오직 우리 주 곧 구주 예수 그리스도의 은혜와 그를 아는 지식에서 자라 가라" (벧후 3:18).

"내가 이미 얻었다 함도 아니요 온전히 이루었다 함도 아니라. 오직 내가 그리스도 예수께 잡힌 바 된 그것을 잡으려고 달려가노라… 푯대를 향하여… 달려가노라" (빌 3:12-14).

그렇다면 어떻게 온전함을 향하여 달려 갈 수 있습니까? 그것도 은혜와 믿음으로 되는 일입니다. 성삼위 하나님과 사람의 함생작업(co-working)을 통하여 이룩됩니다. "나는 심었고, 아볼로는 물을 주었으되, 하나님께서는 자라나게 하셨다"(고전 3:6)는 말씀 그대로입니다.

□ 예수님처럼 꼭 예수님처럼

중생, 성결, 신유, 재림을 사중복음 혹은 사대복음이라고 합니다. 이 네 가지는 하나 하나가 '큰 기쁨의 좋은 소식'입니다. 복음은 '기쁜 소식' 아닙니까. 우리들 인간 편에서 보면 기독교 신앙체계의 핵심은 우리 자신의 구원 곧 영원한 생명을 소유하는 일입니다. 특히 성결교회는 구원론 중심의 신앙고백을 주축으로 삼고 있습니다. 그리고 구원의 최우선 대상은 영혼입니다.

그렇다고 영혼 구원에만 그치는 것은 아닙니다. 육신 구원, 사회구원, 환경 구원, 생태계 구원, 경제적 구원, 인권과 정의를 포함하고 있습니다. 그런 점에서 성결교회가 사중복음을 신앙적 특징으로 삼은 것은 자랑스러운 일입니다. 그래서 이것을 '성결교회 사대신앙강령'이라고 하자는 제안도 했었습니다. 성결교회의 신앙노선이 무엇이냐고 물으면 선뜻 '기독교, 개신교회, 웨슬리언 사중복음주의'라고 확실한 대답도 만들었습니다.

중생, 성결, 신유, 재림의 성결교회 사대신앙강령은 영혼구원에 초점을 맞추고 있으면서도 인간 전체, 심지어 피조물 전체의 구원까지를 포함하고 있습니다. 그래서 감히 '온전한 구원'(The Full Salvation)을 외치게 되었습니다. "평강의 하나님이 친히 너희를 온전히 거룩하게 하시고, 또 너희의 온 영과 혼(목숨)과 몸이 우리 주 예수 그리스도께서 강림하실 때에 흠 없게 보전되기를 원하노라"(살전 5:23) 말씀대로입니다.

그렇다면 온전한 구원을 목표 삼고 달려가는 사람은 어떻게 살아야 합니까? 세상 사람들이 그리스도인을 비판할 때 가장 많은 것이 무엇입니까? "믿음은 좋은지 모르지만 행동은 엉망진창"이라는 것 아닙니까.

성결의 믿음은 이런 문제를 깔끔하게 해결해 줍니다. 그것은 온전한 생활 자체가 바로 "예수님처럼, 꼭 예수님처럼"(Like Jesus, Just Like Jesus) 사는 일이기 때문입니다. 물론 우리는 예수님만큼 기적을 행할 수 없습니다. 우리의 죽음이 다른 사람을 구원하는 대속의 죽음이 되는 것도 아닙니다. 그분만큼 계시의 표준이나 혹은 하나님의 계시 그 자체가 될 수도 없습니다. 그리고 성경 예언의 완성이 될 수도 없습니다.

그러나 우리는 그런 한계가 있더라도 예수님을 닮아가려고 날마다 매순간마다 최선을 다하여야 합니다. 그분처럼 거룩하게 살아야 합니다. 그분처럼 하나님을 사랑하고 원수까지 사랑해야 합니다. 그분처럼 기도생활을 해야 합니다. 그분처럼 전도해서 죄인들을 구원으로 안내해야 합니다. 그분처럼 연약한 자를 도와야 합니다. 그분처럼 가정을 돌보아야 합니다. 그분처럼, 그분처럼…. 그래서 온전한 구원을 목표삼은 사람은 동시에 '거룩한 생활'(The Holy Life)을 영위하게 됩니다. 성령 충만한 생활입니다.

처음 질문으로 돌아갑니다. 우리 인간이 어떻게 하여야 온전해질 수 있습니까? 우리들의 힘이나 능력으로는 결코 될 수 없는 일입니다. 그러나 하나님께서 함께 하심으로 온전을 지향할 수 있습니다. 예수님을 닮아감으로 온전을 지향할 수 있습니다. 우리를 충만하게 하시는 성령님의 도우심으로 온전의 푯대를 향하여 달려갈 수 있습니다. 그래서 미주성결교단은 총회의 결의로 "온전한 구원, 거룩한 생활'을 대표표어로 선정하기도 했습니다.

## 완전을 향하여: 성결화의 길 3

그러므로 하늘에 계신 너희 아버지의 온전하심과 같이
너희도 온전하라 (마 5:48)

□ 온전하라

하나님은 우리 인간을 향하여 온전하여지라는 명령을 하셨습니다. 혹은 '완전하라'는 표현도 사용하셨습니다. 그러므로 우리가 완전하여지고 온전하여지는 것은 피할 수 없는 하나님의 명령입니다. 그 대표적 명령이 바로 산상수훈에서 강조하신 이 설교 본문의 '너희도 온전하라'입니다.

그러나 이런 명령은 여러 가지 다른 방식으로도 말씀하셨습니다. 혹은 직접화법 혹은 간접화법 혹은 비유로도 말씀하신 것입니다. 성경에서 몇 가지만 인용합니다.

"이는 그가 이스라엘의 하나님 여호와를 온전히 좇았음이라" (수 14:14).

"다윗이 여호와를 온전히 따름같이" (왕상 11:6).

"그 안에서 온전함을 이루어 하나가 되게 하려 함은" (요 17:23).

"하나님을 두려워하는 가운데서 거룩함을 온전히 이루어 육과 영의 온갖 더러운 것에서 자신을 깨끗하게 하자" (고후 7:1).

"이는 성도를 온전하게 하여" (엡 4:12).

"평강의 하나님이 친히 너희를 온전히 거룩하게 하시고" (살전 5:23).

"그가 거룩하게 된 자들을 한 번의 제사로 영원히 온전하게 하셨느니라" (히 10:14).

"믿음의 주요 온전하게 하시는 이인 예수를 바라보자" (히 12:2).

"노아는 의인이요 당대에 완전한 자라" (창 6:9).

(아브라함에게) "너는 내 앞에서 행하여 완전하라" (창 17:1).

"너는 네 하나님 여호와 앞에서 완전하라" (신 18:13).

"그리스도 안에서 완전한 자로 세우려 함이니" (골 1:28).

"완전한 데로 나아갈지니라" (히 6:2).

온전하라 혹은 완전하라는 명령은 위에 적은 것보다 훨씬 많습니다. 그리고 그 두 말은 원래 같은 말의 번역입니다. 그래서 이 설교에서는 온전하라를 대표말로 삼습니다.

성경말씀의 온전한 이해를 위하여 시각을 좀 바꾸어 보겠습니다. 우선 사람은 누구나 온전한 것을 좋아한다는 사실에 주목합니다. 흠이 있는 것, 모자라는 것, 순전하지 못한 것을 좋아하는 사람들은 별로 없습니다. 신던 신발을 새 신발값에 사는 사람이 누가 있겠습니까. 깨어진 거울에 얼굴을 비춰보며 행복을 느낄 사람이 어디 있겠습니까.

이처럼 온전한 것을 좋아하는 사람의 성품은 하나님의 형상에서 온 것입니다. 우리 인간 속에 있는 하나님 형상의 한 면이란 뜻입니다. 하나님의 성품을 말할 때 단연 전지, 전능, 전재(omniscience, omnipotence, omnipresence)는 반드시 포함되어야 하는 목록입니다. '하나님의 온전성'이라고도 합니다.

그런데 문제는 '과연 사람이 온전해질 수 있을까' 하는 질문입니다. 예수 그리스도께서 '너희도 온전하라'는 말씀을 선포한 때부터 지금까지 아직도 그 논쟁이 계속되고 있습니다. 있다는 사람도 있고, 없다는 사람도 있습니다. 잘 모른다는 사람도 있고, 아예 무관심한 사람도 있습니다.

인간은 평생토록 죄의 굴레를 벗을 수 없기에 결코 온전해 질 수 없다는 영적 비관론자들이 있습니다. 속죄의 피로 그 죄를 깨끗이 씻었다 해도 결국 '용서받은 죄인'일 뿐이라는 주장입니다. 반면에 온전해 질 수 있다고 당당하게 선언하는 '영적 낙관론자'도 있습니다. 예수 그리스도께서 온전하라고 하셨는데 어찌하여 인간이 온전해질 수 없다고 박박 우기느냐는 주장입니다.

'그리스도인의 온전성'에 가장 큰 관심을 가지고 성경말씀을 풀어본 분이 바로 요한 웨슬리 목사님입니다. 이 주제만으로도 책 한 권을 쓰신 분이십니다.

우리 성결교회는 그 분의 가르침이 성경말씀에 가장 부합된다고 합의하고 있습니다. 하지만 그분의 가르침도 한계가 있습니다. 온전하라는 말씀의 깊이, 넓이, 높이와 실생활 적용을 온전히 풀어놓은 것은 아니라는 뜻입니다.

□ 성령께서 온전하게 하신다

성결교회는 성결하신 삼위일체 하나님을 믿는 성결한 사람들 곧 성도들의 모임입니다. 거듭남으로 인하여 과거에 이미 성결을 체험했고, 성령충만한 생활을 함으로 지금도 성결을 체험하고 있고, 완성된 하나님 나라의 백성이 될 소망을 가진 까닭에 미래에 성결을 체험할 것입니다. 예수 믿는 사람들은 그 걸어가는 인생길을 흔히 신앙여행으로 이해합니다. 이 신앙여행은 거듭남으로 이미 출발했습니다.

그리고 지금 성결이라는 길을 힘을 다해 달려가고 있습니다. 우리의 삶이 저 하늘나라로 옮겨지는 순간 성결은 완성될 것입니다. 이것이 구원의 완성을 향한 세 단계 곧 칭의와 중생(justification/regeneration)이라는 첫 단계, 성결화(sanctification)라는 둘째 단계, 그리고 영화(glorification)라는 최종단계입니다. 한 개인이 구원을 받는 도정(ordo salutis)입니다.

그러므로 성결은, '내가 어떻게 하여야 이 죽음의 몸에서 구원을 받겠습니까' 하는 절체절명의 부르짖음에 대한 제2단계의 대답입니다.

그런데 어떻게 온전하게 될 수 있습니까? 이것은 "어떻게 하여야 거듭날 수 있습니까" 하는 질문과 같습니다. 그 대답방식이 여럿이지만 대표적인 것은, "너희는 그 은혜에 의하여 믿음으로 말미암아 구원을 받았으니"(엡 2:8) 하신 말씀으로 명확하게 요약되어 있습니다. 구원을 받는 것은 하나님께서 주신 은혜와 사람의 믿음의 합작품입니다. 은혜와 믿음이 동전의 양면과 같다는 뜻입니다. 예수 그리스도의 대속의 죽음이 그 은혜요, 예수님은 우리의 구원주라고 받아들이는 결단이 바로 믿음입니다. 그러나 이 구원은 전체적으로는 하나님의 선물입니다.

어떻게 하여야 더 확실한 구원의 제2단계인 성결화에 도달할 수 있겠습니까? 대답은 똑같습니다. '그 은혜와 그 믿음'으로 되는 것입니다. 은혜는 하나님께서 주신 것인데 이 때 우리는 성령충만이라는 말을 전통적으로 사용해 왔습니다. 맞는 말씀입니다. 중생 때에 이미 시작된 성령세례의 계속입니다. 그 때 예수님은 니고데모에게, '바람이 자유자재로 부는 것처럼 성령으로 난 사람도 그와 같다'고 가르치셨습니다(요 3:8).

성결이 무엇이냐고 물으면 단도직입적인 대답은 바로 '성령충만' 그것입니다. 예수님처럼 성령충만해야 합니다(눅 4:1). 세례자 요한처럼 성령이 충만해야 합니다(눅 1:15). 예루살렘 첫 교회의 성도들처럼 성령충만해야 합니다(행 2:4). 베드로처럼 성령이 충만해야 합니다(행 4:8). 스데반처럼 성령이 충만해야 합니다(행 7:55). 바울처럼 성령이 충만해야 합니다(행 13:9). 바나바처럼 성령이 충만해야 합니다(행 11:24). 제자들처럼 성령이 충만해야 합니다(행 13:52). 다윗처럼 여호와의 영에게 크게 감동되어야 합니다(삼상 16:13).

얼마나 더 많은 성령의 사람들을 더 말하겠습니까? 비록 성령충만의 체험과정이 각각 다를 수 있습니다. 성령충만을 체험한 내용도 천차만별입니다. 어떤 사람은 태풍처럼, 혹은 미친 바람처럼, 혹은 시베리아에 부는 눈바람처럼, 혹은 봄바람처럼, 혹은 사막의 열풍처럼, 혹은 숨쉬는 공기를 맛보는 것처럼 모두 다릅니다. 그러나 성령충만의 열매는 한 가지입니다. 성령의 사람, 예수 그리스도의 사람, 하나님의 사람(딤전 6:11)으로 온전해지고, 새로워지는 변화가 나타나는 바로 그것입니다.

그러나 그것만으로 성결화가 자동적으로 이뤄지는 것은 아닙니다. 하나님께서는 그렇게 하실 수 있고 또 그런 자유가 있으십니다. 그러나 하나님은 거듭남이 은혜와 믿음 두 기둥을 필요로 하도록 설계하신 것처럼 성결화도 성령충만과 함께 거듭난 자, 의롭다고 인정을 받은 자의 믿음을 조건으로 하셨습니다. 곧 성령님을 충만할 때까지 모시어 들이는 것입니다.

성령은 바람과 같다는 예수님의 말씀을 다시 한 번 풀어 봅니다. 인간은 누구나 공기로 둘러싸여 있습니다. 그래서 아무런 의식도 없이 숨을 들이쉬고 내쉽니다. 만약 어떤 사람이 숨쉬기를 거부하고 입을 꽉 다물고 코를 꽉 닫아 놓으면 약 8분을 못 넘기고 죽음의 길로 들어선답니다. 그런 때 하나님은 가끔 강제로 입을 벌려 성령의 산소를 집어넣으실 수는 있습니다. 그래도 숨을 쉬는 것은 인간에게 맡겨진 일인 것처럼 성령님을 내 안에 모셔 들이고 내 속에 내주(indwelling)하게 하는 것은 바로 인간의 책임입니다.

"성령님이시여, 어서 속히 내 속에 들어오시옵소서. 그리고 다시는 떠나지 마시옵소서." 항상 그렇게 기도해야 합니다. 이런 기도를 가진 사람이 성결의 사람입니다.

사람이 어떻게 온전하게 될 수 있습니까? 온전한 구원을 어떻게 이룰 수 있습니까? 온전하신 하나님과 함께 살아야 합니다. 온전하신 예수 그리스도를 닮아가야 합니다. 온전하신 성령님이 내 속을 가득 채우고 나를 다스리시도록 해야 온전해 집니다. 성삼위 하나님께서 온전하시기 때문입니다. 그분만이 온전하게 변화시키시기 때문입니다. 그런 사람이 바로 "너, 하나님의 사람아"라는 이름을 받을 자격이 있습니다.

## 시퍼렇게 살아 계신 하나님

여호와께서 하늘 곧 여호와께로부터
유황과 불을 소돔과 고모라에 비같이 내리셔서
그 성들과 온 들과 성에 거주하는 모든 백성과
땅에 난 것을 다 엎어 멸하셨더라.
롯의 아내는 뒤를 돌아보았으므로
소금 기둥이 되었더라 (창 19:24-26)

하나님은 천지를 창조하신 분이십니다. "태초에 하나님이 천지를 창조하시니라" (창 1:1). 성경은 그렇게 첫머리에 선언했습니다. 하늘과 땅을 창조하셨다는 것은 하늘과 땅 사이에 있는 모든 것을 창조하셨다는 뜻입니다. 해, 달, 별, 구름처럼 하늘을 쳐다볼 때 보이는 것들을 창조하셨습니다. 사람, 동물, 식물, 그리고 바위 같은 무생물들도 창조하셨습니다. 보이는 것들을 창조하셨습니다.

이와함께 시간이나 공기처럼 보이지 않는 것들도 창조하셨습니다. 특히 우주 만물 그 어느 것보다도 더 값비싼 것으로 사람을 창조하셨습니다. 그래서 우리는 하나님을 자주 '창조주 하나님'이라 부릅니다.

거듭 말합니다. 그리스도인들이 믿는 하나님은 우주 만물을 창조하신 창조신(創造神, God the Creator)이십니다. 결코 '금이나 은이나 돌에다 사람의 기술과 고안으로 새긴' 인조신(人造神, man-made god)이 아닙니다. (참조: 행 17:29). 그리고 하나님(엘)이라는 말은 성경에 보통명사입니다. 그것도 창세기 첫 장 첫 절에는 단수가 아닌 복수형 '엘로힘'으로 쓰여 있습니다. 삼위일체 하나님이라는 뜻이 포함된 것으로 이해합니다. 하나님의 존재는 우리 피조물인 인간들이 그 전모를 이해할 수 있는 대상이 결코 아닙니다. 그분께서 자신을 알려 주셔야 그 알려 주신만큼 알게 될 뿐입니다. 그래서 하나님께서는 모세의 질문을 받고 하나님의 이름을 알려 주셨습니다. '스스로 있는 자' 혹은 영원 자존자永遠 自存者, 영어로 'I AM WHO I AM'입니다. (출3:14). 그래서 '여호와' 혹은 새로운 연구에 따라 '야훼'라고 합니다.

하늘과 땅을 창조하신 하나님, 곧 여호와 하나님은 무한한 사랑을 베푸시는 창조주이십니다. 그러나 그 창조주 하나님은 동시에 창조하신 것을 단숨에 파괴하실 수도 있는 야훼 하나님이십니다. 이 설교에서는 그래서 시퍼렇게 살아 계신 하나님, 곧 피조물 특히 피조물의 최고봉인 인간에게 무서운 채찍질도 사정없이 해대시는 하나님을 소개하려 합니다.

서슬이 시퍼러신 창조신 하나님을 가장 잘 느낄 수 있는 최초의 사건은 노아의 홍수(창 6-8장)입니다. 사람들의 죄악이 온 세상에 가득 차게 되었습니다. 마음으로 생각하는 것들과 모든 계획이 항상 하나님의 눈에 악하게 보였습니다. 그래서 창조신 야훼께서는 사람 지으셨음을 한탄하셨습니다. 사람 속에 넣어주신 '하나님의 형상'이 모두 박살난 상태였습니다. 쓰레기 같은 인간들로 바뀌었습니다.

창조신 하나님은 땅 위에 사람 지으셨음을 한탄하셨습니다. 마음의 고통이 크셨습니다. 그래서 마침내 결심하셨습니다. “내가 창조한 사람을 내가 지면에서 쓸어버리되 사람으로부터 가축과 기는 것과 공중의 새까지 그리하리니 이는 내가 그것들을 지었음을 한탄함이니라” (창 6:7).

마침내 창조주 하나님은 온 땅 위에 있는 모든 것을 휩쓸어 버리셨습니다. 우주역사상 그 이전에도 그 이후에도 없던 크나큰 홍수를 쏟아부으심으로 모든 인간과 동물들을 작살내셨습니다. 다만 노아의 여덟 식구만 미리 배를 만들게 하셔서 생명을 건지게 하셨으며 동물들을 네모난 배 곧 방주에 태워 구원해 주셨습니다. 하나님께서 얼마나 진노하셨는지를 낱낱이 보여 주셨습니다. 하나님은 사랑의 하나님이시면서도 ‘진노하시는 하나님’이신 것을 유감없이 보여주셨습니다. 실제로 지구역사를 연구하는 사람들은 대홍수가 있었다는 것을 과학적으로 증명하고 있습니다.

진노하시는 하나님은 또 소돔과 고모라에 나타나셨습니다(창 18-19장). 창조신 야훼께서 아브라함에게 천사들을 보내서 말씀하셨습니다. ‘소돔과 고모라에 대한 부르짖음이 크고 그 죄악이 심히 무겁구나’ (창 18:20). 이를 전달받은 아브라함은 조카 롯과 그 가족을 특별히 생각하고 간곡하게 항변과 만류를 합니다. ‘어찌 의로우신 하나님께서 의인들을 악인들과 함께 진멸하려 하십니까?’(창 18:23). 하나님은 ‘의인 열 명만 있어도 소돔과 고모라 도시를 멸망시키지 않겠다’고 대답하셨습니다.

그러나 결국 소돔과 고모라는 의인 열 명이 없어서 하늘에서 떨어지는 유황불에 완전 파괴되었습니다. 아브라함의 조카 롯의 가족도 롯과 두 딸만 살아남았습니다. 롯의 아내는 하나님의 엄명을 따르지 않고 뒤를 돌아본 까닭에 그만 소금기둥이 되어버렸습니다. 창조주 하나님은 참으로 무서우신 분이십니다. 시퍼렇게 살아계셔서 잔인하시다는 비난을 받으실 것을 각오하시고 소돔과 고모라를 완전히 파괴하셨습니다.

하나님은 무한대로 선량하십니다. 그러나 선량하시기 때문에 악에 대하여는 가혹하게 응징하시는 하나님이십니다. 죄악에 대하여는 결단코 한 터럭이라도 그냥 넘어가지 않으십니다. 이것이 당신의 아들 예수를 가혹하게, 정말 가혹하게, 아니, 인류역사상 가장 가혹하게 공개처형하도록 허용하신 분이십니다. 마치 아브라함이 자신의 목숨과도 바꾸어 살리고 싶었던 이삭을 죽여 제물로 바쳐야 했던 것과 같은 사랑입니다.

하나님은 살아계십니다. 지금도 시퍼렇게 살아계셔서 횡행하는 죄악들에 대하여 철퇴로 내려치시는 하나님이십니다. 하나님께서 하시는 일은 무엇이든지 선량합니다. 재판제도가 없고 감옥이 없어진다면 좋은 세상일까요? 하나님을 두려워하는 것이 지혜의 근본입니다. 하나님을 만홀히 여기지 말아야 합니다.

"심판 때에 두로와 시돈이 너희보다 견디기 쉬우리라" (눅 10:14).

## 하나님의 무한대 사랑

하나님이 세상을 이처럼 사랑하셔서
그의 외아들을 주셨으니,
이는 그 외아들을 믿는 자마다
멸망하지 않고
영원한 생명을 얻게 하려 하심이다 (요 3:16)

하나님은 세상을 사랑하셨습니다. 극진히 사랑하셨습니다. 자신의 생명처럼 사랑하셨습니다. 하나님께서 '세상'을 사랑하셨다고 소개하면 그에 반대하는 사람들이 있습니다. 우선, "너희는 세상에 있는 것들을 사랑하지 말라"(요일 2:15)는 말씀이 있기 때문입니다. 하나님은 세상을 사랑하시면서 왜 그 자녀들에게는 세상을 사랑하지 말라고 하셨습니까? 그렇게 물을 수 있습니다.

아니, 그것보다도 하나님께서 행하신 일들을 볼 때에, '정말 하나님이 세상을 사랑하시는 겁니까?' 하고 삿대질하며 덤벼들 사람들도 있을 것입니다. 가령, 여호수아 장군 지휘로 여리고성 점령 작전을 수행할 때 하나님의 명령이 무엇입니까? 그 성 주민들을 모조리 죽이라고 명령하셨는데 어찌 그 하나님이 사랑의 하나님이겠습니까? 하나님은 자신에게 반역하는 무리들을 가차 없이 처단하신 역사적 기록이 적지 않습니다. 무서우신 하나님이십니다. 냉혈동물 같은 하나님이십니다. 잔인하신 하나님이십니다. (참조: 바로 앞 설교 '시퍼렇게 살아 계신 하나님').

하나님의 하시는 일을 사람들은 다 알지 못합니다. 특히 이기주의에 물든 눈을 가진 인간으로서는 그 깊고 오묘하신 하나님의 속마음을 다 헤아리지 못합니다. 그러나 확실한 것 한 가지가 있습니다. 그처럼 가혹한 훈련도 하나님의 무한대 사랑의 한 부분이라는 사실 말입니다. 부모들도 자녀들에게 가혹한 훈련(discipline)이나 체벌을 할 때가 있지 않습니까. 그들의 인생길을 바로 잡아주기 위한 고육지책苦肉之策으로 말입니다. 자녀들을 징벌하고 나면 속 시원해 하는 부모도 없지 않을 것입니다. 그러나 제대로 된 부모라면 징벌당한 자녀의 고통보다도 더 큰 고통을 체험하지 않습니까?

하나님의 무한대 사랑은 창조에서 증명됩니다. "태초에 하나님이 천지를 창조하셨다"(창 1:1)는 성경말씀 첫 절의 뜻이 무한대로 깊습니다. 그런데 이 말씀은 바로 하나님의 무한대 사랑이라는 눈으로도 읽어야 합니다. 가령 우리 인간들도 새로운 것을 구경하게 되면 대단한 기쁨을 느낍니다. 그래서 비싼 비용을 들여 관광을 갑니다. 새로운 진리를 발견하면 아르키메데스처럼 '유레카'(나는 발견했다) 하며 목욕탕에서 알몸으로 뛰어나와 춤을 추기도 합니다.

아기를 낳는 것은 하나님의 창조사역을 이어받는 일입니다. 그렇기 때문에 부모들은 자녀들을 태생적으로 사랑하고, 본능적으로 사랑합니다. 특히 자녀들에 대한 사랑은 아버지보다는 어머니들이 훨씬 더 크고, 깊고, 높고, 넓습니다. 그런 이유가 있습니다. 목숨을 걸고 목숨을 낳았기 때문입니다. 죽기 살기의 고통이 바로 출산입니다. 그래서 어머니는 자녀에 대한 사랑이 사뭇 순교적입니다. 목숨 걸고 사랑합니다. 그것도 평생을 사랑합니다. 모든 것을 다 주어도 부족하다고 느낄 정도로 사랑합니다. 게다가 출산의 고통이 심했던 자녀일수록 더욱 더 사랑합니다.

우리는 하나님께서 우주만물을 창조하신 그 사랑을 아기출산을 통해 조금이나마 짐작합니다. 소돔과 고모라에 유황불을 퍼부으실 때 기뻐 박수 치는 잔인한 하나님이 결코 아니십니다. 이스라엘 백성들을 추격해오던 이집트 군사들이 깊은 바다에 수장될 때에 창조주 하나님도 똑같은 아픔을 체험한 분이십니다. 그렇게 해서 구출 받은 이스라엘 백성들은 춤을 추며 기뻐했지만 하나님은 칼로 찌르는 것처럼 아프셨을 것입니다.

하나님의 무한대 사랑은 창세기 1장 1절부터 요한계시록 22장 21절까지 꽉꽉 가득 차 있습니다. 그러나 하나님의 사랑이 크게 나타난 계기들이 있습니다. 바로 예수님의 탄생과 사역과 죽으심입니다. 구약성경 첫 절에 창조의 사랑을 보여주신 하나님께서 신약성경 첫 절에 예수 그리스도를 보내신 사랑이 기록되어 있습니다. "아브라함과 다윗의 자손 예수 그리스도의 족보이다" (마 1:1). 바로 그것입니다. 하나님께서 예수님을 이 세상에 보내신 것이 창조의 사랑과 맞먹는 '재창조의 사랑'입니다.

이 설교의 성경요절은 교회에 발을 들여놓은 사람은 대부분이 알고, 외우고, 큰 은혜를 받는 말씀입니다. 심지어 기독교를 적대시하는 사람들까지 주목하는 말씀입니다. 이 말씀이 얼마나 중요한가를 이렇게 표현합니다. 성경의 모든 말씀이 다 없어지고 이 한 요절만 남아 있다 해도 기독교는 결코 무너지지 않고 견고하게 세워져 나갈 것이랍니다. 어쩌면 성경 전체가 바로 이 한 절 말씀을 풀어 놓은 것에 불과하다고 하면 지나친 과장일까요?

하나님께서 우주 만물과 인류를 창조하신 것 자체가 피조물들에게는 헤아릴 수 없이 값지고 지대한 사랑입니다. 그런데 우주 만물 가운데 하나님께서 가장 정성스럽게 창조하신 인간들이 하나님을 배신하게 되었습니다. 마치 천사들이 배신하여 마귀가 된 것처럼 하나님이 자녀인 인간들이 창조주 아버지 하나님을 배신하는 자들이 되었습니다. 하나님은 그런 자들을 그냥 단번에 확 쓸어버리고 싶으셨을 것입니다. 그래서 노아홍수시대에 그런 진노의 표본을 보이셨고, 소돔과 고모라, 여리고성의 반역자들, 이집트의 군대들, 하나님의 사람 모세를 반역했던 무리들을 정말로 싹 쓸어버리셨습니다. 심지어 모세까지도 채찍질을 하셨습니다.

그러나 하나님의 근본 동기는 사랑이었습니다. 상수리나무가 베임을 당하여도 다시 새 나무가 자라날 그루터기는 남기시는 분이셨습니다(사 6:13). 자기 아들을 보내셔서 십자가의 제물이 되게 하심으로 온 인류가 영원히 살아날 수 있는 숨통을 열어 놓으셨습니다. 크나큰 숨통입니다. 그것이 바로, "하나님이 세상을 이처럼 사랑하셔서 외아들을 주셨으니" 하신 요절말씀입니다.

하나님께서 자신의 외아들을 주셨다 함은 곧 자기 자신을 주셨다는 뜻입니다. 자신의 생명을 주셨다는 뜻입니다. 하나님의 삼위일체성은 심오하고 신비한 것입니다. 온 우주와 인간의 일 전체를 담고 있고 또 훨씬 더 그 이상입니다. 그런데 바로 삼위일체성 거기에서 하나님의 사랑의 핵심을 캐어낼 수 있습니다. 성부 하나님, 성자 하나님, 성령 하나님이 바로 세 인격이면서 한분의 하나님이시라는 뜻입니다. 인간 언어의 제한성 때문에 인격(person)이라는 말을 사용할 뿐입니다. 신적 인격성(divine personality)이라고 해야 더 잘된 표현일 것 같습니다.

하나님은 사랑이십니다. 성부 하나님도 사랑, 성자 하나님도 사랑, 성령 하나님도 사랑이십니다. 본체도 사랑이시고 행동도 사랑이시고 삼위일체 하나님의 나라도 사랑의 나라입니다. 죽을 수밖에 없는 피조물을 살려내기 위하여 자신의 생명을 죽이신 하나님이십니다. 실로 성경 밖에서는 아무데서도 들어본 일이 전혀 없는 무한대의 사랑이십니다. 달려오는 기차 앞 선로에 떨어진 할머니를 살려 내고 자신은 산산조각이 나버린 그런 사랑입니다.

## 항상 기도해야 한다

항상 기도하고 낙망하지 말아야 될 것을
저희에게 비유로 말씀하셨다 (눅 18:1)

성경에 나오는 모범 인물들은 거의 예외 없이 기도의 사람들입니다. 믿음의 조상으로 평가받는 아브라함은 기도의 모범생입니다. 구약성경의 가장 큰 인물인 모세는 틈만 나면 기도하는 사람이었습니다. 특히 하나님과 '대면하여' 말했던 사람이기에 그의 말 하나 하나가 기도였습니다. 대제사장 아론은 아예 기도하는 것을 전문으로 하는 직책을 맡았습니다. 제사장의 대표라면 사무엘입니다. 대언자 엘리야는 갈멜산의 큰 영적 싸움에서 기도로 승리한 사람입니다. 다윗 왕은 항상 기도를 입에 달고 다니는 인물입니다. 그래서 그의 시는 모두 '기도의 시'라고 평가할 수 있습니다. 대언자 이사야 ….

신약성경에도 역시 기도의 모범적인 사람들이 많이 있습니다. 예수님의 모친 마리아, 예루살렘 성전을 떠나지 않고 '밤낮으로 금식하며 기도'했던 여자 대언자 안나(눅 2:36-38), 베드로, 바울, 요한들입니다.

그러나 기도의 사람 대표라면 단연 예수님이십니다. 가장 자주 기도하셨습니다. 가장 길게 기도하셨습니다. 가장 간절하게 기도하셨습니다. 밤새워 기도하시기를 힘쓰셨습니다. 40일을 금식하며 기도하셨습니다. 기도에 관한 가르침을 가장 많이 남기셨습니다. 모범기도를 가르쳐 주셨습니다. 땀과 피가 흘러내릴 정도로 기도하셨습니다. 십자가에 달리셨을 때에 일곱 마디 말씀을 남기셨는데 실상은 그것 모두가 기도였습니다. 목숨을 걸고 하신 기도입니다.

그런데 예수님께서 그토록 열심히 기도하시는 것은 당연한 것처럼 보입니다. 예수님은 모든 일에 모범이시기 때문입니다. 하지만 성경을 조금만 더 연구해 보면 예수님께서 기도하셔야 할 이유가 별로 없다는 것을 깨닫게 됩니다. 예수님은 무슨 일이나 해내실 수 있는 분이 아닙니까. 병든 사람을 말씀 한 마디로 고치실 수 있습니다. 미친 사람들에게서 단박에 귀신들을 쫓아내시고 정신이 제대로 돌아오게 하실 수 있습니다. 산을 옮겨 바다에 던져지라고 명령하시면 그대로 이루실 수 있습니다. 하늘에서 비가 폭포처럼 쏟아지라고 명령하시면 당장에 실현됩니다. '금 나와라 뚝딱' 하시면 금이 나오고, '은 나와라 뚝딱' 하시면 은이 쏟아져 나올 것입니다. 그런데 왜 기도가 필요합니까?

예수님께서 가장 열심히 기도하시고, 또 기도에 관한 가르침도 가장 많이 베푸셨던 중요한 이유가 몇 가지 있습니다. 첫째로, 예수님은 사람의 몸을 입으셨기 때문입니다. '말씀이 육신이 되어 우리 가운데 사셨다'(요 1:14)고 했습니다. 그분께서는 우리들과 똑같이 사람의 몸을 가지고 사셨습니다. 그래서 배고픔을 느끼시고, 열심히 식사하셨습니다. 피곤을 느끼셨고, 그래서 조용한 곳에서 휴식을 취하기도 하셨습니다. 잠을 주무셔야 했습니다. 그래서 심지어 파도가 높은 바다의 거룻배 안에서도 편안히 주무셨습니다. 화장실 출입도 하셨습니다(마 15:17). 무엇보다도 십자가에 처형되실 때에는 참기 어려운 아픔을 체험하셨습니다. '내가 목마르다'고 하신 것만 보아도 얼마나 피를 많이 흘리셨고 그 고통이 심했는지를 증명합니다. 둘째로, 예수님께서 열심히 기도하신 이유는 그분의 제자들과 앞으로 예수님을 따를 수 없이 많은 영혼들에게 모범이 되시려는 뜻이 있습니다. 예수님의 기도생활 자체가 제자훈련이란 뜻입니다. 열두 제자에게만 아니라 오고 또 오는 세대의 그 수를 헤아릴 수 없는 제자들에게 가르치시려는 뜻이 매우 강렬했습니다. 그것이 바로, "그러므로 너희는 이렇게 기도하라"(마 6:9)는 말씀으로 시작해서 친히 모범기도를 가르치심으로써 기도교육의 핵심을 제시하신 이유입니다(마 6:9-13, 눅 11:1-4).

셋째로, 하나님은 기도하는 자녀를 더 사랑하시기 때문입니다. 전지전능하신 하나님은 우리가 기도하기 전에 우리에게 무엇이 있어야 할 것을 미리 그리고 자세히 알고 계십니다. "그러므로 염려하여 이르기를, 무엇을 먹을까 무엇을 마실까 무엇을 입을까 하지 마라. 이는 다 이방인들이 구하는 것이다. 너희 하늘아버지께서 이 모든 것이 너희에게 있어야 할 줄을 아신다."(마 6:31-32). 그 말씀 그대로입니다. 예수님은 기도에 관하여 성경에 나오는 어떤 인물들보다도 많이, 자세하게, 그리고 올바르게 가르쳐 주셨습니다. 기도는 그 자체가 하나님을 사랑하는 행위이기 때문입니다. 기도는 성삼위 하나님과의 정다운 대화입니다. 어린이들에게는 '기도는 예수님에게 전화 거는 거예요' 하고 교회학교 교사들이 가르칩니다.

그리고 하나님은 사람들과도 대화하시기를 기뻐하십니다. 대화는 곧 사랑을 주고받는 것이기 때문입니다. 그래서 성삼위 하나님께서는 우리 인간들 특히 그분의 자녀들에게 있어야 할 것을 자세히 알고 계시면서도 미리 미리 준비했다가 퍼주시는 것보다는 간절한 기도를 기다려서 때가 찬 때에 우리들의 기도에 응답하여 주십니다. 마치 어미 제비가 여러 새끼들 가운데 배가 고파서 입을 가장 크게 벌리는 것에게 먼저 먹이를 주는 것과 같습니다.

성경연구가들은 기도를 '은혜의 도구'(means of grace)라고 합니다. 마치 음악을 할 때 음성이나 피아노나 나팔 같은 여러 도구들을 사용하는 것처럼, 은혜를 받으려면 성경말씀 연구, 말씀 묵상, 찬송가 부르기, 간증하기, 전도하기, 성찬예식 참가, 봉사하기, 금식하기 같은 통로(channel)를 거쳐야 하는 것과 같습니다. 그래서 은혜의 도구가 종합된 것이 공동예배입니다. 필자는 공동예배를 함생예배라는 말로 즐겨 사용합니다.

그 가운데 기도는 무슨 일에나 꼭 필요한 전제조건이 됩니다. 설교를 준비하거나 설교에 은혜받기 위하여서는 기도를 해야 합니다. 찬송가를 부를 때에는 그 찬송가대로 되도록 기도하면서 불러야 합니다. 금식기도를 한 뒤에 성찬예식에 참여하는 것과 혼잡한 마음으로 참석하는 것과는 은혜의 정도가 다른 것은 누구나 체험합니다. 기도 자체가 은혜의 도구이지만 기도는 모든 일에서 은혜를 더 크게 받을 수 있도록 해 주는 도구입니다.

모든 일에 감사하라.
이는 그리스도 예수 안에서
너희를 향하신 하나님의 뜻이니라
(살전 5:18)

3 부

# 모든 일에 감사하라

## 온전하신 하나님, 온전하신 사람

태초에 말씀이 계시니라.
이 말씀이 하나님과 함께 계셨으니
이 말씀은 곧 하나님이시니라 ...
말씀이 육신이 되어 우리 가운데 거하시매
우리가 그의 영광을 보니
아버지의 독생자의 영광이요
은혜와 진리가 충만하더라 (요 1:1, 14)

예수님은 과연 누구이실까? 하나님이실까, 사람이실까, 아니면 하나님보다는 낮으시고, 보통사람 곧 평균인보다는 능력이 월등 뛰어나신 분이실까? 전도하는 사람들의 말을 들어도 시원스런 대답이 없습니다. 성경을 읽어도 혼란스럽고, 교회의 가르침을 들어도 명확하지 않습니다. 그분이 누구이거나 나와는 전혀 상관없는 일이라는 이들도 많습니다. 머리만 복잡하다는 것입니다.

예수님의 정체(正體, identity)가 무엇이냐는 것은 그분이 태어날 때부터 오늘날까지 2천년 넘게 계속되어온 질문입니다. 아니, 앞으로 오고 오는 세대에서도 여전히 그런 질문은 계속될 것입니다. 예수님을 모른 채 인생을 살아갈 수도 있습니다.

지금까지 이 지구 위에 살아왔던 사람의 총 통계를 내면 아마도 몇 백억도 넘을 것입니다. 그들 가운데 가장 위대한 인물, 가장 영향력이 큰 인물, 가장 문제성이 많은 인물, 가장 따르는 사람이 많은 인물, 그것도 하나밖에 없는 목숨을 내어놓고 결사적으로 따라다니는 존재가 바로 예수 그분 아닙니까? 그래서 하는 말입니다. 예수, 그가 누구인지 알 필요가 전혀 없다는 주장은 씨도 먹히지 않는 말입니다. 설득력이 없습니다.

에베레스트 산이 세계에서 가장 높다거나 미시시피 강이 세상에서 가장 길다는 것은 몰라도 살아가는 데 큰 지장은 없습니다. 말과 글자를 알고 쓰는 것은 상당히 중요합니다. 어떻게 해야 몸이 건강하고 정신이 바른 것인지를 알고 실천하는 것은 매우, 매우 중요합니다.

그러나 가장 중요한 것은 이 세상을 어떻게 살아야 하고, 특히 어떻게 하면 영원한 생명을 얻을 것인가 바로 그 정답을 찾아내서 그대로 실천하는 일입니다. 종교는 바로 그런 대답을 찾는 길입니다. 그래서 종교宗敎 곧 큰 가르침이라 합니다. 몸을 살리는 의학, 약학, 생물학, 요리학, 체육학 등 복잡하고 엄청나게 많은 연구를 필요로 하는 것 이상으로 넓게는 보편종교와 철학, 깊게는 자신의 신앙체계에 관하여 깊이, 깊이 깨달아야 합니다.

그래서 다시 문제를 제기합니다. 더 잘 알고, 더 잘 믿고, 더 바르게 살고, 다른 사람들에게 널리, 널리 가르치기 위함입니다. 첫 질문으로 다시 돌아갑니다. 예수님은 과연 누구이십니까? 우선 그분께서 우리들과 똑같은 사람이십니까, 아니면 하나님이십니까, 그것도 아니면 하나님과 사람의 중간존재쯤 되십니까?

아직도 뜨거운 논쟁들이 활활 타오르고 있습니다. 기독교와 이슬람교의 충돌로 인하여 수많은 생명이 희생되어왔고 또 지금도 잔인하게 희생되고 있습니다. 이들 사이에 적개심의 파도가 매우 높습니다. 여러 가지 원인이 있지만 그 가운데 중요한 것이 바로 예수님이 누구시냐는 질문에 대한 대답이 다르기 때문입니다. 개신교회와 가톨릭교회로 구별되는 기독교에서는 100퍼센트 하나님이시면서 100퍼센트 사람이라고 대답합니다. 그러나 이슬람교에서는 대언자(prophet)의 하나 곧 모하멧과 같은 100퍼센트 사람으로만 단호하게 주장합니다. 예수님은 온 인류는 물론 만물까지 살리시기 위하여 이 세상에 오셨는데(막 16:15, '만민에게'는 모든 피조물이라는 뜻), 오히려 예수님이 누구냐는 대답의 차이로 수많은 생명이 희생되고 있다니요. 역사적으로도 많은 사람들이 이단으로 정죄되고 생명들이 학대를 받았습니다.

사실, 아직도 우리는 예수님의 전모를 잘 모릅니다. 어느 정도까지는 불가지론(不可知論, agnosticism)에 빠져 삽니다. 지금 이 세상에 살아있는 동안에는 다만 부분적으로 알 뿐입니다. (고전 13:9). 그래도 성경말씀과 지난 2천여 년 동안 논쟁과 연구를 거쳐 바른 교회들이 확정한 신앙고백입니다. 그것은 곧 예수님은 '온전하신 하나님, 온전하신 사람'(vere Deus, vere homo: true God, true man)이시라고 온 교회가 확고하게 선언했습니다. (빌2:5이하) 우리 사람 편에서 보면 예수님은 '온전하신 사람'이십니다. 일백 퍼센트 사람이십니다. '진짜사람' 곧 대표적인 진짜사람이십니다. 예수님은 어머니 뱃속에서 열 달 가까이 자라나셨습니다. 성경에는 없지만 태어나자마자 우렁찬 울음을 터뜨리셨을 것입니다. 모유를 먹고 자라셨습니다. 소변도 보시고 대변도 보셨습니다. 우리들 모든 사람처럼 걸음마를 배우고, 말을 배우고, 엄마 아빠를 알아보기 시작했습니다. 동생들과 함께 자라났고, 아버지를 도와 목수일을 배우고 도와드렸습니다. 보리빵과 생선을 즐겨 잡수셨고, 피곤해서 파도에 요동치는 나룻배 위에서도 주무셨습니다. 기뻐하시고, 섭섭해 하시고, 슬퍼서 눈물도 흘리셨습니다. 십자가에 처형되실 때에는 보통의 사람들처럼 참기 어려운 고통을 느끼셨습니다. 그리고 숨이 끊어져 육신의 죽음을 맛보셨습니다. 예수님께서 사람이시라고 하는 것은 이 밖에도 얼마든지 많은 일로 증명됩니다. 이것을 통틀어 성경에는, "말씀이 육신이 되어 우리 가운데 사셨다." (요1:14)고 했습니다. 그 '육신'(사르크스)이라는 헬라말은 '정욕적 육신'이란 뜻입니다. 죄는 없으시나(히 4:15) 인간의 한계 안에 갇혀서 사셨다는 뜻입니다.

그러나 예수님은 '온전하신 하나님'이십니다. 요절말씀에 '예수님은 태초부터 계신 하나님의 말씀'이라고 했습니다. '말씀'은 헬라말로 '로고스'입니다. 로고스는 '이성'(理性, reason)이라고도 번역될 수 있는 신비한 언어입니다. 하나님의 말씀 곧 이성, 정신, 영성이 사람의 몸을 입었다고 하면 조금 더 이해가 될 수 있을는지요. 예수님은 사람으로서는 도저히 해 낼 수 없는 일을 해내셨습니다. 우선 탄생과정이 그렇습니다. 성령으로 말미암아 잉태되셨습니다. 천군천사들의 찬양이 있었습니다. 구약성경에 예언된 메시야 곧 구원주이시라는 여러 증거들이 있습니다. 무엇보다도 인간으로서는 도저히 실천할 수 없는 기적들을 베푸셨습니다. 문둥병, 맹인 같은 불치병 환자들을 고치셨습니다. 죽은 자들까지 살려내셨습니다. 예수님 자신이 하나님의 아들이심을 명확하게 선언하셨습니다. 그리고 무엇보다도 십자가에 처형되어 완전 사망하신지 사흘 만에 다시 살아나셨습니다. 그리고 하늘로 올라가셨습니다.

전문적인 표현으로 '예수님은 그리스도'이시고, '그리스도께서 바로 예수님'이십니다. 성경에 '예수 그리스도'라는 이름이 매우 자주 사용되고 있습니다. 그런데 예수님께서 사람의 몸을 입고 이 땅 위에 오셔서 '완전한 사람 완전하신 하나님'이 되신 것은 그분께서 죄인으로 타락한 인간들이 하나님의 자녀로 신분 변경되는 사역 곧 중보자(中保者, mediator)의 사역을 하시기 위함입니다. 쉬운 말로 거룩하신 하나님과 죄악적 존재인 인간 사이에 놓여진 '다리'(bridge)가 되셨습니다. 사람에게는 사람처럼 사시고 하나님에게는 하나님처럼 충성하셨습니다. 아니, 뒤집어 말합니다. 하나님에게는 사람이 되셔서 변호해 주시고, 사람에게는 하나님으로서 경고하시고, 나타내시고, 가르치시고, 목자가 되셔서 하나님에게로 인도하셨습니다(시 23:1-3).

## 당신의 영혼은 어디로 가는가

예수께서 큰 소리로 불러 말씀하셨다.
아버지, 내 영혼을 아버지 손에 부탁드립니다 (눅 23:46)

예수님께서 해골언덕의 십자틀 위에 달려 있던 시간이 6시간 정도 됩니다. 오전 9시에 못 박히셨는데 오후 3시쯤 운명하셨습니다. 십자가에 처형된 다른 사람들의 사례에 비추어 보면 이례적으로 짧은 시간 매달려 있었다는 뜻입니다. 예수님에게 사형판결을 내렸던 빌라도 총독이 예수님께서 운명하셨다는 보고를 받고 상당히 놀랐습니다. 다른 사형집행과 비교해 보면 너무 빨리 죽었기 때문입니다. 그래서 사형집행관 백부장에게 확인까지 했다고 성경에 기록되어 있습니다(막 15:44).

예수님께서 십자틀 위에 계신 동안에 일곱 마디 말씀을 하셨습니다. 더 많은 말씀을 하셨는데 일곱 마디만 기록되어 있을 수도 있습니다. 마태복음에 하나, 마가복음에 하나, 누가복음에 셋, 요한복음에 넷입니다. 합산하면 아홉 마디 말씀입니다. 그러나 마태와 마가 복음서에 있는 것은 똑같은 것입니다. 그리고 요한복음에 있는 것 가운데 어머니 마리아와 제자 요한에게 하셨던 말씀은 하나로 계산합니다. 그래서 통상 '십자가 위의 일곱 말씀'(The Seven Words on the Cross)이라고 합니다. 이 일곱 말씀은 모두 일곱 기도로도 해석됩니다. 그런데 이 일곱 기도의 순서가 성경학자들 사이에 이의 없이 일치된 것은 아닙니다. 어느 것이 첫 기도이고 어느 것이 마지막인지 증명할 길은 없습니다. 마지막 기도만 해도 “다 이루었다”(요 19:30)는 주장도 있습니다. 그러나 대체로, “아버지여, 내 영혼을 아버지 손에 부탁하나이다”(눅 23:46)라는 의견이 훨씬 많습니다. 이 설교자도 그 의견에 찬성합니다.

이런 배경에서 볼 때 예수님께서 사람의 몸을 입고 계신 동안에 마지막 하신 말씀이 바로 자신의 영혼을 하나님의 손에 부탁드린 기도입니다. 그러므로 이것은 참으로, 참으로 의미심장한 말씀입니다. 예수님이시라면 그런 기도 안하셔도 아버지께서 그 영혼을 일백 퍼센트 보존하실 것인데 무엇 때문에 그런 기도를 하셔야만 했던가요? 그것도 신비스러운 일입니다. 한 가지 아는 것은 이 지구 위에 살고 있는 모든 사람들에게 길, 그것도 참된 진리의 길, 생명이 영원토록 보존될 수 있는 길로 안내하시기 위함일 것입니다. “내가 곧 길이요 진리요 생명이니 나로 말미암지 않고는 아버지께로 올 자가 없다.” (요 14:6). 그 말씀 그대로입니다.

사람은 그가 누구든지 삶과 죽음에 관하여 세 가지 기본적 질문을 가지고 있습니다. 그가 그런 문제를 의식하고 고민하든지 무관심하든지 그런 것과는 상관없이 전혀 피할 수 없는 질문입니다. 첫째, 사람인 나에게 영혼이 있다는 것을 알고 있는가? 둘째, 내가 죽으면 내 영혼은 어디로 가는가? 셋째, 자신의 영혼이 갈 길이 해결되었다면 지금부터 이 세상에서 인생을 어떻게 살아가야 할 것인가? 그것들입니다.

첫째 질문에 대한 대답입니다. 자신의 영혼이 없다는 사람들이 있습니다. 정신이 있고 의식도 있다는 것을 압니다. 생각하는 힘 곧 이성(理性, reason)도 있고, 감성感性 오성悟性 판단력도 있다는 것을 인정하면서도 영혼이 있다는 것은 부정합니다. 겉사람이 있는 것만 인정하고 속사람이 있다는 것은 전혀 인정하지 않습니다. 영혼이 없다고 부정하지는 않더라도 영혼이 있다는 것을 확실하게 인정하지 않는 사람들도 꽤 있습니다. 그런 사람들은 육신이 죽으면 인생은 그것으로 끝나는 것으로 판단합니다. 그런 사람들에게는 예수님의 가르침이 핵심인 기독교의 진리들은 쓰레기와 같은 것일 뿐입니다. 자신과는 아무 상관도 없고 오히려 사람에게 없는 죄를 만들어 뒤집어씌운다며 적개심을 품습니다. 한 때 지구 땅의 3분의 2를 점령했던 유물론 공산주의자들이 대표적인 무영혼추종자들이었습니다.

둘째 질문에 대한 대답입니다. 인간은 육신과 영혼, 겉사람과 속사람으로 구별할 수 있다고 믿는다면 겉사람인 육신의 생명이 끝났을 때에 속사람인 영혼은 어디로 가는가에 대한 대답입니다. 이에 대하여는 이 세상의 여러 종교들이 다채로운 방안들을 제시하고 있습니다. 한국의 샤머니즘에서도 죽은 사람의 혼백이 좋은 곳으로 가도록 무당, 점쟁이, 지관들의 도움을 받습니다. 유교에서는 조상의 혼백에게 음식물을 제공하는 제사를 드립니다. 불교에서는 환생설을 주장합니다. 하지만 죽은 사람의 육체를 떠난 영혼이 갈 곳을 가장 확실하게 가르치는 종교는 기독교입니다. 아니, 기독교의 경전인 성경입니다. 비록 로마 가톨릭교회에서는 연옥설을 주장하기도 하고 개신교회에서는 그걸 부정하는 차이는 있습니다. 그러나 예수님께서 가르치신 교훈을 살펴보면 지옥과 하늘나라 둘 중의 하나가 있을 뿐입니다. 영원한 생명이신 예수님을 소유한 사람은 하나님 나라의 시민이 되어 영원히 삽니다. 그래서 예수님 자신이 십자가 위에서 마지막으로, 그것도 혼신의 힘을 다하여 부르짖으셨습니다. "아버지여, 내 영혼을 아버지 손에 부탁드립니다."

마지막 질문에 대한 대답입니다. 우리 인간들의 영혼 구원은 죽기 전에 결정됩니다. 예수님께서는 그에 대하여 여러 번 명확하게 말씀해 주셨습니다. '메시야 곧 구원주이신 예수님을 자신의 중심부에 모셔 들이기만 하면 하나님의 자녀가 되는 권세를 주셨다'고 확언하셨습니다(요 1:12). 사도 바울은 그것을 바로 믿음이라 표현했습니다. 그래서 믿음으로 말미암아 의롭다 함을 얻는다고 확언했습니다(롬 1:16-17, 3:24). 그러므로 영원한 생명을 얻는 일은 바로 '지금, 여기에서'(here and now) 이루어집니다. 그렇다면 영원히 구원받은 사람은 어떻게 살아야 합니까? 그에 대한 대답은 여러 가지로 표현할 수 있습니다. 그러나 이 설교자는 그 대표적인 것이 바로 '예수님처럼, 꼭 예수님처럼' 살아가도록 힘쓰고 애쓰는 것이라고 즐겨 대답합니다. 성경학자들은 그것을 '성화(聖化, sanctification)의 길'이라고 합니다. 굉장히 설명을 많이 해야 될 용어입니다. 그러나 단순하게 말한다면, 유명한 찬송가의 첫 절, "저 높은 곳을 향하여, 날마다 나아갑니다"로 요약됩니다.

## 네 소속이 어디냐

하나님에게 속한 자는 하나님의 말씀을 듣는다.
그런데 너희가 듣지 않는 것은 하나님에게 소속되지 않은 까닭이다
(요 8:47)

사람은 누구나 어떤 단체나 조직에 소속됩니다. 우선 대한민국이나 미국이라는 나라의 국적을 가진 국민입니다. 같은 대한민국이라도 경기도, 충청도 등에 소속되고 또 시, 군, 면, 리, 통, 반에 소속됩니다. 학교에 가면 또 무슨 학교 학생이 되고, 그것도 학년, 반, 분단에 소속됩니다. 흔히 조직생활이라고 합니다. 그런 조직이 거미줄처럼 되어 있다고 합니다만 어쩌면 거미줄보다도 더 많은 소속에서 살아갑니다. 인생의 절반 가까이 보내는 직장 자체가 또 조직입니다. 회사는 철저한 조직으로 되어 있습니다. 사원, 계장, 팀장, 과장, 부장, 사장, 회장 …. 군대처럼 조직이 잘 된 단체는 없을 것 같습니다. 육해공군이 있고, 군단, 사단, 연대, 대대, 중대, 소대, 분대, 그리고 그 분대원들도 일련번호가 있습니다.

교회에 다니면 성결교, 감리교, 장로교에 소속됩니다. 총회 아래 또 노회, 연회, 지방회, 감찰회, 구역회가 있습니다. 그리고 각 개별 교회가 있고 조금 더 작은 단위로는 속회, 구역, 목장 등이 있습니다. 게다가 각 연령 단위별로 영아부, 유년부, 초등부 … 장년부, 노인회까지 있습니다. 그런 조직생활이 싫다며 아무 조직에도 소속되지 않은 자유인이 되겠다는 이들도 간혹 있습니다. 그래서 무소속

이라고 합니다. 그렇지만 무소속에 소속되어 있을 뿐입니다.

조직이라면 공산주의 정권을 빼어놓을 수가 없습니다. 20세기 초반 지구 땅 3분의 2를 점령했던 공산당 국가들은 가장 중요한 부서가 조직국입니다. 국제공산주의국가연합(코민테른 Comintern)부터 세포조직까지 인간을 철저한 조직 속에 꽁꽁 묶어 두었습니다. 그런데 공산정권들의 그런 물샐틈없는 조직화는 실상 그리스도 교회에서 배웠답니다. 그런 배경에서 예수님의 말씀에 다시 귀를 기울여야 합니다.

예수님께서 '하나님에게 소속한 자'라고 말씀하실 때에는 이 말씀을 처음 듣던 그 당시의 사람들이 어떤 조직에 소속되어 있다는 것을 전제로 합니다. 예수님 말씀을 듣던 사람들이 어떤 단체에 소속되어 살고 있었다는 전이해(前理解, preunderstanding)가 있었습니다. 흔히는 선민의식이 강했던 이스라엘 민족공동체, 그리고 특히 유대지파로 대표되는 열두 지파, 그리고 하나님을 섬기는 방법의 차이로 생겨난 조직들 곧 바리새파, 사두개파, 엣세네파, 헤롯왕당파, 성경학자들, 대제사장과 제사장, 이방민족들 등등 그런 조직활동이 일상생활의 중요한 부분이었습니다. 그리고 그런 조직생활은 반드시 강력한 소속감을 전제로 합니다. 조직이 소속원의 생활과 행동을 상당부분 결정합니다. 특권적 조직이 자신의 신분과 사회적 특권과 경제적 이익들을 상당부분 보장해 줍니다.

예수님께서 구약성경에 나오는 예언자(대언자) 가운데 가장 큰 관심을 가진 대상은 말할 것도 없이 엘리야였습니다. "보라, 여호와의 크고 두려운 날이 이르기 전에 내가 선지자 엘리야를 너희에게 보내리라"(말 4:5)는 등의 예언 때문이기도 합니다. 그런데 그 엘리야 대언자는 갈멜산에 모여 있는 백성들과 바알신 추종자들 앞에서 이렇게 외칩니다.

"너희가 어느 때까지 둘 사이에서 머뭇머뭇하려느냐? 여호와가 만일 하나님이면 그를 따르고, 바알이 만일 하나님이면 그를 따를지니라."(왕상 18:21).

하늘에서 불이 내려 제물을 태우는 신이 진짜 살아있는 신이라는 것을 입증하기 위한 일대 영적전쟁이었습니다. 결과는 우리 모두가 압니다. 바알신 대언자 450명이 그들 습관 그대로 칼과 창으로 자신들의 몸을 상하게 해서 피를 흘리며 부르짖었지만 아무런 응답도 없었습니다. 그러나 엘리야는 단기필마 혼자서 정성껏 제물을 드리며 하늘에서 불이 내려 제물을 태워주시도록 기도했더니 그대로 응답되었습니다. 그 때의 기도가 이렇습니다.

"아브라함과 이삭과 이스라엘의 하나님 여호와여, 주께서 이스라엘 중에서 하나님이신 것과 내가 주의 종인 것과 내가 주의 말씀대로 이 모든 일을 행하는 것을 오늘 알게 하옵소서. 여호와여 내게 응답하옵소서. 내게 응답하옵소서. 이 백성에게 주 여호와는 하나님이신 것과 주는 그들의 마음을 되돌이키심을 알게 하옵소서" (왕상 18:36-37).

그랬더니 기도가 끝나면서 여호와의 불이 내려서 번제물과 나무와 돌과 흙을 태우고 또 도랑의 물까지 바싹 말려놓았습니다. 이것을 보고 모든 백성들이 일제히 엎드려 외쳤습니다. '여호와 그는 하나님이시로다, 여호와 그는 하나님이시로다.'(왕상 18:38-39).

엘리야는 대언자의 대표입니다. 그가 보여준 기적, 그의 순교적 충성, 하나님이 그에게 주시는 능력, 구약성경에 대언자들이 많이 있지만 오직 엘리야가 다시 올 것이라는 예고로 볼 때 그렇습니다. 다시 오리라 했던 엘리야는 바로 세례자 요한이라고 예수님은 밝히셨습니다(마 17:12). 예수님은 바알신 추종자들과 창조신의 자녀들 사이에 벌어졌던 갈멜산의 큰 영적 싸움을 잘 알고 계셨습니다. 그리고 엘리야가 하나님에게 소속된 대표적 인물이라는 것을 다시 한 번 확인해주셨습니다. 하지만 예수님께서는 엘리야를 통하여 하나님께서 그 백성에게 나타내신 교훈을 한 걸음 더 밝혀 주셨습니다. 하나님은 엘리야의 경우처럼 그 백성들의 기도를 들으시고 응답하실 뿐만 아니라, 하나님의 백성이라면 반드시 하나님의 말씀대로 순종해야 한다는 가르치심입니다.

'믿음은 들음에서 나며 들음은 그리스도의 말씀으로 말미암는다' (롬 10:17) 그대로입니다. 듣는다는 것은 물론 일차적으로는 귀로 듣는 것입니다. 이차적으로는 마음과 생각으로 깊이 깨닫는다는 뜻입니다. 삼차적으로는 '순종한다'는 뜻입니다. 사차적으로는 예수님처럼 산다는 뜻입니다. 오차적으로는 예수님처럼 십자가에 목숨을 바친다는 뜻입니다. 예수님께서 자주 말씀하신, '들을 귀 있는 자는 들을지어다'(막 4:9 등)가 그런 넓고 높은 뜻을 품고 있습니다.

예수님께서는 유대인들, 바리새파들, 성경학자들, 제사장들, 아니 이 세상의 모든 권력자들과 특히 그리스도인들에게 이런 말씀으로도 풀어주셨습니다. "너희는 아래서 났고, 나는 위에서 났으며, 너희는 이 세상에 속하였고, 나는 이 세상에 속하지 아니하였다. 그래서 내가 너희에게 말하기를 너희가 너희 죄 가운데서 죽으리라 하였다. 너희가 만일 내가 그 인줄 믿지 아니하면 너희 죄 가운데서 죽으리라."(요 8:23-24). 하나님의 말씀을 듣는 자는 하나님으로부터 난 자라는 선언입니다.

그래서 결단하고 확인해야 합니다. '당신은 하나님의 어떤 말씀을 들으셨습니까?' 하나님에게 속한 하나님의 백성, 하나님의 아들이신 예수님에게 소속된 그리스도인 혹은 예수쟁이라는 증거가 무엇입니까?

## 자기 피로 사신 교회

너희는 자기를 위하여 또는 온 양떼를 위하여 삼가라.
성령이 저들 가운데 너희로 감독자를 삼고
하나님이 자기 피로 사신 교회를 치게 하셨느니라 (행 20:28)

밀레도에서 집회가 열렸습니다. 터키의 에베소 가까이 있는 도시입니다. 사도 바울의 특별한 요청이 있었습니다. 참석자들은 에베소교회 장로들이었습니다. 오늘날의 장로 곧 '다스리는 장로'가 아니고 '말씀을 가르치는 장로' 곧 목회자들입니다(딤전 5:17). 에베소교회에서 여럿이 공동목회를 하고 있었습니다.

그런데 사도 바울이 그 교회에서 3년 동안 사역했었습니다. 사도 바울의 가르침을 받았기에 그를 존경하는 장로들이 모였습니다. 사도 바울의 전도여행은 이제 로마로 향합니다. 그런데 거기에 가게 되면 더 이상 에베소교회 장로들을 만날 것 같지 않은 예감이 들었습니다. 그래서 에베소교회에 가서 성도들에게까지 직접 집회하지 못하고 지도자들만 밀레도로 불러서 만나게 되었습니다. 요절 말씀은 그 밀레도 수양회에서 했던 사도 바울의 설교 요약문에 있는 말씀입니다.

하나님은 우주만물을 창조하셨습니다. 우리는 창조주 하나님을 믿습니다. 하나님을 이 세상의 잡신들과 구별한다면 곧 '창조의 하나님' 혹은 창조신(創造神, God the Creator)이십니다.

그런데 하나님은 이 세상 만물들을 되도록 아름답게 만드셨습니다. 오늘날에도 예술인들이 아름다운 작품을 만들기 위하여 온갖 정성을 다 쏟는 것은 바로 창조신 하나님의 이 성품을 한 조각이라도 이어받은 때문입니다. 사람들은 누구나 아름답거나 창의적이거나 혹은 기기묘묘한 것들을 보고 만지고 체험하기를 열망합니다. 하나님께서 심어주신 마음입니다.

그러나 창조신 하나님의 솜씨를 보면 또 다른 은혜를 받습니다. 그분은 이 세상의 대부분을 만드실 때에는 말씀으로 창조하셨습니다. '빛이 있어라' 하시면 빛이 창조되었습니다. 시간이 있어라 하시면 시간이 창조되었습니다. 백합꽃이 있어라 하시면 백합꽃이 창조되었습니다. 바람이 있어라 하시면 바람이 나타났고, 바다가 생겨나라 하시면 바다가 생겨났습니다.

그런데 하나님은 각종 새들과 짐승들을 만드실 때에는 땅의 흙을 재료로 사용하셨습니다(창 2:19). 필경 바다의 모든 물고기를 만드실 때에도 같은 재료를 사용하셨을 것입니다. 자본을 투자하셨다는 뜻입니다. 그것은 식물보다는 동물의 생명이 더 귀중하다는 뜻입니다. 그래서 동물들은 식물을 먹고 살도록 하셨습니다. 반면에, 식물들은 동물이 죽어야만 그 시체에서 영양분을 섭취할 수 있게 하셨습니다.

그런데 하나님께서 사람을 만드실 때에는 더 값비싼 것들을 투자하셨습니다. 흙으로 사람을 지으셨다는 점에서는 동물들과 별 차이가 없습니다. 그리고 더 귀중한, 정말 귀중한 재료를 사용하셨습니다. 곧 하나님께서 친히 숨을 불어넣으셨습니다. '숨'은 생명을 유지하게 하는 필수불가결의 물질입니다. 아니, 성경에서의 숨은 하나님 자신의 영(靈, spirit)을 뜻합니다. 사람만이 하나님의 영을 소유한 피조물이 되었습니다. 그것을 성경에는 '하나님의 모양, 하나님의 형상'(imago Dei)이라고 했습니다.

"하나님이 말씀하셨다. 우리의 형상을 따라 우리의 모양대로 우리가 사람을 만들자" (창 1:26).

"여호와 하나님이 땅의 흙으로 사람을 지으시고 생기를 그 코에 불어넣으시니 사람이 생령이 되었다" (창 2:7).

사람이 이 세상 모든 피조물보다 더 귀중하다는 것은 예수님도 확인해 주셨습니다. "사람이 만일 온 천하를 얻고도 제 목숨을 잃으면 무엇이 유익하리요. 사람이 무엇을 주고 제 목숨과 바꾸겠느냐? "(마 16:26). 예수님께서 한 생명 한 생명의 구원을 위하여 자신의 목숨을 십자가 제단에 희생양으로 바치실 것을 내다보시고 하신 말씀입니다.

사람을 만드시는 과정도 조금 더 자세히 살펴보면 우리는 하늘의 진리를 더 깨닫게 됩니다. 남자를 만드실 때보다도 여자를 만드실 때 더욱 값비싼 재료를 사용하셨습니다. 남자를 만드실 때에는 진흙을 사용하셨습니다. 그러나 여자를 만드실 때는 남자의 갈비뼈를 사용하셨습니다. 더 고급재료를 사용하신 것입니다. 주목할 대목입니다.

거듭 말합니다. 하나님께서는 사람을 창조하실 때 엄청난 사명을 주셨습니다. 하늘의 천체나 땅 그리고 식물과 동물을 만드실 때에는 아무런 사명을 주신 일이 없습니다. 그러나 사람에게는 이렇게 말씀하셨습니다.

"생육하라. 번성하라. 땅에 충만하라. 땅을 정복하라. 바다의 물고기와 하늘의 새와 땅에 움직이는 모든 생물을 다스려라" (창 1:28).

인류학자나 교육학자들이 자주 지적하는 말이 있습니다. 인간은 동물 가운데 가장 연약한 존재로 태어난다는 사실입니다. 식물이나 대부분의 동물들은 이 세상에 태어나서 어미가 보살피지 않아도 일찍부터 자립하여 살아남습니다. 그러나 사람만은 결코 살아남지 못합니다. 부모가 긴긴 기간 동안 정성스럽게 보살펴 주어야 겨우 자립합니다. 하지만 사람은 가장 연약한 피조물이면서도 온 세상의 식물과 동물들을 정복하는 가능성을 가지고 태어납니다. 왜 그럴까요? 하나님께서 사람에게는 하나님의 형상을 넣어주셨기 때문입니다. 전지, 전능, 전재하신 하나님이십니다. 그리고 그 하나님께서 사람에게만 소명을 주셨습니다. 생육하라, 번성하라, 땅을 가득히 채우라, 모든 생물을 다스리라.

그런데 하나님께서는 더 중요한 것을 창조하셨습니다. 그것이 교회입니다. 자기 외아들의 생명을 투자하여 세우신 것이 교회입니다. 아니, 삼위일체 하나님을 이해한다면 외아들의 생명은 곧 자신의 생명이라는 것을 깨닫게 됩니다. 자기 생명인 외아들 예수의 생명을 가장 큰 고통을 체험한 뒤에 숨을 거두게 하심으로 교회를 창조하셨습니다.

그래서 예수님은 열두 제자들이 자신이 메시야임을 깨달았을 때 바로 교회 설립계획을 발표하셨습니다. 그런 다음에 또 이어서 자신이 예루살렘에 올라가 십자가에 처형될 것임을 말씀하셨습니다. 그래서 교회가 무엇이냐고 물으면 이 설교자는 주저 없이 대답합니다. 교회는 함생체  곧 집합된 생명체란 뜻입니다. 영원한 생명을 가진 두 사람 이상이 그리스도 예수님의 생명을 소유한 공동 생명체입니다. 목숨을 바쳐 목숨을 구원하겠다는 주님의 뜻을 가장 성실히 수행하는 하나님의 가족, 예수 그리스도의 몸, 성령의 집입니다. 교회는 단체요, 조직이요, 모임일 수 있습니다. 그러나 영원한 생명이신 예수 그리스도와 영원한 생명을 선물 받은 인간의 연합 생명체입니다.

## 다 이루었다

예수께서 신 포도주를 받으신 뒤에 말씀하셨다. 다 이루었다.
그런 다음 머리를 숙이시고 영혼이 돌아가셨다 (요 19:30)

예수님께서는 대체로 33년을 살고 가셨습니다. 정확한 나이에 대하여는 학자들마다 주장이 약간 다릅니다. 지금으로 치면 매우 젊은 나이에 일생을 마감하셨습니다. 아니, 그 때의 나이로도 그렇습니다. 특히 성경에는 초기인류들 중에 900세 이상을 산 사람들도 여럿입니다. 제일 오래 산 사람이 므두셀라입니다. 969년을 살았답니다. 예수님은 너무 짧게 사셨습니다.

33년 가운데도 30년은 준비에 쏟았습니다. 본격적으로 구원목회를 하신 것은 불과 3년 정도입니다. 인류역사상 가장 존경스러운 사람을 성인聖人이라고 합니다. 세계역사가들은 4대성인으로 공자, 석가, 예수, 소크라테스를 말합니다. 그분들이 종교와 철학사상의 창설자라는 점에서는 이슬람의 무하마드를 포함하여 5대성인으로 해도 좋겠습니다. 그러나 이슬람은 일반역사가들에게는 기독교의 한 종파로 생각됩니다.

그 4대 성인 가운데서도 예수님은 제일 짧게 사셨습니다. 그리고 공자나 석가는 자연사 곧 순명順命했습니다. 소크라테스는 독배를 마시고 죽었습니다. 그러나 예수님은 십자가 위에서 가장 흉칙하게, 가장 고통스럽게, 가장 큰 창피를 당하면서 죽었습니다. 그 네 분들은 각각 제자들을 육성했습니다. 그분들의 사상을 계승 발전시키는 매우 우수한 제자들이 있었습니다. 그런데 예수님은 제자 육성기간이 아주 짧았습니다. 불과 3년간이었습니다.

하지만 인류역사에 끼친 영향력에 있어서는 예수님이 단연 돋보입니다. 가장 짧게 사시고, 활동기간도 가장 짧으시고, 사회적 직위도 가장 낮으셨고, 반대자들도 가장 격렬하게 저항했었고, 가장 참혹하게 죽으셨지만, 인류 역사에서 가장 많은 추종세력을 이끌어 내신 분이 되셨습니다. 이슬람권에 끼친 예수님의 영향력을 더한다면 이미, 지금도, 그리고 앞으로는 더욱 더 인류역사를 주도하는 결정적 영웅이 되실 것이라 예언해도 좋습니다.

그렇다고 예수의 이름을 빙자하여 저질렀던 죄악들에 눈감을 필요는 없습니다. 기독교 세력이 정권과 결탁하여 사람의 생명을 살해하고 학대해온 것이 결코 작은 규모가 아닙니다. 중세의 십자군 원정이 그 대표적입니다. 그리고 히틀러의 유대인 등의 대학살에도 예수님의 이름이 악용되었습니다. 인간이 지은 모든 죄악의 문제를 해결하려고 오신 예수님의 그 이름이 인간생명을 학대하는 가장 큰 도구가 되었다는 것이 통탄스러울 뿐입니다. '죄'라는 말의 헬라어 원문은 '목표를 비껴가다'라는 뜻인 것 그대로입니다. 예수님의 가르치심과 행동하심을 그 바른 목적대로 지키지 않고 자기들의 어떤 유익을 위한 수단으로 사용한 사람들의 죄악이 오히려 인간의 생명을 대량으로 죽이고 극악스레 학대했던 결과입니다.

그런데 예수님의 그 짧은 3년간의 생애에서 성경에 제일 집중적으로 기록된 것은 바로 십자가의 처형과 부활로 끝나는 최후의 일

주일입니다. 사도신경에 있는 그대로 '본디오 빌라도에게 고난을 받아 십자가에 달려 죽으시고, 3일 만에 다시 살아나셨다'는 것으로 요약됩니다. 하나님의 아들이시면서 삼위일체 하나님의 한 위격이신 예수님께서 가장 고통스럽고 흉칙스러운 십자가 사형처분을 받으시고 죽으셨습니다. 그런데 예수님께서 그 십자가 위에서 하신 말씀 가운데 일곱 마디가 남아 있습니다. 그 가운데 하나가 바로 "다 이루었다"입니다. 이 말씀은 예수님께서 십자가 위에서 남기신 최후의 선언이라는 의견도 있습니다. 성경말씀은 다이아몬드와 같습니다. 여러 시각에서 보아도 각각 색감이 다른 영롱한 빛을 발한다는 뜻입니다. 이 말씀은 하나님 아버지를 향하여 하신 말씀입니다. '임무 완수'라는 보고입니다. 성부 하나님께서 맡기신 사명, 곧 온 인류의 죄악을 대신 짊어지시고 십자틀 제물이 되신 사명을 완수했다는 보고입니다. 일찍이 아브라함이 그 아들을 모리아 산에서 제물로 바쳤던 것을 연상하게 됩니다.

특히 '다 이루었다'는 원말은 '테텔레스타이'입니다. '빚을 다 갚았다' 혹은 '세금을 완납했다'는 뜻입니다. 지금도 은행창구에서 고객을 상대하는 사람을 영어로 텔러(teller)라고 합니다. 우리 인간들이 하나님에게 죄를 짓는 것은 '인생의 목표를 빗겨나간다'는 뜻과 함께 '빚을 진다'는 의미이기도 합니다. 그런데 우리 인간이 가령 살인죄를 졌다면 그 살인범은 바로 죽은 사람에게 '생명을 빚지고 있다'는 뜻입니다. 그러니까 살인한 자는 그 생명을 죽이는 사형집행을 함으로써 '이는 이로 갚고, 눈은 눈으로 갚는' 원리가 적용됩니다. 그것이 하나님의 말씀입니다. 그런데 예수님께서 그 모든 살인죄를 대신 십자가 위에서 값없이 갚아 주셨습니다.

예수님의 이 '다 이루었다'는 선언은 다면적 진리를 내포하고 있습니다. 예수님께서 하나님의 아들로서 사람의 옷을 입으신 것은 마치 감옥에 갇히신 것과 다름없습니다. 그만큼 자유가 극도로 제한되신 것입니다. 또 그만큼 가혹하고 혹독한 학대의 대상이 되셨습니다. 그러면서도 예수님은 우리가 사는 지구 위에 출장을 오셨습니다. 출장은 반드시 해야 할 목표를 가지고 있습니다. 예수님의 출장목표는 사람 하나하나의 생명을 살려내는 구원사역이었습니다. 예수님은 그 구원의 통로를 만드시는 공사에 혼신의 힘을 기울이셨습니다. 자신의 몸 곧 생명을 담고 있는 육신을 깨뜨려서 마침내 그 구원으로 가는 길을 완성하셨습니다. '다 이루었습니다.' 이 말씀은 바로 자신을 보내신 성부 하나님께 드린 출장보고입니다. 하나님으로부터 영광의 박수를 받으셨을 것입니다.

이제 우리들 차례입니다. 우리들은 성삼위 하나님에게 빚을 많이 졌습니다. 돈이 없다 없다 해도 우리가 일생토록 쓴 돈은 결코 작은 액수가 아닙니다. 그 돈을 하나님에게 빚졌습니다. 부모를 통하여 내 육신이 태어난 것도 하나님에게 진 빚입니다. 병 고침을 받고 건강하게 산 것도, 학교 교육을 받아 사람다운 사람이 된 것도, 그래도 이 좋은 시대에 태어나서 비행기 타고 세계 여행을 다니게 된 것도 모두 하나님에게 진 빚입니다. 그러나 무엇보다도 생명을 주셔서 이 땅 위에서 예수님보다도 더 오래 살고, 또 그 생명이 예수님께서 대신 죽으심으로 영원한 생명을 얻게 되었습니다. 직접적으로는 예수님의 은혜요 종합적으로는 성삼위 하나님의 은혜입니다. 그 은혜를 빚진 우리들도 죽을 때에 '임무 완수,' '예수님께서 제 빚을 다 갚아주셨네요, 감사합니다.' 그런 말 한 마디라도 남기고 죽어야 하겠습니다. '아버지, 다 이루었습니다.' 예수님의 그 말씀이 우리들에게는, '예수님께서 대신 이루어주셨습니다. 감사합니다'가 우리들 평생의 최후 기도가 되어야 합니다.

## 만인 제사장, 만인 대언자, 만인 통치자

그리로 앞서 가신 예수께서 멜기세덱의 반차를 따라
영원히 대제사장이 되어 우리를 위하여 들어 가셨느니라 (히 6:20).
이는 누구냐 하거늘, 무리가 이르되,
갈릴리 나사렛에서 나온 선지자 예수라 하니라 (마 21:11)
어린 양은 만주의 주시요
만왕의 왕이시므로 그들을 이기실 터이요... (계 17:14)

하나님은 물건이나 사람을 거룩하게 구별하는 방법으로 기름을 뿌리거나 바르도록 하셨습니다. 특히 올리브 기름을 사용하게 하셨습니다. 회막과 증거궤에 바르고, 성막과 성전에서 사용하는 상과 분향대에도 바르게 하셨습니다.

번제단과 모든 기구와 물두멍과 그 받침에도 바르게 하셨고 특히 첫 번 대제사장 아론의 아들들에게 기름을 발라 제사장을 맡기는 위임식을 거행하게 하셨습니다. 그리고 이런 기름 바르는 예식을 엄중하게 집행하라고 하셨습니다(출 30:22이하). "이는 거룩하니 너희는 거룩히 여기라"고 명령하셨습니다(출 30:32). '거룩하다'는 말은 '하나님적 상태'를 뜻합니다.

직분 맡은 사람들 머리 위에 기름을 붓는 예식에는 구약성경에 세 종류가 있습니다. 첫째로, 아론과 그 아들들에게 기름을 부어 제사장 위임식을 거행하게 하셨습니다(출 28:41, 30:30). 둘째로, 사무엘에게 기름을 부어 선지자(예언자/대언자)로 삼으셨습니다.

셋째로, 사울왕(삼상 10:1), 다윗왕(삼하 2:4, 5:3), 솔로몬왕(왕상 1:39) 등에게 기름을 부어 통치자로 위임하셨습니다. 요약하면 제사장, 대언자, 왕 이 세 직분은 기름부음을 받아야만 했습니다. 하나님의 거룩성을 부여하는 예식입니다. 거룩하다(히, 카도쉬)는 것은 구별한다는 뜻도 있지만 하나님의 성품을 소유한다는 뜻이기도 합니다. '성결하게 한다' 혹은 '성별한다'고 말합니다.

2017년 10월 31일은 서양역사의 큰 사건인 종교개혁(Reformation) 500주년 기념의 해였습니다. 지구 여러 곳에서 여러 형태의 의미 깊고 성대한 행사들이 있었습니다. 그러나 가장 중요한 것은 그 종교개혁 지도자들처럼 십자가 위에 목숨을 걸어놓고 어떻게 하면 교회를 새롭게 개혁하느냐가 중요하고 또 중요합니다. 교회개혁은 결코 멈춰서는 안 됩니다. 항상 개혁되어야 합니다. (reformata semper reformanta). 현재진행형으로 계속되고 쾌속으로 수행되어야 합니다. 부분적으로도 개혁되고 근본적으로도 개혁되어야 합니다. 교회가 살아 있는 몸이 되려면 날마다 새로운 음식을 먹고, 운동하고, 신선한 공기를 마셔야 합니다. 생명체이기 때문입니다.

이 설교에서는 그 가운데 하나로 '만인제사장론'(priesthood of all believers) 정신을 드높여야 한다는 점을 집중적으로 펼치려 합니다. 이 만인제사장론은 로마가톨릭교회의 근본을 뒤집어 놓은 루터의 주장입니다. 가톨릭교회가 근본교리로 삼아왔던 제사장 계급과 평신도 계급의 엄격한 분리를 단숨에 혁파했습니다. 신부, 주교, 추기경, 교황은 제사장 계급입니다. 이들은 가르치는 계급(teaching class, magisterium)이고, 성찬을 주는 계급입니다. 반면에 평신도들은 '배우는 계급(learning class)이고 성찬을 받는 계급입니다. 그런데 루터는 이 계급의 벽을 허물어 버렸습니다. 구원받은 모든 성도는 다 "왕 같은 제사장"(벧전 2:9)이라고 선언했습니다.

이 만인제사장론은 교회만 크게 개혁한 것이 아니라 인류 역사의 방향도 굉장하게 방향전환을 시켰습니다. 인권향상에 엄청나게 공헌했습니다. 하나님 앞에 만민이 평등하다는 사상으로 확장되었습니다. 인종차별, 빈부차별, 사회계급을 타파했고, 남녀평등 실현의 원동력이 되었습니다.

그래서 개신교회에서는 목사도 평신도(헬. 라오스)이고 또 모든 평신도는 제사장이라고 선언했습니다. 그래서 하나님의 모든 백성들은 목사, 신부, 교황의 중개 없이 성삼위 하나님께 직접 예배드리고, 기도할 수 있다고 선언했습니다. 그것이 아직도 미완성이긴 합니다만, 여성들도 장로, 목사, 예배 순서 담당자로 봉사할 수 있게 되었습니다.

그러나 아직도 미완성입니다. 평신도가 세례 베풀고 성찬식 집례할 수 있습니까? 축도할 수 있습니까? '만인선교사론/만인전도자론'의 근거인 "너희는 가서 모든 민족으로 제자를 삼아 … 세례를 주라"(마 28:19-20)는 말씀에서 '너희'는 성경기록 당시에는 열한제자였습니다. 그러나 그들은 모든 성도를 대표합니다. 그런데도 성례집행권은 목사들에게만 독점되고 있는데 그것은 교회질서 유지가 그 근거입니다. 하나님은 질서의 하나님이시기에 그럴 수 있습니다(고전 14:40, 골 2:5). 그러나 개신교회도 가톨릭교회처럼 목사가 없는 상황에서는 평신도가 세례와 성찬을 베풀 수 있도록 제도화해야 합니다.

게다가 더 있습니다. 만인제사장론은 구약시대에 하나님께서 맡기신 3대 직분으로도 확장되어야 합니다. 곧 예수 믿고 구원받으면 누구나 제사장이 될 수 있는 것뿐만 아니라, 선지자(예언자/대언자)가 되고, 왕이 된다는 사실을 명확하게 가르쳐야 합니다. 곧 만인제사장론, 만인대언자론, 만인통치자론입니다. 와아! 이 얼마나 고귀한 직분이고 또 얼마나 감격스러운 은혜입니까. 이것은 무슨 이단교주들의 주장처럼 들릴 수도 있습니다. 이단들이 그렇게 악용했던 일들이 꽤 있습니다. 그래서 더욱 바르게 풀어야 합니다.

우리는 모두 주 예수님께서는 대제사장이십니다(히 3:1). 멜기세덱(의의 왕)의 반차를 따르신 분입니다. 제사장은 기름 부어 세웠습니다. 대언자와 왕도 기름 부어 세웠습니다. 안수직입니다. 3대 안수직입니다. 그래서 예수님은 바로 이들 제사장, 대언자(마 21:11), 왕 곧 통치자(요 18:37)의 3대 기름 부어 세우는 안수직을 함께 가지신 분이십니다. 그래서 그분을 메시야 혹은 그리스도라 부릅니다. '기름부음을 받았다'는 뜻입니다. 곧 기름사람입니다. 그래서 예수님께서 이 땅 위에 계실 때에 '너는 누구냐'는 질문을 여러 번 받으셨는데 그 가장 중요한 대답의 하나가 바로 제사장/대언자/통치자의 삼중직분(munus triplex)입니다.

그런데 우리가 '예수님을 믿는다'는 것은 무슨 뜻입니까? 여러 성구로 풀어낼 수 있습니다. 대표적으로는 '예수님을 생명의 주인으로 영접하는 결단'입니다(요 1:12-13). 그래서 지금도 우리는, "주 예수 내 맘에 들어와 계신 후 변하여 새 사람 되고" 찬송가를 감격스럽게 부릅니다.

대제사장이신 그분께서 내 속에 들어와 계십니다. "이 첫째 부활에 참여하는 자들은 … 하나님과 그리스도의 제사장이 되어 천년 동안 그리스도와 더불어 왕노릇하리라" (계 20:6). 그래서 구원받은 성도는 모두가 예배순서에 참여합니다. 대언자이신 그분께서 내 안에 계십니다. 그래서 우리도 교회학교에서 가르치고, 전도하고, 간증하고, 선교합니다(막 16:15). 만왕의 왕이신 그분께서 내 안에 계셔서 내 인생을 주도해 가십니다. 그래서 우리도 전도회장, 목장장, 위원장, 부장 등의 직분도 맡습니다.

그런데 오만방자해서는 안 됩니다. 그분은 십자가에 목숨을 걸어 놓으신 제사장이요, 대언자이시요, 통치자이십니다. 사탄의 사람들도 때로는 제사장 노릇하고, 대언자 행세 하고, 헤롯왕처럼 위세를 부립니다. 그런데 사탄은 결코 십자가를 진 일이 없습니다. 진짜와 가짜는 언제든지 십자가로만 감별할 수 있다는 뜻입니다. 예수님께서 지셨던 바로 그 십자가가 표준입니다.

## 아, 하나님의 아들이시구나

예수를 향하여 섰던 백부장이 그렇게 숨지심을 보고 말하되,
'이 사람은 진실로 하나님의 아들이었도다' 하더라
(막 15:39)

예수님께서 빌라도에 의하여 사형선고를 받으셨습니다. 그런 다음 예수님의 몸은 로마군대로 넘겨졌습니다. 사형집행단의 책임을 맡은 사람은 백부장이었습니다. 수하에 100명의 군병을 지휘하는 계급이요 직책입니다. 한국군으로 말하면 소대장보다는 높고, 중대장보다는 낮은 계급입니다. 사형수가 로마시민권자라면 목을 베어 참수형을 집행했습니다. 사도 바울이 로마에서 그렇게 처형되었답니다. 그러나 예수님은 로마시민이 아닌 까닭에 십자가에 매어달아 처형했습니다. 원래 유대인들에게는 돌을 던져 죽이고 그 자리에 그대로 돌무덤을 남기는 사형법이 있었습니다. 스데반이 그렇게 처형당했습니다. 죽는 사람의 입장에서는 그래도 돌무덤에 파묻혀 죽는 것이 덜 치욕적일 것입니다.

그런데 예수님은 십자가에 매어달아 처형하도록 결정되었습니다. 그 사형집행의 실무를 맡은 군대 책임자가 바로 백부장입니다. 복음서에는 백부장이 몇 명 나오지만 백부장이라는 직분으로만 불렸을 뿐 그 이름이 남아있지 않습니다. 사도행전에는 백부장 고넬료도 있고, 백부장 율리오도 있어 이름이 기록되었습니다.

십자가 처형이라는 사형선고를 받은 예수님의 신병(몸)은 그 백

부장의 손에 인계되었습니다. 안식일 이전에 처형되어야 한다는 절박감 때문에 모든 일이 신속하게 진행되었습니다. 금요일 아침 일찍 예수님을 범법자 고문장소로 끌고 갔습니다. 로마 군대들이 조롱도 하고 희롱도 했습니다. 침도 뱉었습니다. 옷을 모두 벗기고 속옷만 남겨두었습니다. 탱자가시로 만든 모자를 씌웠습니다. 형틀에 대롱대롱 매달았습니다. 철편과 뼈를 붙인 채찍으로 사정없이 고문을 했습니다. 온 몸에서 피가 흘러내렸습니다. 반쯤 죽은 상태였습니다. 그런 모든 것이 백부장의 지휘 아래 이루어졌습니다.

예수님에게 십자가 형틀을 지워 사형집행장인 골고다(해골언덕)로 이끌고 갔습니다. 행여 민중의 반란이라도 있을 것 같아 일백명의 로마 군인들이 요소요소마다 서서 경계태세를 유지했습니다. 십자틀 나무를 어깨에 메고 가시다가 그 자리에 주저앉으셨습니다. 너무 고문이 심했고 피를 많이 흘리셨던 까닭입니다. 백부장의 지휘로 구레네(리비야)에서 온 유대청년 시몬이 십자틀을 대신 지었습니다.

예수님은 십자가에 매달리신 채 6시간 정도 버티셨습니다. 그런 극한상황 가운데서도 정신을 똑똑히 차리셨습니다. 성경의 기록으로는 적어도 일곱 마디 기도를 남기셨습니다. '십자가 위의 일곱 말씀'(The Seven Words On The Cross)이라고 합니다. "아버지, 제 영혼을 아버지 손에 부탁드립니다."(눅 23:46). 큰 소리로 그런 기도를 드린 뒤에 숨을 거두셨습니다.

그런데 예수님 운명 전후에 신비한 일들이 잇따라 터졌습니다.

해가 빛을 잃고 온 땅을 어두움이 뒤덮었습니다(눅 23:44). 예루살렘 성소 휘장이 위로부터 아래까지 저절로 둘로 갈라졌습니다. 지진으로 땅이 흔들렸습니다. 땅이 흔들리고 바위가 터졌습니다. 무덤들이 열리면서 죽은 성도들의 몸이 다시 살아났습니다. '거룩한 성'에 들어가 많은 사람들에게 자신들이 살아났음을 보여주었습니다(마 27:51-54, 눅 7:2-10).

이런 전무후무한 사건들을 겪으면서 평생 용맹스러운 군인으로 살아온 백부장이 무서운 공포에 휩싸였습니다. 이미 가버나움 지역의 경비를 책임진 동료 백부장으로부터 예수님께서 그 부하의 질병을 먼 거리에서 말씀 한 마디로 고치셨다는 이야기를 들었습니다. 그 동료 백부장은 이스라엘 사람들을 위하여 회당도 지어주었던 인물입니다.

십자가 처형담당 백부장은 이제 속마음을 도저히 감출 수가 없었습니다. 총독 빌라도가 공개재판을 할 때부터 경비책임을 감당해 왔는데 그 때부터 경비직무상 예수님의 말씀, 얼굴표정, 태도, 행동을 조금도 놓치지 않고 세심하게 관찰해 온 그였습니다. 아니, 유대인 공회에서 대제사장 안나스에게 심문받으셨던 과정에 대하여서도 자세한 정보보고를 받고 있었습니다. 그런데 이제 해골언덕까지 오면서, 십자가 위에서 일곱 기도를 하시는 그 모습에서, 숨을 거두시면서 갑자기 일어난 엄청난 일들을 체험하면서 그의 마음속에는 이 분이야말로 하나님의 아들이라는 확신이 넘쳐흘렀습니다.

그런 하나님의 아들을 고문하고 처형했던 자신이 살아남을 길이 없을 것 같은 공포에 휩싸였습니다. "뱀들아, 독사의 새끼들아, 너희가 어떻게 지옥의 판결을 피하겠느냐"(마 23:33)는 말씀을 그분이 하셨다는 정보를 알고 있었습니다. 그런데 그 말씀이 자신을 향한 무서운 경고가 되어 귀를 왕왕 울리고 있었습니다. 자기만이 아니라 부하들도 공포에 휩싸였습니다. 군인들은 언제 죽을지 모르는 직무를 수행하고 있기 때문에 죽음과 삶, 영원한 죽음과 영원한 삶에 더욱 민감했습니다.

그 백부장은 회개했습니다. 크게 뉘우쳤습니다. 그리고 이제라도 살아나야 할 길을 찾아야 했습니다. 자기는 물론이지만 자기 휘하에서 예수님을 잔혹하게 고문하고 학대하고 처형했던 죄를 용서받을 길을 찾아야 했습니다. 그래서 그는 군 지휘관의 우렁찬 목소리로 외쳤습니다.

"이 분은 정녕 의로우신 분입니다" (눅 23:47).

"이 분은 진실로 하나님의 아들이십니다" (마 27:54, 막 15:39).

백부장은 혼자만 예수님 처형죄에서 해방되어서는 안 되겠다고 깨달았습니다. 지휘관은 항상 부하들의 안녕과 복지를 생각해야 하기 때문입니다. 그래서 그 일대를 경비하는 모든 부하군인들에게 복창을 시켰습니다. "예수님은 참으로 의로우신 분이시다." "예수님은 참으로 하나님의 아들이시다."

로마 군인들의 우렁찬 복창음성이 골고다 곧 해골언덕을 뒤덮었습니다. 아니 가까이 있는 예루살렘에까지 그 함성이 울려 퍼졌습니다. 그를 죽인 대제사장과 공회의원들, 무엇인지도 모르고 예수님을 십자가에 못 박으라고 아우성 쳤던 어리석은 민중들, 누구보다도 총독자리에 위협이 될까봐 민중들의 요구대로 사형판결을 했던 빌라도. 그리고 또 있습니다. 예수님이 처형되심으로 살아남은 바라바, 그들 가슴에도 깊이깊이 울려 퍼졌습니다. 아니 또 있습니다. 자신들이 바로 예수님을 처형했던 주범이라는 사실을 새까맣게 모르고 발호해 왔던 모든 인류들, 아니, 누구보다도 바로 나 자신의 영혼 속에 지금도 우렁차게 울려오고 있습니다.

'예수님은 하나님의 아들 메시야이시다.' 그런 증언을 다른 사람이 아닌 예수님을 학대하고, 고문하고, 처형했던 그 백부장이 증언했다는 것은 천금의 무게가 있습니다. 어쩌면 그 백부장은 후일 그 당시 세계역사의 중심지인 수도 로마로 발령받아 그 곳에 첫 교회를 세우는 일꾼이 되었는지도 모릅니다. 그렇다면 예수님을 처형했던 자가 바로 예수님의 복음을 로마도시 한 복판에서 전파하는 인물로 바뀐 것입니다. 이 사건에서 우리는 시퍼렇게 살아계신 하나님을 만나게 됩니다.

## 하나님이 해결하신다

그러므로 염려하여 이르기를
무엇을 먹을까 무엇을 마실까 무엇을 입을까 하지 말라
이는 다 이방인들이 구하는 것이라
너희 하늘 아버지께서
이 모든 것이 너희에게 있어야 할 줄을 아시느니라
그런즉 너희는 먼저 그의 나라와 그의 의를 구하라
그리하면 이 모든 것을 너희에게 더하시리라 (마 6:31-33)

아기가 이 세상에 태어나면 제일 먼저 울음보를 터뜨립니다. 만약 울지 않으면 정상아가 아니랍니다. 그리고 어떤 아기도 태어나자마자 함박웃음을 터뜨리는 경우는 없습니다. 그런데 무엇 때문에 첫 행동이 울음인지는 의학자들의 설명이 있습니다. 그렇다고 의학이 인간만사를 다 풀어내는 것은 아닙니다. 어쩌면 이 험악한 세상에서 살아갈 것을 생각하니 겁이 덜컥 나서 우는 것은 아닐는지요.

어떻든 인생은 어머니 뱃속에 있을 때부터 문제들과 싸워야 합니다. 지금은 특히 뱃속 아기의 건강상태도 훤히 파악할 수 있는 시대가 되었습니다. 치명적인 질병을 가지고 있는 것이 발견되면 그 아기 부모들의 고통은 죽을 지경에 이릅니다.

예수님도 베들레헴에서 처음 태어나실 때 이 세상에 나오자마자 으앙 하고 울음보를 터뜨리셨을 것입니다. 남아의 경우는 특히 울음소리가 우렁차야 장래성이 있다는 속설이 있습니다. 아기 예수님의 울음소리가 무척이나 우렁찼을 것으로 예측됩니다. 특히 예수님은 태어나실 때부터 그의 목숨을 자르려는 잔인한 칼들이 번쩍였습니다. 실로 어려서부터 "험악한 세월을 보내셨습니다" (창 47:9). 산 첩첩 물 겹겹의 험악한 인생행로를 걸어가셨기 때문입니다.

그래서 교육학자들은 인생을 '문제해결과정'(problem-solving process)으로 이해합니다. 교육의 목적도 여러 가지로 말할 수 있지만 그 중요한 것의 하나가 바로 문제해결능력의 개발(developing problem-solving ability)입니다. 문제問題라고 하면 '문제아'라는 말에서처럼 트러블(trouble)로 이해하기가 쉽습니다. 그런 뜻도 있지만 과업(課業, task)이란 용어가 더 적절합니다. 인생은 그 형태가 어떤 것이든지 주어진 과업이나 혹은 스스로 설정한 과업을 잘 해결해 나가도록 돕는 것이 교육의 목표란 뜻입니다. 교육이론이 어떻게 다르건 상관없이 학생들에게 문제해결능력을 강화시켜주는 것이 매우, 매우 중요하다는 것에는 모두 일치합니다.

그런 시각에서 예수님의 사역을 연구 분석해 보겠습니다. 특히 기독교 신앙에 관하여서도 우수한 저작들을 남긴 미국학자 아브라함 매슬로우(Abraham Maslow)의 '인간욕구계층이론'은 매우 유익한 연구입니다. 인간의 행동 밑바닥에 있는 동기(動機, motivation)의 분석이기도 합니다. 그에 기초하여 예수님께서 어떻게 우리들의 문제를 해결하셨는지 분석 종합해 보겠습니다.

인간의 가장 기본적 욕구는 '먹는 일, 마시는 일, 그리고 성(sex)의 욕구'입니다. 예수님도 40일간의 금식을 통하여 이런 육체적 욕구가 얼마나 절실한지 절절히 느끼셨을 것입니다. 돌들로 떡을 만들라는 사탄의 요구는 한 마디로 단연 거부하셨지만 그러나 예수님도 "먹기를 탐하고 포도주를 즐기는 사람"이라는 비판을 받으셨습니다(눅 7:34). 그리고 빵 다섯 덩어리와 생선 두 마리로 오천 명 혹은 몇 만 명도 먹이셨습니다. 결혼잔치에 참석하셔서는 물로 포도주를 만드심으로 마시는 문제를 해결하셨습니다. 결혼제도를 바르게 가르치심으로 성적 욕구의 문제도 해결지침을 주셨습니다. 예수님은 산상보훈에서, 무엇을 먹을까, 무엇을 입을까, 무엇을 마실까 도무지 염려하지 말라고 하셨습니다. 하늘에 계신 아버지께서 이 모든 것이 있어야 할 것을 아신다고 확신시켜 주셨습니다.

예수님은 선한 목자가 되셔서 양들을 우리 안에 안전하게 보호하셨습니다. 그리고 밤새워 양떼들을 지키셨습니다. 안전의 욕구(security need)는 매슬로우가 먹고/마시고/성욕 채우기라는 1단계 욕구에 이은 2단계 욕구입니다. 예수님은 강조하여 말씀하셨습니다. "세상에서는 너희가 환난을 당하나 담대하라. 내가 세상을 이기었다."(요 16:33). 예수님에게 소속한 성도들의 생명을 끝까지 보호하시겠다는 결단입니다. "세상에 있는 자기 사람들을 사랑하시되 끝까지 사랑하셨다."고도 성경은 말씀합니다(요 13:1). 그리고 병마에 붙잡혀 고통당하는 수많은 사람들을 고쳐 주시고 건강을 회복시켜 주셨습니다.

사람의 3단계 기본 욕구는 사랑입니다. 소속감(belongingness)이라고도 합니다. 예수님께서 사랑의 공급자이신 것은 여러 교훈과 특히 삶으로 가르치셨습니다. "세상에 있는 자기 사람을 사랑하시되 끝까지 사랑하셨다"(요 13:1), "내가 너희를 고아처럼 버려두지 아니하고 너희에게 오리라"(요 14:18)가 대표적입니다. 아니, 새 계명 곧 사랑의 계명이 십계명의 핵심인 것을 자주 설파하셨습니다(요 13:34-35). '가장 큰 계명은 바로 하나님 사랑과 이웃 사랑'으로 요약하셨습니다(마 22:34-40, 막 12:35-37, 눅 10:25-28). 비교종교학적으로 말한다 해도 사랑에 관한 한 단연 예수 그리스도의 사랑과 비견할 만한 것이 없습니다. 자신의 생명을 희생시킨 십자가 사랑이기 때문입니다.

그보다 높은 단계는 '자기존중의 욕구'(self-esteem)입니다. 다른 사람들에게 인정받고 싶은 욕구로도 이해됩니다. 설교자의 경험으로도 신자들이나 학생들이나 군인들 가운데 자신감이 없는 이들이 적지 않습니다. 그런 이들은 정서적으로도 불안정합니다. 예수님은 만나는 사람들마다 자존감을 높여주셨습니다. 전략과 방법은 여러 가지이지만 목표는 자존감을 높이기였습니다. "할 수 있거든이 무슨 말이냐. 믿는 자에게는 능히 하지 못할 일이 없느니라."(막 9:23). 이 말씀 한 마디로도 얼마나 많은 사람들이 자신감을 회복했겠습니까?

매슬로우의 인간욕구 최종단계는 자기실현(self-actualization)의 욕구입니다. 성취욕구(need for achievement)라고도 합니다.

아무런 의욕도 없는 사람이 있다면 그건 엄청난 심리적 질병입니다. 그런데 예수님은, “지혜 있고 충성된 종”이 되어야 한다고 강조하셨습니다. 그리고 그분 자신이 성부 하나님께 어떻게 지혜 있고 충성된 종이 되셨는지 모범을 보이셨습니다.

또 한 가지 유의할 대목이 있습니다. 사탄은 40일간 금식하신 예수님에게 육체적 욕구, 영웅이 되고 싶은 욕구, 권력과 소유의 욕구로 유혹했습니다(마 4:1-11, 막 1:12-13, 눅 4:1-13). 물론 예수님은 단호하게 물리치셨습니다. 그러셔야 할 확고한 이유가 있습니다. 인간의 최고 욕구는 잃어버렸던 하나님의 형상을 회복시킴으로 죽음의 공포를 벗어나고 영원한 생명을 확보하는 것이기 때문입니다. 그래서 결론으로 강조합니다. 예수님을 따르면 육신적 욕구, 안전의 욕구, 관계적 욕구인 사랑, 자존감의 욕구, 자기실현의 욕구를 채우는 일에도 좋은 열매를 맺습니다. 그러나 그것보다도 더 귀중한 것은 죽음의 공포를 벗어나 영원한 생명을 확보하는 것입니다.

그러므로 예수 그리스도를 따르는 우리는, “먼저 그의 나라와 그의 정의를 구하라. 그리하면 이 모든 것을 너희에게 더하시리라”는 말씀의 깃발을 높이, 높이 들고 인생행진을 새로 시작해야 합니다.

## 나, 예수는 대표 선교사야!

아버지께서 나를 보내신 것 같이 나도 너희를 보내노라 (요 20:21)

예수님은 선교사이십니다. 하나님 나라에서 선교사로 파송 받고 이 땅 위에 오셨습니다. 예수님은 스스로를 선교사라고 선언하셨습니다. 요절 말씀 그대로 아버지 하나님께서 자신을 선교사로 파송해 주셨다는 철저한 신념을 가지고 계셨습니다. 선교사의 소명(召命, calling)에 불타오르는 인생을 사셨습니다.

예수님은 잠시도 선교사의 정체성正體性을 잊으신 적이 없습니다. 정체성은 '아이덴티티'(identity)의 번역용어입니다. 특히 심리학자 에릭슨(Erik Erikson, 1902-94)이 '정체성 위기'(identity crises)란 용어를 사용하면서 널리 퍼져나간 용어입니다. 여러 가지 뜻으로 확대되어 사용되지만 단순하게 말한다면, '너는 누구냐?' 하고 물으면 그에 대한 대답을 의미합니다. 그 대답이 특히 확고하고 정당하면 심리적으로 건강한 인간으로 평가받습니다. 그러나 확신있는 대답이 마련되어 있지 않다든지 혹은 지나치게 허황된 것이면 그 사람은 정체성 혼란에 빠져 있다는 뜻입니다.

성경은 여러 학문들이 개발해낸 여러 시각에서 분석해서 더 좋은 대답을 이끌어 낼 수 있는 하나님의 말씀입니다. 설혹 그런 학문적 원리들이 영구한 진리성을 갖지 못하는 경우가 있더라도 일단은 성경 해석에 참고(reference)로 삼는 것은 바람직한 일입니다.

아무튼 아이덴티티라는 말이 이제는 세계 모든 사람들이 사용하는 용어가 되었습니다. 그 말을 줄여서 '아이 디'(ID)라고 합니다. 유효신분증을 뜻합니다. 학생이면 학생증이 있어야 합니다. 국민이면 주민증이 있어야 합니다. 여행객이면 여권이 있어야 합니다. 행여 그런 신분증이 시효가 지나면 안 됩니다. 간첩들의 것처럼 위조된 것이면 더욱 큰 일 납니다. 성경에는 사도 바울의 로마 시민권이 매우 좋은 사례입니다.

예수님은 선교사라는 단 하나의 신분증만 가지신 것은 물론 아닙니다. 예수, 그리스도, 메시야, 하나님의 아들, 사람의 아들, 임마누엘, 이스라엘 사람, 유대인, 목수의 아들 목수, 중보자, 뛰넘절 어린양, 선한 목자, 세상의 빛 등등 더 많이 있습니다. 그 가운데 선교사라는 정체성을 탐구하려 합니다.

예수님께서 선교사이신 것은 우선 그 자신이 '보냄을 받은 사람'(sendee)이라는 매우 강한 의식을 가지셨다는 사실에서 확인됩니다. 선교사를 영어로 '미셔너리' (missionary)라고 합니다. 이것은 라틴말 미시오/미토(missio/mitto) 곧 '보내다'에서 유래합니다. 신약성경이 기록된 헬라말로는 아포스톨로/펨포입니다. 아포스톨로는 'apostle' 곧 사도의 말뿌리입니다. 그런데 예수님은 '보낸다, 보냄받다'는 말을 자주 하셨습니다.

이렇게 용어의 뿌리를 설명 들어야 성경말씀을 더 자세히 그리고 정확하게 이해할 수 있습니다. 그래서 성경학자 바클레이(William Barclay, 1907-1960)는 예수님을 선교사보다는 사도(使徒,

Apostle, 히:샬리아크)로 소개했습니다. “우리가 믿는 도리의 사도이시며 대제사장이신 예수를 깊이 생각하라”(히 3:1)는 말씀을 근거 삼았습니다.

예수님을 선교사로 파송하신 분은 일차적으로는 ‘하늘에 계신 우리 아버님’이십니다. 그래서 예수님은 명확하게 말씀하셨습니다. “아버지께서 나를 보내신 것 같이 나도 너희를 보내노라.” 요절 말씀입니다. 삼위일체론에 근거하여 풀면 예수님께서 이 땅 위에 선교사로 오시는 일은 성부 하나님, 성령 하나님, 그리고 당사자인 성자 하나님의 합생적 결정에 의한 것입니다. 예수님은 성령으로 말미암아 모친 마리아에게 잉태되셨습니다. 또 제자들을 향하여 숨을 내쉬며 말씀하셨습니다.

“성령을 받아라” (요 20:22).

예수님께서 파송되신 땅은 당초에는 이스라엘 나라였습니다. 예수님 자신도, “나는 이스라엘 집의 잃어버린 양 외에는 다른 데로 보내심을 받지 아니하였다”고 잘라 말씀하셨습니다(마 15:24).

그러나 궁극적으로는 ‘만민’을 구원하려고 오셨습니다. “내 집은 만민이 기도하는 집”(막 11:17)이라 말씀하신 것은 지구 위의 모든 인류뿐만 아니라 심지어 모든 피조물을 뜻합니다. 예수님은 우리들이 사는 이 지구 위의 모든 피조물을 구원하는 선교사로 오셨습니다. 혹시 다른 우주공간에도 파송되셨는지는 아직 잘 모릅니다. 선교사는 물론 파송하신 분의 뜻을 따라야 합니다. 파송하신 분은 일차적으로 하나님 아버지이십니다. 그러나 삼위일체 하나님 모두가 함께 파송하셨습니다. 삼위일체 하나님의 뜻은 이 지구 위에 하나님의 나라를 회복시키는 원대한 과업입니다. 하나님의 나라가 하늘에서 이루어진 것 같이 땅에서도 이루어지도록 하는 웅장한 선교사역을 담당하셨습니다. 또 그런 소명이 항상 불타오르셨습니다.

선교사역 가운데는 교회를 설립하는 것이 매우 중요한 핵심입니다. 교회는 하나님 나라의 모형과 그림자이기 때문입니다(히 8:5). 그래서 예수님도, "내가 이 반석 위에 내 교회를 세우리라"고 담대히 선언하셨습니다(마 16:18). 목숨을 건 선언입니다. 교회뿐만 아니라 가정을 건강하게 만들고, 병원을 설립하고, 학교를 세우고, 고아원이나 모자원 혹은 양로원 등 교회협력기관(para-churches)도 운영합니다.

선교사는 다른 선교사를 파송합니다. 현지 지도자를 육성하여 교회를 자립적으로 운영하게 하고, 그러면서도 설립된 여러 교회들이 그리스도 예수 안에서 하나가 되게 하고(요 17:1), 특히 그들이 새로운 선교사를 육성하여 파송하도록 해야 합니다. 예수님께서 하신 제자화 운동의 연장입니다.

그러나 제일 어려운 일이 있습니다. 예수님은 이 세상에 선교사로 오셔서 목숨을 십자가 제단에 헌신하셨습니다. 그로 인하여 예수님께서는 모든 죄인들을 구원의 길로 인도하실 대속자(Redeemer)가 되셨습니다. 예수님께서 사도들에게 주신 선교대명, "땅 끝까지 이르러 내 증인이 되리라"(행 1:8)에서 증인(헬, 마르투레스)은 동시에 '순교자'란 뜻이기도 합니다.

예수 믿고 구원받은 사람은 모두 다 자동적으로 선교사입니다. 어느 교회나 기관에서 파송해 주지 않았지만 성삼위 하나님의 파송을 받은 당당한 선교사입니다. 그래서 처가댁 선교사도 있고 시댁 선교사도 있습니다. 가정 선교사도 있고 직장 선교사도 있습니다. 여행 가이드 하시는 장로님에게 설교자는 '관광 가이드 선교사'란 이름을 붙였습니다. 얼마나 감격스러워 하는지요.

## 생명을 녹여 생명을 만드시고

어찌 인자에 대하여 기록하기를
많은 고난을 받고 멸시를 당하리라 하였느냐? (막 9:12)

예수님은 십자가에 처형되셨습니다. 얼마나 아프셨을까요.그토록 많이 들어온 십자가 처형 이야기인데도 그 생각만 하면 지금도 설교자의 몸이 오그라듭니다. 우주 만물을 창조하신 하나님의 단 하나뿐인 아들이신데, 어찌하여 그토록 잔혹한 고통을 겪으셔야 했을까요.

그런데 예수님이 당하신 고통과 불행은 십자가 사건 하나만이 아닙니다. 그분은 태어나실 때부터 불행을 맛보았습니다. 아니, 인간의 몸을 입으시고 태어나신 것 자체가 크나큰 고통이셨습니다. 처녀가 잉태하면 결혼을 하든지 아니면 돌에 맞아 죽어야만 합니다(겔 16:40). 예수님이 탄생하시기도 전에 어머니 마리아와 함께 돌에 맞아 죽고 돌무덤을 남기실 수도 있었다는 뜻입니다. 아직도 미혼모의 자녀들은 온 세상 여기저기에서 학대로 인한 신음소리를 내며 살아갑니다.

가난한 집에 태어나셨습니다. 양부 요셉은 일찍 죽었을 것으로 추정됩니다. 그래서 주렁주렁 달린 아우들과 어머니를 부양해야만 했습니다. 생계가 위협받는 것처럼 고통스러운 일도 많지 않습니다. 그래서 더욱 열심히 노동을 해야 했습니다. 특히 목수는 천대받는 직업입니다. 적대자들은 예수님을 향하여, '쳇, 목수 주제에.' 그렇게 천대했습니다. 차별받지 않은 사람들은 그것이 얼마나 큰 고통인지 체감을 못합니다.

예수님께서 모태에 계실 때에 또 고통이 있으셨습니다. 어머니가 인구조사를 받기 위하여 나사렛에서 베들레헴까지 가야만 했습니다. 걸어가는 길입니다. 나귀를 타고 갔을 가능성도 있습니다. 어머니는 만삭의 임산부였습니다. 그런데 태어나신 곳이 마구간입니다. 짐승들의 거처입니다. 짐승 취급을 받으셨습니다. 도무지 사람이 잠을 잘 수 있도록 마련된 안락한 곳이 아닙니다.

그런데 이건 또 웬일입니까? 동방박사들이 예수님을 만나러 헤롯 왕궁으로 잘 못 들어간 것 때문에 아기 때에 그만 목이 잘리든지 아니면 비틀어지든지 해서 죽을 위험에 빠졌습니다. 그래도 천사들의 지시를 따라서 피난을 갔습니다. 이집트까지입니다. 이집트는 '어둠의 땅'이란 뜻입니다. 그리고 이집트까지 가는 길은 사막과 산지의 험악한 길입니다. 모세가 이스라엘 백성을 이끌고 걸어왔던 매우 거칠고 험악한 길입니다.

갈릴리 지방의 주민이란 것도 천대를 뜻합니다. 지금도 지역차별이라는 찌꺼기가 이 지구상에 꽤 많이 남아 있습니다. 그때에는 엄청나게 더 했습니다. 명색이 다윗 왕의 자손 곧 정통파 유대인인데 사는 곳은 갈릴리 지방이었습니다. 그것도 나사렛입니다. '나사렛에서 무슨 좋은 인물이 나오겠느냐?'며 나다나엘이 콧방귀를 뀌었습니다(요 1:46).

교육도 열악했습니다. 그때에도 예루살렘에는 고명하신 교사들이 가르치는 명문학교가 있었습니다. 열두 제자 가운데 요한, 후일 사도 바울이 되었던 사울 같은 사람들이 예루살렘 유학파들입니다. 그리고 아테네나 로마까지 유학하는 젊은이들도 있던 때입니다. 그러나 예수님은 나사렛 동네 회당학교에서 겨우 기초교육을 받으셨을 정도입니다. 예수님께서 예루살렘 성전에서 가르치시니 유대인들이 모두 놀랐습니다. "이 사람은 배우지 아니하였거늘 어떻게 글을 아느냐? "(요 7:15). 그렇게 평가했습니다.

목회에 전념하실 때에는 더 어려운 일들이 많았습니다. 우선 일차적인 것이 의식주 곧 입을 옷, 먹을 음식, 그리고 발을 뻗고 쉬고 잘 수 있는 집입니다. 그 때에는 열다섯 전후이면 결혼해서 살던 때입니다. 그러나 예수님은 끝내 결혼을 거부하셨습니다. 그리고 목회 기간에는 목수 일도 포기하셨습니다. 그렇게 되니 삶의 길은 고통 위에 고통이었습니다. 산 첩첩 물 겹겹이란 말이 실감납니다.

우선 집없는 천사의 고통을 이렇게 말씀하셨습니다. "여우도 굴이 있고, 공중의 새도 집이 있지만, 사람의 아들은 머리 둘 곳도 없다" (마 8:20, 눅 9:58). 예수님께서 제자들에게, "내 아버지 집에 거할 곳이 많도다"(요 14:2)라고도 말씀하셨습니다. 또, "염려하여 이르기를, 무엇을 먹을까, 무엇을 마실까, 무엇을 입을까 하지 말라"(마 6:31)고도 가르치셨습니다. 이런 말씀들은 그 말씀을 듣는 제자들과 무리들이 실제로 그런 걱정을 하고 있다는 뜻입니다. 게다가 예수님께서 만약 왕의 아들로서 기름진 음식, 화려한 의상,

휘황찬란한 궁전에서 사셨다면 이런 교훈을 하실 까닭이 없습니다. 결혼하지 않으신 불편함에 대하여 좀처럼 내색하지 않으셨습니다. 그래도 간접적으로 이렇게 말씀하셨습니다. “천국을 위하여 스스로 고자된 자도 있도다. 이 말을 받을 만 한 자는 받을지어다”(마 19:12). 독신생활의 편리함도 있고 결혼생활의 고통도 없는 것은 아닙니다. 그러나 고자가 아닌 데도 독신생활을 한다는 것은 매우 큰 수난입니다.

그것으로 예수님의 고통이 그친 것이 아닙니다. 예수님은 십자가에 처형되신 고통과 함께 그 처형되실 것을 미리 아셨던 고통이 더 크셨습니다. “유대인들이 죽이려 함이었다”(요 7:1). “너희가 어찌하여 나를 죽이려 하느냐? ”(요 7:19). “바리새인들이 나가서 곧 헤롯당과 함께 어떻게 하여 예수를 죽일까 의논했다”(막 3:6). “그들이 돌을 들어 치려하거늘, 예수께서 숨어 성전에서 나가셨다 ”(요 8:59). “이 날부터는 그들이 예수를 죽이려고 모의했다”(요 11:53). “이는 대제사장들과 바리새인들이, 누구든지 예수 있는 곳을 알거든 신고하여 잡게 하라 명령하였기 때문이다”(요 11:57).

이런 말씀들은 모두 예수님께서 당하신 죽음과 사투를 벌여야 했던 고통들을 증언합니다. 예수님께서는 심지어 현상 붙은 사나이가 되셨습니다. 현상금은 은화 30개입니다. 은화 삼십 개라면 우리는 배신자 유다를 떠올립니다. 그렇습니다. 예수님의 더 큰 고통은 바로 열두 제자 가운데 하나가 스승을 밀고하고 죽이는데 협력했다는 데 있습니다. 스승에게 있어서 제자란 마치 부모에게 있어서는 자식과 같습니다. 아비가 자식의 음모로 죽게 된다는 것을 안다면 육신의 고통보다 마음의 고통이 훨씬 클 것입니다. 게다가 예상은 했지만 가장 신임했던 제자 베드로조차 예수님과 자신은 아무 관계가 없다고 잡아떼었습니다(마 26:57-58, 눅 22:54-62 등). 믿는 도끼에 발등을 찍히게 된 고통과 아픔이었습니다.

그렇게 해서 예수님은 십자가에 처형되셨습니다. 그것을 미리 아셨던 고통이 얼마나 크셨던지 겟세마네(기름을 짠다는 뜻) 동산에서 기도하실 때에 땀이 피로 변했을 정도입니다. 그리고 제자들에게, "내 마음이 매우 고민하여 죽게 되었다"(마 26:38)고도 하셨습니다. 그리고, "아빠, 아버지여… 이 잔을 내게서 옮기시옵소서" 하고 읍소하셨습니다(막 14:36).

물론 예수님의 최악의 고통은 십자가 위에 달리셨던 과정입니다. 가시관 쓰시고, 침 뱉음 당하시고, 채찍에 맞으시고, 반나체로 십자가에 매달려 죽으셨습니다. 그러나 예수님의 생애는 태어나실 때부터 십자가를 지고 대행진을 하신 것임을 깨닫게 됩니다.

예수님께서는 이 모든 고통을 녹여 사랑을 생산해 내셨습니다. 하늘 사랑, 영원한 사랑을 생산해 내셨습니다. 그분의 십자가 처형을 그래서 우리는 '대속의 죽음'이라고 말합니다. "그분이 채찍에 맞으심으로 우리가 나음을 입었도다"(사 53:5). 생명을 녹여 생명을 만드셨습니다.

## 모든 민족에게, 땅끝까지

그러므로 너희는 가서 모든 민족을 제자로 삼아
아버지와 아들과 성령의 이름으로 세례를 베풀고 ... (마 28:19)
오직 성령이 너희에게 임하시면 너희가 권능을 받고
예루살렘과 온 유대와 사마리아와 땅 끝까지 이르러
내 증인이 되리라 (행 1:8)

설교는 '하나님의 말씀 배달'이라고도 합니다. 성삼위 하나님께서 주신 말씀들을 나라마다, 단체마다, 가정마다, 특히 사람 하나 하나에게 그것도 특히 속사람에게 배달하는 일이 바로 설교요 또 전도입니다.

그런데 신앙간증이 설교냐 아니냐의 논쟁이 있습니다. 성경말씀을 바로 풀어 사람이라는 그릇에 담아주는 것만이 설교라고 주장하는 설교가들도 있습니다. 그러나 성경말씀이 물론 핵심이기는 하지만 자연계시, 역사계시, 신학강좌, 그리고 개인의 체험들까지도 당연히 설교라고 넓게 푸는 사람들도 있습니다. 그런데 공정하게 말하면 신앙간증이 모두 설교는 아닙니다. 그 주어가 자기 자신이고 자기 홍보가 목적인 간증은 설교라고 하기 어렵습니다. 그러나 성삼위 하나님이 주어가 되시면 당연히 '간증설교'라고 할 수 있습니다.

이 설교는 빌리 그래함 목사님이 걸어오신 생애를 간증설교에 담은 것입니다. 성삼위 하나님은 빌리(Billy)를 1918년 11월 17일에 미국에서 태어나게 하셨습니다. 그리고 이 땅 위에서 99년 9개월을 살다가 잠자듯이 하늘의 부르심을 받았습니다. 애초 신앙 좋은 부모는 아니었으나 부친이 몸을 심하게 다치는 일을 통하여 믿음의 가정이 되게 하셨습니다. 유아세례와 견진(confirmation)도 받았습니다. 그러나 온전한 신자는 아니었고 '거의 신자'(almost Christian) 수준이었습니다. 그러다가 어떤 전도집회에서 큰 은혜를 받아 회개하고 거듭나는 체험을 했습니다. 열여섯 살 때입니다.

빌리는 고등학교 졸업 후 처음에는 밥죤스대학에 입학했습니다. 하지만 근본주의적 분위기가 맞지 않아 플로리다성경대학으로 전학했습니다. 그 학교에 입학한지 1년 반이 지났을 때 하나님은 그를 설교자(Preacher)로 부르셨습니다. 주일설교와 함께 야외설교의 여러 기회를 주셨습니다. 어떤 때는 주일 하루 동안에 여섯 번씩 설교해야 했습니다. 이를 통하여 빌리는 하나님께서 자신을 설교자/전도자로 부르신 것을 깨달았습니다. 플로리다성경대학 졸업식 하루 전날 졸업후보생 친교 모임이 있었습니다. 이 모임에서 여학생 하나가 예언을 한다면서 이런 말을 했습니다.

"하나님은 매 세기마다 뛰어난 지도자를 부르셔서 어두운 세상에 큰 빛이 되게 하십니다. 루터, 웨슬리, 무디 그런 지도자는 평범한 사람들이었지만 하나님의 음성을 들었습니다. 그 같은 지도자가 출현할 때가 됐습니다. 이들 명단에 우리 가운데 하나가 들어갈 수 있습니다. 이것은 우리 앞에 큰 도전입니다."

그 예언은 빌리 그래함에게서 이루어졌습니다. 하나님은 그를 여러 가지로 훈련시키셨습니다. 십대전도회(YFC) 강사로 말씀전파에 헌신했습니다. 잠시 대학총장, 미국에서 가장 젊은 총장도 지내게 하셨습니다. 대학 행정가로 진출할 생각도 했지만 아니었습니다. 결혼은 미국에서 중국으로 파송된 의료선교사의 딸 루스(Ruth)와 했습니다. 한국 평양에서 여학교를 다닌 휘튼대학교 친구였습니다. 결혼승락편지를 밤새 열두 번도 더 읽었답니다.

하나님은 그래함의 전도자 사역 미국무대 데뷔를 로스앤젤레스에서 하도록 인도하셨습니다. 그 당시 로스앤젤레스는 술에 취하고 돈에 취한 사람들로 흥청거리는 큰 도시였습니다. 소돔과 고모라처럼 마음 속에 신앙씨앗이 전혀 없는 사람들이 우글거렸습니다. 1949년 8월에 다운타운 가까이 천막을 치고 4주 동안 집회를 계획했습니다. 그런데 성령의 크신 역사가 있었습니다. 회개하고, 자복하고, 예수님 영접하고, 새롭게 인생을 출발하는 큰 물결이 일어났습니다. 최종집회에는 1만 명 넘게 모였습니다. 신문과 라디오 등 대형언론들이 미국 전체에 복음의 큰 불이 타올랐다고 보도했습니다. 하나님은 드디어 빌리 목사를 미국 대표전도자로 자리매김하셨습니다.

1950년 한국전쟁 발발직후 당시 트루만 대통령을 만나게 되었습니다. 한국방어를 적극적으로 조언했습니다. 한국의 그리스도인들을 보호해야 한다는 기도가 있었습니다. 이를 계기로 미국 역대 대통령은 물론 세계 각 국가 최고지도자들과도 함께 기도했습니다. '임금들과 높은 지위에 있는 지도자들을 위한 기도'(딤전 2:2)는 로마 콘스탄티누스 황제에서 확인되듯이 영혼구원과 복음전파에 매우 효과적인 전략이었습니다. 국가조찬기도회도 창설하여 확장시킨 빌리 전도자는 실로 지구 전체를 위한 하나님의 대제사장으로 자신을 제단에 바쳤습니다.

하나님은 빌리 전도자에게 전도를 위하여서라면 모든 기회를 적극 활용하도록 지혜와 결단을 주셨습니다. 매스미디어를 적극 활용하게 했습니다. 신문, 책출판, 인쇄매체, 라디오, 텔레비전, 영화, 인터넷, 사회통신망, 그리고 무엇보다도 대형 전도집회입니다. 대형전도집회는 그의 70년 사역에서 185개 국가의 큰 도시들에서 이뤄졌으며 2억 명 이상이 참가했습니다. 매스미디어 등을 통하여 빌리 전도자의 말씀전달을 들은 사람은 그 수를 헤아릴 길이 없습니다. 실로 빌리 전도자는 자신의 구원주이신 예수님께서 승천 직전에 부탁하신 전도대명 곧 '모든 민족을 제자로 삼고, 땅 끝까지 그분의 증인이 되라'는 사명에 자신을 철저히 불태우셨습니다. 특히 많은 재정을 사용하는 빌리그래함복음전도협회를 모범적으로 운영한 것은 행동으로 보여준 감동있는 설교요 전도입니다. 집회 때마다 그 현지의 모든 교회들과 협력하고, 전도받은 사람들을 그 지역교회에 책임있게 정착시키는 것에는 빌리를 파송하신 예수님도 큰 박수를 보내실 것입니다.

그래함 전도자가 주도한 로잔국제복음전도대회와 그 계속된 모임을 통하여 세계 각 나라 교회지도자와 특히 신학자들을 복음주의(evangelicalism) 깃발 아래 함께 묶은 것은 그분에게 맡겨 이룩하신 현 세대와 장래를 위한 크나큰 사명입니다. '로잔언약'을 제정한 것은 전도를 위한 신앙고백문서로서 앞으로 오고 오는 세대의 표준지침이 될 것입니다. 그 주제 "지구로 하여금 그분의 음성을 듣게 하라"(Let the earth hear His voice)는 그 내용 그대로 지구국가 지구세대를 향한 성삼위 하나님의 우레 같은 우렁찬 음성입니다.

하나님은 빌리 그래함 전도자를 특히 고난의 가시발길을 걸어온 코리안들에게 특별히 보내주셨습니다. 아무쪼록 남북이 복음으로 조속히 통일되도록 더욱 열심히 기도하고 십자가를 지는 것이 우리들의 사명임을 절절히 깨우치셨습니다. 기독교 역사상 단일집회에 최대인원 110만 명이 운집했던 서울집회, 그리고 북조선 김일성 주석과 함께 했던 기도 그대로 한반도에 복음통일이 조속히 이루어지도록 십자가 지고 기도하는 것은 우리들에게 지워진 십자가입니다. 그리고 모든 생명을 구원하는 일에 온 생명을 바치는 사람은 누구나 '지구전도전쟁 총사령관'이라는 것을 결코, 결코 잊지 말아야 합니다. 사도 바울과 그래함 전도자처럼 말입니다. "모든 성도 중에 지극히 작은 자보다 더 작은 나에게"(엡 3:8) 엄청난 사명을 맡기셨다며 목숨 걸고 충성한 일꾼들 아닙니까?

## 죽을 일만 골라서 하시고

유대인들이 이로 말미암아 더욱 예수를 죽이고자 하니,
이는 안식일을 범할 뿐만 아니라
하나님을 자기의 친 아버지라 하여
자기를 하나님과 동등으로 삼으시기 때문이다 (요 5:18)

예수님을 죽이려는 사람들이 여기저기에 우글거렸습니다. 한국의 휴전선과 같았습니다. 적군들이 남방한계선이나 북방한계선에 한 발자국만 침입해 들어오면 지뢰를 밟아 폭사하든지 혹은 즉각 총탄세례를 퍼부어 벌집을 만들든지, 그것도 아니면 비행기에서 폭탄을 투하하는 상황과 같았습니다.

베들레헴에 태어나셨을 때 헤롯왕이 아기 예수님을 반드시 죽이려고 했습니다. 천사들의 협력으로 이집트 피난에 성공했지만 만약 그때 헤롯왕 군대에 발각되었다면 영락없이 죽었을 것입니다.

성경에는 기록되지 않았지만 요셉과 마리아가 아기 예수를 나귀에 태워 이집트로 도피할 때에 강도떼들에게 죽을 뻔 했답니다. 그 강도 가운데 하나가 예수님과 함께 십자가에 처형되었던 '우편 강도' 디마스라는 전설도 있습니다. 동방박사들에게서 받은 황금, 유향, 몰약의 값비싼 물건을 강탈하려 했지만 어쩐 일인지 그 두목 디마스가 중지시켰다는 전설입니다.

예수님께서는 예루살렘 성전을 두 번이나 청소하셨습니다. 그 때 '이 성전을 헐어버려라' 하고 큰 소리로 외치셨습니다(요 2:19). 이것이 성전모독죄가 되어 나중에 사형판결을 받으시는 중요한 이유가 되었습니다(막 15:29).

성경학자들과 바리새파들이 성범죄를 저지르다가 현장에서 체포된 여인을 이끌고 예수님에게 나타났습니다. 그들은 모세의 율법을 근거로 들이밀었습니다. 예수님께서 좋다고만 하면 그 자리에서 즉각 돌로 쳐 죽이겠답니다. 만약 그 여자를 죽이지 말라고 하면 그 돌로 예수님을 쳐 죽일 음모였습니다. 죄명은 단연 제7계명 위반입니다(요 8:1-11). 예수님께서는 세상 사람들도 다 아는 명언, '너희 가운데 죄 없는 자가 먼저 돌로 쳐 죽여라' 하고 선언하셨습니다.

마귀들이 예수님을 죽이려고 온갖 음모를 다 꾸몄습니다. 40일 금식은 어떤 사람에게나 목숨을 걸고 하는 모험입니다. 그런 때에, '이 돌들에게 빵 덩어리가 되라고 명령하라. 높은 데서 뛰어 내려라, 엎드려 경배하기만 하면 천하만국을 주겠다.' 그런 말로 유혹했습니다. 성부 하나님과 성자 예수님의 생명관계를 끊어 놓으려는 수작이었습니다.

서기관들과 대제사장들이 끄나풀들을 예수님께 보내어 물었습니다. 로마 황제 가이사에게 세금을 납부해야 하느냐는 것입니다. 납부해야 한다고 말씀하면 예수님께서 민족 반역자 심지어 하나님 반역자가 됩니다. 납부하지 말라고 하면 로마 황제에 대한 반역자로 처단하려는 소름끼치는 음모가 숨어 있었습니다. 이래도 죽고 저래도 죽는 진퇴양난으로 몰아넣었습니다. 예수님은 그 유명한 말씀, "가이사의 것은 가이사에게, 하나님의 것은 하나님에게 바쳐라" 하셨습니다(눅 20:19-26).

무엇보다도 안식일 율법을 파괴했다는 죄명으로 예수님을 죽이려는 시도가 여러 번 있었습니다. 예수님께서 안식일에 제자들과 함께 밀밭 사이로 걸어가셨습니다. 그런데 제자들이 배가 고팠습니다. 그래서 밀 이삭을 잘라서 먹었습니다. 배고픈 사람들이 남의 밭의 밀이나 보리 이삭을 먹는 일 자체는 범죄가 아닙니다. 낫으로 남의 밭곡식을 베어가는 것은 안 되지만 손으로 잘라서 먹는 것은 허용되었습니다(신 23:25). 그런데 안식일에 손으로 밀 이삭을 자른 것은 그 날에 아무 일도 하지 말라는 계명을 위반했다는 것입니다. 십계명의 네 번째 "안식일을 기억하여 거룩하게 지키라"(출 20:8-11)의 정면위반입니다. 유대인들은 안식일에 할 수 있는 부득이한 일들을 정해 놓은 율례들이 있습니다. 가령 안식일에 걸어갈 수 있는 거리는 2천 큐빗 곧 1천 미터라는 것입니다.

예수님께서 안식일에 병든 자들을 고치셨습니다. 태어날 때부터 맹인이었던 사람의 눈에 진흙을 바른 뒤 실로암 물가에 보내 씻게 하심으로 눈을 회복시키셨습니다. 그 날이 안식일이었습니다(요 9:14). 베데스다 연못가에 38년 된 중풍병자도 안식일에 자리를 들고 일어나라고 명령하시고 고쳐주셨습니다. 이런 사건들로 인하여 예수님을 죽이려는 음모가 무섭게 확산되어 갔습니다(요 5:1-18).

그런데 예수님의 음성말씀과 행동말씀을 자세히 살펴보면 예수님은 죽을 일만을 골라서 과감히 실천에 옮기셨음을 깨닫게 됩니다. 이미 모세 율법에 따라 안식일을 위반한 사람들을 사형처분한 사례가 구약성경에 있습니다. 광야 시절 안식일에 나무하던 이스라엘 사람 하나가 하나님의 명령에 따라 백성들이 던진 돌에 맞아 죽임을 당했습니다(민 15:32-35). 안식일 문제를 건드리면 걷잡을 수 없는 사태가 벌어질 것도 예수님은 잘 알고 계셨습니다. 이처럼 엄격하게 지켜져야 할 안식일을 고의적으로 파괴하시는 예수님을 대제사장, 서기관, 공회의원들, 바리새파들이 결코 방치할 수는 없을 것입니다.

어떤 안식일에 회당에 들어가셨습니다. 한쪽 손이 마비된 사람을 발견하셨습니다. 그 곳에는 예수님께서 그 병자를 고치시기만 하면 안식일 파괴자로 즉각 고발하려고 눈을 부릅뜨고 주시하는 사람들이 있었습니다. 그런 상황을 모르실 예수님이 아니십니다. 하지만 예수님은 조금도 개의치 않으셨습니다. 당당하게 고쳐주셨습니다. 그것 때문에 "바리새인들이 나가서 곧 헤롯당과 함께 어떻게 하여 예수를 죽일까 의논했습니다"(막 3:5-6).

그런데 그 마비된 손을 고치시기 전에 예수님은 그들에게 반문하셨습니다. '안식일에 선을 행하는 것과 악을 행하는 것, 생명을 구하는 것과 죽이는 것, 어느 것이 옳으냐'(막 3:4). 이 말씀을, "안식일이 사람을 위하여 있는 것이요, 사람이 안식일을 위하여 있는 것이 아니니 이러므로 인자는 안식일의 주인이니라"(막 2:27-28) 하신 말씀과 함께 풀면 이렇습니다. '안식일은 선행을 하도록 특별제정된 날이다. 선행이란 사람의 생명을 살리는 일 바로 그것이다. 악행은 사람을 죽이는 일이다. 그리고 안식일의 선행과 악행을 판정

하는 기준은 바로 나 예수이다.'

어떤 종류의 두꺼비는 몸에 알을 배면 일부러 독사를 찾아가서 약을 올린답니다. 독사는 평소 그런 두꺼비를 잘 안 잡아먹는데 그만 울화통이 터지면 냉큼 입을 벌려 잡아먹습니다. 그러면 두꺼비도 물론 죽고, 독사는 그 두꺼비 몸에서 나오는 독 때문에 죽게 됩니다. 그런데 두꺼비 알들은 새끼가 되어 뱀살을 먹고 자라서 이 세상을 신나게 뛰어다닌답니다. 예수님도 두꺼비가 되셨다는 뜻입니다.

예수님의 죽음은 자살일까요, 타살일까요? 아니면 자살만도 아니고 타살만도 아니거나 자살이면서 타살은 아닐까요? 또 있습니다. 예수님을 처형하는 일에 배신자 유다나 빌라도와 함께 성부 하나님도 합작하신 것은 아닌지요? 확답하기가 어렵습니다. 아마도 그 모두가 해당될 것입니다. 그러나 한 가지 분명한 것이 있습니다. 그분께서 처형되심으로 우리가 나음을 입었고 몸과 영혼이 튼튼하게 되었습니다. 그분이 채찍에 맞으심으로 우리가 나음을 입었고(사 53:5), 그분이 죽으심으로 우리가 살아났습니다.

## 내 살과 내 피를 주노라

받아서 먹어라. 이것은 내 몸이다....
너희가 다 이것을 마시어라.
이것은 죄들을 용서받게 하려고
많은 사람을 위하여 흘리는바
나의 피 곧 언약의 피이다 (마 26:26-28)

예수님께서 성찬식을 창조하셨습니다. 성찬식을 완성하셨습니다. 상당히 오랜 동안 계획하셨습니다. "내가 고난을 받기 전에 너희와 함께 이 유월절 먹기를 원하고 원하였다"(눅 22:15)고 강조하여 말씀하셨습니다. 결코 즉흥적으로 하신 것이 아닙니다. 즉흥적으로 실행하셨어도 완벽하게 해 내시겠지만 적어도 이 성찬예식은 오래전부터 성삼위 하나님께서 계획하셨습니다. 그리고 그 모습을 조금씩 조금씩 보여주셨습니다.

적어도 빵 만들 곡식과 피를 가진 가축을 창조하실 때부터입니다(창 1:12, 24). 그 때에 양을 만드시고 후일 양을 잡아 제사를 드리게 하신 것이 성찬예식의 준비였습니다. 그리고 첫 사람 아담과 하와가 범죄한 뒤에 '뱀의 후손과 여자의 후손의 싸움' (창 3:15)에도, 특히 짐승을 잡아 아담과 하와에게 가죽옷을 만들어 입히실 때에도 성만찬의 암시가 있습니다(창 3:21). 양치기였던 아벨이 형 가인에 의하여 살해될 때에 하나님께서 가인을 크게 문책하셨습니다. "네 아우의 핏소리가 땅에서부터 내게 호소하느니라"(창 4:10).

아벨은 성육신하신 예수님을 미리 보여줍니다.

더 구체적으로는 모세에게 제사제도를 나타내심으로 성찬예식의 모형과 그림자를 보여주셨습니다. 모세오경 곧 창세기, 출애굽기, 레위기, 민수기, 신명기에는 여러 가지 제사법이 규정되어 있습니다. 큰 원칙부터 세세한 일들까지를 성삼위 하나님은 말씀하셨습니다. 제사의 종류도 여러 가지입니다. 번제, 속건제, 속죄제, 감사제 등등 제물도 여러 가지입니다. 양, 어린 양, 소, 염소, 비둘기, 곡식 등. 그 가운데 양이 제일 많이 사용됩니다. 제사장의 복장도 매우 복잡합니다. 그리고 제사절차도 복잡하고 까다롭게 규정되어 있습니다. 엄격합니다.

유월절(뛰넘절, Passover) 축하행사와 제사제도가 또 성찬예식의 예형(type)입니다. 예수님께서 뛰넘절 준수하는 날 바로 앞두고 성찬예식을 제도화하셨습니다. 구약성경에 까다롭고 세세하게 규정된 희생제사법과 그 심오한 정신을 종합하시고 완성하시고, 한 단계 더욱 새롭게 끌어올리셨습니다. 그러나 짐승의 살이나 피 혹은 곡식으로 하지 않으시고 자신의 살과 피를 가지고 성찬예식을 완성하셨습니다. 그 제단은 돌로 만든 것이 아니고 나무로 만든 십자가였습니다. 그것이 바로 성찬예식입니다.

때는 뛰넘절을 앞두고 있었습니다. 장소는 예루살렘에 있는 마가(마가복음 기록자)의 집 객실입니다. 시간은 저녁식사 때입니다. 세부적인 것은 마태, 마가, 누가 복음과 고린도전서 11장에 기록되었는데 각각 조금씩 차이가 있어서 성경학자들 사이에도 논쟁이 있습니다. 그래도 대체로 저녁식사, 성찬예식, 세족예식, 기도를 위하여 찬송가를 부르며 겟세마네동산으로 이동하는 그런 순서입니다.

거듭 말씀 드립니다. 성찬예식은 워낙 중요한 예전이어서 나라마다, 교단마다, 성경학자마다, 집례하는 목회자마다, 시대마다, 집례과정마다, 요품(빵과 포도주 혹은 포도즙)마다, 남은 것의 뒤처리마다, 그리고 특히 그 의미와 성삼위 하나님의 능력마다 차이가 있습니다. 그런 차이 때문에 혹은 교단이 갈리고, 교회 안에도 분쟁이 있고, 심지어 사람생명을 죽이는 일조차 있었습니다.

그런 것을 여기에서 다 소개하지는 않겠습니다. 그래도 꼭 알아야 할 것을 몇 가지 말씀 드립니다. 우선 성찬예식 요품(element)에 성삼위 하나님께서 어떻게 작용하시느냐의 문제입니다. 빵과 포도주(이하 떡이나 포도즙을 포함)는 은혜의 도구(means of grace)입니다. 세례예식이나 예배의 여러 순서들도 은혜의 도구입니다. 그런데 하나님의 은혜가 어떻게 작용하느냐에 대하여서는 서로 의견이 다릅니다.

종교개혁 이전의 로마가톨릭교회는 '이것은 내 살이요, 내 피다' 하는 말씀은 곧 성찬예식에 사용된 빵은 예수님의 살이 실제로 되고, 그 포도주는 예수님의 피가 실제로 '된다'는 확고한 주장을 가지고 있습니다. 화체설(化體說, transsubstantiation)이라고 합니다. 그래서 빵과 포도주를 아주 엄격하고 거룩하게 관리합니다.

종교개혁의 깃발을 높이 든 마르틴 루터는 화체설이 틀렸다고 선언했습니다. 다만 그 빵과 포도주에 예수님의 살과 피가 '함께 있다'고 가르쳤습니다. 그래서 공재설(共在說, consubstantiation)이라고 합니다.

스위스의 종교개혁자 쯔빙글리는 화체설도 부정하고 공재설도 부정했습니다. 그리고 성경말씀 그대로 기념설(記念說, commemoration)을 주장했습니다. 예수 그리스도께서, "이것은 너희를 위하여 주는 내 몸이니, 너희가 이를 행하여 나를 기념하라"(눅 22:19) 하신 말씀 그대로, 가령 삼일절 기념식처럼 하면 된다는 것입니다.

프랑스와 제네바의 종교개혁자로서 장로교회 설립 원조인 요한 칼뱅은 성찬예식을 베풀 때에 빵과 포도주에 성령께서 함께 하신다는 영재설(靈在說, spiritual presence)을 주장했습니다. 빵과 포도주를 먹고 마실 때 은혜를 받게 되는 것은 성령께서 함께 하시기 때문이라는 가르침입니다.

이런 여러 주장들을 배우고 나면 좀 어지럽고 두통이 납니다. 왜 예수 그리스도께서는 이처럼 혼란스럽게 하시느냐고 항변할 생각도 갖게 됩니다. 그러나 '우리가 지금은 거울로 보는 것 같이 희미하나 하나님 나라에 가면 얼굴과 얼굴을 마주 대하여 보는 것처럼 밝히 알게 되고, 지금은 부분적으로 알지만 그 때에는 주님께서 나를 아신 것처럼 우리도 온전히 알게 될 것입니다'(고전 13:12).

성경의 진리는 네모 난 것처럼 명확하기도 하지만 원처럼 둥글기도 합니다. 특히 예수 그리스도를 통하여 전해진 진리들은 사각입체와 같기도 하고 다면원多面圓이기도 합니다. 성찬예식은 더욱 더 그렇습니다. 제한된 우리 인간으로서는 지금은 전혀 알 수 없는 진실들이 많습니다. 미래 어느 때에 밝혀지기도 할 것이며 하늘나라에 가면 전모를 알 수 있게 될는지요?

성찬예식은 여러 가지 가르침을 품고 있습니다. 몇 가지만 들어봅니다. 영혼의 양식입니다. 하나님의 자녀로서 성삼위 하나님과 새 언약을 체결하는 일입니다. 예수 그리스도의 살과 피로 우리들 죄인을 구원해 주시는 뛰넘절 식사입니다. 하나님의 영적 임재를 체험하는 일입니다. 하늘나라 잔치에 미리 참여하는 일입니다. 예수님과 십자가를 함께 지고 살을 찢고 피를 흘리는 일입니다. 우리를 구원해 주신 것을 감사하는 일입니다. 예수님을 닮아가는 일입니다. 그리스도의 몸인 교회를 위하여 헌신하는 일입니다. 예수님을 만나는 일입니다. 무엇보다도 영원한 생명을 얻는 확인서입니다.

요한복음에는 성찬예식에 대한 기록이 겉으로 보면 없는 것 같습니다. 그러나 예수님께서 보리떡 다섯 개와 물고기 두 마리로 오천 명을 먹이신 뒤에 가르쳐주신 교훈에 주목해야 합니다. "내 살을 먹고 내 피를 마시는 자는 영생을 가졌고 마지막 날에 내가 그를 다시 살리리라."(요 6:54). 예수님은 그분의 살을 우리에게 먹이시고 피를 우리에게 마시게 하심으로 영원한 생명을 선물하셨습니다. 살과 피는 예수님 생명의 전체를 뜻합니다.

성만찬 때문에 예수쟁이들이 식인종으로 오해받아 많은 순교자를 내게 되었다는 역사의 기록이 있습니다. 그래서 지하무덤교회(catacomb)가 생겨났답니다. 성찬예식은 그만큼 큰 희생을 치룬 교훈이고 또 너무 잔인하고 어려워서 제자들이 많이 떠나기조차 했습니다. 그러나 한 번 더 말합니다. 베드로의 확고부동한 대답처럼 이것은 하나님이 주시는 '영생의 말씀'입니다(요 6:66-70).

성찬예식을 '유카리스트'라고 합니다. 성경 헬라원어입니다. 예수님께서 성찬을 베푸시기 전에 '감사하셨다' 곧 감사기도하셨다는 사실에 근거합니다. 그래서 성경에는, "하나님께서 지으신 모든 것이 선하매 감사함으로 받으면 버릴 것이 없다. 하나님의 말씀과 기도로 거룩하여지기 때문이다"(딤전 4:4-5)라고 밝혀 말씀했습니다. 성찬예식의 여러 분분한 의견들도 두통거리로만 여길 것이 결코 아닙니다. 오히려 오색영롱하고 다양한 은혜일 뿐입니다.

## 살아나셨다니까요

어찌하여 살아 있는 자를 죽은 자 가운데서 찾나요?
여기 계시지 않아요. 오히려 살아나셨다니까요 (눅 24:5-6)

살아나셨습니다. 예수님께서 다시 살아나셨습니다. 십자가에 처형 되셔서 6시간 정도 뒤에 운명하셨던 분입니다. 행여 덜 죽었을지 몰라서 처형담당 로마 군인이 창으로 허리를 찔렀습니다. 사형 집행 확인입니다. 예수님 몸에서 물과 피가 흘러내렸습니다.

총독 빌라도는 상당히 놀랐습니다. 처형 집행자들로부터 예수님께서 운명하셨다는 확인보고를 받았을 때였습니다. '아니, 그토록 빨리 죽었어?' 그런 뜻입니다. 보통 십자가 위에서 며칠 견디는 죄수들이 많았습니다. 그만큼 예수님께서 잔인한 고문을 많이 받으셨다는 뜻입니다.

아리마대 사람 요셉이 시신을 인수받았습니다. 자신의 가족묘지를 예수님께 드렸습니다. 지위 높은 공회의원이면서 향유를 드린 니고데모와도 친분이 있는 '숨은 제자'였습니다. 시신에 향유를 바르고 세마포를 입혔습니다. '바위에 판 무덤'(눅 23:53), 시신을 처음 안치한 '새 무덤'이었습니다. 금요일 오후 3시경 운명하신 예수님의 시신을 그 날 해지기 전에 신속하게 돌무덤에 모셨습니다. 그리고 큰 돌을 굴려 무덤 입구를 막아놓았습니다(마 27:57-61, 요 19:38-42).

주일 새벽이었습니다. 막달라 마리아 등 여성제자들이 예수님의 묘지를 방문했습니다. 향품과 향유를 드리려는 것입니다. 그런데 무덤에 도착해 보니 입구를 막았던 큰 돌문이 옮겨져 있었습니다. 석굴로 들어가 보니 당연히 있어야 할 예수님의 시신도 없었습니다. 그게 가족묘지였지만 성경에 새 무덤이라 했습니다. 요셉이, "바위 속에 판 자기 새 무덤에 넣어두고 큰 돌을 굴려 무덤 문에 놓았습니다"(마 27:60). 예수님의 시신 안치가 처음이었다는 뜻입니다. 그런데 예수님 시신에 입혔던 그 세마포로 된 수의만 덩그러니 남아 있었습니다. 하지만 시체는 보이지 않았습니다.

여제자들은 너무 황당해서 크게 놀랐습니다. 정신이 아뜩했습니다. 그 때 그들 앞에 찬란한 옷을 입은 두 남자가 곁에 서 있었습니다. 무서워서 얼굴을 땅에 대고 엎드렸습니다. 그런데 그들이 이 여제자들에게 말했습니다. "어찌하여 살아 있는 자를 죽은 자 가운데서 찾으시나요? 여기 계시지 않아요. 진짜로 살아나셨다니까요. 갈릴리에 계실 때 하셨던 말씀을 기억하셔야지요." 두 천사는 말을 더 이어갔습니다. '인자가 죄인의 손에 넘겨져 십자가에 못 박히고 제3일에 다시 살아나야 하리라고 하셨거든요.'

그렇습니다. 그 두 천사의 전언 그대로 예수님은 다시 살아나셨습니다. 뛰넘절 전 금요일 오후에 운명하셨다가 토요일 안식일을 무덤에 계셨습니다. 그리고 그 다음 날 주일 새벽에 다시 살아나셨습니다. 사도신경에 '장사한 지 사흘 만에 죽은 자 가운데서 다시 살아나셨으며'라고 한 그대로입니다.

예수님께서 다시 살아나셨다는 것은 인류역사에 전무후무한 일입니다. 그래서 그 소식을 듣는 사람마다 우선 황당해 하거나 의아하게 생각합니다. 하지만 성경에는 예고되어 있었습니다. 대언자 엘리야는 사르밧 홀모의 죽은 아들을 다시 살려냈습니다(왕상 17:22). 여호와께서 엘리야의 기도를 들으시고 그 아이의 혼이 몸으로 돌아와서 살아났습니다. 대언자 엘리사도 수넴 여인의 죽은 아들을 살려냈습니다(왕하 4:32-37).

그런데도 예수님의 행전 가운데 가장 믿기 어려운 것은 다시 살아나셨다는 부활의 기적입니다. 그래서 여러 가지로 의심하는 사람들이 많았습니다. 예수님께서 십자가에서 운명하신 것처럼 보였지만 실제로 죽으신 것이 아니라는 사람들, 막달라 마리아 등 여성제자들이 너무 예수님을 사모한 나머지 환상을 보았다는 주장, 제자들이 시체를 훔쳐가고 다시 살아나셨다는 유언비어를 퍼뜨렸다는 주장은 성경에도 기록되었습니다(마 27:62-66). 심지어 몇 년 전에는 타임즈(Times)라는 잡지에 예수님 시신을 너무 땅에 얕게 묻어서 개들이 먹어버렸는데 그걸 부활사건으로 위장했다는 주장도 있었습니다.

다시 살아나신 예수님에 관한 소식은 아니라고 부정하는 것보다는 그것 그대로 믿는 것이 훨씬 쉽습니다. 우선 성경의 기록은 허위거나 소설이 아닙니다. 마태, 마가, 누가, 요한, 바울, 베드로 등 예수님 이야기를 기록한 사람들이 실제로 살았던 인물들입니다. 기록자 대부분이 예수님 십자가 처형 전에 함께 생활했고 교훈을 직접 들었고 예수님께서 말씀하시고 실천하신 일들의 목격자들로부터 전하여 들었습니다(눅 1:1-4, 요일 1:1-4).

예수님께서 다시 살아나셨습니다. 예수님 무덤에 갔던 막달라 마리아 등 여자제자들이 증인입니다. 베드로와 요한이 그 증인들입니다. 엠마오로 피난 가던 두 제자가 증인들입니다(눅 24:13 이하). 예수님으로부터 손 못 자국에 손가락을 넣어 보라는 권고를 받은 도마가 그 증인입니다. 그물을 배 오른 편에 던져 물고기를 잡으라는 명령을 듣고 그대로 했더니 153마리를 잡았던 일곱 제자들이 그 증인들입니다. '모든 민족을 제자 삼아라, 땅 끝까지 나의 증인이 되라'는 선교대명을 들었고, 구름타고 공중으로 올라가시는 모습을 두 눈으로 똑똑히 보았던 열한제자가 바로 그 증인들입니다.

스데반도 예수님 부활사건의 증인입니다. 스데반이 대제사장 앞에서 설교할 때에, "성령충만하여 하나님의 영광과 예수께서 하나님 우편에 서신 것을 보고 말하되, '보라, 하늘이 열리고 인자가 하나님 우편에 서신 것을 보노라'"하고 증언했습니다. 이어서, "주 예수님, 내 영혼을 받으시옵소서. 주여, 이 죄를 그들에게 돌리지 마옵소서" 하고 숨을 거두었습니다(행 7:54-60). 누구보다도 예수 그리스도의 부활을 제일 많이 그리고 가장 깊게 그것도 목숨 걸고 증거했던 사도는 바로 바울입니다. 그리스도인들을 체포하려고 다메섹으로 가는 길에 다시 살아나신 예수님을 만났습니다. "'사울아, 사울아,' 네가 어찌하여 나를 박해하느냐? " 하는 음성을 들었던 청년 사울이 그 제자가 되었습니다. 바울은 그래서 예수님 부활에 대하여 가장 자세히 그리고 심오하게 증언했습니다. 심지어 다시 살아나신 예수님께서 "그 후에 500여 형제에게 일시에 나타나셨다."고 확증했습니다(고전 15:6).

그러나 누구보다도 우리들 모두가 바로 다시 살아나신 예수님을 만난 증인들입니다. 다시 살아나신 예수님을 영접하기만 하면 예수님처럼 영원한 생명을 얻게 됩니다. 우리 모두가 죽게 되면 예수님을 주인으로 영접한 까닭에 우리의 영혼은 영원한 구원을 얻습니다. 그러나 무덤에 남기고 간 육신도 하나님께서 정한 때가 이르면 그 무덤이 열리고 부활하신 예수님처럼 일제히 살아나게 될 것을 믿습니다. 마지막 날이 오기 전에 죽은 자들은 하나님께서 정하신 때에 무덤이 열리고 육체가 다시 살아나서 하나님 나라의 영원한 백성이 될 것입니다. 마지막 날까지 살아남아 있는 성도들은 마지막 나팔 소리에 순식간에 홀연히 변화된다고 약속해 주셨습니다(고전 15:51-52). 가장 중요한 것은 이 같은 예수님의 부활이 바로 나 자신에게도 일어날 것이라는 확실한 믿음입니다. 그런 믿음을 가진 사람은 죽는 것이 결코 두렵지 않습니다. 죽음은 다만 부활로 가는 통과의례일 뿐입니다. 영원한 생명을 가지고 신비하게 살아가는 잠시의 고통일 뿐입니다. 주사를 맞는 따끔한 아픔일 뿐입니다.

## 모든 민족을 제자로 삼아

하늘과 땅의 모든 권세를 내게 주셨으니
그러므로 너희는 가서 모든 민족을 제자로 삼아
아버지와 아들과 성령의 이름으로 세례를 베풀고
내가 너희에게 분부한 모든 것을 가르쳐 지키게 하라 (마 28:18-20)

예수님께서는 이 땅 위에서의 삶을 마치시고 하늘로 올라가시기 전에 가장 중요한 부탁 한 가지를 하셨습니다. 곧 '모든 생명들에게 복음을 전파하라'는 명령입니다. 그래서 그 명령을 선교대명(宣教大命, the great commission of mission)이라고 합니다.

마태복음에는 "모든 민족을 제자로 삼아라" 명령하셨습니다. 마가복음에는, "너희는 온 천하에 다니며 만민에게 복음을 전파하라."고 명령하셨습니다(막 16:15). 누가복음에는, '예수님의 부활과 또 그의 이름으로 죄사함을 받게 하는 회개가 예루살렘에서 시작하여 모든 민족에게 전파될 것이 기록되었으니 너희는 이 모든 일의 증인이다' 하고 선언하셨습니다. 요한복음에는 다시 살아나신 예수님께서 제자들의 대표인 시몬 베드로에게, "내 어린 양을 먹여라… 내 양을 치거라… 내 양을 먹여라"(요 21:15-17) 하고 명령하셨습니다. 선교대명이라 할 수도 있고, 목회대명이라 할 수도 있고, 교육대명이라 할 수도 있습니다.

그리고 더 있습니다. 사도행전에는 예루살렘교회가 설립되기 전, 그리고 다시 살아나신 예수님께서 하늘나라에 올라가시기 전에 역시 선교대명을 주셨습니다. "오직 성령이 너희에게 임하시면 너희가 권능을 받고, 예루살렘과 온 유대와 사마리아와 땅 끝까지 이르러 내 증인이 되리라"(행 1:8). 사도행전은 이 말씀 그대로 열두 제자로 시작해서 그 뒤에 제자가 된 사람들 가령 스데반, 빌립, 바나바 바울, 아볼로, 디모데 같은 선교사들을 통하여 그 때의 땅끝이라 생각되었던 스페인이나 로마까지 복음을 전파한 것을 기록하고 있습니다. 각 나라와 도시에 교회를 설립하였습니다.

예수님의 열두 제자들 가운데 몇몇은 이 선교대명에 순종하여 각 나라와 도시로 흩어져 다니며 복음을 전파했습니다. 그 선교대명의 실천을 위하여 목숨을 걸었습니다. 베드로 사도는 십자가에 거꾸로 매달려 순교했습니다. 바울 사도는 목이 잘려 순교했습니다. '심한 고문, 조롱, 채찍질, 결박, 투옥, 돌에 맞아 죽기도 하고, 톱으로 켜는 것과 칼로 죽임을 당했습니다.'(히 11:35-38). 그래도 그들은 그 같은 순교를 즐겁게 맞았습니다. 믿음의 주이시고 온전하게 하시는 분인 예수 그리스도만 푯대로 삼았기 때문입니다(히 12:2).

이 같은 선교대명은 예수님께서 실제로 행하시고 말씀하신 것과 성경에 기록된 것과는 차이가 있다는 주장을 하는 사람들이 있습니다. '역사적 연구가'들인데, 예수님께서 실제로 가르치시고 행하신 것이 무엇이며 왜 그렇게 기록되었는가를 탐구하는 학자들을 가리키는 이름입니다. 성경을 이해하는 일에 도움되는 점들도 있습니다. 그러나 지나친 억측을 합리화시키기도 합니다. 그들은 이런 선교대명들은 교회가 설립된 뒤에 교회의 필요에 따라 조절된 것이라 합니다. 가령, 왜 선교대명이 네 복음서가 같은 것을 기록하지 않고 각각 달리 적었느냐고 항변합니다.

그런 것을 모두 해명하여 대답하는 것도 도움 되는 일입니다. 성경의 기록된 말씀은 하나이지만 그 해석은 여러 가지일 수도 있습니다. 예수님께서 다섯 가지로 선교대명을 말씀하신 것은 그만큼 선교가 중요하다는 뜻입니다. 가령 마태복음은 '모든 민족에게'를 강조했고, 마가복음은 '모든 창조세계'를 강조했습니다. 누가복음과 사도행전은 '증인' 곧 순교자가 될 것을 강조했습니다. 그리고 요한복음은 교회를 설립하고 목양을 통하여 복음 전파할 것이 강조되어 있습니다.

성경말씀 전체로 보아도 선교(mission)가 시작이고 선교가 마지막입니다. '맨 처음 하나님께서 하늘과 땅을 창조하셨다'(창 1:1)가 큰 틀에서는 선교사역의 시작입니다. 하나님의 창조는 곧 통치요, 통치는 예수님께서 그토록 강조하여 말씀하신 '하나님 나라' 그 자체이기 때문입니다. 그로부터 시작된 옛 언약과 새 언약이 또한 하나님의 통치 곧 선교의 기본 틀입니다. 그리고 하나님의 아들이시면서 사람의 아들이신 예수 그리스도 우리 주님의 사역 전체가 바로 선교입니다. "아버지께서 나를 보내신 것 같이 나도 너희를 보낸다."(요 20:21). 그렇게 선언하셨습니다. 그 예수님은 다시 오실 것을 여러 모양으로 보여주시고 말씀하신 뒤에 마지막 축언祝言 직전에 이렇게 말씀하셨습니다. "내가 진실로 속히 오리라"(요

22:20) 하심으로 하나님 나라 곧 통치가 완성됨을 미리 보여주셨습니다.

아니, 더 있습니다. 성경 전체는 창조주 하나님께서 그 외아들을 구원주로 이 땅 위에 파송(missio)하여 주셨고 대속을 통하여 구원의 기초를 마련해 놓으셨습니다. 그리고 성령님을 보내 주셔서 이와 같은 옛 언약과 새 언약을 실천하도록 지금도 성삼위 하나님께서 함생사역을 하고 계십니다. 그래서 교회지도자들은 선교가 예배, 전도, 교육, 봉사, 친교, 신앙보존 등의 교회 중요사역 가운데 '하나'를 넘어서 온 인류에게 주신 가장 큰 사명 곧 선교대명(the greatest commission)이라고 주저없이 말합니다. 그래서 하나님의 선교 곧 라틴말로 '미시오 데이'(missio Dei)라는 것입니다. 간혹 미시오 데이를 주창하는 교회지도자들을 중심으로 지금까지의 선교를 기독교 제국주의적 확장이라며 비판하는 시각도 있습니다만 그러나 근본 뜻은 그것이 아닙니다. 선교는 성삼위 하나님의 통치 그 자체 곧 하나님 나라 실현 그 자체라는 뜻이 되어야만 합니다.

이 설교는 선교에 대한 총론적 내용을 담고 있기 때문에 요절말씀을 집중적으로 푸는 일은 각론적 설교에서 더 깊이 있게 말씀드릴 것입니다. 성경학자들이 마태복음을 흔히 이스라엘 사람들 곧 구약적 언약을 맺은 백성들을 위하여 쓴 복음서라고 말합니다. 그렇습니다. 그렇기에 마태복음 결론인 '모든 민족을 제자로 삼아 … 가르쳐 지키게 하라'는 말씀이 더욱 더 중요합니다. 성경은 궁극적으로는 하나님과 온 인류 사이의 함생적 계약이지만 그 역사적 과정에서는 이스라엘 민족이 계약의 대표적이고 일차적인 당사자이기 때문입니다. 선교대명에는 '너희는 가서'라는 적극적 행동을 포함하고 있습니다. '모든 민족'을 예수님의 제자로 육성해야 합니다. 특히 그 '민족'(헬, 에스네)은 이방인이란 뜻도 있습니다. 그러니까 이스라엘 사람들이 부정한 사람들로 취급하는 그들에게로 가라고 하셨습니다. '모든 민족'이란 표현으로 인하여 기독교 문명이 인류 평등사상을 온 인류에게 선물했습니다. 그것만으로도 얼마나 행복한 소식인지요. 그들을 '제자로 삼아라'고 하셨습니다.

이어서, '아버지와 아들과 성령의 이름으로 세례를 베풀라'고 하셨습니다. 이 삼위일체적 표현으로 인하여 이것이 예수님의 직접적 말씀이 아니라고 주장하는 학자들이 있습니다. 세례보다는 침례가 더 충실한 번역일 수도 있습니다. 예수님께서 열두 제자에게 그 동안 전수해온 모든 교훈들을 충실히 모든 민족에게 가르치고 또 실천하게 하도록 간곡하게 부탁하시고 엄격하게 명령하셨습니다.

그러나 그냥 책임만 떠넘기시지 않았습니다. 선교하는 현장에, 세례 베푸는 현장에, 가르치는 현장에 항상 함께 계시겠다고 성약하셨습니다. 세상 끝날까지 책임지시겠다는 확약입니다. 이 말씀은 사도행전의 선교대명과 기본 뜻은 같으면서도 세부적으로는 다른 은혜를 더하여 주셨습니다.

"오직 성령이 너희에게 임하시면 너희가 권능을 받고, 예루살렘과 온 유대와 사마리아와 땅끝까지 이르러 내 증인이 될 것이다"(행 1:8).

이 말씀에서는 '모든 민족' '세상 끝날까지'라는 마태복음 기록에 더하여 '땅끝까지'라는 공간적 말씀이 들어 있습니다. '모든 민족'이라고 하실 때에 예수님께서 우리 코리안들도 생각하셨는지는 잘 모릅니다. '땅끝까지'라고 하실 때에 아시아 대륙 동쪽 끝에 토끼꼬리처럼 붙어 있는 한반도를 생각하셨는지 그것도 모릅니다. 그러나 분명한 것 한 가지가 있습니다. 성삼위 하나님 특히 이 세상에 선교사로 파송되어 오신 메시야 예수님은 지금처럼 지구국가시대, 곧 지구함생체시대가 올 것을 예상하셨습니다.

한 가지 더 말씀드립니다. '증인'이라는 말은 헬라원어로 '마르투레스'입니다. 법정의 증인을 뜻합니다. 그러나 동시에 '순교자'(martyr)라는 뜻입니다. 돌에 맞아 죽을 각오를 하고 예수님을 메시야로 선포했던 스데반 같은 그런 순교자입니다. 물론 가장 위대하신 순교적 선교사는 바로 예수 그리스도 그분이십니다.

예수 믿고 구원받는다는 단순한 말씀은 그 사람이 바로 예수님과 한 몸 곧 함생체가 된다는 뜻입니다. 특히 교회는 예수함생체입니다. 또 예수님은 이런 말씀도 주셨습니다. "그 날에는 내가 아버지 안에, 너희가 내 안에, 내가 너희 안에 있는 것을 너희가 알리라"(요 14:20). 그러므로 먼저 예수함생체가 된 우리들은 하나님나라의 모형과 그림자 혹은 삼위일체 함생체의 모형과 그림자인 교회함생체를 위하여 십자가를 져야 합니다. 그리고 선교대명을 십자가 지고 실천함으로 성삼위 하나님과 온 인류가 하나 된 지구함생체를 이룩해 나아가야 합니다.

## 담임목회자의 최고 표준

나는 좋은 목자이다.
선한 목자는 양들을 위하여 목숨을 버린다 (요 10:11)

기독교는 교회로 대표됩니다. 기독교 안에는 교회만 있는 것은 물론 아닙니다. 고아원이나 양로원처럼 사회봉사기관도 있고, 대학생전도회, 산업전도회 같은 전도기관도 있습니다. 교육기관, 평신도단체, 언론미디어, 문화예술단체도 있고 총회같은 교단조직도 있습니다. 그러나 말할 것도 없이 기독교에는 '교회'가 주축을 이룹니다. 아니, 기독교 단체(파라 처치)들도 그 실상은 교회입니다.

교회는 평신도와 사역자 혹은 목회자로 구성됩니다. 교역자들도 원론적으로는 평신도 곧 하나님의 백성의 한 사람일 뿐이지만 실제적으로는 엄격하게 구별되고 있습니다. 우선 기능적으로 말한다면 대체로 사역자는 '가르치는 계급'이고 평신도는 '배우는 계급'입니다.

그런데 교회사역자 가운데는 담임목사가 제일 핵심요소입니다. 하나님 앞에서는 만인이 제사장이고, 만인이 선교사이고, 만인이 목회자입니다. 그래서 만인제사장론(priesthood of all believers, 히 3:1, 벧전 2:9))이 개신교회 교리의 근본입니다. 하지만 현실교회에서는 담임목회자가 가장 많은 권한을 갖습니다. 교회성패의 90%는 담임목사에게 달렸다고 주장하는 학자들도 있습니다. 좀 과장된 표현이긴 합니다만 담임목사가 개체교회의 성공과 실패를 결정하는 최대요인이라는 데는 누구나 동의합니다. 교회가 "든든히 세워져 나가느냐"(행 9:31) 아니면 바벨탑처럼 와르르 무너지느냐(창 11장)의 칭찬과 심판은 거의 담임목사의 몫입니다.

그렇다면 어떤 담임목사가 되어야 합니까. 그 표준은 무엇입니까. 아니, 표준 가운데도 담임목회자의 최고의 표준은 과연 누구입니까. 길게 논의할 것도 없습니다. 바로 예수 그리스도가 정답입니다. 그렇습니다. 예수 그리스도는 담임목회의 최고표준이시며 혹은 유일무이한 표준이십니다. 표준보다는 기본틀(paradigm)이라는 주장도 있습니다.

그러나 이 말을 들으면 반대하는 이들도 있습니다. 예수님은 실제 인물이 아니라고 주장하는 사람들, 실존인물이라 해도 그 분은 '보이는 교회'를 세우실 뜻이 전혀 없었던 분이라고 턱을 대기도 합니다. 설혹 교회를 세우셨더라도 담임목회를 하신 적이 전혀 없으셨다고도 강변합니다. 그래서 반교회주의자들도 많고, 무교회주의 운동도 여전히 활발합니다. 특히 한 시대를 풍미했던 무신론적 공산주의와 피부적 향락에 폭 빠진 속물주의자들이 대표적 부류입니다.

어떤 사람들은 첫 번 교회는 에덴동산인데 어찌 그 때에는 태어나지도 않은 분이 담임목사라고 하겠느냐고 주장합니다. 비록 교회라는 이름을 붙인 건 아니지만 '합심하여 기도하는 두 사람'과 '예수 그리스도의 이름으로 모인 두 세 사람'(마 18:19-20)이 교회구성의 최소단위라면 에덴동산교회, 노아방주교회는 예수 그리스도가 담임목사는 아니라는 논리입니다.

설혹 첫 교회를 120여명으로 구성된 예루살렘교회라고 인정한다 해도 예수께서 담임목사는 아니셨다는 의견도 있습니다. 게다가 초대교회에는 담임목사 제도가 보편화된 것도 아니었습니다. 베드로, 바울, 그리고 다른 사도들의 사역을 추적해 보면 '순회 전도자'(itinerant preachers)였으며 이것이 주류였다고 보기 때문입니다. 성경을 연구해 보면 예수 그리스도께서도 끊임없이 다니시면서 전도하셨습니다. 어디 교회당에서 모이는 교회회중만을 몇 년간 혹은 평생토록 돌보신 적은 없으십니다. 가버나움이 한 동안 전도본부처럼 쓰이기도 했지만 오늘 날의 담임목회자라고 말하기는 어렵습니다.

그러나 아닙니다. 예수 그리스도는 "이 반석 위에 내 교회를 세우겠다"(마 16:18)고 명백하게 선언하셨습니다. 그리고 그 분은 태초부터 계시면서 성부 하나님, 성령 하나님과 함께 우주 만물을 창조하시는 사역에 참여하셨습니다. 물론 그 '우주만물' 가운데 교회가 포함되어 있을 뿐만 아니라 "교회는 그의 몸이니 만물 안에서 만물을 충만하게 하시는 이의 충만"입니다(엡 1:23).

예수 그리스도께서 담임목회자이시라는 것은 그분께서 '교회의 머리'시라는 점에서 더욱 확연하게 밝혀집니다. "그를 만물 위에 교회의 머리로 삼으셨느니라."(엡 1:22). "그는 몸인 교회의 머리시라."(골 1:18). 그것만이 아닙니다. 그분은 신부인 교회의 신랑이시고 남편이십니다. "이는 남편이 아내의 머리됨이 그리스도께서 교회의 머리됨과 같음이니"(엡 5:23)라고 성경은 말합니다. 남편이나 신랑이 신부나 아내의 머리로 이해되던 시대의 표현입니다.

따라서 예수 그리스도는 모든 교회의 창립자이실 뿐만 아니라 '태초부터' 그 모든 교회의 담임목회자가 되십니다. 에덴동산교회, 노아방주교회, 아브라함 가정교회, 이스라엘민족교회, 예루살렘성전교회, 이집트와 바벨론의 포로교회, 그리고 회당교회의 담임목회자는 바로 예수 그리스도이셨습니다. 그분께서 담임하신 교회는 훨씬 더 많습니다. 특히 열두제자교회는 삼년 목회생애 동안 집중적으로 조직하시고 키우시고 사명을 주셨던 담임목회자이셨습니다. 그래서 그 열두제자교회는 모든 교회의 원형(prototype)으로 평가됩니다. 그뿐 아닙니다. 그분은 장차 완성될 하나님의 나라에서도 영원히 담임목회를 하십니다. "이는 보좌 가운데 계신 어린 양이 그들의 목자가 되사 생명수 샘으로 인도하시고, 하나님께서 그들의 눈에서 모든 눈물을 씻어주실 것임이다."(계7:17)는 말씀 그대로입니다.

성경에는 양떼를 먹이는 목자 이야기가 상당히 많습니다. 우선 이스라엘 민족의 지도자들이 목자출신들입니다. 아벨, 아브라함, 이삭, 야곱, 야곱의 아들들, 모세, 다윗이 목자들이었습니다. 비록 예수님께서는 지구사역을 시작하시기 이전에는 목자의 일을 직접 하시지는 않았습니다. 어릴 때부터 가업인 목수업을 도우시고 또 전적으로 종사하셨습니다. 그런데도 예수 그리스도께서는 자신을

'선한 목자' 곧 모범 목자라고 선언하십니다. 그리고 성경에는, "양들의 큰 목자이신 우리 주 예수"(히 13:20), "그리하면 목자장이 나타나실 때에"(벧전 5:4)라는 말씀에서 그 분을 '큰 목자,' '목자장'이라고 적시하였습니다. 제사장, 왕, 대언자(선지자)의 삼중직분과도 일치됩니다. 예수 그리스도께서 만왕의 왕, 큰 대제사장, 마지막 대언자이신 것처럼 (마 21:11; 히 1:1이하) 그분은 최고표준의 목자장이십니다.

예수님께서, "나는 선한 목자이다." 하고 선언하신 것은 어떻게 보면 자기 자랑 같기도 하고 또 그분께서 인간적으로 생각하면 교만한 자세처럼 오해받을 수도 있습니다. 다른 사람들이 그렇게 평가해 주어야 되는 것이지 그토록 자화자찬自畵自讚, 자신이 그린 그림을 놓고, '누가 그렸는지 그것 참 잘 그렸다'고 해서야 되겠습니까?

그러나 이 말씀은, '나는 최고표준 목회자이다'라는 말씀으로 이해해야 합니다. 우리들에게는 히브리서 11장에 기록된 '믿음의 영웅들'이 여럿일 수 있습니다. 그러나 가장 위대한 믿음의 영웅은 바로 예수 그리스도 그분 뿐입니다. 마찬가지로 기독교 역사에는 수많은 모범 목회자들이 있습니다. 그러나 그 모든 목회자들의 목회자 곧 목자장 혹은 최고표준 목회자는 바로 예수 그리스도이십니다. 양들을 기르고 보호하고 구원하시기 위하여 단 하나뿐인 생명을 십자가 제단에 바치셨기 때문입니다. 하늘에서 내려오신 유일한 목자장이십니다.

## 교회는 하나님 나라의 형상

그들이 섬기는 것은 하늘에 있는 것의 모형과 그림자이다
모세가 장막을 지으려 할 때에 지시하심을 얻음과 같다
모든 것을 산에서 네게 보이던 본을 따라 지어라 말씀하셨다
(히 8:5)

교회란 무엇입니까? 그런 질문에 대한 대답은 여럿입니다. 그리고 앞으로도 새로운 대답들이 쏟아져 나올 것입니다. 그런데 요절말씀은 교회가 무엇인가에 대한 아주 중요한 대답을 우리들에게 선물로 주셨습니다. 이 대답이 기록된 히브리서는 원래 '신약성경 안에 있는 구약성경'이라고 평가받는 하나님의 말씀입니다. 그것은 마치 이사야서가 구약성경 안에 있는 신약성경이라는 의견과 짝을 이룹니다.

신약성경에는 '하나님의 나라' (헬, 바실레이아 데우) 혹은 하늘나라(천국)라는 말이 여러 번 나옵니다. 특히 예수님의 핵심적 가르침입니다. 특히 히브리 사람들에게 '교회는 바로 이런 것이다' 하고 강조하여 가르친 것이 요절말씀입니다.

그렇다면 교회는 무엇입니까? 하늘에 있는 하나님의 나라(kingdom of God)의 형상을 가진 모형과 그림자라는 대답입니다. 이런 사실은 하나님의 나라를 바르게 이해할 때 훨씬 더 명확하여 집니다. 하나님의 나라는 바로 성삼위 하나님께서 다스리시는 나라입니다. 따라서 성부 성자 성령께서 만왕의 왕이시기에 (딤전

6:15) 성삼위 하나님께서 바로 모든 담임목사의 으뜸인 담임목사가 되십니다. "여호와는 나의 목자"(시 23:1)라는 말씀 그대로입니다. 성삼위 하나님께서는 보이는 교회(visible church)와 보이지 않는 교회(invisible church)를 다스리시는 담임목자이십니다. 삼위일체 하나님 가운데 특히 예수 그리스도께서 담임목사의 최고 표준이십니다. 그것은 그분만이 '육신을 입으신 말씀'(요 1:14)이셨기 때문입니다. 따라서 성도들이 친히 눈으로 주목하여 보았고, 그 음성을 귀로 직접 들었고, 그분의 몸을 직접 만져볼 수 있었고, 함께 식사하셨고, 함께 기뻐하시고, 함께 우셨고, 함께 사셨기 때문입니다(요일 1:1). 그리고 무엇보다도 그 육신이 십자가에 못 박혀 죽으시기까지 우리를 사랑하셨기 때문입니다.

이것은 '하나님의 형상론'(imago Dei)으로도 입증됩니다. 하나님께서는 모든 피조물 가운데 사람에게만 하나님의 '모양과 형상'을 불어넣어 창조하셨습니다(창 1:26-28). 그 '모양과 형상'의 내용이 무엇이냐에는 몇 가지 해석이 있습니다. 그러나 중요한 것은 하나님의 형상은 온갖 피조물 가운데 사람에게만 주신 선물이라는 점입니다. 사람의 사람다움이 바로 하나님의 형상을 소유한 데 있습니다.

그런데 "그리스도는 하나님의 형상이다"(고후 4:4)라고 성경은 선언합니다. 따라서 교회가 무엇이냐고 물으면, '구원받은 성도가 하나님의 형상인 것처럼 참된 교회는 바로 하나님 나라의 형상이다.'라는 대답입니다. 이런 점에서도 하나님 나라를 목숨 걸고 세워 가시는 예수 그리스도께서는 모든 개체교회의 담임목회자가 되십니다.

성경의 주인은 예수 그리스도라는 선언은 개체교회 대표 담임목회자가 예수 그리스도라는 말씀으로도 이해해야 합니다. "이 성경이 곧 나에 대하여 증언하는 것이다"(참조: 요 5:39, 눅 24:27, 44)라고 말씀합니다. 따라서 초대교회부터 사용된 수많은 신앙고백서나 신조에는 성경을 가리켜 '신앙과 행위의 유일무이한 표준' 혹은 최고표준이라고 명시했습니다. 하지만 근래에는 '신앙과 행위'를 더 풀어서 '신앙과 신학, 생활과 사역의 최고 표준'이라고 고백하는 신조들이 늘어갑니다. 따라서 성경은 유일무이한 혹은 최고표준인 목회 교과서 혹은 교범(the text)이라는 선언입니다. 그러므로 그 성경적 교회의 목회는 예수 그리스도만이 주도하십니다.

간혹 지금은 성령의 시대라면서 성령님을 목회의 주도자로 앞장세우는 교회들도 없지 않습니다. 성부 중심 목회, 성자중심 목회, 성령중심 목회는 선택사항이므로 어느 것이 더 옳고 그른 것은 아닙니다. 하지만 성령님은 사람의 몸을 입으신 적이 없다는 점이 성령 목회의 한계입니다. 그런 점에서 목회현장에서는 성령님은 '예수의 영'이 되십니다(행 16:7). 그래서 '그리스도교(기독교)'라는 이름을 쓰지 어디 '성령교'라고 하던가요.

그렇다면 교회의 목자장 곧 머리목자이신 그 분이 어느 담임목사에게든지 무어라 하실까요. "양무리의 본이 되라"(벧전 5:4)고 말씀하십니다. '내가 너희들에게 본이 된 것처럼 너희도 교회성도들에게 모범이 되라'는 말씀입니다. 곧 예수 그리스도를 담임목회자의 최고 표준으로 삼아야 한다는 뜻입니다. 목회의 모든 국면에서 "나 예수 그리스도의 뜻을 파악해서 실천하라"고 하십니다. '본이 되라'는 말씀은 예수님께서 제자들의 발을 씻기실 때처럼 아주 중요한 교훈을 말씀하실 때에 하셨습니다(요 13:15). 그러므로 모든 담임목회자들은 먼저, "예수 그리스도께서 나 자신의 입장에 서시면 어떻게 사역하실까? "라는 질문을 반복하여 자신에게 던져야 합니다. 그리고 그 대답을 바르게 들어야 합니다. 여기에서 예수 그리스도는 '삼위일체적 예수 그리스도' 곧 성부와 성령을 포함하는 뜻입니다.

실로 지금 가장 긴급한 것은 목회현장에서 '잃어버린 예수 그리스도'를 다시 찾아내는 일입니다. '아버지 집에 계신 그분'을 반드시 발견해내야 합니다(눅 2:41-50). 그리고 그분이 하시는 말씀을 낱낱이 듣고 깊이깊이 새겨야 합니다. 그러나 그건 시작입니다. 예수 그리스도를 담임목사로 모셨다고 크게 선전하는 교회들도 있습니다. 좋은 일입니다. 그런데 실상은 '양의 가죽을 쓴 이리'처럼 오히려 양들을 잡아먹는 담임목자들도 성경시대부터 극성을 부려왔습니다. 따라서 "예수님처럼, 꼭 예수님처럼" 삶으로 실천하겠다는 결단이 있어야 합니다.

예수 그리스도 사역의 기초적이며 궁극적 목적은 '구원'이란 말로 대표됩니다. 구원사역은 예수 그리스도의 모든 사역을 총괄합니다. 육신적 구원, 인권적 구원, 정치 경제적 구원, 사회적 구원,

문화 문명적 구원 등. 그러나 그 가운데서 가장 핵심적인 것은 '영혼의 구원'입니다. 따라서 담임목사의 사역은 일차적으로 영혼 구원에 초점을 맞추어야 합니다. "인자가 온 것은 잃어버린 자를 찾아 구원하려 함이니라"(눅 19:10)는 말씀이 많이 희미해졌습니다. '예수'(여호와는 구원하신다)는 그 이름의 뜻이 더럽혀진 셈입니다. 구원사역이라는 최고의 거룩한 사명이 보이는 이익만을 추구하는 상업적인 것으로 상당부분 변질되었습니다.

그래서 또 외칩니다. 목숨 걸고 돌들처럼 소리 지릅니다(눅 19:40). 사역현장에서 '십자가 믿음'을 회복시켜야 합니다. 현대 목회의 큰 장애는 바로 담임목사들이 '십자가 없는 목회'를 즐긴다는 점에 있습니다. 이것은 교회의 머리 예수 그리스도에 대한 명백한 반역행위입니다. '땅에 떨어져 죽겠다는 한 알의 밀'이 되기를 철저히 거부하기 때문입니다. 죽어야만 많은 열매를 맺게 되는데 죽을 생각을 안 하니까 열매가 없거나 악한 열매일 뿐입니다(요 12:24). 이것이 결코, 결코 쉬운 일은 아닙니다. '아버지, 저를 십자가에 산 채로 매달아 처형하는 방법 아니면 구원사역을 전혀 하실 수 없나요? 전능하신 아버지이신데요.' 예수님도 그런 내적 저항 때문에 울부짖으셨습니다. 그만큼 십자가 사역은 감당하기 어려운 고통입니다. 그래도 예수 그리스도께서는 결론을 내셨습니다. "그러나 나의 원대로 마옵시고, 아버지의 원대로 하옵소서."(마 26:39). 목회의 성공하는 길이 꼭 하나 있다면 그건 바로 '십자가의 길' (via dolorosa)뿐입니다.

## 증인이 되어야 한다

또 말씀하셨다. 이 같이 그리스도가 고난을 받고
제 삼일에 죽은 자 가운데서 살아날 것과
또 그의 이름으로 죄 사함을 받게 하는 회개가
예루살렘에서 시작하여 모든 민족에게 전파될 것이 기록되었으니
너희는 이 모든 일의 증인이다 (눅 24:46-48)

30여 년 전 유니온교회 개척 초기였습니다. 한 청년이 교회에 처음 출석한 날 상담을 요청해 왔습니다. 그는 태권도 사범으로 미국 영주권을 얻었습니다. 아직 미혼입니다. 그런데 태권도를 배우려고 왔던 초등학생의 '고추'를 톡톡 친 것이 문제가 되어 형사범으로 재판을 받는 중이랍니다.

"변호사님 말씀이 영어 하는 목사님 교회에 나가서 신앙생활을 하고 그분이 재판정에서 증인을 서 주면 도움이 된답니다. 목사님 꼭 부탁드립니다."

그리고는 눈물을 뚝뚝 흘리면서 남자답지 않게 훌쩍훌쩍 울었습니다. 자칫 감옥에 갈 수도 있고 또 형기가 끝나면 한국으로 추방될 수도 있다는 절박한 사정이었습니다. 그래서 사건의 진상을 있는 그대로 종이에 써 달라고 했습니다. 그리고 가족 사정, 과거에 범법행위로 처벌받은 적이 있는지 그런 걸 물었습니다. 물론 신앙생활을 어떻게 해 왔느냐는 것도 파악했습니다. 홀어머니 아래서 자랐는데 그 어머니께서 새벽기도회 열심히 나가는 신자랍니다.

그런 걸 파악하고 증인으로 서주겠다고 기꺼이 동의했습니다. 변호사와도 연락을 해서 사전지식도 얻었습니다. 정해진 날짜에 법정에 나갔습니다. 판사, 검사, 변호사 등 법률 전문가들과 배심원들 앞에서 오른 손을 들고 선서할 때에는 증인을 서는 설교자도 갑자기 엄숙해졌습니다. 선서문에는 위증을 하면 처벌된다는 조항이 있기 때문입니다. 선서문 낭독이 끝나면서 '예스, 아이 두.'(Yes, I Do.)라고 명확히 대답했습니다.

판사는 그 청년이 신앙생활을 제대로 하고 있는지를 물었습니다. 검사도 몇 가지 물었고, 변호사도 물었습니다. 특히 변호사는 한국에서는 '고추 만지기'가 문화적 습관 아닌가를 물었습니다. 증인인 설교자는 대학과 대학원에서 한국어교육을 전공했기 때문에 한국문화를 비교적 잘 알고 있다고 자기소개를 한 뒤에 그것이 한국에서는 전혀 범죄가 아니라고 증언했습니다. 그리고 한 가지 더 덧붙였습니다. 피고인의 어머니가 홀어머니로서 이 청년을 온갖 고생을 하며 길렀다는 점, 그리고 지금도 아들이 미국에서 훌륭한 인물이 되어가기를 새벽마다 기도하고 있다는 점을 강조했습니다.

그 청년은 배심원단의 유죄평결을 받았습니다. 미국에서는 중범죄입니다. 그런데 형량을 결정할 수 있는 판사는 2년 보호관찰(probation)을 명령했습니다. 특히 담임목사인 나에게 한 달에 한 번씩 면담을 하도록 조치했습니다. 그리고 법원 명령 그대로 잘 준수했고 설교자도 최종평가서에서 성실한 교회회원이 되었다고 서명해서 보냈습니다. 영어도 크게 유창하지 못한 젊은 목사의 그런 증언이 그토록 큰 효과가 있었습니다.

그 때의 경험 때문에, “너희는 이 모든 일의 증인이다”(눅 24:48), “땅 끝까지 이르러 내 증인이 되리라”(행 1:8)는 말씀에서 증인이 된다는 것이 사람을 죽일 수도 있고 살릴 수도 있다는 것을 체험으로 깨닫게 되었습니다. 다행히 그 ‘고추’ 만진 범죄가 경범죄였기에 그랬지만 만약 살인사건에 연관된 증인이 되었다면 그 증인이 그 피의자를 죽일 수도 있고 살릴 수도 있는 것 아닙니까.

증인이 그토록 중요합니다. 그래서 성경에는 ‘하나님이 나의 증거자이시다’는 말씀들이 있습니다(롬 1:9, 빌 1:8, 살전 1:5, 10). 성삼위 하나님께서 증거자가 되십니다. 성부 하나님도, 성자 하나님도 증거자이십니다. 그리고 성령 하나님도 증거자가 되십니다(요 15:26). 세례자 요한도 예수 그리스도를 증언하기 위하여 앞서 왔던 마지막 대언자였습니다(요 1:7, 15).

그런 까닭에 거짓 증거에 대하여 성삼위 하나님께서는 엄격하게 막으셨습니다. 재판에서도 기본적으로 증인은 ‘두세 사람’이어야 합니다(신 19:15, 고후 13:1). 만약 위증한 것이 발각되면 위증으로 인하여 면죄된 가해자의 형벌을 대신 그대로 받아야 합니다(신 19:18-19).

이런 배경에서 예수님은 ‘내 증인이 되라.’고 하셨고 혹은 ‘내 증인이 되리라’고 말씀하셨습니다. 반드시 증인이 되어야 합니다. 그리고 운명적으로 증인이 되는 사명을 부여받았다는 뜻입니다.

설교자가 중학생 때 세례받자마자 주일학교 초등부 교사로 임명

받았습니다. 시골교회라서 워낙 사람이 부족했습니다. 그런데 그 때 '요일가'라는 노래를 가르쳤습니다. 월화수목금토일 곧 일곱 절로 되어 있어 요일마다 부르는 노래입니다. 물론 첫 절이 월요일 노래였습니다.

오늘은 월요일 달 같은 신앙
너도나도 주님을 따라 나서자
저 달이 햇볕을 반사함 같이
생활로 예수님 증거하리라

그 노래가 평생 잊혀 지지 않습니다. 부를 때마다 은혜가 되기 때문입니다. 아하, 보름달 같은 인생이 되어야지 하는 결심을 되새겨 왔습니다. 반드시 햇볕을 듬뿍 받아서 그걸 되도록 많이 반사시켜 보름달처럼 환하게 비추어야 합니다. 특히 말로 증거하고, 글로 증거하고, 가르침으로 증거하고, 설교로 증거하고, 특히 생활 전체로 증거해야 합니다. 앞으로 지구함생체가 되면 개종전도가 막힐 수도 있습니다. 그 때에는 바로 우리의 삶 전체를 통해 예수님만이 영원한 생명구원의 길임을 증거해야 합니다. 저 달이 햇빛을 반사하는 것처럼 말입니다.

예수님은 이 세상에 빛으로 오셨습니다. 참 빛이셨습니다. 영원한 빛이셨습니다. 세례자 요한은 이 빛에 대하여 증거하는 것이 사명입니다(요 1:6-8). 그래서 참빛이신 예수께서 메시야 곧 구원주이신 것을 증거하는 사명에 자신을 불태웠습니다. 목이 잘려 순교했습니다(마 14:1-12). 증인을 뜻하는 헬라말 '마르투리아'는 영어의 순교자, 곧 마알터(martyr)의 말뿌리입니다. 수많은 성도들이 예수 그리스도를 증거하다가 목숨을 잃었기 때문입니다. 아니, 그것보다는 목숨을 걸고, "예수님만이 메시야이시다. 그분만이 그리스도이시다. 오직 예수님만이  구원주이시다"하고 전도했기 때문입니다. 열한 제자들이 한결같이 순교적 고난을 받았습니다. 성경 외의 기록에 따르면 베드로는 십자가에 거꾸로 달려 순교했습니다.

## 자신의 부활을 입증하시고

진실로 진실로 네게 이르노니
우리는 아는 것을 말하고 본 것을 증언하노라.
그러나 너희가 우리의 증언을 받지 않는구나.
내가 땅의 일을 말하여도 너희가 믿지 아니하거든,
하물며 하늘의 일을 말하면 어떻게 믿겠느냐 (요 3:11-12)

예수님께서 다시 살아나신 뒤 40일을 이 땅 위에서 계셨습니다. 성경에서 40일이나 40년은 아주 긴 시간을 뜻합니다. 그러나 단순히 시간만 긴 것이 아닙니다. 오히려 더 중요한 것은 그 기간 동안에 무엇인가 엄청난 일들이 이루어진다는 사실입니다.

이스라엘 민족은 40년 동안 사막에서 헤매며 하나님 섬기기를 배웠습니다. 가나안 복지에 들어가기 전입니다. 다윗은 40년 동안 왕 노릇 하며 하나님 나라와 사탄의 나라 모습을 극명하게 보여주었습니다. 예수님께서는 40일 동안 금식기도 하시며 사탄과의 큰 전쟁을 준비하셨습니다.

다시 말합니다. 예수님은 부활하신 뒤에 40일 동안 이 땅 위에 계시다가 하늘나라로 올라가셨습니다. 즉각 올라가시지 않았습니다. 3일이나 7일쯤 계실 법도 한데, 40일 동안 계셨습니다.

그런데 이 40일 동안 하신 일들을 자세히 따져보면 집중적으로 실천하신 일이 한 가지 확실하게 보입니다. 바로 자신의 '부활증거자'(witness for his own resurrection)가 되셨습니다. 어린이들에게 하신 말씀으로 표현합니다. "얘들아, 이것 봐. 나 다시 살아났다." 그런 말씀을 하시며 부지런히 돌아다니셨습니다. 그 40일 동안 하신 일은 지난 3년 동안 하신 일의 결론입니다. 가르치시고, 전파하시고, 병 고치시고, 기적을 베푸신 일들의 끝맺음입니다. 그분께서 이 땅 위에 아기로 태어나서 십자가에 처형되실 때까지 목숨 걸고 하셨던 사역의 총결산을 보여주셨습니다.

성경에 따르면 다시 살아나신 예수님은 맨 먼저 막달라 마리아에게 친히 나타나셨습니다(요 20:11-18). 예수님의 무덤가였습니다. 처음에는 예수님이신 줄 전혀 짐작도 못했습니다. 그런데 예수님께서 마리아의 이름을 부르셨고 그제야 놀라서, '랍오니'(선생님) 하고 불렀습니다. 그때에 예수님은 다시 살아나셨다는 것을 이렇게 증명하셨습니다. 곧, "나를 붙들지 말아라. 내가 아직 아버지께로 올라가지 아니하였다… 내가 내 아버지 곧 너희 아버지, 내 하나님 곧 너희 하나님께로 올라간다고 말해다오." 막달라 마리아와, 어쩌면 살로메와 요안나에게도, 예수님은 다시 살아나셨다는 것을 확실하게 증명해 주셨습니다. 그리고 그 사실을 예수님의 형제들에게도 꼭 알리라고 부탁하셨습니다. 여기에서 형제들이란 글자 그대로 형제들을 뜻하기도 하고 또 제자들 특히 열한 제자들을 뜻하기도 합니다. 그 분부 그대로 막달라 마리아는 제자들에게 가서 예수님의 부활과 또 친히 그것을 증언하라는 부탁을 전달했습니다.

예수님은 엠마오로 몸을 피하려고 걸어가던 두 제자 사이에 끼어드셨습니다. 이에 관하여 마가복음은 간략하게 기록했고(막

16:12-13), 누가복음에는 더 자세히 기록했습니다(눅 24:13-35). 글로바가 그 중의 하나라고 이름도 밝혔습니다. 그들은 처음에는 예수님이신 줄 몰랐습니다. 예수님께서 구약성경 전체에서 자신에 관한 말씀들을 자세히 풀어 증명하셨습니다. 아아, 그 풀어주신 내용이 요즈음처럼 녹음되었더라면…. 참으로 안타까운 일입니다. 특히 자신의 부활을 입증하셨습니다. 성경을 더디 믿는다고 책망도 하셨습니다. 성찬을 함께 나눌 때에 비로소 눈이 밝아졌고 그분이 예수님이신 줄 깨닫게 되었습니다. "길에서 우리에게 말씀하시고, 우리에게 성경을 풀어주실 때에 우리 속에서 마음이 불타올랐다." 그들은 그 때의 체험을 그렇게 간증했습니다.

그 두 사람은 가던 길의 방향을 180도 바꾸었습니다. 다시 예루살렘을 향하여 신나게 발걸음을 재촉했습니다. 열한 제자들과 예수 따르미(Jesus followers)들이 함께 모여 있었습니다. 그들도 소식을 듣고 있었습니다. 베드로에게 나타나셨다는 사실도 확인했습니다. 자신들이 만나 뵈었던 예수님, 죽음을 이기시고 살아계실 때에 미리 예고하셨던 것처럼 다시 살아나신 예수님에 관하여 있는 그대로 증언했습니다.

그런데 바로 그 자리에 예수님께서 나타나셨습니다(눅 24:36-49, 요 20:19-23). '샬롬'(너희에게 평강이 있을지어다)으로 시작하셨습니다. 이번에는, '나를 만져봐라. 영은 살과 뼈가 없지? 나는 너희들이 보는 것처럼 살도 있고 뼈도 있단다' 하셨습니다. 심지어 그 자리에 있던 생선토막도 맛있게 잡수셨습니다. '나는 부활이요 생명이다.'(요 11:25). 십자가 처형 전에 제자들에게 자신의 부활을 확실하게 가르치셨던 말씀을 이제는 체험하도록 보여주셨습니다. 그들의 마음을 확 열으시고, 구약성경을 자세히 풀어, 십자가 죽으심과 다시 살아나심으로 자신이 바로 그리스도(메시야), 곧 성자 하나님이심을 재삼 증명하셨습니다. 그리고 중차대한 사명을 주셨습니다. 곧, "아버지께서 나를 보내신 것 같이 나도 너희를 보낸다"는 선교대명입니다. 그 제자들을 향하여 숨을 내쉬시면서 성령으로 충만하게 하셨습니다. 그리고 '죄의 사면권'까지 주셨습니다(요 20:21-23).

의심 많은 제자 도마에게도 부활하신 예수님께서 친히 나타나셨습니다(요 20:24-29). 동료 제자들이 예수님을 만났다고 해도 그는 믿지 않았습니다. 예수님 상처에 손가락을 넣어 보아야만 믿겠다는 실증주의자(positivist)입니다. 일주일 뒤 예수님께서 도마에게 나타나셨습니다. 손바닥과 허리 상처를 손가락으로 만져보라고 권고하셨습니다. 그토록 예수님은 부활사건 증명에 열정적이셨고 세심하셨습니다. 십자가의 죽으심과 다시 살아나심이 예수님 구원 사역의 기초요 핵심이기 때문입니다.

예수님은 갈릴리 바다에서 물고기 잡던 일곱 제자에게 나타나셔서 자신의 부활을 증명하셨습니다(요 21:1-14). 생선과 빵으로 성찬예식을 베푸셨습니다. 그리고 이어서 베드로를 지목하여, '내 어린 양을 먹여라… 내 양을 쳐라… 내 양을 먹여라'(요 21:15-17) 하심으로 '목회대명'을 선포하셨습니다. 갈릴리 산에서는 '모든 민족을 제자 삼아라'는 선교대명을 주셨습니다(마 28:19-20). 40일째 되는 날 제자들을 모으시고 친히 그들이 두 눈으로 똑똑히 목격하는 가운데 하늘로 올라가셨습니다(눅 24:44-49, 행 1:38). 그때에도 중차대한 사명을 제자들에게 선포하셨습니다. "너희는 이 모든 일의 증인이다."(눅 24:48).

교회시대에 들어서면서 예수님은 특히 여러 가지 방식으로 자신의 부활을 입증하셨습니다. 스데반에게도 나타나셨습니다. 누구보다도 사도 바울에게 나타나셨습니다. 500제자에게도 나타나셨습니다. 그리고 이 부족한 설교자에게도 나타나셨습니다. 그래서 교회 예배 때에 함께 고백하는 사도신경 말씀, "십자가에 못 박혀 죽으시고, 장사된 지 사흘 만에 죽은 자 가운데서 다시 살아나셨으며…"를 목숨 걸고 땅 끝까지 그리고 세상 끝날까지 전파하는 큰 명령을 주셨습니다.

이단종파인 '여호와의 증인'들이 전매특허처럼 사용해서 그 '증인'이란 말이 변질된 감이 있습니다. 우리는 그렇다고 그 중요한 것을 포기해서는 결코 안 됩니다. 오히려 다시 탈환해 와야 합니다. 그것은 누구보다도 예수님 자신이 증인 중의 증인 곧 순교자 중의 순교자가 되셨기 때문입니다. 성경 전체가 엄숙하게 명령하는 것처럼 우리는 '여호와의 증인이요, 예수 그리스도의 증인이요, 성령의 증인'이 되어야 합니다. 이것은 특히 예수님의 피로 물든 말씀입니다.

## 부활의 완벽한 첫 열매

그러나 이제 그리스도께서 죽은 자 가운데서 다시 살아나셔서
잠자는 자들의 첫 열매가 되셨다 (고전 15:20)

예수님께서 부활하셨습니다. 십자가 위에서 잔인하게 처형되신 뒤 3일이 지나서 예수님은 다시 살아나셨습니다. 예수님 부활에 관한 설교는 원래 짧을수록 좋습니다. 기둥에 잘 박힌 못처럼 확실한 것이기 때문입니다. 그뿐만 아니라 예수님께서 다시 살아나시지 않았더라면 성경은 완전히 허위문서였을 것입니다. 그리고 교회도 사기꾼들의 집합소였을 것입니다.

그런데 예수님 부활은 어제오늘 갑자기 일어난 일이 아닙니다. 예수님께서 자신의 부활을 여러 가지로 입증하셨습니다. 그것도 열심히 그리고 이 땅 위에 40일이나 계시면서 열심히 증거하셨습니다. 예수님의 그런 증언 가운데 하나가 바로, "모세와 모든 선지자의 글로 시작하여 모든 성경에 쓴바 자기에 관한 것을 자세히 증명하셨다"는 말씀입니다(눅 24:27). 엠마오로 도피하던 두 제자들은 또 이렇게 증언합니다. "길에서 우리에게 말씀하시고 우리에게 성경을 풀어주실 때에 우리 속에서 마음이 뜨겁지 아니하더냐"(눅 24:32). 아니, 또 있습니다. 열한 제자들, 그들과 함께 한 자들, 그리고 엠마오로 가던 두 제자가 모인 곳에 부활하신 예수님께서 다시 나타나셨습니다(눅 24:33). 그리고 그들에게 가르치셨던 모든

것을 총정리하여 말씀하셨습니다. 그리고 마음을 열어 깨닫게 하셨습니다. "곧 모세의 율법과 선지자의 글과 시편에 나를 가리켜 기록된 모든 것이 이루어져야 하리라 한 말이 바로 이것이다" 하셨습니다(눅 24:44). 그것은 다른 말로,

1) 그리스도가 십자가 위의 죽음이라는 고난을 받으시고,

2) 제3일에 죽은 자 가운데서 살아나시고,

3) 그리스도의 이름으로 죄사함을 받게 하는 회개가 예루살렘에서 시작하여 모든 민족에게 전파될 것이라 하셨습니다.

그리고 이 사실을 믿는 그리스도인들에게는 사명이 따르는데 그것은 바로, '너희는 이 모든 일의 증인들'이 되어야 한다는 선언입니다. 그 증인되는 사명을 다하기 위하여서 '위로부터 오는 능력 곧 성령으로 입혀질 때까지 이 성에 머물러야 한다'고 풀어주셨습니다(눅 24:44-49). 온 인류 누구나가 영원한 생명을 얻을 수 있는 길과 구원받은 뒤의 사명을 확실하게 가르치신 것입니다.

이 설교에서는 예수님께서, '모세의 율법과 선지자의 글과 시편' 곧 구약성경, 그리고 예수님께서 십자가에 달려 죽으시고 다시 살아나신 기록인 네 복음서가 포함된 신약성경의 부활과 관련된 일들을 정리하여 은혜를 나누려 합니다.

부활사건은 네 가지로 나눌 수 있습니다.

1) 구약성경에 기록된 부활,

2) 예수님께서 행하신 부활기적,

3) 예수님 자신의 부활,

4) 창조 이후 죽었던 모든 사람들의 부활입니다.

구약성경에는 그 몸이 확실하게 죽었던 자가 다시 살아난 사건이 둘 있습니다. 대언자 엘리야가 사르밧 홀어머니의 죽은 아들을 살려냈습니다. "내 하나님 여호와여, 원하건대 이 아이의 혼으로 그의 몸에 돌아오게 하옵소서"(왕상 17:21). 하는 엘리야의 기도를 하나님께서 응답하셨습니다. 여호와께서 엘리야의 기도를 들으심으로 그 아이의 혼이 몸으로 돌아와 살아났습니다(왕상 17:17-24). 또 하나 있습니다. 이번에는 엘리야의 제자인 대언자 엘리사도 부활사건을 체험했습니다. 수넴 여인, 남편이 있는 부인의 아들을 살려냈습니다. 죽은 아이가 일곱 번 재채기를 한 뒤에 눈을 떴습니다(왕하 4:32-37). 그러나 부활을 상징하는 사건들은 여럿입니다. 첫 사람 아담과 하와가 '네가 먹지 말라. 먹는 날에는 정녕 죽을 것이다' 하고 엄금하신 선악을 알게 하는 나무의 열매를 먹은 아담과 하와, 그러나 하나님께서 양을 죽여 피를 흘리게 하시고 그 가죽을 입히심으로 생명만은 보존했습니다. 부활의 상징사건입니다. 그 둘째 아들 아벨이 형 가인의 공격을 받고 죽었을 때 하나님은, "네 아우의 핏 소리가 땅에서부터 내게 호소한다"고 하나님은 가인에게 경고하셨고(창 4:10), 범죄한 가인에게도 표시를 주셔서 죽지 않게 하셨습니다(창 4:15). 모든 사람들이 죽었으나 방주에 탄 노아의 여덟 식구, 소돔이 유황불로 멸망할 때에 살아남은 롯의 가족, '어찌하여 내가 태에서 죽어나오지 아니하였던가'라고 탄식했던 욥(욥 3:11)의 회복, 수많은 죽음 가운데서 살아남은 다윗 등을 비롯해 더 많은 부활의 전조前兆들이 있습니다.

특히 요나(마 12:40)는 예수님의 고난과 부활을 미리 보여주는 확고한 예형(type) 사건입니다. 이에 대하여 예수님은 '요나의 표적 밖에는 보일 표적이 없다'고 하시며 직접 언급하셨습니다(마 12:38-41). 니느웨 성곽도시 사람들을 구원하라는 하나님의 엄명을 정면으로 거절했다가 큰 물고기 뱃속에 사흘이나 들어가 있던 요나, 그가 마침내 회개했을 때 하나님은 그를 다시 살려내셨으니, '여호와께서 그 물고기에게 말씀하시매 요나를 육지에 토했습니다'(욘 2:10).

에스겔 골짜기 마른 뼈들이 다시 살아난 기적(겔 37:1-14)은 구약성경에서 보여주는 부활사건 가운데 매우 특이하고 중요한 사건입니다. 부활은 하나님의 권능으로 이루어진다는 점, 마른 뼈조차도 다시 살아날 수 있다는 점, 여호와의 말씀으로 되었다는 점, 생기가 들어갔다는 점, 살아나는 과정이 자세히 기록되었다는 점, 에스겔의 대언을 통하여 이루신다는 점, 그리고 그 다시 살아난 것들이 '극히 큰 군대'라는 점 등으로 보아 마치 구약성경과 신약성경 전체를 통합하고 요한계시록에 기록된 '하나님 나라의 최후 승리'까지 보여주는 부활사건입니다.

예수님을 기준으로 볼 때 구약성경의 이 같은 부활사례들은 '과거적 부활사건'입니다. 그리고 예수님이 땅위의 사역기간에 일어난 것들 곧 '현재적 부활' 사건도 있습니다. 성경에 셋이나 기록되었습니다. 순서가 어느 것이 먼저인지는 논쟁이 있습니다. 예수님은 회당장 야이로의 딸을 살려내셨습니다. 열두 살 된 소녀였습니다. '달리다굼' (소녀야, 내가 네게 말한다. 일어나라. 막 5:41)이라고 말씀하시니 죽은 소녀가 눈을 뜨고 일어나서 걸었습니다.

나인 동네 홀어머니의 아들을 살려내셨습니다. 죽어서 매장하기 위하여 공동묘지로 가는 길이었습니다. 예수님께서 그 홀어머니를 불쌍히 보시고 관에 손을 대셨습니다. "청년아, 내가 네게 말한다. 일어나라" 하셨더니 죽었던 그 청년이 일어나 앉아 말하기 시작했습니다(눅 7:11-17). 예수님께서는 죽은 나사로도 살려내셨습니다. 예루살렘에 가시면 자주 머무시는 마리아, 마르다의 가정의 오빠입니다. 죽어서 나흘이나 되어 시체 썩는 냄새가 진동했습니다. 하지만 예수님은 간곡히 기도하신 뒤에 큰 소리로 외치셨습니다. "나사로야, 나오너라"(요 11:43). 나사로가 수족을 베로 동인 채로 무덤에서 걸어 나왔습니다.

예수님의 부활사건은 그 같은 과거에 일어난 여러 부활사건과 똑같으면서도 전혀 다른 차원이 있습니다. 죽었다가 다시 살아나셨다는 점에서는 똑같습니다. 그러나 구약성경과 신약성경에 죽었다가 다시 살아난 사람들은 그 뒤에 모두 죽었습니다. 그에 반하여 예수님의 부활은 영원히 죽지 않으시는 부활입니다. 그런 점에서 예수님은, "내가 곧 부활이요 생명이다"(요 11:25)라고 선언하셨습니다. 곧 완전한 부활의 첫 열매이시라는 말씀입니다. 모든 잠자던 성도들이 미래에 일제히 부활하게 될 때의 그 미래적 부활, 완전한 부활의 첫 열매가 되십니다.

## 자살을 '살자'로 뒤집어라

유대인들이 이르되, 그가 말하기를 내가 가는 곳에는
너희가 오지 못하리라 하니, 그가 자결하려는가 (요 8:22)

이 설교를 쓸 즈음 한국의 언론들이 자살문제의 심각성을 일제히 보도하고 있습니다. 경제협력개발기구(OECD) 회원국 가운데 한국의 자살자 비율이 인구 대비 가장 높답니다. 충격적 소식입니다. 1년에 1만3천92명이 자살합니다. 배부른 국민이 되어가는 것과 비례하여 자살자가 늘어간다는 뜻입니다. 아기 출산율이 대폭 줄어드는 것과 함께 생각하면 삼천리 반도 땅에는 코리안들의 씨가 바싹 마를 수도 있습니다.

그것만이 아닙니다. 설교자가 살고 있는 미국 전체 자살률입니다. 2015년 기준 4만 4,193명의 미국인이 자살했습니다. 큰 전쟁 중의 전사자보다 더 많은 숫자입니다. 그리고 해가 갈수록 자살자의 규모가 늘어갑니다. 아시아계 인종 가운데서는 한국계 자살률이 가장 높습니다. 미국에서 더 큰 문제는 자살자 대부분이 총기를 사용하고 있어 총기사고와도 맞물려 있습니다.

자살은 죽는 사람이 많다는 사실만 문제가 되는 것이 아닙니다. 단 한 사람이 자살한다 해도 큰 문제입니다. 자살은 '생명의 절대적 가치'를 너무 쉽게 포기하는 것이기 때문입니다. 철학자 칸트의 정언명법(定言命法, categorical imperative), 곧 생명의 가치는 수단으로서 결정되어서는 안 되고 그 자체가 절대가치라는 교훈입니다. 이것은 단연 예수님의 말씀, "무엇이든지 남에게 대접을 받고자 하는 대로 너희도 남을 대접하여라"(마 7:12) 말씀에 기초를 두고 있습니다. 쉬운 말로 자기 생명이 절대적 가치가 있는 것처럼 다른 사람의 생명도 절대가치로 존중해 주어야 한다는 뜻입니다. 생명이 자기에게는 오직 하나뿐입니다. 생명을 대치할 수 있는 다른 아무것도 없습니다. 그래서 예수님께서는 이렇게 진리를 밝히셨습니다.

"사람이 만일 온 천하를 얻고도 제 목숨을 잃으면 무엇이 유익하겠느냐. 사람이 무엇을 주고 제 목숨을 바꾸겠느냐"(마 16:26).

한 사람의 생명은 온 우주보다도 훨씬 더 귀중한 존재입니다. 하나님의 유일하신 아들 예수 그리스도께서 당신이 가진 한 생명을 구원하시기 위하여 자신의 생명을 조금도 아끼지 않으시고 십자가 제단에 바치실 정도로 귀중한 생명입니다. 게다가 당신의 생명은 창조주 하나님으로부터 부여받은 것이기 때문에 자기의 생명을 처리할 권한이 전혀 없습니다. 무슨 수를 써서라도 그 생명을 살려내고, 보존하고, 증진시키고, 영원히 살도록 해야만 합니다. 그것이 성삼위 하나님께서 우리 모든 사람들을 향하신 사랑입니다.

따라서 누가 자살했다고 하면 밥 먹는 입 하나가 줄었다고만 이해해서는 안 됩니다. 남은 가족들이 더 많은 고통을 당하게 되었다는 것도 심각하지만 그것도 본질적 문제는 아닙니다. 어차피 인간은 누구나 어느 때인가는 죽을 것 아닙니까. 자살소식을 들을 때마다, 오죽 괴로웠으면 자신의 생명을 끊었겠는가, 그런 이해와 동정심을 보내는 것이 인간된 도리입니다. 하지만 그것도 본질적 해결책은 결코 아닙니다.

자살문제에는 삶과 죽음이 걸려 있습니다. 셰익스피어 명작 <햄릿>의 주인공이 고통 끝에 했던 말, '사느냐, 죽느냐, 이것이 문제다.' 그만큼 절박한 문제입니다. 그래서 생명구원을 핵심사상으로 하는 성경적 시각에서 이해해야 합니다.

성경에는 자살 사례가 많지 않습니다. 예수님을 배신했던 가룟 유다가 나무에 목을 매어 자살한 것이 신약성경의 대표적 사건입니다. "유다가 은을 성소에 던져 넣고 물러가서 스스로 목매어 죽었다"(마 27:5)고 기록되었습니다. "몸이 곤두박질하여 배가 터져 창자가 다 흘러나왔다"(행 1:18)고 구체적으로 적혀 있습니다.

구약성경에서는 거인 삼손도 자살자에 속합니다(삿13-16장). 그는 특별히 성결하게 살아야 하는 나실인의 사명을 받았는데도 오히려 정반대로 살았습니다. 한 참 잘 나갔지만 마지막에는 불레셋 대적들에게 체포되어 두 눈을 잃었습니다. 감옥에서 쇠사슬에 매인 채 연자맷돌을 돌려야 하는 비참한 신세였습니다. 그때에야 비로소 하나님께 목숨 걸고 기도를 합니다. 그리고 건물의 두 기둥을 꺾어 건물을 무너뜨렸고 불레셋 원수 3천명을 죽이고 자신도 죽습니다. 자살특공대 사명을 수행했습니다.

기독교의 주인공인 예수 그리스도의 죽음이 자살인지 타살인지도 규명해야 합니다. 그분께서는 제자였던 유다의 배신, 종교재판의 유죄판결, 로마총독 빌라도의 승인, 군중들의 인민재판, 로마군대의 사형집행을 통하여 죽음을 맞았습니다. 어느 모로 보나 타살임을 전혀 의심할 수 없습니다. 신앙생활의 근간인 '사도신경'에도 "본디오 빌라도에게 고난을 받으사, 십자가에 못 박혀 죽으시고"라고 밝혔습니다.

하지만 성경을 자세히 연구하면 그처럼 예수님의 죽음은 전적으로 타살만은 아닙니다. 그분은, '열두 군단 천사구조단 파송을 요청하면 즉각 사형집행을 모면할 수 있다'고 당당하게 말씀하셨습니다(마 26:53). 하지만 끝내 천사를 동원하여 기적을 베풀지 않으셨습니다. 단연 죽음의 길을 스스로 선택하셨습니다. 그래서 예수님을 '피동적 자살자'라고 이름 붙여도 됩니다. '자의 반, 타의 반'으로 처형되었다고도 할 수 있습니다.

아닙니다. 그것보다는 '100퍼센트 타살, 100퍼센트 자살'로 이해해야 합니다. 자신을 사형으로 몰아넣는 적대자들과 적극적 전투를 벌여 자신의 목숨을 능히 보호하실 수도 있는 분이셨습니다. 하지만 단연 포기하셨습니다. 그래서 청년 예수의 죽음은 '온전한 타살이면서 온전한 자살'이 되었습니다. 그분이 '온전하신 하나님, 온전하신 사람'이라는 성경적 논리, 그리고 기독교의 근간이 되는 신앙고백과 똑같습니다.

그러므로, 삼손이나 예수님처럼 다른 사람을 살려내기 위한 자살, 곧 성삼위 하나님께 영광이 되는 일을 위하여서라면 단연 자살로도 순교자가 됩니다. 그런 죽음을 선택하는 것에는 예수쟁이 곧 예수 전문가인 우리 모두가 당연히 앞장서야 합니다. 따라서 모든 자살자들의 영혼은 구원받지 못한다고 단정해서도 안 됩니다. 그들의 구원은 생명의 창조주이신 하나님 손에 달려 있습니다.

하지만 자살은 막아야 합니다. 되도록 그리고 철저히 막아야 합니다. 특별한 소명에 따라 자살하는 것이 아니라면 결코 자신의 생명을 자신이 끊어서는 안 됩니다. 만약 자살할 용기를 뒤집는다면 그 용기와 결단으로 이 험악한 세상을 넉넉히 행복하게 살아갈 수 있습니다.

어떤 결단입니까. '자살'이라는 낱말의 앞뒤를 바꿔 놓으면 바로 '살자'가 된다는 그런 결단입니다. 무슨 수를 써서라도 이 험악한 세상을 살아가겠다는 철석같은 의지만 있다면 생명의 창조주도 길을 확 열어 주십니다. '하늘은 스스로 돕는 자를 돕는다.'고 하지 않습니까.

## 예수를 죽여라

이에 그들이 엿보다가 예수를
총독의 다스림과 권세 아래에 넘기려 하여 정탐들을 보내어
그들로 스스로 의인인 체하며
예수의 말을 책잡게 하니라 (눅 20:20)
대제사장들과 아랫사람들이 예수를 보고 소리 질러 이르되,
십자가에 못 박으소서, 십자가에 못 박으소서 하였다 (요 19:6)

예수님을 죽이려는 사람들은 태어나실 때부터 있었습니다. 출생하셨을 때 유대 땅을 다스리던 헤롯대왕이 그랬습니다. 동방박사들이 궁궐로 찾아와서 예수님 탄생하신 곳을 물었습니다. "유대인의 왕으로 나신 분이 어디 계십니까? 우리가 동방에서 그의 별을 보고 그에게 경배하러 왔습니다"(마 2:2). 그 말에 헤롯왕은 소스라치게 놀랐습니다. 얼굴빛이 사색이 되었습니다. 왕권을 탈취당할 수 있기 때문입니다. 성경학자들을 모아서 그곳이 바로 베들레헴인 것을 알아냈습니다. 동방박사들에게 아기를 찾으면 자기도 가서 경배하겠다고 위장했습니다. 그러나 꿈을 꾼 그대로 동방박사들은 아기 예수를 경배한 뒤에 다른 길로 빠져나갔습니다. 그래서 그 일대의 같은 나이 또래들만 작살이 났습니다(마 2:1-12).

하늘나라의 복음을 전파하는 일에 전적으로 헌신하기 전까지는 나사렛에 사셨습니다. 그 동안에 대한 기록은 성경에 많지 않습니다. 그래서 어떤 살해위협이 있었는지 잘 모릅니다. 소년시절의 이

야기가 외경이나 위경에 간간히 기록된 것이 있으나 신뢰성이 높지 않습니다. 마귀의 시험을 받으시려고 금식하셨습니다. "40일을 밤낮으로 금식하신 뒤에 주리셨습니다"(마 4:1-2). 40일 금식은 목숨을 걸어야만 할 수 있습니다. 죽음이 목까지 찰랑찰랑하는 것을 체험하셨을 것입니다.

자라나신 곳 나사렛 회당에서 구원사역 출정식을 올렸습니다. 구약성경 이사야서 61장 말씀으로 사명선언을 하셨습니다. 이를 들은 동네 사람들이 그 은혜로운 말씀인 것을 알면서도 비웃고 얕잡았습니다. 예수님도 물러서지 않으셨습니다. 이방인들이 먼저 구원받을 것이라 말씀하셨습니다. 그랬더니 그들이 크게 분노해서 예수님을 산 낭떠러지로 끌고 가서 떨어뜨리려 했습니다. 또 한 번 죽음의 위기 앞에 섰습니다. 그러나 예수님은 당당하게 사람들 한 가운데로 지나서 가셨습니다(눅 4:16-30).

예수님께서는 환자들을 많이 고치셨습니다. 그런데 안식일에 고치신다고 해서 유대인, 바리새인, 사두개인 등등이 예수님을 죽이려 했습니다. 예루살렘에 베데스다 연못이 있는데 거기에 38년 된 병자가 있었습니다. "일어나 네 자리를 들고 걸어가라" 하셨더니 그 사람이 곧 나아서 자리를 들고 걸어갔습니다. 엄청난 기적입니다. 그런데 그날이 바로 안식일이었습니다. 유대인들이 그 치료받은 사람에게 몰려가서 항변했습니다. 어찌하여 안식일인데 자리를 들고 걸어다느냐는 비난입니다. 그 치료받은 환자가 자기를 낫게 한 사람은 바로 예수라고 밝히자 '예수를 더욱 죽이고자 했습니다.'

안식일을 범할 뿐만 아니라 감히 하나님을 자기의 친 아버지라 하여 자신을 하나님과 같은 지위에 올려놓았다는 것이 살해죄목이었습니다(요 5:1-18).

예수님에 대한 살해 위협은 거기에서 그치지 않습니다. 성경학자들과 바리새파들이 간음 현행범을 체포해 왔을 때에도 실상 돌로 쳐 죽이려는 목표는 예수님이었습니다(요 8:1-11). 조금만 대답을 비딱하게 하면 그 여자와 예수님에게 돌을 던져 한 무덤에 묻을 작정이었습니다. 그 사건 뒤에 예수님께서, "아브라함이 태어나기 전부터 내가 있었다"고 하셨더니 그들이 돌을 들어 쳐서 죽이려 했습니다. 예수님께서 재빨리 숨어 성전 밖으로 나가셨습니다(요 8:58-59).

예수님께서 마르다 가족이 사는 유대 땅으로 가자고 제자들에게 말씀하셨습니다. 그랬더니 제자들이 항의조로 말했습니다. "랍비여, 방금도 유대인들이 돌로 치려하였는데 또 그리로 가시려 합니까?"(요 11:8). 도마는 심지어 이렇게 비장한 말을 토했습니다. "우리도 주님과 함께 죽으러 가자"(요 11:16). 실제로 베다니에 사는 나사로, 마르다와 마리아의 오라버니가 죽어서 나흘이나 되었고 시체 썩는 냄새가 나는 것을 예수님께서 살려내신 뒤였습니다. 대제사장과 바리새파들이 공회를 소집하고 대책을 숙의했습니다. 대표제사장 가야바는 예수를 죽이는 것이 로마국가에게 민족과 땅을 빼앗기지 않게 될 유일한 대책이라고 선동합니다. 그리고 그날부터 그들은 예수를 죽이려고 음모를 꾸몄습니다(요 11:47-53).

예수님을 살해하려는 계획은 가파르게 구체화되고, 확대되고, 치밀해졌습니다. "그 중에는 그를 잡고자 하는 자들도 있으나 손을 대는 자가 없었더라"(요 7:30, 44). 예수 암살단이 맹약을 하고 있다는 뜻입니다. 그 암살단 뒤에는 물론 대제사장, 바리새파, 사두개파, 서기관(성경학자), 헤롯왕 추종세력, 특히 공회의원과 기득권자들이 앞장섰습니다(마태 26:59). 예수님을 지지하는 바리새파들이 예수님에게 피신할 것을 권고했습니다. 헤롯왕이 죽이려 하는 음모가 있었기 때문입니다(눅 13:31).

대제사장과 바리새파들이 로마정부의 권력을 이용하여 예수님을 죽이려고 했습니다. "이에 그들이 엿보다가 예수를 총독의 다스림과 권세 아래 넘기려 하여 정탐들을 보내어 그들로 스스로 의인인 체하며 예수의 말을 책잡게" 했습니다(눅 20:20). 예수님을 반로마파로 몰았습니다. 그 증거를 확보하기 위하여 로마황제 가이사에게 세금 내는 것이 옳으냐 아니냐를 단도직입으로 물었습니다. 그러나 예수님은 '가이사의 것은 가이사에게, 하나님의 것은 하나님에게'라는 명언으로 위기를 탈출하셨습니다 (마 21:21). 예전이나 지금이나 정치권력은 적대자의 목숨을 제거하는 가장 강력한 힘을 행사해 왔습니다. 이스라엘은 그 당시 로마국가의 식민지였으므로 로마총독 빌라도의 손을 빌어 예수제거작전을 폈습니다. 빌라도 총독 외에는 사형처분권이 없기 때문입니다(요 18:31). 마침내 빌라도 손에 있는 로마총독 권력이 예수님을 십자가에 처형하는 도구가 되었습니다.

교리가 다르다는 이유로 예수님을 이단의 괴수로 몰아붙이려 했습니다. 종교의 교리는 사람을 죽이는 무기로 자주 사용되었습니다. 사두개파 사람들이 예수님의 부활교훈을 문제로 삼아 제거하려 했습니다. 그러나 예수님은, '너희가 성경도 하나님의 능력도 알지 못하는 까닭에 오해하였다. 부활 때에는 장가도 아니 가고 시집도 아니 간다. 하늘에 있는 천사들과 같기 때문이다.'(마 22:29-30). 그런 귀중한 가르침을 남기셨습니다.

금권으로 예수님의 생명을 죽이려 했습니다. 예수님의 목에 현상금을 걸었습니다. 은화 30개입니다. 마침내 그것이 주효해서 가룟 유다를 배신하게 만들었고 예수님 처형에 결정적 동조자가 되었습니다.

정치권력을 한 손에 걸머쥐고 있는 빌라도는 되도록 예수님 사형처분을 하지 않으려고 애를 썼습니다. 양심의 거리낌도 있고 아내의 만류도 있었습니다. 예수님을 죽이려는 이들에게 자기들의 기득권 보호라는 속셈이 있는 것도 간파했습니다. 그러나 그는 자신의 자리가 위태해질 수도 있다는 걸 알고 있었습니다. 그래서 민중재판에 회부했습니다. 예수님께서 예루살렘에 나귀 타고 입성하셨을 때에 '호산나, 호산나' 노래 부르며 열광하던 것으로 보아서 민중들의 반대가 있을 것도 같았습니다. 그러나 '대제사장들과 그 아랫사람들'이 민중을 선도했습니다. "십자가에 못 박으시오. 십자가에 못 박으시오."(요 19:6). 마침내 위장된 민중들의 '떼력' 목소리가 예수님을 죽였습니다.

결국 예수님을 죽인 사람은 누구일까요? 자기이익입니다. 나만주의입니다. 기득권보호입니다. 그리고 그것은 바로 설교하는 이 사람입니다. 그러므로, "본디오 빌라도에게 고난을 받아 십자가에 달려 죽으셨습니다." 하는 사도신경 말씀은, '이정근에게 고난을 받아 십자가에 달려 죽으셨습니다.'로 고백해야 합니다.

## 예수님의 죽음 맞이

인자는 이미 작정된 대로 가거니와
그를 파는 그 사람에게는 화가 있으리라 (눅 22:22)

예수님은 목적을 가지고 이 세상에 태어나셨습니다. 하나님께는 영광, 이 땅 위에는 평화, 사람들 가운데는 기쁨을 주시려고 오셨습니다(눅 2:14). 예수님 자신을 포함한 창조주 성삼위 하나님, 그분께서 삼십 여년 머물다가 가신 피조물의 세계, 특히 하나님의 형상을 가진, 그래서 창조주와 피조물의 연결고리가 되는 사람들을 사랑의 띠로 묶는 사역을 위하여 오셨습니다.

그것을 다른 말로 '하나님 나라 건설' 혹은 하나님 나라 회복을 위하여 오셨다는 뜻도 됩니다. 혹은 우주 만물 특히 인간을 구원하시기 위하여 오셨다는 말이 우리 모두에게 더욱 익숙합니다. 그리고 조금 더 풀면, 어떻게 하면 모든 피조물 특히 그 가운데 하나님의 모양과 형상으로 지음 받은 사람(창 1:27)이 영원한 죽음의 길에서 벗어나서 영원한 삶의 길로 들어서도록 하기 위하여 오셨습니다.

한편 인간 편에서 보면 예수 그리스도를 믿는 궁극적 이유가 무엇이냐고 물으면 삶과 죽음의 문제를 해결하기 위함이라고 대답할 수 있습니다. 예수님은 온 인류에게 그 삶의 문제와 죽음의 문제에 대한 해답을 주셨습니다. 그냥 해답들이 아니라 '그 해답'(the answer)을 주셨습니다. 예수님의 가르치심과 행동하신 일을 기록한 네 복음서를 읽으면 그런 주제가 매우 매우 선명합니다. 아니, 성경 전체가 그렇고 피조물인 우주 전체가 그렇습니다.

인생을 살아가노라면 수 많은 문제들을 해결해 가야 합니다. 어떤 문제들은 간단하게 해결되지만 어떤 문제들은 목숨을 걸고 해결에 나서야 합니다. 어떤 문제들은 짧은 시간에 해결되고 어떤 문제는 평생을 두고 씨름해야 합니다. 어떤 문제는 비용이 별로 안 들고 해결되지만 어떤 문제는 인생을 통째로 던져도 해결되지 않기도 합니다.

그 가운데 가장 어려운 문제는 바로 삶과 죽음의 문제입니다. 어떻게 죽음의 문제를 극복하고 영원히 살아갈 수 있겠느냐 바로 그것입니다. 아니, 이 세상에서 살아가는 동안에 무엇인가가 문제가 된다면 그것은 바로 사느냐 아니면 죽느냐와 직접 간접으로 연관된다는 뜻입니다. 그래서 듀이 같은 저명한 교육사상가는 교육의 근본적이며 종합적인 목적을 '문제해결능력 함양'이라고 명시했습니다. 예수님은 어떻게 하면 영원한 죽음에서 해방되어 영원한 생명을 얻을 수 있겠느냐 바로 이 문제 해결을 위하여 이 세상에 오셨습니다.

"하나님이 세상을 이처럼 사랑하셔서 독생자를 주셨으니, 이는 그를 믿는 자마다 멸망하지 않고 영생을 얻게 하려 하심이다"(요 3:16).

예수쟁이들은 물론 믿지 않는 사람들 심지어 적그리스도 (Antichrist) 추종세력들도 잘 알고 있는 성경구절입니다. 여기에 간결하게 요약된 것처럼 멸망의 길을 선택하느냐, 혹은 영생의 길을 선택하느냐가 바로 성삼위 하나님께도 가장 중요하고, 피조물들에게도, 특히 하나님의 형상을 지닌 인간에게는 더욱 더 중요한 문제요 숙제요 과업입니다. 그래서 성경에는 '살다'와 '죽다'에 관련된 말이 쏟아져 나옵니다.

"보라. 내가 너희 앞에 생명의 길과 사망의 길을 두었다. 너는 이 백성에게 전파하라"(렘 21:8).

예수님은 이 일에 목숨을 걸으셨습니다. 어떻게 하면 이 세상 모든 피조물 특히 하나님의 형상을 가진 인간 모두를, '영원한 죽음의 길을 벗어나 영원한 생명의 길로 들어서도록 하느냐.' 바로 이것이 그분의 핵심주제입니다. 그분을 전적으로 따르겠다는 이 설교자가 함생신학론, 함생목회론, 함생문명론으로 구성된 함생주의 사상체계를 전개하는 목적도 바로 한 영혼이라도 영원한 죽음의 길을 벗어나 영원한 삶의 길로 들어서도록 안내하겠다는 생각에서뿐입니다.

예수님의 생애는 처음부터 삶과 죽음의 투쟁길이었습니다. 탄생때부터 헤롯왕의 칼날에 목이 잘려질 위험을 겪었습니다. 탄생지 베들레헴 일대의 두 살 이하 아기들이 대신 죽었습니다(마 2:16-18). 천사의 지시를 받아 아기 예수는 다행히 부모의 품에 안겨 이집트로 도망가서 생명을 보존했습니다. 아마도 이때의 일을 어머니 마리아를 통하여 몇 번이나 들으셨을 것입니다. 아동시절부터 평생토록 자주 목을 만지시면서 헤롯왕의 칼날이 그것을 뎅겅 잘라낼 수도 있다는 것을 반복하여 되새겼을 것입니다.

아닌 게 아니라, 예수님의 가르치심과 행동하심을 분석하면 죽음에 대하여 대단히 민감하셨던 것을 확인할 수 있습니다. 세례자 요한이 예수님께서 자기에게 나아오심을 보고, "보라, 세상 죄를 지고 가는 하나님의 어린 양이시다"(요 1:29) 하고 했습니다. 어린 양은 잡아서 가죽을 벗기고, 다리를 자르고, 내장을 선별한 뒤 불에 태우는 제물입니다. 그 말을 들으신 예수님의 심정이 어떠했겠습니까. 아브라함이 그 아들 이삭을 제단 위에 올려놓고 칼로 내리치려 하는 장면이 떠올랐을 것입니다. 우리들 같으면 그런 말 듣고 밥맛이 있겠습니까, 잠을 곤히 자겠습니까, 무슨 신나는 일이 있겠습니까? 참 예수님 대단하십니다. 성부 하나님께 효자라면 이런 효자가 어디 있겠습니까.

예수님 마음과 뇌수 속에는 항상 죽음과 삶이 극심한 투쟁을 벌이고 있다는 것을 성경말씀에서 발견할 수 있습니다. "우리가 종일 주를 위하여 죽임을 당하게 되며 도살할 양 같이 여김을 받았습니다"(시 44:22, 롬 8:36). 시편을 즐겨 인용하신 예수님께서는 이 말씀이 자신의 사명적 운명을 뜻하는 것을 깊숙이 알고 계셨습니다.

"안식일에… 생명을 구하는 것과 죽이는 것, 어느 것이 옳으냐"(마 3:4).

"그 후에 예수께서 갈릴리에서 다니시고 유대에서 다니려 아니하심은 유대인들이 죽이려 하기 때문이었다"(요 7:1).

"이에 잡아 포도원 밖에 내쫓아 죽였다"(마 21:39).

"그러면 너희가 선지자를 죽인 자의 자손임을 스스로 증명함이구나. 너희가 너희 조상의 분량을 채워라"(마 23:31-32).

"예루살렘아, 예루살렘아, 선지자들을 죽이고 내게 파송된 자들을 돌로 치는 자여"(마 23:37).

"몸을 죽이고 그 후에는 능히 더 못하는 자들을 두려워하지 말라. 마땅히 두려워할 자를 내가 너희에게 보이리니 곧 죽인 수에 또한 지옥에 던져 넣는 권세 있는 그를 두려워하라"(눅 12:4-5).

"어찌하여 나를 죽이려 하느냐? 무리가 대답하되 당신은 귀신이 들렸도다. 누가 당신을 죽이려 하나이까? "(요 7:19-20)

"아무든지 나를 따라오려거든 자기를 부인하고 날마다 자기 십자가를 지고 나를 따를 것이니라. 누구든지 제 목숨을 구원하고자 하면 잃을 것이요 누구든지 나를 위하여 제 목숨을 잃으면 구원하리라"(눅 9:23-24)

## 그들의 눈이 밝아져

- 엠마오로 가던 두 제자 이야기

그들과 함께 음식 잡수실 때에 빵을 가져 축사하시고
그들에게 주시니, 그들의 눈이 밝아져 그인 줄 알아보더니,
예수는 그들에게 보이지 아니하셨다 (눅 24:30-31)

저의 이름은 '루카스'입니다. (신약성경 '누가복음'을 기록한 사람 누가이며 다음의 내용은 누가를 화자로 풀어갔습니다) 헬라 사람, 곧 유대인이나 이스라엘 사람이 아닌 이방인입니다. 하지만 예수님께서 하신 말씀과 행동을 직접 저의 두 눈으로 확인했던 목격자(헬, 아우톱테스, 눅 1:2)이기도 합니다.

그렇다고 열두 제자들처럼 처음부터 끝까지 빠짐없이 자세하게 본 것은 아닙니다. 다른 목격자들이 전달하여 준 것들도 포함시켰습니다. 성경에 적힌 "사랑을 받는 의사 누가"(골 4:14)가 바로 저입니다. 예수님을 전적으로 따라다니며 자세하게 기록하고 싶었지만 의사생활에 분주했습니다. 물론 가정도 보살펴야 했고요.

다만 예수님께서 승천하신 뒤에는 바울 사도와 함께 선교하는 일에 남은 생애를 바쳤습니다. 사도행전에는 '우리가'라고 적힌 부분이 있고, '그들이'라고 적힌 부분이 있습니다. 제가 직접 목격한 것들은 '우리가'라고 했습니다. 반면에 '저희가'라고 적힌 부분은 다른 사람들을 통하여 들은 것들입니다.

저에게는 다시 살아나신 예수님의 목격자가 된 것이 얼마나 큰

축복인지 헤아릴 수 없습니다. 예수님께서 말씀하시고 행동으로 보여주신 것들을 맨 처음에 기록한 사람은 마가였습니다. 그런데 그 마가복음에는 다음과 같은 간단한 기록이 있습니다.

"그 뒤에 그들 가운데 두 사람이 걸어서 시골로 갈 때에 예수께서 다른 모양으로 그들에게 나타나시니, 두 사람이 가서 남은 제자들에게 알리었지만 역시 믿지 않았다"(막 16:12-13).

그런데 이 말씀에서 '두 사람' 가운데 하나가 바로 저 누가였습니다. 마태/마가/요한 복음서들이 한결같이 그 기록자를 직접 밝히지 않고 있는 것처럼 저도 마찬가지였습니다. 그리고 저와 함께 엠마오를 향하여 걸어갔던 사람은 제가 기록한 그대로 글로바입니다(눅 24:18). 글로바가 누구냐에 대한 연구가 몇 가지입니다. 사랑받는 제자 요한은 '마리아의 남편'(요 19:25)이라고 했습니다. 그리고 초대교회에 전설로 알려진 것처럼 예수님의 모친 마리아의 시동생이기도 합니다. 저 누가는 예수님의 어머니 마리아와 무척 가까이 지낸 사람입니다. 하여튼 이렇게 배경을 말씀드리고 저의 본격적인 간증을 시작하려 합니다.

저는 헬라사람으로서 '하나님을 경외하는 자'(God-fearer, 행 10:22, 13:16)였습니다. 이스라엘 사람 가운데서도 유다 자손에서, 그것도 특히 다윗 왕 자손에서 온 인류를 구원하실 메시야(헬, 그리스도)가 오실 것이라는 기대를 가진 사람입니다. 그리고 바로 마리아의 아들 예수라는 분이 그 메시야라고 굳게 믿었습니다. 그런데 그분께서 체포되어 사형판결을 받았습니다. 그리고 의사가 보기에도 너무너무 잔인하게 십자가 위에서 처형되었습니다. 뛰념절(Passover) 절기를 지키려고 예루살렘에 왔다가 십자가 현장까지 따라가서 직접 목격했고 눈물도 많이 흘렸습니다.

그런데 사흘째 되던 날 아침 놀라운 소식이 들려왔습니다. 막달라 마리아 등 여성제자들을 통하여 들은 소식입니다. 예수님께서 다시 살아나셨다는 것입니다. 무덤에는 예수님의 시신이 보이지 않았답니다. 하지만 예수님께서 입으셨던 세마포 수의는 예수님의 시신이 놓였던 그 자리에 고스란히 남아 있었답니다. 그리고 무엇보다도 무덤을 지키던 두 천사, 찬란한 옷을 입은 두 천사가 골고다 언덕을 흔들어 놓을 만큼 우렁우렁한 목소리로 이렇게 말했답니다. 너무 무서워서 땅에 엎드렸는데, "어찌하여 살아 있는 분을 죽은 자들 가운데서 찾으시나요? 여기 계시지 않고 살아나셨습니다."(눅 24:5-6).

그 말을 들은 여성제자들은 너무 놀랍고 한 편 너무 기뻤습니다. 숨을 헐떡이며 제자들과 함께 우리들도 숨어 있는 곳으로 뛰어왔습니다. 그곳에 함께 있던 절친한 친구 글로바와 나는 몸을 피하는 것이 좋겠다고 생각했습니다. 그래서 슬그머니 그곳을 빠져나와 피난길로 들어섰습니다. 나의 집과 진료소가 있는 엠마오 예루살렘에서 서북쪽 30리가량 떨어진 시골입니다.

예수님께서 정말 다시 살아나셨을까 절반은 믿고 절반은 믿기 어려웠습니다. 그래서 예수님의 친척이기도 한 글로바와 이런 저런 의견을 나누며 좀 빠른 속도로 걷고 있었습니다. 그 순간 어떤 사람 하나가 갑자기 나타나서 우리 두 사람 사이에 끼었습니다. 얼핏 어디에서 본 얼굴 같기도 했지만 누구인지 알 수 없었습니다.

그런데 그분은 우리 두 사람이 나눈 이야기가 무엇이냐고 사뭇 진지하게 물었습니다. 예수님의 친척 글로바가 예루살렘에서 천지개벽할 사건을 당신만 모르느냐며 핀잔을 주었습니다. 그분은 조금도 개의치 않고 그게 무슨 일인지 좀 더 자세히 알려달라고 진지하게 요청했습니다. 글로바는 갑자기 낙심천만하다는 듯이 크게 한숨을 내쉬었습니다. 이어서, 이스라엘 나라를 속량 곧 구원하실 메시야로 철석같이 믿었던 예수님께서 로마정부가 임명한 빌라도 총독에 의하여 잔인하고 모욕적 방법으로 십자가에 처형되신 것을 말했습니다. 그런데 돌무덤에 그 시신을 확실히 장례 지냈는데, 그 시체가 없어졌다는 것, 특히 천사들이 여성제자들에게 예수님께서 다시 살아나셨다는 것을 확인한 뉴스를 듣게 되었다는 것을 그에게 들려주었습니다. 그리고 베드로와 요한 등이 예수님의 빈 무덤과 벗어놓으신 세마포 수의가 그대로 남아 있었다는 것까지 단숨에 말해주었습니다. 물론 저도 간간히 동조했습니다.

"이 사람들 참 미련하네. 대언자들이 이미 여러 가지로 미리 말한 것이 모세오경, 예언서, 시편 등에 기록되어 있지 않았던가요?"

그러면서 성경을 자세히 풀었습니다. '너와 같은 선지자 하나를 보내겠다'(신 18:15)는 말씀, '다윗의 왕위가 영원히 견고하리라'(삼하 7:16), '그가 찔림은 우리의 허물 때문이요, 그가 상함은 우리의 죄악 때문이다. 그가 징계를 받음으로 우리가 화평을 누리고, 그가 채찍에 맞으므로 우리가 나음을 받았다'(사 53:5)는 말씀, 에스겔 골짜기 마른 뼈가 살아난 일(겔 37:1-10), 특히 요나가 물고기 뱃속에 사흘 동안 갇혀 있다가 다시 살아나온 일(마 12:38-40)을 일목요연하게 말씀하셨습니다. 그 설교를 들으면서 글로바와 나는 말씀을 들으면서 마음이 이상스럽게 뜨거워졌습니다.

해가 서쪽으로 많이 기울었습니다. 나 누가의 집이 가까웠습니다. 그분은 더 가려는 것 같았으나 나와 글로바는 간곡하게 함께 머물자고 권고했습니다. 집에 들어가서 손과 얼굴 그리고 발도 씻었습니다. 그리고 저녁식사를 시작했습니다. 그분은 빵을 손에 쥐고 감사기도를 하셨습니다. 예수님께서 오병이어의 기적을 베푸실 때와 특히 성찬예식을 베푸실 때와 똑같이 하셨습니다. 그 순간에 우리 두 사람의 눈이 환하게 밝아졌습니다. 그분께서 바로 다시 살아나신 예수님이신 것을 확실하게 깨달았습니다. 그래서 즉시 예루살렘으로 올라가 열한 제자, 70제자들에게 증거했습니다. 그리고 나 누가는 평생토록 사도 바울 선교팀에 합류하여 복음전파에 생명을 바쳤습니다. '땅 끝까지 이르러, 모든 민족들에게, 세상 끝날까지 내 증인이 되라'는 말씀에 생명을 걸었습니다. 증인(martyr)은 곧 순교자이기 때문입니다.

## 예수님의 친구가 되려면

너희가 내가 명령하는 그대로 실천하면
곧 나의 친구이다 (요 15:14)

예수님은 체포되기 전 날 열한 제자들에게 비교적 긴긴 설교를 하셨습니다. 성찬예식과 세족예식을 베푸신 뒤였습니다. 겟세마네 동산에 나아가 밤새도록 기도하시고 그 곳에서 새벽에 체포되셨는데 바로 그 이전에 하나님 나라의 진리를 베풀어 주셨습니다. 그것이 요한복음 13장부터 17장까지 기록되었습니다.

예수님의 가르치심은 전도 초기의 것이나 십자가 죽음 직전에 하신 것이나, 혹은 부활하셔서 하늘로 올라가실 때에 남긴 것이나 모두 똑같이 중요합니다. 하지만 사람들은 죽기 전에 남긴 유언을 더욱 중요하게 생각합니다. 예수님이 죽음절차를 눈앞에 두고 가르치신 말씀도 그렇게 이해하면 더 큰 은혜가 됩니다. 그래서 성경에도 이렇게 적혀 있습니다. "유월절(뛰넘절) 전에 예수께서 자기가 세상을 떠나 아버지께로 돌아가실 때가 이른 줄 아시고 세상에 있는 자기 사람들을 사랑하시되 끝까지 사랑하셨다"(요 13:1).

이 설교의 요절은 그런 맥락에서 이해되어야 합니다. 성경 원문을 조금 더 자세히 분석하면 요점은 '너희는 나의 친구이다'입니다. 특히 예수님 자신이 명령하시고, 가르치시고, 행동으로 보여 주신 모든 것을 실천할 때에 바로 그 분의 친구가 된다는 뜻입니다.

그리고 이 요절말씀을 조금 더 바로 이해하려면 그 말씀 앞뒤의 가르치심을 살펴보아야 합니다. 예수님께서는 자신이 3년 동안 제자들을 가르치셨던 하늘진리의 핵심을 이렇게 요약하셨습니다. "네 마음을 다하고, 목숨을 다하고, 뜻을 다하여 주 너의 하나님을 사랑하라… 그리고 네 이웃을 네 자신처럼 사랑하라… 이 두 계명이 온 율법과 선지자의 강령이다"(마 22:37-40). 이 말씀이 마가복음과 누가복음 평행절에도 기록되어 있는데 그 말의 표현은 다소 차이가 있으나 중심사상은 똑같습니다. 그런데 여기 요한복음에도, "내 계명은 곧 내가 너희를 사랑한 것 같이 너희도 서로 사랑하라 하는 바로 이것이다"(요 15:12)로 기록되었습니다. 그 중요 내용은 바로 '가장 큰 계명'의 반복입니다.

그 말씀에 이어서 좀 더 구체적인 가르침을 베푸셨습니다. 곧 이 설교의 요절, "너희는 내가 명령하는 그대로 실행하면 곧 나의 친구이다"라고 하셨습니다. '친구'라는 말은 한국말이나 영어로 읽는 것보다 헬라말 원어로 읽으면 그 진리성을 더욱 잘 깨닫게 됩니다. '필로이 무'인데 글자대로 번역하면 '나의 사랑하는 사람들'입니다.

예수님은 제자들의 자격과 지위를 한층 더 높이셨습니다. 종이 아니라 친구라고 하셨습니다. 그냥 친구가 아니라 '사랑의 관계를 맺은 친구'입니다. 그냥 사랑이 아니라 그 친구를 위하여 자신의 생명을 십자가 제단에서 희생시켜 친구를 살려내신 그런 사랑을 나눈 생명친구라고 하셨습니다.

성경연구가로 존경받는 윌리암 바클레이 교수는 요절과 관련하여 로마황실의 황제친구단(the friends of the emperor)을 소개했습니다. 그들은 언제든지 황제를 만날 수 있답니다. 심지어 아침 일찍 침실에도 들어가서 황제를 수시로 알현한답니다. 예수님은 바로 제자들이 그런 친구단이라고 선언하신 것이랍니다.

이런 친구 사랑은 구약성경에 여러 가지로 이미 암시되어 있습니다. 하나님은 아브라함을 친구로 삼으셨습니다(사 41:8). 모세와는 친구처럼 대면하여 말씀을 나누셨습니다(출 33:11). 무엇보다도 모범적인 친구는 다윗과 요나단이었습니다. 요나단은 자신이 사울 왕의 아들로서 그 왕좌를 물려받을 위치였지만 오히려 다윗에게 그 자리를 일부러 양보했습니다. 그리고 성경은 이렇게 적었습니다. "요나단의 마음이 다윗의 마음과 하나가 되어 요나단이 그를 자기 생명같이 사랑했다."(삼상 18:1). 이것을 동성애자들은 다윗과 요나단이 동성애자들이었다고 우겨댑니다. 그런 오해를 받을 정도로 서로 '생명나누기 친구'가 되었습니다. 바로 함생친구의 모범입니다.

세상에는 형제보다 더 친밀한 좋은 친구도 있지만 나쁜 친구들도 많습니다(잠 18:24). 겉으로는 친구이지만 오히려 속으로는 원수들인 그런 친구들입니다. 중국글자에 구仇는 원래 '짝 구'입니다. 그러나 지금은 구적仇敵처럼 '원수 구'로 바뀌었습니다. 20세기 초 공산주의 국가들이 불길처럼 일어날 때 그들의 가장 큰 특징적 호칭이 바로 '동무' 혹은 '동지'였습니다. 심지어 형 동무, 누나 동무, 아버지 동무, 어머니 동무, 할아버지 동무, 할머니 동무, 선생님 동무로 써야 된다고 강요받았습니다. 그런데 공산주의 권력투쟁에 앞장섰던 스탈린, 그는 한 때 목회자가 되겠다고 신학공부를 했던 사람입니다. 그가 정권을 잡기 위한 권력투쟁에서 적들을 엄청 많이 죽였습니다. 그러나 동시에 자기와 함께 공산당 운동을 했던 '동무'들도 대부분 유배, 투옥, 고문, 처형했습니다. 동무가 곧 '웬수' 혹은 '원쑤'였습니다. 예수님의 가르치심에 대한 정면도전이요 용서받기 어려운 반역행위입니다.

예수님은 친구를 살리기 위하여 목숨을 바치셨습니다. 그래서 예수님을 향하여 기회만 있으면 화살을 쏘아대는 적대자들은 예수님을 악평할 때, '저 놈은 매국노인 세리들과 죄인들의 친구'라고 까뭉갰습니다(마 11:19). 그런데 예수님은 놀랍게도 그 말씀을 그대로 인정하셨습니다. '너희들, 잘 보았다. 나는 이 세상에서 저주 받고 학대받는 사람들의 친구이다' 하고 되받으신 말씀이 바로 이 설교의 요절입니다. 예수님은 이미 제자들에게, "내가 내 친구 너희에게 말한다."고도 하셨습니다(눅 12:4). 그래서 작사되고 작곡된 찬송가가 바로 그 유명한 "죄짐 맡은 우리 구주 어찌 좋은 친군지(What a friend we have in Jesus, all our sins and griefs to bear.)"입니다.

그러므로 이제는 아브라함이나 모세처럼 위대한 인물들만 하나님의 친구, 예수님의 친구, 성령님의 친구가 아닙니다. 예수님은 베드로에게도 강력하게 물으셨습니다. "네가 나를 사랑하느냐?" 그것도 세 번씩이나 확인하셨습니다(요 21:15-17). 이 말씀은 바로

'네가 내 친구가 되겠느냐' 하신 말씀입니다. 베드로의 대답도, '제가 감히 예수님의 친구인 것을 예수님도 아십니다'라고 대답합니다. 그래서 예수님은 '내 어린 양을 먹여라' 하고 목양권을 수여하셨습니다.

그러므로, 우리들 모두는 예수님의 친구입니다. 특히 십자틀 위에서 생명을 함께 나눈 친구사이입니다. '예수와 함께 나 죽었으니, 예수와 함께 나 살았도다'는 찬송가도 있습니다. 심리학자들의 연구로는 가장 좋은 부부는 좋은 친구처럼 사는 부부, 곧 요나단처럼, 예수님처럼 '생명을 함께 나눈 친구'처럼 사는 부부랍니다. 아니, 부모와 자녀관계, 회사 경영주와 일꾼들의 관계, 나라 통치자와 백성들의 관계도 좋은 친구관계가 되어야 합니다. 그것은 바로 우리 믿는 사람들끼리 생명을 함께 나누는 친구(life-sharing friend)요, 그런 까닭에 가장 좋은 친구(the best friend)입니다.

그래서 또 한 번 강조합니다. '사람이 친구를 위하여 목숨을 버리면 이것이 제일 큰 사랑입니다.' '이정근이 아내를 친구처럼 목숨 바쳐 사랑하면 이것이 제일 큰 사랑입니다.'

## 식체생명, 동체생명, 영체생명

여호와 하나님이 땅의 흙으로 사람을 지으시고
생기를 그 코에 불어넣으시니 사람이 생령이 되니라 (창 2:7)

창조주 하나님은 맨 처음 하늘과 땅과 그 안에 있는 모든 것들을 지으셨습니다. 곧 '우주만물의 창조주'가 되셨습니다. 이 우주가 얼마나 큰지, 얼마나 많은 것을 가지고 있는지, 얼마나 신묘막측한지 우리 인간으로서는 다 파악할 길이 없습니다. '허블 망원경'으로 대표되는 과학과 천문학의 발달로 인하여 상당이 많은 것들을 발견하고 이해하여가고 있지만 그러나 아직도 넓은 바다에서 물 한 줌쯤 쥐고 있는 정도입니다.

하지만 성경은 우주창조의 근본원리들을 가르치고 있습니다. 자연과학의 용어로 하면 하늘과 땅 곧 우주, 그리고 빛, 해와 달과 별, 물, 시간, 생물들 곧 식물, 동물, 그리고 최종적으로 사람을 창조하셨습니다.

하나님께서 창조하신 모든 것을 생명을 기준 삼으면 무생명체와 생명체로 나눌 수 있습니다. 생명체는 또 과학에서 분류하는 것처럼 식물, 동물로 나누어 창조하셨습니다. 그리고 동물들은 그 살고 있는 활동무대에 따라 공중에 날아다니는 것, 땅 위에서 기어 다니는 것, 그리고 바다에서 헤엄쳐 다니는 것으로 분류됩니다. 그 가운데 공중에서 날고 물속으로도 들어갔다가 땅 위에서도 기어 다니는 것들도 있습니다.

그런데 무생명체들은 몸만 가지고 있습니다. 비록 큰 산이 하나의 바위로 이루어져 관광객들의 탄성을 자아내게 하지만 거기에 생명은 전혀 없습니다. 자라나는 돌들도 있다지만 그렇다고 생명이 있는 것은 결코 아닙니다. 금강석 곧 다이아몬드처럼 매우 값비싼 광물체가 있어 그걸 소유하려다가 생명을 잃는 사람들도 있습니다. 그래도 거기엔 여전히 생명은 전혀 없습니다.

생명체와 무생명체는 그만큼 존재 자체의 차원이 다릅니다. 하나님께서 창조하셨다는 차원에서는 똑같은 존재이지만 생명이 있느냐 없느냐에서는 전혀 뛰어넘을 수 없는 간격이 있습니다. 창조론을 반대하여 진화론을 극구 주장하는 사람들이 아무리 아우성을 쳐도 어떻게 무생물에서 생명체가 생겨났느냐는 설명에는 별로 신통한 이론이 없습니다.

생명체 곧 생물들은 흔히 식물과 동물로 분류합니다. 씨에서 싹이 나오고 그것이 자라서 다시 꽃이 피고 열매를 맺거나 혹은 뿌리로 번식하지만 식물은 그 자체로서는 움직이는 힘을 갖지 못합니다. 그런 점에서 식물은 '식체생명'(植體生命, biological living-body)이라고 이름 짓습니다. 한 번 심어 놓으면 동물이나 사람이 옮겨심기 전에는 그 자리에서 나서 그 자리에서 살다가 그 자리에서 죽습니다. 간혹 바람, 물, 동물, 인간들이 그들 혹은 그 씨와 열매들을 옮겨주기는 합니다.

그러나 동물들은 스스로 옮겨 다닐 수 있습니다. 기어 다니기도

하고, 걸어 다니기도 합니다. 날아다니기도 하고, 헤엄쳐 다니기도 합니다. 아시아 대륙에서 아프리카 대륙으로도 옮겨 갑니다. 대서양에서 태평양으로 이사도 다닙니다. 땅 위에서 걸어 다니다가 공중으로 훨훨 날아다닙니다. 땅 위에서 기어 다니다가 물속에 들어가 헤엄치며 수만리를 돌아다닙니다. 그들은 움직여 다니기 때문에 동체생명(動體生命, movable living-body)이라고 부릅니다. 그러나 동물이 돌아다닐 힘이 없고 한 자리에서 꼼짝달싹 못하면 식체생명과 다를 것이 별로 없습니다.

그런데 사람은 같은 동물이면서도 성경적으로는 다른 차원의 생명체입니다. 사람에게는 식체생명적 차원도 있습니다. '살았다 하나 실상은 죽은 자'와 같은 존재입니다. 그래서 '식물인간'이 되었다고 말합니다. 숨은 붙어있고 감각도 일부 살아 있지만 몸을 움직이지 못하는 사람들에게 붙이는 이름입니다.

그러나 사람은 성경으로 풀면 영체생명(靈體生命, spiritual living-body)입니다. 동물 곧 동체생명과 상당부분을 공유하면서도 인간차원에만 속한 고유성이 있습니다. 먹고, 자고, 새끼 낳고, 돌아다니고, 의사소통을 위한 신호체계가 있다는 점에서는 동물들과 크게 다르지 않습니다. 그러나 인간에게는 영적 차원이 있습니다. 그것을 성경에는 '하나님의 형상과 모양'이라고 했습니다. "하나님이 자기 형상 곧 하나님의 형상대로 사람을 창조하시되 남자와 여자를 창조하셨다"(창 1:27)는 말씀 그대로입니다.

하나님의 형상과 모양이 무엇이냐, 그에 대하여 여러 의견이 있습니다. 그것에 대하여 자세히 풀어 놓은 별도 설교를 읽으실 수 있습니다. 여기에서는 간략하게만 말씀드립니다. 우선 하나님의 형상과 모양을 다른 것으로 이해하는 분들이 있습니다. 그러나 한 가지 실체의 두 가지 표현이라고 봅니다. 분명한 것은 이 세상 모든 생명체 가운데 사람만이 가진 것을 통틀어 '하나님의 형상과 모양이라 할 수 있습니다. 우선 지성적 이성이라고 합니다. 정치적 지도성이라고도 합니다. 그리고 성령성이라는 주장도 있고, 그 셋을 통합한 것일 수도 있습니다. 그래서 인간의 정신성과 하나님의 한 위격이신 성령성을 통합하여 인간은 영체생명이라고 이해합니다.

이에 기초하여 하나님의 피조물 관리 곧 하나님의 사역에 관하여 말씀드립니다. 하나님의 사역대상은 그 피조물 전체입니다. 그러나 그 가운데 생명체 전체를 더 중요하게 보살피고 계십니다. 그러나 획일적으로 돌보시는 것이 아니라 그 중요성에 따라 차등을 두어 사역하십니다. 무생명체보다는 생명체를 더욱 사랑하십니다. 무생명체는 생명체를 위하여 주신 선물이기 때문입니다. 같은 생명체라도 식체생명보다는 동체생명에 더 많은 사랑을 쏟으십니다. 그리고 무엇보다도 식체생명이나 동체생명보다는 영체생명에 가장 큰 사랑을 베풀어주십니다.

'하나님이 온 우주를 지극히 사랑하셔서 독생자 예수 그리스도와 성령 하나님을 선물'로 주셨지만, 그것은 특히 사람의 생명을 구원하는 것을 핵심사명으로 하셨습니다. 그래서 바로 자신의 형상을 넣어 창조하신 사람을 구원하는 것이 성삼위 하나님의 일차적이고 기본적인 사역입니다. 그러므로 구원받은 사람은 누구나 영체생명이 되고 그 영체생명들이 모여 함생체생명(咸生體生命, combiosis life) 곧 하나님의 나라가 이루어지는 것입니다. 교회는 함생체 생명의 모형과 그림자입니다(히 8:5). 하나님의 나라는 그러므로 완성된 함생체입니다.

## 영원한 생명을 소유하라

아들이 있는 자에게는 생명이 있고,
하나님의 아들이 없는 자에게는 생명이 없다 (요일 5:12)

예수님은 "내가 곧 길이요, 진리요, 생명이다"(요 14:6)라고 선언하셨습니다. 이 가운데서 특히 '예수님은 온 인류를 위한 생명'이시라는 말씀에 주목해 보겠습니다. 예수님은 여러 가지로 자신이 생명 그 자체이심을 명확하게 가르치셨습니다.

특히 "내가 곧 생명의 빵이다"(요 6:48)라고도 하셨습니다. 수많은 사람들에게 빵과 생선을 먹이신 다음 그 빵을 손에 들어 보이시며 그렇게 말씀하셨을 법합니다. 성찬예식을 제정하신 것도 바로 살과 피로 상징되는 예수 그리스도의 생명을 우리 죄인들에게 나누어 주시는 일입니다.

"달고 오묘한 그 말씀 생명의 말씀은" 그렇게 시작되는 찬송가도 있습니다. 온 세상 그리스도인들에게 많은 은혜를 선물하는 찬양입니다. 예수님은 '태초부터 있는 생명'이시고 또 태초부터 있으신 근원적 생명이십니다. 또 '태초부터 있는 생명의 말씀'이십니다. "태초부터 있는 생명의 말씀에 관하여는 우리가 들은 바요, 눈으로 본 바요, 주목하고 우리 손으로 만진 바라, 이 생명이 나타내신 바 된지라, 이 영원한 생명을 우리가 보았고 증거하여 너희에게 전하노니, 이는 아버지와 함께 계시다가 우리에게 나타내신 바 된 분이다"(요일 1:1-2). 그래서 그분 자체가 '생명의 말씀'이십니다.

이 설교 요절에서는 '생명'은 헬라말로 '조에'입니다. 성경 전체적으로는 때로는 '비오스, 프슈케'도 생명으로 번역될 수 있습니다. 이 설교에서는 넓은 뜻으로 사용합니다. 요절의 본문이 있는 <요한일서>는 어떤 특정한 교회에 대하여 쓴 편지이기보다는 공동서신이라는 특성이 있습니다.

사도 바울이 빌립보에서 전도하다가 당국에 체포되었습니다. 옷도 벗겨지고 매도 많이 맞았습니다. 그리고 투옥되었습니다. 감옥 안에서도 차꼬를 튼튼히 채웠습니다. 꼼짝달싹 못하게 만든 것입니다. 그래도 할 수 있는 일이 있었습니다. 입은 움직일 수 있었습니다. 그래서 하나님께 기도하고 열심히 찬양했습니다. 그런데 한밤중에 홀연히 지진이 일어났습니다. 옥터가 흔들리고 문이 모두 열리고 차꼬가 저절로 벗겨졌습니다. 그때 경비책임 교도관이 죄수들이 모두 도망간 줄 착각하고 칼을 빼어 자결하려했습니다. "당신 몸을 상하지 마시오. 우리가 다 여기 있소." 바울 사도가 소리쳤습니다.

그때에 그 교도관이 무서워 떨며 바울과 실라 앞에 무릎 꿇었습니다. 바울과 실라를 모시고 나갔습니다. 그리고 물었습니다. "선생님들이여, 내가 어떻게 하여야 구원을 얻겠습니까? " 사도 바울은 그 구원의 길을 한 마디로 깨우쳐 주었습니다. "주 예수님을 믿으십시오. 그러면 당신과 당신 가정이 구원을 얻습니다." 그 교도관과 온 집안이 다 예수님을 믿어 구원을 받았습니다(행 16:22-34).

이처럼 성경에는 믿기만 하면 구원을 얻게 된다는 말씀이 신약성경 특히 예수님의 교훈에 매우 중요하고 빈번하게 나옵니다. 그런데 '믿는다'는 말은 그릇으로 치면 매우 큰 그릇이어서 그 믿음 그릇 안에 여러 가지 뜻이 담겨 있습니다. 아는 것도 믿는 것입니다. 요한복음에는 그것이 강조되어 있습니다. 의지하는 것도 믿는 것입니다. 맡기는 것도 믿는 것입니다. 모시어 들임 곧 영접하는 것도 믿는 것입니다. 순종하는 것도 믿는 것입니다. 예수님처럼 사는 것도 믿는 것입니다. 사랑하는 것도 믿는 것입니다.

이 설교의 요절 말씀, "아들이 있는 자에게는 생명이 있고, 하나님의 아들이 없는 자에게는 생명이 없다"(요일 5:12)는 말씀은 예수님을 자신의 생명의 주인으로 모셔 들이는 것을 뜻합니다. 조금 더 풀면 예수님을 메시야, 그리스도, 구원주, 온전하신 하나님 온전하신 사람으로 내 안에 영접함입니다. "영접하는 자 곧 그 이름을 믿는 자들에게는 하나님의 자녀가 되는 권한을 주셨다"(요 1:12)는 뜻입니다. 이것은 혈통이나 육신이나 사람의 뜻으로 난 것이 아닙니다. "오직 하나님께로부터 난 자들"이라고 성경은 선언하고 있습니다(요 1:13).

이 후에 예수님은 니고데모에게 '거듭남의 진리'를 가르칩니다. '사람이 거듭나지 아니하면 하나님 나라를 볼 수 없다, 사람이 거듭나지 않으면 하나님 나라에 들어갈 수 없다, 사람은 누구나 거듭나야만 한다.' 그런 뜻으로 말씀하셨습니다(요 3:1-8).

요한1서는 또 이렇게 시작합니다. "태초부터 있는 생명의 말씀에 관하여는 우리가 들은 바요, 눈으로 본 바요, 주목하고, 우리 손으로 만진 바라. 이 생명이 나타내신 바 된지라, 이 영원한 생명을 우리가 보았고, 증거하여 너희에게 전하노니, 이는 아버지와 함께 계시다가 우리에게 나타내신 바 된 분이시다."(요일 1:1-2). 이 말씀에는 예수 그리스도에 관한 많은 비밀이 숨어 있습니다. 여기에서는 예수님은 태초부터 있으신 생명의 말씀, 그 생명의 말씀이 육신을 입고 나타나셨던 분(요 1:14)이라는 점에 주목합니다.

바울서신에는 '그리스도 예수는 하나님의 형상'(고후 4:4, 에이콘 투 테우)임을 확인 강조합니다. 태초에 하나님께서 사람을 지으실 때에 '자기 형상 곧 하나님의 형상과 모양을 따라 지으셨습니다(창 1:26-28). 그 형상과 모양의 내용이 무엇이냐에 따라 몇 가지 해석들이 있습니다. 그런데 위에 제시된 말씀들을 종합해 보면 결국 하나님의 형상은 바로 예수 그리스도상(likeness of Jesus Christ)으로 파악됩니다.

그러므로 '너희가 그 은혜를 인하여 믿음으로 말미암아 구원을 얻는다'(엡 2:8)는 말씀에서 '그 은혜'는 예수 그리스도임이 밝혀졌습니다. 이것은 이미 '예수를 그리스도로 영접하는 자 곧 그 이름을 믿는 자들에게는 하나님의 자녀가 되는 권세를 주셨다'고 확인해 주셨습니다(요 1:12).

70대 할머니 한 분이 유니온교회에 출석하기 시작하셨습니다. 한국 어떤 시골에서 태어나셔서 학교교육을 많이 받지 못했습니다. 교회당 땅도 처음 밟는답니다. 주기도문도 정확히 외우지 못하는 분이지만 예수 믿겠다고 단단히 결심했기에 세례도 베풀었습니다. 작은 아들 가족을 따라 주일예배에 빠지지 않고 참석했습니다. 그리고 예배실 자리에만 앉으시면 무언가 열심히 기도합니다.

큰 아들은 일찍 이민 와서 로스앤젤레스 한인사회 지도급 인사로 활동했습니다. 교회는 정치적 이유로 이 교회 저 교회를 가끔 돌아다니며 출석했습니다. 그런데 몸병으로 고생을 하고 있었습니다. 그 할머니는 이 설교자에게 그 아들이 교회에 오면 꼭 기도해서 병을 고쳐달라고 신신부탁을 했습니다. 그런데 좀처럼 교회에 나타나지 않습니다. 그러다가 드디어 어떤 주일예배에 참석했습니다. 예배 끝나고 간곡한 안수기도를 해서 보냈습니다. 건강이 회복되었습니다.

그런데 그 할머니 간증이 이렇습니다. 목사에게 안수기도 받으면 큰 아들 몸병이 꼭 고침받을 것 같아서 그 아들에게 간청했답니다. "어머니, 제가 무척 바쁜데요. 혹시 저 대신 어머니가 기도 받으시면 안 될까요? " 그렇게 물었답니다. "얘 아범아, 네 몸이 아픈데 이 어미가 약을 대신 먹으면 네 병이 낫겠니? 약은 아픈 사람이 직접 먹어야지."

언즉시야言則是也. 예수님은 생명의 빵, 생명의 선혈, 생명의 양약이십니다. 생명을 영원히 보장 보존해 주시는 하늘의 약, 곧 천약(天藥, heavenly medicine)이십니다.

## 사람은 하나님의 형상

이는 하나님이 자기 형상대로 사람을 지으셨기 때문이다 (창 9:6)

당신은 자신을 누구로 이해합니까? 그렇게 물으면 대답은 백인백색, 사람마다 다를 수 있습니다. 그런 대답은 모든 것이 있는 그대로 옳다고 할 수 있습니다. 그러나 그것이 당신 자신의 한 부분을 말해 줄 뿐입니다. 결코 전모를 밝혀주는 것은 아닙니다.

이집트의 스핑크스는 지나가는 사람을 붙들고 수수께끼를 냈다는 이야기 많이 아실 것입니다. 아침에는 네 발로 다니고, 낮에는 두 발로 다시고, 저녁에는 세 발로 다니는 짐승이 무엇이냐는 질문 말입니다. 대답은 물론 사람이지요. 인간의 지혜를 연구하는 철학의 대가 소크라테스가 남긴 교훈, '너 자신을 알라'는 명언도 많이 들었습니다. 자기를 안다는 것은 그만큼 필수적이지만 쉬운 일은 결코 아닙니다.

그런데 성경은 자기를 알아볼 수 있는 거울입니다. 그것도 하나님께서 만들어 주신 거울입니다. 성자나 현자들이 이해한 인간면모도 있지만 다른 데서는 전혀 들어볼 수 없는 인간이해도 포함하고 있습니다. 성경은 본질적으로 하나님의 말씀이고 하나님에 관한 말씀입니다. 동시에 성경은 사람의 본질을 밝혀 주고 있습니다. 그것도 당신은 누구냐에 대한 본질적인 대답을 제공합니다.

여기에서는 몇 가지, 특히 인간이 마땅히 걸어가야 할 정도(正道,

authentic way of live)를 밝히는데 도움 되는 지혜들입니다.

사람은 하늘의 재료와 땅의 재료를 합성하여 만들어졌습니다. 요절에 있는 그대로 하나님은 '땅의 흙으로' 사람을 지으셨습니다. 흙을 먼지(dust)로 번역한 성경들이 있습니다. 흙을 만드신 분이 창조주 하나님이시기 때문에 궁극적으로는 하늘의 재료이기도 합니다. 그러나 2차 재료인 흙을 사용하여 사람의 몸 곧 육신을 빚으셨습니다.

그런데 사람은 육신만이 아닙니다. 만약 몸이 전부였다면 사람은 지렁이나 소 같은 동물에 지나지 않았을 것입니다. 더 중요한 것은 하늘의 재료인 생기입니다. 생기(生氣, 네샤마)를 불어넣으셨습니다. 그래서 생령(生靈, 네페쉬) 곧 살아 있는 영체생명이 되었습니다. '체'體는 몸이니까 땅의 재료로 만들어졌고, 영(spirit)은 하늘의 재료로 된 것으로 하나님 자신의 일부입니다. "하나님은 영이시다"(요 4:24)는 말씀 그대로입니다. 하나님의 형상이 육체 안에 자리 잡고 있습니다. 삼위일체 하나님의 분신分身이 사람 몸에 거처를 삼고 있습니다. 그것을 하나님의 형상이라고 했습니다. 사람의 육신 속에는 하나님의 형상이 있기 때문에 사람은 동물 곧 동체생명과는 또 다른 차원의 생명이란 뜻입니다.

그러므로 사람의 몸은 영의 임시거처입니다. 그렇다고 몸 자체가 악하다거나 혹은 빨리 내버려야 할 쓰레기란 뜻은 결코 아닙니다. 영혼과 육체 가운데 물론 육체보다는 영혼이 더 중요합니다. 그렇더라도 육체도 하나님께서 창조하신 것이고 선물로 주신 것이므로 귀중하게 사용해야 합니다. 특히 영혼이 육체 안에 머무르는 동안 우리는 이 땅 위에서 하나님께서 맡겨 주신 사명을 수행할 수 있다는 점에서 육체는 그것대로 귀중한 것입니다.

그것을 예수님은 이렇게 말씀으로 정리하셨습니다. "몸은 죽여도 영혼은 능히 죽이지 못하는 자들을 두려워하지 말고, 오직 몸과 영혼을 능히 지옥에 멸하시는 자를 두려워하라"(마 10:28). 다른 말로 바꾸면 몸과 영혼 어느 것이 더 중요하냐고 물으면, '물론 영혼이 더 중요하다. 그러나 몸을 쓸데없는 영혼의 짐이라고 생각해서는 안 된다. 영혼이 중요하기 때문에 그 영혼을 담은 그릇 곧 몸도 중요하다'는 말씀입니다. 몸이 의복보다 더 중요한 것처럼 영혼이 몸보다 더 중요합니다(마 6:25).

하나님께서 만드신 우주에는 생명 없는 무생물들이 있습니다. 그것들은 식물, 동물, 인간이 살아가고, 살아남도록 하는 생존의 도구로서 하나님께서 만들어 주셨습니다. 풀과 나무 같은 식체생명들이 있습니다. 그것들은 동물과 인간 곧 동체생명들을 먹여 살리는 생명유지의 도구입니다. 짐승과 물고기와 곤충 등 동체생명들이 있습니다. 인간 곧 영체생명을 먹여 살리는 도구로 만들어 주셨습니다. 그리고 영체생명을 만들어 주신 것은 창조주 하나님을 섬기고 영광을 드리려는 친구의 자격을 주셨다는 것을 뜻합니다(요 15:13-15). 그것을 가장 간결하게 말씀하신 것이 바로 사람은 하나님의 형상과 모양대로 창조하셨다는 말씀입니다(창 1:26-28).

그런데 이 '형상과 모양'(히, 데뭇 촬렘)을 별도의 두 가지로 해석하려는 경향이 있으나 이것은 한 가지를 강조해서 말하는 화법으로 보는 것이 더 성경전체의 뜻에 부합됩니다. 성경 여러 군데에서 '모양'은 빠지고 '형상'만 사용된 사례들이 많은 것이 그것을 입증합니다(창 1:27, 창 9:6, 골 1:15, 약 3:9).

그렇다면 이 '형상'이 담고 있는 내용물이 무엇들일까요? 사람 속에 있는 하나님의 형상은 이성(理性, reason)이라고도 합니다. 혹은 양심이라고도 합니다. 혹은 통치력 혹은 지도력이라고도 합니다. 혹은 영력 곧 내주하시는 성령이라고도 해석합니다. 혹은 그 모든 것을 통합한 것으로 인간 각자의 안에 있는 신성(神性, divineness)이라고도 합니다. 로마서에서는, "무릇 하나님의 영으로 인도함을 받는 그들은 곧 하나님의 아들입니다. 여러분은 다시 무서워하는 종의 영을 받지 아니하였고 양자의 영을 받았으므로 아바 아버지라 부르짖습니다. 성령이 친히 우리 영으로 더불어 우리가 하나님의 자녀인 것을 증거하십니다"(롬 8:14-16).

사람 속에는 성삼위 하나님의 형상이 있기 때문에 예수 그리스도 곧 성자 하나님께서 그 생명 하나를 구원하시기 위하여 십자가에 대신 제물이 되실만한 가치가 있습니다. 천하보다도 더 귀중한 생명이라는 평가를 받게 된 것입니다. 사람들이 감히 성자 예수 그리스도의 친구가 될 수도 있습니다(요 15:11-14).

그리고 특히 하나님의 형상이 회복된 사람들에게는 하나님이 하시는 일을 함께 할 수 있도록 동역자(同役者, co-worker)로 부르셨습니다. 성삼위 하나님께서 직접적으로 혹은 강제적으로라도 영혼을 구원하실 수 있습니다. 그러나 그것을 예수님의 제자 아니 친구들에게 맡기셨습니다. 하나님께서 기도하지 않아도 사람에게 필요한 것을 알아서 척척 내어주실 수 있습니다. 그러나 하나님은 그런 것도 하나님의 자녀들에게 맡기셨습니다. 하나님께서 어린아이를 부모가 낳게 하지 않으시고 하늘에서 뚝 떨어뜨려 주실 수 있습니다. 아니면 아담과 하와처럼 처음부터 자립할 수 있는 인간으로 만드실 수 있습니다. 그런데 그것도 남녀의 사랑을 통하여 아기가 탄생하게 하시고 긴긴 세월 함께 보살피고 교육하도록 경륜하셨습니다. 인간마다 하나님의 형상이 회복되어 '생령'이 된다면 그런 일들은 고통스러운 학대가 아니라 행복에 겨워 기쁨으로 해 낼 수 있는 소명이 됩니다.

성삼위 하나님은 인간을 생령으로 만들어 주셨습니다. 아니, 다른 사람보다도 이 설교를 지금 읽고 있는 바로 당신을 생령으로 만들어 주셨습니다. 그래서 거듭 깨우쳐 드립니다. 성삼위 하나님께서 하시는 일에 함께 참여하고 적극 협력하는 동역자가 되어 주십시오.

## 젊은 사람아, 일어나라

예수께서 말씀하시되,
'젊은이여, 네게 말한다, 일어나라.' 하시니
죽었던 자가 일어나 앉고 말도 하니라 (눅 7:14-15)

나인이라는 성곽도시가 있었습니다. 나사렛 동네 동남쪽 그리 멀지 않은 곳입니다. 가버나움에서는 하룻길을 걸어야 할 거리였습니다. 예수님과 그 제자 일행이 그 마을도시에 들어가려고 성문 가까이 접근할 때였습니다. 성문에서 나오는 장례행렬을 만나게 되었습니다. 많은 사람들이 따라오고 있었습니다.

죽은 사람은 젊은이였습니다. 홀어머니 곧 과부의 외아들이고 하나밖에 없는 자녀입니다. 이스라엘에서는 장례식을 죽은 날 당일에 치르는 관습이 있습니다. 기후가 더워서 쉽게 부패하기 때문입니다. 어머니는 검은 옷을 입고 정신을 잃은 듯이 슬피 울며 장례행렬을 따라 나오고 있었습니다.

그 시체가 된 청년의 나이가 얼마인지는 기록되지 않았습니다. 청년 혹은 젊은이라고 성경에 기록되었으니까 적어도 열두 살은 넘었을 것입니다. 그러나 아내나 자녀가 없는 것으로 보아 미혼청년인 것이 확실합니다. 그리고 장례행렬에 참가한 사람들이 많은 것으로 보아 그 마을에 그 어머니나 혹은 죽은 청년의 친인척들이 제법 있었는지도 모릅니다.

장례식은 그 자체가 어느 누구에게든지 슬픔을 가져다줍니다.

또 유대인들의 습관에는 장례 만난 가정에 가서 울어주는 일을 전문으로 하는 이들도 있답니다. 아무려나 죽은 청년도 그렇거니와 이 장례식이 더욱 구슬픈 것은 홀로 남아있는 그 어머니의 장래가 험악할 것을 예고하기 때문입니다. 그 죽은 청년의 나이로 보아서 그 어머니가 재혼하는 것도 어렵거니와 아기를 낳기도 힘겨울 것이기 때문입니다. 지금 시대와 달리 그 때에는 홀어머니가 인생의 험악한 파도를 헤쳐 나가려면 얼마나 그 고통이 클 것인지 예수님은 더 잘 아셨습니다. 어머니 마리아가 일찍 홀어머니가 되었고 그래서 목수 일로 30세 되시기까지, 그때 나이로는 15세 전후에 결혼하던 때였는데도 예수님도 미혼으로 버티셨기 때문입니다.

예수님은 누구의 요청도 없었지만 장의행렬 가까이 가셨습니다. 관 뚜껑은 열린 채로 메고 가던 참이었습니다. 그 죽은 청년의 어머니에게 우선 위로하셨습니다. "울지 마시오." 슬픔을 억제하기 어려울 것은 누구나 짐작할 수 있지만 그것으로 문제가 해결되는 것은 아니라는 뜻입니다. 그리고는 그 관에 손을 대셨습니다. 메고 가는 행렬이 일단 가기를 멈추었습니다. 예수님께서 우렁찬 음성으로 말씀하셨습니다.

"젊은 사람아, 내가 네게 말한다. 일어나라."

그런데 이게 웬일입니까. 그 죽어서 시체가 되었던 청년이 일어나 앉았습니다. 그리고 말까지 했습니다. 하지만 무슨 말을 했는지는 기록되지 않았습니다. 죽었던 것도 확실하지만 그 죽었던 청년이 다시 살아나서 일어나 앉은 것도 확실한 사건이었습니다.

어머니가 얼마나 놀라고 기뻤겠습니까. 장의행렬에 참석했던 사람들이 또 얼마나 신이 나고 꿈인가 생시인가 했겠습니까? 관을 메고 가던 사람들을 비롯하여 모든 조문객들이 너무 너무 기뻐서 춤을 추었을 것입니다.

그냥 감정적으로만 기쁜 것이 아닙니다. 홀어머니에게는 생존수단이 없어서 앞으로의 인생이 험산준령을 넘는 것처럼 위태위태하고 고생을 바가지로 해야 하는데 그것이 별로 큰 힘도 들이지 않고 살려내신 예수님의 은혜로 한꺼번에 시원하게 해결되었습니다. 그리고 그 젊은이는 죽음에서 살아난 기쁨을 무엇으로 다 표현할 길이 없었을 것입니다. 하여튼 예수님은 그 청년을 관속에서 안아 내려 홀어머니에게 인계해 주셨습니다.

'예수님께서 완전히 죽었던 자를 살려내신 사건'은 복음서의 기록으로는 세 번 있었습니다. 회당장 야이로의 열두 살된 딸을 '달리다굼'(소녀야, 내가 네게 말하노니 일어나라) 하심으로 다시 살려내셨습니다(막 5:35-43). 마르다와 마리아의 오라버니 나사로는 죽은 지 나흘이나 되어 무덤에 묻혔고 시체도 썩는 냄새가 났지만, "나사로야, 나오너라"(요 11:43) 하고 큰 소리로 부르셔서 다시 살려내셨습니다.

이렇게 죽은 청년을 살려내자 그것을 두 눈으로 똑똑히 확인했던 사람들은 말했습니다. "큰 대언자가 우리 가운데 일어나셨다… 하나님께서 자기 백성을 돌아보셨다."(눅 7:16). 이것은 엘리야와 엘리사 두 대언자가 각각 죽은 아이를 살려냈던 사실을 말해 줍니다. 그리고 예수님께서 엘리야와 같은 예언자(대언자)가 되신다는 것을 확인해 주는 외침들입니다(왕상 17:17-24, 왕하 4:17-37).

예수님께서 나인 마을의 홀어머니 아들을 살려내신 것은 여러 가지 깊은 뜻이 있습니다. 예수님은 삶과 죽음을 자유자재로 관리하실 능력이 있으신 분 곧 생명의 창조주이신 하나님이시라는 뜻이 있습니다. 홀어머니의 고난을 해결해 주시는 인간고통 해결사가 되시기도 합니다. 예수님 자신이 십자가에 달려 죽으신 뒤에 다시 살아나실 것 곧 부활을 예고하기도 합니다. 그리스도 안에서 잠자는 사람들은 언제인가 하나님께서 정하신 때에 '무덤이 열리고 다시 살아나게 될 미래 부활의 예고편'이기도 합니다.

그리고 또 있습니다. 예수님은 죽은 자를 세 사람 살리셨다고 했습니다. 그런데 한결 같이 젊은 사람들입니다. 결코 나이 많아 죽은 사람을 살리시지 않았습니다. 우리들이 예수님을 믿어 구원받으면 이것이 곧 부활체험이기도 합니다. "예수와 함께 나 죽었으니, 예수와 함께 나 살았도다"는 찬송가 그대로입니다. 그런 까닭에 구원받아서 영혼이 다시 살아났으면 그 때부터 우리는 하나님으로부터 받은 사명을 위하여 십자가에 목숨 걸고 충성 또 충성 그리고 더 충성해야 합니다.

## 소녀야, 일어나라

그 아이의 손을 잡고 가라사대,
'달리다굼' 하시니 번역하면 곧
'소녀야, 내가 네게 말한다. 일어나라.' 하심이었다.
소녀가 곧 일어나서 걸으니 나이 열두 살이었다 (막 5:41-42)

열두 살 된 소녀가 있었습니다. 회당장 야이로의 딸이었습니다. 무남독녀, 아들 없는 집의 유일한 딸입니다. 그런데 중병에 신음하고 있었습니다. 곧 죽을 것 같다는 예감이 들었습니다. 좋다는 약으로 응급조치를 했을 것입니다. 그러나 백약이 무효였습니다.

가버나움은 상당히 큰 항구도시입니다. 갈릴리 호숫가에 있습니다. 로마 군대의 주둔지였습니다. 사람들이 많이 사는 번화한 도시였습니다. 예수님의 갈릴리 지방 전도본부가 있는 곳입니다. 예수님의 이름이 잘 알려져 있습니다. 또 예수님에 대하여 매우 호의적이기도 합니다.

예수님도 가버나움에서 여러 가지로 하늘복음을 가르치셨습니다. 유대신앙생활의 센터인 회당에서 안식일 예배에 참석도 하시고 성경을 읽고 가르치기도 하셨습니다. 그리고 예수님께서 가버나움을 방문하시면 자주 따라 나서는 사람들이 많았습니다. 예수님께서는 기적을 베풀기도 하셨습니다. 특히 병든 사람 몇을 고쳐주셨습니다. 그 이름 예수가 점점 더 널리 알려지게 되었습니다. 환자들도 몰려들었습니다.

가버나움의 유대신앙 지도자인 야이로는 잘 알려진 인물입니다. 신뢰와 존경을 받고 있었습니다. 지금으로 말하면 민선 회당장일 것이라는 연구도 있습니다. 성경에 그 이름 야이로(막 5:22, 눅 8:41)가 기록된 것이 이를 입증합니다.

그런데 그에게는 딸이 있었습니다. 아들이 없는 유일한 딸입니다. 여동생도 없습니다. 그 시대에는 산아제한 방법을 잘 모르던 시절입니다. 부모의 귀여움을 독차지하며 자랐습니다. 그래서 열 두 살이 되었습니다. 이제는 결혼을 해도 되는 연령입니다. 성년이 되었기 때문입니다.

그런데 중병에 신음했습니다. 목숨이 경각에 달렸다는 예감이 들었습니다. 모든 행복의 조건들이 다 갖추어진 때에 죽음의 습격을 받았습니다.

아빠 야이로는 긴급히 예수님을 찾아갔습니다. 벌써 예수님께서 어떻게 난치병들을 고쳐주셨는가를 익히 들어 알고 있었습니다. 하나님은 치료하시는 여호와(야훼)이심을 야이로는 잘 알고 또 회당 출석자들에게도 가르쳤습니다. 웬만한 일 같으면 집안일 도와주는 일꾼에게 심부름시킬 수도 있었습니다. 그러나 직접 나섰습니다. 그런데 더 긴급한 환자가 또 있었습니다. 열 두 해 피흘림 병을 앓고 있는 젊은 여성이었습니다. 시도 때도 없이 피가 다리 사이로 흘러내렸습니다. 그 여자를 감쪽같이 고치시느라고 또 시간이 지체되었습니다(마 9:20-22). 하지만 예수님은 지금 죽어가고 있는 소녀를 빨리 가서 고치려는 것 같지 않았습니다.

야이로 회당장 집으로 향했습니다. 그런데 또 소식이 왔습니다. 소녀가 죽었답니다. 그러니 예수님께 더 짐 지우지 말라는 것입니다. 그러나 예수님은 조금도 당황하는 기색이 없으셨습니다. "두려워 말고 믿기만 하시오"(막 5:36). 야이로 회당장에게 그렇게 말씀했습니다. 벌써 피리를 불고 애곡전담인들의 통곡소리가 들려왔습니다. 당일에 묻어야 하기 때문에 벌써 장례식 준비가 시작되었습니다. 하지만 예수님은 단호하게 말씀하셨습니다. '모두 물러가세요. 이 소녀가 죽은 것이 아니라 자고 있을 뿐입니다'(마 9:24). 예수님의 사태파악은 전혀 달랐습니다. 그 말을 들은 사람들이 예수님을 비웃는 것은 당연했습니다. 예수님이 하나님의 아들 메시야이심을 전혀 짐작도 못했기 때문입니다.

예수님은 부모와 그리고 베드로, 야고보, 요한 세 제자를 데리고 소녀의 방으로 들어가셨습니다. 그 소녀의 손을 꼭 잡으셨습니다. 그리고 잔잔한 음성으로 그러나 자신감 있게 명령하셨습니다. "달리 다굼." 아람말 곧 예수님께서 어릴 때부터 배워쓰신 언어, 그리고 그 소녀가 쓰고 있는 언어로 말씀하셨습니다. '소녀야, 내가 네게 말한다. 일어나라.' 그렇게 명령하셨습니다.

여섯 사람의 열두 개 눈이 소녀의 얼굴을 응시했습니다. 소녀가 부시시 눈을 떴습니다. 단잠을 자다가 깬 것처럼 눈을 뜨고 입가에는 미소가 담겼습니다. 어머니가 딸 이름을 부르며 얼싸 안았습니다. 기쁨의 눈물이 그 부부의 눈에서 흘러내렸습니다.

소녀는 일어나 걸어 다녔습니다. 천지가 무너질 듯이 울던 사람들의 곡소리가 뚝 끊어졌습니다. 함께 모여 있던 동네 사람들과 야이로의 친지들이 화들짝 놀라 토끼눈이 되었습니다.

예수님께서 회당장 야이로의 무남독녀를 죽음에서 건져냈다는 소문은 삽시간에 퍼져나갔습니다. 가버나움 회당장의 딸이었기에 소문은 더 빨리 퍼져나갔습니다. 가버나움이 도시였기에 전파속도가 빨랐습니다. 그리고 행정도시에다가 로마군대의 주둔지가 되어 더 멀리 해외에까지 하늘에서 울리는 나팔소리처럼 퍼졌습니다.

사람은 누구나 짧은 일생을 살면서도 수없이 많은 문제들과 싸워야 하는 존재입니다. 어떤 문제들은 돈 몇 푼 쓰면 해결됩니다. 어떤 문제들은 치명적인 손해를 볼 수 있는 것들도 많습니다. 그리고 어떤 문제들은 목숨과 바꾸어야 할 정도의 심각한 문제들도 있습니다. 그런 모든 문제들이 왜 문제가 되는 건지 아십니까. 직접이건 간접이건 생명을 손상시키거나 죽이기 때문입니다. 만약 죽지 않는다는 보장만 있다면 어느 것이든 그것은 결코 큰 문제는 아닙니다. 다만 가벼운 문제들일 뿐입니다.

예수님은 문제해결자로 이 세상에 오셨습니다. 특히 죽음의 문제를 해결하려고 오셨습니다. 육신의 죽음이라는 문제를 해결하려 오셨습니다. 더 나아가서 영혼의 문제를 해결하려고 오셨습니다. 그분은 십자가 제단에 자신의 생명을 바쳐 죽음을 선택하심으로 마침내 죽음을 정복해내셨습니다.

"아담 안에서 모든 사람이 죽은 것 같이, 그리스도 안에서 모든 사람이 삶을 얻으리라"(고전 15:22). "죽음아, 너의 이기는 것이 어디 있느냐. 너의 쏘는 것이 어디 있느냐. 죽음이 쏘는 것은 죄요 죄의 권능은 율법이라. 우리 주 예수 그리스도로 말미암아 우리에게 이김을 주시는 하나님께 감사하노라"(고전 15:55-57).

예수 그리스도를 생명의 주인으로 모신 사람은 누구나 예수님처럼 십자가 위에서 그 몸이 죽는다 해도 다시 살아나 영원한 생명을 누리며 살게 됩니다. 믿음의 주인이시고 온전하게 하시는 분이신 예수 그리스도께서 내 생명의 영원한 구원주이시기 때문입니다(히 12:2). 회당장 야이로의 외동딸을  몸죽음에서 다시 살려내신 그 예수님께서 바로 당신의 죽음문제도 단번에 해결하셨음을 확실히 믿으시기 바랍니다. 결코 다음번으로 미루지 마시고, 바로 지금 이 순간에.

## 나사로야, 무덤에서 나오너라

이 말씀을 하시고 큰 소리로 '나사로야, 나와라'부르시니,
죽은 자가 손발을 베로 동인 채로 나오는데
그 얼굴은 수건에 싸였더라.
예수께서 이르시되, '풀어놓아 다니게 하라' 하셨다 (요 11:43-44)

요한복음 11장은 예수님께서 나사로를 살려내신 이야기로 시작됩니다. 그리고 살려내신 뒤에 그 후과가 무엇인지 그것으로 끝을 맺습니다. 요한복음 전체가 21장인 걸 계산하면 나사로를 살려내신 사건을 상당히 중요하게 다루고 있습니다.

베다니는 예루살렘에서 그리 멀지 않은 곳에 있는 마을입니다. 거기에 나사로, 마르다, 마리아가 살고 있었습니다. 예수님의 사랑받는 가정이었고, 예수님을 사랑하는 가족이었습니다. 다른 식구들이 더 있었는지, 나사로가 오빠인지 혹은 남동생인지, 마르다가 언니인지 동생인지도 정확하게 기록되지 않았습니다. 나사로가 오빠, 마르다가 언니라고들 생각합니다.

예수님께서 예루살렘에 오시는 때에는 그 댁에서 묵으셨습니다. 한 가족처럼 지내는 분들입니다. 예수님이 누구이신지 매우 잘 아는 가족입니다. 지금 예수님께서 어디에 계신지도 파악하고 있었습니다. 그래서 나사로가 중병을 앓고 있을 때에 그들은 사람을 보내어 예수님께 알렸습니다. 이미 예수님은 여러 환자들의 난치병을 고치셨습니다. 그리고 죽은 자들도 살려내셨습니다. 특히 그 가족

의 헌신과 친분을 생각할 때에 예수님께서 곧장 달려오실 것으로 기대했습니다. 하지만 나사로의 병세가 죽음으로 치닫게 되고 마침내 숨을 거두었습니다.

그런데도 예수님은 나타나지 않으셨습니다. 사람이 죽으면 당일로 장례지내는 것이 유대인의 관습입니다. 묘지에 시체를 묻는 일이 끝나도 예수님은 도착하지 않으셨습니다. 죽은 지 나흘이나 되어서야 비로소 오신다는 소식이 들렸습니다. 마르다와 마리아는 원망이 가득했습니다. 하지만 제자들은 그것도 만류했습니다.

"스승님, 조금 전에도 유대인들이 돌로 스승님을 쳐 죽이려고 했는데요, 또 그 곳으로 가시렵니까?" 예수님은, '햇빛이 있는 낮에 다니면 별 문제가 있겠느냐'면서 "우리 친구 나사로가 잠들었기 때문에 내가 깨우러 가야 한다"(요 11:11)라고 말씀하셨습니다. 나사로가 잠들었다는 것은 죽었다는 뜻이라고도 명확하게 밝히셨습니다. 그래서 예수님은 나사로가 죽은 지 나흘 되던 날에 걸어서 도착하셨습니다. 특수 약품처리를 하지 않으면 시체는 나흘이면 썩어버리게 됩니다.

아무튼 마르다는 예수님을 맞으러 나왔습니다. 예수님은 마르다에게, '네 오빠가 다시 살리라'(요 11:23)며 확신을 안겨주었습니다. 마르다가, '마지막 날 부활 때에는 다시 살게 될 줄을 저도 믿습니다'하고 응답했습니다. 예수님은 이때에 엄청난 진리를 선포하셨습니다. 온 인류가 어디에서도 받을 수 없는, 천상천하에서 가장 귀중한 선물입니다.

"나는 부활이요 생명이다. 나를 믿는 사람은 죽어도 살고, 무릇 살아서 나를 믿는 자는 영원히 죽지 않는다. 이것을 네가 믿느냐? "(요 11:25-26).

마르다는 정금 같은 믿음을 가진 모범 여성입니다. 즉각 신앙고백을 확실하고 단호하게 고백합니다. "주님, 그대로 믿습니다. 주님은 그리스도시요 세상에 오시는 하나님의 아들이신 줄 제가 믿습니다"(요 11:27).

예수님은 마리아와 함께 달려온 유대인들이 통곡하는 것을 보고 눈물을 흘리며 애통해 하셨습니다. 무덤 앞에 가셔서 입구를 막은 돌을 옮겨놓게 하셨습니다. 마르다가 말합니다. "주님, 죽은지가 벌써 나흘이나 되었고 시체는 썩어서 냄새가 납니다." 하지만 예수님은 또 하나의 진리를 말씀하셨습니다. "내가 거듭 말한다. 네가 믿으면 하나님의 영광을 볼 것이다"(요 11:40).

예수님은 무덤 앞에서 눈을 들어 하늘을 우러러보며 기도하셨습니다. 기도에 응답하시는 하나님께 감사하셨습니다. 성부 하나님께서 성자 하나님이신 예수님을 보내신 것을 둘러선 무리들로 믿게 하려는 기도의 목적도 밝히셨습니다. 그런 뒤에 우레 같은 큰 소리로 외치셨습니다. "나사로야, 나오너라."

둘러선 사람들이 사뭇 숨을 죽이고 어떻게 되어가는 지 주목했습니다. 드디어 나사로가 무덤 속에서 걸어 나왔습니다. '죽은 자가 수족을 베로 동인 채로 나오는데, 그 얼굴은 수건에 싸였더라'(요 11:44). 성경기록입니다. 예수님께서 한 말씀 더 보태셨습니다. "풀어놓아 다니게 해라"(요 11:44).

지금도 베다니에 그 무덤이 보존되어 있습니다. 이 설교자도 성지순례 때에 나사로가 누워있던 무덤의 바닥까지 층계를 밟고 내려갔었습니다. 꽤 깊었습니다. 나사로의 시체가 누워 있던 그 자리에서, '이 부족한 종을 통하여 한 영혼에게라도 더 복음을 전파해서 부활과 생명되신 예수님을 통하여 영원한 구원을 받게 하시옵소서'하고 간곡히 기도했었습니다.

예수님의 가장 큰 사명은 생명구원사역입니다. 하나님 나라 시민이 된 사람은 영원히 죽지 않고 살아서 성삼위 하나님과 함께 온 우주를 다스리는 일에 참여하도록 하는 사역입니다. 예수님께서 다시 살려낸 세 사람, 곧 나인동네 과부의 아들, 회당장 야이로의 열두 살 된 딸, 그리고 베다니의 나사로는 예수님을 따르는 사람에게는 누구에게나 주시는 부활의 축복입니다. 그래서 다시 한번 죽기살기로 외칩니다. 온 지구를 향하여 큰 나팔을 붑니다.

"예수님은 부활이요 생명이십니다. 예수님을 하나님께서 보내신 구원주로 믿기만 하면 죽어도 살아납니다. 그리고 살아서 믿는 자는 영원히 죽지 않습니다"(요 11:25-26).

그러면 또 반문하는 사람들이 있습니다. 결국 그렇게 다시 살아났던 나사로도 지금까지 살아있지 못하고 죽지 않았더냐. 그렇습니다. 나인동네 과부 아들도 죽었습니다. 야이로의 딸도 결국 죽었습니다. 그리고 나사로도 물론 죽었습니다. 그러나 그들 모두의 영혼은 지금도 하나님 품에 살아 있습니다. 천사들처럼 행복한 삶을 누립니다. 그리고 하나님께서 정해 놓으신 때에 다시 육신을 입고 살아나서 하나님 나라 시민이 될 것입니다.

그래서 영원토록 하나님과 함께 살고, 하나님을 예배하고, 하나님을 찬양하고, 함께 행복을 누리는 시민이 됩니다. 그때에 영원토록 누릴 기쁨과 행복은 지금 다 말할 수가 없습니다. 이 설교자도 체험하지 않았기 때문입니다. 부부생활 전체가 그 때의 기쁨을 조금 체험하는 기회라고 빌리 그래함 전도자가 성경을 풀어 놓은 것에는 상당한 공감이 갑니다.

## 왜 기쁜 뉴스인가?

하나님의 아들 예수 그리스도에 관한 기쁜 뉴스의 시작이다 (막 1:1)
때가 찾고 하나님 나라가 가까웠으니
회개하고 복음을 믿으라 (막 1:15)

성경에는 '복음'(福音, Gospel)이라는 이름이 붙은 책이 넷 있습니다. 마태복음, 마가복음, 누가복음, 요한복음이 바로 그것입니다. 그것을 풀어서 '마태가 전한 복음서,' '마가가 전한 복음서,' '누가가 전한 복음서,' '요한이 전한 복음서'라고도 합니다.

복음은 복된 소식, 곧 기쁜 소식입니다. 가스펄(Gospel)은 좋은(good) 소식(spel)의 준말입니다. 그리고 영어의 굿(good)은 그 말 뿌리가 하나님(God)입니다. 그러므로 기쁜 소식은 곧 하나님으로부터 오는 소식이란 의미입니다.

그런데 마가복음의 첫 절은, '하나님의 아들 예수 그리스도 복음의 시작이라'입니다. '하나님의 아들'은 고대 사본에는 없는 것들도 있습니다. 그래서 '예수 그리스도의 복음의 시작'이 마가복음의 첫 절입니다. 마가복음은 그리고 네 복음서 가운데 가장 먼저 기록된 것이라고 성경학자들이 대체로 의견을 함께 합니다. 그렇다면 '예수 그리스도의 복음'이란 표현의 중요성을 짐작하게 됩니다.

복음은 기쁜 소식입니다. 좋은 소식입니다. 복된 소식입니다. 기쁜 뉴스입니다. 유익한 소식입니다. 듣자마자 함박웃음을 터뜨리고 춤을 덩실덩실 출 만한 소식입니다. 이 설교자에게는 명문대학교

입학시험에 합격했다는 뉴스가 지금까지 가장 기쁜 소식입니다. 그리고 영적으로는 거듭난 체험을 통하여 하나님의 자녀가 된 때였습니다.

예수 믿지 않는 사람들은 예수 믿는 사람들을 가끔 '찰거머리 같다'고 합니다. 한 번 들러붙으면 좀처럼 떨어지지 않는다는 뜻입니다. 그런 점이 있습니다. 왜 그럴까요. 당신을 사랑하기 때문입니다. 그냥 사랑하는 것이 아니라 무척 사랑하기 때문입니다. 무척이라니요? 얼마나 무척일까요. 자신의 생명과 똑같이 사랑하기 때문입니다. 이 설교자도 찰거머리처럼 꼭 붙어 다니며 전도한 체험들이 있습니다. 왜 그런 일을 합니까? 이유는 간단합니다. 예수 믿는 것이 '큰 기쁨의 좋은 소식'이기 때문입니다. 그것도 '모든 백성에게 혜택이 가는 큰 기쁨의 좋은 소식입니다'(눅 2:10-11).

예수님을 구원주로 영접하는 것이 어떤 점에서 일생일대의 큰 기쁨이 되는 좋은 소식일까요? 쉽게 이해할 수 있는 순서대로 말씀드립니다.

첫째, 예수 믿고 구원받으면 건강하게 오래 삽니다. 이 말을 들으면 누구든지 눈이 커지고 귀가 쫑긋할 것입니다. 아담은 930년을 살았습니다. 노아는 950년을 살았습니다. 노아의 할아버지 므두셀라는 969년을 살았습니다. 성경인물 가운데 최장수 기록을 가졌습니다. 예수 믿는 사람들이 자주 들먹거리는 아브라함은 175년을 누렸고, 모세는 120년을 누렸습니다. 그러면 예수 믿지 않는 사람들이 항변할 것입니다. 예수님은 어찌하여 33년밖에 살지 못했느냐고요.

오래 사는 것도 중요하고 질병이나 사고를 당하지 않는 것도 중요합니다. 예수님은 한 번도 아프신 적이 없습니다. 하여튼 지금도 예수 믿는 사람들이 믿지 않는 사람들보다 평균 5년 내외를 더 삽니다. 그것은 생명보험회사의 통계입니다. 그 통계가 잘못되면 회사가 문을 닫아야 하는 생명보험회사입니다.

둘째, 넉넉하게 삽니다. 전 세계 경제개발이 제일 잘 되어 경제적으로 넉넉하게 살고, 복지국가를 이룬 나라들은 한두 나라를 제외하면 모두 개신교회 국가들입니다. 아니, 그건 그만두고요, 예수 믿는 거지 보았느냐고 물어보면 됩니다. 더러 그런 거지가 있습니다. 그러나 곧 거지 신세를 벗게 됩니다. 아니면 일부러 거지처럼 사는 신자들이 있습니다. 그리고 또 있습니다. 예수 믿은 지 30년 곧 한 세대가 지나면 경제적으로 중산층이 된다는 통설 말입니다.

셋째, 가정이 튼튼하고 자녀들이 훌륭하게 자랍니다. 정말이냐고요? 아무개 아무개 유명목사들의 자식들이 왜 그 모양 그 꼴이냐고 묻습니까? 이혼한 목사들이 그래도 꽤 있다는 사실에 왜 눈을 감느냐고 할 것입니다. 그렇습니다. 예외 없는 법칙이 어디에 있습니까? 그러나 예수 믿으면 대체로 부부관계가 좋습니다. 의처/의부증 환자들이 줄어듭니다. 예수 믿는 집 자녀들 가운데 훌륭한 인물이 많다는 통계에 눈을 크게 뜨셔야 합니다.

넷째, 위기는 위대한 기회입니다. 노벨상 수상자의 65%가 기독교 신자들입니다. 한국 대학총장의 60%가 개신교 신자입니다. 무슨 통계가 더 필요합니까.

다섯째, 마음이 평안하고 행복과 감사가 넘칩니다. '너희는 마음에 근심하지 말아라. 하나님을 믿으니 또 나를 믿어라'(요 14:1). 그 말씀대로 살기 때문입니다. 모든 일에 기뻐하고, 기도하고, 감사하기 때문입니다(살전 5:16-18). 무엇을 먹을까, 무엇을 마실까 염려하지 않기 때문입니다(마 6:25). 하나님이 주시는 하늘의 평화(샬롬)로 마음을 가득 채우기 때문입니다.

여섯째, 사명에 불타는 지도자가 됩니다. 사람을 흔히 그릇이라고 합니다. 큰 그릇이 되라고도 합니다. 곧 지도자가 되라는 뜻입니다. 어느 단체에 가든지 그리스도인들이 지도자로 뽑힌다는 것은 상식적 통계입니다. 박정희 대통령 시대에도 새마을 지도자들 대부분 특히 여성지도자들은 거의가 교회에서 훈련받은 사람들이었습니다. 한국의 교회가 세워진 이래 쓸 만한 여성지도자들은 대부분 예수 믿는 여성들이었던 것과 같습니다. 역사에 길이 남는 지도자들도 역시 하나님을 두려워하는 사람들입니다. 하나님의 말씀을 지켜 행하면 세계 모든 민족 위에 뛰어나게 하실 것이며, 여호와께서 너를 머리가 되고 꼬리가 되지 않게 하신다고 약속하신 그대로입니다(신 28:1, 13). 이런 지도자가 되도록 이끄시겠다는 하나님의 언약은 이미 유대인들과 이스라엘 민족을 통하여 이루어 오셨고 이제는 그리스도인들을 통하여 이루고 계십니다.

마지막으로, 죽음을 이기고 영원히 삽니다. 사실은 이것이 예수 믿는 가장 큰 이유입니다. "주 예수를 믿어라. 그리하면 너와 네 집이 구원을 얻으리라"(행 16:31)는 말씀 그대로입니다. 죽음은 인생 최대의 문제입니다. 그러나 가장 해결하기 어려운 난제입니다. 하지만 예수님을 당신의 주인 곧 그리스도로 마음 속에 모셔 들이기만 하면 그 죽음의 문제는 단박에 해결됩니다. 죽음의 큰 문제가 해결되면 다른 문제들은 별로 대수롭지 않습니다. 천재 수학자요 과학자인 파스칼, 그의 명상록에 있는 말을 아십니까. "만약 죽지 않는다는 보장만 있다면 인생의 파도는 높을수록 인생길은 신나는 여행이 될 뿐이다." 바다에서 파도타기를 하는 사람들이 항상 마음 깊이 새겨 놓는 금언입니다.

## 공평하신 하나님

그의 팔로 힘을 보이셔서,
마음의 생각이 교만한 자들을 흩으셨고,
권세 있는 자를 그 위에서 내리치셨으며,
비천한 자를 높이셨고, 주리는 자를 좋은 것으로 배불리셨으며,
부자는 빈손으로 보내셨도다 (눅 1:51-53)

마리아는 지금 노래할 처지가 전혀 아닙니다. 처녀가 아기를 가지면 그 관계된 남자와 결혼하여 살든지 아니면 간음죄로 인하여 돌에 맞아 죽든지 그것이 율법과 율례들입니다. 마리아처럼 약혼 상태에서 임신하게 되면 요셉은 그 사실을 공표하고 마리아와의 약혼을 취소할 수 있습니다. 그리고 그 사실을 공표하면 동네 사람들이 돌을 던져 마리아와 아기를 한꺼번에 돌무덤에 장례지낼 수 있습니다. 그런데 어찌 마리아가 하나님을 찬양하는 노래를 할 수 있겠습니까? 공포심에 새파랗게 질려 있어 쥐도 새도 모르게 숨어야 합니다. 아니면 스스로 목숨을 끊는 길밖에 없습니다(참고: 신 24:1).

하나님께서는 그런 것을 세심하게 배려하여 아기 예수님의 탄생을 실천하셨습니다. 마리아는 그런 믿음을 확고하게 가지고 있었습니다. 특히 대언자 사무엘의 어머니 한나가 어린 아기 사무엘을 하나님께 드리면서 했던 찬양기도(삼상 2:1-10)가 몸에 배어 있었습니다. 그것을 예표로 했지만 그러나 훨씬 더 새롭게 가사를 지어

이 큰 일을 행하신 하나님을 찬양했습니다. '매그니피캇'(Magnificat)으로 알려진 이 마리아의 찬양에는 하나님께서 어떻게 위대한 일을 행하셨는가를 노래했습니다. 그분의 위대하신 능력을 찬양했습니다. 그 다음에 공평한 사회, 곧 함생체를 위한 하나님의 절대권적 행동을 찬양했고, 함생체의 모범이 되어야 하는 이스라엘을 위하여 하나님께서 자비를 베풀어주실 것을 노래로 기도했습니다.

시골에서 태어나 아직 십대 중반쯤 들어선 여성으로서는 이런 찬양을 한다는 것이 매우 어렵습니다. 성령의 감동하심에 따라 부른 찬양임을 의심할 여지가 없습니다. 이 설교에서는 바로 이 '마리아의 매그니피캇' 가운데 나타난 하나님의 의지 곧 평등한 함생체 형성을 위한 하나님의 원대한 계획을 중심으로 말씀을 풀겠습니다.

'높은 산은 낮아지고, 골짜기는 메워지고' 구원자를 기다리는 이스라엘 백성들에게는 매우 중요한 말씀입니다. "골짜기마다 돋우어지며, 산마다 언덕마다 낮아지며, 고르지 아니한 곳이 평탄하게 되며, 험한 곳이 평지가 될 것이요"(사 40:4)라고 했습니다. 이 말씀은 세례자 요한이 광야의 소리가 되어 구원주 예수님이 오시는 길을 평탄하게 할 것이라는 예언이기도 합니다. "요한이 요단강 부근 각처에 와서 죄 사함을 받게 하는 회개의 세례를 전파하니, 너희는 주의 길을 준비하라. 그의 오실 길을 곧게 하라. 모든 골짜기가 메워지고, 모든 산과 작은 산이 낮아지고 굽은 것이 곧아지고 험한 길이 평탄하여질 것이요, 모든 육체가 하나님의 구원하심을 보리라"(눅 3:3-6). 요약하면 높은 산을 낮아지도록 깎아 내리고, 깊은 골짜기는 높아지도록 그 흙으로 채운다는 뜻입니다.

지금도 도로공사하려면 높은 언덕을 깎아내린 흙으로 골짜기를 메워야 길이 넓고 평탄하게 됩니다. 그렇게 하여 메시야 곧 구원주 예수 그리스도가 그 길로 오셔서 모든 사람들에게 복음의 말씀을 전파하고 그래서 영혼구원으로 시작해서 전인 구원과 온 인류 심지어는 온 우주만물을 구원하시게 된다는 말씀입니다.

성경을 종합적으로 연구해 보면 이 말씀은 단순히 길을 평평하게 만드는 일에 그치지 않습니다. 마리아는 자신이 천대받는 여자인데 이제는 만세에 복이 있는 여자로 신분이 높아졌다고 했습니다. 하나님은 그분의 팔로 힘을 보이셔서 마음의 생각이 교만한 자들을 흩으시고, 또 권세 있는 자들을 그 위에서 내리치셨으며 반대로 비천한 자를 높이셨다고 찬양했습니다(눅 1:52). 높은 산은 낮아지고 골짜기는 메워지는 공식 그대로입니다.

통치자는 낮아지고 피지배자 곧 국민은 높아져야 합니다. 예수님은 통치자는 피지배자를 섬기는 자라고 말씀하셨습니다. 집권자들은 흔히 백성들을 자신들의 수단으로 생각했습니다. 그러나 예수님은 말씀하셨습니다. "너희 중에 누구든지 크고자 하는 자는 너희를 섬기는 자가 되고, 너희 중에 누구든지 으뜸이 되고자 하는 자는 너희 종이 되어야 한다. 인자가 온 것은 섬김을 받으려 함이 아니라 도리어 섬기려 하고 자기 목숨을 많은 사람의 대속물로 주려 함이다"(마 20:26-28). 만약 이 말씀이 로마황제나 헤롯왕에게 들어가면 예수님은 반란죄로 즉각 목이 잘려 죽든지 처형당할 수 밖에 없습니다. 목숨 걸고 선언하신 혁명공약입니다. 정치적 정의에 기초한 선언입니다.

마리아의 찬양은 계속 됩니다. '주리는 자들을 배부르게 하시고 부자들은 빈손으로 보내셨다'고 했습니다. 경제적 평등입니다. 결코 공산주의 혁명자들처럼 부자들의 재산을 강탈하여 가난한 자들에게 나누어 주시지는 않았습니다. 하지만 예수님을 따르겠다는 부자청년에게 그렇게 권고했습니다. 그리고 부자들이 하늘나라에 들어가기가 불가능한 것은 아니지만 얼마나 어려운지 여러 번 강조하셨습니다. 부자와 나사로의 비유(눅 16:19-31), 예수님을 따르겠다는 부자 관리에게, '네게 있는 것을 다 팔아 가난한 자들에게 나누어 주어라. 그리하면 하늘에서 보화가 네게 있으리라.'고 하셨습니다. 하지만 부자청년이 이 말씀을 듣고 심히 근심하며 따르지 않았습니다(눅 18:19-26). 그 사건에서 예수님은, "낙타가 바늘귀로 나가는 것이 부자가 하나님의 나라에 들어가는 것보다 쉬우니라"(막 10:25). 그렇게 말씀하셨습니다. 예수님은 광야에서 굶주린 사람들을 먹이셨지만 부자들에게는 좀 가혹하리만큼 가난한 자들에게 나누어주라고 하셨습니다. 경제적 평등주의입니다. 그 이후 2천년이 지나도 경제적 평등주의는 아직도 제대로 실현되지 않고 있습니다. 첫 번 교회공동체가 이를 실현해 보았지만 성공적 실험이 되지는 못했습니다(행 4:32-35).

그렇더라도 인류문명이 가야할 진정한 푯대가 무엇인지 예수님은 밝혀주셨습니다. 가령 '섬기는 지도력'(servant leadership)이 정치를 포함한 모든 영역에서 강조되고 있습니다. 자선자본주의(philanthropic capitalism)가 실험되고 있습니다. 모든 국민의 최저생활비를 보장하는 복지국가들이 출현하고 있습니다. 다스리는 목자보다는 섬기는 목자의 성경적 이미지가 교회에서도 더 강조되고 있습니다. 학대받던 여성들이 더 우대를 받는 문명, 어린이들이 어른보다 더 대접을 받는 문명이 형성되어가고 있습니다. 믿음이 좋은 사람은 믿음 없는 사람을 위하여 살아야 한다는 정신이 교회 안에서 크게 살아났습니다. 하지만 아직도 부자 나라가 가난한 나라들을 위하여 존재한다는 사명감은 제 수준에 오르지 못했습니다. 어서 어서 높은 산을 깎아서 골짜기를 메워야 합니다. 그래서 온 인류가 평탄한 길을 걷도록 해야 합니다. 그것이 가장 중요하게 이루어진 사건이 바로 예수님의 십자가 처형입니다. 하나님의 아들을 못 박아 사형 처분하여 인간을 바른 인간(authentic human being)으로 만들도록 생명, 하나뿐인 생명을 바치신 인간역사의 기본틀(paradigm)을 정상적으로 바꾸어 놓으셨습니다. 높은 산이신 하나님께서 스스로를 깎아서 사람이 되시고 그분 예수께서 골짜기를 메우셨습니다. 그리하여 지구 안에 있는 모든 공동체를 함생체로 만들어가고 있으십니다. 하나님은 "그 해를 악인과 선인에게 비취게 하시며, 그 비를 의로운 자와 불의한 자에게 내리우십니다"(마 5:45).

그러므로 우리는 낙심하지 않는다.
우리의 겉사람은 낡아지나
우리의 속사람은 날마다 새로워지고 있다
(고후 4:16)

4 부

# 늙어가는 겉사람,
# 젊어가는 속사람

## 예수님의 학위 모자

군인들이... 예수에게 자색 옷을 입히고 가시관을 엮어 씌우고
경례하여 이르되, '유대인의 왕이여 평안하라' 하더라 (막 15:16-18)

예수님께서도 졸업식을 하신 일이 있으실까요? 있을 것으로 추측됩니다. 딱 부러진 기록은 없지만 예수님께서도 어린 시절 나사렛 회당학교에 다니셨을 것입니다. 하나님의 아들이신데 무슨 학교 교육이 필요하겠느냐는 의견도 있습니다. 예수님을 감히 가르칠 교사가 있겠느냐고도 합니다.

열두 살 되시던 해였지요. 뛰넘절(유월절) 때 예루살렘에 올라가셨는데 그때 성전 선생들 가운데 앉으셔서 그들에게 듣기도 하시고 묻기도 하셨습니다. 그리고 그 선생들을 포함하여 듣는 사람 모두가 예수님의 지혜와 대답을 듣고 매우 놀랍다는 평가를 했습니다(눅 2:46-47).

그런 지혜가 성령님을 통하여 주어질 수도 있습니다. 세상 말로 타고난 것일 수도 있습니다. 그러나 예수님도 그 키가 자라가고, 강하여져 가고, 지혜가 충만하며, 하나님과 사람들과의 관계도 순조롭게 성장해 가신 분입니다(눅 2:40, 52). 그렇게 성장해 가신 데는 회당학교 교육이 한 몫을 했을 것입니다.

그랬다면 수료식이나 졸업식 행사가 있었을 것입니다. 그러나 거듭 말합니다만 성경에는 기록되지 않았습니다. 졸업식을 했더라도 오늘날처럼 가운을 입고 특별한 모자를 쓰셨을 것 같지 않습니다.

지금처럼 유치원 졸업생들부터 박사학위를 받는 분들까지 모두 가운을 입고 특별한 모자를 썼던 것은 아닙니다. 지금은 대학졸업생부터는 같은 학위모자라도 학사모, 석사모, 박사모라고 이름을 따로 붙입니다.

그런데 예수님은 꼭 한 번 모자를 쓰신 일이 있습니다. 바로 가시모자였습니다. 로마총독 빌라도가 군중재판을 거쳐 예수님에게 사형선고를 내렸습니다. 군대에 명령하여 가혹하게 채찍질을 했습니다. 그리고 십자가에 처형하도록 로마군대에 넘겼습니다. 십자가 처형은 그 당시로서는 가장 야만적인 처형방법이었습니다. 그야말로 '작살내는 고문'이 계속되었습니다. 그 고문방법의 하나가 바로 가시관을 씌우는 것입니다.

가시관을 무엇으로 만들었는지는 불분명합니다. 유대 땅과 예루살렘 현장을 방문하면 그 때에 쓰셨던 가시관의 가시라면서 방문객들에게 파는 것을 볼 수 있습니다. 엉겅퀴처럼 작은 가시들이 달린 것으로 만들었는지도 모릅니다. 그러나 되도록 예수님을 더욱 잔인하게 고문한 것이니까 날카롭고 큼직한 가시였을 것입니다. 이 설교자도 그때 그걸 사다가 책상 앞에 몇 년 동안 붙여놓고 그분께서 겪으신 아픔을 간접체험한 일이 있습니다. 탱자나무 가시처럼 날카롭고 길었습니다. 머리에 눌러 씌우면 가시가 머리를 찔러 그 고통을 참기 어려울 정도였을 것 같습니다. 물론 머리를 빙빙 둘러 피가 흘러내렸을 것입니다. 예수님의 십자가 처형 조각상이나 그림들 그대로입니다.

십자가 처형식은 예수님의 졸업식이었습니다. 사람의 형상을 입고 오신 예수님은 평생토록 배워야 하는 존재로 창조된 인간으로 사셨습니다. 사람은 어떤 피조물과도 다릅니다. 심지어 성삼위 하나님과도 다릅니다. 하나님은 온전하신 분이시므로 배워야 할 필요가 없습니다. 사람을 제외한 모든 피조물들은 배울 수 있는 능력이 없습니다. 사람만이 평생토록 배울 수 있는 존재입니다. 가소성(可塑性, plasticity) 곧 플라스틱처럼 녹여서 다른 형태로 만들 수 있기 때문입니다. 그래서 사람들은 누구나 평생토록 배워야 하는 존재입니다. 그래서 학교를 졸업할 때에 그 졸업卒業이란 말은 '학업을 마친다'는 뜻입니다. 그러면서도 또 다시 새롭게 공부를 시작한다는 뜻을 영어의 코멘스먼트(commencement)가 가르쳐 줍니다.

예수님은 이 세상에 사람의 몸을 입고 오셨습니다. 어렸을 때부터 열심히 그리고 총명스럽게 배우셨습니다. 어부들이 물고기 잡는 일에서도 배우셨습니다. 장사하는 일에서도 배우셔서 달란트 비유를 말씀해 주셨습니다. 씨 뿌리는 농부에게서도 배우셨습니다. 한 알의 밀에서 하늘나라 진리를 배우셨습니다. 포도원 관리에서도 배우셨습니다. 특히 목수 일을 철저히 배우셨습니다. 물론 회당에 가서 글자 읽기를 배우셨고 성경을 많이 많이, 깊이 깊이 배우셨습니다.

그리고 가르치셨습니다. 어린 아이들도 가르치셨습니다. 제자들을 뽑아서 가르치셨습니다. 대제사장 등 종교지도자들에게도 가르치셨습니다. 여성들에게도 가르치셨습니다. 세무공무원들에게도 가르치셨습니다. 니고데모 같은 교육가에게도 가르치셨습니다. 이방인들에게도 가르치셨습니다. 왕들과 로마 총독에게도 가르치셨습니다. 예수님은 33년 생애 동안 배우고 가르치신 일로 평생을 보내셨습니다.

그리고 마침내 학위모자를 쓰셨습니다. 가시관이라는 학위모자입니다. 그것이 학사인지 석사인지 박사인지는 성경이 말하고 있지 않습니다.

이 설교자는 학교졸업식에서 설교한 적이 열 번 정도 있는 것 같습니다. 미국의 신학대학원에서도 학생대표로 졸업식 스피치를 했었습니다. 풀러신학대학원(Fuller Theological Seminary) 한국어학부 목회학박사 수여행사, 초대총장으로 섬겼던 미성대학교 학위수여식 등에서 설교 혹은 격려사를 한 적이 있습니다. 그 때에 이 설교의 요절을 본문으로 해서 이렇게 설교를 시작했습니다.

"박사학위 모자를 쓰신 것을 축하드립니다. 이제 박사 목사가 되셨습니다. 한국인구 5천만 가운데 박사모자 썼던 사람이 몇 퍼센트나 되는지 잘 모릅니다. 그러나 많지 않습니다. 특히 목사도 크게 많지 않으니까 박사목사는 훨씬 희귀할 것입니다."

그러면서 예화를 소개했습니다. 미주에 있는 어떤 교회에 박사학위 취득한 목사가 담임으로 부임했습니다. 그는 목사가운을 입지 않고 박사가운을 입고 강단에 섰습니다. 가끔은 박사모자를 쓰고 했습니다. 그리고 설교 내용에는 바르트, 브룬너, 몰트만 등의 신학사상을 인용했습니다. 그런데 어쩐 일인지 신자들이 줄어들기 시작했습니다. 대표장로가 담임목사님을 찾아와 어렵게 요청했습니다. 박사가운을 벗고 목사 가운을 입으셨으면 좋겠다는 것과 바르트가 무어라 한 것보다는 예수님께서 무슨 말씀을 하셨는지 설교해 주셨으면 좋겠다고요. 그런 말씀하기가 얼마나 어려웠던지 장로는 목소리에도 땀이 배었고 손이 부들부들 떨렸습니다. 그러나 그 담임목사는 조금도 개의치 않고 자기방식대로 하다가 교회를 사임했습니다. 신자들이 몇 남지 않았습니다. '교만은 패망의 인도자'(잠 16:18)라는 말씀 그대로입니다.

만약 박사학위를 소지한 담임목사가 되셨다면 교회 강단에 박사가운을 입고 박사모자를 쓰시고 서서 다음과 같이 설교해야합니다. 성도 여러분께서 박사학위 취득하도록 기도해 주신 것과 재정적 후원해 주신 것을 감사드린다고 우선 말씀하세요. 그리고 "박사학위취득 축하회에서 설교하신 목사님께서 지금 쓰고 있는 이 박사모자는 바로 예수님께서 쓰셨던 가시관, 로마 군병들이 그 모자 씌워드릴 때에 예수님 얼굴을 피범벅이 되게 했던 그 가시관이라는 깨우침을 주셨습니다. 이제 이 가시관 쓰고 십자가 지고 평생토록 목회하겠습니다. '예수님처럼, 꼭 예수님처럼' 하나밖에 없는 이 생명을 바쳐서 영혼 구원하는 일과 우리 교회가 성삼위하나님께서 가장 기뻐하시는 교회 되도록 목숨을 걸겠습니다."

'나를 따라오려는 사람은 자기를 작살내고 날마다 제 십자가를 져야 한다'(눅 9:23)는 말씀 그대로입니다.

## 늙어가는 겉사람, 젊어가는 속사람

그러므로 우리는 낙심하지 않는다.
우리의 겉사람은 낡아지나
우리의 속사람은 날마다 새로워지고 있다 (고후 4:16)

사람은 누구나 늙어갑니다. 무섭게 늙어갑니다. 모태에서 남자의 생씨(정자)가 여자의 생알(난자)과 결합될 때부터 늙음이 시작됩니다. 이 세상에 태어나서 청장년이 되기까지도 끊임없이 늙어갑니다. 수학에서 미분微分과 적분積分에서, '곡선은 짧게 자르면 직선이다'라는 말과 같습니다. 짧게 잘라보면 젊어져가는 것 같으면서도 긴 안목에서 인생을 바라보면 실상은 가속도 곧 나이 먹을수록 더 빨리 늙어갑니다. 심지어 무덤에 묻힌 뒤에도 그 시신은 낡아지고, 썩어지고, 분해되고, 흙으로 돌아갑니다.

그래서 인생의 후반전을 '잃어버리며 사는 세대'(the losing generation)라고 합니다. 늙는다는 것은 생명의 시작부터 생겨나지만 특히 무엇인가를 잃어버린다는 것은 인생의 반환점에서부터 더욱 뚜렷하기 때문입니다. 예수님 시대에는 30대가 인생 후반전으로 바뀌는 때였습니다. 그런데 벌써 사람들은 예수님께서 40대 후반쯤 된다고 생각했습니다. 유대인들이 예수님을 비난할 때, '네가 아직 오십 세도 못 되었는데 아브라함을 보았느냐.' 그렇게 항변했습니다(요 8:57). 예수님도 실제 나이보다 훨씬 늙어보였다는 뜻입니다. 얼굴에 주름살이 꽤 많을 법한 나이입니다.

나이가 들수록 건강을 잃어버립니다. 눈이 흐려집니다. 귀가 안 들립니다. 이가 빠져나갑니다. 손이 떨립니다. 다리 힘이 빠집니다. 피가 오염됩니다. 혈압이 균형을 잃습니다. 직업을 잃습니다. 재산을 잃습니다. 기억력을 잃습니다. 친구를 잃어버립니다. 인간관계를 잃습니다. 지혜를 잃고 아둔해집니다. 순발력이 없어집니다. 말을 잃어버려서 실어증에 걸리고 더듬거립니다. 특히 배우자를 잃는다는 것은 너무 뼈아픈 일입니다. 미모도 낡아져서 아무리 비싼 고급 화장품을 쓴다 해도 별반 효과가 없습니다. 표정을 잃고 무표정해집니다. 지혜를 잃고 멍청해집니다. 운전면허를 잃습니다. 자기방어 능력이 없어집니다. 자제력을 잃고 버럭 화를 냅니다. 웃음을 잃습니다. 자기 집을 잃고 양로시설로 가야 합니다. 잠을 잃어버리고 불면증에 시달립니다. 말할 상대방을 잃습니다. 식욕을 잃습니다. 웃음도 잃고, 눈물도 메마르고, 기쁨이나 보람도 크게 크게 줄어듭니다. 배우자를 잃는 것은 정말 큰 충격입니다. 그러다가 자제력을 잃게 되고, 자기를 잃게 됩니다. 마지막에는 의식을 잃고 드디어 숨소리마저 잃어버립니다.

그런 것이 인생행로라고 생각하니 허무할 뿐입니다. '헛되고 헛되며, 헛되고 헛되니, 모든 것이 헛되도다'(전 1:2) 하는 탄식의 말이 바로 이 설교자의 한탄이고 또 설교를 읽는 당신의 한탄 아닙니까? 아무튼 이 모든 한탄과 한숨들이, '우리의 겉사람은 낡아진다.'는 한 마디에 포함되어 있습니다.

그러나 성령의 감동으로 하나님의 말씀을 받아 적은 사도 바울은 그것이 인생의 끝이 결코 아니라고 깨우치고 있습니다. 오히려 삶의 길은 늙어갈수록 새로워지고 젊어진다는 뜻입니다. 약할수록 강해진다는 뜻입니다. 죽음이 가까이 올수록 영원한 생명의 소유자가 된다는 뜻입니다. 구원받은 사람들에게 주신 확고한 약속입니다. 썩어져 가는 옛 사람을 훌떡 벗어버리고 하나님을 닮아가는 새 사람을 입어야 한다고 했습니다(엡 4:22-24). 이 세대를 본받지 말고 오직 마음을 새롭게 함으로 변화를 받으라고 했습니다(롬 12:2). 우리로 하여금 예수 그리스도 그분처럼  새 생명 가운데서 살도록 하셨다고 했습니다(롬 6:4). 예수님을 생명의 주인으로 영접한 사람은 옛 사람과 그 행위를 벗어 버리고 새 사람을 입었다고 했습니다(골 3:10).

이같이 '새롭다'는 헬라 원말에는 두 가지 낱말이 쓰였습니다. '네오스'와 '카이노스'입니다. 네오스는 대체로 남이 입던 옷이라 해도 내가 사서 입으면 '새 옷'이 된다는 뜻입니다. 카이노스는 그 자체가 새로운 것을 뜻합니다. 네오스는 시간적으로 새로운 것이고 카이노스는 영원적으로 새로운 것입니다. 네오스는 양적으로 새로운 것이고 카이노스는 질적으로 새로운 것입니다. 네오스는 이 세상에서 새로운 것이고 카이노스는 하나님 나라에서 새로운 것입니다. 꼭 두부모 자른 듯이 구별된다는 것은 아닙니다. 가령 골로새 3장 10절에는 '새 사람을 입었으니'에서 새롭다는 말은 '네오스'입니다. 그러나 그 뒤에 나오는 '자기를 창조하신 자의 형상을 따라 지식에까지 새롭게 하심을 받는 자'에 있는 '새롭게'는 카이노스입니다. 마치 '사랑하다'는 말이 아가페와 필리아가 구별되면서도 때로는 대체어로 사용되는 것과 같습니다. 좀 복잡한 이야기이지만 성경말씀을 바로 이해하려면 이런 지식도 있어야 합니다.

다시 예수님 이야기로 돌아갑니다. 예수님과 같은 집안인 유대지파 사람들이 예수님을 돌로 쳐 죽이려 한 사건이 있습니다. "그들이 돌을 들어 치려고 하니 예수께서 숨어 성전에서 나가셨다"(요 8:59). 그렇게 기록되어 있습니다. 이 말씀 바로 앞에서 이 설교 앞부분에서 소개한 것처럼 유대인들이 증오심을 가지고 항변했습니다. '예수, 너의 나이가 오십도 못 되었는데 아브라함을 보았다니 그게 도대체 무슨 말이냐.' 그런 윽박지르는 질문에 대하여 예수님은, "아브라함이 태어나기 전부터 내가 있었다"고 대답합니다. 이것은 유대인들로서는 도저히 믿지 못할 일입니다. 아브라함은 예수님 탄생 전 2166년에 태어나 1991년 전에 죽은 것으로 추정됩니다. 175세를 살았습니다(창 25:7).

그런데 예수님께서는, "진실로 진실로 너희에게 말한다. 아브라함이 태어나기 전부터 내가 있었다"고 단정 지어 말씀하십니다. 그런데 그 말을 들은 유대인들은 예수님을 돌로 치려했습니다. 돌로 쳐서 죽이려 했다는 뜻입니다. 왜 죽이려 했을까요? 예수님께서, '내가 있다'고 하신 말씀은 헬라말로 '에고 에이미'입니다. 문법으로 말한다면 '아브라함이 태어나기 전부터 내가 있었다'처럼 과거형으로 말씀했어야 합니다. 그러나 굳이 '내가 있다'하고 현재형으로 말씀한 것은 바로 하나님의 이름 여호와 혹은 야훼를 뜻합니다.

하나님은 모세가 그분의 이름을 물었을 때, '나는 스스로 있는 자이다.' 혹은, '나는 나다'라고 대답하셨습니다. 그것이 히브리말로는 여호와 혹은 야훼입니다. 그리고 헬라말로는 '에고 에이미'입니다. 예수님은 바로 그분 자신이 곧 '하나님의 말씀이 육신을 입고 이 땅 위에 오신 하나님'(요 1:14)이심을 재확인하셨습니다. 그것 때문에 예수님을 신성모독 범죄자로 단정하고 돌로 쳐 죽이려 했습니다.

이것을 예수님 편으로 보면 돌에 맞아 죽을 각오를 하시고 자신의 진면목을 밝히셨다는 뜻입니다. '스스로 있는 자'(I AM WHO I AM)를 중국글자를 많이 사용할 때에는 '영원자존자'永遠自存者라고 했습니다. 우리들이 이 세상에 사는 동안에는 시간 안에 갇혀 있기 때문에 늙어가고 낡아집니다. 그러나 영원이라는 하나님의 시간에서는 우리는 항상 젊어 있고 씽씽합니다. 어디 하나님이 늙어가신다는 말씀 들어보셨습니까? 우리는 이 세상에서 늙어갈수록 죽음에 가까이 다가갑니다. 그러나 구원받은 하나님의 자녀들에게는 이것이 바로 영원한 세상 곧 하나님의 나라로 더 가까이 가는 인생 길일 뿐입니다.

그냥 어린 아이들처럼 단순하게 말씀드립니다. 죽어서 구원받아 하늘나라 시민이 되면 우리는 30대 초반 사람으로 영원히 살 것 같습니다. 예수님께서 내 생명이 되셨기 때문에 부활하신 예수님처럼 될 것 아닙니까?

## 차별 철폐의 투사

나는 양을 위하여 목숨을 버린다.
또 이 우리 안에 들지 아니한 다른 양들이 내게 있어
내가 인도하여야 할 터인데,
그들도 내 음성을 듣고 한 무리가 되어
한 목자에게 있게 된다 (요 10:15-16)

예수님은 목자문화 가운데서 태어나셨습니다. 목자문화가 그분의 일상생활을 적잖게 지배했습니다. 탄생소식이 천사를 통하여 누구에게보다도 먼저 베들레헴 근방 목자들에게 전파되었습니다. 목자들은 아기 예수님의 탄생을 기뻐하며 하나님께 영광을 돌리고 찬송했습니다(눅 2:8-10).

예수님은 구약성경에 이미 '이스라엘의 목자가 되리라'는 예언이 있었습니다. "유대 땅 베들레헴아… 네게서 한 다스리는 자가 나와서 내 백성 이스라엘의 목자가 되리라"(마 2:6)고 했습니다. 예수님께서 '이스라엘의 목자가 되실 것'이라는 말씀은 미가서와 에스겔서에 예언되었습니다(미 5:1, 겔 34:23). 에스겔서의 말씀은 하나님의 종 다윗이 목자가 되어 왕이 되고 유다와 이스라엘 나라를 다스릴 것이라고 했습니다. '다윗'은 그의 후손 예수님을 뜻합니다.

성경에는 착한 목자, 모범 목자, 목자직에 충실한 목자들이 여럿 있습니다. 그런데 하나님은 그들을 목양牧羊을 통하여 사람을 다스리는 목인牧人으로 훈련시키셨습니다. 열두 지파의 조상인 야곱이 그렇습니다. 큰 지도자 모세를 40년 동안 양떼를 키우는 목자 체험을 시키셨습니다. 특히 이스라엘과 유다의 대표하는 통치자 다윗도 목자체험을 했습니다. 대언자 아모스도 목자였습니다(암 1:1).

예수님은 직업이 목수이셨지 목자는 아니십니다. 양떼를 직접 이끌고 다니며 길러보셨다는 기록은 없습니다. 그러나 그분의 교훈 가운데는 양과 목자에 관한 것이 적지 않게 있습니다. 그 대표적 말씀이 두 가지 있습니다. 하나는 요한복음 21장 15-18절에 기록되어 있습니다. '내 어린 양을 먹이라… 내 양을 치라… 내 양을 먹이라'로 대표되는 말씀입니다. 설교자는 이 말씀을 '목회대명'牧會大命이라고 부릅니다. 그리고 다른 하나는 바로 이 설교의 요절이 있는 요한복음 10장1-18절입니다. 이것은 '목회대헌장'입니다. 다윗 왕의 시로서 미신자未信者나 초신자들도 잘 아는 '여호와는 나의 목자'(시 23편)만큼이나, 아니, 그것보다 더 큰 무게가 있는 성경말씀입니다.

목회대명과 목회대헌장에 관하여는 별도의 설교를 할 것입니다. 여기에서는 이처럼 중요한 목회대헌장에 요절 말씀 가운데 있는, '이 우리 안에 들지 아니한 다른 양'에 초점을 맞추어 말씀을 풀어보겠습니다. 이 말씀에서 '다른 양'(헬, 알라 프로바타)은 이방인(異邦人, gentile)들을 뜻한다는 것이 성경 연구가들의 공통적 의견입니다.

그래서 예수님은 좁은 뜻에서는 '유대인의 목자'로 이 세상에 오셨습니다. 동방박사들이, '유대인의 왕'으로 나신 분이 어디에 계시냐고 물었습니다(마 2:2). 그러나 그것이 전부가 아닙니다. 유다를 포함한 이스라엘 열두 지파를 위하여 이 세상에 오셨습니다. '내 백성 이스라엘의 목자가 되리라'고 했습니다(마 2:6). 그런데 또 그것이 전부가 아닙니다. 예수님은 시므온의 찬송처럼, '이는 만민 앞에 예비한 것이요, 이방을 비추는 빛'으로 오셨습니다(눅 2:31-32). 그리고 이처럼 '만민(헬, 판톤 톤 라온) 앞에 예비하신 것'이기 때문에 이스라엘에는 큰 영광이 된다는 말씀입니다.

여기에서 유대인과 이스라엘 사람들이 이방인을 어떻게 차별하였는가를 살펴야 합니다. 이방인 차별의 대표적 사례는 단연 모세와 여호수아 시대에 여리고 성 안에 있는 이방인들을 잔혹하게 죽였다는 기록일 것입니다. 자칫 이방인인 까닭에 싹 쓸어버렸다는 오해를 할 수 있습니다. "그 성 안에 있는 모든 것을 온전히 바치되, 남녀노소와 소와 양과 나귀를 칼날로 멸했다"(수 6:21)고 했습니다.

그러나 이것은 신명기 7장에 이미 하나님의 진정한 뜻이 무엇인지 밝혀져 있습니다. 가나안 땅에 있는 여러 이방 민족들을 진멸하라고 엄명하셨습니다. 그들과 어떤 언약도 체결하지 말고 불쌍하게 여기지도 말라고 하셨습니다. 그들이 이스라엘 곧 하나님의 백성들과 그 후손들을 유혹하여 여호와 하나님을 떠나가게 하고 다른 신들을 섬기게 될 것을 내다보시고 엄격히 경계하신 명령입니다(신 7:1-11).

이 같은 사실을 예수님도 부분적으로 인정하셨습니다. 그분께서 두로와 시돈 지방에 계실 때에 가나안 원주민 혹은 헬라인으로서 수로보니게 족속에 속한 여자가 예수님 발아래 엎드려 간곡하게 호소했습니다. 흉악한 귀신에 들려 고통당하는 자기의 어린 딸을 고쳐달라고 매달렸습니다. 예수님은 별 대답이 없으셨습니다. 그 여인은 더욱 읍소했습니다. 그러나 예수님은 냉혹하게 대꾸하셨습니다. '나는 이스라엘 집의 잃어버린 양 외에는 다른 데로 보내심을 받지 아니하였다.' 그렇게 거절하셨습니다. 그래도 더욱 매어달리는 그 어머니에게, "자녀의 빵을 취하여 개들에게 던짐이 마땅하지 않다"고 하십니다. 그 이방여자를 면전에서 개 취급을 하셨습니다. 누가 보아도 예수님께서 너무 하셨습니다. 그런데 더 놀라운 것은 이 헬라여인이 스스로를 개로 인정하면서, "개들도 제 주인의 상에서 떨어지는 부스러기를 먹습니다"라며 더욱 간절히 호소합니다. 그 때에 예수님께서 마침내 그 여인의 믿음을 크게 칭찬하셨습니다. "여인이여, 그대의 믿음이 크네요. 그 소원대로 될 것이외다"(마 15:21-28, 막 7:24-30). 그래서 그 딸은 깨끗이 고침받았습니다.

예수님께서는 그 이방여인의 믿음을 재어보신 것이었습니다. 그러나 이 사건에서 우리는 예수님 당시에 이방인들에 대한 차별이 어느 정도였는지 짐작하게 합니다.

최초의 사람 아담시절부터 인종차별, 남녀차별, 어린이 차별의 싹이 있어 왔습니다. 그리고 지금도 지구 위에 살고 있는 온 인류의 심각한 문제의 하나가 바로 인종차별입니다. 가령 다른 종족과의 전쟁에서 이긴 종족은 패배한 종족의 씨를 말리도록 완전히 진멸시켰다는 사례가 많았습니다. 피부색 차별이나 여자와 남자 성차별, 통치자와 피치자, 부자와 가난한 자의 차별도 여전히 살아서 펄펄 뛰어다니고 날아다닙니다. 예수님 당시에도 예루살렘 성전 앞에 이런 경고판이 붙어 있었답니다. 이방인들에 대한 경고판: 어떤 침입자도 이 궁정 안과 성전을 둘러싼 안쪽에 들어올 수 없음. 누구든지 들어오면 그는 자신에게 죽음을 불러오게 됨.

그것을 해결하신 분이 바로 예수님이십니다. '우리 안에 들지 않은 다른 양들이 내게 있어 내가 인도하여야 할 터이니, 그들도 내 음성을 듣고 한 무리가 되어 한 목자에게 있으리라.' 요절 말씀 그대로입니다. 이 말씀 한 마디가 인류의 모든 부당한 차별들을 철폐시키는 기쁜 소식이 되었습니다. 이것은 구약성경에도, 이방인들도 할례를 받게 되면 유월절 지키는 일에도 유대인과 같은 대우를 받게 하셨습니다(출 12:48). 그러나 끝내는 그 할례제도조차 사도시대에 폐기되었습니다(행 15:1-29). 사도 바울은 로마서에서 이 문제를 이론적으로 정리했습니다. '할례는 육신보다는 마음에 해야 한다'(롬 2:29). 육신적 할례를 영적 할례로 대치시켰습니다.

이처럼 구원에 있어서의 인종차별 철폐는 온 지구문명권으로 확장되어야 합니다. 그리고 인류문화의 모든 계층으로도 확산되어야 합니다. 그것이 구원받은 우리들의 큰 책임이요 사명입니다.

## 천지창조

태초에 하나님이 천지를 창조하셨다 (창 1:1)

"태초에 하나님이 천지를 창조하셨다"는 말씀은 성경의 첫 절이요, 성경 전체의 '첫 머리'입니다. 첫 머리이기 때문에 우리 몸에서 머리만큼 중요합니다. '그리스도께서는 교회의 머리가 된다'고 성경은 말씀합니다(엡 5:23). 그래서 창세기 전체가 성경 전체의 총론이지만 또 창세기 1장에서부터 3장까지가 창세기의 총론이기도 합니다. 그리고 창세기 1장에서 3장까지의 총론은 바로 창세기 1장 1절에서 5절까지라고 할 수 있습니다. 게다가 첫 다섯 절의 총론은 그 첫절 곧 '태초에 하나님이 천지를 창조하셨다' 입니다,

머리가 잘리면 온 몸이 죽습니다. 예수 그리스도께서 교회에서 떠나시면 교회는 죽은 시체입니다. 교회에 아무리 오래 다녔고 또 성경말씀을 잘 안다고 해도 만약 창세기 1장 1절을 믿지 못한다면 그의 영혼은 죽은 것과 같습니다.

만약 어느 누구라도, '나는 진화론을 믿지 창조론을 믿지 않는다'고 극구 주장한다면 그는 결코 하나님의 자녀가 될 수 없습니다. 진화론은 창조론의 반대론이 아니라 창조론의 한 부분을 과학적 방식으로 설명할 뿐입니다.

좀 분석적으로 말씀드립니다. '태초에'는 그 깊은 뜻이 영원한 시간입니다. 히브리말 원어성경에는 '브레쉐에트'이며 이것이 '창

세기'라는 이름 대신 성경 첫째 권의 이름으로도 사용됩니다. 한국말 성경에는 '한 처음에'라는 번역도 있고, 중국어 성경에는 太初 혹은 起初라고 했습니다. 한국말의 '태초에'는 중국말 성경에서 유래된 것이 확실합니다.

그 다음에 나오는 두 번째 낱말은 '바라'입니다. '창조한다'는 뜻입니다. '만든다'는 뜻도 있지만 특히 '없음에서 있게 하는 창조', 라틴말로 create ex nihillo (create from nothing)입니다. 하나님은 없는 것 가운데서 있게 하시는 창조를 하셨습니다. 그리고 하나님의 형상을 가진 인간은 '있는 것 가운데서 다른 것을 만들어 내는' 공작工作을 할 수 있을 뿐이라고 학자들이 해설합니다.

세 번째 단어는 히브리말로 '엘로힘'입니다. 이 말은 놀랍게도 복수입니다. '엘'이 단수, '엘로힘'이 복수입니다. 창세기 1장에만 32회 기록되어 있습니다. 그러니까 글자 그대로 번역하면 '신들이' 혹은 '하나님들이'입니다. 그런데 더 놀라운 것은 '바라' 곧 창조한다는 말은 단수동사가 되어 있습니다. 그래서 삼위일체 하나님의 모습을 담고 있습니다. 세상에 있는 모든 종교의 평화적 공존을 강조하는 이들은 이 '엘로힘'이 이 세상에 있는 모든 신들의 이름을 암시하고 있다고 주장하기도 합니다. 어떻거나 성경의 첫 절 '브레쉐에트 바라 엘로힘' 이 첫 세 마디 말씀만 해도 무한한 신비를 지니고 있습니다. 이 설교자의 견해로는 창세기 1장 1절이 나타내는 절대신絶代神은 바로 '함생하시는 하나님'(God of combiosis)의 모습을 보여주고 계십니다.

그것으로 끝나지 않습니다. 한국말로는 '하나님이 가라사대'라고 했고, 그 이후 번역들은 '하나님이 이르시되'(3절)라 했습니다. 이것은 '하나님이 말씀하시되' 입니다. 그리고 그 말씀은 바로 성자 하나님 곧 예수 그리스도이십니다. '태초에 말씀이 계셨다'(요 1:1)에서 말씀은 바로 예수 그리스도를 뜻하는 것과 같습니다. 그것 말고도 성자 예수님은 빛으로도 나타나셨습니다. '하나님이 말씀하시되, 빛이 있어라 하시니 빛이 있었고, 그 빛이 하나님 보시기에 좋았다'(창 1:3-4)고 했습니다. 이 빛이 바로 예수 그리스도이십니다. '나는 빛으로 세상에 왔다'는 말씀을 직접적으로 혹은 암시적으로 여러 번 밝혀주셨습니다(요 12:46).

그리고 '하나님의 영이 수면 위에 운행하셨다'(창 1:2)고 했습니다. '영' 히브리 원말인 '루하'는 영, 바람, 숨이라는 뜻입니다.

'땅이 혼돈하고 공허하며 흑암이 깊음 위에 있었다'는 말씀은 요즈음 우주생성원리 이론에서 마치 블랙홀(black hole) 이야기로 들릴 수 있습니다. 그러나 그 신비함을 다 알지 못합니다.

이처럼 창세기 1장 첫 부분은 삼위일체 하나님과 우주의 창조를 깨우쳐주는 성경 전체의 총론에 해당됩니다. 특히 하나님이 누구시냐에 대한 대답 곧 하나님의 실체성(identity)을 계시하고 있습니다. 창조주 하나님은 삼위일체 하나님이십니다. 그 삼위일체 하나님은 창조주 하나님이십니다. 창조주 하나님은 전지(全知, omniscience), 전능(全能, omnipotence), 전재(全在, omnipresence)하신 하나님이십니다. 무엇이나 아시고, 무엇이나 할 수 있으시고, 언제 어디에나 계신 하나님이십니다. 예수 그리스도를 우리의 구원주로 믿는다는 것을 풀면 결국 우리는 무엇이나 아시고, 무엇이나 할 수 있으시고, 언제 어디에나 계신 하나님을 믿는 것입니다.

우리는 그와 같은 하나님의 '사랑받는 자녀'입니다. 그런 까닭에 성삼위 하나님은 우리들을 철저히 보살펴 주시고 우리의 생명을 영원히 보존하시고 보호하여 주십니다. 그런 까닭에 우리는 하나님의 명령에 복종합니다. 성삼위 하나님을 사랑합니다. 끔찍하게 사랑합니다. 목숨 바쳐가며 사랑합니다. 그런 까닭에 우리는 근심하거나 염려하지 않습니다. 예수님께서, "너희는 마음에 근심하지 말아라. 하나님을 믿으니 또 나를 믿어라"(요 14:1)고 확언하셨습니다. 그래서 우리들은 예수님을 따라 나섰습니다. 때로는 십자가에 달려 죽을 수도 있다는 걸 알면서도 그것을 결단했습니다. 예수님께서 곧 우리가 가야 할 길이 되시고, 진리가 되시고, 생명이 되셨기 때문입니다. '내가 곧 참 살 길이란다' 하셨습니다(요 14:6).

그래서 우리는 성삼위 하나님께 예배드립니다. 예배는 하나님께서 가장 기뻐하시는 일입니다. 오늘 예배드리는 순서 하나하나가 하나님께 큰 영광되도록 마음을 다하고 목숨을 다하고 뜻과 힘을 다하여 정성스럽게 드려야 합니다. 구약성경에서는 양이나 비둘기를 잡아서 사람의 생명 대신 예배를 느렸습니다. 예수님은 십자가 제단 위에 자신의 생명을 드렸습니다. 이삭이 하늘 아버지이신 하나님의 말씀과 땅의 아버지인 아브라함에게 순종하여 자신을 제물로 드리는 일에 순종한 것처럼 하나님께서 영원토록 살려주셨다는 믿음을 가진 사람만이 생명까지 드려 성부 하나님, 성자 하나님, 성령 하나님께 기쁨과 감사함으로 자원하여 예배드릴 수 있습니다.

"내가 모태에서 알몸으로 나왔사온즉 또한 알몸이 그리로 돌아가올지라, 주신 분도 여호와시요 거두시는 분도 여호와시오니 여호와의 이름이 찬송을 받으실지니이다"(욥 1:21). 욥이 삽시간에 재산과 자녀를 통째로 잃어버렸을 때에 그렇게 고백했습니다. 구약성경의 예수 그리스도의 모형과 그림자였던 욥은 실로 창세기 1장의 믿음을 온전한 수준까지 지켜냈습니다.

1972년 9월 학기에 미국 유학이 시작되었습니다. 첫 아기 낳기가 제일 힘든 것처럼 유학생활의 첫 학기는 무척 힘겨웠습니다. 그때는 건강과 돈과 영어가 유학생활 성패의 삼대요소라 했습니다. 그런데 돈은 항상 주머니에 달랑달랑했습니다. 250불 들고 미국행 비행기를 탔으니까요. 영어 소통도 힘겨웠습니다. 우리 시대에는 책 읽고 글 쓰는 영어는 했지만 말하기 듣기 영어는 형편없었습니다. 게다가 건강까지 심각했습니다. 의사의 조언이 공부 너무 많이 하지 말고 쉬어가며 하라는 것입니다. 한국에서는 아내가 아기 하나 낳아 기르는 중이고 또 임신 중이었습니다. 그러면서 직장생활과 대학원 석사공부의 짐을 지고 끙끙거렸습니다. 더한 일이 한 가지 더 있었습니다. 첫 아기가 선천성심장병으로 100일 넘기기가 어렵다는 진단을 받았습니다. 그런 중압감 때문에 가슴이 자주 답답하고 머리가 우지끈거렸습니다.

잠들기 전에 성경을 읽고 기도하는 것이 일상생활이었습니다. 그 날 저녁에는 창세기 1장 1절부터 5절까지 읽었습니다. 그런데 첫 절, "태초에 하나님이 천지를 창조하셨다." 그렇게 읽는데 갑자기 이런 강력한 음성이 들렸습니다. '태초에 하나님이 이정근을 창조하셨다.' 그 음성을 들으며 눈물을 펑펑 쏟았습니다. 도대체 너를 창조하신 하나님, 무엇이나 도와주실 수 있는 하나님이 시퍼렇게 살아 있는데 네가 어찌 그토록 근심과 걱정이 많으냐는 책망의 소리가 들렸습니다. 그때로부터 '태초에 하나님이 천지를 창조하셨다'는 말씀은 이 설교자 인생에 어떤 무서운 파도가 닥쳐와도 꿋꿋하게 이겨내는 말씀이 되었습니다. 실로, '태초에 하나님이 천지를 창조하셨다'는 말씀은 모든 피조물과 특히 우리 인간 모두에게 주시는 하나님의 무한대한 사랑입니다

목회자를 훈련시키는 신학대학원 가운데는 창세기 1장에서 3장까지의 연구만 한 학기 동안 집중적으로 하는 학과목도 있습니다. 창세기 1장-3장 안에 성경 전체의 중요한 주제가 요약되어 있기 때문입니다. 성경의 주제(theme)는 크게 다섯 가지입니다.

1) 삼위일체 하나님께서 우주 만물과 사람을 창조하셨다.

2) 사람이 타락하고 범죄하여 하나님과 적대관계가 되었다.

3) 성자 예수님께서 이 땅 위에 오셔서 말씀을 가르치시고 교회를 설립하시고, 특히 자신을 십자가 제물로 드리심으로 말미암아 죽어 마땅한 죄인들이 영원한 구원을 얻도록 생명의 길을 열어 놓으셨다.

4) 인간은 누구나 최후의 심판을 받고 영원한 생명을 얻을 자와 영원한 죽음으로 끝나게 될 자가 결정된다.

5) 성삼위 하나님과 영원한 생명을 얻은 백성으로 새 하늘과 새 땅 곧 영원한 하나님의 나라를 회복하신다.

이런 구원사건의 핵심이 바로 창세기 1장부터 3장까지 기록되어 있습니다. 아니, 더 줄여 말한다면 창세기 1장 1절에서 5절 사이에 축약되어 있습니다.

## 내가 세상을 이겼다

세상에서는 너희가 환난을 당하나 담대하라.
내가 세상을 이겼다 (요 16:33하)

요한복음 13장부터 17장까지는 마가의 다락방에서 열두 제자들과 함께 지내신 것을 비교적 상세히 기록하셨습니다. 마가의 다락방에서는 우선 열두 제자들에게 발씻기 예식을 행하셨습니다. 그리고 최초의 성찬예식도 거행하셨습니다. 그런 뒤에 비교적 긴 설교를 하셨습니다. 어쩌면 산상수훈, 평지수훈, 올리브산 설교와 함께 예수님의 네 가지 큰 설교라고 할 수 있습니다.

다락방 설교(Upper Room Discourse)는 이제 하루가 지나면 예수님께서 십자가에 처형되실 것을 앞두고 하셨습니다. 설교 뒤에 기도도 집중적으로 그리고 길게 하셨습니다(요 17장). 설교도 길게, 기도도 길게 하신 까닭은 예수님께서 꼭 하셔야 할 말씀과 기도가 있었기 때문입니다.

이 설교의 본문은 그런 긴 설교의 마지막 부분입니다. 결론이라 하겠습니다. 그만큼 중요한 말씀입니다. 이 세상에서 너희들이 큰 환난을 당할 것인데 하지만 겁먹지 말고 담대해야 한다는 당부입니다. 마치 하나님께서 위대한 지도자 모세를 데려가신 뒤에 그의 후계자 여호수아에게 간곡히 부탁하신 말씀과 견줄 수 있습니다. "강하고 담대해라. 두려워하지 말며, 놀라지도 말아라. 네가 어디로 가든지 네 하나님 여호와가 너와 함께 하느니라"(수 1:6, 9). 임마누엘 하나님이 함께 하시기 때문에 아무 것도 겁먹지 말라는 말씀입니다. 여기에 여호수아를 인용한 것은 예수라는 이름도 본래 여호수아이기 때문입니다.

그런데 정말 아무 것도 걱정 안 해도 될까요? 예수님의 말씀을 들은 열두 제자의 질문입니다. 진짜로 믿어도 됩니까?

성경을 읽어보면 '위기'危機가 연속해서 터져 나옵니다. 위기는 위험한 기회, 그것도 매우 위험한 기회입니다. 노아와 그 가족들이 엄청난 위기를 만났습니다. 홍수, 그것도 대홍수, 인류 역사에 전무후무한 큰 홍수가 났습니다. 그러나 노아와 그 가족들은 방주를 미리 만들게 해서 건져주셨습니다. 위기가 '위대한 기회'가 되었습니다.

아브라함에게 복 위에 복을 더하겠다고 하나님은 약속 하셨습니다. 그것도 굳게굳게 약속하셨습니다. 하늘의 별과 같이 많은 자손을 주겠다고 하셨습니다. 그런데 백세나 되어서 겨우 이삭 하나를 찔끔 던져주셨습니다. 언제 하늘의 별과 같이 많은 자손이 되겠습니까? 아니 그건 고사하고 이스마엘과 이삭 두 아들 뿐인데 이스마엘은 내 보내어야만 했고 이삭은 모리야산 제단 위에 제물로 바치라는 명령이 떨어졌습니다. 아브라함과 사라에게 그게 얼마나 참기 어려운 고통이었겠습니까?

야곱에게는 베델에서 또 무어라고 언약하셨습니까? 네 자손이 땅의 티끌 같이 되어 동서남북으로 퍼져나갈 것이라고 했습니다. 하지만 자칫 열두 아들 모두를 잃을 뻔했었습니다. 욥은 실제로 아들 일곱과 딸 셋을 졸지에 잃었습니다. 온전하고 정직하여 하나님을 경외하며 악에서 떠난 사람에게 어찌 그런 일이 있다는 말입니까?

다니엘은 성경에 나오는 모든 인물 가운데 가장 흠이 없고 실수를 한 번도 한 적이 없습니다. 그런데도 그는 굶주린 사자굴 속에 들어가야만 했습니다. 어찌하여 그런 공포 분위기에 그를 던져 넣는다는 말입니까?

그런데 여기에서 예수님의 말씀을 주의 깊게 들어야 합니다. 너희가 세상에서는 전혀 환난이나 고통을 당하지 않을 것이라는 말씀이 결코 아닙니다. 세상에서는 별의 별 고통과 형벌을 다 받게 될 수도 있다는 말씀입니다. 성경에 나오는 인물 가운데 제일 크고 잔혹한 고문을 받은 분이 있다면 누구입니까?

요셉도 그런 사람입니다. 모세도 그런 인물입니다. 엘리야도 그렇습니다. 히브리서 11장에 기록된 믿음의 영웅들은 한결같이 끔찍한 시련을 겪은 인물들입니다. "조롱과 채찍질뿐만 아니라 결박과 옥에 갇히는 시련도 받았으며, 돌로 치는 것과 톱으로 켜는 것과 시험과 칼로 죽임을 당하고, 양과 염소의 가죽을 입고 유랑하며, 배고픔과 고난과 학대를 받았습니다"(히 11:36-37).

그러나 단연 예수님이십니다. 태어나실 때부터 도망자 신세가 되셨습니다. 멀리 이집트로 피난하셨습니다. 가난한 집에 태어나셨습니다. 무엇을 먹을까 무엇을 마실까 염려해야 하는 가정에서 태어나셨습니다. 이 세상 교육도 많이 받으신 편이 아닙니다. 40일간 목숨을 걸고 투쟁해야 하는 금식을 감행하셨습니다. 사탄의 유혹도 끊기 어려웠습니다. 목회하시는 동안에도 항상 위험이 따라다녔습니다. 감시자들이 항상 따라다녔습니다. 그 분을 왕으로 추대하려는 세력이 있었기 때문에 오히려 그분을 암살하려는 음모가 항상 따라다녔습니다(요 6:15, 7:25, 44, 8:59). 그분은 그야말로 '현상 붙은 사나이'가 되셨습니다.

그러나 마침내 그 분은 십자틀에 처형되셨습니다. 가장 큰 고통, 뱃속까지의 아픔과 온갖 모욕과 수치를 다 겪으셨습니다. 이런 분이 하나님의 아들이라고 누가 믿겠습니까? 이런 분이 온 인류를 죄악에서 건져내실 구원주이시라고 누가 믿겠습니까? 이런 분이 인류의 모든 문제와 고통의 해결사解決士라고 하면 누가 '아멘' 하겠습니까?

예수님의 그 참혹한 십자가 처형을 생각할 때마다 왜 전능하신 하나님은 하필 그 방법으로만 인류를 구원하려고 하셨을까 그런 의문을 갖게 됩니다. 너무 너무 잔인한 방법이기 때문입니다. 그리고 그분의 전능성으로 보아 죄악에 빠진 인류를 구원하시는 일에는 여러 가지 전략을 마련하실 수 있는 분이기 때문입니다. 지금도 창조주 하나님의 그런 속 깊은 뜻을 다 알지 못합니다.

그런데 한 가지 아는 것이 있습니다. 예수님은 아기출산에 주목하셨습니다. 어머니 마리아가 적어도 자신까지 일곱 아기를 낳았습니다. 남동생 넷, 여동생 최소한 둘입니다(막 6:3). 예수님은 어머니 마리아가 아기 낳을 때에 그 과정을 상세히 지켜보고 또 부모 특히 어머니 심부름도 했을 것입니다. 산고(産苦, birth pangs)가 얼마나 큰지 두 눈으로 똑똑히 지켜보았습니다. 목숨을 걸고 목숨을 낳는 모습입니다. 그리고 구약성경을 읽으면서 범죄의 결과로 생긴 임신과 출산의 고통(창 3:16)이 얼마나 잔혹한 것인지도 체험했습니다. 하지만 그 출산의 고통 속에 있는 하나님의 사랑을 놓치지 않으셨습니다.

"여자가 해산하게 되면 그때가 이르렀으므로 근심하나 아기를 낳으면 세상에 사람 난 기쁨으로 말미암아 그 고통을 다시 기억하지 않는다"(요 16:21). 예수님께서는 언제부터 십자가 처형을 통하여 온 인류 구원의 길을 열어 놓으실 사명을 깨달으셨는지 그 시기를 밝히기는 어렵습니다. 뛰넘절(유월절, passover) 어린양들이 피를 흘리고 목숨을 바침으로 사람의 죄악이 용서받는 것과 함께 어머니가 출산할 때 많은 피를 흘리며 생명을 태어나게 하는 하나님의 섭리에서 자신의 사명과 장래 이뤄질 운명을 발견했음이 확실합니다. 그러므로 십자가 위에서의 죽으심은 바로 내 생명을 출산해 내기 위한 해산의 고통이었습니다. 성삼위 하나님은 이처럼 세상적 죄악과 싸워 이기는 가장 확실한 길로 십자가 위에서의 순교를 선택하셨습니다.

이삭을 제물로 바치는 것이 당사자 이삭에게는 물론 그 부모 아브라함과 사라에게 최대 고통이듯이 아들 예수님의 십자가 처형은 성삼위 하나님 모두에게 가장 인내하기 어려운 아픔이기도 합니다.

## 부활하면 천사처럼 되고

사람이 죽은 자 가운데서 살아날 때에는 장가도 아니 가고,
시집도 아니 가고, 하늘에 있는 천사들과 같게 된다 (막 12:25)

예수님의 사역을 방해하는 세력 가운데 가장 완강한 그룹이 있었습니다. 바로 사두개파들입니다. 언뜻 보면 바리새파 사람들이나 혹은 로마총독 빌라도가 최대방해세력처럼 보이지만 사실은 그렇지 않습니다. 단연 사두개파들입니다.

그들은 성전관리를 맡은 유대인들입니다. 그런데 예수님은 그들의 돈줄을 단칼에 끊어버리신 적이 있습니다. 성전에서 장사하는 자들과 돈 바꾸는 자들을 쫓아내셨습니다. 이 사실은 마태, 마가, 누가, 요한 복음서에 모두 기록되어 있습니다. 그것은 천지개벽할 만한 사건이었습니다. 특히 사두개파 사람들에게 더욱 그랬습니다. 그런 앙갚음으로 대제사장, 제사장, 공회회원 등 요직을 점령하고 있는 사두개파들은 예수님을 제거하는 일에 결사적이었습니다. 자신과 가족들의 생존이 큰 위협을 받고 손해를 보았기 때문입니다. 인간의 행동을 결정하는 가장 큰 이유는 생명의 위협입니다. 그리고 수입원을 막아버리고 명예를 실추시키는 것은 생명위협과 직접 관계되기 때문입니다.

사두개파 대표들이 그래서 결사적으로 예수님에게 도전장을 내밀었습니다. 죽은 후에 있을 부활에 관한 질문을 던졌습니다. 이미

예수님은 사람이 죽은 뒤에 다시 살아날 수 있다는 부활의 진리를 여러 번 밝히셨습니다. 베드로가 예수님을 '그리스도 곧 살아계신 하나님의 아들' 이라고 고백한 뒤에는 암시적이 아닌 명확하고 당당하게 밝히셨습니다. "예수 그리스도께서 자기가 예루살렘에 올라가 장로들과 대제사장들과 서기관들에게 많은 고난을 받고 죽임을 당하고 제 삼일에 살아나야 할 것을 제자들에게 비로소 나타내셨다"(마 16:21). "무덤 속에 있는 자가 다 그의 음성을 들을 때가 오나니, 선한 일을 행한 자는 생명의 부활로, 악한 일을 행한 자는 심판의 부활로 나오리라"(요 5:28-29). "나는 부활이요 생명이니, 나를 믿는 자는 죽어도 살겠고, 무릇 살아서 나를 믿는 자는 영원히 죽지 않을 것이니 이것을 네가 믿느냐? "(요 11:25-26).

예수님의 이런 부활론은 사두개파들에게는 정면 도전장과 다름이 없었습니다. 그들은 영혼이 있음도 믿지 않았고 따라서 영혼 불멸이나 부활은 적극 반대했습니다. 그들이 대표논객들을 예수님께 보냈습니다. 부활문제를 물고 늘어졌습니다. 예수님이 아무리 지혜롭다 해도 꼼짝달싹 못하도록 철저한 논쟁준비를 했습니다. 계대결혼(clan marriage) 문제를 꺼내들었습니다. 일곱 형제가 있었는데 첫째형이 결혼한 상속할 아들 없이 죽었습니다. 그래서 계대결혼법(신 25:5-10)에 따랐는데 일곱 형제 모두 상속자 없이 죽었다는 것입니다. 그렇게 되면 부활 뒤에 그 첫 형수는 누구의 아내가 되느냐는 질문입니다. 예수님의 부활주장을 단 칼에 찔러 없애려는 모략입니다. 일곱 형제가 그 한 여자를 공동소유하게 됩니까?

그런 질문이기도 합니다.

이런 세기적 논쟁을 지켜보는 성경학자, 원로지도자, 바리새파, 왕당파, 특히 사두개파를 대표하는 대제사장들은 숨을 죽이고 일제히 예수님의 입을 주목했습니다. 사두개파들은 꼼짝없이 덫에 걸려들었다고 속으로 쾌재를 불렀을 것 입니다. 그런데 예수님은 위기를 위대한 기회로 만들어 내셨습니다. 만금보다 더 값나가는 가르침을 온 인류에게 베푸셨습니다.

부활 뒤에는 결혼생활이 없다는 말씀을 던지셨습니다. 부활 뒤의 생활은 이 세상 삶의 연장이 아니라는 뜻 입니다. 그것과 함께 더욱 귀중한 진리를 선언하셨습니다.

“부활하면 그들이 장가가지도 않고 시집가지도 않는다. 다만 그들이 하늘 안에 있는 천사들과 같게 된다”(막 12:25).

이 말씀을 읽은 성도들의 반응이 몇 가지 있습니다. 하늘나라에 가면 장가도 안 가고 시집도 안 간다니 그것 참 천국에 빨리 가야 되겠다는 이들도 있습니다. 결혼을 큰 짐으로 여기는 이들입니다. 하늘나라에 갈 생각이 별로 없다는 이들도 있습니다. 결혼 재미없는 곳에 무엇 하려고 시간 많이 쓰고, 헌금 많이 내고, 신경 많이 쓰면서 신앙생활을 하겠느냐는 것입니다. 하늘나라에서는 부모와 자녀관계도 해소된다니까 그것 참 잘 되었다는 부모나 자녀들도 있습니다. 이 땅 위에서는 부모와 자녀가 피차에 큰 짐이 되었기 때문입니다.

성경학자들도 이 말씀을 몇 가지로 풉니다. 우선 천사들처럼 된다는 것은 성경 본문맥락에서는 결혼생활, 특히 계대결혼도 할 필요가 전혀 없다는 뜻이라고 말합니다. 특히 육체관계를 할 필요가 없다는 말로도 들립니다. 아기 출산하느라고 목숨을 건 산고를 겪지 않아도 됩니다. 물론 그래서 계대결혼은 이 땅 위에서 끝나는 제도일 뿐입니다. 자녀를 길러야 하는 큰 수고도 면제됩니다.

그러나 '천사와 같이 된다'는 말씀을 더 확대하여 풀 수도 있습니다. 일차적으로는 마귀, 사탄, 악령처럼 되지않는다는 뜻입니다. 그들은 타락한 천사들이기 때문입니다. 오히려 그들과 결사적으로 싸워야 합니다. 그것을 예수님께서 여러 가지로 실천하셨습니다. 사두개파들과의 싸움도 악한 천사들과의 대결입니다. 예수님께서 '하늘에 있는 천사들과 같다'고 단정적으로 하신 말씀은 예수님 당시에 선량하게 산 사람들은 죽어서 하늘의 천사가 된다는 가르침들이 있는 것을 확인하셨을 뿐이라는 연구도 있습니다.

그러나 적극적으로 말합니다. 죽으면 천사들처럼 된다는 믿음과 희망을 품어야 합니다. 이 땅 위에 출장 나왔다가 죽으면 하늘나라에 가게 됩니다. 구원받은 하나님의 자녀가 됩니다. 그 구원받았다는 구체적인 뜻이 바로 천사처럼 된다는 뜻입니다. 아아, 얼마나 기쁘고 또 기쁜 소식입니까? 하늘과 우주와 땅을 훨훨 날아다니며 하나님의 심부름을 열심히 하는 천사가 됩니다.

그런데 한 가지 꼭 잊지 말아야 할 진리가 있습니다. 그 천사처럼 되는 부활의 체험은 우리가 예수 믿고 구원받아 하늘나라 시민이 되는 때부터 시작되어야 한다는 뜻입니다. 지금 여기에서(here and now) 시작되어야 합니다. 잘못된 복음 곧 이단 신앙을 전파하면 하늘로부터 내려온 천사라 해도 저주를 받습니다(갈 1:8). 그래서 심지어 사탄도 천사로 가장합니다(고후 11:14). 가짜 천사가 인류 역사가 있은 이래 지금까지, 아니 앞으로 마지막 시대가 가까울수록 더욱 더 발광하고 극성을 부릴 것입니다.

그러므로 이 설교를 읽고 들으시는 당신 자신이 바로 순도 100퍼센트 천사가 되어야 합니다. 어려운 일 중의 어려운 일이지요. 그러나 예수님 지셨던 십자가를 지겠다는 결단만 있으면 그 천사의 생활은 합격점수를 받게 됩니다. 천사는 성삼위 하나님의 심부름꾼이지만 구체적으로는 예수 그리스도 우리 주님의 '착하고 충성스러운 심부름꾼'이기 때문입니다.

## 말씀대로 이루소서

마리아가 말하되
'주님의 하녀이오니 말씀대로 제게 이루어지기를 바랍니다' 하니
천사가 떠났다 (눅 1:38)

성경에는 마리아라는 이름이 여럿입니다. 우선 본문 그대로 예수님의 어머니 이름이 마리아입니다. 막달라 마리아도 있고, 베다니에 사는 마르다의 동생도 마리아입니다. 요한 마가의 어머니, 야고보와 요셉의 어머니(마 27:56), 로마교회의 모범적인 헌신자도 마리아입니다(롬 16:6). 아마도 예수님 당시에는 물론 그 이전에도 마리아 이름이 많았고, 그 이후에는 더욱 더 많았을 것입니다. 지금 서양여성들 가운데 마리아 이름을 가진 인물들의 수를 헤아리기 어렵습니다. 심지어 개의 이름에도 마리아(메리)가 붙여져 있으니 한국인 귀에는 매우 거슬리기도 합니다.

마리아라는 이름은 구약성경의 미리암이 그 시작입니다. 미리암의 이름을 가진 대표적 여성은 모세의 누님입니다. 따라서 아론의 누님이기도 합니다. 아므람과 요게벳의 첫 딸입니다. 모세, 아론과 함께 대언자였습니다. 그리고 이스라엘 백성들이 홍해바다를 건넌 뒤에는 음성을 높이고 악기를 사용하여 모든 여성들과 함께 하나님을 찬양하는 지도자가 되었습니다(출 15:19-21).

그런데 모세가 에디오피아 여인을 첩으로 삼았을 때 아론과 함께 미리암이 그를 비난했습니다. 이것 때문에 하나님은 미리암에

게 나병을 주어 징벌하셨습니다(민 12). 미리암의 이름 뜻 그대로 '쓴 맛'을 단단히 보았습니다. 마리아라는 이름의 뜻이 정확하게 무엇인지 몇 가지 주장이 있습니다. 그 가운데서 '마라의 쓴 물'(출 15:13)과 연관된 뜻, 곧 쓰디쓰다, 고통스럽다, 고생 직사하게 한다는 뜻이 사실에 가깝고 가장 은혜로운 이름입니다. 이것은 룻의 시어머니 나오미가 고향 베들레헴에 갔을 때에 그 곳 사람들에게 '나를 나오미라고 부르지 말고 나를 마라라고 부르라. 이는 전능자가 나를 심히 괴롭게 하셨음이니라'(룻 1:20)는 말씀에서 입증됩니다. 나오미는 기쁨이란 뜻이고 마라는 괴로움이란 뜻입니다.

우리 예수님의 모친 마리아는 그의 생애가 무척 쓰디쓰고, 괴롭고, 아프고, 속상하고, 낙심하고, 겁나고, 심지어 심장을 칼로 저미는 체험을 연속해서 했습니다. 동정녀가 결혼 전에 아기를 가졌다는 사실은 동네 사람들이 던지는 돌에 맞아 그 돌무덤에서 생애를 마쳐야 할 큰 일이었습니다. 그것을 천사들이 잘 아는 까닭에, "마리아여, 무서워하지 말아라." 그렇게 시작합니다(눅 1:3). 이미 천사 가브리엘을 만난 것만으로도 경천동지驚天動地 하늘이 놀라고 땅에 지진이 날 일이었습니다. 그런데 결혼식도 안했고, 남자와 잠자리를 함께 해 본 일도 없는 처녀에게, "보라, 네가 잉태하여 아들을 낳을 것인데 그 이름을 예수라고 해라"(눅 1:31). 그런 선언을 듣습니다. 그렇게 되면 마리아는 동네 사람들에게 돌에 맞아 죽고, 그 돌무덤 속에 시체로 남게 됩니다. 얼마나 겁먹을 일입니까?

마리아는 그때로부터 고통과 괴로움이 연속됩니다. 친척 언니 되는 세례 요한의 어머니 엘리사벳을 험한 길을 걸어 찾아갑니다. 다시 집으로 돌아옵니다. 출산이 가까운 임산부가 또 나사렛에서 베들레헴까지 장거리 여행을 합니다. 그곳에 가니 머물 곳도 마땅하지 않습니다. 아기를 낳아서 말구유에 뉘입니다. 얼마 후에 헤롯왕 경호대의 칼에 아기 예수가 목이 잘려 죽을 위험에 처합니다. 그래서 이집트로 도망가야 합니다.

아마도 마리아의 남편 요셉, 곧 예수님의 보호자가 예수님 12살 이후 소년기에 일찍 죽었을 것이라는 데 의견을 같이 합니다. 그러니까 예수님은 홀어머니 마리아를 도와 가정생활의 책임을 지게 됩니다. 그것 때문에 예수님의 목회생활이 30세 넘은 때에 출발하게 되었다는 것입니다. 그 당시 과부의 삶이 얼마나 힘겹고 고통스럽고 억울한 일이 많았는지는 예수님의 과부 비유들이 절절히 말해주고 있습니다.

그런데 예수님도 우리가 생각하는 효자는 아니었습니다. 집안과 동네에 예수님이 미친 사람이라는 소문이 났습니다. 그런 소문만으로도 마리아의 가슴을 저미는 아픔이었습니다. 그래서 마리아가 예수님의 동생들을 데리고 찾아 나섰습니다. 그런데 천신만고 끝에 찾아냈더니 그 제자들에게 냉혹하게 말합니다. “누가 내 어머니며, 동생들이냐” 이렇게 물으시고 둘러앉아 있는 제자들을 향하여, “내 어머니와 내 동생들을 보라. 누구든지 하나님의 뜻대로 행하는 자가 내 형제, 자매, 어머니이다”(막 3:31-35).

예수님은 냉혹한 태도를 보이실 때가 적지 않았습니다. 가나의 결혼잔치에서도 포도주가 모자란다는 어머니의 말을 듣고 “여자여, 그것은 나와 관계없는 일인데요”(요 2:4) 그러셨습니다. ‘여자여’라는 호칭이 결코 낮춤말은 아닙니다. 오히려 여성 존칭어입니다. 하지만 예수님은 어머니 요청대로 하면서도 반론을 제기했습니다.

그러나 마리아는 위대한 믿음의 딸이었습니다. 목숨 걸고 아기 예수를 출산했습니다. 야훼 하나님의 명령이라면 목숨을 제물로 바쳐 따르겠다고 결단한 여자였습니다. 100% 순종하는 여인이었습니다. 천사장 가브리엘의 ‘예수출산’을 통고 받고 처음에는 당혹했습니다. “나는 남자와 육체관계를 맺은 일이 없는데요….어찌 아기를 출산하겠습니까?”(눅 1:34). 가브리엘의 설명과 특히 결론, “하나님의 모든 말씀은 불가능한 것이 없다”(눅 1:37)는 확언을 듣고 결단한 것이 무엇입니까? “저는 주님의 종입니다. 주님 말씀 그대로 제게 이루어지소서”(눅 1:34, 37-38). “뜻이 하늘에서 이루어진 것처럼 제게 이루어지소서”하신 주기도문 말씀으로 대답했습니다. 바로 여기에 마리아의 위대한 믿음이 있습니다.

바로 이 믿음의 반석 위에서 마리아는 모든 일을 해낼 수 있었습니다. 예수님 열두 살 뛰넘절(유월절) 때 에루살렘에 갔다 오는 도중에 잃어버렸다가 다시 찾았을 때에도 예수님 말씀은 어머니의 가슴을 저미는 것이었습니다. “어찌하여 나를 찾으셨습니까? 제가 제 아버지 집에 있어야 될 것을 모르셨어요?”(눅 2:49).

홀어머니 마리아는 드디어 예수님 처형 현장에까지 따라갔습니다. 성경에 자세히 적혀 있지는 않지만 마리아의 아픔이 얼마나 컸겠습니까? 기절할 정도였을 것입니다. '차라리 나를 대신 못 박아 주시오'하며 몸을 가누지 못하고 통곡을 했을 것입니다. 그게 모든 어머니들의 심정 아닙니까?

가톨릭교회에서는 구원의 역사(history of salvation/work of salvation)에서 세침례자 요한의 어머니 엘리사벳이 호칭했던 '내 주의 어머니'(눅 1:43)를 근거로 마리아에게 더 큰 지위와 역할을 부여합니다. 그러나 개신교회는 공통적으로 예수의 무죄탄생 교리(the doctrine of the immaculate conception)가 성경적 근거에 의한 것이라는 사실을 부정하고, 예수님 어머니 마리아도 모든 신자들과 똑같이 죄인이고 따라서 믿음으로 말미암아 그 은혜로 인하여 구원받은 여자라고 믿습니다. 그렇더라도 마리아는 십자가의 고통을 가슴에 품고, 아들 예수를 위하여 기도하고, 뒷바라지 하고, 헌신했던 모범 어머니였음을 누가 아니라고 하겠습니까?

## 하나님께 넉넉하게

자기를 위하여 재물을 쌓아 두고
하나님께 대하여 넉넉하지 못한 자가 이와 같다 (눅 12:21)

예수님께서 예루살렘을 향하여 올라가시는 길이었습니다. 예수님은 얼마 남지 않은 자신의 수명을 생각하면서 과감하게 하나님 나라에 대하여 가르치셨습니다. 그런 가운데 바리새파, 제사장, 성경학자, 지도자들에 대하여 가차 없이 비판하셨습니다. '화 있을진저'라는 저주의 폭탄을 집중적으로 마구 쏟아 부으셨습니다. 융단폭격(carpet bombing)이었습니다(참조: 눅 11장과 마 23장). 예수님 가르침이 거칠어질수록 반대세력들의 저항도 더욱 거칠어졌습니다. 거기서 나오실 때에 서기관과 바리새인들이 거세게 달려들어 여러 가지 일을 따져 묻고 그 입에서 나오는 말을 책잡고자 하여 노리고 있었습니다(눅 11:53-54).

그런 다음 누가복음 12장은 이렇게 시작합니다. "그동안에 무리 수 만 명이 모여 서로 밟힐 만큼 되었더니" 어쩌면 예수님 생애에서 제일 많은 사람들이 모였을 것이라는 설명도 있습니다. 예수님께서 실천하신 놀라운 기적들과 달고 오묘한 생명의 말씀들이 그토록 많은 사람들을 모이게 했습니다. 그 당시 이스라엘 사람들은 하늘나라 진리에 그토록 목마른 상태였습니다.

그 때 한 사람이 사람 떼를 헤치고 마침내 예수님 앞에 나왔습니다. 필경 무릎을 꿇고 숨을 헐떡거리며 예수님께 아뢰었을 것입니다. 자신과 형제 사이에 재산분배에 관하여 판결해 달라는 요청입니다. 이 부분을 읽을 때마다 그 유명한 '탕자의 비유'(눅 15:11-32)가 이 사건을 기초로 하셨으리라는 짐작이 듭니다.

그 사람은 필경 재산가인 아버지가 죽자 형제들과의 유산분배 문제에 직면했을 것입니다. 그는 재판정에 가기보다는 예수님에게 판결을 구했습니다. 자신이 더 많은 몫을 차지하려는 속셈이 있었습니다. 그리고 예수님께서 하시는 일이라면 자신에게 유리한 분배가 될 것을 기대했습니다. 예수님도 되도록 모든 사람들의 요청을 거절하지 않고 문제를 해결해 주셨습니다. 특히 질병을 고쳐달라는 요청은 모두 도와주셨습니다.

그런데 이번만은 아니었습니다. "이 사람아, 누가 나를 당신들의 재판장이나 물건 분배인으로 세웠느냐?" 그렇게 반문하셨습니다. 그리고는 그 모인 군중들을 향하여 큰 소리로 외치셨습니다. "삼가 모든 탐욕을 물리치시오. 사람의 생명(헬, 조에)이 그 소유의 넉넉한 데 있지 않습니다"(눅 12:15). 예수님은 자주 특정한 사건에서 하늘의 진리를 이끌어내어 가르치셨습니다.

이번에도 예수님은 재산분배 문제를 계기로 생명 문제를 제기하셨습니다. 땅의 문제를 하늘의 진리로 대답하셨습니다. 성경 헬라말에는 재산은 자주 '비오스'(bios)라고 합니다. 과부가 두 렙돈 헌금했을 때에 예수님께서, '이 과부는 그 가난한 중에서 자기의 모든 소유 곧 생활비 전부를 넣었다'고 평가하셨습니다. '생활비 전부' 는 '생명 전체'(헬, 홀론 톤 비온/하판타 톤 비온)를 뜻하기도 합니다(막 12:31, 눅 21:4).

헬라말에서 조에와 비오스가 차이가 있지만 생명이라는 넓은 뜻에서는 같은 말입니다. 그것은 곧 재산은 생명처럼 중요하기도 하고 또 생명만이 진짜 재산이라는 뜻이기도 합니다. '어떻게 모은 재산인데' 그런 뜻입니다. '단 하나밖에 없는 생명 그것이 곧 나인데' 그런 말과 같습니다.

예수님은 전지전능하신 분이시니까 그런 사실을 체험하지 않고도 아십니다. 그러나 목수 직업을 통하여 더욱 절실하게 깨달으셨습니다. 홀어머니와 여러 형제의 생활비를 책임지신 까닭에 목공일을 오랜 동안 하셨던 체험입니다. 돈이 없으면 누구나 앞이 캄캄하다는 사실을 절절히 알고 계셨고, 또 돈 벌기가 얼마나 힘든 일인지도 수없이 체험하셨을 것입니다.

예수님은 언제나 그렇게 하셨듯이, 이 청년이 제공한 재산분배 요청 사건을 하늘나라 진리를 가르치는 기회로 활용하셨습니다. 그것이 하늘사람이신 그분의 사명이기 때문입니다. 자신은 재산분배를 담당하는 재판관이 아니라는 사실, 사람은 누구나 탐욕에 사로잡혀 살아서는 안된다는 사실, 사람의 생명이 그 소유가 넉넉한데 있지 않다는 사실을 깨우치셨습니다. '비오스'가 재산도 뜻하고 또 생명을 뜻한다는 헬라말을 인용하신 듯합니다. 먼저 그 청년에게 그리고 돈을 좋아하는 바리새인들에게(눅 16:14), 동시에 수많은 민중들에게 가르치셨습니다.

그리고 온 인류에게 선포하셨습니다. 그리고 결론을 내셨습니다. '결코 각기 자신에게 넉넉한 자가 되지 말고, 오히려 하나님께 대하여 넉넉한 자가 되어야 한다' 그런 결론입니다.

이 말씀은 우선 헌금 많이 하라는 가르침으로 들립니다. 사실입니다. 하나님에게 인색하게 헌금해서는 결코 안 됩니다. '십일조 신자'가 하나님 칭찬받는 좋은 신자입니다. 온전한 십일조(the full amount of your tithe)를 안 드리는 사람은 하나님의 것을 도적질하는 사람입니다(말 3:8-10).

웬걸요, 십일조 정도가 아닙니다. 생명 전부를 드려야 합니다. 그것이 두 렙돈 헌금한 과부에게 예수님은, "이 과부는 그 가난한 중에서 자기의 모든 소유 곧 생활비 전부를 헌금했다"(막 12:44). 그렇게 평가하셨습니다. 생명 전부를 드리는 믿음 그것이 바로 그 큰 칭찬받은 과부의 믿음입니다.

간증으로 말합니다. 이 설교자도 유니온교회 성전을 구입할 때 살고 있던 집을 팔아 전액 헌금했습니다. 그래도 자녀교육 다 시키고 굶어죽지 않고 지금까지 살아가고 있습니다. 더 많이 주시고 더 좋은 것 주시는 하나님이심을 절절히 체험하고 있습니다. 그런 결정을 할 때 우리 부부는 '하나님께 선한 부부가 되게 하소서' 하고 기도했습니다. 엘리야가 까마귀가 물어다 주는 빵과 고기를 먹는 체험이었습니다(왕상 17:1-7).

신앙생활은 헌신의 발걸음입니다. 헌신獻身은 몸을 제물로 드린다는 뜻입니다. 그리고 몸은 바로 생명을 뜻합니다. 예수 믿는다는 것은 곧 하나님께 생명 전체를 드리는 삶을 뜻합니다. 그 분께서 바로 나의 생명이 영원토록 살아남을 수 있게 자신의 생명을 십자틀 제단에 바치셨습니다. 하나님의 제단 위에 '자신을 통째로 드리신 분' '십의 십조의 생명'을 드리신 그분처럼 말입니다. 아니, 그건 그만 두고, 일 만분의 하나만 십자가를 진다 해도 사랑의 주님은 '넉넉하다'고 평가해 주십니다.

## 진리의 기둥과 터

이 집은 살아계신 하나님의 교회요
진리의 기둥과 터이다 (딤전 3:15)

교회(church/ecclesia)가 무엇이냐고 물으면 대답은 여러 가지입니다. 요절 말씀은 그 여러 대답 가운데 하나로 '교회는 살아계신 하나님의 가족'이라고 가르칩니다. '이 집은'이라고 했지만 '이 가족은'(household)이라고 하는 말이 본문에 가깝습니다. 영적 가족(spiritual household)이라고도 할 수 있습니다. 그러므로 교회는 삼위일체 하나님과 구원받은 사람들의 함생체입니다.

그런데 이 본문 말씀에는 더 깊은 가르침이 있습니다. 교회는 바로 '진리의 기둥과 터'(the pillar and the ground of the faith)라는 말씀입니다.

진리가 무엇이냐고 물으면 그 대답이 단순하지 않습니다. 빌라도도 예수님께 물었던 질문입니다. 예수님께서 자신은 진리에 대하여 증언하기 위하여 이 세상에 왔다고 하셨고, '진리에 속한 자는 내 음성을 듣는다'고 말씀하셨습니다(요 18:37-38). 그러나 빌라도의 질문에는 대답하지 않으셨습니다. 이미 예수님께서, "내가 곧 길이요, 진리요, 생명이다"라고 선언하셨습니다(요 14:6).

그러므로 요절의 말씀은 쉽게 이해가 됩니다. 요절 다음에 바로 '경건의 비밀'이라는 말씀이 나옵니다. 그리고 이어서 예수님을 소개하고 있습니다. "그는 육신으로 나타난 바 되시고 영으로 의롭다

하심을 받으시고, 천사들에게 보이시고, 만국에서 전파되시고, 세상에서 믿은 바 되시고, 영광 가운데서 올려지셨다"고 했습니다(딤전 4:16). 예수님의 생애를 요약했습니다.

그런데 교회가 무엇이냐고 물으면 거듭 말씀 드립니다. 교회는 '진리의 기둥과 터'입니다. 그렇다면 또 진리는 무엇입니까. 이미 말씀 드렸습니다. 예수님께서 진리이십니다. 아니 성삼위 하나님 곧 성부 하나님, 성자 하나님, 성령 하나님이 진리이십니다. 그리고 일체 하나님이 곧 진리이십니다. 성령님을 '진리의 성령'이라고 했습니다(요 16:13).

이 말씀에서 우리는 교회의 사명 하나를 더 발견하게 됩니다. 매우 매우 중요한 사명입니다. 그것은 바로 '교회는 반드시 진리의 기둥과 터가 되어야 한다' 그 사명입니다. 이 말씀을 조금 더 풀면 일차적으로는 성부 하나님이라는 진리의 기둥과 터입니다. 다음으로는 성자 하나님이라는 진리의 기둥과 터입니다. 세 번째로는, 성령 하나님이라는 진리의 기둥과 터입니다.

이 세상에서는 만고불변의 최고 가치를 진선미眞善美라고 가르쳐 왔습니다. 설교자는 예수 믿고 나서 거기에 두 가지를 덧붙이곤 합니다. 사랑愛과 거룩함聖입니다. 그래서 진선미애성眞善美愛聖 이 다섯 가지가 인간의 최고가치라는 뜻입니다. 신앙인의 입장에서는 '성애진선미'라고 합니다. 이 다섯 가지는 하나님의 시민 입장에서 보아도 오대진리五大眞理라 할 수 있습니다.

그런데 교회의 사명이 무엇이냐 하면 이 진리들을 보존하는 기능이 되고 터가 되어야 한다는 말씀입니다. 예수님께서는 이미 건축을 할 때 기둥과 터가 얼마나 중요한지를 역설하셨습니다. 집을 건축할 때에 모래 위에 짓는 미련한 사람이 되지 말고, 반석 위에 세우는 지혜로운 사람이 되어야 한다는 말씀입니다(마 7:24-37). 예수쟁이들뿐만 아니라 온 인류 누구나에게나 위대한 진리가 되는 산상보훈의 결론 말씀입니다.

이 산상보훈의 결론말씀은 개인의 신앙을 홍수가 나고 태풍이 불어와도 결코 흔들리지 않는 튼튼한 기초(unshaken foundation) 위에 세워야 한다는 말씀입니다. 가정도, 회사도, 단체도, 나라도 마찬가지입니다. 특히 교회는 그런 일에 모범사례가 되어야 합니다. 튼튼한 기초가 정말 정말 중요합니다. 그걸 가장 절실히 뼈저리게 체험하는 사람들이 누구입니까. 지진을 맛본 사람들입니다.

지금은 개신교회와 로마 가톨릭교회 사이가 많이 가까워지고 있습니다. 서로 부족한 것을 배워가고 있고 상호 협력하는 일들이 점차 많아지는 것은 성삼위 하나님께서 박수치실 선행이라고 확신합니다. 그런데 이 본문말씀과 관련하여 개신교회가 가톨릭교회에서 배워야 할 것이 있습니다. 믿음의 보존(deposit of faith)이라는 가르침입니다. 교회의 중요한 사명 가운데 하나가 바로 믿음을 목숨걸고, 그리고 효과적으로 보존해야 한다는 것입니다.

믿음의 보존이라고 했지만 그 뜻은 매우 폭이 넓습니다. 우선 성경말씀의 보존입니다. 우리가 오늘날 신앙생활의 최고표준으로 삼고 있는 이 성경이 우리들 손에 오기까지 얼마나 많은 사람들이 목숨 걸고 보존했는지 상상을 초월합니다. 성경과 함께 '사도신경'으로 대표되는 교리를 보존해온 것도, 믿음의 영웅들의 가르침과 저술들을 보존해온 것도 교회의 믿음보존 사명의 열매였습니다.

"디모데야, 망령되고 헛된 말과 거짓된 지식의 반론을 피함으로 네게 부탁한 것을 지키라"(딤전 6:20).

"내게 들은 바 바른 말을 본받아 지키고… 성령으로 말미암아 네게 부탁한 아름다운 것을 지키라"(딤후 1:13-14).

지금은 성경말씀만 해도 책으로, 녹음으로, 테입으로, 씨디(CD)로, 전화기마다 성경책 전체가 들어 있어서 성경말씀의 씨를 말릴 것이라는 염려는 그리 크지 않습니다. 그렇지만 세상 일을 누가 단언하겠습니까?

기도해 주십시오. 이 설교들도 말씀의 보존과 신앙교육, 말씀 전파, 생명 구원, 지구문명의 하나님 나라로의 혁신을 위한 일이 되도록 말입니다.

## 교육을 위한 폭력 사용

노끈으로 채찍을 만드셔서 양
이나 소를 다 성전에서 내쫓으시고
돈 바꾸는 사람들의 돈을 쏟으시며
상을 엎으시고 ...
이것을 여기서 가져가라.
내 아버지의 집으로 장사하는 집을 만들지 말아라 (요 2:15-16)

예수님께서 예루살렘에 올라가셨습니다. 뛰넘절(유월절)을 앞두었던 때였습니다. 유대인들의 제일 큰 명절입니다. 그래서 예루살렘에는 발 디딜 틈도 없을 만큼 사람들이 많이 모였습니다. 주로 세계 각처에서 온 유대인들이지만 이방인들 곧 비유대인들도 적지 않게 있었습니다.

이들은 양이나 소나 비둘기 같은 제물을 드립니다. 그리고 성전세를 내게 됩니다. 외국돈은 유대인의 화폐인 세겔로 바꾸어 내야 합니다. 그리고 양, 소, 비둘기는 성전 뜰에서 사서 드립니다. 이방인들이 서서 예배드리는 그 마당에서 삽니다. 그리고는 제사장들에게 검열을 받습니다.

그런데 거기에서 부정한 거래들이 있었답니다. 제사장들과 뒷거래가 있는 상점에서 사온 제물은 쉽게 통과시킵니다. 하지만 다른 곳에서 구입한 것은 흠이 있다고 트집을 잡아 통과시키지 않습니다. 옛날이나 지금이나 똑같은 관행입니다.

예수님께서 이미 소문을 들어 그런 악습을 잘 알고 계셨을 것입니다. 이미 열두 살 때 예루살렘에 올라가셔서 파악하셨을 것입니다. 아니, 가난한 사람들의 불평을 들으셨을 것입니다. 그리고 전임사역專任使役이 시작되던 첫해에 작심하시고 큰일을 터뜨리셨습니다.

노끈으로 친히 채찍을 만드셨습니다. 양과 소를 모두 성전에서 쫓아내셨습니다. 돈 바꾸는 사람들의 돈을 쏟으시고 그 상을 둘러엎으셨습니다. 비둘기파는 사람들에게, "이것을 여기에서 가져가라. 내 아버지의 집으로 장사하는 집을 만들지 말아라"고 명령하셨습니다.

이런 성전청결사건은 마태/마가/누가복음에도 기록되어 있습니다. 예수님께서 사형선고와 집행을 받으신 그 주간에 있었던 일입니다(마 21:12-17, 막 11:15-19, 눅 19:45-46). 성경학자들 사이에 논쟁이 있습니다. 예수님께서 한 번 결행했던 사건이라는 주장과 두 번 있었다는 주장입니다. 그 논쟁을 여기에서 낱낱이 분석하려 하지 않습니다.

이에 관하여는 몇 개의 다른 설교를 했습니다. 강조점이 각각 다릅니다. 그리고 이 설교에서는 성경적 시각에서 교육방법으로 '폭력'을 사용해도 되는가 안 되는가, 그 구체적 방안은 무엇인가, 어떤 원칙에서 결론을 낼 수 있을까, 그런 교훈을 정리하려 합니다.

예수님께서는 이 성전청결사건을 사전에 치밀하게 계획하셨습니다. 그리고 단단한 결단을 가지고 그야말로 목숨 걸고 결행하셨습니다. 이미 그 전날에 성전에 들어가서 현황파악을 자세히 하셨습니다(막 11:11). 그리고 성전청결사건을 마치셨을 때 '대제사장들과 서기관들이 듣고 예수를 어떻게 죽일까'하고 음모를 꾸몄습니다(막 11:18). 예수님께서 십자가에 달리셨을 때 지나가는 자들이 자기들의 머리를 흔들며, "성전을 헐고 사흘에 짓는 자여"하고 모욕하기도 했습니다(마 27:39). 그만큼 예수님께서 하나 밖에 없는 목숨을 걸으셨고, 또 그 결행이 십자틀 처형의 중요한 원인이기도 했습니다.

예수님은 이렇게 하여 강도의 소굴이 된 예루살렘 성전을 거룩하신 하나님 예배장소로 회복시키셨습니다. 여리고성을 점령하여 하나님의 도성으로 만드는 과정에서 여호수아가 강하고 담대하게 우상숭배자들을 척결한 것과 같은 일입니다(수 6:20-21). "소돔과 고모라와 그 이웃 도시들도 그들과 같은 행동으로 음란하며 다른 육체를 따라 가다가 영원한 불의 형벌을 받음으로 거울이 되었습니다"(유 7).

그런 점에서 예수님께서 사용하신 채찍은 예수님께서 로마 군병들에게 잔인하게 고문당하셨던 그 채찍보다는 훨씬 부드러운 '노끈'이었다는 점에 주목해야 합니다. 예수님께서 사형선고를 받으신 뒤에 채찍질 당하시고 가시관을 쓰셔야 했습니다. 그 채찍에는 뼈나 철편이 붙어 있었습니다. 그런 것에 비교하면 예수님께서 사용하신 '노끈 채찍'은 사뭇 부드러운 것이었습니다. 또 그것으로 어떤 사람이 얻어맞았다는 기록도 없습니다. 위협용이고 교육용 '노끈 채찍'이었습니다.

교육학자들이나 특히 기독교교육가들 사이에 체벌 곧 신체적인 고통을 주는 것이 성경적이냐 아니냐 논쟁이 있습니다. 역효과나 부작용이 더 크기 때문에 체벌은 사용되어서는 안 된다는 주장도 설득력이 있습니다. 그러나 성경 전체를 통해 보면 하나님은 체벌을 사용하시는 것도 교육용으로 허용하셨습니다. 불순종하는 자에게 어떤 때는 가혹하게 채찍질하셨습니다. 아담과 하와가 단단히 벌을 받았습니다. 가인도 그렇고, 다윗도 범죄했을 때에 고통스러운 대가代價를 지불했습니다. 아나니아와 삽비라도 하나님을 속였다가 그 자리에서 즉사했습니다(행 5:1-11). 그런 사례는 얼마든지 있습니다. 그래서 종교개혁의 주도적 인물인 마르틴 루터의 아내도 아들이 잘못을 저질렀을 때에 매질도 했고 사과를 선물로 주었답니다. 유명한 성공적 교육사례입니다. '때리시고 어루만져 위로해 주시는 하나님'이심을 보여주었습니다.

성삼위 하나님은 사랑의 하나님이십니다. 그러나 그 사랑은 십자가가 있는 사랑입니다. 다만 우리들의 큰 죄, 용서받기 어려운 죄에 대하여는 그분께서 대신 가혹한 채찍질을 당하시고 십자가에서 죽으심으로 우리가 용서함을 받았을 뿐입니다.

## 스데반이 성령충만하여

그들이 돌로 스데반을 치니 스데반이 부르짖어 이르되,
주 예수여, 내 영혼을 받으시옵소서, 하고
무릎을 꿇고 크게 불러 이르되,
주여, 이 죄를 그들에게 돌리지 마옵소서,
이 말을 하고 잠이 들었다 (행 7:59-60)

예루살렘교회에서도 문제가 터졌습니다. 발단은 먹는 문제였습니다. 첫 교회인 예루살렘교회는 성령충만, 은혜 충만, 사랑충만의 모범교회였습니다. 한 하나님, 한 주님, 한 성령을 따라 사는 모범교회였습니다. 재산까지 공동소유할 정도로 모든 성도들이 하나님 안에서 하나가 되었습니다. 하나님 나라가 이 땅 위에 실현된 모습이었습니다. 함생체교회(combiosic body)의 시작이었습니다.

그러나 반동분자가 생겼습니다. 아나니아와 삽비라 부부가 헌금 문제로 성령을 속였습니다(행 5:1–11). 대제사장과 성전을 맡은 사두개파들이 사도들을 체포하여 감옥에 가두었습니다. 그리고 또 문제가 터졌습니다. 생활용품 나누는 일과 특히 먹는 문제였습니다. 유대 땅에 사는 유대인과 헬라에 살던 유대인들 사이에 의식주 차별이 있었습니다.

열두 사도는 지혜를 모았습니다. 그래서 대책을 세웠습니다. 모세가 재판하는 일을 혼자 맡아서 처리하느라 지쳤을 때 장인 이드로의 지혜로운 조언을 따라 천부장, 백부장, 오십부장, 십부장을 선발, 업무분담을 했던 사례를 참고했을 것입니다(출 18:21).

그래서 일곱 집사 곧 섬기는 일꾼들을 선택했습니다. 특히 차별을 받은 헬라파 유대인들 가운데서 뽑았습니다. '유대인들은 표적을 구하고 헬라인들은 지혜를 구한다'(고전 1:22)는 말씀 그대로였습니다. 그래서 '필요에 따라 생활용품들을 나누어 주는' 일들을 헬라파 유대인들에게 맡겼습니다. 그랬더니 하나님의 말씀이 점점 더 왕성하여갔습니다. 예루살렘에 있는 제자들의 수가 엄청나게 늘었습니다. 심지어 예수님을 박해하고 방해했던 제사장들조차 예수님의 도리에 순복했습니다(행 6:1-7).

스데반은 그 일곱 집사의 대표적 인물이었습니다. 일곱 집사 명단의 첫 번에 이름이 기록되었습니다(행 6:5-6). 지금은 일곱 '집사'라기보다는 일곱 일꾼이라고 번역합니다. 집사(헬, 디아코니아)는 봉사자/섬김이라는 뜻을 가졌고, 교단에 따라서는 안수집사, 장로, 목사를 뜻하기도 합니다. 스데반은 흔히 집사라고 말하지만 그 지도력으로 보아서는 안수집사도 되고, 여성으로 치면 권사도 되고, 장로도 되고, 안수받은 목사도 됩니다. 아니 그 설교로 보면 사도라 일컬어도 손색이 전혀 없습니다.

스데반은 성령의 사람이었습니다. 성경에 성령 충만한 사람이 여럿 있습니다. 그런데 스데반은 그 가운데서도 가장 뛰어난 사람입니다. '성령과 지혜가 충만하여 칭찬받는 사람 일곱'의 첫째 번이었습니다. '믿음과 성령이 충만한 사람 스데반'(행 6:5), '스데반이 은혜와 권능이 충만하여'(행 6:8), '스데반이 성령이 충만하여 하늘을 우러러 주목하여 하나님의 영광과 및 예수께서 하나님 우편에 서신 것을 보고'(행 7:55). 이런 말씀들이 스데반이 성령충만의 사람이었음을 낱낱이 증언합니다.

스데반은 말씀의 사람이었습니다. 사도행전 7장에 기록된 그의 설교를 볼 때 그는 구약성경에 통달한 사람이었습니다. "오직 하나님이 성령으로 이것을 우리에게 보이셨으니 성령은 모든 것 곧 하나님의 깊은 것까지도 통달하신다"(고전 2:1)는 성경말씀 그대로입니다. 흔히 히브리서를 신약성경 안에 있는 구약성경이라고 말합니다. 스데반의 설교는 또 다른 시각에서 본 신약성경 안에 있는 구약성경입니다. 스데반의 실제 설교는 사도행전에 기록된 것보다도 훨씬 길고 자세했을 것입니다. 말하자면 요약본입니다. 성경학자들은 구약성경과 신약성경의 관계에 대하여 많은 연구를 합니다. 그 중요한 대답이 바로 스데반의 설교에 있습니다.

제한된 설교여서 한 가지만 더 탐색하려 합니다. 스데반은 예수님을 쏙 빼어 닮은 인물입니다. '스데반 예수'라고 불러주어도 손색이 전혀 없습니다. 예수님도 민중들이 따라다닐 때에 보리떡 다섯 개와 물고기 두 마리로 그들 모두를 배불리 먹이셨습니다. 스데반도 원래는 예루살렘교회의 성도들의 의식주를 공급하는 직분을 맡은 지도자들의 대표였습니다. 그런데 그는 설교에서도 예수 그리스도의 발자취를 그대로 따랐습니다. 그런데 스데반이 예수님을 가장 많이 닮은 것은 그가 죽는 순간에 확연히 드러났습니다.

예수님은 십자가 위에서 일곱 마디 기도를 하셨습니다. 십자가를 지신 그 죽음과의 사투 가운데서 하신 기도입니다. 일곱 가지 기도만 남기셨는지 혹은 더 많은 기도를 하셨는데 성경에 기록된 것이 일곱 마디뿐이었는지는 모릅니다.

그런데 스데반은 두 마디 기도를 남겼습니다. 스데반도 더 많은 기도를 했는지는 잘 모릅니다. 그런데 그 두 마디 기도가 예수님의 십자가 기도의 요약본이라는 점에 주목하면 엄청난 은혜를 받게 됩니다. 스데반의 첫 기도는 예수님의 마지막 기도였습니다. "주 예수님, 내 영혼을 받으시옵소서"(행 7:59). 예수님은 이렇게 기도하셨습니다. "아버지, 내 영혼을 아버지 손에 부탁합니다"(눅 23:46). 그 다음에 운명하셨습니다. 그래서 예수님의 마지막 기도가 스데반의 첫 기도였습니다. 왜 그랬을까요. 예수님은 십자가 위에 여섯 시간이나 달려 있으셨습니다. 그러나 스데반은 비 오듯 쏟아지는 돌에 맞아 즉사했습니다. 먼저 자기 자신의 영혼이 구원받는 것이 우선입니다.

그런데 첫 기도를 했던 스데반이 아직 의식이 있게 되자 예수님의 일곱 기도 가운데 첫 기도를 반복했습니다. 무릎 꿇고 큰 소리로 기도했습니다. "주님, 이 죄를 그들에게 돌리지 마옵소서." 예수님의 첫 기도는 무엇입니까. "아버지, 저들을 사하여 주옵소서, 자기들이 하는 것을 알지 못함입니다"(눅 23:34). 예수님은 마지막 자신의 영혼이 구원받기를 기도하시기 전에 원수사랑을 명백하게 보여주셨습니다. 자기를 죽이는 자들의 죄가 용서받도록 기도하신 것입니다. 이것을 잘 알고 있는 스데반도 마침내 그 기도를 최후의 기도로 선택했습니다. 하나님의 영 곧 성령이 충만한 사람이라는 명백한 증거입니다. 그러나 무엇보다도 스데반은 예수님의 사람, 그리스도의 사람, 거의 완벽한 모범성도였음이 명명백백합니다. 실로 그의 이름 스데반의 뜻 그대로 성삼위 하나님으로부터 '승리의 왕관'을 받을 만한 인물입니다.

## 예수는 왜 믿습니까?

너희 안에 있는 희망에 관한 이유를 묻는 자에게는
대답할 것을 항상 준비하라 (벧전 3:15)

얼마 전에도 대학교 동문회 모임이 두 번 있었습니다. 연말에는 단과대학, 연초에는 종합대학교 모임입니다. 사범대학에서 국어교육을 전공했고 또 대학과 대학원을 다니느라 6년이나 캠퍼스 생활을 했기 때문에 이리 저리 아는 동창생들이 꽤 되었습니다.

"아이고, 이 목사님 반갑습니다. 이 목사님이 우리 서울대 동문인 줄 몰랐네요. 그런데 결례지만 혹시 무슨 과이십니까?" 그렇게 조심스레 묻는 선후배 동문들도 있었습니다. 그러니까 그 옆에 있던 다른 동문이 앞질러 대답을 해 주었습니다. 기독학생과라고.

"아니, 서울대학교에도 기독학생과가 있습니까?"

그런 질문이 또 들어왔습니다.

"발음을 잘못 하셨습니다. 기독학생과가 아니고 지독학생과입니다"

저는 일부러 '지독'에다 액센트를 붙였습니다. 주변에 있던 동문들이 모두 박수를 치며 함성을 질렀습니다. 재학생 때 기독학생회 운동을 지독하게 했다고 해서 교수님들로부터 받은 영광의 훈장이었습니다.

미국 남가주에서 유니온교회를 개척, 30년 곧 한 세대 동안 목회를 하면서 모교 학생시절 기독학생회 운동을 지독하게 했던 열정을 불태웠습니다. 특히 전도와 교육에 강조점을 두었습니다. 예수님께서 하늘나라로 올라가시기 전에 주신 선교대명과 교육대명(마 28:19-20)의 한 부분이라도 실천하겠다는 결단이 있었습니다.

그런 전도와 교육의 프로그램 가운데 하나가 명함 사이즈 전도지 돌리기였습니다. 한 면에는 교회 주소, 약도, 전화, 홈페이지 등의 정보였고 다른 면에는 예수님을 믿는 7가지 큰 이유를 게재했습니다. 그 일곱 가지는 다음과 같습니다.

(1) 죽음을 이기고 영원히 살게 됩니다.

(2) 건강하게 오래 삽니다.

(3) 넉넉하게 삽니다.

(4) 가정이 튼튼하고 자녀들이 훌륭히 자랍니다.

(5) 위기에서 구출 받습니다.

(6) 마음이 항상 평안하고 행복이 넘칩니다.

(7) 사명에 불타는 지도자가 됩니다.

혹시 자녀들 가운데, "엄마, 왜 예수님에게 뽕 갔어?" 하고 물으면 이 일곱 가지 중에서 중요한 순서로 설명해 주라고 성도들에게 반복해 가르쳤습니다. 그러기 위하여 이 일곱 항목을 줄줄줄 외우도록 훈련시켰습니다. 잠꼬대를 할 정도로 외워야 한다고 강조했습니다.

만약 전도대상자들에게 설명할 시간이 별로 없으면 그 전도명함을 그냥 건네주기만 해도 됩니다. 시간이 조금이라도 되면 소리 내어 읽어 줄 수도 있습니다. 시간여유가 있으면 간증을 붙이며 전도의 열매가 더 소담스러울 것입니다. 가령 '넉넉하게 삽니다' 대목에서는 "예수 믿는 거지를 보셨나요? 산 입에 거미줄 치지 않듯이 예수 믿고 굶어 죽는 사람 없습니다"라고 설득하라는 뜻 입니다.

이것은 예수 믿어 믿음이 성숙해지면 물론 십자가 고난을 받아야 하는 것이 더욱 고차원의 축복인 것을 깨닫게는 됩니다. 하지만 그런 숭엄한 목표를 향하여 올라가는 첫 번 문턱을 넘게 하는 단계가 필요합니다. 전도의 접촉점입니다. 예수님도 자주 전도대상자의 실제문제 해결을 전도의 출발점으로 삼으셨습니다. '나면서부터 맹인된 청년을 개안수술' 하신 일이 바로 그것입니다(요 9장).

## 당신이 바로 그 사람이오

나단이 다윗에게 말했다.
당신이 바로 그 사람입니다 (삼하 12:7)

다윗 왕 시절 나단(하나님의 선물이라는 뜻)이라는 대언자가 있었습니다. 야훼 하나님은 그 나단을 불러 왕궁으로 다윗을 찾아가게 하셨습니다. 그리고 그에게 다윗왕을 향하여 대언할 말을 주셨습니다. 요약하면 이렇습니다. “아뢰옵기 황송하오나 대왕께서 다스리시는 이 나라 어떤 마을에 두 가정이 있습니다. 한 가정은 부자이고 다른 가정은 가난했습니다. 그런데 손님이 그 부잣집에 찾아왔습니다. 그 부자는 손님 접대를 위하여 가난한 사람이 가진 양 새끼 한 마리를 강제로 빼앗아다가 잡아서 이 손님을 접대했습니다. 자기 집에는 양과 소가 득실거릴 정도로 많았는데도 말입니다. 그 가난한 집은 그 양 새끼 한 마리를 가족처럼, 특히 외동딸처럼 길렀습니다.”

여기까지 듣고 있던 다윗왕은 분노가 머리끝까지 치밀어 올랐습니다. 세상에 어떤 못된 놈이 그런 나쁜 짓을 했단 말입니까. 자기 치하에 그런 악의적으로 ‘갑질’하는 놈이 있다니요.

“나 이 나라의 왕 다윗이 선언한다. 내가 통치하는 나라에 그런 놈이 있다는 게 무슨 말이냐. 당장 체포해서 사형처분을 하도록 해라. 가난한 사람을 불쌍히 여기는 것이 마땅하거늘 어찌 이런 무엄한 놈이 있다더냐. 적어도 양 새끼를 네 배나 갚도록 즉각 조치하거라"(삼하 12:5-6).

다윗 왕은 마치 소년 목동시절 물매로 거인 적장 골리앗을 단박에 죽였던 것처럼 큰 목소리로 호령했습니다. 그리고 시위대를 불러 지시하려 했습니다.

바로 그때 대언자 나단은 기다렸다는 듯이 벼락같은 목소리로 다윗왕을 문책했습니다. "당신이 바로 그 사람이오"(삼하 12:7). 목숨을 걸고 했던 대언이었습니다. 나단의 대언은 계속됩니다. 요약하면 이렇습니다. "나 야훼가 너 다윗을 유다와 이스라엘 왕으로 기름 부어 세우려고 사울왕의 손아귀에서 구원해 냈으며, 재산도 아내도 자녀도 넉넉하게 주었거늘 무엇이 부족해서 그런 악질적 행동을 했는가. 네가 한 짓은 십계명 가운데 적어도 네 계명을 파괴했다는 걸 몰랐느냐. 살인하지 말라, 간음하지 말라, 도적질하지 말라, 남의 아내를 탐내지 말라 하지 않았느냐. 그러므로 너도 마땅한 처벌을 받아야 하리라" 그것이 야훼 하나님의 심판선언이었습니다(삼하 12:7-12).

다윗이 어떤 사람이었습니까. 이새의 여덟 아들 가운데 막내였습니다. 그는 목동 일을 할 때 양들을 먹이고 지키는 일에 매우 지혜롭고 또 충성스러웠습니다. 유다 나라 첫 통치자 사울왕의 후계자를 선발할 때였습니다. 야훼 하나님은 그 책임을 맡은 대언자 사무엘에게 간단한 지침을 내렸습니다. '결코 외모로 판단하지 말고, 중심 곧 내모를 보고 결정하라'는 것입니다(삼상 16:7). 마침내 이새의 여덟 아들 하나하나를 면접했습니다. 첫 아들 엘리압을 인터

뷰하는 사무엘에게 하나님은 아니라고 하셨습니다. 둘째도, 셋째도 … 일곱째까지도 아니었습니다. 그리고 막내인 다윗 소년을 면접했을 때 마침내 하나님은 낙점하셨습니다. 사무엘은 그 즉시 현장에서 기름을 부어 왕으로 추대했습니다. 그 순간부터 다윗은 야훼의 영 곧 성령에 크게 감동되었습니다(삼상 16:13).

그 때부터 다윗은 승승장구합니다. 장인 사울왕의 자리를 물려받는 과정이 그리 간단하지 않았습니다. 그래도 그 때마다 야훼 하나님의 강력하신 팔이 함께 하셨습니다. 적장 골리앗 장군에게 돌팔매를 던져 그 대갈통을 까부쉈습니다(삼상 17:41-49). 장인 사울 왕이 악령에 사로잡혀 다윗을 죽이려 했습니다. 그러나 사울왕의 첫 아들이요 단짝 친구인 요나단의 도움으로 마침내 다윗은 유다나라 왕좌에 올랐습니다. 그 과정이 무척 험난하고 길었습니다.

구약성경 사무엘상은 이렇게 사울왕의 실패로 끝이 납니다. 블레셋 민족과의 전쟁에서 패배하고 체포될 위기에 처하자 사울 왕은 자살로 인생을 비참하게 마칩니다(삼상 31장). 그는 다소의 공적은 있었으나 하나님 마음에 역겨운 일들을 겁 없이 저질렀습니다. 그 나름의 공적도 있었으나 야훼 하나님보다는 악신을 섬기고, 자기 좋은 대로 행동했으며, 다윗을 후계 왕으로 세우시려는 하나님의 계획을 철저히 방해했습니다.

그런데 바로 그 때부터 다윗도 교만해지기 시작했습니다. 그는 서른 살 되던 해에 유다지파의 우두머리가 되었습니다. 그리고 7년을 통치했을 때 이스라엘 열두 지파의 왕이 되었습니다. 구체제인 사울 일당과의 싸움에서 신체제인 다윗 일파는 가는 곳마다 승리했습니다. 다윗은 점점 강성하여 갔던 반면에 사울가문은 점점 취약해졌습니다(삼하 3:1). 다윗에게 적수가 없게 되었습니다. 하지만 자기 자신이 자기의 최악의 적수인 것을 전혀 깨닫지 못했습니다. 그것이 바로 교만죄의 본질입니다.

충성스러운 부하 군인 우리아를 흉계로 죽이고 그 아내 밧세바를 강제로 데려가다 음행한 일을 저질렀던 다윗은 증거가 전혀 남지 않는 완전범죄를 저질렀다고 안심했습니다. 그러나 완전범죄가 어디 있겠습니까. 중국 옛말에 넷이 안다四知 곧 '네가 알고, 내가 알고, 하늘이 알고, 땅이 알고 있다'고 합니다. 누구보다도 하나님이 알고 계셨습니다.

그리하여 야훼 하나님은 바로 대언자 나단을 시켜 다윗왕에게 말씀의 폭탄을 던지게 하셨습니다. 나단은 다윗이 받아야 할 마땅한 형벌을 있는 그대로 대언했습니다. 판결 내용은 엄벌이었고 또 중벌이었습니다. 다윗을 그처럼 사랑하셨던 하나님께서 일말의 동정도 베풀지 않으셨습니다. 다윗의 아내들도 그 아들 압살롬에 의하여 성폭행을 당했습니다. 그리고 그 때 밧세바가 임신했던 아기도 죽었습니다.

이것이 다윗왕의 우리아의 아내 밧세바 성폭행 사건 전말입니다. 야훼 하나님께서 예고하신 그대로 다윗에게 어떤 형벌들이 어떻게 이루어졌는지는 그 이후에 길게 그리고 자세하게 기록되었습니다. 한 마디로 가혹했습니다.

그래도 다윗은 믿음의 사람이었습니다. 철저히 회개했고 하나님의 형벌을 달게 받았습니다.

"하나님, 내 죄악을 지워 주소서… 우슬초로 나를 정결하게 하소서… 내 안에 정직한 영을 새롭게 하소서"하고 울먹였습니다(시 51편).

범죄자에 대하여 하나님은 머리카락 하나까지도 가혹하고 무섭도록 심판하십니다. 범죄를 용납 하실 수 없는 거룩하신 분이시기 때문입니다. 그런데 바로 그 죄악을 대신 짊어져 주신 분이 계십니다. 하나님의 아들 예수 그리스도이십니다. 그리고 대언자 나단은 예수 그리스도의 대역을 해냈습니다. 아무리 험악한 범죄를 저질렀어도 회개하고 예수님을 구원주로 모셔드리면 누구나 영원한 생명으로 회복시켜 주십니다. 다윗처럼 말입니다.

## 모든 사람의 구원을 위한 기도

하나님은 모든 사람이 구원을 받으며
진리를 아는 데에 이르기를 원하십니다 (딤전 2:4)

예수님을 믿는다는 말은 곧 예수님을 '자신의 구원주(personal savior)로 믿는다는 뜻입니다. 이것은 기독교의 기본진리요 핵심진리입니다. 무식하든지 유식하든지, 넉넉하든지 가난하든지, 젊었든지 늙었든지 아무 관계없이 모든 사람이 성경에 기록된 그 예수님을 유일하신 구원의 주인으로 모셔 들이고 평생토록 함께 생활해야 영원한 구원을 보장받게 됩니다.

그런데 성경은 이 영원한 생명으로 가는 길을 여러 가지 방식으로 가르쳐 줍니다. 그리고 교회에서는 설교, 성경공부, 전도, 선교 등을 통하여 성도들에게 직접적이건 간접적이건 '구원의 도리'를 깨우쳐 주고 있습니다. 예수 믿는 가장 크고 제일 중요한 일은 바로 영원한 구원을 얻는 일입니다. 그런데 구원의 길은 크게 넓은 것 같지 않습니다. 구원주이신 예수님께서, '좁은 문으로 들어가라'고 말씀하셨습니다. 멸망으로 인도하는 문은 크고 그 길이 넓습니다. 그래서 많은 사람들이 멸망의 길을 더 즐겁게 갑니다. 하지만 생명으로 들어가는 문은 좁고 그 길이 협착하여 찾는 자가 적다고 예수님 곧 구원의 주인께서 직접 단정하여 말씀하셨습니다(마 7:13-14).

그런데 세상 사람들도 잘 아는 말씀과 비교해보면 의문이 생깁니다. "하나님이 세상을 이처럼 사랑하셔서 외아들을 주셨으니, 이는 그분을 믿는 자마다 멸망하지 않고 영생을 얻게 하려는 것이다"(요 3:16). 바로 이 말씀입니다. 하나님께서 세상 혹은 우주와 그 안에 담긴 생물, 무생물, 사람들을 사랑하셨는데 구원받는 자가 별로 많지 않다는 뜻으로 들립니다. "초대받은 자들은 많으나 선택받은 자들은 적다"는 말씀도 강조하셨습니다(마 22:14).

또 하나의 의문이 있습니다. 예수님의 복음을 전혀 듣지 못하고 죽은 사람들은 어떻게 되느냐 입니다. 구원받지 못한 채 영원토록 지옥불에서 고통을 당하게 된다는 것이 성도들의 이해입니다. 또 많은 교회들이 그렇게 가르쳐 왔습니다. 특히 다른 종교를 믿는 사람들은 누구나 다 지옥행일까요? 그렇다면 하나님께서 공정하신가요? 하나님은 공의로우신 분인데요. 특히 사랑의 하나님 아니십니까? 한 영혼을 구원하시려고 자신의 생명을 십자가 제단에 제물로 바치셨는데요.

그것이 성경학자들과 교회 지도자들의 고민이었습니다. 자녀까지 십자가 제단에 처형되도록 허용하신 하나님이신데요, 아니, 아들이 십자가에서 극도의 고통을 당하고 있을 때 성부 하나님도 함께 고통을 맛보셨기 때문에 '성부수난론' 이라는 말도 있지 않던가요? 그런 고통의 값을 치르시면서 한 영혼을 구원해 내시는 분이신데 어찌 구원받는 자들이 가물에 콩 나듯 해서야 되겠습니까?

특히 하나님께서는 세상 곧 피조물 전체를 지극히 사랑하시고 계십니다(요 3:16). 예수님께서도 만민을 구원하시려고 이 땅 위에 오셨고, 참기 어려운 고통을 당하셨으며 십자틀 위에서 생명을 제물로 바치셨습니다. 예수님의 선교대명을 보면 '땅 끝까지 이르러', '만민에게', 되도록 많이 복음을 전파하여 구원하라는 간곡한 부탁을 발견하게 됩니다.

성경과 신학을 깊이 연구하는 학자들이 오래도록 그런 고민을 하면서 몇 가지 제안들을 내어 놓았습니다. 모든 인간은 예수님을 구원주로 모시든지 말든지 궁극적으로는 모두 구원받게 된다는 주장이 있습니다. 그런 분들이 잘 인용하는 말씀이 이 설교의 요절입니다. 로마가톨릭교회에서는 '익명의 그리스도인'(anonymous christian)이라는 제안을 내어 놓았습니다. 교회에 소속되지 않았고, 세침례를 받은 일도 없고, 예수님을 구원주로 영접한 일도 없고, 성찬예식에 참여한 일도 없지만 예수님께서 기대하시는 선행을 하는 사람들은 '익명의 그리스도인'이기 때문에 구원받을 자격이 있다는 뜻입니다.

그러나 개신교회 지도자들은 아직 다른 종교인들이나 무종교인들의 구원 문제에 특별한 대답을 내어 놓지 못합니다. 그리고 또 구원받지 못하고 죽어서 지옥불에 던져진 자들이 영원토록 지옥불에서 고통당하는 것인지 멸절되는 것인지, 아니면 가톨릭교회 연옥설처럼 일정한 고통을 당한 뒤에 사죄함을 얻게 되는 것인지에 대하여서도 합의가 없습니다. 성경이 선을 그어 말씀하지 않기 때문입니다. 그리고 성경말씀에는 죽음 이후에는 구원받은 자만 영원한 생명을 누리고 구원받지 못한 자는 영원한 지옥불에서 고통을 당한다는 것을 가르치는 말씀들이 더 많습니다(마 18:9 등).

그래도 "그가 또한 영으로 가서 옥에 있는 영들에게 선포하셨다"(벧전 3:19)는 말씀으로 가톨릭교회의 연옥(懷獄, purgatory)의 훈련을 통하여 구원의 길로 들어갈 수 있는 기회가 있음을 암시하고 있습니다.

하나님은 사랑이십니다. 사랑 그 자체가 하나님의 본성이십니다. 처벌하고 학대하고, 멸망시키기를 기뻐하지 않으십니다. 오히려 사랑하고 격려하고 웬만하면 구원하기를 기뻐하십니다. 그래서 지금도 예수님은 더 많은 사람들의 구원을 위하여 십자틀을 지시고 간곡히 기도하고 계십니다. '아버지, 저를 지금 십자가에 못 박아 죽이는 저 사람들도 구원하여 주시옵소서. 그들은 자신들이 하고 있는 일을 잘 알지 못하기 때문입니다(눅 24:34). 아아, 헤아릴 수 없는 사랑으로 용서하시고 구원하시는 분이십니다.

## 섬기는 자가 되어라

또 그들 사이에 그 중 누가 크냐 하는 다툼이 일어났다.
예수께서 이르시되, 이방인의 임금들은 그들을 주관하며,
그 집권자들은 은인이라 칭함을 받으나,
너희는 그렇지 않을 지니, 너희 중에 큰 자는 젊은 자와 같고,
다스리는 자는 섬기는 자와 같아야 한다 (눅 22:24-26)

이 세상의 역사와 문명은 '누가 높으냐'의 기록입니다. 예수님 시대에 로마 군대가 그렇게 편성되어 있었습니다. 열 명의 부하를 거느린 십부장이 있었고, 백 명의 부하 곧 십부장 열 명을 거느린 백부장이 있었습니다. 그 위에는 천부장이 있었는데 그는 열명의 백부장과 그 예하 군인들을 통솔하는 직책을 가졌습니다. 물론 그 위에 더 큰 군대조직 단위가 있습니다. 예수님도 로마 군대의 '열두 군단'을 알고 계셨습니다(마 26:53). 7만 2천명이 넘는 군대단위인데 그 최고 사령관은 물론 군단장일 것입니다.

정부조직도 마찬가지입니다. 리장 위에 면장이 있고, 그 위에 군수가 있고, 도지사가 있고, 중앙정부가 있고 장관이 있고, 국무총리가 있고, 그리고 맨 꼭대기에 왕이나 수상 혹은 대통령이 있습니다. 그래서 직위가 올라가는 '승진'이 되면 기뻐하지만 무슨 잘못을 저질러서 '강등'이 되면 분통을 터뜨리게 됩니다.

그래서 예수님의 열두 제자들도 한 바탕 다툼을 벌였습니다. 예수님께서 제자들과 함께 예루살렘에 올라가는 길에서였습니다. 심

지어 야고보와 요한은 예수님 면전에서 직접 승진운동을 벌였습니다. '엽관운동' 곧 관직을 사냥하는 운동입니다. 예수님께서 예루살렘에 올라가시면 이스라엘 나라를 로마식민지에서 해방시키시고 그 왕좌를 차지하실 것이라는 기대가 제자들에게 있었습니다. 그래서 야고보와 요한이 먼저 예수님에게, 하나는 왕이신 예수님 우편에 하나는 좌편에 앉게 해달라는 요구였습니다(막 10:37). 한국역사에서는 우의정과 좌의정입니다.

이때에 예수님께서 또 한 번 하늘의 진리를 매우 매우 강조하여 깨우치셨습니다. "너희 구하는 것을 너희가 알지 못하는구나. 너희가 나의 마시는 잔을 마실 수 있겠느냐? 나의 받는 세례를 받을 수 있겠느냐?"(막 10:38). 먼저 그렇게 물으셨습니다. 그 말씀을 제대로 깨달았다면 야고보와 요한이, "아닙니다. 저희가 감히 어찌 주님과 맞먹을 수 있겠습니까?" 그랬어야 합니다. 그런데 얼마나 높은 자리가 탐났고 그것에 눈이 멀었던지, '네, 할 수 있습니다.' 그랬습니다. 권력의 위력이 얼마나 대단한지 다시금 깨닫게 됩니다. 예수님께서는 메시야/그리스도 곧 만왕의 왕이시고 만주의 주이신 것을 이미 알고 있는 그들이었습니다. 그런데도 권력을 한 손에 움켜쥘 수 있는 기회를 놓칠 수는 없었습니다. 특히 야고보와 요한은 예수님과 이종사촌으로 추정됩니다. 인척주의(nepotism)가 당연시되던 시대에 살았습니다.

그런 것을 듣고 본 열 제자가 가만히 있을 수 없었습니다. 분노가 머리끝까지 치밀어 올랐습니다. 그런 상황에서 예수님은 요절의 말씀을 주셨습니다. 마가복음 기록으로는, “너희 중에는 그렇지 아니하니, 너희 중에 누구든지 크고자 하는 자는 너희를 섬기는 자가 되고, 너희 중에 누구든지 으뜸이 되고자 하는 자는 모든 사람의 종이 되어야 한다. 인자의 온 것은 섬김을 받으려 함이 아니라 도리어 섬기려 하고 자기 목숨을 많은 사람의 대속물로 주려 함이다”(막 10:43-45).

이것은 실로 온 인류의 역사를 뒤집어엎고 새로 써야 한다는 원대한 가르침입니다. 요즈음 말로 패러다임 체인지(paradigm change) 곧 ‘큰 틀 바꾸기’ 혹은 ‘새판 짜기’ 혁명입니다. 높은 산이 깎여서 골짜기를 메움으로 온 세상이 평평해지는 천지개벽형 말씀입니다.

예수님은 이를 말씀으로만 가르치지 않으셨습니다. 스승 신분 그것도 하늘에서 내려오신 스승 신분을 가지시고도 제자들의 발을 씻기셨습니다. 당연히 종이 주인과 주인에게 오신 손님의 발을 씻겨야 합니다. 그러나 예수님은 이 당연한 문화적 습관을 뒤집어 엎으셨습니다. 친히 수건을 허리에 동이시고 무릎을 꿇으시고 제자 한 사람 한 사람의 발을 씻기셨습니다. 제자들을 스승으로 모셨습니다. 인류 역사가 있은 이래 예수님께서 첫 번으로 제자의 발을 씻기신 것입니다. 교육적으로는 존경받는 소크라테스나 플라톤 혹은 아리스토텔레스 같은 현인들이 그렇게 했다는 말을 듣지 못했습니다. 큰 스승 공자나 맹자 같은 분들이 그렇게 했다는 기록도 없습니다. 오직 예수 그 스승님만이 어떻게 보면 해괴하고 미친 짓처럼 보이는 일을 감행하셨습니다.

그러나 예수님이 가르치신 이 진리는 그렇게 쉽게 보편적 가치로 확산되지 못했습니다. 예수님 자신이 기득권자들의 철저한 자기 이익보호 때문에 십자가에 처형되셨습니다. 정치권력자들은 자신의 권력 유지를 위하여 힘없는 백성들의 목숨을 파리 죽이듯 했습니다. 부자들은 계속 부자로 남아 있기 위하여 온갖 음모와 술수를 동원해서 가난한 자들의 노동력을 착취했습니다. 스승들은 제자들을 회초리로 다스렸습니다. 기업주들은 회사원들을 노예 부리듯 했습니다. 지식인들은 무식인들을 격멸했습니다. 의사들은 환자들을 돈벌이 수단으로만 여겼습니다. 어른들은 아이들을 심부름꾼으로 착각했습니다. 남자들은 여자들을 성노리갯감 정도로 취급했습니다. 온 인류의 역사가 그런 생활습관과 가치체계를 당연하게 생각했습니다.

심지어 예수님의 가르침을 일점일획도 소홀히 해서는 안 되는 기독교 곧 교회 안에서도 이런 악습은 계속되었습니다. 예수 그리스도의 이 세상 사역 뒤부터 1천 5백 년 지나오는 동안 교황체제로 대표되는 기독교는 교황이 '만왕의 왕 만주의 주'로 군림(　　, domination)했습니다. 교회가 철저한 계급제도로 운영되었습니다. 많은 생명들이 이단이나 반역자로 처형되고 화형되었습니다. 종교개혁이 예수님의 가르침을 원상대로 회복시키는 운동으로 일어났지만 개신교회의 담임목사가 교회시설 관리집사를 섬기는 일은 여전히 생활화되지 못했습니다.

섬기는 자가 되어야 합니다. 식당에 가면 웨이터나 웨이트리스가 손님을 섬기는 것처럼 목회자는 양들을 섬겨야 합니다. 그것도 목숨을 바쳐 섬겨야 합니다. "선한 목자는 양들을 위하여 목숨을 버리느니라"(요 10:11). 이 말씀이 다시 살아나서 온 지구마을 구석구석까지 실천되어 나아가야 합니다. 그 섬기기 운동의 횃불을 드신 분이 바로 예수님이십니다. 십자가 제단 위에 어린 양으로 제물이 되신 바로 그분이십니다.

예수께서 말씀하셨다.
"내가 곧 길이요 진 리요 생명이니,
나로 말미암지 않고서는
아버지께로 올 사람이
아무도 없다." (요 14:6).

5 부

# 청년 예수 남몰래 방랑기

– 성경의 기초 위에
상상력을 불어넣어
창작한 조각소설

### "내 몸을 죽였으나 복음을 살려놓았소"

나 예수는 그 백부장을 찾아갔습니다. '예수 처형대'의 책임을 맡은 지휘관입니다. 물론 로마사람이었고 군인장교였습니다. 특히 역전의 전투에서 혁혁한 공로를 세웠습니다. 유태인들이 폭동을 일으켰다면 생사를 걸고 달려드는 터라 로마 정부에서는 최정예부대를 파송했습니다.

그는 일백 명의 용감무쌍한 군인들을 이끌고 완전한 전투태세로 출정했습니다. '완벽하게 처형하라'는 특명이 빌라도 총독으로부터 내려와 있었습니다. 만의 하나 내가 기적을 일으켜 도망가기라도 한다면 그 후폭풍이 엄청나게 클 것입니다. 게다가 누구보다도 사형선고를 내린 그 총독이 제일 먼저 작살날 것 아닙니까? 그것이 무서웠습니다.

빌라도로부터 나 예수를 인계받자마자 나를 모욕하기 위하여 옷을 벗기고, 가시모자를 씌우고, 침을 뱉었습니다. 특히 공중에 대롱대롱 매달아 놓고 채찍질할 때에는 정육점에 매달아 놓은 소의 갈비짝처럼 내 몸에서 피가 뚝 뚝 뚝 뚝 흘러내렸습니다.

그 잔인한 걸 어찌 다 말하겠습니까? 인정사정은 남의 말이 되었고 그들은 지금까지 배운 백병전 기술을 완벽하게 재연하고 있었습니다. 그리고 그걸 빈틈없이 지휘한 사람이 바로 그 백부장이었습니다. '예수 죽이기 작전'만 잘 수행하면 일 계급 특진될 것도 하달 받았습니다.

"백부장님, 나 예수입니다."

아침 일찍 영내에 있는 그의 숙소로 남몰래 찾아갔습니다. 아직 자고 있었습니다. 이 말을 듣자 비로소 소스라치게 놀라 깨었습니다.

"누 누 누구시라고 했습니까? "

"평안한 마음을 가지십시오. 당신이 해골언덕에서 처형했던 예수라니까요."

그는 벌벌 떨면서 소리 나는 곳을 향하여 무릎을 꿇었습니다.

"죽을 죄를 졌습니다."

"아닙니다. 오히려 감사드리려고 왔습니다."

나는 그의 팔을 잡아 일으키고 말을 계속했습니다.

"저도 어렴풋이 들었습니다. 백부장님께서 큰 소리로 '참으로 이 사람은 하나님의 아들이오'라고 외친 것 말씀입니다. 거기 모인 일백 명의 군인 모두를 집합시켜 그걸 세 번이나 복창하게 하셨지요. 온 예루살렘이 다 들리도록."

"지금까지 많은 사람을 처형해 왔고 그 마지막 모습을 지켜보았지만 당신만은 천사이거나 그 이상이었소. 특히 사랑스러운 눈으로 나를 바라보며 죄의 용서를 비는 기도를 드릴 때 내 영혼 속의 죄악이 모두 시원하게 씻어지는 것을 체험했소이다. 당신은 정말 하나님의 아들이오. 폭풍과 지진도 이를 확실히 증거 했으니까요."

“비록 상관 지시에 복종하느라고 내 몸을 죽였지만 백부장께서는 오히려 위대한 일을 하셨습니다. 그것은 바로 복음을 살려놓은 일입니다. ‘예수는 그리스도이시다’는 한 마디가 복음의 핵심이니까요.”

그 후 그 백부장은 승진이 되어 로마시 경비를 맡았습니다. 물론 온 가족이 구원받았고 부하 군인들을 ‘예수 비밀군사’로 만들었습니다. 그리고 로마교회를 설립하는 일에도 큰 몫을 했습니다.

## "저를 아들로 삼으십시오"

나 예수는 그날 베들레헴으로 내려갔습니다. 마침 예루살렘에 왔던 터라 그리 먼 곳은 아닙니다. 그런데 이 동네에는 라헬 할머니가 묻혀 있습니다. 야곱 할아버지의 아내인데 우리 조상들이 바벨론 포로로 붙잡혀 갈 때 구슬프게 울었던 할머니입니다. 그리고 특히 내가 속한 유다지파의 본향이기에 '다윗의 동네'라는 영광스러운 이름을 가진 마을입니다.

그렇지만 무엇보다도 나 예수가 태어난 곳이 바로 여기입니다. 비록 초라한 마구간이기는 했으나 자기의 탄생지는 설령 화장실이라 해도 한번 가보고 싶은 것 아닙니까?

그래서 베들레헴을 조용하게 찾았습니다. 그곳에는 이미 사람들이 꽤 북적거렸습니다. 이집트와 다마스쿠스로 오고 가는 사람들이 자주 쉬어가는 곳입니다. 예루살렘은 거룩한 도시라 베들레헴보다는 이방인들에게 불편한 점이 많았습니다. 아무튼 말, 낙타, 당나귀가 집밖 여기저기에 매어 있어 거리는 무척 지저분했습니다.

"빈 방 있습니까?"

나 예수는 내가 태어나기 직전에 아버님 요셉이 여관마다 찾아 물으셨다는 말을 되풀이하며 이 골목 저 골목을 누볐습니다. 그런데 마침내 빈 방이 꼭 하나 있다는 여관이 있었습니다. 만약 빈 방을 구하지 못하면 마구간에서 잘 생각이었습니다.

제가 베들레헴을 방문하는 가장 큰 목적이 하나 있습니다. 여우 같은 헤롯대왕이 나를 잡아 죽이려고 두 살배기 아래 아기들을 모조리 작살낸 사건 말입니다. 비록 악행은 헤롯이 했지만 아기들이 죽은 것은 결국 나 예수 때문이었기에 지금껏 마음에 큰 아픔이 되었습니다.

“얘 예수야, 여기 앉아라. 네게 꼭 알려 주어야 할 비밀 하나가 있느니라.”

나 예수가 열두 살 넘었을 때 어느 날 마리아 어머님이 그런 말씀을 하셨습니다. 동방박사들은 선량한 사람들이라 헤롯왕도 그들 자신처럼 착할 줄로 알았습니다. 그래서 예루살렘 왕궁으로 가서 유태인의 왕 곧 나 예수가 태어난 곳을 물었답니다. 그것이 화근이 되어 아기 50명 가량이 우악스러운 군인들 손에 끽소리도 못하고 죽었답니다. 시퍼렇게 날선 칼에 모가지가 뎅겅 날아가기도 했답니다.

나 예수는 수소문을 했습니다. 그때 아기를 잃은 부모들이 누구이며 어디에 살고 있는지, 꼭 좀 만날 수는 없는지. 하지만 정보를 얻기가 쉽지 않았습니다. 벌써 여러 해 지난 일이고 특히 지금도 헤롯왕의 손자가 나라를 다스리고 있어 그것이 알려지면 온 가족이 박해를 받게 되기 때문입니다.

그래도 어찌어찌해서 어머니 한 분을 만났습니다. 머리가 하얗고 주름살로 얼굴이 쪼글쪼글해 있었습니다. 처음에는 겁먹은 표정이었습니다. 그러나 내가 바로 예수라는 말을 듣고 그제야 안심하는 눈치였습니다.

"이제 30년이나 지나고 보니 상처가 얼추 아물기는 했네. 그러나 그 아이 죽을 때 울던 그 울음소리가 지금도 가끔 들리지. 그러면 나도 그때처럼 또 운다네."

그러면서 때가 잔뜩 묻은 앞치마로 눈물을 훔쳤습니다.

"어머님, 그 아드님이 저를 대신해서 죽었네요. 그러니 저를 아들로 삼아 주세요."

저도 어머님을 부여잡고 엉엉 목 놓아 울었습니다. 함께 우는 것만으로도 위로가 되기를 기도하면서 ….

## "훈민정음은 영적 의미가 크지요"

한국을 바라보며 미소를 짓는 역사적 인물들이 여럿 있습니다. 대표적이라면 바로 존 칼빈 혹은 요한 칼뱅이지요. 장로교회를 설립한 인물로 칭찬받을 사람입니다.

그런데 장로교회가 세계에서 제일 많은 나라가 한국 아닙니까. 그래서 스위스에 살고 있는 그는 두통거리가 있을 때마다 고개를 돌려 한국을 바라보는 습관이 생겼답니다. 그럴 때마다 잔잔한 미소가 얼굴을 가득 덮곤 합니다.

하지만 나 예수는 한국을 바라볼 때마다 미소 정도가 아니라 함박웃음이 터져 나오는 것을 참지 못합니다. 교회역사가 125년이라면 2000년과 비교할 때 아직 어린 교회라 해야 합니다. 그런데도 미국 다음으로 많은 해외선교사를 파송한 나라가 되었지요. 아니, 인구비례로 계산한다면 꼬레아가 바로 선교 1등 국가입니다.

드디어 어느 날 내 발걸음이 한국으로 향했습니다. 복음의 씨를 최초로 뿌린 언더우드와 아펜젤러 선교사처럼 인천에 내려 서울로 갔습니다. 그런데 제일 먼저 감사의 인사를 해야 할 사람이 있었습니다. 말할 것도 없이 세종대왕입니다.

동북아시아에 오면 그 나라의 어른에게 가장 먼저 예의를 갖추는 것이 바로 유교문화라고 들었습니다. 아브라함과 같은 믿음의 어른들을 존경하는 히브리문화와도 통하는 일입니다. 그래서 세종로로 달려갔습니다. 세종대왕 동상이 있다는 세종로입니다.

"대왕님 강녕하셨습니까? "

"네 이름 먼저 아뢰렸다."

"방랑객인 청년 예수입니다."

그 말을 듣고 세종대왕께서는 용상에서 내려오려 하기에 극구 말렸습니다. 견문이 넓은 그분은 예수라는 이름만 들어도 누구인지 환하게 파악하고 있었습니다. 하기야 나이로 따지면 내가 1천 4백 살은 더 먹었으니까요.

"대왕님께 충심으로 감사드립니다. 성경을 한글로 적어 누구나 읽을 수 있게 된 것은 큰 은택이었습니다."

"야소교 신자들로부터도 그런 말 들었습니다. 하나님이 주신 지혜로 한 것 뿐 인걸요."

"한 가지 더 감사드릴 것이 있습니다. 한글을 훈민정음訓民正音이라 이름 붙이셨더군요. '백성을 가르치는 바른 소리'라 들었습니다만 그건 동시에 '백성을 가르치는 바른 복음'이라고도 풀 수 있습니다."

"그건 전혀 생각도 못 했는데요. 참으로 하나님의 은혜가 신묘막측하십니다."

그분을 만나니 세종대왕님은 하늘 아버지께서 한국 분들에게 내려주신 최고의 선물이라는 느낌이 들었습니다. 나 예수가 역사학자라면 세종대왕보다는 '세종황제'로 불러 드리고 싶기도 하구요.

수많은 사람들을 학살한 네로에게도 황제칭호를 붙이는 걸 생각하면 그분에게는 더 좋은 칭호가 없다는 것이 안타까울 뿐입니다.

그분을 작별하고 종로 5가 연동교회로 갔습니다. <한국말 성경전서> 출간 100주년 기념예배와 학술대회가 그곳에서 열리기 때문입니다. 세종황제께서 만든 한글로 성경을 적었기에 수많은 백성의 영혼도 살아나게 되었고 또 천대받던 한글의 권위도 살렸답니다.

함생의 원리가 거기에도 있었습니다.

## "만나 먹고 배탈 난 사람 보았소?"

그날도 신문을 펼쳤는데 큰 기사가 눈에 들어왔습니다. 어느 시골 초등학교 학생들이 집단식중독에 걸렸다는 것입니다. 수십 명이 병원에 실려 가서 입원치료를 받았는데 그 가운데 몇 아이는 고열이 나고 목숨을 잃을 위험도 있답니다.

그런데 문제는 그 음식을 납품한 회사 이름이 '만나식품'이었습니다. 이 이름을 보는 순간 나 예수는 소름이 확 끼쳐 왔습니다.

'만나'가 무엇인지 성경을 사랑하는 사람들은 누구나 잘 알지 않습니까? 조상들이 광야에서 사십 년 동안 먹었던 음식, 하도 신비하여 '이것이 무엇이냐'고 서로 물었던 것이 바로 만나라는 이름이 되었습니다.

병원에서 원인을 조사해 보니 음식에 독성 방부제를 넣은 것이 화근이었답니다. 그래서 저는 현장으로 뛰어갔습니다. 밖에서는 사진찍는 사람, 구경하는 사람, 손가락질 하며 욕하는 사람들이 여럿 있었습니다. 안에서는 눈에 쌍심지를 켜들고 이것저것 증거를 수집하는 수사관들로 복작거렸습니다. 주인부부는 겁에 질린 채 어쩔 줄 몰랐습니다.

나 예수는 구경꾼의 하나인 것처럼 팔짱 끼고 서성거리며 기다렸습니다. 얼마 뒤 모든 사람들이 떠나가고 그 부부만 남았습니다.

"걱정이 태산 같으시죠?"

"재수 없게 걸려들었네요. 우리만 그런 것도 아닌데."

"예수 믿으시나 봐요. 만나식품이라고 이름 지은 걸 보니까요."

"아닙니다. 이웃집에 예수쟁이 한 가정이 있어 전도는 가끔 받지만 저는 교회당엔 안 갑니다. 그래도 만나식품이라고 지은 건 그 친구 덕택입죠. 개업할 때 선물로 지어준 거니까요."

이때 그 부인이 끼어들었습니다.

"그래 내가 뭐랬어요. 식당 이름처럼 만(맛)나는 음식만 팔자고 했지요. 내 말 들었으면 이런 사고는 안 생겼잖아요."

그러면서 부부는 한숨을 길게 내 쉬었습니다.

"그런데 혹시 누구시던가요?"

"제가 바로 만나입니다. 하늘에서 내려온 빵이요 우유라고 할 수 있지요."

그들은 눈이 휘둥그레졌습니다. 나 예수가 혹시 약간 머리 돈 놈은 아닌가 하는 의심도 그 눈에 있었습니다. 그래도 나는 조금 더 성경말씀을 풀어주었습니다.

"만나는 성경에 나오는 음식이름입니다. 창조주께서 주신 음식이었지요. 그런데 몇 백만 명이 40년 동안 먹었어도 한 사람도 배탈 나거나 설사 한 일이 없답니다. 건강식이었지요."

"그런 음식을 우리도 살 수 있도록 도와주시겠어요? 이런 꼴 또 안 당하게요?"

"아니오. 돈 주고 사지 않고 거저 받을 수 있습니다. 나 예수의 살과 피가 바로 만나인 걸요. 그래서 예수쟁이가 되면 무슨 식품을 팔든지 그것이 곧 내게서 받은 살과 피를 선물한다는 심정으로 사업을 하게 되지요."

"좀 어려운 말씀이네요. 그러나 감사합니다. 우리 부부도 그 이름 지어준 친구와 함께 교회에 나가 더 배우겠습니다. 그리고 저의 살과 피를 나누어 주는 심정으로 만나식품을 경영하겠습니다."

나 예수는 그들 부부의 눈에서 흘러내리는 눈물을 보았습니다. '나만주의'라는 더러운 죄악을 말끔히 씻어내는 눈물이었습니다.

## "학위모자라면 가시관뿐이었소"

미국에서는 5월 말부터 6월 한 달 동안이 졸업시즌입니다. 유치원에서부터 박사원까지 졸업식과 학위수여식으로 온 나라가 와글와글 합니다. 일만 명 넘게 졸업하는 큰 대학에서는 누가 보아도 엄청나게 큰 축제입니다. 그렇다고 두세 명 졸업하는 조그만 학교에서도 조용하지만은 않습니다. '커지고 싶은' 행사를 벌이기 때문에 요란하기는 마찬가지입니다. 그날도 로스앤젤레스 코리아타운에 있는 에스라박사원 학위수여식에 참석하게 되었습니다. 에스라는 나 예수도 무척 흠모하는 인물입니다. 게다가 학위수여식이 어떻게 진행되는 건지 궁금하기도 했습니다. 예정시간보다 조금 일찍 학위수여식장에 도착했습니다. 고색이 창연한 예배당이었습니다. 단상에는 '제7회 박사학위 수여식'이라는 현수막이 붙어 있었고 회중석은 벌써 꽃다발을 들고 온 사람들로 크게 붐볐습니다.

내빈석이라는 안내 표지 있는 곳에서 석 줄쯤 뒤에 앉았습니다. 곧바로 주악이 울리자 회중 모두가 일어섰습니다. 교기를 앞세우고 순서담당자, 이사진, 특별초청인사, 교수단, 학위수여후보자들이 각각 가운과 학위 모자를 쓰고 화려하게 입장했습니다. 교수단의 학위모자만 해도 몇 가지 다른 것이 눈에 띄었습니다. 사각모가 많았지만 빵떡모자, 베레모도 있었습니다. 가운과 후드는 패션쇼로 착각할 만큼 색깔과 디자인이 각양각색이었습니다.

입장순서가 끝나면서 학위수여식은 예배식으로 이어졌습니다. 설교자는, "우리 주 예수 그리스도께서 친히 참석하셔서 박사학위를 수여하여 주실 것"이라고 확신있게 선언했습니다. 참석자들은 유난히 감격적인 소리로 '아멘' 하고 응답했습니다. 그렇다고 나 예수가 여기에 앉아 있는 것이 탄로 난 것 같지는 않았습니다.

아무튼 설교가 끝나면서 비로소 순서지 전체를 보게 되었습니다. 철학박사학위 5명, 선교학박사 학위 7명, 상담학박사학위 10명, 목회학박사학위 15명, 그리고 명예신학박사학위 5명이 영광스러운 학위를 받게 되었습니다. 박사학위 후보자 한 사람 한 사람의 이름을 부르고, 학위논문을 소개하고, 후드를 걸쳐 주고, 학위모자의 태설(tassel)을 옮겨 주고, 총장과 사진을 찍고, 박수를 받으며 단상을 내려오는 것이 이 학위수여식의 절정 곧 하이라이트였습니다. 학위를 받아본 일이 전혀 없는 나 예수에게는 그런 것 하나 하나가 모두 신기하기만 했습니다. 긴 수여식이 끝나고 이번에는 여러 가지 시상을 했습니다. 특히 최우수논문상을 받은 새내기 여성 박사에게는 우레 같은 박수갈채가 쏟아졌습니다. "역사적 예수와 신앙의 그리스도가 현대교회 설교에 끼친 영향"이라는 논문을 썼답니다. 나 예수도 그 내용과 결론이 무엇인지 읽고 싶었습니다.

총장훈화, 특별초청인사의 격려사, 졸업생 대표연설이 끝나 2시간 30분 정도가 지났는데 사회를 하는 대학원장이 느닷없이 이런 말을 했습니다.

"이 같은 학위수여식은 예배 정신과 엄격한 전통에 따라 질서 정연하게 진행되는 것이 마땅한 일입니다. 하지만 파격 있는 것이 학위수여식을 더 아름답고 뜻깊게 만들 수도 있습니다. 그래서 순서에는 없지만 파격으로 격려사 한 분을 내빈 가운데서 모셔 보려고 합니다."

그리고는 나 예수를 단상으로 올라오라고 손짓 했습니다. 말하자면 '깜짝 순서'였습니다. 식장은 또 한 번 박수 소리가 천정까지 울렸습니다. 나는 사양하지 않았습니다. 오히려 하늘 아버지께서 하시는 일을 나타내는 기회로 삼았습니다.

"한국말 성경에는 점성가를 뜻하는 '마고스'를 (동방)박사라고 번역한 까닭일까요, 한국 목사님들이 박사학위를 많이 받으시는군요. 그러나 예수라는 분에게 무슨 학위가 있었던가요? 아무런 학위가 없었지요. 아니, 그분이 쓰신 학위 모자가 하나 있기는 합니다. 가시관이지요. 얼굴을 피범벅으로 만들었던 바로 그 가시관 말입니다. 그래서 진심으로 기도합니다. 여러분이 지금 쓰고 있는 그 박사학위 모자가 가시관으로 바꾸어지기를."

나 예수는 목이 메어 격려사를 제대로 마무리 짓지 못한 채 감쪽같이 사라졌습니다. 그런데 그때 참석했던 여러 사람이 크게 놀랐답니다. 탱자가시로 엮은 면류관을 쓰고 피를 뚝뚝 흘리며 격려하는 모습을 보았기 때문입니다. 반면에 박사학위 모자를 쓴 사람들 가운데는 그 참혹한 얼굴을 본 사람이 아무도 없었습니다. 박사학위라는 비늘이 눈을 엄청 많이 가렸었나 봅니다.

## "시한부 환자의 기도거부 사건"

나 예수는 뉴욕에 있는 어떤 병원에 가서 가끔 자원봉사를 했습니다. 신실한 신자가 기증한 유산으로 설립한 병원이었습니다. 어려서 부모를 잃고 고아원에서 자랐지만 믿음 좋은 원장 덕택에 영원한 생명을 얻은 사람입니다. 십자가에서 '위기는 위대한 기회'가 된다는 걸 배웠기에 점원에서 시작해서 큰 기업을 경영하게 되었습니다.

자원봉사라야 별 것도 아닙니다. 간호사 하면 여자 일색이던 시절이 지나가고 가뭄에 콩나듯 남자 간호사들이 출현하기 시작했습니다. 그러자 남자도 간호보조사로 봉사할 수 있게 되었습니다. 중환자실(ICU)에서 하루 네 시간씩 허드렛일과 간호사의 심부름을 했습니다. 하지만 배우는 것이 많아 남을 돕기보다는 자기를 돕는 일이 되었습니다.

중환자실은 위중한 환자들을 치료한다고 해서 붙여진 이름입니다. 그런데 자원봉사를 해보니 환자만 위중한 것이 아니라 의사와 간호사도 항상 위기를 의식하고 행동해야 합니다. 게다가 가족들의 마음은 더 위중했습니다. 그 자리에 주저앉아 땅을 치며 통곡하기도 하고, 어떤 때는 실신하기조차 합니다. 하루에 몇 명씩 죽어나가기도 하니까 이곳에 있으면 삶과 죽음을 날마다 넘나들게 됩니다.

그날도 어떤 젊은 목사 한 분이 중환자실을 방문했습니다. 50대 중반의 남자환자였는데 간암이 너무 악화되어 이제는 사흘 넘기기 어렵답니다. 그 소식을 듣고 담임목사가 임종기도를 하기 위하여 병원에 왔습니다.

중환자실에는 방문객이 2명을 넘을 수 없다는 병원규정에 따라 환자 아내와 담임목사만 들어갔습니다. 그리고 기도시간에는 환자실 문을 꼭 닫는 것이 관행이었습니다. 그런데 시간이 채 오 분도 지나지 않아 목사가 문을 열고 나왔습니다. 얼굴이 뻘겋게 상기되어 있고 무엇엔가 모욕을 당했다는 분노가 흐르고 있었습니다. 그 때 환자에게서 이런 고함이 들려나왔습니다.

"나 죽기 전에 다시는 기도하러 오지 마세요."

가끔 이단들이 치료기도 해 준다면서 돈을 뜯으러 왔다가 환자나 가족과 다투는 걸 보았습니다. 하지만 죽음을 하루 이틀 앞둔 시한부 중환자가 담임목사의 기도를 거부한 건 처음 보는 일입니다.

그 아내의 얼굴에도 수심이 가득했습니다. 나 예수는 무엇이라도 위로와 격려가 되는 말을 해야되겠다 싶어 자초지종을 물었습니다. 좀 거북스러운지 뜸을 들이다가 이렇게 말했습니다.

"담임목사께서 임종기도를 하겠다고 하니까 저이가, '천국도 없고 지옥도 없다는 목사님께서 저를 위해 무슨 기도를 하시렵니까? 기도 안 받겠습니다' 하며 눈을 동그랗게 뜨고, 목사님 얼굴을 향해 소리를 질렀어요."

“아이, 저런, 그것 참. 얼마나 울화통이 터지면 그랬겠어요.”

나 예수는 즉시 원목실에 전화를 걸었습니다. 죽음을 앞둔 이 환자의 영혼이 죄의 용서함을 받아 깨끗하여지고, 하나님 품에 꼭 안기도록 기도해 달라고 한 마디 덧붙였습니다.

그날 퇴근하고 나오는데 ‘병원 설립자의 방’이라는 간판을 보게 되었습니다. 이런 방이 있다는 건 그때 처음 알았습니다만 하여튼 들어가 보았습니다. 설립자가 쓰던 유품들 특히 성경도 보관되어 있었고 가족들의 사진도 몇 장 전시되어 있었습니다. 그리고 나가는 문 옆 벽면에는 ‘설립자의 기도’가 큼직한 글자로 적혀 있었는데 그 가운데 이런 대목도 있었습니다.

“주님, 이 병원에 출입하는 사람마다 결코 ‘지옥 가는 부자’처럼 되지 말고, 오히려 ‘영원히 구원받는 신실한 고아’처럼 되게 하여 주시옵소서.”

## "나도 팽이, 너도 팽이란다"

하루 종일 매섭게 추운 바람이 휘몰아쳤습니다. 한강도 꽝꽝 얼었다는 뉴스가 흘러나왔습니다. 조그만 연못은 바닥까지 얼어붙었을 법합니다. 그리고 해는 벌써 산 너머로 사라졌고 맹추위가 옷 속으로 몰려오고 있었습니다.

나 예수도 그때 부지런히 발걸음을 옮겨 숙소로 가는 길이었습니다. 시골 동네를 지나는데 길가 연못에서 팽이 치는 소년을 만났습니다. 이처럼 추운 날인데 옷도 헐렁했고, 방한모자조차 쓰지 않아 귓바퀴도 새빨갛게 얼었습니다. 그런데 팽이는 휙휙 매서운 소리가 나도록 두드려 패고 있었습니다.

"얘야, 네 이름이 무어냐?"

"이름은 알아 뭘 해요? 아저씨."

초등학교 5, 6학년쯤으로 보였는데 좀 대드는 투였습니다. 목소리에는 분노와 눈물이 함께 섞여 있었고 얼굴에는 아직도 눈물 흐른 자국이 남아 있었습니다. 무슨 억울한 사연이 있는 것이 분명했습니다.

"너 왜 집에 가서 저녁 먹지 않고 이렇게 추운데 팽이만 치느냐?"

"아빠가 저녁 먹지 말고 밖에서 벌서고 있으래요. 그런 걸 팽이

치러 도망 왔어요.”

그러면서 또 팽이를 몇 번 두들겨 팼습니다. 마치 그것이 제 아빠나 되는 것처럼.

“그런데 너 팽이 엄청 잘 치는구나. 팽이 선수권대회에 나가면 최우수상 받겠다. 아저씨도 한 번 치고 싶은데 도와주겠니? ”

칭찬을 듣더니 얼굴이 밝아지고 미소가 살짝 흘렀갔습니다.

“아저씨도 팽이선수였어요? ”

“선수인가 아닌가 잘 봐라, 응? ”

그리고는 팽이채로 몇 번 내리쳤습니다. 하지만 그 아이보다 잘 치지는 않았습니다. 자존심을 살려내야 했기 때문입니다.

“그런데 얘, 너 예수님 이야기 어디서 들어 보았니? ”

“교회 댕기는 친구한테 들었어요. 십자가에 달려 죽은 사람이라구요.”

“어이구, 잘 아는구나. 그런데 그 예수님도 팽이처럼 채찍 맞은 것도 말해 주던? ”

“그럼요, 몇 사람이 얼굴에다 침도 탁 뱉고, 손가락만한 가시로 된 모자도 씌웠담서요? ”

“맞았다, 맞았어. 그러니 그 예수님이 바로 팽이였잖아. 그리구우 또 하나 있다.”

“뭔데요? ”

나 예수를 올려다보는 그 아이의 눈동자가 반짝반짝 빛나기 시작했고 귀도 쫑긋 세웠습니다.

"너도 팽이라 이 말이다. 아빠한테 꾸중 듣고 벌 많이 설수록 팽팽팽팽 잘 돌아가는 저 팽이, 그게 바로 너란다."

그렇게 한 수 가르쳐주며 나 예수는 속으로 간절히 기도했습니다. 이 아이가, '고난당하는 것이 내게 유익이라'는 시편 말씀(119:71)을 평생 꼭 붙잡고 살아갔으면 하는 기도입니다.

"아저씨 정말 고맙습니다. 집에 돌아가서 아빠에게도 고맙다고 말씀드리겠어요. 사실은 집에 불 지르고 도망갈 궁리를 할 때 아저씨를 만났어요."

그때 시베리아 겨울바람이 한 번 더 윙 하고 몰아쳤습니다. 그러나 나 예수에게는 그것이 따스한 봄바람으로 느껴졌습니다. 그리고 그 아이 마음에도 훈훈한 봄바람이 되기를 기도했습니다.

청년 예수 남몰래 방랑기 8

## "내 자식, 당신 자식, 우리 자식"

"한 상에 둘러서 먹고 마셔 여기가 우리의 낙원이라"

좀 늦은 밤, 주택가를 걸어가고 있는데 어디에서인가 찬송가 소리가 들려왔습니다. 귀가 번쩍했습니다. 요즈음 가정예배가 흉년이 들었기 때문입니다.

나 예수는 대문 앞으로 바짝 다가서서 그 예배가 끝날 때까지 기다렸습니다. 그리고 내 영혼으로 예배에 함께 참여하였습니다.

예배 인도는 고등학교 다니는 아들이 맡았고 말씀은 중학생 딸이 대표로 읽었습니다. 하나님의 말씀을 푸는 것은 엄마의 목소리였습니다. 이미 딸이 읽은 말씀 가운데, '아버지, 내 영혼을 아버지 손에 부탁하나이다'라는 요절을 다시 한번 모든 가족에게 복창시켰습니다.

"지난 주일 예배 때 우리교회 목사님이 이 말씀을 풀어주셨는데 예수님의 십자가 최후 기도는 바로 엄마 마리아에게서 배우신 것이라고 하셨거든. 마리아는 저녁이 되어 잠을 자는 것은 죽음을 연습하는 것이기 때문에 영혼을 하나님 손에 맡아 달라고 자녀들을 가르쳤고, 아침에 잠이 깨어 일어나는 것은 부활을 체험하는 것이라고 하셨대."

거기까지 들은 나 예수는 그 목사에게 손뼉을 쳐 주고 싶었습니다. 설교는 계속되었습니다.

“너희들 알다시피 우리 가정은 너는 아빠가 데리고 온 아들이고, 너는 엄마가 데리고 온 딸이고, 막내는 아빠 엄마가 낳은 애가 아니냐. 하나 되기가 참 어려운 가정이다. 하지만 우리 모두가 서로를 위하여 십자가 지고 사랑하니까 이토록 좋은 가정이 되었으니 얼마나 기쁘냐.”

그리고는 이어서 기도초청을 했습니다.

“우리 가정 다섯 식구가 모두 구원받은 가정이 되어야 한다. 예수님께서 하신 것처럼 오늘 저녁에 영혼을 하나님 손에 맡겼다가 내일 아침에 돌려달라고 기도하자.“

이내 목소리를 함께 내어 기도하는 소리가 방안을 가득 채웠습니다. 엄마는 간절한 음성으로 정말 간이 저리도록 기도했습니다. 아빠는 기도소리가 잘 들리지 않았습니다. 아들과 딸은 씩씩한 기도를 드렸습니다. 어린 막내는 맨 끝에 가서 ‘아멘’만 크게 소리 질렀습니다. 나 예수가 가르쳐 준 기도문을 외운 뒤 가정예배를 마쳤고 이어서 저녁식사가 시작되었습니다.

“여보. 지난 주일에 목사님께서 우리 가정에 무어 중요한 일을 말씀하신 것 같던데.”

남편이 아내에게 물었습니다. 나 예수는 축복기도만 해 주고 떠나려다가 무언가 더 좋은 간증이 있을 것 같은 예감이 들었습니다. 그래서 귀를 쫑긋하고 서 있었습니다.

“어머니 주일에 우리를 모범가정으로 뽑아서 표창하기로 했다고 하셔요. 그래서 내가 극구 말렸지요. 그렇게 하시면 우리는 이 교회에 못 나온다고요. 내 자식, 당신 자식, 우리 자식이 모여 사는 게 한꺼번에 폭로될 터인데 어떻게 교회생활을 할 수 있겠어요."

그 말을 듣자 나 예수의 눈에서도 눈물이 찔끔 흘렀습니다. 그건 내가 직접 체험한 고통이었기 때문입니다. 나 예수는 어머니의 아들이었고 다른 형제자매는 어머니와 아버지 요셉의 자녀였거든요. 그래 그랬는지 아우와 누이들이 어머니와 맏형인 나 예수의 속을 많이 썩였습니다.

그런데 그 가정은 내가 졌던 십자가 믿음으로 저토록 아름다운 가정이 되었다니요. 어찌 큰 감동을 받지 않겠습니까.

## "어디 대나무만 만드셨나요?"

그때 나 예수는 이 마을에 머문다는 걸 소문내지 말라고 신신당부했습니다. 조용한 시간을 갖고 기도해야만 할 급박한 일들이 몰려오기 때문입니다. 그러나 말짱 헛일이었습니다. 어떻게들 알았는지 찾아오겠다는 사람들도 있었고 심방도 부탁해 왔습니다.

자기 남편 목사를 꼭 만나달라는 한 사모의 요청은 너무나 애절했습니다. 남편 목사의 외고집을 꺾어 달라는 절실한 호소입니다.

"벌써 다섯 번이나 교회에서 쫓겨났어요. 그런데 여섯 번째 교회도 자리를 비워 달라고 아우성이네요."

울면서 그런 상담을 해왔습니다. 생활도 막막하고 두 아이의 교육도 엉망진창이 되었답니다.

가족의 그런 고통에 동정이 갔습니다. 그러나 교회를 반석 위에 짓는 목회자가 되도록 지도하는 것이 더 급박했습니다.

"저는 데모세대입니다. 게다가 대한민국에서 데모 제일 잘하기로 이름난 그 신학대학원 졸업생입니다. 신군부에 끌려가서 죽도록 매도 맞고 고문도 당했습니다. 하지만 결코 변절하지 않았습니다. 그래서 세례자 요한처럼 목숨 걸고 정의를 외치는 목회자가 되겠다고 결심했습니다. 말하자면 대쪽 목회만 하겠다 이겁니다."

카페에서 만난 그에게는 대쪽 같은 기개가 살아 있었습니다. 좋은 일입니다. 그래서 그의 이야기를 더 들었습니다.

"큰 교회 부목사로 있을 때에는 담임목사를 향하여, '이 독사의 자식들아' 하고 대들었습니다. 고액 헌금자들과만 놀아나고 부목사는 사뭇 노예취급을 했어요. 그 다음부터 부목 자리가 꽉 막혔지요. 울며 겨자 먹기로 교회를 개척했습니다. 불만세력 몇 가족이 따라 나왔습니다. 그런데 또 권사와 장로 되려고 아귀다툼을 해요. '화 있을진저' 하고 심판과 저주를 퍼부었지요. 그러니까 저희들끼리 야합해서 나더러 그만 두라는 거였어요."

교회 쫓겨난 기록으로 보면 기네스북에 오를만하다며 웃었습니다. 그러나 그것은 생기가 쭉 빠진 씁쓰레한 웃음이었습니다.

"잘 하셨습니다. 높은 산을 깎아서 골짜기를 메워 평탄한 길을 만드셨네요. 공의의 목회를 하시느라고 십자가를 지셨네요."

"역시 저를 제일 잘 이해하여 주시는군요. 대쪽 목회에는 남들이 모르는 쾌감도 있습니다."

"그런데 대나무를 만드신 창조주께서는 무화과나무도 만드셨지요. 그건 대나무처럼 곧게 자라지는 않지만 잎사귀가 넓어 사람들의 허물을 넉넉하게 덮어 줍니다. 대쪽 목회를 한 단계 높여 무화과나무 목회를 시작하시면 어떨까요. 용서와 사랑이 있는 무화과나무 말입니다."

그런 다음 저는 바로 숨어버렸습니다. 엠마오로 가던 두 청년이 예루살렘으로 돌아간 것처럼 이 대쪽 목사께서도 사랑의 목회자로 방향전환하기를 기도하면서.

청년 예수 남몰래 방랑기 10

## "벌레먹은 과일을 먹고서도"

나 예수도 시장에 가는 것을 즐겨합니다. 굳이 이유를 따질 필요가 없습니다. 그냥 재미가 있을 뿐입니다. 또 사람공부 하는 데는 시장만한 곳이 없습니다.

그날도 수원에 있는 어떤 시장에 갔었습니다. 좁은 골목인데도 노점상이 많이 있었습니다. 사람들이 얼마나 많이 북적거리는지 발 디딜 틈도 없을 지경입니다. 게다가 자기 물건 사가라는 장사꾼들 외침에 온통 시끌시끌했습니다. 특히 추석 때가 가까운 대목시장이었습니다.

그냥 구경만 다녀서는 안 될 것 같아서 그래도 생선 몇 마리를 샀습니다. 갈릴리 시절부터 워낙 좋아하는 것이 바로 생선이었지요. 조기와 갈치 그리고 뱀장어였습니다.

과일 종류가 많다는 점에서는 모국 이스라엘은 도저히 한국을 따라잡기가 어렵습니다. 거기는 기껏해야 포도와 무화과가 주종을 이루고 있고 올리브 열매가 특히 많지만 그걸 과일이라 해야 할지 잘 모르겠습니다.

그런데 수원시장만 해도 감, 사과, 배, 포도, 귤감, 복숭아, 자두, 참외, 수박 등 싱싱한 과일들이 산더미처럼 쌓여 있습니다. 정말 축복의 땅입니다. 그래서 과일도 몇 개 샀습니다. 창자까지 시원하게 하는 배 그리고 고향생각 나게 하는 포도였습니다.

이것 저것 구경하며 몇 가지 사들고 다니다 보니 벌써 시장을 자연스레 벗어나게 되었습니다. 버스를 타려고 조금 걸어가는데 사과상자 위에 배 몇 개를 놓고 파는 할머니 한 분이 눈에 띄었습니다. 지나가는 손님들에게 물건 사라는 말도 않고 꾸벅꾸벅 졸고 있었습니다.

"할머니, 왜 시장에서 파시지 여기다 장사판을 벌이셨어요?"

할머니는 그때서야 눈을 떴습니다. 그리고 나를 쳐다보는 데 눈빛이 초롱초롱했습니다. 조는 눈이 아니고 기도한 눈인 것이 확실했습니다.

"에그 청년, 이 배는 저기 저 큰 가게에서 받아다가 파는 건데 시장에서 팔면 안 되지. 또 자릿세도 많이 내야 하고...."

나 예수는 그 말 듣고 할머니가 불쌍해서 몽땅 사주고 싶은 마음이 생겨났습니다. 배가 열 개였습니다. 그래서 값을 물어보고 조금 더 얹어 드렸습니다.

"애고야, 이리 고마울 데가 있나? 손주가 성경도 배우고 영어도 배운다면서 그런 성경 사 달라기에 장사를 나왔지. 그래서 기도한 거야, 시장에서 추석 물건 다 샀는데 그만 배를 빠뜨린 사람을 만나게 해 달라구 그랬더니 하나님께서 이 청년을 보내주셨네. 우리 하늘 아버님은 참으로 고마우신 분이셔."

할머니는 그렇게 간증하며 과일을 바구니에 담아 주셨습니다. 간증을 듣고 나니 나 예수는 마음이 무척 흐뭇했습니다. 그래서 고

아원으로 발길을 돌렸습니다. 할머니에게서 산 것과 시장에서 산 것을 합쳐 모두 그 문 앞에 남몰래 놓고 왔습니다.

"이 배를 먹는 고아마다 이 배보다 더 크고 더 맛 좋은 열매를 맺게 하시옵소서."

그런 기도도 과일 바구니에 담았습니다.

## "목회는 영혼세탁이라오"

세탁소가 있다는 것만으로도 현대문명은 박수를 받을 만합니다. 출가한 때부터 나그네 생활을 해 오는 나 예수는 그동안 옷 빨래가 매우 번거로운 일 중 하나였습니다. 하지만 전문 세탁소가 많아지게 되니 삼십대 초반 싱글들에게도 무척 편리한 생활이 되었습니다. 세탁물도 하루 이틀이면 찾아올 수 있으니까요.

그날도 땀이 흠뻑 절은 옷 몇 가지를 봉투에 담고 세탁소를 찾아 나섰습니다. 그런데 얼마 안 걸어가서 The Best Cleaner(가장 좋은 세탁소)라는 간판이 눈에 들어왔습니다. 간판대로 믿고 맡겼다가 손해 보는 경우도 있지만 그래도 세탁소 주인 머릿속에 최고의 세탁소가 되겠다는 의식이 있는 것만도 높이 평가할 만합니다.

들어가자마자 눈에 확 들어오는 액자가 있었습니다. "네 시작은 미약하였으나 나중은 심히 창대하리라"는 성경말씀이었습니다. 한글로 쓰여 있었습니다.

"아하, 교회에 다니는 코리언들이구나."

속으로 그렇게 짐작했습니다. 게다가 김치 냄새가 역겹게 코를 찔렀는데 부부가 점심을 먹고 있었습니다. 유태인 음식에도 지독한 냄새를 풍기는 것들이 있어 나 예수에게는 김치 냄새가 그리 대수로운 것은 아닙니다. 또 몇 번만 먹어보면 김치 맛이 얼마나 좋은

지 금방 깨닫기도 합니다.

하지만 세탁소라면 역겨운 냄새는 풍기지 말아야 손님들이 계속 북적거릴 터여서 걱정스럽기도 했습니다. 한 번 온 손님이 다른 사람을 데리고 오면 그 사업은 성공이고, 자기만 계속 오면 밑지지는 않습니다. 그러나 한 번만 오고 다시 안 오면 그 가게는 멀지 않아 문을 닫게 되거든요.

"어이구, 한국분들이시군요. 한국분들은 백의민족이라서 세탁도 깨끗하게 한다지요?"

"알아주시니 감사합니다. 이 세탁소 전 주인은 유태인이었습니다."

나 예수의 얼굴을 보고 유태인인 걸 금방 알아차렸습니다. 한국분들의 눈치는 금메달감이라는 말이 사실이었습니다.

옷을 모두 맡기고 맡겼다는 증거로 쪽지 하나를 받았습니다. 그냥 나올까 하다가 아무래도 그 김치냄새가 마음에 걸렸습니다. 액자에 있는 성경구절처럼 나중에 심히 창대하게 되도록 도우려면 아무래도 김치냄새는 좋은 냄새로 바꾸어야 하기 때문입니다.

"혹시 공기 세탁도 하시나요?"

미소를 머금고 따뜻함이 섞인 음성으로 조심조심 물었습니다. 여주인의 얼굴이 금방 홍당무가 되었습니다. 질문의 뜻을 알아차렸다는 뜻입니다.

그다음 날 옷을 찾으러 갔더니 입구에서부터 향긋한 냄새를 맡을 수 있었습니다. 교육효과가 참 빨랐던 것도 좋은 열매였습니다.

"혹시 무슨 일을 하시나요?"

나 예수는 사생활에 대한 질문이 많은 것도 코리언들의 특징이라는 걸 이해하고 있었습니다. 결례라기보다는 관심의 표현입니다.

"세탁업입니다."

"그런데 왜 우리 세탁소로 가지고 오셨어요?"

"아닙니다, 옷 세탁업이 아니고, 영혼 세탁업입니다."

눈이 휘둥그레진 그 부부의 얼굴을 뒤로 하고 세탁소를 표연히 나왔습니다. 돌려 준 쪽지에는 '에베소서 4장 22-24절'이라고 적어놓았습니다.

청년 예수 남몰래 방랑기 12

## "택시 운전, 인생 운전"

비행기가 시카고 오헤어공항에 내렸습니다. 나 예수는 등산객들처럼 조그만 배낭 하나만 달랑 메고 택시 타는 곳으로 걸어갔습니다. 맨 앞에 깨끗한 모범택시가 있었습니다.

"조금 먼 데요. 휘튼대학교까지 가실 수 있을까요?"

운전기사는 별다른 대답 없이 머리만 끄덕였습니다. 나 예수는 일부러 운전석 옆에 앉았습니다. 그런데 운전이 상당히 거칠었습니다. 마약이나 술에 취한 것 같지는 않고 필경은 무슨 분노가 가슴에서 소용돌이치는 것으로 느껴졌습니다.

"속상한 일이 있으신가 보네요."

"아내와 오늘 아침 심하게 다투었는데 아직도 제 속이 풀리지 않네요. 결혼하기 전에 기막히게 사랑했던 보이 프렌드 있던 것이 발각되었거든요."

"아하, 그러시군요. 그런데 기사님은 결혼 전에 걸 프렌드가 전혀 없었던가 보네요?"

"저라고 왜 없었겠어요. 하지만 결혼하고는 딱 끊었지요. 그런데 아내는 아직도 은밀히 만나고 있는 거예요. 그토록 나쁜 여자가 세상천지에 또 어디 있습니까?"

그는 대들듯이 큰 소리로 떠들었습니다. '네가 왜 내 여편네 역성을 드느냐'는 불평도 섞여 있었습니다.

그러는 동안 택시는 공항을 빠져나왔습니다. 나 예수는 바깥을 응시할 뿐 아무런 말도 걸지 않았습니다. 부부갈등 문제가 명쾌하게 해결되도록 대화할 내용도 정리했고 또 때가 차기를 기다렸습니다. 10분 넘게 흘렀습니다.

"보아하니 범상한 분은 아니신 것 같은데요. 좀 지혜를 주실 수 있을까요? 저녁에 집에 들어가면 아내에게 무어라 할까요? 오늘 아침에는 당장에 때려치울 결심이었지요."

때가 찬 것을 알아차렸습니다. 그에게 '들을 수 있는 귀'가 생긴 것입니다.

"기사님은 운전에는 베테랑이시네요. 몇 년이나 하셨어요?"

"십오 년 무사고 기록을 가지고 있습니다. 교통위반 티켓도 전혀 없고요."

검은 얼굴 표면에서 분노가 현저히 줄어들면서 운전이 사뭇 부드러워지기 시작했습니다.

"대단하시네요. 저도 배우고 싶어 여쭈어 봅니다. 운전하실 때 뒤비침거울(백미러)이나 옆비침거울(사이드미러)을 얼마나 자주 확인해 보시나요?"

"뒤와 옆은 잠깐씩 보지만 옆을 더 자주 보아야 합니다. 물론 앞을 가장 많이, 그리고 가장 주의 깊게 내다보아야 하지요. 가까운 앞은 물론이고요, 먼 앞도 꼭 보아야 합니다."

"참 좋은 것 배웠습니다. 인생도 그렇게 운전해 가야 한다는 지혜가 생기네요. 뒤쪽을 보는 것은 과거를 살펴보는 것이고 옆쪽은 현재 상황을 점검해 보는 것 아닐까요?"

"네에? 그럼 앞을 내어다 보는 것은 미래지향적 인생을 살아가라는 뜻이네요. 과거에 오래 매이지 말고, 현재에 너무 집착하지 말라는 말씀이고요. 그런 말 생전 처음 듣습니다."

"죽음 저 너머 하늘나라까지 바라보시면서요. 혹시 아이는 몇이나 두셨어요?"

"둘입니다. 다섯 살 아들과 두 살배기 딸이지요. 아주 인형처럼 귀엽게 생겼습니다."

그러는 동안 택시가 휘튼대학교 앞에서 멎었습니다. 수많은 영혼들을 '하늘 가는 밝은 길'로 안내했던 빌리 그래함 기념센터가 있는 곳입니다. 택시비는 강사료라며 극구 사절했습니다.

"아이들의 장래를 생각해서도 아내를 더 뜨겁게 사랑하겠습니다."

그는 방긋 웃으며 인사를 한 뒤 이내 택시를 몰고 떠났습니다. 먼 앞을 응시하면서.

## "의처증, 의부증, 의예증"

토요일 좀 늦은 저녁이었습니다. 아직 목양실에 남아 있는데 전화 한 통이 걸려왔습니다. <확신교회> '뚝심 전도사'였습니다. 신학대학원에 입학하면서 곧바로 교회를 개척했다 해서 붙여진 별명입니다.

"아직 안 주무시지요? 멘토링을 꼭 받아야 할 긴급한 일이 있어 밤늦게 전화 드렸어요."

"무슨 일인지 함께 고민해 보기로 하지요. 시간 걱정일랑 마시고."

그래서 상담이 시작되었습니다. 확신교회는 개척 1년 만에 어린이까지 60명 넘게 출석하는 규모로 자랐습니다. 아직 임대건물에서 모이지만 행복과 희망이 넘치는 함생체였습니다. 그런데 몇 주 전부터 난데 없는 사고가 연속 터졌습니다.

"너, 내 여편네와 무슨 관계야?"

"뭐라고? 말이면 다 했어?"

예배 마치고 온 교우가 점심식사를 오순도순 나누고 있는데 갑자기 그런 험악한 소리가 들렸습니다. 그러더니 두 남자가 악을 쓰며 몸싸움을 했고 친교시간은 아수라장이 되었답니다. 그들은 초등학교에서 중고등학교까지 같이 다닌 친구였고 그 아내들 역시 자매처럼 가까운 사이였습니다. 그런데 40대 중반을 넘어서면서 한 쪽은 의처증 다른 쪽은 의부증 환자가 되었답니다.

아무튼 이 사건으로 인하여 은혜 충만했던 확신교회 안에 갑자기 미친 회오리바람이 불어 닥쳤답니다. 그런데 더 큰 고민은 담임 전도사 아내의 의부증 증세였습니다.

“왜 우리 전도사님을 샐쭉 샐쭉 웃으며 따라다니는 거야?”

화장 좀 짙게 하고 색깔 강한 옷을 입은 어느 여성도에게 그런 말을 했다는 것이 의부증 신호탄이었습니다. 남편에게 피아노 반주자를 남자로 바꾸라고 강요하기도 했답니다. 피아노에 앉은 여고생이 예배시간 내내 남편 얼굴을 빠끔히 쳐다보는 걸 차마 눈 뜨고 볼 수 없다는 것입니다. 뚝심 전도사는 그 대목에서 엉엉 울었습니다.

“저런, 의처의부증은 소리 없는 교회 킬러인데. 그 미친 바람이 소용돌이치고 있군요. 하지만 염려는 하늘에 맡기세요. 전도사님에게 의심병 치료능력을 주시려는 그분의 훈련계획일 뿐이니까요.”

울음이 진정되면서 나 예수는 비법 한 가지를 알려 주었습니다. 말씀은 ‘성령의 칼’(엡 6:17)이므로 이 칼로 의심의 싹을 뿌리째 잘라내는 비법이었습니다.

“예수님의 제자 도마도 의예증 환자입니다. 예수님께서 다시 사신 것을 죽어도 못 믿겠다고 했습니다. 그런데 예수님은 도마의 그 의심병을 감쪽같이 고치셨습니다. 의심은 사탄이 뿌려놓는 씨앗이기에 의심병을 고치려면 먼저 내 속에 웅크리고 있는 사탄을 싸악

몰아내야 합니다. 그런 다음 예수님의 영 곧 성령님을 뇌와 심장은 물론 신경 속에까지 모셔 들여야 합니다. 그렇게 되면, '아, 의심할 것은 결코 상대편이 아니고 바로 나 자신이구나' 그걸 깨닫게 됩니다."

전화상담이 있던 다음 날 뚝심 전도사의 주일예배 설교의 핵심입니다. 물론 나 예수에게서 전수받은 것이지요. 그리고 그 날부터 확신교회는 40일 동안 "의심병 잘라내기 특별기도기간"으로 선포했습니다. 먼저 의심병으로 남편, 아내, 친구, 아니 교회와 주님까지 크게 괴롭힌 것을 철저히 회개시키기도 했고요.

그때로부터 확신교회에는 의심병은 어떤 것이든 전혀 발붙일 수 없게 되었습니다. 게다가 그런 소문이 퍼지면서 의처의부증으로 고통당하는 가족들이 몰려들기 시작했습니다. 그리고 믿지 않는 사람들도 확신교회를 가리켜 '의심병 치료센터'라고 불렀습니다.

## "앞도 막히고 뒤도 막혔지만"

날씨가 쌀쌀했습니다. 로스앤젤레스는 아열대 기후대인데도 겨울이면 제법 아랫목을 생각할 정도로 으스스합니다.

나 예수는 정오ㄱ가 가까이 되어서 맥아더공원을 지나가고 있었습니다. 더글러스 맥아더 장군 동상이 있어 인천국제공원을 연상하게 하고 게다가 아름다운 호수도 있습니다. 그래서 사람들이 제법 많이 몰려듭니다. 흑인, 백인, 남미계, 멕시코인, 아시아인 등 인종 전시장 같기도 합니다.

그러나 가난하고, 병들고, 마약에 찌들고, 배고프고, 집없는 사람들이 대부분입니다. 따라지 인생이랄까 아니면 떨이 인간들이랄까, 쓰레기 같다고 하면 인격모독이 되겠지요만....그래도 전도는 그런 사람들에게서 시작되어야 한다는 것을 나 예수는 여러 차례 시범 보였습니다.

"옆에 앉아도 될까요? "

근심의 구름으로 얼굴을 잔뜩 덮고 있는 청년이 의자에 앉아 힘차게 터져 오르는 분수를 멍하니 바라보고 있었습니다.

"아, 네, 괜찮습니다."

한국말로 대답했습니다. 그래서 나 예수도 한국말을 사용했습니다.

"무슨 걱정거리가 있으신가 보군요."

"어떻게 아셨어요? "

"사랑과 근심은 얼굴에서 감출 수 없다는 말이 있거든요."

"앞도 막히고 뒤도 막혔지요. 결혼한 지 석 달이 지났는데 아내가 가출해 버렸어요."

그는 처음 보는 나에게 마음의 고통을 털어놓기 시작했습니다. 한국에서 결혼사업기관을 통하여 미주교포와 결혼했는데 아내는 어릴 때 미국에 와서 영어는 매우 잘하고 한국말은 서툴답니다. 그리고 자신은 아침에 국밥을 먹어야 힘이 나는데 아내는 빵 한 조각, 우유 한 컵, 반숙 계란 하나로 때우자고 우긴 것이 부부싸움의 시작이었습니다. 자존심이 팍 상해서 한 대 올려붙였더니 그 시간으로 집을 뛰쳐나갔답니다.

이혼하면 아내초청으로 신청해 놓은 영주권이 무효가 되어 미국에 머물 수가 없게 됩니다. 그렇다고 한국에 나가자니 미국생활 실패한 꼴을 부모와 친구들에게 보일 수도 없답니다.

"앞도 막히고 뒤도 막혔으니 어떻게 해야 할지 막막할 뿐입니다."

청년은 사나이답지 않게 훌쩍 훌쩍 울었습니다.

"이것 봐요. 앞만 막히고 뒤만 막힌 것이 아니네요. 왼쪽도 꽉꽉 막히고 오른쪽도 꽉꽉 막혔습니다."

나 예수는 일부러 꽉꽉이라는 말에 액센트를 넣었습니다. 문제를 해결하도록 도와주려면 문제의 성격부터 정확하게 깨달아야 하기 때문입니다.

"네에? "

청년은 나 예수의 얼굴을 쳐다보았습니다. 격려는 못 할망정 상처에다 소금까지 뿌리느냐는 원망을 담고 있는 눈이었습니다.

"그래도 다 막힌 건 아니지요. 한 군데가 열려 있습니다. 어디입니까? "

"예, 하늘 쪽입니다."

그 청년은 일어서서 군대 차렷 자세로 씩씩하게 대답했습니다. 그래서 나 예수도 일어나 그의 손을 잡고 하늘을 우러러보며 함께 기도했습니다.

"하늘 아버님, 이 청년으로 하여금 하늘을 보며 인생을 새롭게 출발하게 하시옵소서. 무릇 이 청년이 할 수 없는 일은 아버님께서만 하실 수 있다는 걸 믿게 하여 주시옵소서."

그 청년의 아멘 소리가 매우 확고했습니다. 그리고 하늘에서도 천둥소리가 들려왔습니다.

## "절해야만 효자이던가요?"

주일 오후였습니다. 나 예수는 의정부에서 주일 오후 설교를 마치고 서울에 있는 숙소로 돌아오고 있었습니다. 교외선 전철이 무척이나 붐볐고 시계 바늘은 5시를 가리켰습니다. 차창 밖으로 보이는 도봉산 자락에는 석양과 어울려 가을이 농익어가고 있었습니다.

전철 안에는 등산복 차림들이 많았습니다. 그리고 가족 그룹도 여럿인데 이야기하는 내용으로 보아 성묘하고 돌아오는 분들입니다. 오늘이 주일이면서 또 추석명절이기 때문입니다.

그런데 앞에 앉아 있는 사람이 조금은 큰 소리로 말을 걸어왔습니다. 50대 초반쯤 될까요, 코가 벌겋고 입에서는 술 냄새가 확 풍겨 나왔습니다.

"아직 젊으신데  혹시 장로이신가요, 아니면 목사이신가요? "

"장로도 되고 목사도 되지만 목자라고 불러 주시면 좋습니다."

"그거 좀 복잡하군요. 아무튼 예수쟁이들을 가르치시는 분이신건 틀림없는데 그런데 어째서 예수쟁이들은 제 애비 어미에게 효도할 줄을 전혀 모릅니까? "

그는 따지듯이 일부러 언성을 높였습니다. 모든 승객들이 다 들어보라는 의도가 숨어 있었습니다. 게다가 나 예수를 조롱하겠다는 심보였습니다.

"조금 더 자세히 말씀해 보시지요? 무슨 사유가 있으실 터인데요."

"다른 게 아닙니다. 오늘 추석인데 제 아우가 제사 지내러 오지도 않고 부모님 성묘도 안 갔습니다. 예배당으로 뺑소니쳤지요. 그게 말이나 됩니까? 제 몸이 어디서 생겨났는데요?"

"육신의 부모를 섬기는 것보다 그 부모를 주신 하늘 부모님을 섬기는 것을 먼저 하겠다는 거 아닐까요? 혹시 주 중에 성묘하러 따로 가겠다고 하지 않던가요?"

"어쩌면 제 아우의 레코드판이십니까? 바로 그게 못마땅하다는 말입니다. 예배당 가고, 제 새끼들 밥 먹이고, 그리고 시간이 남아야 부모를 돌아보겠다니, 부모를 뭐 쓰레기로 취급해도 되는 겁니까? 이번만이 아닙니다. 추석명절이 일요일 아닌 때에도 제사상 앞에서 뻣뻣이 서 있겠다고 고집을 피웠습니다. 그것 때문에 분란이 일어난 게 벌써 몇 해째인지 아십니까?"

그의 말을 듣고 나 예수는 속으로 쾌재를 부르짖었습니다. 그 아우의 바위 같은 믿음에 큰 박수를 보내고 싶었습니다.

"부모님이 생존해 계실 때에도 제씨께서 혹시 불순종하는 망나니였던가요? 절한다는 건 존경한다는 뜻도 있지만 순종한다는 뜻이 핵심일 것 같은데요."

"제 속을 훤히 들여다보시는 것 같아 솔직히 말씀 드립니다. 부모 속 팍팍 썩인 건 바로 저였지요. 아우는 예배당 가는 것 말고는 부모님께 아주 고분고분하게 순종했습니다. 하지만 끝맺음을 잘 해야 모두 잘한 거지요. ”

전철 안이 아까 이야기를 시작할 때보다 훨씬 더 조용해졌습니다. 승객들 모두가 귀를 쫑긋 세워 우리들의 대화를 주의 깊게 듣고 있었습니다.

“제사상과 묘소 앞에서 절하는 것이 형식적 효성이라면 부모님의 모범된 행실을 본받고 특히 그 가르침에 순종하는 것은 마음속에서 우러나는 효성 아닐까요? ”

그 말을 듣고 그는 갑자기 엉엉소리를 내며 통곡했습니다. 옆에 앉은 그의 아내가 진정하라니까 울음을 간신히 그치고 이렇게 혼자말을 했습니다.

“실은 제 아우의 전도로 홀어머니셨던 어머님도 예수님을 믿고 돌아가셨습니다. 어머님을 하늘나라 그 좋은 곳에서 영원히 사시도록 안내했던 제 아우가 제일 큰 효도를 했다는 걸 어찌 모르겠습니까? 하지만 아우에게는 공연히 심술이 나서 어머님께 물려받은 유산을 한 톨도 주지 않고 제가 다 챙겼지요. 제사상 앞에서 절하지 않는다는 것이 이유였습니다. 제가 죄질이 무척 나쁜 놈입니다. 이제, 술담배 싹 끊고 예수 믿게 해달라고 저를 위하여 새벽마다 기도하시던 어머님 음성이 다시 들려오는군요.”

그는 또다시 흐느껴 울었습니다. 회개의 청순한 눈물이었습니다.

청년 예수 남몰래 방랑기 16

## "찬양은 천사, 생활은 사탄"

토요일 저녁이었습니다. 하루 종일 전도에 땀을 흘렸더니 몸은 파김치가 되었습니다. 임시전도본부로 쓰는 아파트 문을 여는데 갑자기 옆집에서, "나 죽어, 나 죽어" 하는 여자의 비명소리가 들렸습니다. 부부싸움을 자주 하는 집이었습니다.

나 예수는 혼자 사는 남자이기 때문에 부부싸움에는 잘 끼어들지 않습니다. 공연한 오해를 받으면 더 큰 일을 하려는 계획이 통째로 틀어질 수도 있기 때문입니다. 하지만 이번에는 그냥 지나칠 수가 없었습니다. 사람이 죽는다면 우선 살려놓아야 했습니다.

다행히 문이 조금 열려 있었고 이웃들도 그 싸움 소리를 듣고 문밖에 몰려왔습니다. 그래서 남자 한 사람을 손짓으로 불러 함께 그 집에 들어갔습니다.

그런데 죽어가고 있는 것은 아내가 아니고 오히려 남편이었습니다. 아내가 남편의 넥타이를 꼭 쥔 채 잡아당기니까 남편은 말도 못하고 숨이 막혀가고 있는 형국이었습니다. 그런데도 죽는다며 악을 쓰는 건 아내입니다.

어떻든 재빨리 떼어 말렸습니다. 조금만 시간이 늦었어도 살인사건이 될 뻔했으니까 정말 큰 일을 한 셈입니다. 인간의 운명은 한 순간에 달렸다는 사실도 실감이 났습니다.

"그래, 잘한다 잘 해. 내가 데리고 들어온 딸이라고 대학엘 못 보낸다는 거지. 저런 못된 자식하고 재혼을 하다니 내 눈이 멀었지."

그러면서 아내는 엉엉 목 놓아 울었습니다.

"이 x야, 넌 내 자식 학대 안했어? 무슨 낯짝으로 대들어? "

간신히 숨을 돌린 남편의 얼굴은 글자 그대로 입에 게거품을 문 악마였습니다.

원래 그들은 어느 큼직한 교회의 찬양대 지휘자와 반주자 사이였습니다. 그만큼 음악 실력이 뛰어났습니다. 헌데, 기혼자인 두 사람 사이가 뜨거워졌습니다. 그러자 그 교회에서 쫓겨났고 이혼과 재혼의 여러 복잡한 과정을 거쳤습니다. 하지만 미친 회오리바람 같은 사랑 앞에 그런 건 아무 문제도 아니었기에 이 허름한 아파트로 이사 와서 꿈같이 달콤한 살림을 차렸습니다. 게다가 이혼사실도 먼 옛날의 이야기가 되어 어떤 교회에서 찬양대 지휘와 반주를 맡았습니다. 하지만 뜨거운 사랑은 소리 없이 식어가고 있었습니다.

이웃 사람들은 자기 집으로 돌아가고 나 예수와 함께 세 사람만 남았습니다. 그리고 시간이 조금 흘러가면서 분노가 가라앉고 부끄러움이 양심을 자극하기 시작했습니다.

"전도자님, 정말 죄송해요."

아내가 먼저 입을 열었습니다.

"남편으로서 가정을 제대로 관리하지 못한 건 저의 잘못입니다."

싸움의 은사가 많은 곳에는 회개의 은사도 많은가 봅니다. 그리고 한 가지 더 말해 둘 것이 있습니다. 전 남편과 전 아내도 다른 사람들과 재혼을 했다니까 결혼을 원위치로 돌리기는 어렵다는 사실입니다.

"혹시 지옥에 찬양대가 있다는 말 성경에서 들어보셨나요?"

"……"

"그러면 하늘나라에는 찬양대가 있다는 걸 들어보셨나요?"

"네. '수많은 천군천사들이 하나님을 찬양하여 이르기를' 하는 말이 성경에 자주 나옵니다."

그 부부는 겁먹은 목소리로 하지만 듀엣을 하듯이 간신히 대답했습니다.

"천사처럼 찬양하고 악마처럼 생활하는 건 잘못된 결혼보다도 더 큰 범죄행위입니다. 하나님도 속이고 자신도 속이는 일이니까요. 이제 인생을 새로 시작하십시오. 마음도 천사, 생활도 천사, 그래서 찬양도 천사처럼 하도록……"

## "일감을 만들어 내시오"

아침저녁으로 제법 쌀쌀한 바람이 불어치고 있습니다. 깡마른 낙엽들이 바람에 우르르 휩쓸려갑니다. 그 낙엽더미에는 지저분한 쓰레기가 더 많습니다.

나 예수는 날품팔이들 대기소(daily labor corner)에서 발걸음을 멈췄습니다. 낡고 빛이 바랜 청바지와 비지땀에 절은 반팔셔츠를 입고 갔습니다.

시계를 보니 오후 3시가 지났습니다. 초가을이라 그래도 여름보다는 일꾼을 찾는 곳이 많은지 세 사람만이 졸린 눈으로 대기소에 앉아 있습니다. 담배를 피우기도 하고, 코카콜라를 홀짝거리기도 하고, 전화를 보면서 히죽히죽 웃기도 합니다. 그러나 눈들은 일감 줄 사람들의 차가 오는 쪽을 연신 주의해 봅니다. 흑인이 하나, 히스패닉이 둘입니다.

"아직 아무도 데려가는 사람이 없었나요? "

나 예수는 그렇게 물었습니다. 자신들이 따라지 인생이라는 걸 깨달으라는 질문입니다.

"나는 아침에 한 탕 했지요. 그러나 저 두 애들은 아직 빈 주머니라오."

검은 친구가 자신을 자랑하려는 듯 재빨리 나섰습니다. 나 예수는 허리띠에 걸쳐있던 쓰레기 봉지 네 개를 펼쳐 들었습니다.

"그럼 우리 기다리는 시간에 저 쓰레기와 낙엽을 긁어서 여기 담아 봅시다. 주변이 너무 더럽군요."

"돈을 얼마나 줄 거요? "

"돈은 무슨? 자원봉사하는 것이지요."

히스패닉 두 친구는 조금 우물쭈물하다가 따라와서 협력했습니다. 그러나 아침에 두 시간 일해서 저녁 값을 벌었다는 검은 친구는 끝내 담배만 뻐끔뻐끔 빨며 꼼짝 안했습니다.

주변을 깨끗이 청소하는 데는 한 시간 반이 더 걸렸습니다. 꽉꽉 눌러 담은 쓰레기봉지 다섯 개를 대기소 옆에 쌓아 놓았습니다. 시청 청소과 트럭이 실어갈 것들입니다.

나 예수는 안주머니에서 지갑을 꺼내 두 사람에게 10 달러씩 주었습니다. 저녁밥과 아침밥을 괜찮게 먹을 만한 돈입니다.

그걸 보더니 검은 친구의 눈이 휘둥그레졌습니다. 후회 막심한 표정입니다. 왜 돈 준다는 말을 처음부터 안 했냐는 항변입니다.

"일감 오기를 기다리지 마시오. 오히려 찾아 나서시오. 그러나 일감을 만들어 다른 사람을 고용하면 더 큰 일 하는 겁니다."

나 예수는 그 말을 남기고 총총 걸음으로 그들과 헤어졌습니다. "하늘 아버님께서는 지금도 일하신다"(요 5:17)는 자작곡 찬송을 부르면서.

청년 예수 남몰래 방랑기 18

## "우상종교는 싹 쓸어버릴까요?"

미국 달라스 비행장에서 다음번 비행기를 기다리고 있었습니다. 일 년에 6천만 명이 거쳐 간다는 엄청나게 큰 비행장입니다. 시간이 있기에 공항시설 구경을 다녔습니다. 그러다 '복합신앙 예배실'(Interfaith Chapel)이라는 간판이 보였습니다. 들어가 보았습니다.

입구 안내실에는 성경, 코란, 몰몬경, 불경 등이 진열되어 있습니다. 안내 책자에는 "행동하는 사랑" (Love in Action)이라는 표어가 큰 글씨로 쓰여 있고 어떤 종교인이든지 이곳에 와서 기도하고, 예배드리고, 영적 상담을 받을 수 있답니다.

이런 시설이 이곳에 다섯 개나 있습니다. 공항에는 식당도 많고 오락시설과 사우나도 있는 것은 알고 있지만 종교시설은 처음 보는 일입니다. 특히 여러 종교들 곧 기독교, 천주교, 불교, 유대교, 이슬람교, 힌두교 등의 신도면 누구나 기도할 수 있답니다. 그런 종교의 성직자들이 각각의 고유한 복장을 하고 함박 웃으며 찍은 사진도 벽에 걸려 있습니다.

문을 열고 예배실로 들어갔더니 한 사람이 기도하고 있었습니다. 나 예수도 그 뒷줄에 앉아 묵상기도를 시작했습니다. 그런데 앞에 있는 사람의 기도소리가 들려왔습니다.

"주님, 저는 개신교회 목사입니다. 그런데 꼭 여쭈어보고 싶습니다. 이처럼 하나님과 우상을 함께 섬기는 복합종교 예배실에서 드리는 예배도 하나님께서 기뻐 받으시는지요? 엘리야가 바알신 믿는 선지자 사백 오십 명을 싹 쓸어 죽인 것처럼 저 입구에 있는 코란, 불경, 몰몬경 등을 싹 쓸어다가 불태워야 하지 않을까요? "

나 예수는 무엇인가 확실하게 대답해 주어야 할 의무감을 느꼈습니다. 자칫하다가는 종교전쟁이 발생할 씨를 뿌리게 되기 때문입니다. 그러나 뒷줄에서 들려오는 것으로 하지 않고 우레 소리로 대화했습니다.

"너는 어떻게 생각하느냐? 나 예수를 자기 부하로 만들려고 유혹했던 마귀를 아예 사형처분하지 않고 살려 보낸 것 말이다."

"저도 그게 무척이나 궁금했습니다. 지금까지도."

"가라지를 추수할 때까지 뽑아 버리지 말고 가만두라는 말씀은 어떻게 읽고 있느냐? "

"마지막 심판 날에 불태우실 것이라고 설교했습니다."

"한 가지 더 물어보겠다. 나 예수가 곧 '그리스도요 살아계신 하나님의 아들'이라는 베드로의 신앙고백을 받는 일은 어느 곳에서나 할 수 있는 것 아니냐. 특히 예루살렘 성전에서 했다면 그것도 큰 은혜가 있는 것이지. 그런데 굳이 빌립보 가이사랴 그 먼 곳까지 열두 제자들을 이끌고 가서 했던 이유가 무엇이겠느냐? "

"그 곳에는 우상 섬기는 신당 곧 로마신전, 헬라신전, 헤롯신전 등이 버티고 있는 곳이라서 주님만이 참 하나님의 참 아들이심을 선언한 것이라고 가르쳤습니다."

"잘 하였구나, 충성스러운 목자여. 여러 신들을 섬기는 일로 들끓는 그 한 복판에서 하나님의 하시는 일을 선포하도록 적극 나서야 한다. 그런 목표만 분명하다면 다른 종교 지도자들과 자리를 함께 하는 것은 권장할 일이니라. 그러나 무슨 일이든지 사랑으로 해야 한다(고전 16:14)."

비행기 탑승시간이 되어 나 예수는 먼저 나와야 했습니다. 그 젊은 목사의 얼굴에는 '강하고 담대하게' 선교하겠다는 결단이 나일 강처럼 넘쳐흐르고 있었습니다.

청년 예수 남몰래 방랑기 19

**"헐값교회가 피값교회로"**

버스 정거장에서 차를 기다리고 있었습니다. 버스는 12분 뒤에나 온답니다. 주변을 둘러보니 몇 가지 무료신문들이 쌓여 있었습니다. 연예계와 스포츠계 신문이 대부분이지만 그 가운데 <교회와 신앙>이 나 예수의 눈과 손을 끌어당겼습니다.

큰 글자로 제목을 뽑은 머리기사들이 있었습니다. 재개발로 인하여 생존의 위협을 받는 임대교회들의 집단행동, '신천지'라는 이단들의 기성교회 침투 현황과 그 대처 전략, 교단총회와 교회연합기관들의 매표 선거들이었습니다.

그걸 읽고 있는 동안 버스가 도착했습니다. 나 예수는 자리에 앉아 주간신문을 계속 읽었습니다. 그런데 맨 끝 면 아래쪽에 "위치 좋은 교회 급 매매"라는 광고가 눈에 띄었습니다. 급한 사정이 있어 '저렴한 값'에 판답니다.

교회가 매매거리로 전락했다는 것이 무척 서글펐습니다. 그러나 한 편 싼 값에 판다는 것이 궁금했습니다. 마침 당사자와 통화가 되어 만나기로 했습니다. 당초에 가려던 방향을 바꾸어 약속한 곳에 도착하니 아파트 단지 상가건물에 있는 교회였습니다.

"교회를 왜 팔려고 내어 놓으셨습니까?"

"솔직히 말씀드려 그 수입 가지고는 가족생계와 자녀교육에 어림도 없습니다. 아내도 돈 벌러 간다면서 가출한지 두 주째나 되네요."

얼굴이 새까맣게 타고 초라한 행색을 한 담임목사는 낙심천만한 목소리였습니다. 가련한 생각도 들었지만 내색하지 않았습니다. 헐값이라니까 조금 있는 돈으로 사서 좋은 목자에게 맡기고 싶었습니다. '주님께서 세운 교회'조차 이토록 천대받고 있다니 사뭇 가슴이 찢어집니다.

주일 아침 나 예수는 그 교회로 갔습니다. 현황파악이나 제대로 해야 사든지 말든지 결정할 수 있기 때문입니다. 그런 김에 설교를 해 달라는 부탁도 받았습니다. 조그만 방 하나만 임대해서 어른과 아이들이 함께 모여 예배드렸습니다. 모두 열다섯 명이었습니다.

"하나님은 온 우주를 말씀으로만 창조하셨습니다. 짐승과 새를 만드실 때에는 흙을 사용하셨지요. 남자를 만드실 때는 땅의 재료인 흙과 하늘의 재료인 생기를 투자해서 만드셨고, 여자는 조금 더 고급재료인 남자의 갈비뼈를 사용하셨습니다."

눈동자들이 반짝이기 시작했습니다. 잠시 침묵시간을 가진 다음 비통한 음성으로 이렇게 설교를 이어갔습니다.

"하지만 교회만은 '피값'을 주고 사셨습니다. '주님께서 세운 교회'를 위하여서도 생살을 찢으시고 뜨거운 피를 쏟으셨습니다. 피는 곧 생명이니까 생명을 바치셨다는 뜻입니다."

그리고는 십자가 위에서 피가 뚝뚝 떨어지는 그 애타는 음성으로 결론을 맺었습니다.

“그래서 호소합니다. 이 교회를 살리기 위하여 우리 모두가 피값 헌금을 하기로 결심합시다. 이 강대상 뒤에 있는 십자가를 바라보면서. 저도 가진 재산을 몽땅 헌금하겠습니다.”

장년성도들의 눈에서 눈물이 쏟아지는 것을 보았습니다. 그 날 저녁 담임목사로부터 전화연락이 왔습니다. 교회를 헐값에 안 팔아도 되겠다는 기쁜 소식이었습니다. 그날의 헌금이 매우 큰 액수였고 또 약속헌금도 상당액이 된답니다. 무엇보다도 목사 자신이 생살을 찢고 피값을 제단에 드리겠다는 결단으로 사역을 계속하기로 했답니다.

나 예수는 헐값교회가 피값교회로 회복되는 기쁨을 또 한 번 맛보았습니다.

## "휴전선교회 설립 합의"

광복절을 앞두고 한반도 남북에서는 통일의 날을 앞당기자는 투쟁의 파도가 매우 높았습니다. 하지만 같은 통일이라도 한 쪽은 적화통일, 다른 쪽은 민주통일이었습니다. 그런 와중에 나 예수는 휴전선 안에 있는 어떤 산꼭대기로 올라갔습니다.

10분쯤 지났을까, 두 사람이 거의 동시에 성큼성큼 걸어서 내 앞으로 왔습니다. 한 사람은 북쪽, 한 사람은 남쪽에서 왔습니다. 우리 세 사람은 널찍한 바위에 걸터앉았습니다.

"서로 인사 나누시면 좋겠습니다."

"나 리승만입니다."

"나 김일성입네다."

두 사람은 얼굴을 외면한 채 퉁명스러운 목소리로 이름만 교환했습니다. 무거운 침묵이 흘렀습니다.

"두 분을 모신 것은 북남 남북 간에 화해를 이루려는 것이 목적입니다. 2천 년 전 이스라엘 땅 어떤 산에서도 이런 모임을 가진 적이 있었지요. 참석자는 모세와 엘리야와 나 예수였고, 주제는 하늘과 땅, 사람과 사람 사이에 화해를 이루자는 것이었습니다."

"그런 화해를 위하여서라면 리승만 당신이 먼저 머리 조아려 사과해야 합네다."

나 예수의 말이 채 끝나기도 전에 김일성이 따발총 쏘듯 기선을 제압하려 했습니다. 그리고 동의를 구하려는 듯 그때서야 내 얼굴을 쳐다보았습니다.

"전쟁을 일으킨 장본인은 김일성 아니 김성주 바로 당신이지요. 당신들이 첫 단계에서 크게 이겼다는 것이 그 확고한 증거외다. 참패할 걸 알면서 전쟁 일으킬 바보가 세상에 어디 있나요?"

이승만은 논리적으로 차근차근 따져가며 김일성에게 전쟁의 책임을 물었습니다. 그러나 이렇게 하다가는 화해를 위한 모임이 또 다른 전쟁터가 될 것만 같았습니다.

"진정한 화해를 위하여서는 원인과 경과를 분석하는 것이 분명히 중요합니다. 하지만 오늘은 단 한 가지라도 실천방안을 합의하여 발표해야 국민과 인민들에게 기쁜 소식이 될 것입니다. 이 휴전선은 인민에게나 국민에게나 모두 큰 고통을 안겨주는 족쇄인데 어떻게든 이걸 조금이라도 풀어야 하겠습니다."

"혹시 소집자께서 무슨 복안이 있으실 것도 같습니다. 단수 안이건 복수 안이건 내어 놓으시면 그걸 기초로 토의해 나가면 좋겠습니다."

목소리도 떨리고 말도 느릿느릿 했지만 이승만은 문제를 쉽게 풀어가는 지혜가 있었습니다.

"좋습네다. 나는 휴전선의 콘크리트와 철조망을 당장 없애자고 여러 번 밝힌 사람 아닙네까?"

김일성은 또 화끈한 데가 있었습니다.

“그렇다면 말씀 드리겠습니다. 휴전선 안에 남/북 북/남이 함께 예배드리는 교회당 하나 건립합시다. 서로를 살리자는 뜻에서 ‘북남함생교회’라는 이름을 붙이면 더욱 좋겠구요.”

두 사람은 당혹한 표정으로 생각해 볼 여유를 달라고 했습니다. 그때 나 예수는 그들의 속을 자세히 꿰뚫어 보았습니다. 김일성은 그것이 정권유지의 암초가 될 것을 우려했습니다. 이승만은 북진통일에 방해가 될까 걱정했습니다. 다만 반대할 대의명분이 없어 고민들이었습니다.

“김일성 형제는 부모님도 신앙생활을 했디요? 이승만 형제는 교회 장로 아닙니까? 무얼 주저하십니까? 우선 큰 틀은 합의하고 작은 문제들은 앞으로 보완하도록 합시다.”

나 예수는 좀 강력하게 밀어부쳤습니다. 그 둘이 우물쭈물하는 동안 별다른 반대가 없는 것으로 알고 재빨리 합의를 선언했습니다.

이렇게 해서 2015년부터 휴전선교회당에서 매 주일 예배를 드리게 됩니다. 해방과 분단 70주년이 되는 해입니다. 기뻐해 주십시오. 수많은 목숨들이 피를 흘린 바로 그 땅에 나 예수가 피흘려 건립한 남북함생교회가 드디어 창설됩니다. 남쪽과 북쪽 신자들이 나란히 앉아서 원수는 물론 ‘원쑤’까지 사랑할 수 있게 해 달라고 통곡하며 기도하는 교회입니다.

회의가 끝나고 각각 다른 길로 산을 내려왔습니다. 김일성은 북쪽 길, 이승만은 남쪽 길이었습니다. 그리고 나 예수는 동쪽 길로 내려가 동해까지, 다시 서쪽 길로 내려가 황해까지 휴전선 한 가운데를 신나게 걸었습니다.

"하나님 안에 동서나 남북이 있으랴
온 세계 모든 민족이 다 형제 아닌가" 하고 찬송가를 부르면서.

## “나 예수는 축구공이라오”

사람들이 파도처럼 밀려들었습니다. 상암동 월드컵 축구장으로 서울시민들이 모두 쏟아져 들어오는 것 같았습니다. 한일 축구 빅매치가 있답니다. 나 예수도 그 무리 속에 섞여서 떠밀리다시피 들어갔습니다.

내게는 실상 친구가 많으면서도 친구가 별로 없습니다. 오늘도 혈혈단신 혼자 구경을 나왔습니다. 경기시작 전부터 응원연습으로 시끄럽기 짝이 없었지만 내 머리 속에는 여러 가지 생각들이 오고갔습니다.

“어떻게 하면 사람들이 교회로 파도처럼 몰려들도록 할 수 있을까? ”

교회의 머리인 나 예수는 자나 깨나 영혼구원과 교회발전에 대한 생각이 앞섰습니다. 특히 교회에서 사람들이 썰물처럼 빠져나가는 풍조를 반전시켜야 했습니다.

“축구만 즐기지 말고 인생을 배우는 학습장이 되어야 할 텐데.”

그런 생각도 지나가고 있었습니다.

그러는 사이에 우레 같은 박수소리가 터져 나오면서 선수들이 입장했습니다. 한국팀은 빨강색, 일본팀은 하얀색 유니폼을 입었습니다. 일장기의 빨강색은 한국팀에게 입히고 백의민족의 흰색을 일본

팀이 입고 있습니다.

경기가 시작되었습니다. 일본 팀이 먼저 볼을 찼습니다. 그러더니 그 볼을 받은 선수가 단숨에 한국팀 골을 향하여 저돌적으로 몰고 들어가 대포알처럼 롱슛을 했습니다. 골인이었습니다.

너무도 어이없는 일이었습니다. 그러나 기습작전이 탁월한 일본 팀인 만큼 충분히 예상되는 전략이었습니다. 경기시작 2분 만에 골을 넣은 일본팀은 자신 만만했습니다.

이때부터 한국팀 응원전이 불을 뿜었습니다. '대한민국'의 함성이 상암벌을 흔들었습니다. 마음을 가다듬은 한국팀 선수들도 일본팀 문전을 위협하기 시작했습니다. 응원석에서는 일본팀에 대한 야한 욕설도 간간히 들려왔습니다. 하지만 일본응원팀도 일 당 백이었습니다. 규모는 작아도 일장기를 흔들어대며 목이 터져라 외쳤습니다.

나 예수는 공교롭게도 두 응원팀 사이에 앉아 있었습니다. 가끔 서로 야지를 놓았지만 큰 충돌은 없었습니다. 상대편 말을 제대로 알아듣지 못한 까닭도 있었습니다.

경기는 끝났습니다. 2대 2로 비겼습니다. 하지만 적지에서 싸운 걸 생각하면 일본이 사실상 이긴 경기라는 평가가 옆 사람의 라디오에서 흘러나왔습니다.

나 예수는 각 팀에서 한 청년씩 커피 하우스로 초청했습니다. 응원할 때 상대편에게 가장 야비한 언어폭탄을 퍼부었던 다혈질들입니다. 서툴지만 영어를 사용했습니다.

자리에 앉자마자 두 사람은 말다툼을 한 판 벌였습니다. 마치 축구 연장전 같았습니다. 한국의 기름을 짜 먹은 일본은 한국에 대하여 백 배 사죄하고 보상하라는 건 물론 한국청년입니다. 일본이 한국 현대화에 기여한 걸 어찌 몰라주느냐는 건 일본청년입니다.

두 사람의 감정을 누그러뜨리기 위하여 커피도 주문하고 서로를 소개하도록 해서 대화분위기를 조성했습니다. 각각 일본과 한국의 장래를 짊어지고 나갈 장래성 있는 일꾼들이라고 격려도 했습니다. "그런데 한국도 일본도 축구공이 되었으면 좋겠어요. 경기 내내 발길질만 당하고도 그것을 행복한 사명으로 삼는 그런 축구공 말입니다."

두 청년은 의외의 발상을 듣고 좀 당황하는 표정이었습니다. 하지만 실상은 그 말 한 마디 하려고 커피 석 잔을 기분 좋게 쏘았습니다.

그래도 감춰진 비밀 하나가 있습니다. 나 예수가 바로 그 축구공이라는 사실입니다. 해골운동장에서 벌어진 경기에서는 너무 많이 맞아서 시체가 되었었으니까요.

## "골이 텅 빈 전도자"

김빌립 전도사라는 이가 있었습니다. 최근 켄터키 주 루이빌에 교회를 개척했습니다. 교회 이름도 <한인전도교회>였습니다. 전도사 직분으로 교회를 개척한 것도 대견스럽거니와 그것도 장로교회나 성결교회가 아니라 '전도교회'로 한 것이 눈에 확 뜨이는 대목이었습니다. 빌립이라는 이름도 전도자 빌립을 연상하게 합니다.

그 날 아침에도 김빌립 전도사는 전도에 관한 성경말씀을 열심히 외우며 한 영혼이라도 구원하게 해 달라고 간절히 기도했습니다.

"거기서도 전도하리니 내가 이를 위하여 왔노라."(막 1:38).

이 말씀을 서른 번도 더 외웠습니다. 그리고 전도의 좋은 열매를 맺게 해달라고 애절하게 기도하는 음성이 나 예수의 귀에 들려왔습니다.

그는 오전 10시쯤에 자동차를 타고 전도여행을 떠났습니다. 나 예수도 남몰래 그를 따라나섰습니다. 그가 주차한 곳은 도넛 가게였습니다. 시동을 끄고 운전대를 붙잡고 다시 한 번 기도하는 그의 모습이 듬직해 보였습니다.

가게에 들어서니 세 사람이 줄을 서서 커피와 도넛을 주문하고 있었습니다. 흑인 한 사람과 백인 두 사람입니다. 바깥은 한 겨울이라 몹시 추웠고 그래서 김이 모락모락 나는 커피와 도넛은 입맛을 당기기에 넉넉했습니다.

"넥스트(Next, 다음 번이요)?"

"안녕하십니까? 저는 이 근처에 개척교회를 설립한 김빌립 전도사입니다."

도넛 가게가 한가한 시간대여서 그 다음에는 손님이 없었습니다. 김 전도사는 한국말로 전도대화를 시작했습니다. 그러자 가게 주인은 약간 얼굴을 찡그렸습니다.

"네에, 교회를 오픈하셨군요. 소문 들었습니다만 여기까지 오실 줄은 몰랐네요?"

그렇게 말하는 음성에는 신경질이 섞여 있었습니다.

"사람은 누구나 사형선고 받고 집행날짜만 기다리는 존재이지요. 형님도 언제인가 돌아가실 것인데 그러면 영혼은 어디로 가게 되는 지 충분한 준비가 되셨나요?"

"저는 3년 전에 미국에 온 이민 초년병입니다. 겨우 가게 하나 차려서 입에 풀칠하고 자식 교육시키기에도 바쁜데 무슨 죽은 뒤 일까지 챙기겠습니까? 전도는 다른 곳에 가서 하시지요."

그는 퉁명스럽게 대꾸한 뒤에 아예 부엌으로 들어가 버렸습니다. 그러자 김 전도사는 조금 큰 소리로 그 자리에서 기도했습니다. 저 불쌍한 영혼을 꼭 구원해 주시라는 것과 가게도 축복으로 채워달라는 기도입니다.

그런데 문을 열고 나오려는 찰라 뒤에서 이런 소리가 들려왔습니다.

“싸가지 없는 녀석, 전도하려면 도넛 하나라도 사 먹을 일이지? 맨 입으로 전도만 하다니. 전도사와 목사들은 입만 천당 간다는 말이 맞지. 하여간 골이 텅 비었어.”

김빌립 전도사는 “골이 텅 비었다”는 말을 듣고 갑자기 피가 거꾸로 도는 모양입니다. 얼굴이 시뻘개 가지고 씨근덕거리며 숨을 쉬었습니다. 그 때 나 예수는 잽싸게 그의 팔을 잡고 문을 빠져나왔습니다. 그는 내가 아침 먹고 나오는 고객인 줄 알았습니다.

“진정하시지요. 전도하려면 어디 제 골 가지고 됩니까? 그분의 골수로 꽉꽉 채워야지요. 해골언덕에서 처형당한 그분 말입니다.”

## "요나를 재판정에 세워라"

1915년 9월 어느 날이었습니다. 나 예수는 미국의 옛 수도 필라델피아를 방문했습니다. 어떤 교단 목사후보 면접시험이 그곳에서 있었습니다.

그 때의 미국교회에는 신학사상의 싸움이 남북전쟁만큼이나 격렬하던 때였습니다. 한 편에서는 이성과 과학을 표준으로 성경을 재해석하는 극단적 진보주의가 기승을 부렸습니다. 그들은 성경에 나오는 기적을 낱낱이 작살냈습니다.

그러나 다른 한편에서는 성경을 글자 그대로 믿어야 한다는 근본주의의 역풍이 거세게 몰아치고 있었습니다. 성경의 일점일획도 변개할 수 없다고 버텼습니다.

면접시험장에 들어서니 다섯 명의 면접관이 앉아 있었고 목사안수 후보자 한 사람은 그 앞에 있는 의자에서 초조하게 기다리고 있었습니다. 재판정의 삼엄한 분위기가 느껴졌습니다. 물론 나 예수가 그 면접시험장 한 구석에 서 있다는 건 아무도 눈치 채지 못했습니다.

면접시험의 내용은 몇 가지가 있었습니다. 목사로서의 소명, 앞으로의 사역계획, 가정생활, 신학사상, 성경, 정신건강 등입니다. 그 가운데 가장 중요한 대목은 '성경을 어떻게 해석하고 어떻게 설교할 것이냐' 바로 그것이었습니다.

"그래 수험생은 요나가 큰 물고기 뱃속에 들어갔다가 사흘 만에 살아나왔다는 걸 어떻게 믿고 또 어떻게 설교하려는가? "

어떤 면접관이 그런 질문을 했습니다. 비교적 젊은 얼굴이었습니다. 그런데 그게 요나뿐만 아니라 바로 나 예수를 재판정에 세우려는 음모임을 어찌 모르겠습니까.

"완전히 헛소리이지요. 물고기가 아무리 크다 해도 그 뱃속에서 어떻게 사흘간을 살아남을 수 있습니까? 그건 성경에서 잘라 내야 합니다. 그런 혹세무민이 기독교를 아편으로 만듭니다."

첫 후보자는 조금 뜸을 들이더니 살기가 느껴지는 음성으로 그렇게 단언했습니다. 과학적 유물론 사상을 배경 삼고 있었습니다.

"이솝우화와 같다고 생각합니다. 여우나 토끼가 말을 했다는 걸 누가 믿겠습니까? 다만 이솝우화가 삶의 지혜를 제공하듯이 요나의 이야기가 주는 교훈만은 귀중하다고 생각합니다."

그 다음 후보의 대답입니다. 비신화화 해석학을 표준삼아 또박또박 자기주장을 펴나갔습니다.

"저는 상황에 따라 달리 설교합니다. 철학자들이나 과학자들의 모임에 가면 그건 단지 신화적 표현에 불과하다고 말할 것입니다. 그리고 시골교회 무식한 회중들에게는 요나가 머리터럭 하나도 상하지 않고 살아나왔다고 할 것입니다."

상황신학적 주장을 펴는 그 후보자는 우쭐한 태도였습니다. 하지만 거기까지 듣고 있는 나 예수의 마음은 심히 불편했습니다.

"저는 요나가 물고기 뱃속에 들어갔다가 사흘 만에 살아나왔다는 걸 성경말씀 그대로 믿고 설교해왔습니다. 예수님도 그대로 믿으셨지 않습니까? 아니, 심지어 요나가 멸치 뱃속에 들어갔다 살아나왔다 해도 그대로 믿습니다. 전능하신 하나님께서 왜 그만한 일을 못하시겠습니까? 우리가 뭐 죽은 하나님을 믿습니까?"

확신에 가득 찬 목소리가 수험장의 천정을 울릴 정도였습니다. 나 예수도 100년 묵은 체증이 한꺼번에 내려가는 것 같았습니다. 그러나 면접관들은 불편한 속내를 얼굴표정에 담았습니다.

한 시간 뒤에 면접고사 결과가 발표되었습니다. 네 사람 합격과 한 사람 불합격이었습니다. 그리고 떨어진 이는 바로 '멸치뱃속'에 들어갔어도 살아나온 그 후보자였습니다.

지난해에도 같은 대답으로 낙방했다는 그는 소매로 눈물을 훔치며 20리도 넘는 길을 걸어갔습니다. 그러더니 교회당으로 들어가 제단 앞에 무릎 꿇고 엉엉 목 놓아 울었습니다. 자신이 강도사(preacher)로 시무하는 교회입니다.

"요나단 강도사여, 힘을 내시오. 하나님 나라 목사고시에서 합격할 사람은 바로 요나단 강도사뿐이라오."

나 예수는 함께 엎드려 그의 어깨에 손을 얹고 그렇게 위로했습니다. 못 자국이 생생하게 남아 있는 손이었습니다. 그리고 한 마디 더 덧붙였습니다.

"그 교단 목사고시에는 나 예수도 불합격할 것이외다."

## "동방박사들과의 재회"

나 예수는 마리아 어머님에게서 어린 시절의 이야기들을 많이 들었습니다. 그건 어느 어머니나 마찬가지이지요. 어릴 때에 어떤 일이 일어났는지 아무도 기억하지 못하니까요.

그 가운데 가장 흥미진진했던 것은 바로 동방박사들이 찾아온 사건입니다. 그토록 추운 겨울에 베들레헴 시골구석까지 찾아왔다는 게 어디 보통 일이겠습니까?

"우리가 한 일 년 정도는 나사렛으로 가지 않고 베들레헴에 살았어. 네 아빠가 목수이신데 무슨 일이나 듬직하게 해 내니까 일감이 많이 생겼지. 게다가 네가 다윗 임금님의 후손이라 나도 너를 그분의 고향 베들레헴에서 키우고 싶었어."

그래서 집도 사글세로 얻어 장기투숙을 하고 있는데 갑자기 이상한 사람들이 들이닥쳤다는 것입니다. 열두 명 일행이었답니다.

"여기가 유태인들의 왕이 되실 아기가 살고 있는 집입니까? 우리는 한 일 년 전쯤 동쪽 나라에서 특별한 별을 보고 그런 분이 탄생한 것을 알았습니다. 이제 그분에게 예배드릴 수 있도록 아기를 뵙게 해 주십시오."

처음에는 부모님께서 경계의 눈초리로 자세히 살펴보았답니다. 그러나 그들의 얼굴과 말씨에서 진정성을 충분히 확인했기에 방으로 들어오라고 했습니다. 그들은 나 예수에게 두 번 반을 엎드려 절을 했답니다. 그리고는 하인들이 짊어지고 온 짐짝 깊숙한 곳에서 예물 함을 꺼내어 놓더랍니다. 황금덩어리와 유향묶음과 몰약병이 들어있었습니다.

"그들은 왕족으로서 우주에 대한 연구를 무척 많이 한 박사님들이었어. 특히 별들의 움직임을 자세히 연구하여 그들의 왕이 정치를 잘하도록 돕는 사람들이었다는군. 그런데 바로 이 곳 유태인 땅에 우주의 왕이 태어나셨다는 걸 알려주는 특별한 별을 보았다고 했어."

어머님은 '우주의 왕'이라는 말에 특별한 힘을 주어 말씀했습니다. 저의 영혼 깊은 속에 넣어 놓으려는 뜻인가 봅니다.

부모님은 황금의 절반은 예루살렘 성전에 보내셨습니다. 유향은 그 전부를 제사장님께 드렸고, 몰약은 나 예수가 십자가 위에서 죽었을 때 내 몸에 바르셨답니다. 그리고 황금의 남은 절반은 이집트에서 피난민으로 있을 때 생활비로 아껴가며 쓰셨답니다.

나 예수는 나이가 들면서 그들을 만나보고 싶었습니다. 그들이 비록 인간적 한계 때문에 헤롯 왕궁으로 잘못 찾아갔고, 그래서 나의 동갑내기들이 억울하게 목숨을 잃기는 했었지요. 그래도 꼭 만나고 싶었습니다. 그래서 부활 뒤에야 겨우 짬을 내서 그들을 찾아갔습니다. 이미 70세 넘은 노인들이 되었습니다.

"제가 청년 예수입니다. 베들레헴에서 태어났을 때 그 먼 데서 찾아 오셨었지요. 황금, 유향, 몰약 같은 귀중한 선물까지 가지고 오셨지요. 얼마나 감격했는지요. 답례인사라도 꼭 드리려고 뒤늦게나마 찾아 왔습니다."

그들은 입을 딱 벌린 채 어쩔 줄 몰랐습니다. 그러더니 이내 또 엎드려 절을 했습니다. 땅에서 머리를 들어 올리지 않은 채 한참이나 그대로 있었습니다.

"저희들도 소식 들었습니다. 십자가에서 생명을 찢어 모든 인류와 만물에게 선물하셨다는 소식 말입니다. 그래서 저희들까지도 메시야의 생명을 선물로 받았네요. 저희들이 드렸던 것보다도 훨씬 좋은 선물, 살을 찢으시고, 피를 흘리시고, 뼈를 깎아서 만드신 선물을."

그들은 감격에 차서 펑펑 눈물을 흘렸습니다.

## "그분이 바로 '마지막 잎새'"

"하나님 나라는 성탄선물을 주고받은 어떤 가난한 신혼부부와 같다. 젊은 아내는 오랫동안 애지중지 키워서 무릎까지 치렁치렁 덮고 있는 금발머리를 잘라 가발장수에게 팔았다. 그래서 금으로 된 손목시계 줄을 샀다."

"남편 역시 퇴근하는 길에 머리를 다듬을 빗을 사려고 가게에 둘렀다. 금으로 도금한 것이라 값이 꽤 되었다. 하지만 아내가 행복한 표정으로 머리 빗는 모습을 상상해 보니 값은 아무런 문제가 아니었다. 마침내 가문 대대로 물려받은 애지중지하는 손목시계를 팔았다. 줄이 없어 호주머니에 넣고 다니는 시계였다."

"성탄절 전날 저녁이 되었다. 자녀들이 없는 이 신혼부부는 둘이만 선물을 교환했다. 남편이 주는 선물을 뜯어본 아내는 얼굴이 하얗게 질렸다. 아내가 건네 준 것을 뜯어본 남편은 천정이 노래졌다. 그러나 이 가난한 신혼부부는 서로를 얼싸 안았다. 데이트를 시작한 이래 그처럼 뜨거운 포옹을 한 것은 처음이었다. 이들 가난한 부부는 비록 아무 짝에도 쓸모없는 선물을 교환했지만 금보다 더 귀한 사랑을 주고 받았다. 오직 하늘나라에서만 맛 볼 수 있는 사랑이었다."

얼음 섞인 겨울바람이 휙휙 몰아치는 저녁 나 예수는 뉴욕에 있는 워싱턴 스퀘어의 긴 의자에 앉아 그런 비유를 공중에다 뿜어내고 있었습니다. 그런데 옆에 앉아 담배 연기를 푹푹 날리던 허름한 차림의 남자 하나가 다가왔습니다. 얼굴도 좀 투박한 모습이었습니다.

"혹시 누구십니까? 저의 소설 '동방박사들의 선물'을 읽으신 분 같은데요."

"아, 소설가 오 헨리 (O Henry) 선생이시군요. 저는 나사렛의 목수 예수입니다."

우리는 누가 먼저랄 것도 없이 서로 와락 껴안았습니다. 헉헉 소리를 낼 만큼 허그(hug)를 했습니다. 그가 쓴 소설 몇 편을 읽었던 까닭에 꼭 만나고 싶었던 인물입니다.

"여기는 너무 춥군요. 저의 집, 뭐 집이랄 것도 없는 쪽방이지만, 그 곳이 바로 저 옆에 있는 2층입니다. 벽난로도 있고 빵과 커피도 마련되어 있으니 함께 가시지요."

나 예수도 그와 더 사귀고 싶어 초청을 기꺼이 받아들였습니다. 방에 들어서니 여러 가지 퀴퀴한 냄새가 비위를 뒤집어 놓았습니다. 낡은 의자에 앉아 잠시 머리 숙여 기도했습니다. 그런데 눈을 뜨니 그는 내 앞에 단정히 무릎을 꿇고 있었습니다.

"제 행적을 모두 알고 계시잖아요? 제가 텍사스에서 은행돈 횡령죄로 감옥생활 했던 것도. 그것으로 세상 죄 값은 치렀지만 아직 하나님께는 철저히 회개하지 못했습니다. 이 자리에서 회개합니다. 용서해 주십시오."

나 예수는 의자에서 내려와 그와 함께 나란히 무릎을 꿇고 그의 등에 손을 얹어 기도했습니다. 하나님의 자녀가 된 것을 감사하는 기도였습니다. 그리고 저녁 식탁을 함께 했습니다.

"선생께서는 소설 쓰시는 것으로 이미 회개의 큰 열매를 맺으셨습니다. 선생의 작품에는 영원한 생명에 대한 갈구가 지하수처럼 흐르고 있지요. '동방박사들의 선물'은 나 예수가 목숨 걸고 가르친 '하나님의 나라 비유'를 담고 있고요."

"과찬해 주시니 몸 둘 바를 모르겠습니다. 실은 한국의 국어교과서에 실려 잘 알려진 '마지막 잎새'라는 단편소설도 그렇게 해서 탄생된 것이지요. 무명화가가 그려 붙인 그 떨어지지 않는 마지막 담쟁이 잎새 때문에 폐렴에 걸려 죽어가던 소녀가 다시 살아난 이야기 말입니다. 그런데 온 인류를 살릴 최후의 희망이신 그 마지막 잎새를 오늘 여기에서 뵙게 되었네요."

나 예수는 오 헨리의 영혼에서 하늘의 그윽한 향기를 한껏 맛보았습니다.

## "키신저와의 탁상담화"

헨리 키신저라면 지금도 기억하는 사람들이 많습니다. 미국과 베트남 전쟁을 마무리 짓는 협상의 주역이었던 사람, 대통령 국가안보보좌관과 국무장관으로서 중국과의 외교관계를 말끔히 해결한 사람, 그리고 하버드대학교에서 이름을 휘날리는 교수였습니다. 지금도 그의 저술들이 수없이 많이 읽혀지고 있으며, 그가 시사문제에 대하여 의견을 말하면 온 세계 언론들이 다투어 보도하고 있습니다.

그런데 그가 국무장관 시절에 유태인들에 대한 비판을 했던 일이 밝혀지면서 자칫하면 코너에 몰릴 수도 있다는 생각이 들었습니다. 그래서 부랴부랴 그를 만날 약속을 했습니다.

그의 집에 도착하니 대문 앞까지 나와서 반가이 맞아주었습니다. 몸이 퉁퉁하고 백발이 성성했습니다. 얼굴은 여전히 그 특유의 미소로 가득 채워져 있었습니다.

"제가 바로 만나 뵙기를 약속받은 예수라는 청년입니다. 다윗왕의 후손이지요."

"헨리 키신저입니다. 이렇게 누추한 곳까지 찾아주시니 감사합니다."

그는 명함을 한 장 주었습니다. 나 예수는 아직 명함이 없어서 이런 경우 좀 멋쩍기도 했습니다. 거처도 일정하지 않아서 명함에 넣을 내용이 별로 없기도 합니다.

그는 나를 자신의 서재로 안내했습니다. 상당히 넓은 방인데 사면 벽이 책으로 가득가득 차 있었습니다. 탁자에 앉아 덕담과 은담을 나누는 동안 미세스 키신저가 따뜻한 커피를 가져왔습니다.

"요즈음 어떠십니까? 같은 피를 나눈 유태인들로부터 심한 비판을 받으실 터인데요."

"아, 그것 말입니까? 유태인들보다 더 이기적인 집단이 세상에 어디 있느냐고 욕설을 퍼부었다는 것. 벌써 40년 전의 일인데요 뭐. 그리고 욕설일 것도 없습니다. 사실이 그런 걸요."

"우리 동족 유태인에 대한 비판이라면 저 예수가 훨씬 더 심했지요. '뱀들아, 독사의 새끼들아, 화 있을진저' 같은 폭언을 퍼부었을 정도 아닙니까? "

"그런데도 아직도 정신을 차리지 못하고 있으니 어쩝니까? 이집트에서 4백년 넘게 종살이를 했어도 도루묵이 되었고, 바벨론에서 70년간 포로생활을 했어도 그 타령이 되었으니까요."

"사실 다른 민족들이 유태인을 비판하고 싶어도 히틀러 치하에서 6백만 명이나 학살당한 것 생각해서 많이 참았다는 측면도 있습니다. 그렇게 되니 다시금 하나님과 사람들 앞에서 오만 방자해지고 말았어요. 다른 모든 민족이 그처럼 이기주의자가 되어도 유태인만은 그래서는 안 되는 것인데요."

"세상 사람들이 이를 빠득빠득 갈며 증오하는 대표적 인물이 하나 있지요. 셰익스피어의 작품 '베니스의 상인'에 나오는 샤일록입니다. 채무자의 가슴살을 베어내겠다고 끝까지 주장한 그 주인공 말입니다. 그가 또 유태인이 아닙니까? 그리고 스승을 은 삼십곧 노예 값을 주고 팔아넘긴 가룟 사람 유다도 유태인의 이기주의를 대표하는 인물이고요."

"아아, 키신저 박사님, 저와 관련된 이야기는 감추어주시면 좋겠네요. 온 인류의 죄악을 속죄하시려는 하늘 아버님의 뜻과 관련된 일이니까요."

"그래서 저를 포함하여 유태인 모두가 속죄를 받은 셈입니다. 부끄러움을 상당부분 면하게 되었지요. 다윗 왕의 자손 예수님께서 유태인이라는 것 때문에."

## "빵집에서 태어난 뜻"

매년 12월이면 나 예수의 탄생지 베들레헴에서도 성탄절 아니 '예탄절' 축제가 열립니다. 특히 각 나라 교회합창단이 그들의 고유의상을 하고 자기 나라 말로 찬양 드리는 장면은 매스 미디어를 타고 온 세계에 중계됩니다. 1980년대에는 예루살렘 한인교회도 한국말 찬양을 처음으로 드렸답니다.

그 뒤 어느 해인가, 이 축제에는 특이한 설교자를 모셨습니다. 첫 번 오순절 때처럼 베드로가 아람말로 설교했어도 모든 사람들이 자신들의 언어로 알아듣도록 하는 설교자였습니다. 통역의 번거로움이 너무 컸기 때문입니다.

그렇게 해서 뽑혀온 사람이 바로 나 예수입니다. 복수언어 집회에서는 종종 그런 기적을 일으켰다는 사실이 입소문을 타고 행사 준비위원의 귀에 들려왔답니다.

사실 그런 때가 오기를 기다리기도 했습니다. 고향은 누구에게나 어머니의 품과 같이 아늑함을 맛 볼 수 있는 곳이 아닙니까. 나 예수도 나사렛에 살던 청소년 시절 베들레헴에 일 년에 한 번씩은 꼭 둘러보았습니다. 뛰넘절(유월절, Passover)이면 예루살렘에 왔다가 베들레헴까지 다녀가기도 했고, 제자들과 함께 전도할 때에도 몇 번 고향땅을 밟았었습니다.

베들레헴 곧 ‘빵집마을’은 열두 지파 가운데 우리 조상들이 소속된 유다 영토 안에 있었습니다. 밀농사가 꽤 잘되었고 또 양들을 치기에도 알맞은 곳입니다. 게다가 광야의 양식 만나가 끊어진 길갈 근처이기도 합니다.

축제는 ‘탄생교회’ 앞 광장에서 열렸습니다. 여러 국가와 민족과 언어를 대표하는 찬양들이 오색찬란하게 하늘에 울려 퍼졌습니다. 회중들도 모두 모두 황홀한 분위기에 푹 빠져 함께 찬양을 드렸습니다. 첫 번 크리스마스 때 수많은 천군천사들의 합창 곧, “하나님께는 영광, 땅 위에는 평화, 사람들에게는 기쁨”이 재현된 느낌입니다.

“저는 빵집 동네 바로 이곳에서 태어난 사람입니다. 쌀을 주식으로 삼는 분들에게는 ‘밥집’이라는 동네이지요. 하늘 아버님께서 저를 바로 이 빵집마을에서 첫 울음을 터뜨리도록 하셨습니다. 그래서 평생토록 빵에 담긴 하늘의 뜻을 여러 번 생각했습니다.”

그렇게 설교를 시작했습니다. ‘네가 빵집마을에서 태어나지 않았느냐, 그러니 이 돌멩이들로 빵을 만들어 보라’는 마귀의 유혹도 간증했습니다. 빵 기적을 일으켜 수많은 사람들을 먹였더니 나 예수를 왕으로 모시겠다는 혁명을 꾸민 일도 밝혔습니다. 경제 메시야로 삼겠다는 것입니다. 굶주림이 너무도 심한 때여서 오죽하면 나 예수도, “하늘 아버님, 사람이 빵을 먹지 않고도 살아갈 수 있도록 창조하실 수도 있지 않습니까? 몸 안에서 양식이 자동적으로 생산되도록 재창조하실 수는 없을까요?” 그렇게 강청 기도한 것도 소개했습니다.

"그 때에 하늘에서 천둥소리 같은 음성이 들렸습니다. '네 자신이 빵이 되거라. 생명의 빵 말이다.' 나 예수는 그 말씀 앞에 무릎을 꿇었습니다. 그래서 성찬예식도 베풀었습니다. 십자가 위에서 찢겨진 생살이 빵이 되고 그 때 흘린 피가 생명의 음료가 되는 성찬식입니다."

그런 간증설교를 할 때 목이 메고 눈물이 펑펑 흘러내렸습니다. 그래서 몇 분 동안 아무 말도 못하고 서 있다가 갑자기 큰 소리로 이렇게 외쳤습니다.

"나 예수는 모든 피조물에게 생명을 주는 빵입니다. 그것이 바로 빵집 마을에서 태어나게 하신 하늘 아버님의 위대한 뜻입니다."

그 곳에 모인 수많은 순례자들은 이 설교에 '아멘, 아멘' 하며 큰 음성으로 응답했습니다. 하늘에까지 울려 퍼지는 아멘소리였습니다. 그리고 하늘에서도 '아멘' 하는 우레 소리가 들려왔습니다.

## "하나님을 해방시켜라"

미국 세인트루이스 기차역에서 기다리며 지방신문을 읽고 있는데 눈에 확 들어오는 기사 하나가 있었습니다. 사진이 곁들여진 3단 기사였습니다.

"성지는 가까운 곳에 있다" (The Holy Land Is Not Far From You).

그런 제목입니다. 성지聖地라면 긴 설명을 하지 않더라도 단연 이스라엘과 팔레스타인에 걸쳐 있는 땅인데 성지가 가까이 있다니 우선 흥미가 있었습니다. 그래서 좀 더 자세히 읽어 내려갔습니다.

미국의 어떤 믿음 좋은 사람이 이스라엘 성지를 돌아보고 큰 결심을 하고 돌아왔답니다. 그 성지의 축소판을 미국 땅에 건설하겠다는 비전입니다. 가이사랴에 갔을 때 '빌라도'라는 이름이 새겨진 돌멩이를 안내자가 열심히 설명한 뒤 질문시간이 있었습니다.

"그토록 귀중한 물건을 여기 이렇게 방치하면 누가 도적질해가지 않을까요? "

그렇게 물었습니다. 문화재 도굴범들이 활개를 치고 있기 때문에 걱정스러웠던 모양입니다.

"이건 모조품(replica)입니다. 진본은 국립박물관에 소장되어 있지요."

그런 설명을 듣자 일행 가운데 한 사람이, "결국 짝퉁이란 말이죠." 하고 퉁명스럽게 대꾸했습니다. 그러나 이 믿음 좋은 사람은 그 순간 머릿속에서 번개가 번쩍하는 걸 느꼈습니다.

"주님, 그렇다면 이스라엘 땅에 있는 이 성지 전체의 레플리카를 미국 땅에 만들게 하여 주시옵소서."

그런 기도가 저절로 나왔습니다. 미국 전체가 범죄와 하나님 멸시로 오염되어 가는 것을 조금이라도 막아보라는 그분의 음성으로 들렸습니다. 게다가 가난해서 이곳까지 못 오는 믿음의 형제들이 성지방문의 감동을 미국에서 받게 하고 싶었습니다.

그는 성지 지도 가운데 가장 잘 된 것을 하나 사서 가슴에 품고 미국으로 돌아왔습니다. 이스라엘 성지와 여건이 비슷한 곳을 여러 군데 답사하고 최종적으로 한 곳을 골라 땅을 확보했습니다. 물론 전 재산을 털어 넣었고, 성지 전문가를 초청하여 자문을 받았습니다.

"진본보다 더 감동이 큰 모조품 성지를 조성해 주시옵소서."

공사를 하면서 몇 년 동안 그런 기도를 하며 펑펑 쏟아지는 은혜를 체험했습니다. 그렇게 해서 마침내 제1단계 준공감사 예배가 있었다는 것이 언론보도의 내용입니다.

나 예수는 그 기사를 읽고 어서 속히 방문하고 싶었습니다. 그래서 지도를 자세히 점검해 보니 당초 가려던 목적지 중간에서 내리기만 하면 되었습니다.

해가 저물 때에 그 짝퉁 성지에 도착했습니다. 한 쪽에서는 여전히 작업이 진행 중이었지만 다행히 갈릴리 바다는 개방하고 있답니다. 아, 갈릴리 바다! 나 예수는 갈릴리 바다라면 껌뻑 죽는 정도 아닙니까. 선착장에 도착하니 진본 갈릴리 바다보다 규모는 작으나 모든 것이 비슷했습니다. 특히 어둑어둑해 가는 밤이라 야광 시설이 신비감을 더해 주었습니다.

배에는 모두 열 사람이 타고 있었습니다. 일곱 사람은 코리언들이었고 두 사람은 배의 선장과 조수 그리고 나 예수였습니다. 그런데 코리언들은 모두 성경을 들고 있었습니다. 알고 보니 미주에 있는 어느 교회 셀그룹 회원들이랍니다. 마침 갈릴리 바다 위에서 일어났던 기적을 중심으로 성경말씀을 묵상하며 함께 나누고 있었습니다.

"아니, 아무리 예수님이라 해도 물 위에서 걸으셨다니 나는 전혀 믿을 수가 없네요. 과학적으로 생각할 때 그게 말이나 됩니까. 저 모래 밭이 가까운 물가로 걸으니까 마치 물 위를 걷는 것처럼 보였다는 말이 더 설득력이 있거든요."

그 중의 한 사람이 언성을 높였습니다. 그러니까 남은 여섯 사람이 일제히 항의를 했습니다. 비록 표현은 달라도 그 핵심은 나 예수가 하나님의 아들이므로 무슨 기적이든 행하실 수 있다는 것입니다.

"베드로도 몇 분 동안 물 위로 걸어갔다고 하는데 그러면 여기 베드로처럼 걸을 사람 나와 봐. 믿음 좋은 사람 누구야? 당장 물 위로 걸으란 말이야."

그 과학주의자는 일어나서 그렇게 호기를 부렸습니다. 그러니까 여섯 사람은 당황한 표정이었습니다. 아무 말도 못했습니다.

그 때 나 예수는 옷을 입은 채로 바다 위로 뛰어들었습니다. 그리고 물 위를 걸어서 배의 뒤를 따라갔습니다. 그러자 선장과 조수는 물론 여섯 코리언들도 깜짝 놀라 입을 크게 벌리고 눈을 동그랗게 뜨고 있었습니다.

"창조주이신 하늘 아버님을 과학이라는 족쇄에 꽁꽁 묶어두면 안 되지요."

나 예수는 그 과학주의자에게 딱 잘라서 깨우쳤습니다. 그러자, '자신의 죄를 용서해 달라'는 비명이 미친바람에 섞여 가느다랗게 들려왔습니다.

## "교회는 영혼 주유소"

가을이 무르익은 날 자동차를 몰고 설악산으로 가는 중이었습니다. 그런데 휘발유가 달랑달랑 떨어져가고 있는 것을 발견했습니다. 이내 차를 세우고 네비게이션에서 가까운 주유소를 찾아 달려갔습니다.

"휘발유, 가득이요."

주유소에 도착하자마자 엔진을 끄면서 종업원에게 말했습니다. 그런데 그 얼굴을 힐끗 보니 오만상을 찌푸리고 있었습니다. 고민, 불안, 신경질, 불만 같은 정신적 쓰레기들로 가득 차 있는 모습이었습니다. 하지만 가슴에는 나 예수가 잘 알고 있는 어느 신학대학원 배지를 달고 있었습니다.

"고객님은 무엇이 그리도 행복하십니까? 모두 경기가 나빠서 전국이 우울증에 빠져 허우적거리는 판인데요."

나 예수와 나이가 비슷해 보이는 그 종업원이 퉁명스럽게 한 마디 했습니다. 실상 나도 근엄한 얼굴을 할 때가 많습니다만 이번에는 얼굴에 따뜻하고 산뜻한 행복으로 채웠습니다. " 종 업원님께서는 무엇 때문에 육만상이 찌그러지셨습니까? "

"고객님 참 괴짜네요. 오만상이라는 말은 들어 보았지만 육만상은 또 무업니까? "

"오만상에다 일만상을 덧보탠 것이지요."

그제야 비로소 그는 웃음을 터뜨렸습니다.

"아이고, 고객님은 내 속을 환하게 들여다보고 있네요. 실상 저는 목사로 부르심을 받고 신학대학원에서 공부 중입니다. 학비를 벌기 위하여 시간제로 이곳에 나와 일하고 있지요. 그런데 학기말 고사가 내일부터입니다. 성적을 잘 받아야 다음 학기에는 장학금을 받게 되니까 초조해서 그럽니다."

그 말을 들으니 주머니에서 돈 한 뭉텅이를 꺼내 손에 쥐어주고 싶었습니다. 그러나 불행히도 내 주머니에도 은행 구좌에도 그럴 만한 액수가 없었습니다. 그래도 현금보다 더 값진 것으로 '목회지혜'를 선물하고 싶었습니다.

"8만원이요."

휘발유 값이 조금 오른 모양입니다. 나 예수는 신용카드를 내어주며 한 마디 던졌습니다.

"가장 좋은 신학대학원은 바로 이 주유소 아닐까요?"

"고객님은 싱거운 소리도 잘하시네요. 여기에 무슨 교수님이 계십니까, 아니면 도서관이 있습니까?"

"주유소에 오고가는 수많은 사람들에게 복음을 전한다면 그건 전도학 한 과목 하는 것보다 훨씬 큰 효과가 있지 않을까요? 그리고 교회가 바로 영혼주유소라는 사실을 깨우친다면 목회학 과목을 우수한 성적으로 이수하는 열매이고요."

그 알바 신학생의 눈이 휘둥그레졌습니다.

"혹시 담임목사님이나 신학대학원 교수님이십니까?"

"아니오, 그냥 방랑객입니다. 전도 방랑객이지요. 아무튼 교회가 진짜 휘발유를 공급하는 영혼주유소가 된다면 자동차들이 주유소에 꼭 와야 하듯이 모든 사람들이 '거룩한 기름'으로 영혼탱크를 채우려고 반드시 교회로 올 것 아닙니까."

그 종업원은 너무 좋은 말씀을 들었다며 세차권 하나를 선물로 주었습니다. 내가 타고 다니는 자동차 겉이 너무 지저분했던 모양입니다.

나 예수는 돌아오는 길에 일부러 그 주유소에 다시 한 번 들렀습니다. 그런데 그 알바 학생은 보이지 않습니다. 다른 종업원이 대신 휘발유를 넣어주었습니다.

"안녕하세요, 고객님. 영혼주유소에 다시 오셔서 반갑습니다."

나 예수는 영혼주유소라는 말이 벌써 많이 퍼졌다는 느낌이 들었습니다. 이 주유소 주인이 실상은 교회 장로인데 지난 번 신대원 알바 학생이 직원 기도회에서 간증을 했답니다. 이곳이 영혼주유소라고 깨우쳐 준 고객의 정보를 감시카메라에서 빼어냈답니다. 그래서 그 간증을 듣고 이 주유소는 바로 영혼 주유소가 되도록 통성으로 기도했답니다.

## "옷 종교, 음식 종교"

<든든한 교회>에서 설교한 날이었습니다. 담임목사 차를 타고 점심식사 하러 간 곳은 '은행나무 집'이었습니다. 흙으로 담을 친 옛날 초가였습니다. 큼지막한 누렁개 한 마리가 마당에서 어슬렁거리는데 우리 일행을 흘금흘금 쳐다보고 있었습니다.

"저희들이 알아서 전화로 미리 주문해 놓았습니다. 몸보신을 조금 하셔야 할 것 같아서요."

짐작은 했습니다만 정말 보신탕집이었습니다. 아시아인들이 보신탕을 즐겨 먹는다는 사실은 익히 들어 알고 있었지만 막상 보신탕이 들어오는 걸 보니 다소 역겹게도 느껴졌습니다. 코셔(kosher) 곧 유태인 음식에 너무 인이 박힌 까닭인가 봅니다.

"하늘 아버님, 아버님이 지으신 것은 모든 것이 선하매 감사함으로 받습니다. 하지만 저희들 때문에 고통을 당하고 희생의 제물이 된 동물들과도 함께 고난을 나누게 하시옵소서."

그렇게 짤막하게 기도했습니다.

"강사님께서도 허기가 많이 지신 것 같아요, 기도를 짧게 하시네요."

함께 앉은 대표 장로가 그렇게 토를 달자 모두 배를 움켜쥐고 웃었습니다. 나 예수는 미소만 지었습니다.

"목사님들은 어느 분이나 보신탕을 무척 좋아하세요. 그런데 궁금합니다. 무슨 특별한 이유라도 있습니까? "

다른 장로 질문에 또 한 번 배꼽들이 흔들흔들했습니다.

"아주 중요한 이유가 세 가지 있습니다."

"세 가지씩이나요? 무엇들인데요? "

담임목사가 운을 떼자 요번에는 장로 부인들이 궁금하다며 나섰습니다.

"첫째, 진돗개처럼 양을 잘 지키려고 그럽니다. 둘째, 아무리 큰 소리로 설교해도 결코 목이 쉬지 않거든요."

음식을 먹다 말고 또 한 번 폭소가 방안을 가득 채웠습니다. 그러더니 마지막은 무엇이냐며 어서 말해달라고 성화였습니다.

"예수님께서도 한국에서 태어나셨으면 보신탕집 출입이 잦으셨을 것이기 때문입니다. 그분은 자신이, '먹기를 탐하고 마시기를 즐긴다'는 비난을 받을 정도라고 하신 적이 있거든요."

이번에는 모두 자빠질 듯이 웃어 제꼈습니다. 하지만 그들은 오늘 설교한 강사가 나 예수인 것을 전혀 모르고 있었습니다.

"그런데 강사님, 구약성경 레위기에는 먹지 말라는 음식목록이 적혀 있지 않습니까? 반대로 신약성경에서는 강사님 기도하신 것처럼 모든 것을 감사함으로 먹으라고 했으니 우리 같은 평신도에게는 혼란이 가중됩니다. 좀 산뜻하게 풀어 주세요."

고등학교 현직 교감이면서 지난해에 장립 받은 장로의 질문이었습니다. 그러나 식탁 참석자들 모두가 조용한 것으로 보아 같은 궁금증을 가진 것 같았습니다.

"저는 바로 이런 질문과 토론으로 이어지는 것을 기뻐합니다. 낮에 설교한 성숙한 신앙과 깊이 연관된 일이지요. 아기가 어릴 때에는 어머니가 주는 음식만 먹어야 하지요. 아무 것이나 모두 먹으라고 하면 양잿물도 먹을 수 있으니까요. 하지만 자라서 분별력이 생기면 무엇이나 가리지 말고 고루고루 먹으라고 하거든요."

그런 다음 보신탕 고기 한 점을 듬뿍 입에 넣어 삼켰습니다. 그리고 계속했습니다.

"종교 가운데는 특정한 음식만 먹어라, 특정한 옷만 입어라, 특정한 모자나 얼굴 가리개를 사용해라, 특정한 곳에서만 예배 드려라 하는 등의 그런 계율이 많습니다. 그런데 그런 금기사항이 많을수록 저급 종교라고 할 수 있습니다. 참 종교일수록 인간을 꽁꽁 묶어 놓는 율법에서 사람 특히 영혼을 풀어 놓습니다."

온 인류가 함께 살아가려면 금기사항이 전혀 없을 수는 없지만 그런 것들은 자원하여 기쁨으로 지켜갈 수 있도록 해야 참 자유를 누리는 신앙이라고 결론 맺었습니다. 모두들 진지하게 듣고 진리를 깨달은 희열이 얼굴마다 흘렀습니다.

나 예수는 살코기를 몇 점 더 먹었습니다. 생활 현장에서 설교할 수 있는 큰 기쁨 때문에 음식 맛이 더 좋았습니다.

## "유다의 특별사면 안 된다"

"도대체 당신이 김정일보다 나은 게 뭐 있소? 나를 이런 지옥에 던져 넣다니. 여기는 '요덕정치범수용소'보다 더 험악하다는 걸 몰라요?"

그는 만나자 마자 삿대질을 하며 발악하듯 대들었습니다. 하지만 나 예수는 입을 꾹 다문 채 그의 얼굴을 뚫어지게 쳐다보았습니다. 아직도 그 영혼이 마귀에게 꽁꽁 묶여 있었습니다.

"똑바로 따져 보시오, 당신의 비상한 머리로 범죄행위라면 나보다 더 큰 악질이 바로 시몬 베드로란 놈 아니오? 당신이 십자틀에서 처형되는 것을 방해한 놈이니까요. 게다가 당신을 모른다고 공개적으로 세 번이나 잡아뗀 놈 아니오? 거기에 비교하면 나는 천사요, 천사. 당신이 십자가에서 죽어 모든 인류의 죄악을 해결하도록 도운 사람이란 걸 당신이 모를 리 있소? 그런데 어찌 나만 이 지긋지긋한 지옥에서 고통을 당해야 한단 말이오?"

유다는 이를 바드득 갈며 하늘을 향하여 주먹을 휘둘렀습니다. 그래도 나 예수는 그의 얼굴을 계속 응시했습니다. 그의 눈빛이 나 예수의 것과 부딪는 순간 그는 눈을 내리 깔았습니다.

"게다가 원수까지 사랑하라고 가르치지 않았소? 당신 정말 나를 사랑하는 거요? 또 박해하는 자를 위하여 기도하라고 가르쳤지요? 정말 나 위해 기도하는 거요? 웬 놈의 기도가 그처럼 길어서 2천년 동안이나 한다는 말이오? 제발, 제발, 나를 이 지옥에서 해방시켜 주시오."

유다는 그 자리에 주저앉아 땅을 치며 통곡하기 시작했습니다. 통곡 소리가 얼마나 컸던지 지옥의 천정을 울릴 정도였습니다.

그런 모습을 보니 나 예수의 마음도 무척 언짢았습니다. 한 때는 큰 기대를 걸었던 열두 제자의 하나였습니다. 또 나 예수도 유다 지파이기에 한 집안의 친척이기도 했습니다. 고운 정도 들고 미운 정도 들었습니다.

하지만 그건 값싼 동정일 뿐, 결코, 결코, 하늘 아버지의 뜻이 아닙니다. 최후의 심판자이신 아버지께서는 나 예수를 통하여 유다에게 충분한 회개의 기회를 주셨습니다.

"내가 너희 열둘을 택하지 아니하였느냐? 그러나 너희 중의 한 사람은 마귀니라."(요 6:70).

그렇게 경고했습니다.

"만일 네 손이 너를 범죄 하게 하거든 찍어버리라. 장애인으로 영생에 들어가는 것이 두 손을 가지고 지옥 곧 꺼지지 않는 불에 들어가는 것보다 나으니라."(막 9:43).

한 단계 더 높여 경고했습니다. 범죄하게 하는 발을 찍어버리라, 범죄 하게 하는 눈을 빼어 버리라며 거침없이 잔인한 표현을 동원했습니다. 심지어, "네가 할 일을 속히 하라"(요 13:27)며 맞대놓고 문책을 했습니다.

그러나 유다는 결코 회개할 줄 몰랐습니다. 자기 자신의 모습으로 나타나는 마귀를 쫓아내지 못했기 때문입니다. 자아를 죽일 줄 몰랐습니다. '나만주의'를 결코 포기하지 않았습니다. 그러니 만약 유다조차도 지옥에 보내지 않는다면 지옥을 두려워할 사람이 누가 있겠습니까?

"유다 형제여, 나 예수도 당신이 영혼의 감옥에서 놓임 받기를 기도하오."

이 말을 들은 유다는 눈이 동그라지고 귀를 쫑긋 세웠습니다.

"그런데 회개해야 하늘나라가 가까워진다는 걸 아직도 제대로 깨닫지 못하고 있군요. 바르게 회개했다면 그 때 목매어 자살하는 게 아니라오. 베드로처럼 복음전파하는 일에 평생 헌신하다가 십자가 지고 죽었어야 했지요."

나 예수는 아직도 유다가 자신의 죄악을 토해내기보다는 다른 사람에게 책임을 뒤집어씌우고 있는 것이 너무도 안타까웠습니다. 그는 여전히 태어나지 않았더라면 자기 자신에게도 더 좋았을 사람이었습니다. 그런데 어찌 아버지 하나님께 특별사면을 건의하겠습니까?

## "박살난 교회, 작살난 예수"

사울이라는 청년이 다마스커스로 떠난다는 계획을 듣고 이번에는 그들과 함께 가기로 작정했습니다. 일행은 다섯 명, 임무는 그 도시로 피난 간 그리스도인들을 체포하여 예루살렘으로 압송하는 일이었습니다. 대제사장이 발급한 체포영장을 몸에 지니고 있었습니다.

아침 일찍 말을 타고 떠난 그들 일행이 헬몬산을 옆으로 돌아 다마스커스 가까이 이르게 되었습니다. 사울이 뒤따르는 일행들을 향하여 살기등등한 목소리로 크게 외쳤습니다.

"예수 믿는 놈들 한 놈도 남기지 말고 씨를 말려버려. 일망타진, 발본색원 바로 그거야."

물론 사울 일행은 나 예수가 그들 사이에 있는 것을 전혀 눈치채지 못했습니다.

때는 정오, 다마스커스 성채가 드디어 시야에 들어오고 있었습니다. 바로 그 때가 결정의 순간이었습니다. 나 예수는 맑은 하늘 밝은 태양보다도 더 밝은 빛을 그들에게 비추었습니다. 특히 사울이라는 청년이 표적이었습니다.

"사울아, 사울아"

나 예수는 그의 이름을 두 번 불렀습니다. 마치 하늘 아버님께서 모세의 이름을 두 번 불러 애굽 탈출의 큰 사명을 주실 때와 같았습니다.

"네가 어찌하여 나를 박해하느냐?"

"주님, 누구이신데 제가 박해했다고 하십니까? 제가 박해했다면 예루살렘교회를 갈기갈기 찢어 놓은 것뿐인데요."

사울은 아직도 당당하고, 뻣뻣하고, 도전적 태도였습니다.

"그렇지. 네가 예루살렘교회를 박살냈지. 그런데 그게 바로 나 예수의 몸을 작살냈다는 걸 정말 몰랐느냐? 교회는 어느 것이나 생살을 찢고 뜨거운 생명의 피를 쏟아 부어 설립한 나의 몸이니라."

"… …"

"게다가, 교회를 부수는 것은 바로 자기 자신을 부수는 것이니라. 네 눈이 멀었을 때 무엇을 느꼈느냐? 가시채를 뒷발질하기가 고생스럽지 않더냐."

사실 나 예수는 일찍부터 사울이라는 청년을 주목해 보았습니다. 쓸 만한 인물이었기 때문입니다. 그런데 오히려 나의 이름을 증오한 나머지 예루살렘교회를 파괴하는 일에 앞장서서 날뛰었습니다. 특히 대표적 지도자 스데반을 돌로 쳐 죽였습니다.

나 예수는 다마스커스교회의 신실한 제자 아나니아에게 사울을 상담하는 일을 맡겼습니다. 이방인들과 왕들과 이스라엘 자손들에게 나 예수의 이름을 전파하는 사명을 주었다는 비밀도 밝혔고, 하나님 나라를 이 땅 위에 건설하는 숭엄한 사명은 바로 교회설립이라는 점도 명백히 했습니다.

며칠 뒤 아나니아로부터 연락이 왔습니다. 청년 사울이 목숨 걸고 내 가르침 그대로 순종하겠다는 결단을 했답니다. 교회 파괴범은 바로 예수님 살해범이라는 걸 깨닫고 그가 며칠 간이나 통곡을 했답니다. 하나님의 교회를 심히 박해하고 박멸했다는 죄와 스데반을 죽인 죄도 낱낱이 고백했고, 특히 다시 살아나신 주님을 만난 까닭에 예수님이 바로 메시야이신 것을 조금도 의심하지 않게 되었답니다.

"주님, 안심하시고 그를 교회 건설회사 현장감독으로 꼭 임명해 주십시오."

아나니아의 간곡한 요청이었습니다.

사울은 이름도 바울로 바꾸고 교회건설 현장감독으로 충성을 다했고, 가는 곳마다 교회를 개척했습니다. 로마 감옥에서 목이 잘려 죽을 때까지.

## "너도 탕자, 나도 탕자"

그 날 주일예배는 어떤 시골교회에서 드렸습니다. 어릴 때 다녔던 나사렛 회당만큼이나 조그마한 교회당이었습니다. 중고등학생들까지 합해서 모두 50명은 됨직합니다. 하지만 찬양 소리가 우렁차고 은혜가 강물처럼 넘치는 예배였습니다. 찬양곡 가운데는, "돌아 와 돌아 와"도 있었습니다.

사중창이 있은 뒤에 설교가 시작되었습니다. 본문과 제목은 누가복음 15장에 나오는 '탕자의 비유'였습니다.

먼저 그 비유의 줄거리를 흥미진진하게 풀었습니다. 이야기 실력이 매우 돋보였습니다.

"둘째 아들의 타락과정을 자세히 살펴보겠습니다. 아버지가 죽기도 전에 제 몫을 챙기는 것은 아버지에 대한 모독입니다. 타락은 아버지와의 관계가 끊어지는데서 시작됩니다. 그러더니 곧장 재산을 정리하여 아버지에게서 멀리 멀리 떠나갑니다."

그렇게 시작하여 둘째 아들이 마침내 돼지 취급도 못 받을 정도로 타락했고 그 결과 굶어 죽는 지경에 이르렀다는 점도 예리하게 분석했습니다. 부모에게 물려받은 재산을 도박, 마약, 색성(sex), 음주에 쏟아 붓는 죄악도 현대 젊은이들의 풍조를 적시하며 매섭게 경고했습니다.

"그러나 둘째만 탕자가 아닙니다. 집에 있는 큰 아들도 탕자입니다. 아버지에게 반항하고, 제 동생을 모함하고, 부당한 대우에 대하여 불평을 털어놓습니다. 작은 아들은 돌아온 탕자 곧 '돌탕신자'라도 되었지만 큰 아들은 끝내 회개하지도 않았습니다."

그렇게 성경을 풀었습니다. 이어 아버지의 사랑과 아들들의 타락을 대비시켜 영상으로 띄워놓았습니다. 그렇게 되니 이기주의라는 아들들의 영적 범죄와 끝까지 용서하는 아버지의 거룩한 사랑이 더욱 확연히 드러났습니다.

설교가 끝나고 온 회중이 찬송가를 불렀습니다. "어서 돌아오오, 어서 돌아만 오오"였습니다. 담임목사는 자신이 탕자라고 절실하게 느끼는 사람은 모두 일어나서 강단 앞으로 나와 무릎을 꿇으라고 초청했습니다. "우리 주의 넓은 품으로 어서 돌아오오" 하고 마지막 절을 부를 때에는 강단을 둘러싼 모든 신자들이 목이 메고, 흐느끼고, 통곡하는 소리로 성전이 가득 찼습니다.

나 예수는 그 날 마음이 참으로 흐뭇했습니다. 말씀의 바른 증거가 교회의 표준성을 측정하는 가장 확실한 척도 아닙니까. 그리고 바른 설교 곧 좋은 설교의 표준은 청중들의 새로운 삶을 향한 결단 아닙니까.

그래도 한 수 더 가르쳐주고 싶었습니다. 숙소에 돌아와서 주보에 기록된 이메일 주소로 몇 자 적었습니다.

"오늘 참 좋은 설교 들었습니다. 성경말씀의 핵심을 잘 풀었습니다. 회중들이 자신들이 바로 탕자라는 것과 다시는 탕자가 되지 않겠다고 단단히 결단하는 튼실한 열매가 많았습니다."

그렇게 격려했습니다. 그래도 그 젊은 시골교회 목사가 더 좋은 설교자로 성장하도록 몇 가지 도움말을 보탰습니다.

"탕자는 둘째 아들과 첫 아들인 것 맞습니다. 그러나 그 머슴도 탕자입니다. 큰 아들에게 아버지의 사랑을 제대로 전달하지 못했으니까요. 더 있습니다. 아버지도 탕자가 되었고요, 그 비유를 말한 나 예수도 죄 덩어리 육신을 입은 탕자가 되었습니다."

그렇게 풀었습니다. 이기주의 때문에 탕자가 된 탕자도 있고, 탕자를 구출하기 위한 탕자도 있다는 뜻입니다.

## "적국의 애국시를 가르치라"

나 예수의 모국인 이스라엘 전국이 큰 소용돌이에 휘말리게 되었습니다. 교육부 장관이 팔레스타인의 애국시를 고등학교 교과서에 게재하겠다고 발표했기 때문입니다. 버스 안에 타고 있는 유태인들도 그 소식을 듣고는 발을 동동 구르는 사람, 심지어 자리를 박차고 일어나 교육부 장관에게 욕설을 퍼붓는 사람들도 있었습니다.

그 애국시가 라디오에서 잠깐 흘러나오기는 했지만 정확히 들리지 않아서 저녁 신문 나오기를 손꼽아 기다렸습니다. 그런데 신문에도 줄여서 몇 줄만 보도되었는데 다음과 같습니다.

기록해 두어라,
너희들이 포도원을 도적질했다는 것을
우리 조상의 포도원 말이다.
그리고,
땅을 도적질했다는 것을.
우리들이 자손들과 함께 갈아먹던 땅 말이다.
너희들은 우리들에게 돌만 남겨놓지 않았더냐.

그런 시였습니다. 정말 이스라엘에 대한 팔레스타인 사람들의 적개심이 철철 넘치는 시입니다. 초등학생들까지 나서서 이스라엘 군인들을 향하여 돌팔매를 던지도록 폭발적 선동성을 잔뜩 지닌 시였습니다.

바라크 이스라엘 수상은 즉시 이런 결정은 시기에 맞지 않는 일이라며 교육부 장관에게 사임압력을 가했습니다. 정통파 유태인들은 사리드가 어느 나라 교육부 장관이냐면서 당장 파면시키라고 강력히 요구했습니다. 그런 시를 감수성이 예민한 이스라엘 고등학생들에게 가르친다는 것은 곧 이스라엘 애국심에 비수를 꽂는 범죄행위이며 이스라엘 땅의 굼벵이와 지렁이들도 결코 좌시하지 않을 것이랍니다.

그러나 사리드 교육부 장관은 당당한 태도로 반격했습니다. 적들이 무엇을 배우고 있는지 알도록 해야 바른 애국심을 배양할 수 있다는 것입니다. 손자병법으로 치면, "지피지기 백전백승"知彼知己百戰百勝이라는 뜻입니다.

나 예수는 마침 그 교육부 장관과 친분이 있었습니다. 그래서 전화를 걸었습니다.

"사리드 장관님, 큰일을 하고 계십니다. 당신의 친구인 나 예수도 일찍부터 '원수를 사랑하라'고 가르친 것 기억하시지요? 우리가 먼저 적개심이 가득한 원수의 나라 시를 가르치는 것이 이 죽고 죽이는 전쟁을 해결하는 실마리가 될 것입니다. 결코 포기하지 마십시오."

“감사합니다. 천군만마를 얻은 것과 같습니다.”

그런 대답을 듣고 나 예수는 곧바로 팔레스타인 땅을 향해 발걸음을 재빨리 옮겼습니다. 그리고 떠나기 전에 현수막 하나를 만들어 가슴에 품었습니다.

검문소를 지나 팔레스타인 땅에 발을 들여 놓았을 때 돌 몇 개가 날아왔습니다. 어린 소년 소녀들이 던진 것입니다. 작은 돌 하나가 이마에 맞아 피가 조금 흘러내렸습니다.

나 예수는 현수막을 펴서 흔들었습니다. 팔레스타인의 애국시가 큼직한 아랍글자로 적혀 있는 현수막입니다. 특히 “돌만 남겨 놓지 않았더냐”는 구절을 그들 모두가 읽을 수 있도록 큰 글자를 사용했습니다. 그러자 그들은 돌을 길바닥에 던지고 일제히 손을 높이 쳐들고 몰려왔습니다. 나 예수는 한 어린이를 꼭꼭 안아 주었습니다.

그 다음 수소문해서 다아위쉬(Darwish)라는 시인을 만났습니다. 팔레스타인 민족이 당하는 압박과 설움을 대변하는 대표적 애국시인입니다. 사리드 이스라엘 교육부 장관이 고등학생들에게 가르치겠다는 시가 바로 그의 작품이었습니다.

“저는 나사렛 목수 예수입니다. 시인님의 작품을 읽고 저의 조상 다윗 왕을 생각했습니다.”

“아, 그러시군요. 저도 다윗의 시를 읽으며 시 공부를 했습니다. 그런데 여기는 어쩐 일이십니까? ”

“이스라엘 사리드 교육부 장관이 선생의 시를 고등학생들에게 가르치겠다는 소식 들으셨지요? 혹시 팔레스타인에서도 이스라엘의 애국시를 가르치시면 어떨까 해서요."

그는 아무 대답을 못하고 머뭇거렸습니다. 이론적으로는 그것이 맞는데 만약 팔레스타인에서 그런 말 했다가는 극우파들에게 돌에 맞아 죽을 것이기 때문입니다.

"그런 때가 오도록 기도해 주십시오."

그 시인은 난처한 표정으로 그런 부탁을 했습니다. 나 예수는 그의 속마음을 알아차렸기에 두 손을 꼭 잡고 하늘을 우러러 간곡히 기도했습니다. 이리와 어린 양이 다정한 친구가 되는 날이 어서 속히 오도록…. 그리고 약속이나 한 것처럼 '아멘'을 합창했습니다.

## "코는 굴뚝이 아니라오"

매섭게 추운 겨울바람이 몰아치고 있었습니다. 버스 정거장에 도착하니 청년 하나가 먼저 와서 기다리고 있었습니다. 내 나이 또래인 그는 담배를 연속해서 피워갔습니다. 새 담배 가치에 불을 옮겨 붙인 뒤에 꽁초를 쓰레기통에 휙 던졌습니다. 담배 연기가 김과 섞여 코와 입이 기차 화통처럼 보였습니다.

나 예수는 담배연기를 피하여 바람 부는 쪽으로 옮겨 섰습니다. 그 친구가 한 가치 더 태운 뒤에야 버스가 도착했습니다. 그 친구는 담배를 꼬나문 채 나보다 먼저 버스에 올라탔습니다. 그는 요금카드를 댄 뒤 좌석을 찾아 들어갔습니다.

"손님, 이 버스는 금연인데요."

40대나 된 여성운전기사가 주의를 주었습니다.

"알았어요, 누님. 피우던 것 마저 끝낼게요."

그 담배쟁이 청년은 퉁명스럽게 대꾸했습니다. 그리고 운전기사도 알았다는 듯이 별 신경 안 쓴 채 버스를 몰았습니다.

좌석은 꼭 하나가 남아 있었습니다. 그 담배쟁이 청년 옆 자리였습니다. 담배 냄새가 너무 역해서 앉기가 무척 곤혹스러웠습니다. 그 친구가 꽁초를 바닥에 버릴 때까지 가운데 통로에 서 있었습니다.

"형님, 담배 맛도 모르면서 무슨 재미로 사시오?"

나 예수가 그 옆 자리에 앉자마자 그렇게 말을 걸어왔습니다. 아무나 붙잡고 누님 형님 하는 품이 밉지는 않았습니다.

"담배 안 피우는 재미에 살지요. 담배 피우는 자유가 있다면 안 피우는 자유도 있는 것 아닐까요."

버스 손님들의 시선이 우리들 대화에 집중되는 걸 느꼈습니다. 모든 승객이 금연파와 흡연파로 나누어지기 때문인가 봅니다.

그 담배쟁이 청년은 어느 대학에 시문학 강의하러 간다고 자신을 소개했습니다. 그리고 담배 한 갑을 연속으로 태워야 머리가 맑아지고 시상이 떠오른다며 담배철학을 이어갔습니다. 그리고 자신이 쓴 시 한 수도 소개했습니다.

"마음속에 있는 시심詩心이 담배연기를 타고 이리 저리 방랑하다가 한 편의 시로 정착되곤 합니다. 500도가 넘는 뜨거운 불에 타들어가는 담배와 그 연기를 보면서 내 생명이 타들어가는 걸 느끼곤 하지요. 결국 생명을 불태워서 쓴 시라는 뜻입니다."

말하자면 담배간증이었습니다.

"글쎄요. 창조주께서 코를 굴뚝처럼 거꾸로 만드시지 않은 뜻이 무얼까요? 그리고, 담배 안 피우고 좋은 시를 쓴 사람들도 꽤 많지 않습니까? 특별히 창조주를 찬양하는 시 말입니다."

나 예수는 신앙간증으로 맞섰습니다.

그 담배쟁이 청년의 얼굴에는 당황하는 빛이 보였습니다. 실은 '담배는 마약으로 판정되지 않았던가요' 하는 말을 붙이려다가 때가 아니라고 판단되어 입 속으로 도로 집어넣었습니다. 그 대신 눈으로 먼 하늘을 응시하며 간곡히 기도했습니다.

“하늘 아버님, 담배마약에 꽁꽁 묶여 노예가 된 이 친구를 속히 풀어주시옵소서.”

그 청년 얼굴에 희열이 솟아나기 시작했습니다. 무언가 큰 진리를 깨달았다는 희열입니다.

## "하나밖에 없는 십자가 동창생"

나 예수는 다시 살아난 뒤에 '고난의 길'(via dolorosa)을 꼭 한 번 더 걸어보고 싶었습니다. 그래서 부활했던 그 주간 금요일 오전 같은 시각에 결행했습니다. 빌라도 총독에게 재판 받던 장소부터 시작하여 해골 곧 골고다 언덕까지 한 발자국씩 천천히 떼어 놓으며 걸었습니다.

가시관을 강제로 씌워줄 때 그 아픔이 되살아났습니다. 옷을 벗길 때 그 수치감도 생생했습니다. 공중에 매달아 놓고 채찍질할 때에는 한 순간 정신이 버쩍 들었지만 이내 혼수상태로 들어갔습니다. 채찍에 끼워 놓은 철편들이 온 몸을 사정없이 찢어 놓았고 피가 주르륵 떨어지는 걸 본 순간입니다.

그런 다음 나 예수를 못 박아 죽일 십자가를 내 어깨에 지우고 빨리 가라며 또 채찍질을 했습니다. 성문 밖으로 내어 몰더니 로마 군병들이 좌우를 둘러싸고 물샐틈없는 경계를 펴며 계속 잔인하게 채찍질을 퍼부었습니다. 몇 번이나 넘어지고, 엎드러지고, 곱드러졌는지 모릅니다. 사람들은 큰 구경거리라도 생긴 것처럼 발 디딜 틈도 없이 길 양편에 빼곡하게 둘러섰습니다. 나 예수와 함께 처형될 두 강도도 이끌려오고 있었습니다.

절반쯤이나 걸어갔을까, 나 예수의 사형을 집행하는 백부장의 명령이 들려왔습니다.

"십자가 형틀을 다른 사람이 지고 가게 하라."

로마 군병은 그 주위에 건장하게 생긴 남자 청년 하나를 우악스러운 손으로 잡아 끌어냈습니다. 그리고는 나 예수가 지고 왔던 형틀을 그의 어깨에 옮겨 지웠습니다. 힐끗 보니 얼굴이 가무잡잡했습니다. 그는 재수 없게 걸려들었다는 듯이 잔뜩 찌푸린 얼굴로 나를 노려보았습니다. 그러나 이내 그 무거운 형틀을 지고 뚜벅 뚜벅 걸어갔습니다.

나 예수는 그 때야 비로소 좌우를 둘러볼 수 있었습니다. 가슴을 치고 통곡하며 따라오는 여성들이 보였습니다. 또 어떤 젊은 처녀가 잽싸게 달려 나와 무릎을 꿇고 내게 물과 수건을 건네주었습니다. 베로니카였습니다.

"예루살렘의 딸들아 나를 위하여 울지 말고 너희와 너희 자녀들을 위하여 울라."

십자가에 처형되기 직전 마지막으로 남긴 교훈입니다. 그런데 이 모든 것이 나 예수의 형틀을 대신 짊어진 그 청년 덕택이었습니다.

고난의 길 답사의 발걸음이 그 지점까지 미치게 되자 그를 꼭 만나야 하겠다는 결심이 생겼습니다. 그래서 이리 저리 수소문을 했습니다. 그런데 다행히 아직 뛰넘절(유월절) 행사를 마치고도 예루살렘에 머물고 있답니다.

"아프리카 구레네에서 오신 시몬 선생이시라고요. 저는 나사렛 사람 예수입니다."

그는 기절할 정도로 놀랐습니다. 나 예수의 발 앞에서 무릎을 꿇고 넓적 엎드렸습니다.

“용서하여 주십시오. 로마 군병이 그 형틀을 저의 어깨에 메고 가라고 할 때 증오의 눈으로 쳐다 본 저를 꼭 용서하십시오. 그 때는 정말 몰라 뵈었습니다.”

나 예수는 그의 손을 꼭 잡아 일으켰습니다. 십자가 못 자국이 남아 있는 손입니다. 그리고 함께 의자에 앉았습니다.

“아닙니다. 오히려 감사드리려고 수소문해서 찾아왔습니다. 나 예수를 대신해서 십자가를 진 사람은 시몬 선생 오직 한 분뿐입니다. 사선을 넘을 때 함께 고통을 나눈 분이니 제게 가장 가까운 친구가 되셨습니다.”

“온 인류의 구원주 되시는 분의 십자가를 조금이라도 져드리게 되었으니 이런 큰 영광과 축복이 어디 있겠습니까? 예수님과 십자가 학교 동창생이 되다니요.”

그 말을 할 때 문이 열리며 소년 둘이 들어왔습니다. 시몬은 자신의 두 아들들이라며 알렉산더와 루포라고 이름을 소개했습니다. 그리고는 축복기도를 부탁했습니다.

시몬은 그 뒤에 구레네(지금의 리비야 수도 트리폴리)로 돌아가 모든 재산을 정리해서 예루살렘으로 이사를 왔습니다. 교회는 곧 나의 몸이라는 말에 감격하여 예루살렘교회를 온 가족이 섬겼습니다. 그러다가 피난민을 위하여 설립된 안디옥교회로 가서도 바울 사도와 함께 온 가족이 큰 몫을 담당했습니다.

나 예수는 네로 황제의 기독교 박해시절 로마에 갔다가 그 가족을 또 한 번 만났습니다. 그 곳에서 돈을 벌어 사도 바울의 선교를 뒷바라지하고 있었습니다. 바울 사도가 너무 감격하여 시몬의 부인을 자신의 어머니라고 불렀습니다(롬 16:13).

## "언행일치, 설행일치"

나 예수는 그 때 발걸음이 여리고에 이르게 되었지. 이제 예루살렘으로 올라가면 십자가에 달려 죽게 되는 때였어. 그런데 여리고라면 세 사람이 생각났어. 창녀 라합, 여호수아 장군, 그리고 대언자 엘리사였지. 모두 하늘 아버님의 뜻을 이룩하기 위하여 목숨을 건 사람들이야.

여리고는 비록 '죽음바다' 옆에 있는 도시지만 좋은 오아시스 샘물이 넘쳐 흘러 과일이 풍부한 곳이야. 게다가 발삼 향료의 주산지였어. 그것만으로도 얼마나 돈벌이를 잘들 했는지 몰라.

그건 또 새 발의 피야. 중국에서 중동을 거쳐 이집트로 가는 큰 무역로가 통과하는 길목이었지. 물건의 통과량이 엄청나고 여리고에서 묵어가는 상인들이 많아서 돈이 굴러다니는 도시였어. 그런데 거기에서 제일 큰 부자가 바로 삭개오야. 그가 재테크의 귀재라는 소식은 여러 번 들어왔는데 키가 유난스럽게 작다는 거야.

삭개오는 직업이 여리고 국세청장이었어. 아니 세금회사 사장이라는 게 더 정확할 거야. 로마 정부에게서 세금사업권을 따내 회사를 설립한 다음 로마정부가 요구하는 액수만 거두어 보내고 나머지는 마음껏 챙겨 먹는 거였어. 그러니 여리고세금회사 사장 자리는 요직 중의 요직이고 돈벌기는 식은 죽 먹기보다 더 쉬운 일이었어.

아무튼 여리고를 지나가는데 거리마다 사람들이 발 디딜 틈도 없을 정도로 많이 나와 있었어. 그 가운데 돌무화과나무 위에 올라가서 나를 내려다보는 사람 하나가 눈에 확 띄었어. 공포에 질린 얼굴이었는데 그 사람이 바로 삭개오인 것을 직감으로 알아 차렸지.

"삭개오 씨, 내려오시오. 오늘 밤은 댁에 가서 쉬며 친구로 지내고 싶소."

나 예수는 대뜸 그렇게 말해 주었지. 애국열혈당원들의 비판을 무릅쓰고. 그 사람은 돈과 재산은 많지만 심한 외로움병을 앓고 있었어. 게다가 애국열혈당원들 칼에 언제 목숨이 날아갈지 모르는 무서운 불안감에 휩싸여 있었지.

삭개오 사장은 재빨리 나무에서 내려와 우리 일행을 자기 집으로 안내했거든. 으리으리한 집에 살고 있더군. 자기만 살려고 남을 인정사정없이 수탈해 먹은 그런 돈으로 지은 집이었어. 죄악의 벽돌을 쌓아서 건축했다 할까.

삭개오는 식탁 앞에서 갑자기 일어서더니 간증을 시작했어. 나 예수가 '삭개오 씨' 하고 부를 때 갑자기 아버지 생각이 났다는 거야. "너만은 깨끗하고 의롭게 살아야 한다'는 뜻으로 지은 이름이 바로 삭개오였기 때문이지. 그래서 "삭개오 씨" 하고 부르는 음성이 "이 더러운 놈아, 이스라엘을 배신한 놈아, 불효막심한 놈아, 네가 네 이름의 배신자야 이놈아" 그런 소리가 우레처럼 들려왔대.

“제 재산의 절반은 팔아서 가난한 사람들 사랑하는 데 쓰겠어요. 그리고 다른 사람 재산 강탈한 것은 네 배로 갚겠고요.”

그 순간 그는 자신의 이름을 회복시켰어. “깨끗하고 정의로운 사람”이라는 이름을 가지고 ‘더럽고도 더럽게’ 살았던 과거를 말끔히 씻어버렸지. 회개로 치면 진짜 회개야. 그래서 나 예수는 삭개오가 영원한 생명을 얻은 하나님의 자녀라는 걸 공개적으로 선언했거든.

실상 삭개오는 그 날 밤 큰 결심 하나를 밝혔어. 목숨을 걸고 나 예수의 제자로 따라 나서겠다는 거야. 그래서 그를 꼭 얼싸안았더니 한참 동안 흐느껴 울었어.

언행일치가 지도자 되는 보편적 기준이듯이 나 예수의 제자가 되려면 명행일치 곧 이름대로 사는 것이 기본 자격 아니겠어? 나 예수가 이름 그대로 산다는 걸 잘 아는 삭개오도 이제는 제 이름대로 살게 되었거든. 참 기특한 일이야.

특히 설행일치說行一致 곧 설교한 그대로 사는 목사들이 별로 없는 시대라서 그게 더욱 절실한 거야.

## "축도통일 포럼 참관기"

<성결포럼>이 열린다는 기사가 나 예수의 눈을 잡아끌었습니다. 한인교회가 1천개가 더 되는 로스앤젤레스 코리아타운에서 열린답니다. 벌써 서른세 번째 열리는 포럼인데 이번에는 그 주제가 "어떤 것이 바른 축도인가"입니다.

1백 명 정도가 모였습니다. 찬송과 기도가 있은 뒤 주제 발표자가 나섰습니다. 그는 이미 배포된 발표원고를 차분차분하게 읽어갔습니다. 그리고 중간 중간 설명을 붙였습니다.

우선 용어부터 설명했습니다. 라틴말 뿌리를 가진 베네딕션(benediction), 한자말에서 온 축도와 축복기도도 분석했습니다. 축복祝福은 복을 빈다는 뜻이지 복 자체가 아니라는 것도 지적했습니다. 그 대안으로 차라리 은복恩福이라는 말을 쓰자는 제안도 내어놓았습니다.

그러나 주제발표의 핵심은 '기원형 축도'냐 아니면 '선언형 축도'냐였습니다. 기원형 축도는 맨 끝을 '축원하옵나이다'로 마감하지만 '선언형 축도'는 고린도후서 13장 13절 (어떤 성경에는 14절)에 따라 "있을지어다"로 끝맺는 것이랍니다.

이어 논찬자 두 사람이 나섰습니다. 60대 목사는 기원형을 선호했습니다. 축도자가 하나님처럼 행세해서는 안 된다는 것과, 한국교회가 1백년 넘게 사용해온 축도양식을 단숨에 폐기처분해서는 안 된다는 소신이었습니다.

두 번째 논찬자는 30대의 젊은 목사였습니다. 그는 선언형 축도가 더 성경적이라고 단호하게 주장했습니다. 성경의 모범을 따라, "주 예수 그리스도의 은혜, 하나님의 사랑, 성령의 교통하심"을 축도의 내용으로 삼는다면 당연히 "너희 무리와 함께 있을지어다"라고 성경말씀 그대로 축도해야 한다고 잘라 말했습니다.

참석자들의 자유토론시간이 되자 여러 의견이 백출했습니다. 고린도후서 마지막 절만 표준이 아니고 아론의 축도(민 6:26), 요한의 축도 (요삼 2)도 복수표준으로 사용할 수 있다는 주장, 은혜/사랑/교통만 아니고 평화, 인내, 행복, 소망, 보호, 능력, 지혜 등도 축도의 목록이 되어야 한다는 의견, 기원형 축도라면 당연히 '예수 그리스도의 이름으로' 축도해야 된다는 항변, 대화형 축도도 있다는 소개도 있었습니다.

심지어 공동예배에서 축도순서를 없애면 안 되느냐는 질문, 희랍어 성경 원문에는 '있을지어다'라는 말이 없다는 것을 지적한 성서언어학자도 있었습니다. 그리고 그것은 번역인 만큼 존칭어가 없는 서구 언어에는 별 문제가 없지만 만약 원본이 한국교회 성도들에게 쓴 편지라면 '있을지어다'가 아니라, 당연히 '있기를 바랍니다'라고 존칭어가 되어야 한다는 제안도 있었습니다.

토론이 더 달아오르자 보수파와 진보파의 학자와 목사들이 언성을 높이기 시작했습니다. 눈을 부라리는 이들도 있었습니다. 그러다가는 축도가 '저주기도'로 바뀔 수도 있다는 생각이 들었습니다.

토론시간이 마감될 무렵 사회자는 아무런 발언도 하지 않은 참석자 두 사람을 지명하여 의견제시를 요청했습니다. 그 가운데 하나가 나 예수였습니다.

"목회자님들의 고민을 생각하면 하늘 아버님께서 딱 부러진 축도 하나를 성경에 기록하셨을 것입니다. 그런데 오늘 토론에서 본 것처럼 그 분은 오히려 여러 가지 모형을 제시하셨습니다. 그 분의 은혜와 축복을 넉넉히 실어다 줄 수 있는 도구가 된다면 어떤 형태이든 자유 재량권을 가지고 사용하시면 되지 않을까요? "

사회자는 그 의견이 오늘 포럼의 좋은 결론일 것 같다며 나 예수에게 축도를 요청했습니다. 그래서 발제각석으로 올라가 두 팔을 탁 벌렸습니다. 그리고 눈을 든 채 하늘을 우러러 보았던 십자가 위의 자세를 취하고 이렇게 기원하고, 그렇게 선언했습니다.

"축도의 여러 형태를 선물로 받아가는 선한 목자들에게 하늘의 은복이 영원토록 함께 하소서 아멘."

예수께서 말씀하셨다.
"내가 곧 길이요 진 리요 생명이니,
나로 말미암지 않고서는
아버지께로 올 사람이
아무도 없다." (요 14:6).

부록 1 목회 회고록

# 알곡 사람 되게 하소서

불장난하면 불 타 죽는다/ 족보 있는 집안 자식/ 알곡이냐, 쭉정이냐/ 예수님이시라면…/ 다섯 번의 임사 체험/ 시골학교 학생회장에 당선되다/ 고등학교에서 퇴학 처분/ 6.25사변의 비극과 감동극/ 인생을 멀리 보거라/ 그분께서 밀어 넣으셨다/ 하나님부터 쏘아 죽이려나/ 지독학생과 소속/ 글 써서 밥 먹고 살 사람/ 가정교사 체험기/ 자신과의 통렬한 전쟁/ 성결의 요람 서울신학대학교/ 교육대학원 수석 입학/ 내가 네 글을 사용하려 한다/ 화장실에서 터득한 진리/ 네 빈 골 내 골로 채워주마/ 제2훈련소와 3군본부교회 집회/ 모든 군인에게 <마음의 양식>/ 성전은 불경기에 마련하라/ 목표는 하나, 과정은 여럿/ 예수 믿는 일곱 가지 큰 이유/ 사람은 사람 가운데서 사람이 된다/ 성숙한 신앙인의 일곱 표준/ 감쪽같이 고쳐주시니/ 성경번역, 찬송가가사, 코리안의 노래/ 전파선교와 예기치 못한 사건들/ 평양방문, 살해협박, 함생통일론/ 교단총무, 총회장, 대학총장/ 예수님처럼 살 수 있을까

## 불장난하면 불 타 죽는다

〈조각글〉을 써 온지가 40여년을 훌쩍 넘었다. 지금까지 얼추 4천편은 썼음직하다. 영어의 칼럼을 한국말로 번역했다. 칼럼(column)은 기둥이란 뜻인데 신문이나 잡지에 기둥처럼 세워서 쓴 조각글을 뜻한다.

아직도 '칼럼'을 쓰고 읽는 사람들이 많다. 하지만 조각글이라 쓰는 이들도 점점 늘어간다. 새로운 말을 창안해서 쓰는 것을 영어로 '코인'(coin)이라 한다. 동전처럼 구워낸다는 뜻이다. '조각글'은 이정근 바로 이 글의 필자가 처음으로 구워낸 장본인임을 확실히 해 둔다.

그런데 〈크리스찬 저널〉에 조각글 연재를 지난 3월호로 마감했다. 필자의 나이 80이 되면서 정신집중력도 떨어지고 또 〈이정근 목사 대표 설교집〉 출간에 집중해야 한다는 계획 때문이었다. 바로 그 때 〈크리스찬 타임스〉로부터 원고청탁을 받게 되었다. 4월호부터 목회회고록을 집필해 달라는 정중한 요청이었다. 그간 원고 빚을 많이 졌었다. 그 요청을 놓고 기도할 때에 '네 생애를 간명하게 정리하는 간증을 쓰라'는 음성이 들려 왔다.

대학원 석사과정에서 국어교육학을 전공할 때에 주님은 나를 부르셔서 목사가 되게 하셨다. 앞으로 더 자세히 밝히려 한다. 그냥 목사가 되는 것이 아니라 '글쓰는 목사'가 되어야 한다는 신비한 부르심이었다. '주님을 위하여' 글을 써야 한다는 소명이었다. 특히 알곡 같은 생명력 있는 글을 써야할 묵직한 등짐을 내 어깨에 지워 놓으셨다. 독자 여러분과 신문제작진 여러분의 기도후원이 절실한 이유이다.

필자는 경기도 수원군 남양면 남양리 117번지에서 태어났다. 서울에서 1백리, 수원에서 오십리 떨어진 서해바다 쪽에 있는 마을이었다. 지금은 화성시 남양동이 되었다. 1941년 1월 21일이었다. 하지만 호적에는 그보다 1년 2개월여 지난 뒤에 등재되었다. 그 때는 유아 사망률이 높아 두 살이나 되어야 호적에 올리는 것이 관행이었다. 어떻든 일제 말엽 세계 제2차 대전 와중에 출생했다.

우리 집은 다섯 가정이 살고 있는 산골동네였다. 네 집은 전田씨였고 우리 집만 이李씨였다. 그래도 증조모가 전씨 가문에서 출가해 오셨기 때문에 남남만은 아니었다. 마을 이름이 성주골聖住谷이었다. 성인이 머물렀던 동네라는 전설이 있다.

그 산골 동네에서 읍내를 가려면 30분 정도 걸어야 했다. 논틀밭틀길이었고 큰 냇가도 건너야 했다. 남양초등학교는 읍내에 있었지만 우리 동네에서 학교건물과 운동장이 멀리 보였다. 학생들이 조회하거나 유희와 체조하는 것들이 보였고 가끔은 구령소리도 들려왔다.

네 살쯤 되어가던 해였다. 어머님께서 그늘이 큰 감나무 아래에서 맷돌에 밀을 갈고 계셨다. 그런데 별안간 요란한 소리가 들려왔다. 옆에서 쿨쿨 낮잠을 자고 있던 나는 소스라치게 깨었다. “엄마, 엄마, 저거 뭐야, 무서워.” 그러면서 엄마 품속으로 달려 들어갔다.

"무서운 것 아니다. 해방되었다고 두레 노는 것이란다."

그 말씀이 어머님의 음색 그대로 내 뇌리에 평생토록 저장되어 있다. 그것이 바로 내 생애에 기억되는 첫 언어였고 어머님의 부드러운 음성이었다. 물론 해방이 무슨 뜻인지, 두레가 뭐 하는 것인지 그 때에는 전혀 몰랐다.

그로부터 두 해가 더 지났을까, 이른 봄 날씨라 매우 쌀쌀했다. 속셔츠도 별로 없이 한복 바지저고리만 입었기에 찬바람이 온 몸을 잔인하게 휘젓고 다녔다. 음력 정월보름께였다. 부모님들은 동네의 다섯 집에 돌아가면서 음식을 나누며 친교를 하고 있었다. 그래서 아이들은 아이들대로 몰려다니며 놀았다.

오후쯤 되니 날이 흐리고 더 추웠다. 그래서 이웃 아이들과 잔디와 나뭇가지를 긁어모으고 거기 불을 붙여 몸을 따뜻하게 하자고 의논이 되었다. 성냥도 없던 시절이라 화롯불에서 불씨를 가져다가 마른 잔디를 모아놓고 훌훌 불었다. 드디어 잔디에 불이 붙었다.

그런데 봄바람이 꽤 거셌다. 갑자기 잔디에 옮겨 붙은 불이 무섭게 퍼져나갔다. 조상들의 무덤이 열 몇이 있는 언덕인데 삽시간에 열두 묘지를 태워 삼켰다. 모든 무덤이 새까만 옷을 입은 격이 되었다.

다행히 동네 어른들이 모여들었고 지혜롭게 산불관리를 해서 일단 묘지만 태우고 불은 꺼졌다. 그런데 그날 저녁에 어찌된 영문인지 우리 집에 불이 크게 났다. "불이야, 불, 불 불" 하시며 내 이름과 우리 형님들 이름을 외치시는 어머님의 음성이 들려 왔다. 아버님은 그 때 출타중이셨다. 어머님의 그 황급한 음성 방향을 향해 무조건 돌진했다. 머리카락을 좀 태웠지만 나는 불에 타죽지 않고 살아남았다. 행낭채를 모두 태운 걸 보아서는 큰불이었다. 여섯 살 때였다.

경찰이 낮에 산불 놓았던 경위를 자세히 물었다. "너 임마, 앞으로 절대로 불장난해서는 안 된다. 또 그 짓하면 붙잡아다가 유치장에 가둘 거야, 알았지?" 그 때 눈을 부릅뜬 그 순경 얼굴이 얼마나 무서웠는지, 화마보다도 훨씬 더 무서웠다.

## 족보 있는 집안 자식

나는 시골 가난한 농부의 여섯 째 아들로 태어났다. 형님이 넷, 누님이 하나, 동생이 넷 그래서 십남매였다. 그 가운데 둘은 유아 때 사망했다.

집안은 무척 가난했다. 지주의 논을 임대해서 농사짓는 소작농이었다. 아버님도 어머님도 학교교육을 전혀 받지 못하셨다. 한글을 겨우 깨우치셨을 정도였다. 그래도 자부심의 근거가 있었다. 족보였다. 아버님은 이씨조선 태종대왕의 아들 경녕군의 17대손이셨고 우리 형제들은 18대손이었기 때문이다.

"정근아, 너는 태종대왕의 왕손이니라. 항상 행동거지를 바르게 하고 조심해야 한다. 그리고 할 수 있는 대로 열심히 배우거라."

아버님께서 귀가 닳도록 들려주신 말씀이었다. 아버님의 성품은 매우 온건하셔서 좀처럼 자녀를 꾸중하지 않으셨다. 나는 어릴 때 꼭 한 번 종아리를 맞은 경험이 있을 정도다. 무슨 일 때문이었는지는 기억에 없다. 다만, "너는 왕손의 족보를 가진 자식이라는 걸 꼭 잊지 말아야 한다." 하고 엄하게 꾸짖으셨다. 그 때 그 족보라는 것이 무엇인지 몰랐지만 그 이후에는 자세히 알게 되었다.

이씨조선은 태조 이성계로부터 시작된다. 태조의 뒤를 이어 정종, 태종이 왕위에 올랐다. 그리고 태종 이방원에게서 양녕대군, 효녕대군, 충녕대군, 안평대군 등이 출생했다. 충녕대군은 세종대왕이었고 그는 고유의 문자 훈민정음을 창제한 영특한 임금이었다. 그런데 우리 집안의 족보는 충녕대군의 동생인 경녕군에게서 시작된다. 태종대왕과 궁녀 김씨 사이에 태어난 왕자인 까닭에 대군의 반열에 속하지 않고 그냥 경녕군 자손이라고 호칭한다.

그래도 그런 족보는 아버님의 자존심의 대단한 근거였다. 그리고 그것은 내게도 상당한 영향을 끼치게 되었다. 미주에서 목회를 할 때 마태복음 첫 장에 나오는 예수님의 족보를 설교한 일이 있었다. 우리들의 믿음도 '아브라함과 다윗'의 족보가 있는 믿음이어야 한다고 풀었다. 그런데 전혀 예상치 못하게 그 설교에 상처를 입었다며 교회를 떠난 가정이 있었다. 고아 출신으로 족보가 전혀 없었다. 이 글을 읽는 독자 가운데서도 그런 오해가 없기를 간곡히 기도한다.

실상 성경은 그 자체가 역사라고 풀어도 된다. 구약성경에는 모세오경, 역사서, 예언서, 지혜서, 시가서 등으로 나누지만 그 모두가 역사서의 성격을 지니고 있다. 신약성경도 마찬가지이다. 복음서도 역사서이고 사도행전도 복음서의 성격을 지니고 있다. 어떻든 예수 그리스도의 교회가 선포하고 교육하는 모든 말씀들은 '족보 있는 교훈'이라는 점을 강조해 둔다. 이 글의 제목인 '알곡신자 되게 하소서'는 이 글을 읽는 모든 사람 그리고 전하여 듣는 모든 사람이 바로 '족보 있는 믿음이라는 튼튼한 기초 위에 그 인생을 건설하게 하시옵소서' 하는 기도일 뿐이다.

나는 중학교 2학년 말에 처음으로 예배당에 가게 되었다. 아버님께서 40대 중반이실 때에 갑자기 입으로 피를 한 사발씩 쏟으셨다. 6.25전쟁 휴전 바로 뒤여서 사회가 엄청 어지러웠다. 의료시설도 물론 형편없었다. 유행병도 툭하면 돌아다녔다. 뇌염, 폐결핵, 콜레라, 장티푸스, 흑사병 그런 질병들이었다. 그래서 어머님이 용하다는 무당을 불러 굿도 여러 번 했다. 절에도 버거울 정도로 시주했다. 효험이 있다는 약을 구해다 잡수시게 했다. 하지만 얼마 동안 좋아지셨다가 또 재발하곤 했다.

그러던 중 우리 시골동네에 이동식 이발사 한 분이 있었다. 황해도에서 피난 나온 분이었다. 그런데 아버님이 편찮으신 것을 보고 '예수 믿으면 고칠 수 있다.'고 어머님께 전도했다.

"애 정근아, 내일이 예배당 가는 날이란다. 아버님 병환 생각해서 함께 저녁에 갔다 오자."

1956년 2월 초 수요일 저녁식사 때 어머님이 하신 말씀이었다. 우리 집에서 읍내에 있는 교회당까지는 그리 먼 길이 아니었다. 그러나 한 밤중에 가기는 쉽지 않은 길이었다. 개울과 논 사이에 있는 좁은 길을 따라서 다녀와야 했다. 특히 물이 많이 흐르는 큰 개울을 건너기가 힘들었다. 그래서 밤에는 등불을 켜 들고 가야 했다.

어머님은 동생을 등에 업으시고 내게 등불을 들려서 읍내에 있는 〈남양감리교회〉로 가셨다. 처음으로 들어간 예배당은 낯설기 그지없었다. 그 날의 체험 하나 하나를 평생토록 기억할 정도였다. 예배가 무엇인지, 기도는 어떻게 하는 것인지. 그 날 저녁 50명 정도가 모였는데 마치 모든 사람들이 우리 가족만 쳐다보는 것 같았다. 첫 찬송가는, “마음에 가득한 의심을 깨치고… 속죄함, 속죄함, 주 예수 내 죄를 속했네.”였다. 그 찬송가는 내게 평생 잊지 못하는 큰 위로의 찬송가가 되었다. 기억력이 현저히 쇠퇴되기 전까지는 4절을 그냥 외워서 불렀다.

그런데 그 수요기도회에 나를 가르쳐 주시는 여선생님이 계셨다. 국어선생님이셨다. 내가 국어공부를 잘한다고 해서 나를 자주 큰 아들이라고 공개적으로 말씀하셨다. 그래서 국어공부를 더욱 열심히 했다. 후일 서울대학교 사범대학 국어교육과에 진학하게 된 것도 그분의 영향력이 매우 컸다. 좋은 어머님처럼 나를 사랑해 주신 평생 못 잊는 선생님이셨다.

### 알곡이냐, 쭉정이냐

교회에 출석하기 시작하여 일곱 달 정도 지났다. 이제는 예배드리는 일에도 익숙해져 있었다. 어머님은 밥을 하실 때마다 성미를 모아서 교회 여선교회에도 가져가시곤 했다. 나도 주일학교의 서기로 임명되어 예배, 출석, 헌금 등을 기록하고 정리하는 일을 하게 되었다.

그런데 교회에서 〈추기심령대부흥회〉를 개최한다고 했다. 심령부흥회라는 것이 무엇인지 처음 겪는 행사였다. 그래서 첫 날 저녁에 예배당으로 어머님을 모시고 갔다. 그런데 강단 위 벽 십자가 아래에 현수막이 달려 있었다. 심령대부흥회 주제인데 바로 〈알곡이냐, 쭉정이냐〉였다.

"아하, 예수 믿는다는 것은 알곡이 되라는 뜻이로구나."

혼자 속으로 그렇게 생각했다. 그것이 성경에서 나온 말씀인 것은 짐작했다(마 3:12). 그 때에는 〈성경전서〉는 못 샀다. 그 대신 신약전서 한 권과 무곡 찬송가책 하나로 온 가족이 돌려가며 사용했다. 집안이 몹시 가난했기 때문이다.

아무튼 알곡이나 쭉정이는 농사꾼의 아들인 나에게 조금도 어려운 말이 아니었다. 벼나 보리나 밀이나 콩이나 무슨 곡식이든지 알곡도 있고 쭉정이도 있다. 그리고 알곡은 모아서 정성스럽게 가마니나 그릇에 담아 보관한다. 하지만 쭉정이는 모아서 불에 태운다. 그리고 그 태우는 불에 감자나 고구마를 구워 먹는 재미가 매우 쏠쏠했다. 배고프던 시절이었다.

그 때 인천에서 큼직한 감리교회를 목회하신다는 조용구 목사님께서 강사로 오셨다. 아버님처럼 인자하신 분인데, 두루마기를 입으시고 성경말씀을 풀어 주셨다. 그래서 어린 가슴에 큰 은혜를 많이 받았다.

“그렇다. 예수 믿으면 알곡이 되는 거다. 내 평생토록 좋은 알곡이 되리라. 결코 쭉정이 같은 인간은 되지 않으리라.”

그 때에 그런 결심을 했다. 실로 단단한 결심이었다. 교회에 가자마자 주일학교 반사로 임명되었다. 세례도 받기 전이었다. 우선은 주일학교 서기라는 직책을 맡겨주셨다. 우리 가족을 교회로 인도하신 윤중석 권사님이 주일학교 부장이셨다. 그래서 출석부 정리부터 일을 익혀갔다. 알곡 서기가 되겠다고 철저히 다짐했다.

얼마를 지나니 <통일공과>라는 책을 주시면서 한 반을 가르치도록 하셨다. 공과공부 시간에는 그 책에 쓰인 것을 초등학생들에게 읽어주기만 하면 된다는 것이다. 다른 선생님들 하는 것을 견학해 보았는데 정말 그냥 읽어서 학생들에게 들려주고 있었다. 그런데 초등학생들은 듣는 둥 마는 둥했다. 마루바닥에 앉아 있는 자세도 엉망진창이었다.

그래도 중학교 3학년 학생인 나는 그렇게 할 수 없었다. 사전에 통일공과 내용을 여러 번 읽어서 숙지했다. 요절말씀은 외웠다. 그래서 학생들에게도 성경말씀을 따라 하라면서 외우게 했다. 학생들에게 성경요절 외우는 것을 발표시켰다. 교실 분위기가 확 바뀌었다. 알곡 주일학교 교사가 되어 보자고 단단히 결심했다. 그 때에는 주일학교 반사라고 했다.

우리 가족이 다니던 남양감리교회에는 안상현 장로님이 계셨다.

그분은 모친 때부터 예수 믿는 집안이셨다. 그리고 안 장로님은 입지전적 인물이셨다. 초등학교만 졸업한 분인데 독학으로 교사자격증 시험에 합격하신 분이었다. 신앙의 힘이었다.

우리 집이 교회에 출석하게 되면서 안 장로님께서 각별히 더 사랑해 주셨다. 특히 그분의 자녀들 가운데 큰 아들은 나의 형님과 한 반이었고, 그래서 교회에 나가기 전부터 그분 가정이 교회에 열심히 헌신한다는 걸 알고 있었다. 그런 친분관계가 예수 믿는 일에 크나큰 도움이 되었다.

그분들은 신앙의 연조도 퍽 오랬다. 안상현 장로님의 어머님께서 우리가 교회에 출석한 후 얼마 뒤에 돌아가셔서 장례식을 치르게 되었다. 그분 이름이 유매리 권사님이라 기억한다. 그런데 기독교식 장례식이었다. 기독교식으로 장례식을 거행한다는 것이 지금은 너무나도 당연한 일 같지만 그 때에는 그렇지 않았다. 결혼식이나 장례식은 개인 가정의 행사만이 아니라 마을 전체의 공동행사였다. 특히 장례식에서는 상여를 마을 단위 공동으로 사용하게 되고 동네 청년 여러 명이 함께 시신을 집안에서 장지까지 운구하게 된다. 상여를 앞에서 인도하는 사람이 종을 울리면서 장송곡을 읊으면 상여를 멘 모든 사람이 따라 하면서 묘지까지 가는 행렬을 한다. 그리고 또 하관하는 민간예식이 있다.

그런데 유매리 권사님 장례식은 완전히 기독교식으로 했다. 일반 상여는 쓰지 않고 그냥 관을 꽃으로 장식하고 하얀 천을 둘렀다. 그것을 교회 청년들이 집에서 교회당까지 운구했으며 강대상 앞에 안치했다. 그리고 고별예배를 드린 뒤 같은 방식으로 장지로 운구해서 하관을 했다. 아주 소박하고 깔끔한 장례식이었다. 꼭 하늘나라로 여행 보내드리는 느낌이 들었다.

그런데 우리 아버님께서 돌아가신 뒤에는 교회식으로 하지 못했다. 동네 사람들이 완강하게 반대했기 때문이다. 산신령이 진노해서 동네 전체가 망한다는 것이 그 이유였다. 어머님과 우리 형제들은 아직도 알곡신자가 되지 못하고 쭉정이 수준일 뿐이라는 허탈감에 휩싸였다. 그래도 아버님 하관식 때 흙을 덮기 전에 담임목사님께서 우렁찬 음성으로 기도해 주신 것이 어머님과 우리들에게 크나큰 위로였다. *

## 예수님이시라면…

그렇다. 예수님을 믿으면 단연 알곡이 되어야 한다. 결코 쭉정이가 되어서는 안 된다. 농사짓는 사람들도 쭉정이는 모아서 불에 태운다. 그 불에 감자나 고구마를 구워먹은 일도 있었다. 하지만 알곡은 모아서 가마니에 정성껏 담는다. 그리고 안전한 창고나 혹은 방 윗목에 쌓아 놓고 필요한 만큼 꺼내어서 방앗간에 가서 찧어서 하얀 쌀이나 보리알로 만든다. 그래서 쌀과 보리는 모든 인간의 생명을 살려내는 대표적 알곡이다.

지금은 돈만 있으면 모든 것을 소유할 수 있는 시대이다. 그러나 전쟁이 터지고 세상이 뒤집어지면 돈 주고도 살 수 없는 것들이 무척 많이 있다. 바로 먹거리이다. 그 가운데서도 주식인 쌀, 보리, 밀과 같은 곡식이다. 6.25사변 때에 절절히 체험했다. 예수님도 그런 걸 뼈저리게 체험하신 까닭이실까, '알곡은 모아 곳간에 들여놓고 저장한다'고 하셨다.

그런데 중학교에서 영어를 배우게 되었다. 게다가 어떤 경로로 미군들이 군복 포켓에 넣고 다니는 조그만 영어성경을 읽게 되었다. 그런데 정말 놀라운 사실 하나를 발견했다. 그것은 영어성경에는 그냥 '알곡'이 아니라 '그의 알곡'(his wheat)이라고 했다(마 3:12). 세침례자 요한이 한 말 인데 한국말 성경에는 없는 '그의'가 알곡 앞에 있다. 말하자면 쭉정이는 예수님의 쭉정이가 아니고 다만 알곡만이 예수님의 소유가 된다는 명확한 뜻이다. 아직도 한국말 성경 대부분에는 '그의'가 빠져 있다.

교회에 다니면 지금도 '예수쟁이구먼.' 그런 말을 흔히 듣는다. 쟁이는 장인匠人 곧 엔지니어란 뜻이다. 엔지니어가 되려면 공업학교나 공과대학을 졸업해야 한다. 지금 공과대학 재학생이나 졸업생들은 결혼 대상자로 최우수급에 속한다. 그런데 유교가 번창하던 시절에는 그 장인이라는 말이 '쟁이'가 되었다. 그리고 쟁이라는 접미어가 붙은 단어는 천직賤職 곧 천대받는 직장인을 뜻한다. 결코 천직天職 곧 하늘 혹은 하나님으로부터 받은 직분이 아니다.

내가 교회에 다닌다니까 '이정근이도 예수쟁이란다.' 또래들이 많이 모인 곳에서 그렇게 큰 소리로 선전해주는 친구들이 있었다. 악선전이었다.

하지만 알곡신자가 되면 하나님의 창고에 들어가게 된단다. 곧 천국시민이 된다는 뜻이다. 이런 깨달음을 발견하게 되자 나를 예수쟁이라며 웃긴다고 멸시하는 친구들이 있어도 아무렇지도 않았다. 오히려 그런 친구들이 타작마당 저쪽 구석에서 불에 새까맣게 타버릴 쭉정이들이라 생각하니 불쌍하게만 보였다.

그러던 시절에 <발자취>라는 책이 내 손에 들어왔다. 우리 동네에도 7일만큼 한 번씩 장날이 있었다. 그런데 장날을 따라 옮겨 다니며 책을 파는 이동식 책방이 하나 있었다. 그 이동책방 아저씨가 생긴 것도 너그럽고 실제 마음씨도 좋았다. 중학생일 때 학교수업이 끝나고 집으로 오는 길에는 그 이동식 책방에 가서 책의 제목을 훑어보고 또 내용도 훑어보며 즐겼다.

좋은 책은 앉은 자리에서 40, 50쪽씩 읽었다. 의자에 앉은 것이 아니었다. 장마당 땅 바닥에 쪼그리고 앉아서 단숨에 읽어내려 갔다. 그런 책의 하나가 <발자취>이었다. 영어로는 <In His Steps>였다.  토요일 낮에 어떤 청년 거지가 맥스웰 목사님 사택 대문을 두들겼다. 목사님은 설교준비에 매우 분주한 시간이었다. 그런데 초인종을 자꾸 눌러대는 거지청년이 있었다. 이층에서 내려다보니 거지였다. 그냥 무시하고 계속 설교준비를 해 갔다. 그런데 설교가 명쾌한 속도로 준비되었어야 하는데 그 정반대였다. 성경본문은 다음과 같았다.

"이를 위하여 너희가 부르심을 받았으니 그리스도도 너희를 위하여 고난을 받으사 너희에게 본을 끼쳐 그 자취를 따라오게 하려

하셨느니라."(벧전 2:21 개역개정판).

하지만 최신 현대한국말 성경은 다음과 같이 번역했다.

"이것을 위해 여러분은 하나님께 부르심을 받았습니다. 그리스도께서도 여러분을 위해 고난을 받으심으로 여러분에게 본을 남겨 놓아 자신의 발자취를 따르게 하셨습니다. 그러니 그리스도의 발자취를 따라가십시오."(벧전 2:21, 현대어 성경).

설교준비를 해 본 사람들은 누구나 체험한다. 설교준비는 아기 낳는 출산과 같다는 사실 말이다. 아기가 모태에서 금방 나올 것 같은데 그게 거의 그렇지 않다. 어디, 행복한 미소를 지으며 아기 낳는 산모가 있던가. 설교준비도 할 때마다 출산의 고통을 겪는다. 맥스웰 목사도 그런 설교출산의 고통을 겪고 있는데 자꾸 초인종 소리가 들려 왔다. 귀찮아하며 대문을 여니 젊은 거지였다.

다음 날 교회에서 주일설교를 감동적으로 했다. 그 설교를 마치려는 데 남루한 그 거지가 뒤에서부터 강단 앞으로 중앙통로를 걸어 들어왔다. 그리고는 목사 앞에 서서 말했다. "그렇습니다. 여러분이 예수님이시라면 어떻게 하시겠습니까? "(What Would Jesus Do). 그걸 줄인 말이 바로 WWJD였다. 그런 소설 이야기에서 이정근 중학생은 그 조그만 가슴이 뜨거워지면서 확 뒤집어졌다.

## 다섯 번의 임사 체험

한국사람들이 '죽인다'는 말을 유난히 잘 쓴다는 것은 새로운 이야기가 아니다. 죽인다와 죽겠다는 말을 정말 자주 사용한다. '너 내 말 안 들으면 죽여 버릴 거야.' 툭하면 그런다. '거짓말하면 뼈다귀도 못 추려.' 그런 말도 아무렇지 않게 뱉는다.

미국에서 유학생활 할 때 한국인 교수 한 분을 만난 일이 있었다. 고아로서 미군에 입양되어 일찍부터 영어권에서 자랐다. 영어가 한국말보다 훨씬 쉬운 분이었다. 그런데 그도 영어를 처음 배우면서 큰 실수를 저질렀다고 털어 놓았다. 동양인이라고 놀리는 학교 친구한테 '이 개새끼, 죽여 버릴 거야.'(I will kill you, son of a bitch). 그렇게 말했다가 그 미국 친구가 교무실로 달려가 '저 놈이 날 죽이려 한다.'고 소릴 질렀고 학교경찰이 뛰어나와 즉각 총을 겨누며 체포했단다.

아무튼 우리 한국인들은 죽인다/죽는다는 말을 아무렇지도 않게 사용한다. 기분 좋아 죽겠다, 기분 나빠 죽겠다, 배 아파 죽겠다, 배고파 죽겠다, 배불러 죽겠다 …. 무슨 말들이 더 필요한가.

이정근 소년도 역시 그런 한국인이었다. 그런데 이 학생은 정말로 죽음의 체험을 여러 번 했다. 어제도 아내가 미용실에 가는 길에 나도 그 여자미용사에게 이발을 했다.

"어떻게 깎아 드릴까요?"

그 미용사는 그렇게 물었다. 나는 머리 뒤통수에 있는 큼직한 상처를 보여 주면서 그 상처자국만은 꼭 가려 달라고 주문했다. 내가 고등학교 졸업 후 머리를 길게 기를 때부터 지금까지 반복해온 주문사항이다.

어머님의 설명에 따르면 그토록 큼지막한 흉터가 생긴 것은 내가 첫돌이 되기 직전이었다. 내 머리에 부스럼이 생겼는데 동네 아주머니 한 분이 보더니 비법을 알려 주었다. 다름 아니라 쥐를 잡아 내장을 꺼내 버리고 그 가죽을 붙여 삼일만 두면 감쪽같이 낫게 된단다. 그래서 쥐덫에 걸린 쥐의 내장을 꺼내 버리고 그 가죽을 베수건에 싸서 머리에 처매 놓았다. 그리고 사흘이 지났는데 아기인 내가 몹시 울더란다. 한밤중이 되도록 어머니가 젖을 물리고 달래도 자꾸 울었다. 그런데 어머니를 돕던 누님이 어쩌다가 내 머리통에서 구더기가 나오는 걸 발견하고 소스라치게 놀라 소리쳤다.

'엄마, 정근이 머리통에 구더기가 넘실거려요. 저걸 어째요...'

그래서 어머니도 크게 놀랐고 당장 손으로 그 쥐의 가죽을 벗겨냈더니 구더기들이 움실움실했다. 그래서 손가락으로 우벼내셨단다. 자라면서 나는 그 이야기를 수도 없이 들었다. 그 후부터 동네 사람들은 내가 공부 잘한다는 소문을 들으면 꼭 그것이 구더기 덕분이라고 하며 폭소들을 했다. 구더기가 나쁜 살을 다 파먹어서 내가 총기 있는 아이가 되었단다.

나는 지금도 구더기가 내 머리를 파먹으면 내가 죽게 되는지 잘 모른다. 그러나 그것이 내게는 첫 번째 죽음의 체험이었다. 그리고 그 후 초등학교에 입학하기 전에 우리 집에 큰 불이 나서 죽을 뻔했던 이야기는 앞서 소개했었다.

6.25사변은 어른들만 죽인 전쟁이 아니다. 어린이들도 그 수를 정확하게 모를 정도로 많이 죽었다. 나는 다섯 집만 모여 사는 산

골짜기에서 태어나 자랐기 때문에 피난을 가지는 않았다. 그러나 피난오던 사람들이 폭격에 맞아 죽고, 굶어죽고, 얼어 죽은 시체들을 끔찍하게 많이 보아왔다.

미군들이 총쏘기 연습을 한 뒤에는 탄피가 많이 버려져 있었다. 그것들은 좋은 장난감이었다. 놋으로 된 소총탄피들도 그렇지만 기관총이나 대포알 탄피들은 얼마나 갖고 싶은 장난감들이었는지. 그런 것들을 주머니 가득 넣고 다니거나 책보에 넣어 다니는 아이들은 영웅대접을 받았다.

하루는 동네 아이들이 모여서 화롯불에 M1소총 알을 거꾸로 놓고 그 주변에 있는 숯에 불이 붙도록 후후 불었다. 그런데 별안간 벼락치는 소릴 내더니 화롯불이 공중으로 흩어졌다. 그 화롯불이 후후 불던 세 아이들 얼굴로 튀었다. 그런데 그 총알의 화약이 터지면서 총알은 화로 아래로 방바닥을 뚫고 사라져 버렸다. 만약 총알을 거꾸로 놓았더라면 우리 세 아이들은 그야말로 뼈도 못 추리게 되었을 것이다. 또 한 번 무서운 임사체험을 했다.

그렇게 죽음의 체험을 한 것은 내 80평생에 대여섯 번은 된다. 특히 한국에서 군인생활 32개월을 보낼 때에는 총기를 다루기 때문에 몇 번이나 죽음의 공포를 체험했다. 그리고 미국생활을 하면서 교통사고로 죽음의 체험을 한 번도 안한 사람이 과연 누가 있을까. 비행기가 기관고장으로 불시착할 수도 있다면서 기름을 공중에서 쏟아낼 때의 그 체험을 어찌 잊겠는가.

하지만 예수 믿기 전의 죽음의 공포와 예수 믿은 후의 죽음의 공포는 그 정도나 차원이 매우 달랐다. 예수 믿기 전에는 죽음의 상황을 만나면 새파랗게 질리고 정신이 혼비백산했다. 그러나 예수 믿은 뒤에는 '하나님의 창고에 들어가는 알곡'이라는 믿음이 공포심을 이기게 했다. 하지만 예수님처럼 당당하고 담담하게 죽음을 맞는 실력에 이르기에는 아직 어림도 없다.

## 시골학교 학생회장에 당선되다

중학교를 졸업했지만 고등학교에 들어갈 생각은 엄두도 못냈다. 가난한 시골 소작농의 아들이 어찌 고등학교에 갈 수 있겠는가. 돈 없는 설움이 또 물밀 듯이 엄습해 왔다.

나의 중학교 동기생들은 대체로 네 갈래로 진로방향을 정했다. 서울과 인천에 있는 명문고등학교에 입학했다. 수원에 있는 아무 학교에나 진학했다. 나의 모교인 남양중학교와  교정을 공동사용하는 남양고등학교로 진학했다. 중학교로 학교생활을 마감하고 부모의 일을 돕거나 취직했다.

나는 형님들과 함께 홀로 되신 어머님을 도와 농사일에 나설 수밖에 없는 형편이었다. 다만 공부를 잘하니까 이번에는 형님들이 나섰다. 자신들이 어머님을 도와서 농사일을 할 터이니 어렵더라도 남양고등학교로 진학하라는 것이다. 피를 나눈 형제들이 이처럼 고마울 수가 없었다.

그래서 고등학교에 진학했다. 시골고등학교라서 1학급 65명을 모집했는데도 지원자가 총 28명뿐이었다. 여학생은 단 1명이고 27명은 남학생이었다. 고등학교 교사를 신축중이어서 판잣집 같은 막사에서 공부했다.

고등학교 3학년에 올라가면서 남양중고등학교 전체의 학생회장 선거가 있었다. 그 이전까지 학생자치조직은 학도호국단이라는 군대체제였고, 그 대표는 학도호국단 운영위원장이라 호칭했다. 나의 2년 위 상급생 때부터 학생들에게 민주주의 훈련을 시킨다는 교육적 정책으로 바뀌었다. 그래서 이름을 학생회 운영위원회라 고쳤다. 게다가 나의 2년 선배 때부터 학생회 운영위원장과 부위원장을 중고등학생 전원의 투표제 선거로 뽑게 되었다.

같은 반인 동급생 가운데 몸집도 좋고 괄괄한 친구가 벌써 내게 학생회장은 자기 몫이니 건드리지 말라고 협력요청을 해 왔다. 아니 협박이라고 하는 게 맞는다. 그래서 전혀 나갈 생각이 없다고 했다. 사실이었다. 정치체질도 아니었고, 게다가 집도 가난하니까 그런 것을 맡을 의욕도 없었다. 어떻게 해서든지 고등학교만 졸업하면 공무원 시험을 보아 면서기라도 하는 것이 나의 비전이었다.

그런데 우리 반 급우들 가운데 키 크고 몸집 좋은 아이들과 키 작고 삐쩍 마른 학생들이 좀 나뉘었다. 주먹파와 두뇌파였다. 우리 반과 후배 10명의 손도장을 받아 나를 운영위원장 후보로 추천하여 등록한 것은 공부를 열심히 하는 두뇌파들이었다. 주먹파들에게 맞아서 뼈다귀도 못 추린다고 해도 소용이 없었다. 그래서 입후보 등록이 되었다.

학교에서는 어느 날을 정하여 소견발표행사를 가졌다. 종례시간 뒤에 학생들을 운동장에 모아 놓았다. 280명 정도가 모였다. 학생 지도부 주임 교사가 지켜보고 있었다. 강당을 짓기 전이었다. 그래서 운영위원회 정부正副 위원장 후보의 소견발표가 있었다. 7분 내지 10분씩 주어졌다.

그런데 연설에는 그런대로 자신감이 있었다. 원래 성품은 수줍었지만 교회에 다니면서 알게 모르게 훈련이 되었다. 또 반장이나 부반장을 하면서 담력도 키웠다.

"남양중고등학교 학생동지 여러분, 저는 위원장 후보로 나설 생각이 전혀 없습니다. 다만 저를 추천하여 준 동지들을 생각해서 위원장이 되거나 안 되거나 관계없이 몇 가지 소견을 말씀드리려 합니다."

그렇게 첫 말을 꺼냈다. 그리고는 선생님들께 말씀드려서 학기말까지 교과서는 꼭 뗄 수 있도록 해 주시라는 것, 학교교실 등 환경 개선을 건의했다. 학생들의 박수가 꽤 컸다. 그 다음에는 중간고사나 학기말 고사 때 수업료 미납했다고 시험지 빼앗는 일은 하지 않도록 교장선생님께 건의 드리겠다고 했다. 그 말을 했을 때 학생들은 와와 소리를 지르며 큰 박수를 쳤다. 그러나 이를 지켜보던 훈육주임 선생님은 나의 말이 끝나자마자 역정을 냈다.

"임마, 그런 것은 학생회 운영위원장 권한이 전혀 아니야. 교사들의 교권을 침해해서는 안 돼. 조심해." 모인 학생들이 다 듣도록 큰 소리로 꾸중했다.

그런데 선거란 참 묘하다는 것을 그 때 체험했다. 훈육주임의 그런 행동과 훈시가 오히려 나에게 표를 몰아다 주었다. 그래서 상당한 표 차로 당선되었다.

교장선생님은 학생회장의 그런 저항에 대하여 별다른 조치를 취하지는 않으셨다. 그렇지만 학생들이 중간고사를 볼 때마다 여전히 수업료와 사친회비 못 낸 학생들 명부를 들고 교실마다 돌아다니면서 미납학생들을 쫓아냈다. 학생회장인 나도 시험지를 그냥 책상에 놓고 가방을 들고 집으로 돌아왔다. 소매로 눈물을 훔치면서.

그런데 이로 인하여 학부모들의 여론이 대단히 나빠졌다. 아니, 교사들도 수업시간에 교실에 들어오면 교장에 대한 불만을 노골적으로 터뜨렸다.

"요즈음 귀신들은 저 교장 안 잡아먹고 도대체 무얼 먹고 산담."

그럴 정도였다.

## 고등학교에서 퇴학 처분

1959년 6월 25일, 한국전쟁이 터진 날 기념식이 있었다. 면사무소 주최로 남양초등학교 운동장에서 행사가 진행되었다. 내가 남양고등학교 3학년 1학기 때였다. 그리고 나는 학생회장이었다. 그때는 6월 25일이 대단한 날이었다.

"아아, 잊으랴 어찌 우리 이 날을/ 조국을 원수들이 짓밟아 오던 날을/ 맨 주먹 붉은 피로 원수를 막아내어." <6.25 노래>를 목이 터져라 불렀다. 나의 모교인 남양초등학교 운동장에서 남양면장이 주최하는 6.25행사가 열렸다. 280여명의 남양중고등학교 학생과 교직원들도 참석해서 발악하듯 그 노래를 불렀다.

그 행사는 일찍 끝났다. 학생회장인 나는 부회장 친구와 지정된 장소로 갔다. 중학교 1학년부터 고등학교 3학년까지 반장과 부반장들이 모여들었다. 20명 정도였다. 간략한 점심식사 후에 회의를 했다. 긴 설명도 하지 않았다. 동맹휴학하기로 이심전심 합의되었다. 디 데이 에이취 아워(D Day H Hour)는 6월 26일 오전 8시였다. 교무실에서 교직원 조회가 있는 때였다.

그 시간이 되자 280여명 되는 모든 학생들이 가방을 들고 운동장에 우르르 모여들었다. 나는 조회 때에 교장선생님이 사용하는 연설단에 올라가 내가 작성한 결의문을 꺼내 몇 개 조항을 읽었다. 모두 교장선생님의 비행을 적시하고 우리들의 결의를 다짐하는 것들이었다. 그리고는 재빨리 해산시켰다. 완벽한 동맹휴학이었다. 나도 집으로 돌아왔다.

아침 교직원회의를 하던 교사들이 놀라서 허둥지둥 몰려 나왔지만 이미 학생들은 뿔뿔이 흩어져 교문을 빠져나가고 있었다. 지금처럼 전화가 있는 시절이 아니었다. 학생들은 일주일 동안 각자의 집에서 머물렀다. 그런 뒤에 교실로 돌아왔다.

나도 우리 집에 돌아와 있었다. 오후가 되었다. 형사 두 사람이 내 신원을 확인한 다음에 나를 수원경찰서로 연행했다. 읍내로 가니 수원경찰서 소속의 하얀 지프차가 기다리고 있었다. 얼마 있다가 학생회 부회장도 끌려왔다. 관할 수원경찰서에는 40분 정도 걸려 도착했다.

가슴이 두근두근했다. 난생 처음 경찰서에 끌려온 셈이었다. 경비도 삼엄했고 형사들의 얼굴만 보아도 더럭 겁이 났다. 손목에 족쇄를 찬 사람들이 이리 저리 끌려 다니고 있었다. 부회장과 나는 각각 다른 형사에게 배당되어 심문을 받기 시작했다. 인적 사항을 확인한 뒤에 경위서를 쓰라고 했다.

사상범을 다루는 사찰계라 그런지 그래도 심문은 상당히 신사적이었다. 협박하거나 구타하지 않았다. 진술서 써낸 것을 자세히 읽고는 심문을 시작했다. 누가 뒤에서 조종했느냐를 밝히는 것이 주요목적 같았다.

나중에 안 일이지만 남양중고등학교 학생들이 동맹휴학을 했다는 것이 경찰 남양지소를 통하여 수원경찰서에 보고되었고, 즉각 경기도 경찰국에도 통보되었다. 그들은 이 사건이 6.25 다음 날 터졌다는 점에서 일차적으로 간첩들이나 좌익세력의 개입으로 추정했다. 경기도 경찰청이나 내무부 치안국에도 보고되었던 것으로 추정된다. 그리고 우리 군을 선거구로 하는 국회의원 사무실에도 연락이 갔다.

그럴 충분한 이유가 있었다. 내 고향인 남양은 신라시대부터 당나라 군사들이 쳐들어왔던 군사도로에 위치한 전략 요충지였다. 게다가 동맹휴학을 했던 그 당시에는 북한 간첩들의 출입지역이었다. 내가 대한민국을 뒤집어엎으려고 평양정부가 파송한 공작간첩이거나 그 끄나풀일 것으로 추정하고 잡범을 다루는 형사계가 아닌 사찰계에서 심문을 맡았다는 뜻이 된다.

하여튼 담당 사찰계 형사가 일차 신원조사를 한 다음, 동맹휴학의 경위를 자세히 조사해 나갔다. 나는 있는 그대로 솔직하게 털어놓았다. 부회장은 부회장대로 별도심문을 받았다.

늦은 저녁이 되자 우리 두 사람을 경찰서 유치장에 가두어 놓았다. 서로 공모하지 않도록 분리시켜 처박았다. 지금도 그 유치장 철문이 '철컥' 하고 닫히는 소리가 귀에 쟁쟁하게 울려온다. 마침 내가 들어간 방에는 통행금지 시간을 위반한 술주정뱅이 두 사람뿐이었다. 그냥 코를 골고 잠이 들었기에 나에 대한 관심도 없었다. 소위 악명 높은 구치소 입소 신고식이 없었다는 뜻이다.

아침에 다시 끌려 나갔다. 몇 가지를 더 확인하고 나서 조서를 읽으라고 내어 주었다. 내가 진술한 것과 내용상의 큰 차이는 없었다. 대체로 그대로였다. 나는 그의 요청대로 지문을 찍어 주었다. 부회장은 나보다 심문이 훨씬 일찍 끝났다. 내가 주범이고 그는 종범이기 때문이다.

경찰 백차를 타고 남양읍까지 데려다 주었다. 떠나기 전에 담당형사가 이렇게 말했다. "학생, 참 그 정의감이 기특하네. 특별한 문제 없으니 집으로 돌아가게. 그리고 앞으로 누가 괴롭히거든 내게 즉시 연락하게." 그러면서 명함을 하나 주었다. '수원경찰서 사찰계장 정00'이라 적혀 있었다. 좋은 아버지 같은 정을 한순간이나마 느꼈다.

후일에 안 일이지만 이 동맹휴학 사건은 그 당시 우리 선거구의 손도심 국회의원에게 보고되었고 그분의 보살핌이 있었다고 들었다. 그는 4.19혁명이 날 즈음 〈서울신문사〉 사장 자리에 있었기 때문에 민주화 세력으로부터 비판대상이 되었지만 나에게는 잊을 수 없는 은인이기도 했다.

## 6.25사변의 비극과 감동극

6.25사변 이야기를 더 해 보겠다. 지금도 남북 북남은 서로가 그 전쟁을 상대편이 먼저 일으켰다며 비난의 화살, 아니 핵폭탄을 퍼붓고 있다. 초등학교 3학년 때 6월 26일 월요일 아침이었다. 전쟁이 났다면서 학교에서는 학생들을 모두 집으로 돌려보냈다. 별도 연락이 있을 때까지 집에서 지내라는 지시였다. 우리는 책보를 싸가지고 부랴부랴 교정을 떠났다.

집으로 돌아오는데 비행기 소리가 고막을 찢을 정도로 요란하게 들려왔다. 총소리도 들렸다. 비행기 네 대가 갑자기 무서운 불을 뿜어대고 있었다. 그러더니 한 대가 급전직하 곤두박질을 하며 어디쯤 될지 땅에 떨어졌다. 며칠 뒤 그 비행기 떨어진 곳이 어디 어디라며 동네 아이들이 구경 가자고 했다. 부모들이 엄하게 말렸다. “이 자식들아, 뒈질려면 무슨 짓은 못 해.” 그런 꾸중이었다. 끝내 못 갔다. 아무튼 떨어진 것은 소련제 비행기라 했다.

열흘쯤 지나갔다. 학교에서 학생들을 소집했다. 학교엘 가니 선생님들이 거의 모두 바뀌었다. 특히 흰 저고리 검은 치마를 입은 낯선 여선생님들이 여럿 있었다. 그리고 반복해서, '조선인민민주주의 만세, 조선로동당 만세, 위대하신 김일성 장군 만세' 그것들을 목이 터져라 외치게 했다. 여태까지 전혀 들어본 적도 없는 만세삼창이었다. 선생님들 말씀이 이제는 해방이 되었다고 했다. 일제치하에서 해방된 것은 여러 번 들었지만 또 해방이 되었다니 좀 어리둥절했다.

그 다음에는 김일성 장군 이야기를 반복해서 들려주었다. 노래도 몇 가지 배웠지만 <김일성 장군 노래>를 가장 많이 불렀다. 사뭇 신나는 곡이었다. 70여년이 지난 지금 80세 넘은 나이에도 그 가사는 생생하게 뇌 속에 깊이깊이 저장되어 있다. "장백산 줄기줄기 피어린 자욱, 압록강 굽이굽이 피어린 자욱" 그렇게 시작되는 노래이다. 곡조가 물 흐르듯 했다.

어른들은 모임과 강습이 많았다. 아버님은 강제부역을 많이 나가셨다. 이른 아침에 나가서 밤늦게 돌아오셨다. 이불 속에서 어머님과 말씀을 나누는 걸 들었는데 시체를 많이 묻고 오셨다고 했다. 나중에 커서 안 일이지만 인민군이나 국군의 시체들도 묻으셨지만 인민재판으로 죽은 사람들 시체가 훨씬 더 많았다.

어느 날인가에는 내가 다니던 초등학교 운동장에 사람들이 많이 모여들었다. 형님들도 오라고 해서 갔었지만 나는 초등학교 3학년 너무 어린 나이라 강제동원은 아니었다. 그런데 형님들이 다녀와서 소식을 전해 주었다.

우리 집은 소작농의 가정이었다. 소작농이란 땅 곧 논밭을 법적으로 많이 소유한 지주(地主, landlord)에게 농토를 임대 받아서 농사를 짓는 가정을 말한다. 그래도 이승만 대통령 정권이 들어서면서 토지개혁 농지법이 시행됨에 따라 5년 정도 소작을 지으면 완전소유권을 얻게 될 희망이 있었다. 그런데 그 지주들이 김일성 정권의 우선적 토벌대상이었다. 인민착취범이라 했는데 무슨 뜻인지 그 때는 몰랐다.

하루는 읍내에 사는 사람들이 초등학교 운동장으로 모여들었다. 우리 집에서도 부모님과 형님들이 참석했다. 그런데 전하는 소식이 무시무시했다. 몇 사람을 기둥에다 묶어놓고 말하자면 인민재판을 해서 때려 죽였다는 것이다. 그런데 몽둥이에 맞아 죽은 사람 가운데 하나가 바로 우리 논밭의 지주였다. 형님들이 조금 전해주는 말만으로도 얼마나 참혹하고 잔인한 죽음인지 지금도 몸서리 쳐지고 소름이 끼친다. 그런데 더 무서운 사실은 그 지주를 때려죽인 선봉장이 바로 그 친 아우였다. 친형에게, "인민의 혈액을 빨아먹은 반동분자"라고 했단다. 전세는 3개월 만에 뒤집혔다. 맥아더 장군 지휘 하에 인천상륙작전이 크게 성공했다. 대한민국 정부가 들어서고, 빨갱이 정부에 부역한 사람들을 모조리 체포 처벌해 갔다. 그런데 어느 날 그 형을 때려죽인 주모자 아우가 체포되었다. 그런데 참혹하게 죽은 그 지주의 부인, 곧 형수가 집 뒤뜰에 굴을 파고 주모자인 시동생을 안전지대에 숨겨주었단다. 물론 음식도 정성껏 제공했다. 체포된 주모자는 머리가 길고 수염이 더부룩하고 얼굴이 창백했다.

이 소식을 듣자마자 동네 사람들은 그놈과 그 형수를 때려죽이겠다며 모두들 몰려갔다. 삽, 괭이, 몽둥이를 들고 쳐들어갔다. 여차 하면 작살낼 참이었다. 필시 그 형수가 시동생과 무슨 비밀관계가 있을 것이라 추측했다. 그런데 그 형수가 동네사람들을 조용하게 하고는 이렇게 말했다. "나는 예수 믿는 여자요. 내 남편을 죽이는데 앞장선 내 시동생을 그래서 용서했소. 그러니 잘못이 있다면 내가 예수 믿은 죄밖에 더 있소? 예수님께서는 네 원수를 사랑하라고 하셨고 그 원수들을 위하여 십자가 위에서 죽으셨다오."

그러고는 엉엉 울었다. 그 형수는 내가 처음 입교한 남양감리교회 권사였다. 내가 주일학교 교사인 것이 기특하다며 머리를 쓰다듬어 주기도 했다. 후일 내 믿음이 자라면서 나는 이런 말을 여러 번 했다. "6.25는 우리 민족의 크나큰 비극임이 틀림없다. 하지만 동시에 원수사랑의 씨를 뿌린 감동극이었다." 인간으로서 가장 실천하기 어려운 것이 무엇이냐고 물으면 그건 바로 원수사랑, 아니, '웬수사랑' 아닐까. 그리고 그 체험은 후일 유니온교회가 <원수사랑상>을 제정하는 모멘텀이 되었다. 아마도 인류역사상 제일 처음 있는 시상제도일 것 같다.

## 인생을 멀리 보거라

1959년 6월 말일부로 남양고등학교에서 퇴학처분을 받았다. 동맹휴학의 주모자로 학생회 회장인 나와 부회장이 퇴학처분 받은 장본인이었다. 그래도 교직원 회의에서 무기명 비밀투표로 퇴학여부를 결정했는데 다섯 분의 교사가 반대표를 던졌다고 나중에 들었다.

나의 담임선생님도 반대표를 던졌다고 조용히 들려 주셨다. 그러면서 "이정근, 인생을 멀리 보거라."는 말씀으로 격려해 주셨다. 그 분은 30대 넘은 총각선생님이었다. 반성문을 쓰라거나 동태를 정기적으로 보고하라는 말도 없었다. 퇴학처분이니까 그것으로 끝이었다. 퇴학처분 통고를 받고 교정을 나서면서 나는 하염없이 흐르는 눈물을 소매로 훔쳤다.

제일 죄송스러운 것은 어머님이셨다. 홀모로서 온갖 힘든 일을 다 겪으시면서 농사일 하시고 가정을 이끌어오셨다 산나물을 채취하시고, 바다에 가서 조개를 잡아 시장에 팔아서 학비를 마련해 주셨다. 아이들이 공부 잘한다는 칭찬 듣는 것으로 인생의 가장 큰 보람을 느끼셨다. 한 밤중이나 새벽에 방 윗목에서 무릎 꿇고 흐느껴 우시면서 '정근이를 꼭 살려 주세요.' 하시던 그 음성이 지금도 생생하게 들려온다. 이 글을 쓰고 있는 순간에도 내 눈에 눈물이 흐른다.

"오냐, 내 무슨 수가 있어도 보통고시를 쳐서 고등학교 졸업자와 동등학력을 취득하리라. 그래서 공무원 시험을 보아 어머님을 편안하게 해 드리리라."

베개를 눈물로 적시면서 누워서 혼자 기도한 것이 여러 번 여러 날이었다. 집에는 전기불도 들어오지 않고, 방은 겨우 둘만 있어서 세 형님들과 함께 써야 했다. 그래서 낮에는 농사일을 돕고 밤에는 등잔불을 켜 놓고 교과서 중심으로 공부 해 나갔다. 형님들은 되도록 내게 공부시간을 많이 주려고 배려했다. 형제우애였다.

영어, 국어, 역사, 일반사회 등의 학과목은 혼자 공부해도 될 만했다. 그러나 수학, 물리, 화학 등은 엄청 어려웠다. 게다가 등잔불만 해도 다른 가족이 잠이 든 뒤 늦은 밤에야 비로소 내 차지가 되었다. 참고서 살 돈도 없어서 우리 선배들 집을 찾아다니며 책을 빌어다 보았다. 최근 것이 아닌 2,3년 지난 것도 있었다. 하여튼 글자 그대로 주경야독, 낮에는 농사일 하고 밤에나 공부를 할 수 있었다.

일차 목표는 보통고시를 쳐서 고등학교 졸업자격을 얻는 일이었다. 그 때 <보통고시 강의록>이라는 책이 있었지만 최신본은 구할 돈이 없었다. 그래서 그 전전 해의 책들을 간신히 얻어 읽고 또 읽었다. 그렇게 공부하면서 가사도 돕고 무엇보다도 교회 일에 더 많은 시간을 할애할 수 있었다.

8월이 되어 한 학기가 지났다. 그리고 나의 공부도 조금 틀이 잡혀 갔다. 하지만 학교에서는 아무런 연락이 없었다. 그런데 뜻밖의 손님 한 분이 우리 집을 찾아왔다. 낯선 분이었지만 한 눈에 투사다운 기질이 넘치는 분이었다. 나와 함께 공부했던 가장 키가 큰 학생의 아버지였다. 그리고 남양 홍洪씨였다.

"자네 투지가 대단하네. 크게 염려하지 말게. 우리 정치하는 사람들이 멀리서 돌보겠네."

그런 말씀을 하며 나를 꼭 포옹해 주셨다. 그분이 그 당시 자유당 박해를 받던 민주당 화성군당 위원장이었다. 앞서도 잠시 언급했지만 그 때 이승만 대통령이 총재인 자유당 소속 국회의원으로부터도 신변이 보호되고 있다는 연락을 받았다. 정치라는 것이 그런 보호막인 것을 그 때에 알았다. 그런 사실이 나를 정치인이 될 의욕을 북돋우었다.

그래서 서울대학교 입학시험 볼 것을 기도하기 시작했다. 떨어져도 제일 좋은 대학 낙방하는 것이 차선은 될 것 같았다. 그 때부터 독학으로 차근차근 준비해 나갔다. 남양고등학교에서는 4년 선배의 농과대학 합격이 유일했다. 만용이었다. 고등학교 3학년 마지막 학기 전부를 놀았던 학생이 서울대학교에 입학한다는 것은 그야말로 계란으로 바위 깨뜨리기 격이 아닌가.

12월 초가 되면서 고등학교에 와서 담임선생님을 만나라고 했다. 교무실로 가니 교장선생님 방으로 나를 안내했다. 교장 선생님은 나를 쳐다보지도 않고 냉혹하게 말씀했다.

"학생, 근거 없는 걸 가지고 모함하면 안 돼. 복학해서 졸업시키기로 했으니 여기 서명하고 며칠이라도 공부 해."

나와 부회장은 아무 말 없이 꾸뻑 인사만 했다. 그리고 그 다음 날 나는 담임선생님께 서울대학교 입학원서를 드렸다. 잠시 숙고하시더니 교장실로 가서 의논하시고는 이내 오셔서 말씀하셨다. "학교의 명예를 생각해서 조금 낮은 대학교로 지원했으면 한다. 그러나 네가 꼭 가서 시험 보겠다면 그렇게 도와줄게."

그렇게 해서 서울대학교에 가서 시험을 보게 되었다. 성적표나 품행에 뭐라고 적혔는지는 전혀 모른다. 고등학교 3학년 1학기와 2학기 성적이 전혀 없는데다가 학교에서 봉함해서 보냈기 때문이다.

## 그분께서 밀어 넣으셨다

1960년 2월 초쯤에 서울로 올라갔다. 서울에는 두 번째 가는 길이었다. 중학교 3학년 때 졸업여행으로 서울구경을 갔던 것이 처음이었다. 시골에서 자란 인분냄새 나는 소년의 눈에는 정말 서울은 눈이 휘둥그레질 정도로 놀라운 것들이 많았다. 전쟁 끝난 지가 얼마 안 되었지만 그래도 휘황찬란했다. 사람들이 입은 옷만 해도 모두 왕자나 공주처럼 꾸미고 다녔다. 밤 야경도 휘황찬란했다. 차들이 어찌 많은지 조금만 한눈을 팔면 치어 죽을 것 같았다. 그러나 '눈 뜬 사람의 코도 베어간다.'는 말 그대로였다.

마침 친척집이 동숭동 낙산 아래에 있어 시험기간 중 거기에서 기거하기로 했다. 서울대학교 본부와 문리대, 법대, 수의대, 의대 등이 있는 대학촌이었다. 하지만 사범대학수험장은 동대문에서 전차를 타고 청량리 용두동으로 가야 했다. 사범대학 국어과에 입학원서를 냈기 때문이다.

학생들에게 모범이 되는 교사가 되게 해달라는 기도를 가슴에 품었다. 예수님이 선생님으로 불린 것이 내게 큰 힘이 되었다. 특히 국어교사가 되겠다고 결심했다. 중학교 1학년 때에 국어를 가르쳐 주신 여선생님의 영향이었다. 그분은 내가 처음 신앙생활을 했던 남양감리교회 권사이셨고 아들 하나를 키우는 홀어머니였는데 나를 큰 아들이라며 무척 사랑해 주셨다. 앞에서 언급했다.

아무튼 사범대학은 부속중학교와 한 캠퍼스를 사용하고 있었다. 그래서 입학시험은 부속중학교 교실에서 보았다. 첫 시간은 국어시험이었다. 수험시간보다 십여 분 일찍 답안작성을 끝냈다. 그래도 종이 울릴 때까지 재검 삼검을 하며 최선을 다했다. 수험시간이 끝나고 쉬는 시간에 수험자들이 여기저기 모여 정답 이야기를 나누었다. 국어시험은 기대할 만했다. 그러나 필수과목인 영어와 수학, 선택과목인 일반사회와 생물은 내 실력이 어느 정도인지 감이 잡히지 않았다. 국어교육과는 40명이 모집정원인데 지원자가 320명이 넘었다. 8대1 수준이다.

첫째 날은 국어 영어 수학의 필수과목, 둘째 날에는 일반사회와 생물의 선택과목 시험을 보았다. 그 다음에 면접 고사가 있었다. 그런데 입학지원생들이 끼리끼리 모여 하는 말을 들으니 면접고사에서는 흔히 '존경하는 인물이 누구냐' 하는 질문을 받게 된다고 했다. 그 전 해에 어떤 입학지원자가 <김일성>이라고 대답했다가 낙방했다는 이야기였다.

나는 존경하는 인물이 누구냐고 물으면 누구라 할까 이리저리 궁리했다. 우선 예수님이라고 대답하면 어떨까 생각했다. 그게 움직일 수 없는 사실이다. 하지만 문제는 예수님은 '인물' 곧 사람만이 아니시기 때문이다. 그분은 <온전하신 하나님 온전하신 인간>이라는 것이 교회에서 배우고 성경이 가르치는 신앙고백 아닌가.

그래서 세종대왕을 존경한다고 대답할 것을 준비했다. 나의 17대 할아버님도 되기 때문이다. 그러나 생각해 보니 그것도 적절하지 않을 것 같았다. 국어를 전공한 교수님들이 시험관이시기 때문이다. 세종대왕이라면 그 교수님들이 전문적으로 연구하셨는데…. 그래서 아브라함 링컨을 존경한다고 최종결심을 했다. 링컨의 그 유명한 <게티즈버그> 연설문도 좔좔 외우고 있었기 때문이다. 하지만 면접고사에서 그런 질문은 없었다. 그 대신 왜 국어교사가 되려느냐는 질문을 주임교수님이 하셨다. 나는 중학교 여선생님이 나를 좋은 어머님처럼 보살펴 주셨고 또 교회의 권사이셔서 신앙의 어머니도 되는데 그분에게서 두 해 동안 국어교육을 받았기 때문이라고 했다. 그것으로 면접시험을 넘어갔다.

입학시험 합격자 발표는 열흘 정도 지난 뒤에 있었다. 서울대학교 본부건물 벽에는 수험번호로 발표를 한다고 했다. 그리고 서울대가 발행하는 <대학신문>에는 이름을 게재한다는 것이다.

수험 날짜부터 발표날짜까지가 왜 그리도 길던지., 당연히 떨어질 것이라고 생각은 했으면서도 혹시나 하고 기다렸다.

발표 날 대학본부로 갔다. 동숭동 운동장이 꽤 넓은데 사람들이 빼곡하게 들어섰다. 입학지원자들과 함께 부모와 친지들도 몰려왔기 때문이다. 드디어 대학신문을 판매하기 시작했다. 서로 먼저 사려고 난장판이었다. 한참 뒤 간신히 한 부를 살 수 있었다. 그런데 거기 <사범대학 국어과> 입학생 명부에 <이정근>이란 이름이 또렷이 적혀 있었다. 아아, 합격이었다.

그 때 나는 초등학교 동창생 가운데 하나와 함께 기다렸었다. 서울 명문고 출신인데 문리과대학 수학과 입학지원자였다. 그도 합격했다며 나를 껴안고 그냥 운동장 흙바닥을 두 바퀴 굴렀다. 나는 '주님 감사합니다.'를 몇 번이나 외치며 감격의 눈물을 흘렸다.

그건 정말, 정말 주님의 도우심이었다. 서울, 부산, 대구, 광주 등 큰 도시 일류고등학교 학생들 사이에도 '사당오락'이란 말이 유행이었다. 하루 네 시간 자고 공부에 열중하면 서울대학교에 합격하지만 다섯 시간 자면 낙방한다는 뜻이다. 그런데 시골고등학교, 교과서도 절반이나 겨우 가르치고 마는 학교, 입학시험 정보도 없고, 과외수업은 더욱더 없는 학교, 3학년 1학기도 못 마치고 퇴학처분을 당했던 학생, 똥통학교 출신이라는 열등감 속에 살아온 학생이 서울대학교 신입생으로 합격했다. 남양고등학교 출신으로는 1회 졸업생 가운데 한 명이 농과대학에 입학했고 4회 졸업생인 내가 두 번째로 서울대학교 교복을 입는 사람이 되었다. 아무리 생각해도 내 실력으로 된 것 같지 않았다. 주님께서 밀어 넣어 주셨다는 확신이 들었다. 알곡사람을 만드시려는 계획을 가지셨기 때문이다.

### 하나님부터 쏘아 죽이려나

1960년 4월 초 동숭동 서울대학교 본부가 있는 캠퍼스에서 입학식이 열렸다. 교복을 입고 베레모를 썼다. 교복에는 서울대학교 배지를 달았다. 〈진리는 나의 빛〉이라는 라틴말 교훈이 담겨있었다. 이제는 진리를 캐어내고, 진리를 배우고, 진리를 실천하고, 진리를 전파하고, 진리를 가르치고, 진리를 담은 글을 쓰는 것을 이루겠다는 사명을 내 등에 짊어주셨다.

서울대학교는 그 캠퍼스가 몇 곳에 나뉘어 있었다. 그 때에는 12개 단과대학이었는데, 문리대, 법대, 미대, 의대, 수의대는 종로 5가에서 조금 북쪽 동숭동과 연건동 일대에 자리 잡았다. 대학 본부도 거기에 있었다. 입학식은 대학본부가 있는 문리과대학에서 열렸다. 교복을 입고 베레모를 쓰고, 가슴에는 뿌듯한 자부심을 안고 본부 운동장으로 갔다. 총장님의 훈화를 들었다. 진리를 탐구하는 일에 최선을 다하라는 내용이었다.

입학식 전에 함께 배운 〈서울대학교 교가〉를 합창할 때에는 눈물이 펑펑 쏟아지기도 했다. 지금까지의 인생을 돌아볼 때 이정근이란 한 인간이 서울대학교 교복과 배지를 달고 교정에서 입학식을 하고 교가를 부른다는 것이 얼마나 감사하고 감격스러운 일이던지. 이제 한국에서 제일 유명한 대학의 학생이 되었다. 초등학교에도 제 때 입학을 못해서 학교에 가는 동갑내기들을 보면서 소매로 눈물을 훔치던 때서부터 고등학교 3학년 1학기에 퇴학처분을 받고 고통과 눈물의 시간을 보내던 일들이 영화필름처럼 내 눈 앞을 스쳐 갔다.

"주님, 감사합니다. 여기까지 인도하신 에벤에셀 하나님, 감사 감사합니다. 저로 하여금 주님 마음에 꼭 드는 알곡학생이 되게 하시옵소서."

그런 기도를 마음으로 되뇌일 때는 눈물이 왈칵 쏟아졌다. 〈실패는 성공의 어머니〉라는 금언, '정근이를 꼭 살려 주세요.' 하고 고등학교 퇴학처분을 받았을 때 윗목에서 혼자 새벽기도를 하시던 어머님의 음성이 생생하게 되살아났다. 오냐, 내 분골쇄신粉骨碎身, 뼈를 갈고 몸을 부수면서 열심히 공부해서 마침내 대학을 졸업하리라, 그런 결단을 또 한 번 하면서 이를 악물었다.

"가슴마다 성스러운 이념을 품고/ 이 세상에 사는 진리 찾는 이 길을"

서울대학교의 교가를 마지막으로 해서 입학식이 끝났다. 마침내 서울대학교 학생이 되었다. 학생증을 다시 한 번 손에 꼭 쥐어 보았다.

청량리 사범대학 캠퍼스에서 첫 강의가 시작되었다. 김병화 교수님의 〈교육개론〉이었다. 고등학교와 달리 대학의 강의실에는 지정석도 없었다. 나는 앞줄에 앉았다. 키 작은 까닭도 있었지만 공부하는 학생에게는 '앞자리가 금자리' 아닌가. 그 때 내 옆자리에 앉았던 친구가 60년이 지난 지금 한 동네에 살고 있다. 그래서 만나면 '그 때 그 시절 이야기'를 반복하는 재미에 빠진다. 그도 목회자가 되었고, 수도 워싱턴에서 은퇴하고 최근 이사를 왔다.

그런데 세월이 매우 험악해 갔다. 1960년 3월 15일에 있었던 대통령/부통령 선거의 부정행위 때문이었다. 4월 19일 화요일 아침

학교에 가려고 동대문에서 전차를 탔다. 조간신문 읽는 사람들이 많았다. 첫 면 제목에 큰 글자로 고려대 학생들이 데모하다가 종로 4가에서 깡패들에게 습격당한 사건이 큼직하게 보도되었다. 그리고 경남 마산 데모에서 경찰이 죽인 고등학생 시체가 발견되었는데 최루탄이 눈에 박힌 그 얼굴이 너무나 끔찍했다. 내 속에서도 울컥 분노가 타올랐다. "저런, 나쁜 놈들이 있나." 그런 말이 저절로 터져 나왔다. 내 눈에 최루탄이 박힌 것처럼 느껴졌다.

첫 시간이 시작되어 20여분 지났을까. 교실 밖에서 함성이 들려왔다. 학생회 임원들이 데모하러 나가자며 호소했다. 우리는 주저할 것도 없었다. 책가방을 의자에 올려놓은 채 우르르 몰려 나갔다. 대오를 지었다. 나는 앞에서 다섯째 줄쯤에 있었다.

우리 데모대는 태평로에 있는 국회의사당 앞으로 향했다. '전우의 시체를 넘고 넘어 앞으로 앞으로' 등의 군가를 제창했다. 신설동 로타리에 이르니 고등학교 학생들이 우르르 몰려 나와 합세했다. 동대문을 지나니 자동차들은 모두 모두 옆으로 비켜섰고 데모대로 꽉 차 있었다. 태평로 국회의사당 앞에 수많은 학생들이 잠시 집회를 가진 뒤 중앙청과 경무대를 향해 돌진했다. 철조망 방어벽도 전차로 부수고 이승만 대통령 집무실인 경무대(청와대)로 돌진했다.

그런데 그 때의 국민대학 앞에 이르렀을 때에 경무대 앞에는 경호대가 지키고 있었다. 그들은 총을 공중을 향해 어깨 위에 올려놓고는 공포탄을 쏘아댔다. 데모대를 겁주려는 것이다. "저 놈들 봐

라. 하느님부터 쏘아죽이고 우리들을 쏘려나보다." 나는 그렇게 중얼거렸다. 이 말은 최근 발간된 <서울대학교 동문회보>에 오래 남을 명언으로 게재되었다.

이윽고 따따따 하며 총성이 연속으로 울렸다. 피를 흘리며 쓰러지는 학생들이 있었다. 나는 선채로 뛰어가 경복궁 담벽에 납작 붙어 있었다. 한참 만에 총소리가 멎었다. 총에 맞아 죽은 학생들과 부상당한 학생들이 여기저기에 있었다. 그 날 사범대학에서만 두 사람이 죽었다. 서울대학교 전체에서는 6명, 전국에서는 200명 가까이 살해되었다. 그리고 이승만 대통령이 드디어 대통령직을 그만두고 하야했고, 부통령에 당선되었다던 이기붕 씨의 일가족이 자살을 했다. 한국역사에 찬연히 빛나는 4.19혁명이었다.

## 지독학생과 소속

4.19학생혁명 후에 한국의 정치적 상황은 무척이나 어지러웠다. 자유에 대한 욕구가 한꺼번에 화산처럼 터져 나왔다. 데모라는 유행병이 전국을 태풍처럼 휘몰아쳤다. 대학에서는 무능교수를 축출하는 데모 등이 속출했다. 데모 망국론이 단순한 우려가 아니었다. 특히 학생들 가운데는 남북을 통일하자는 운동도 일어났다. "가자, 휴전선으로." 그런 데모가 대학 캠퍼스를 중심으로 거세게 몰아쳤다.

그래도 사범대학에서는 큰 동요는 없었다. 앞으로 중고등학교 교사가 될 후보생들이었기 때문에 상당히 신중한 태도였다. 게다가 기독학생회 활동이 매우 활발했다. 수요일 아침이면 강의가 시작되기 전에 기도회로 모였다. <수요기도회>였다.

이 기도회의 지도교수 김석목 교수님은 경동교회 장로이셨다. 앞서도 언급했던 장충동에 있는 교회였는데 김재준/강원용 목사님께서 설교자였다. 나도 고향교회가 감리교회 분쟁으로 분립된 기독교장로회 소속이어서 특별한 일이 없는 한 주일예배에 출석했다.

수요기도회에는 보통 삼사십 명이 모였다. 김석목 지도교수님은 독일 신학자 에밀 부룬너가 쓴 <반역하는 인간>(Man In Revolt)을 쉽게 풀어 말씀하셨다. 보수적인 신앙을 가진 학생들에게는 좀 마음에 들지 않는 부분도 있었다. 그러나 대학생이 되었으니 신앙노선의 스펙트럼도 넓혀 보자며 열심히 출석했다.

그분이 특히 분노하시는 것은 통일교 세력이었다. 혼음종교라며 윤리가 타락한 종교는 사탄들의 세력이라고 냉혹하게 쏘아붙이셨다. 그 즈음 통일교와의 투쟁에 앞장 섰던 문리과대학 신사훈 박사님이 통일교도들에게 오물세례를 받기도 했다.

어떻든 사범대학의 기독학생회 활동에 적극적으로 참여했다. 여름방학이 되면 수양회를 가게 되는데 가정교사 일로 일정이 어렵더라도 학생 부모에게 양해를 구하고 참여하는 열성회원이었다. 그래서 기독학생회가 아니라 지독학생회라는 말을 듣기도 했다.

1학년 때인 것으로 기억한다. 여름방학이 시작되면서 기독학생회에서 바로 수양회를 가게 되었다. 김석목 교수님을 강사로 해서 기독교 신앙의 정석定石들을 배우는 모임이었다. 그분이 윤리학 교수이시기 때문에 '윤리적 신앙'을 집중적으로 배우는 모임이었다. 30명 정도가 참석했다.

첫 강좌시간이었다. 지금 한국 기독교의 가장 큰 암적 문제는 윤리성의 결여에 있다면서 무섭게 비판의 화살을 쏘아 대셨다.

"뭐야, 너희들이 그래 예수 믿는 것들이야? 앞으로 어떤 인간머리가 되어 가나 어디 두고 보자."

심한 역정을 내시며 그런 말씀을 하셨다. 꼭 나만 노려보며 하시는 꾸중의 말씀 같았다. 그 때 박태선의 전도관, 문선명의 통일교 등이 발호할 때였다. 그리고 그들을 핵폭탄으로 비판한 문리과대학 종교학과 교수 신사훈 박사님이 그들 이단세력들로부터 오물세례를 받던 때였다.

그로부터 20년이 지나 필자는 성결교회의 목사로 안수 받고 유니온교회를 개척하여 담임목회에 헌신하게 되었다. 그 후 30년간의 목회를 정리하여 신앙생활과 목회생활의 간증집을 출판했다. 그 책의 제목이 바로 <뭐야, 예수 믿는다구? 어떤 인간머리가 되어가나 두고 보자>였다. 매우 긴 제목이었지만 그 때 김석목 교수님의 '꾸중설교'를 통하여 받은 은혜를 재현하고 싶었다.

대학 1학년을 마치면 전공과목을 바꾸거나 부전공을 선택할 수 있는 기회가 주어진다. 그래서 한 때 국어교육과에서 김석목 교수님이 계신 일반사회과로 전과할까 혹은 부전공을 일반사회로 할까 고민하다가 포기했다. 김 교수님에 대한 존경이 그만큼 컸다. 그러나 교육계에 있으려면 국어, 영어, 수학의 필수과목 교사가 되어야 학원강사도 되고 부수입이 많아진다는 걸 생각하고 포기했다. 먹고사는 문제는 그만큼 심각한 과제였다.

아무튼 김 교수님께서도 나에게 큰 관심을 베풀어주셨다. 우리 기독학생회 출신들은 대학졸업 후에도 정기모임을 가졌다. 그리고 회지도 발간했다. 김석목 교수님의 인격적 지도력이 큰 응집력이 되었다. 그분의 저서와 강의 가운데 가장 큰 핵심은 '예수성'이라는 용어였다. 그분이 주조해낸(coin) 용어였다.

목회자가 되고 교수가 되어 평생을 살면서 존경하는 분들을 만나게 되었는데 그 가운데 매우 중요한 분들이 김석목 교수님과 연관된 분들이었다. 박재훈 박사님은 필자가 쓴 가사를 십여 곡의 찬송가로 작곡하셨다. 석진영 선생님은 미국에서 <복음의 전령>이라는 신앙잡지 발행인이었고 찬송가 가사를 쓴 분이다. 정진경 목사님은 서울신학대학교의 선배 교수님으로 나를 퍽이나 사랑하고 격려해 주셨다. 그리고 김석목 교수님은 필자가 목사안수를 받은 성결교회의 창설자 김상준 목사님의 조카가 된다.

### 글 써서 밥 먹고 살 사람

대학 4년 동안은 그야말로 생존투쟁의 기간이었다. 가난한 시골 농부의 아들이었기 때문이다. 돈이 얼마나 귀중한 생존도구인지를 절절히 깨달았다. 학교 등록금을 여덟 번 내야 하는데 그 '등록고

개'가 얼마나 험준하고 가파른지....쓰라린 체험이었다. 그래도 그 때 마침 은행에서 학비 융자를 해 주는 제도가 생겼다. 나중에 졸업하고 학교에 취직하면 할부로 갚으면 된단다. 물론 이자를 조금 내었다. 그 때에 체험한 것이 '안전판' 개념이었다.

그런데 사범대학에 입학한 것이 하나님의 크나큰 축복이었다. 우선 학비가 매우 저렴했다. 다른 대학의 절반수준이었다. 그 대신 졸업하면 4년 동안 교사생활을 의무적으로 해야 한다. 아니, 그래도 그건 특혜였다. 그 때에는 '먹고 대학'이라는 말이 유행했다. 대학을 졸업하고도 남의 밥을 얻어먹는 신세라는 뜻이었다. 그런데 사범대학을 졸업하면 교사직에 바로 부임할 수 있었다. 그것도 공부를 잘하면 서울시에 있는 공립학교에 우선 배정이 된다.

다행스러운 일이 더 있다. 사범대학 학생은 가정교사 자리 얻기가 매우 쉬웠다. 잘 가르치기 때문이다. 하지만 나에게는 결정적으로 부족한 점 하나가 있었다. 시골고등학교 출신이라는 점이다. 아니, 정확히 말하면 명문고등학교 출신이 아니라는 것이다. 가정교사도 좋은 자리는 경기/서울/경복 고등학교 출신들이 선점했다. 여학생들 경우에는 물론 경기, 이화, 숙명 출신들이 환영받았다. 가정교사로 수입이 많은 학생들은 가정교사 재벌이라는 별명이 붙었다.

하지만 사범대학 국어교육과에는 명문고 출신이 크게 많지 않았다. 게다가 국어과목은 영어, 수학과 함께 대학입학시험 필수과목이었다. '국영수'라는 말이 입에 붙어 다녔다. 또 있다. 수학이나 영어 과목은 열심히 노력하면 성적이 쉽게 오른다. 그런데 국어는 그렇지 않았다. 어떻게 해야 성적이 오르는지 비법이 별로 없다.

그런데 대학 입학 후 두 번째 학기 곧 가을학기가 되었다. 작문교육을 담당하신 이응백 교수께서 출석점검을 마친 뒤에 칠판에다 커다랗게 '가을이 오면'이라고 쓰셨다. 이 제목으로 한 시간은 각 학생이 글을 쓰고 그 다음 두 시간 동안은 평가를 해 주시는 수업이었다. 그 교수님은 한국 최초의 〈국어교육〉 전공교수이셨다.

나는 구상하는 시간을 조금 길게 가졌다. 글의 얼개가 일단 마련되면 써내려 가는 것은 그리 어려운 일이 아니었다. 첫 시간이 마쳐질 무렵 백일장의 작품을 제출했다. 그리고 둘째 시간이 되면서 교수님께서 제출한 순서대로 읽어내려 가셨다. 전체를 읽기도 하셨지만 건너 띄어 읽기도 하셨다. 글 쓴 학생의 이름은 밝히지 않았다. 각각 자기의 글인 것만 알면 되었다.

내가 쓴 글은 전체에서 절반쯤에 있었다. 교수님은 두 문단 정도를 읽어 가시더니 이렇게 말씀하셨다. "이 사람 봐, 글 써서 밥 먹고 살겠네." 그러고 다음으로 넘어가셨다.

칭찬은 고래도 춤추게 한다던가. 그날 내 조그만 가슴은 사뭇 찢어질 것 같이 퉁퉁 뛰었다. 서울대학교 하고도 사범대학, 그것도 최고의 실력 있는 국어교사를 육성하는 국어교육과 학생인데 작문실력이 대단히 우수하다는 평가를 받은 감격, 그걸 어떻게 다 표현해낼 수 있겠는가.

서울대학교에서는 〈대학신문〉을 발행한다. 주간신문이다. 서울대학교의 모든 학생과 교직원은 물론 동창생들도 읽는 신문이다. '글 써서 밥 먹고 살 사람'이라는 평가를 받은 뒤에 그 신문에 원고를 써서 보내기도 했다. 게재되었을 때의 기쁨이 지금도 잔잔히 내 가슴에 흐른다.

게다가 그 신문사에서는 학생문예작품을 매년 모집한다. 나도 한 편을 보냈다. 그랬더니 그 대학신문 기자인 동급생이 최종심 3편에 올라갔다며 한 턱을 먹자고 했다. 그래서 썰렁한 호주머니를 털어 점심을 쏘았다. 하지만 3등을 했다. 그 때에 문리과대학 사회학과 조화유가 당선작을 냈다. 지금 미주의 일간신문에 미국영어강좌를 연재하는 유명인이 되었다.

그래도 심사평을 맡은 대표 교수님께서 나의 글을 평가하시면서, '당선작이나 가작에는 들지 못했어도 글 쓰는 재능을 넉넉히 확인해 주는 수필'이라고 하신 찬사가 평생 내 가슴에 남아 있다. 그렇다. 좋은 글은 하루 이틀에 이루어지지 않는다. 평생토록 절차탁마, 땀과 피를 흘리며 갈고 닦아가야 한다. 로마는 하루아침에 이루어지지 않는다는 금언도 있지 않던가.

그로부터 30여년이 지난 뒤였다. 이응백 교수님께서 미국 여행을 오셨다. 그래서 샌디에고에서 샌프란시스코까지 모시고 다니며 3박4일 여행을 안내해 드렸다.

"이 목사님의 글은 개성미가 있는 신선한 표현이 매우 돋보였지."

그 한 마디를 잊지 않으셨다. 하지만 자기칭찬을 소개하자니 쑥스럽기 짝이 없기도 하다.

## 가정교사 체험기

대학생활 자체는 그리 어려운 일이 아니었다. 문제는 항상 가난한 가정이었다. 졸업하려면 여덟 번 수업료를 납부해야 한다. 험준한 아리랑 고개 여덟 개를 넘어야 된다. 넉넉한 가정 자녀들에게는 아무 것도 문제가 안 된다. 그러나 가난한 학생들은 공부하랴, 가정교사로 가르치랴, 대학생활이 매우 무거운 짐이었다.

나도 대학 1학년 때에는 가르치는 아이의 성적이 떨어졌기 때문에 그 날로 짐 싸가지고 나오기도 했다. 잠잘 곳이 없어서 한강 백사장에 담요를 펴고 사흘쯤 지낸 적도 있었다. 모래사장에 누워 별들이 반짝이는 하늘을 쳐다보아야 하는 처량함이 심장과 머리를 가득 채웠다. 부잣집의 데릴사위가 되는 기회는 없을까 그런 망상도 했다. 그래도 그런 어려움을 극복할 수 있는 것은 믿음이었다. 실로, 무엇을 먹을까, 무엇을 입을까 염려하지 말라는 말씀을 글자 그대로 체험했다(마 6:25이하).

첫 가정교사는 장충동에 있는 학생이었다. 전세를 얻어 사는 집이라 실상 가정교사를 입주시키는 일은 부담이 되었다. 전쟁 뒤라서 서울의 집값이 상당히 비싸던 때였다. 그러나 여고생 딸과 초등학생 아들을 가르쳐야 하니까 시간제 가정교사를 두는 것이 더 경제적이었다. 친 오빠나 형처럼 잘 격려하며 가르쳤더니 성적이 괜찮게 올라갔다.

그런 소문이 어떻게 났는지 대학 2학년이 되면서 아주 대단한 집의 가정교사로 초빙되었다. 한국에서 지금도 기업의 규모로 세 손가락 안에 드는 재벌의 가정이었다. 집도 고급주택이 많은 장충동이었다. 정원이 얼마나 넓고 잘 가꾸었는지 내 눈이 휘둥그레졌다. 그런데 주택규모가 엄청나게 컸거니와 더 놀라운 것은 전기시설이었다. 버튼만 누르면 자동화되는 것이 상당히 많았다. 그 주택은 원래 이승만 자유당 정부 때에 서울시장을 지낸 사람의 소유였던 것을 이 기업인이 샀단다. 그리고 그 시장은 서울시장이 되기 전에 한국전력회사 사장이었단다. 아무튼 시골 치고도 산골, 다섯 집밖에 없는 데서 태어난 나에게는 별천지에 들어온 것과 같았다.

하지만 그 집 막내아들이 초등학교 6학년이었다. 중학교 입학시험을 앞두고 있었는데 국어성적이 낮았다. 그래서 서울사대에서 국어교육을 전공하는 나를 가정교사로 초빙했다. "선생님예, 잘 가르쳐 주이소. 기업인은 자식을 잘 기르는 것이 가장 중요한 사업인 것 알지예." 좋은 중학교에 꼭 입학이 되도록 해달라는 간곡한 부탁이었다. 그 형들은 그 때에 명문이던 서울중고등학교에 다니고 있었다. 말하자면 서울중학교에 입학시켜 달라는 뜻이다. 필요하면 과목별로 전담가정교사를 더 둘 수도 있다고 했다. 그런데 국어과목이 취약해서 나를 가정교사로 초빙한 것이다.

아무튼 원색적인 경상도 말투로 학생 아버지가 직접 부탁했다. 그 가문은 대한민국 전체에 알려진 명문가정이었다. 나는 대단한 한국의 대부호집 가정교사가 되었다. 특히 좋은 것은 강원용 목사님이 담임하고 임시설교자는 김재준 목사님인 경동교회에 걸어가서 주일예배를 드릴 수 있었다.

나도 열심히 가르쳤다. 국어성적이 향상되기 시작했다. 그런데 초등학교 6학년 그 학생의 학습동기수준이 매우 낮았다. 공부는 우선 학생의 동기유발을 시켜서 의욕과 열심을 가지고, 아니, 할 수만 있다면 '죽기 아니면 까무러치기'로 공부하도록 해야 한다. 이것은 교육원리의 제1조와 같다.

그래서 국어교과서의 문장 요점을 암송시키는 숙제도 주었다. 그런데 이 부자기업가의 아이는 귀엽게만 자라서 가정교사의 말을 잘 듣지 않았다. 숙제를 절반만 하는 식이다. 그래서 나는 두 손을 펴게 하고 자막대기로 몇 대씩 때렸다. 그것이 그 때 중고등학교에서 선생님들이 하는 교육적 체벌이었다.

석 달 정도가 지났다. 아이의 성적이 올라가기 시작했다. 특히 국어에서 현저한 진보가 있었다. 그런데 그 부모가 나에게 가정교사직을 해임한다고 말해왔다. 왜 남의 귀한 자식에게 '심한 매질'을 하느냐는 것이다. 심한 매질이라니? 자막대기로 손을 몇 대 때리는 것은 그 때에는 학교에서도 공식적으로 허용하는 훈육방법 아닌가. 필경, 그 아이가 부모에게 과장해서 말했던 것 같았다. 나는 두 말 않고 짐을 싸서 나왔다.

마침 나에게도 갈 곳은 있었다. 내 고향에서 중소기업을 하는 사람이 나에게 서울에서 공부하는 남매를 부탁해 왔다. 아들은 경복중학교 입시에 낙방한 재수생이고 딸은 수송초등학교에 다니며 이화여중 지망생이었다. 서울 가회동이라면 장충동 못지않은 부촌인데 거기에 자녀들을 위한 방을 얻고 할머니가 밥을 해 먹였다. 그리고 내가 공부를 시켜야 했다. 두 아이들이 얼마나 순하고 말을 잘 듣는지 차근차근 지도하는 대로 따라서 공부를 했다. 나도 동생들 가르치듯 애정을 가지고 열심히 지도했다. 마침내 딸과 아들은 그들이 지망하던 중학교와 고등학교에 입학했다.

특히 그 아들은 서울의 3대공립학교의 하나인 경복고등학교를 졸업하고 내가 공부했던 서울사대 국어교육과에 입학했다. 좋은 성적으로 졸업하고 미국에 유학해서 박사학위 마친 뒤에 고려대학교 교수가 되었다. 한국에서는 독서교육의 대표적 학자가 되었고 한국에서 매년 실시되는 수능고사 출제위원장도 역임했다. 결혼중매도 내가 했다.

그리고 대학을 졸업하기까지 마지막 가정교사를 했던 것은 서울중학교를 졸업하고 서울고등학교 동계진학에 낙방한 학생이었다. 집이 아현동에 있었다. 경복고등학교에 입학시킨 경력으로 인하여 더 좋은 여건의 가정교사 자리를 선택하는 것은 배부른 흥정이었다. 그 학생과 숙식을 함께 하면서 마지막 가정교사직에 힘을 기울였다. 그래서 그 학생은 마침내 서울고등학교에 입학했다.

### 자신과의 통렬한 전쟁

1964년 2월, 군대 소집영장을 받았다. 대한민국의 남자면 누구나 병역의 의무를 수행해야 한다. 다른 이론의 여지가 없었다. 대학

졸업식 곧 학사학위 수여식은 매년 2월 26일에 동숭동 대학본부 운동장에서 열린다. 입학식을 했던 바로 그 자리이다.

그런데 군대소집영장을 받았다. 학사학위 수여식에 참석할 수 없게 되었다. 그래도 그건 의무사항은 아니니까 군대 소집에 응했다. 수원에서 기차를 타고 논산훈련소에 도착했다. 입소과정은 좀 거칠었지만 그러나 남아로서 참기 어려운 정도는 아니었다. 지능 테스트에서는 145나 되는데 기계적성에는 형편없는 점수라면서 기압을 받았다. 일부러 엉터리로 답안지를 썼다는 트집이었다.

그런 정도는 각오했던 터라 과히 신경 쓰지 않았다. 6주간의 기본훈련도 별로 어려운 것은 아니었다. 다만 사격술이 힘겨웠다. 위축사격을 했기 때문에 총알이 과녁에 잘 맞지 않아서 점수가 매우 낮았다. 그래서 체벌도 몇 번 받았다. 그러나 넘어갔다. 수류탄 던지기가 매우 위험한 훈련이었다. 독가스를 피하는 화생방 훈련, 각개전투 훈련 등도 위험스럽고 힘든 훈련이지만 대한민국 청년이라면 능히 감당할 수 있는 것들이었다.

문제는 부대배치였다. 앞으로 2년 8개월 군대생활인데 누구나 안전하고 편의한 부대에서 군대생활 복무하기를 간절히 희망했다. 물론 나도 마찬가지였다. 그런데 그 모든 희망은 산산조각이 났다. 병과가 보병이었다. 카투사, 어학사병, 행정병과 이런 것에 배치되기를 간절히 소원했다. 편한 군대생활을 한다는 것도 있지만 무엇인가 새로운 것을 배운다는 것이 더 중요했다. 그러나 기도의 응답은 없었다. 끝내 보병이었다. 보병은 제대할 때까지 고달픈 생활을 해야 한다.

전후반기의 길고 고달픈 훈련이 끝나고 부대배치 명령이 떨어졌다. 그런데 제2훈련소 조교로 배치명령을 받았다. 군대에서 쓰는 말로 '죽었다고 복창해라.'였다. 이제 나는 죽었다 그런 뜻이다. 어떻든 결말은 제2훈련소 제28연대 6중대에 배속되었다. 계급은 이등병이었다. 그래서 나는 지금도 한국의 군대생활 31개월은 육군 제2훈련소 체험밖에 아무 것도 모른다.

지금까지 살아오는 동안 몇 가지 고유번호들이 있다. 주민등록번호, 대학의 학번, 운전면허증 번호, 사회안전번호 등. 그러나 자다가도 벌떡 일어나 큰 소리로 정확히 외칠 수 있는 것은 단연 군번일 뿐이다. 그만큼 군대 체험은 죽을 때까지 머릿속에 생생하게 저장되어 있다. 특수체험이기 때문이다.

5.16군사혁명정부에서는 사병들의 복지향상을 위하여 많은 관심을 기울였다. 박정희 대통령은 일 년에 한 번씩 육군제2훈련소를 초도순시했다. 그래서 한 번은 훈련소 모든 병사들의 베개피를 선물했다. 두 개씩이었다. 하나를 세탁하면 다른 것을 쓰도록 세심한 배려를 했다. 그걸 통칭 '하사베개'라고 했다. 대통령 하사품이라는 것이다. 그런데 그게 훈련병들과 사병들을 못살게 구는 짐이 되었다. 툭하면 '하사베개 검열'이라는 것이 실시되었다. 깨끗하게 유지하라는 뜻이다. 그래서 베개피는 빼어 걸어놓고 속만 베고 자거나 아예 베개 없이 잠을 자게 된다.

이것은 구타금지 방침도 마찬가지였다. '구타절대금지'라고 상부에서 명령하고, 그 여부를 정기보고하라고 아우성이지만 구타는 여전히 성행하고 있었다. 내가 이등병 계급장을 달고 중대에 배속되면서 바로 심한 구타를 여러 번 당했다. 그 때에는 박정희 정권이 들어서면서 병역기피자들을 색출해서 군대에 보냈다. 말하자면 요리조리 병역기피하다가 뒤늦은 나이에 끌려온 병사들이 나의 고참노릇을 했다. 군기를 잡는다는 미명 아래 툭하면 한밤중에 깨어 줄을 세우고 두들겨 패댔다. 곡괭이 자루나 아니면 철봉대로 하는 구타였다. 한 번 맞으면 궁둥이가 부스러지는 것 같았다. 특히 나를 구타할 때에는 꼭 붙는 말이 있다. "이놈의 새끼, 해골바가지 하나 좋으면 다야?" 명문대 졸업생이라는 것이 그토록 큰 죄가 된다는 걸 군대에서 절절히 체험했다. 두세 해 전에 서울대 재학생 출신 하나가 화장실에 거꾸로 빠져서 자살한 사건이 전국을 뒤흔들었었다. 그 일로 군대인권이 상당히 보장되려니 했지만 말짱 헛일이었다.

어느 날 저녁 한 밤중에도 그토록 심한 구타를 당했다. 15명 정도 되는 사병을 계급순으로 한 줄로 세우고 엎드려뻗쳐 자세를 취하게 한 다음 계급 높은 고참이 자기 아래 신참들을 구타했다. 군대말로 줄빠따였다. 그러니 계급이 제일 낮은 신병인 나는 몇 대나 맞았을까. 응덩이가 사뭇 으스러지는 것 같았다. 그런 뒤에 서너시에나 잠을 잤다가 새벽 4시 경에 다시 일어나 보초를 서야 했다.

그래서 그 날은 보초 서면서 탈영할 생각을 굳혀가고 있었다. 어느 곳으로 가면 철조망을 쉽게 넘을 수 있다는 정보도 알아 놓았다. 탈영하다 걸리면 영창에 가게 되는데 차라리 영창생활이 더 안전하다는 것을 친구에게서 확인했었다.

그런데 그 때에 맥아더 장군이 자녀를 위하여 쓴 기도문의 한 구절이 떠올랐다. 이렇게 쓰여 있었다.

"내 자녀가 적과 싸워 이기기 전에 자기와의 싸움에서 승리하게 하옵소서."

그 때에 나는 나와의 싸움에서 통쾌하게 이기게 되었다. 어릴 때 우리 동네 높은 산에 올라가서 맥아더 장군이 지휘한 인천상륙작전을 밤새 지켜 본 적이 있었다. 그런 승리감이었다.

## 성결의 요람 서울신학대학교

고등학교 교사생활을 두 해 정도 했을 때에 박흥일이란 친구를 만나고 싶은 생각이 불현듯 솟아올랐다. 서울사대 학생시절 기독학생회 활동을 하면서 사귄 아주 가까운 단짝이었다. 그 친구가 서울사대 기독학생회 총무를 했고 나는 서기를 맡았다.

단짝 친구가 된 데는 물론 기독교 신자라는 공통점이 가장 컸다. 하지만 고향도 함께 경기도였다. 그 친구는 평택이었고 나는 화성이었다. 가정도 둘 다 불우했다. 그 친구는 계모 손에 자랐고 나는 홀어머니 손에 자랐다. 성격도 차분했다. 이성이 감성보다도 강했다는 뜻이다. 그러나 무엇보다도 중요한 것은 기독교 신앙이었다.

내가 군대에 다녀오고 2년 동안 교사생활을 하는 동안 그 친구는 바로 영어교육학과를 마치고 서울대 행정대학원으로 진학했다. 행정고시에 합격하여 중앙청의 고급공무원이 되었고, 그리고 정부 지원으로 영국에 유학도 다녀왔다. 이미 결혼도 했고 자녀도 있었다. 그 대신 나는 군대 다녀오느라고 모든 것이 늦었다. 그래도 한 가지 더 뺄 수 없는 것이 있다. 기독학생 활동을 하면서 졸업한 뒤에 감리교신학대학에 가서 공부하겠다는 희망을 서로 교환했었다. 그러나 아직 실천하지 못하고 있었다.

그의 직장은 정부 종합청사였다. 전화를 했다. 대학 졸업하고 헤어진 지 4년만이었다.

"뭐야, 이정근이라고? 이거 정말 놀랄 일이네. 지금 어디야? 퇴근시간이 한 시간 남았으니까 정부종합청사 옆에 있는 00식당에서 만나자."

그래서 만났다. 얼마나 반갑고 기쁜 일인지. 죽마고우를 만나는 셈이었다. 그런데 그 친구는 만나자 마자 이렇게 말을 꺼냈다.

"야, 너 신학대학에 와서 일할 생각 없어? 아현동에 서울신학대학이라는 학교가 있는데 말야, 조종남 박사란 분이 학장이 되셨어. 원래 그 학장님께서 나더러 행정보좌로 와 달라고 그러셨는데 말야 나는 유학까지 국비로 다녀왔기 때문에 규정상 자리를 옮길 수 없거든. 그래서 말야 네 생각을 했지."

"예끼 이 사람, 네가 안 가는 자리에 내가 왜 가니? 어서 밥이나 주문해서 먹으면서 지난 얘기나 하자. 나는 대학 졸업식도 못하고 군대에 끌려가서 직사하게 고생하다가 32개월 만에 제대했지. 그리고 …"

그는 중간에 나의 말을 끊었다. 원래 성미가 나보다 급했다. 게다가 자기주장도 무척 강한 편이었다. "내가 기도해 보니 네가 제일 적임자야. 나하고 신학대학 가기로 했었잖아." "야, 네가 안 지려는 십자가를 왜 내게 지우려고 떼를 쓰니? 길게 말할 것 없어. 네가 가면 되는 거야. 나는 행정은 너만큼 모르잖아. 어서 저녁이나 먹으면서 지난 이야기나 좀 하자. 너는 장가갔으니까 그 재미가 어떠냐. 물론 깨가 쏟아질 터이지만."

그는 자기가 쏜다며 음식을 주문했다. 그리고 이야기를 계속했다. 조종남 학장께서 신촌성결교회에 출석하시는데 자기도 그 교회의 집사라고 했다. 그런데 정부 돈으로 유학도 다녀왔기에 그만둘 수가 없다며 거듭 나를 설득했다. 조 박사님도 다른 사람을 추천해 달라고 말씀했단다.

"야, 한 번 더 말하는데, 네가 안 가는 자리에 나를 추천하는 건 또 뭐야. 아무려나 조 박사님은 며칠 뒤 서울신학대학 옆에 있는 아현성결교회에서 뵙게 되는데? 성청주최 신앙강좌 강사 가운데 한 분이셔. 나는 성청 서울지방회 총무이고."

"뭐, 뭐, 뭐라구? 아니, 이거 꼭 짜서 맞춘 것 같으네."

그래서 더 자세한 이야기를 하며 저녁식사를 끝냈다. 내가 제대하고 효창공원 근처에 거주하게 되었는데 거기에서 가까운 십자가탑이 있는 교회를 찾아갔더니 그게 바로 <만리현성결교회>였고, 지금은 2년차가 되는데 그 교회 청년회장도 지냈으며, 지금은 총각

집사로 섬긴다고 했다. 그의 눈이 더욱 휘둥그레졌다. 물론 나도 속으로 무척 놀랐다.

그런 과정을 거쳐 1968년 6월 1일부터 김포공항으로 가는 버스를 타지 않고 아현동 3가 35번지 서울신학대학교로 출근하게 되었다. 엉엉 울며 줄을 지어 교문까지 따라 나오는 여고생들을 작별하기가 무척 힘에 겨웠다.

그런 결정을 하게 된 것은 고등학교 3학년 초 동맹휴학을 주도했다가 퇴학처분을 받았을 때 담임목사님께서 간곡히 기도해 주시고 권고해 주시던 일 때문이었다. 앞으로 신학대학에 입학하여 목회자가 되라는 하나님의 계획이 있을지도 모른다는 말씀이었다. 고등학교에서 다시 복학시켜 주고 서울내 입학원서를 내기 직전 한국신학대학 입학원서를 가져다 놓았다며 또 한 번 권고하셨다. 그런데 그 때에 '혹시 서울대 입학이 안 되면 생각해 보겠습니다.' 하고 드린 약속이 마음에 늘 무거운 짐이 되었다.

그래서 2년만이라도 서울신학대학에서 봉사하고 다시 교직으로 돌아가겠다는 계획을 갖고 기도로 결정했었다. 내가 집사로 있는 만리현교회 강금섬 여전도사님의 간절한 권고도 있었다.

## 교육대학원 수석입학

서울특별시 서대문구 아현동에 있는 서울신학대학교로 근무처가 바뀌었다. 여러 가지 긴급한 과업들이 내 앞에 선명하게 나타나기 시작했다. 우선 <학장행정보좌>라는 직분이 뜻하는 것처럼 학장이신 조종남 박사님의 행정을 돕는 일에 초점을 맞추었다. 사무실도 바로 학장실 옆이었다.

그 때 한국정부는 대학을 단과대학과 종합대학으로 구별했다. 그래서 종합대학 최고행정책임자는 총장이라 호칭했고 단과대학의 경우는 학장이라 했다. 영어로는 유니버시티나 칼리지나 똑같이 프레지던트(President)라 호칭한다. 말하자면 내 직책은 총장행정보좌였다.

재학생 정원이 200명이니까 규모는 매우 작은 대학이었다. 학생들까지 모두 합쳐서 웬만한 교회 규모였다. 1911년에 창설된 학교였다. 그 때로 57주년을 맞는 교육기관이었다. 역사가 비교적 긴 편이었다. 그리고 전국에 교회는 400여개가 있었다. 장로교회 감리교회에 비교하면 교세는 약세였다. 하지만 '장감성'이라는 말이 뜻하듯이 한국 개신교회 3대교단의 하나였다. 그리고 한국교회가 그렇듯이 서울신학대학교가 소속된 기독교성결교회와 함께 예수교성결교회라는 교단도 있었고, 그 교단 신학교육기관도 있었다. 교단끼리 서로 협력하는 것보다는 경쟁심이 더 컸다.

아무튼 학교의 전체적인 풍토는 목사안수 받은 교수들이 제일 고귀한 대접을 받고, 이 학교를 졸업하고 목회하는 목사/전도사가 그 다음으로 대접을 받고, 신학생들 곧 학생전도사들이 그 다음이고, 그리고 학교에서 근무하는 평신도 직원들이 최하위 대접을 받았다. 처음 부임해서는 내 자존심도 적지 않은 상처를 입었다. 다시

고등학교 교직으로 돌아갈까 하는 생각도 몇 차례 했었다. 그래도 알곡직원이 되려면 십자가를 자원해서 져야 한다는 믿음으로 이를 악물고 견뎌 나갔다. 높은 자는 낮은 자들을 섬기는 자가 되어야 한다는 성경말씀도 있어 평신도 직원들의 위로가 되었다.

하지만 학교는 나를 단순히 행정요원이 아니라 장차 교수가 될 후보생의 하나로 배려해 주었다. 그래서 그 다음 해에 서울대학교 교육대학원에 입학하여 공부할 수 있었다. 그것도 그 대학원 입학 성적이 수석이었다. 입학시험 과목에 외국어와 교육학이 있어서 영/독/불어교육과나 일반교육학과 신입생이 수석을 하는 것이 관례였다. 그런데 이번에는 국어교육과 학생인 내가 수석입학을 했다. 입학식에서 선서문을 읽는 대표가 되었고 그 학기 수업료를 장학금으로 받았다.

대학원 수석입학자가 된 특별배려가 매우 컸다. 얼마 뒤에 시골 고향에 살고 계신 형님이 서울 내 사무실에 갑자기 나타나셨다. "야, 너 괜찮니? " 형님은 다짜고짜 그렇게 물었다. 자초지종을 들으니 경찰서에서 특별수사팀이 집으로 와서 나에 대한 것을 샅샅이 캐어물었단다. 사진도 많이 찍어갔다 그 수사관 대표가 하는 말이 간첩 아니면 정부 중요기관에서 일할 사람이라고 귀띔했다는 것이다. 이어서 내가 하숙하고 가정교사 했던 집들에서도 연락을 받았다.

그 때에 서울대학교는 물론 각 대학에서 수석입학생, 수석졸업생, 학생회 회장 등의 임원들은 곧 쓸 만한 인재들이라고 해서 정부 요직에 특채하기 위하여 상세한 신원조회를 할 때였다. 그러나 내게는 그것으로 그쳤다. 정부 요직에 대한 배려는 없었다. 다만 어머니 윤옥례 권사께서 경기도지사로부터 모범 어머니 표창을 받게 되어 가문의 영광이 되었고 어머님께도 조금이나마 효성을 하게 되었다.

여기까지 읽은 독자들께서는 아마도, "그래 결혼은 언제 한 거요?" 하고 물으실 것도 같다. 군대생활을 마치고 2년 정도 직장생활을 해서 기본생활비를 모으면 결혼할 것이라는 계획을 세웠다. 그 동안 결혼중매 하겠다는 이들이 꽤 있었고 서로 모르게 맞선을 본 적도 두세 번 있었지만 결혼의 결단을 내리지 못했다. 한 번밖에 할 수 없는 결혼이니까 신중을 기해야 했다. 신앙 좋은 여자라는 건 양보할 수 없는 조건이었다. 그리고 직장여성이라야 한다. 내가 재정실력이 취약하기 때문이다.

공항고등학교를 떠나기 두어 달 전에 새로 부임해온 교사들이 몇 있었다. 그 가운데 서울사대 영어교육과 졸업생 박부강 선생이 부임인사를 하는데 내 마음 속에 '저 여자야' 하는 음성이 들렸다. 그래서 데이트를 신청하고 서로 알아가기 시작했다. 서울사대 부고 출신이라는 걸 알고 학력조회를 했더니 학적부 사본이 서울신학대학교로 왔다. 내가 사무처장이니까 그걸 가슴 안주머니에 넣고 상당기간 기도했다. 영적인 응답을 받고 데이트를 신청했다. 그리고 2년 만에 결혼했다. 특히 앞으로 해외유학을 할 것이기 때문에 영어교사여야 한다는 실제적 필요성도 있었다. 내가 대학을 입학했을 때에 어느 점쟁이가 '그 사람은 여자만 조심하면 된다.'고 했다는 말의 효능이 끝난 것 같아 지금도 그 생각을 하며 우리 둘이 허허 웃는다.

나도 유교적 가치를 중요하게 여기는 세대라 가족 이야기는 잘 안 한다. 그래도 여기서 조금 말해 두는 것이 독자들의 마음을 편하게 할 것 같다. 아들, 딸, 딸 셋을 두었다. 모두 신앙생활을 견실하게 하고 있다. 세상의 직장생활도 박수 받을 만하고 자신들도 행복해 한다. 아내가 고등학교 동기들 중에서 자녀와 손주들을 제일 많이 두었다고 해서 '다산상'을 받기도 했다. 그들은 목사 부부야 먹고 애기 낳는 일밖에 더 있느냐며 우리 부부에게 행복에 겨운 웃음을 선사했다. 아내는 미국에서도 초등학교 교사, 주립대학 강사, 한국에서는 중고등학교 교사, 영어학교 교장으로 섬겼다.

## 내가 네 글을 사용하려 한다

서울신학대학교 행정업무, 교양국어 등을 가르치는 일, 신혼생활 등으로 눈코 뜰 새 없이 분주다사하던 때였다. 대학원 공부도 수업으로는 마지막 학기가 되었다. 석사학위 논문만 써서 통과되면 학창생활은 일단 마감이었다. 그런데 서울대 대학원 김형규 지도교수께서 강의 끝난 뒤 연구실로 와서 무엇 좀 의논하자고 하셨다. 그 분은 <국어사> 곧 한국어 역사의 종합연구서적을 출판하시고 강의하신 최초의 학자이셨고 그 분야의 독보적 인물이셨다.

"이 군, 혹시 내 유급 전담 조교로 와서 나를 얼마동안 도와주면 좋겠어. 내가 깊이 생각하고 하는 말이거든. 내가 은퇴하면 나를 이어서 사범대학 교수요원이 될 수 있을 것 같아."

그분은 연령으로는 나의 부친과 비슷했다. 그 아들이 사범대학 다른 학과의 입학동기였다. 또 아버지를 일찍 잃은 나에게는 사범대학 교수님들이 나의 대부였다. 그 당시에는 별 큰 문제가 없다면 조교는 대체로는 교수직으로 진출하는 우선순위였다. 김형규 교수님의 제안은 결국 자신의 교수직을 물려주겠다는 말씀이었다.

가슴이 터질 것처럼 기뻤다. 시골 무지렁이가, 고등학교 3학년 첫 학기에 퇴학처분을 당했던 소년이 서울대학교의 교수가 될 수 있다는 것이 얼마나 기쁜가. 펄쩍펄쩍 뛰고 싶었다. 생각 같아서는 그 자리에서 즉시 엎드려 절하면서 '감사합니다. 하겠습니다.'라고 했어야 했다.

그런데 서울신학대학교 조종남 총장님의 사랑과 기대가 있기 때문에 나 혼자 결정할 수 없었다. 특히 하나님의 부르심인지 기도할 시간이 필요했다. 그래서 한 달 정도의 숙고기간을 요청 드렸다. "아무렴, 깊이 생각하고 결정해야 되겠지. 가족하고도 의논하고." 그러셨다.

집에 와서 아내와 의논했다. 무척이나 기뻐했다. 그러나 최종결정은 남편에게 맡겼다. 이제는 하나님과만 의논하면 되는 일이었다. 시간이 지나면서 서울대학교 교수의 길로 간다는 생각이 점점 굳어져 가고 있었다. 그래도 많은 고민을 거듭했다.

두 주간이 지났다. 신학대학교에서는 매학기 마다 전체 학생과 교직원들이 참여해야 하는 2박3일 정도의 특별수양회가 있었다. 서울 근교 산속에 있는 선교사수양관에서 열린다. 그런데 첫 날 집회가 교육대학원의 저녁강의와 겹쳤다. 그래서 조종남 총장님께 양해를 구했다. 아무래도 서울대학교의 교수의 길로 들어서고 싶었다. 하나님과 약속한 2년의 근무기간도 끝나오는 수순이었다.

그렇게 하려면 서울대학교 교육대학원 강의실로 가야 한다. 김형규 주임교수님에게 그 날 대답을 꼭 드려야 하는 것은 아니지만 그 분의 강의는 결강해서는 안 되지 않겠는가. 그래서 마음을 단단히 먹고 말씀드렸다. “믿음대로 하시지요.” 그분은 좀 의외로 무표정하고 간단하게 대답하셨다. 학생과 교직원 전체가 예외 없이 참석하는 것이 신학대학교의 방침이니 난처하신 것은 짐작이 갔다.

내 사무실 책상으로 돌아와 한참을 고민했다. 내 인생의 중대한 갈림길이었다. 서울신학대학교의 교수의 길이냐, 아니면 모교인 서울대학교 교수의 길이냐를 결정해야 한다. 어쩌면 학교 이름도 크게 틀리지 않는다. 그래서 흔히들 서울신학대학교는 서울대학교의 신과대학인 줄로 오해하는 분들도 적지 않다.

나는 다시 더 기도해 보기로 마음을 돌렸다. 그래서 월요일 오전을 신학대학교에서 근무하고 집으로 돌아와 성경, 세면도구, 침구를 챙겨서 서울 도봉동에 있는 전교생수양회 장소로 갔다. 직장에 간 아내에게는 쪽지만 남겼다. 공식명칭은 ‘퇴수회’였다. 200여 명이 모여 시작하기 전에 찬송가 몇 개를 뜨겁게 소리 높여 불렀다.

특히, '부름 받아 나선 이 몸, 어디든지 가오리다'라는 찬송가를 부를 때였다. 의자에 앉은 나는 무엇인가에 압도당하는 강력한 느낌이 있었다. 나는 의자에서 내려 앉아 바닥에 무릎을 꿇었다. 눈에서는 이유를 알 수 없는 눈물이 펑펑 쏟아져 내렸다. 그러더니 엄청난 음성이 벼락 치듯 나의 고막을 찢으며 들려왔다.

"정근아, 정근아, 너 어디를 그렇게 어정거리며 돌아다녀?" "네에?" "내가 너를 목사 만들려고 부른 것 몰랐어?" "주님, 아닙니다. 저는 글 써서 밥 먹고 살 사람인데요?" "바로 그거야. 너는 나를 위하여 글쓰는 목사가 되어야 한다. 내가 네 글을 사용하려는 거야."

그러고는 끝이었다. 다시 참석자들이 부르는 찬송가 소리가 귀에 들려왔다. "괴로우나 즐거우나 주만 따라 가오리니/ 어느 누가 막으리까 죽음인들 막으리까." 수양회에 다녀 온 뒤에 아내에게 그 간증을 했다. 아내는 긴 말을 하지도 않았다. "하나님과 약속하셨으면 그대로 하셔야지요." 그 말뿐이었다. 자신의 장래 운명에도 거대한 영향을 끼칠 결단인 걸 알면서도 별 말이 없었다. 눈물겹게 고마웠다.

아무튼 사도 바울의 소명과 똑같은 체험이었다. 후일 '사울아, 사울아, 어찌하여 네가 나를 핍박하느냐.'(행 9:4). 이 말씀은 <새번역성경>에는 '박해하느냐'로 번역되었다. 내가 제안했고 성서공회가 채택했다.

## 화장실에서 터득한 진리

서울대 교육대학원 김형규 박사님 댁을 방문하여 무릎을 꿇고 조교로 추천하여 주신 일은 순종하기가 어렵다는 말씀을 드렸다. 등에는 땀이 주르륵 흘러 내렸다. 그분은 잠시 침묵하셨다. 그리고는 천천히 말씀하셨다.

"그야 성직은 아무나 할 수 있는 직책이 아니니까. 하지만 참 아쉽네."

그것으로 마감하셨다. 나는 그분 앞에 큰 절을 하고 물러 나왔다. 오십년도 더 지난 일이지만 지금도 크게, 크게 감사하기도 하고, 아쉽기도 하고, 송구스럽기도 하다. 아무튼 석사학위 논문은 그분께서 지도교수이셨고 주심이셨다. 크게 칭찬해 주셨다.

그 후 얼마 지나서 조종남 서울신학대학교 총장님은 나에게 유학갈 준비를 하라고 말씀하셨다. 목사로 부르심을 받은 나의 간증을 들으시고 기독교교육학 교수로 육성하실 계획에서였다. 여러 가지 준비과정 곧 영어시험, 해외유학자격 국가고시 등을 준비하는데 몰두했다. 국어교육을 전공한 까닭에 영어, 독일어 등은 상대적으로 실력이 부족했다. 그 때부터 정신을 바짝 차리고 공부에 몰두했다. 마침 아내가 영어교육과를 졸업한 영어교사였기 때문에 환경은 좋았다. 게다가 미국인 선교사들과 함께 직장생활을 했었다.

드디어 미국 유학길에 올랐다. 결혼한 지 2년만이었다. 가족을 한국에 남겨 두었다. 아내는 아들 하나를 낳아 기르고 있었고 둘째 아이를 임신 중이었다. 중고등학교 영어교사이어서 낮에 아기를 돌보는 소녀와 시어머니를 모시고 살아야 했다. 그리고 서울대 교육대학원 석사과정에서 영어 전공으로 수학 중이었다. 일인사역의 생활이었다.

유학생활에 성공하려면 3대요소를 잘 갖추어야 한다는 말이 유행했다. 건강, 재정, 영어였다. 내게는 건강은 특별한 문제는 없었다. 그러나 재정은 매우 나쁜 상태였다. 그리고 영어실력도 좋은 등급이 아니었다. 읽고 쓰는 것은 그런대로 할 수 있지만 듣고 말하는 것은 내가 보아도 수준미달이었다. 한 번은 그로서리 마켓(식품점)에 가서 '컹큐바인'(concubine)이 있느냐고 물었다. 점원의 눈이 휘둥그레졌다. 그래서 손에다가 cucumber라고 써 주었다. 그랬더니, 오우, '큐커엄버어' 하고 큰 소리로 웃으며 이리 오라고 했다. 오이가 있느냐는 말을 '애첩이 있느냐'고 물었으니 얼마나 웃기는 실수인가. 그 때에 그 학교 700명 학생 가운데 내가 영어를 제일 못하는 학생으로 소문이 나버렸다.

그래도 유학생은 학교 안에서 일할 수 있도록 배려했다. 주말이 되면 내가 하는 일은 화장실 청소였다. 청소감독을 하는 사람은 나이가 꽤 든 교회의 집사(deacon)였다. 그는 얼마나 꼼꼼하고 철저한지 내가 변기를 닦으면 몇 번이나 딱지를 놓았다. 여기에는 이런 약품을 쓰고 몇 번씩이나 닦아내야 한다느니, 나쁜 냄새를 완벽하게 제거하고 스프레이는 무엇을 뿌려야 한다느니 잔소리가 도무지 많았다. 그러더니 4주쯤 지난 뒤에야 '엑셀런트 잡' 곧 매우 우수하다는 평가를 했다. '미스터 리는 한국에 돌아가면 와이프한테 청소우수상을 받을 거야.' 그러면서 껄껄 웃었다.

나는 좀 퉁명스레 대답했다. 한국에서는 청소는 여자들 잡이지 남자들은 하지 않는다고 대답하니 심기가 좀 풀렸다.

그런데 이 노인집사는 이런 말을 했다: '신학공부를 마치고 안수받은 목사가 되면 신자들의 영혼청소를 하는 것이 전문직 아니겠느냐.' 어라, 서당개 삼년이면 풍월을 한다더니 신학대학원의 청소담당 집사도 신학풍월을 한 수 읊네. 그런 생각을 하며 나도 미소를 지었다. 그리고 후일 목사로 안수받은 뒤에는 목회란 '영혼을 깨끗이 닦아 주는 일'이라고도 이해했다.

유학생활 초기에는 김치가 무척 먹고 싶었다. 아내에게 편지로 김치 담그는 법을 가르쳐 달라고 편지를 보냈더니 보름 가까이 걸려 답장이 왔다. 그래서 큼직한 병에다 무와 양배추를 절여 채우고 소금과 고춧가루를 꽤 많이 넣어 공동으로 쓰는 냉장고에 넣어놓았다. 몇 시간 후 어떤 친구가 내 기숙사의 문을 요란하게 두들겼다. 문을 열자마자, "야, 코리안 김치가 이 기숙사 공기를 지독하게 오염시켜 놓았다. 당장 꺼내다 쓰레기통에 버리란 말이야." 그렇게 언성을 높였다. 그래서 얼른 꺼내다가 기숙사 내 방 지붕으로 통하는 조그만 문을 열고 지붕에 올려놓았다. 그랬더니 햇볕이 비추어져서 더 잘 익었다.

그럴 무렵 몸집이 크고 수염을 덥수룩하게 기른 백인학생 하나가 또 무을 두들겼다. 그는 얼굴을 가득채운 미소를 머금고 부드러운 목소리로 말했다. "너 김치가 있다고 들었다. 나하고 좀 쉐어하겠니." 그랬다. 나누어 먹자는 뜻이다. 김치 먹는 걸 어디서 배웠느냐고 물으니 자기는 하와이에서 코리언들과 어울려 살았단다. 그러면서 원더풀 소리를 연발하며 김치를 반병 가까이 먹고 갔다. 그때 발견한 것이 바로 김치 선교(kimchee mission)란 말이었다. 그리고 문화가 다르다는 것은 서로 다른 것일 뿐 어떤 문화가 더 우수하고 어떤 문화는 더 야만적이라고 할 수 없다는 것도 깨달았다.

## 네 빈 골 내 골로 채워주마

미국유학에서 서울신학대학교로 다시 돌아온 뒤 나의 교수과목이 교양국어에서 기독교교육으로 바뀌었다. 그 때는 외국학교 석사학위만 취득하고도 우수한 교수들이 많았다. 그러나 정부의 방침이 바뀌어 대학교수는 적어도 박사학위가 있어야 했다. 그래서 가짜박사 파동도 있었다. 나는 평생 교수생활 할 것이기에 박사학위 취득 차 한 번 더 유학을 해야 했다.

마침 처가가족이 미국에 먼저 와 있어 우리 가족을 이민 초청해 주었다. 특히 아내는 영어교육 전공자라서 미국이나 영국에 유학을 하고 싶어 했다. 마침 서울대 교육대학원 영어교육전공으로 석사학위도 취득했다. 석사논문은 <한국영어교육사>였다. 그 분야 최초 논문이다. 아무튼 그렇게 해서 1977년 1월에 이번에는 온 가족이 도미했다.

하와이 공항에서 입국할 때 부모의 잔등이는 둘인데 세 아이가 한꺼번에 업어 달라고 아우성을 쳤다. 아이들이 두 살부터 연년생이었다. 겨울옷을 입고 김포공항을 떠나왔는데 하와이는 그 때 찌는 날씨였다. 얼마나 난처했던지. 세관원이 대강대강 검사해서 입국시켰다. 정말 이민전쟁이었다.

우선은 처가가 있는 로스앤젤레스에서 1년간 살았다. 그 사이에 남가주 가정윤리위원회와 〈한국일보사〉가 공동으로 모집한 가정건강화 표어에 우리 가정이 당선작을 냈다. "가정밖에 낙원 없다. 잘 가꾸어 행복 찾자."였다. 교회는 나성성결교회(안수훈 목사 담임)로 정했다. 나는 교회 집사이면서 〈미주동아일보〉 기자로 활동했고 아내는 가게 점원을 거쳐 간이식당을 경영했다. 그런데 어서어서 공부 마치고 한국으로 돌아가야 한다는 소명이 나를 무척 괴롭혔다. 그러는 동안 교회에서는 장로로 안수 받았다.

마침 오레곤주에 있는 〈웨스턴신학대학원〉에 입학이 되었다. 1978년이었다. 그곳에서 목회학 석사학위를 취득하고 2년 만에 가족을 이끌고 다시 로스앤젤레스로 돌아왔다. 클레어몬트신학대학원 목회학 박사과정에서 공부를 시작했다. 그러면서 〈미주성결교단〉에서 목사안수를 받게 되었다. 목사안수 1년 전에는 전도사로서 코비나성결교회를 개척하여 목회사역이 시작되었다. 그리고 안수 받은 후 유니온성결교회를 개척했다. 아무튼 폭풍처럼 전쟁처럼 살았다.

그렇게 떠돌아다니는 동안 가정의 재정상태는 말이 아니었다. 아내가 식당을 경영해서 겨우겨우 입에 풀칠은 했지만 아이들이 셋이고 보니 그들의 학교 뒷바라지 등 무척이나 힘에 버거웠다. 식당은 별로 수입이 없었다. 심지어 식품 살 돈도 모자라 시효가 지난 빵 등을 가져다 먹기도 했다. 가족의 옷은 중고의류점에서 사서 입었다. 교회도 개척단계라서 생활비를 제대로 지불하지 못했다. 박사과정에서 공부하자니 학비가 버거울 정도로 많이 들었다. 나는 미주동아일보사 등에서 기자로서 다소 돈을 벌었지만 다섯 식구 생활비에는 어림도 없었다. 그래도 마음은 무척 평온했다. 믿는 데가 있기 때문이다. '공중의 새를 보라.'(마6:26)는 이 한 마디 말씀이 우리 가정의 크나큰 힘이 되었고, 목회가 힘겨울 때마다 다시금 용수철처럼 힘차게 솟아오르는 샘물이 되었다.

교회를 개척하면서 우선 시설 마련하는 것이 가장 시급하고 어려운 문제였다. 장로교회, 감리교회, 침례교회는 각각 한인교회 개척이 훨씬 쉬웠다. 미국인 교회 가운데 같은 교단들이 시설을 제공했다. 그래서 독립교회나 군소교단 교회의 문을 두들기며 개척장소를 확보하게 되었다. <여호와 이레> 여호와의 산에서 준비되리라는 말씀을 반복적으로 암송하면서. 마침내 우리가 사는 데서 가깝고 한인교회가 없는 장소에 교회당의 한 교실을 임대할 수 있었다. <코비나한인교회>라 이름했다. 성결교회라 해야 하는데 별로 알려지지 않아 용기를 못 냈다.

첫 주일 예배는 우리 가족 다섯 식구만 드렸다. 그리고 전도를 시작했다. 차라리 교인모으기운동이었다. 그 때는 지역마다 전화번호부가 있었다. 우선 김(Kim)씨 성 가진 사람들을 찾아내어 전화를 걸었다. 그런데 최근 아주사대학교 근처에 도너츠 가게를 낸 한인이 있다는 정보를 얻었다. 아침 9시30분쯤 그 가게로 갔다. 몇 사람이 줄을 서 있었다. 내 차례가 되었을 때 나는 '안녕하세요?' 하고 한국말로 인사했다. 하얀 삼각모자를 쓰고 안경을 낀 주인이 물끄러미 나를 쳐다보았다. "이정근 전도사입니다. 지난주일 이 근처에 교회를 개척했어요. 혹시 교회 다니시나요?" 나는 그렇게 속사포 쏘듯 물었다.

그는 좀 얼떨떨해 했다. "그렇군요. 아니, 외양을 뵈니 똑똑하게 생긴 양반이 무어 해 먹을 게 없어서 전도사를 합니까? 내 동생 나가는 교회를 보니까 교회에서는 월급도 제대로 안 주면서 목사 나가라 내어 쫓고, 하느니 싸움박질 밖에 없던데."

그래서 속으로 이 사람은 싹수가 노랗구나 생각했다. 전도해야 열매가 없을 것 같아 다음에 또 오겠다고 하며 가게를 나와 버렸다. 그런데 뒤에서 이런 소리가 들려왔다. '젠장, 골이 비었지.' 그 소리를 들으니 정말 골이 비는 것 같았다. 지금까지 골 하나 좋은 것으로 인생의 험악한 파도를 헤쳐 가며 살아왔는데. 그러니까 저 사람은 구원받지 못할 사람으로 작정된 모양이구나, 아니면 때가 차지 못했던지 하고 그냥 돌아서 나왔다. 다시 오겠다는 말도 안했다.

혈압이 갑자기 치솟는 것 같아 차 운전석에 앉아 씩씩거렸다. 그런데 바로 그 때 이런 음성이 어디에서인가 들려왔다. '그럼 네 골

가지고 목회하려고 했니? 그 너의 빈 골은 내 골로 가득 채워 줄께.' 할렐루야! 나는 큰 소리로 하늘을 향해 외쳤다. 감격의 눈물을 흘리며. 그 도넛 가게 주인은 나를 알곡목사로 만드는 조교였다. 정말 그렇다. 참된 목회는 내 골을 가지고 해선 안 된다. 예수님의 골로 가득 채운 사람만이 해야 한다.

## 제2훈련소와 3군본부교회 집회

대학 졸업식에 참석하지도 못한 채 육군사병으로 제2훈련소에 입소했다는 이야기를 한 적이 있다. 그리고 군대생활에 있었던 일들도 언급했었다. 바로 그 훈련소의 사병 곧 조교로 군생활을 마쳤다. 그래서 지금도 모국을 방문하면 되도록 훈련소 정문이 있는 곳을 일부러 지나가기도 한다.

그런데 그 제2훈련소 장병세례식을 후원하는 한인목회자 조직이 있었다. 내가 시무하는 유니온교회에서도 그 장병세례식을 후원해 달라는 요청이 있었다. 한 번에 3천명 내외가 세례(세침례)를 받는다는 소식은 언론을 통하여 익히 알고 있었다. 그 수세장병들에게 기념품을 주는데 그 비용은 민간교회들이 부담해왔단다. 그래서 미주에 있는 교회들도 이 일에 몇 몇 교회가 참여해 왔다.

그런데 제2훈련소에서 사병생활을 마친 목사이기에 적극 후원했다. 유니온교회의 원태연 장로란 분이 개인적으로 헌금을 했다.

그로 인하여 장병세례식에 필자가 참석하게 되었다. 제2훈련소에서 훈련받았고, 고참병들에게 심한 체벌도 많이 받았고, 탈영까지 고민했던 나였다. 맥아더 장군의 '자녀를 위한 기도'의 한 구절인 "적과 싸워 이기기 전에 자신과의 싸움에서 승리하는 자녀가 되게 하옵소서." 하는 구절에 큰 은혜를 받고 마음을 바꿔 먹게 되었다는 간증은 앞서 했었다.

아무튼 그래서 제2훈련소를 방문하게 되었다. 세례예식은 종합연병장에서 거행되었다. 별 두 개를 단 훈련소장이 참석했고, 훈련소 군목들도 여럿이 모였다. 나는 설교자로 참여했다. 훈련소 사병 출신의 목사가 설교하게 되니 세례 받기 위하여 모인 훈련병들이 흥미진진해 했다. 세례를 받으면 '희고 깨끗한 군복을 입고, 흰 말을 타고 예수 그리스도를 따르는 군대'의 사명을 다해야 한다고 설교했다(계 19:11-16). 그리고 세례를 베풀 때에는 함께 간 아내가 물을 들고 협력했다. 이 세례식을 통하여 절대자 하나님의 주도면밀하신 사역에 다시 한 번 감격했다.

그런데 한국군대를 향한 사역은 그것으로 끝이 아니었다. 더 큰 일이 기다리고 있었다. 훈련소에서의 설교를 듣고 군종부에서는 또 다른 신앙행사에 초청했다. 계룡대에 있는 3군본부교회 추기심령대부흥회 강사로 선정되었다. 사전에 브리핑을 받았는데 참석자들은 이등병부터 중장까지 있단다. 성삼위 하나님께서 얼마나 세심하게 계획하셨던가. 제2훈련소에서 일차 경험을 하게 하시고 다시 3군본부교회에서 집회를 하도록 인도하시다니.

그 교회를 사전답사를 했다. 십자가 탑에는 "하나님을 위하여,

나라를 위하여"라는 한글로 쓴 표어가 동판으로 높다랗게 쓰여 있었다. 아하, 미국 육군사관학교를 방문했을 때 거기에서 본 것이었다. 물론 영어로 되어 있었다. 그리고 하나님은 3군본부교회에서 집회할 수 있도록 사전준비를 완벽하게 시켜 놓으셨다. 논산 제2훈련소에서의 설교, 그리고 그보다 몇 년 앞서 미국 육군사관학교를 방문하게 하셨다.

아무튼 한국군에서 제대한지 20년이 지났지만 내 의식 밑바닥에는 기껏해야 '육군하사 이정근'만 남아 있었다. 그런데 3군본부교회 집회에는 육해공군 중장들도 참석한다고 사전 브리핑을 받았다. 와아, 정말 찬송가에 있는 그대로, '떨려, 떨려, 떨려'가 아닐 수 없었다. 그래서 더욱 열심히 기도로 준비했다. 모세도, "내가 심히 두렵고 떨린다."고 했다는 말씀(히 12:21)도 반복해서 외웠고, 하나님께서 여호수아에게 주신 그 말씀, "강하고 담대하라. 두려워하지 말며 놀라지 말라. 네가 어디로 가든지 네 하나님 여호와가 너와 함께 하느니라"(수 1:9)는 말씀을 계속 암송하면서 말씀을 준비했다. 결단코 쫄지 말라는 하늘의 음성이 들려왔다.

그런데 그 때가 마침 진급심사를 앞두고 있는 때여서 기독군인 장교들은 물론 장기복무 사병들과 그 가족들의 기도가 매우, 매우 열심이었다. 찬송가를 우렁차게 열심히 불렀고, 말씀을 전파할 때마다 아멘 소리가 드높았다. 계룡대 3군본부교회 그 큰 성전 안이 뜨거운 열기로 가득했다.

그 날의 집회가 끝난 후 특별기도 받기를 희망하는 참석자들에게 안수기도를 했다. 기도제목과 그것을 제출한 사람의 이름을 적어서 내게 했다. 지금도 몇 가지 생각나는 것들이 있다. 중령 부부의 기도는 말을 잘 안 듣는 고2 학생 아들을 종아리를 때렸더니 집을 나가서 사흘째인데 아직도 돌아오지 않는다고 했다. 그리고 그 중령은 후회 막급하다며 눈물을 흘렸다. 그래서 그 부부를 위해안수 기도했다. 그 아들이 마음을 바꿔 어서 집으로 돌아오게 해달라며 탕자의 비유를 인용했다. 그런데 그 다음 날로 돌아왔다. 부모에게 잘못했다며 눈물을 흘렸단다.

그리고 준위 부부는 그 딸이 정신이 이상하다며 안수기도를 꼭 해달라고 요청했다. 그래서 손을 그 소녀 머리에 얹어 악령이 떠나가도록 간곡하게 기도했다. 기도 받은 후 머리가 시원해졌다며 '목사님, 고맙습니다.' 하고 손을 흔들며 해맑게 웃었다. 군대귀신이 드디어 쫓겨났다는 신호였다(막 5:9).

### 모든 군인에게 <마음의 양식>

목회는 목회를 낳고, 집회는 집회를 낳는다. 한국 국방부 군종실에서는 한국의 육해공군 전군 장·사병이 읽을 수 있는, 아니, 읽어야 하는 조그만 책자가 발행된다. <마음의 양식>이다. 그런데 나의 집회 열매가 또 다른 목회열매를 맺도록 기회를 만들었다. 그 책자에 두 번이나 집필자로 선정되었다.

군대 체제상 그것은 한두 사람의 결정으로 되는 것이 아니다. 지휘관과 참모들의 공감대가 있어야 한다. 특히 전군이 읽는 책이기에 집필자 선정, 그리고 집필해온 원고를 게재할 것이냐의 여부 결정, 수정해야 할 부분이면 가차 없이 잘라내는 것이 군인교육용 교재 아닌가.

그런데 한 글자도 가감하거나 수정한 일이 없이 내가 쓴 원고 그대로 게재했다. 2001년에 발행 배포된 제74집에는 다음과 같은 제목으로 된 9개의 〈마음의 양식〉을 제공했다. 글 쓰는 사람들이 잘 알고 있는 것처럼 글의 제목은 그 핵심주제를 암시하는 경우가 많다. 그래도 간단히 설명했다.

1. 군대생활은 자기와의 싸움이다: 인천상륙작전으로 한국전을 대담한 승리로 이끈 맥아더 장군이, “내 아들이 적군들과 싸워 이기기 전에 자기 자신과의 싸움에서 반드시 승리하게 하소서.” 하고 절규한 기도문 소개.

2. 2등은 없다: 제2훈련소 28연대 8중대는 사격성적에 있어 최우수중대 표창을 제일 많이 받았다. 중대장의 지도력이 열쇠였다. 전쟁에서는 1등만 살아남고 2등부터는 죽고말기 때문에 모든 장교, 사병, 훈련병들이 ‘죽기 아니면 살기로’ 훈련에 임했다.

3. 남의 아내에게 쓴 편지: 훈련소 선임하사일 때에 글을 읽지 못하는 병사의 아내에게 대신 편지를 써 주면서 남의 아내를 ‘여보’ 하고 부른 것에 대한 기독교신자의 죄책감을 정리했다

4. 장례식장에서 올린 결혼식: 로스앤젤레스 근교에 있는 아름다운 묘지공원 장례식장에서 결혼식을 올리는 부부가 있었다. 서

로를 죽여서 그 묘지에 묻은 뒤 둘이 한 몸이 되어 결혼생활을 시작한다는 간증이다,

5. 목표물을 명중시켜라: 군대 사격훈련은 그것이 소총이든 대포든 혹은 핵폭탄이든 목표물을 명중시켜야 한다. 인생도 목표달성을 위하여 최선을 다해야 한다는 것을 깨우친다.

6. 나만주의, 너도주의, 너만주의: 자기중심주의보다는 타인과의 공동협력주의가 인생을 더 잘 사는 길이다. 그런데 다른 사람을 위하여 내 인생을 통째로 헌신하는 것이 한 차원 더 높은 삶이다.

7. 지금이 어느 시대라고: 미국 육군사관학교 생도 가운데 여성들이 날이 갈수록 늘어난다. 그들은 남자들과 똑같은 훈련과정을 거쳐 장교가 된다. 그리고 이스라엘 일선에서 여고 졸업 후 국방의 의무를 수행하는 여자군인들도 만났다.

8. 당신은 누구요? : 독일 고관이 말을 타고 부하를 거느리고 길을 가는데 웬 청년 하나가 길을 비키지 않자 '네 이놈 너는 누구냐,' 하고 물었더니 이 청년이 대답했다. "제가 지금 내가 누구인가를 골똘히 생각하며 고민하는 중입니다." 염세철학자로 유명한 쇼펜하워였다.

9. 한 순간의 잘못 때문에: 캘리포니아주 여자교도소에서 만난 한국여성이 한 순간의 잘못으로 살인을 저지르고 교도소생활을 하며 평생토록 눈물로 후회했다는 내용이다. 그 여성은 글쓴이가 담임하는 유니온교회의 후원과 호소로 일찍 가석방되어 한국에 나가서 살고 있다.

2006년 봄호 〈마음의 양식〉에도 글을 써 달라는 요청을 한국 국방부 군종실로부터 받았다. 처음으로 쓴 글이 건강한 군인생활을 하도록 돕는 일에 상당히 유익했다는 평가에 기초했다. 특히 내 글이 실렸던 제74집에는 그 책에 게재된 나의 글에서만 두 구절이 뽑혀 책 앞뒤표지에 게재 되었다.

"생각만 바꾼다면 군대생활도 극장에서 쇼를 보는 것처럼 즐겁고 신명나는 것이다. 특히 무언가를 배우려고만 한다면 그것은 다른 곳에서는 전혀 배울 수 없는 고귀한 인생수업이 될 것이다."

"참다운 군인은 적을 죽이는 것을 배우기 전에 자기를 죽이는 것을 배운다고 한다."

아무려나, 나를 목사가 되라고 부르신 주님께서 특히 〈글목회〉를 하도록 말씀하신 것을 조금이라도 감당할 수 있게 된 것이 눈물겹도록 감사할 뿐이다. 그것도 한국에서라면 글목회의 독자들이 훨씬 많겠지만 미국에서 목회하는 까닭에 아쉬움도 적지 않다. 아무튼 그 봄호(제93집)에 게재된 〈마음의 양식〉 제목만 소개하고 이 글을 마친다. 이 글을 읽는 모든 사람들에게 '영혼의 양식이 되소서.' 하는 간곡한 기도와 함께.

1. 앞도 막히고 뒤도 막히고,

2. 손가락은 약하나 주먹은 강하다,

3. 국제형 인간이 되어야 한다,

4. 죽음아, 네가 이제 오느냐,

5, 한국인의 자존심을 우주에 쏘아 올리고,

6. 그네 인생, 널 인생, 팽이 인생,

7. 군인은 누구나 장군입니다,

8. 사람 가운데서 사람이 되고,

9. 코리아타운 이야기.

이렇게 되면서 사역의 영토가 훨씬 넓혀져 갔다. 김대중 선생의 <옥중서신 출판기념회>가 로스앤젤레스에서 열렸을 때에는 개회기도자로 초청되었다. 그 부인 이희호 여사가 서울사대 기독학생동문회 출신인 점도 있었다. 그리고 노태우 대통령이 유엔총회 연설문에 성경말씀, "무리가 그들의 칼을 쳐서 보습을 만들고, 그들의 창을 쳐서 낫을 만들 것이며, 이 나라와 저 나라가 다시는 칼을 들고 서로 치지 아니하며 다시는 전쟁을 연습하지 아니하리라."(사 2:4)는 말씀도 제공했다.

## 성전은 불경기에 마련하라

기독교는 시대 시대마다 여러 가지 뜨거운 논쟁이 있어 왔다. 그 가운데 교회가 성전을 화려하고 값비싸게 건축하느냐 아니면 아예 가정을 성전으로 삼느냐의 논쟁도 있다. 성전건축을 포기하고 임대건물만을 사용하며 선교에 전심력을 기울인다는 교회들이 박수갈채를 받기도 한다.

그러나 그런 것들은 보편적 사례는 결코 아니다. 교회가 교회당만을 뜻하는 것도 물론 아니다. 그러나 목회를 실제로 해 보면 교회당은 교회를 구성하는 매우 중요한 요건의 하나이다. 성삼위 하나님께서 결코 교회당에만 계시다는 것도 아니다. 그러나 자기들 집은 궁궐처럼 지어 놓으면서 창조주/구원주/성화주 하나님을 위하여서는 판잣집이면 어떠냐는 것은 말이 안 된다. “초막이나 궁궐이나 내 주 예수 계신 곳이 그 어디나 하늘나라”인 것은 맞는다. 그러나 하나님의 형상을 지닌 우리 인간의 도리는 아니다.

유니온교회는 루터교파 성전 한 구석에서 1980년에 창립된 지 7년 만에 자체성전을 구입하여 하나님께 봉헌했다. 로스앤젤레스 다운타운 가까이 있었다. 흑인성도들의 교회당이었다. 그리고 다시 7년 만에 제3성전을 구입하여 봉헌했다. 교회당을 옮긴 이유는 4.29흑인폭동 때문이었다. 백인들을 향하여야 할 흑인들의 분노가 약자소수민족인 코리언들을 향하여 폭발했다. 수많은 우리 동족들의 집, 상가 등이 불에 탔고 생명을 잃은 사람들도 있었다.

필자는 그 때 뉴욕에 있는 한인교회에서 집회를 인도했다. 그런데 우리교회 성도들 중에도 가게가 불타고 약탈당한 가정이 여럿이었다. 집회를 중단하고 토요일에 돌아왔다. 그 때 비행기 안에서 기도하며 교회성전을 다른 곳으로 옮길 그림을 그렸다. 다운타운이나 코리아타운이 아닌 곳으로의 이전이었다. 자칫하면 신자들도 모두 잃게 되고 교회재산도 건질 수 없게 된다는 위험부담이 있었다. 그래도 멀리 내어다보면 안전지대로 옮기는 것이 좋을 것 같다는 결단이 생겼다. 물론 교회당 가까이 있는 우리 집도 옮길 결심이었다.

주일 아침 예배시간이 되어 순서담당자들을 이끌고 주악에 맞추어 성전중앙통로로 입장했다. 성도들은 내가 돌아온 것을 보고 의아해 하면서도 반색을 했다. 나는 설교시간에 성전 이전계획을 발표했다. 그리고 새로운 표어를 온 성도들과 함께 힘차게 제창했다: 〈넓은 성전 마련하여, 자손만대 축복받자〉. 설교하다가 설교자인 내가 '넓은 성전 마련하여'라고 외치면 성도들 전원이 '자손만대 축복 받자'하고 함성을 질러댔다. 그렇게 하면서 건축헌금계획을 발표했다. 그리고 담임목사는 개인사택을 팔아서 은행돈을 갚고 전액 건축헌금으로 드리겠다고 선언했다.

성도들도 일제히 할렐루야로 응답했다. 그러나 그 뒤부터 슬금슬금 빠져나가는 이들도 있었다. 특히 4.29폭동으로 점포를 잃거나 직장을 잃은 성도들의 고민이 많았다. 그래도 담임목사는 그 때부터 다운타운과 특히 코리아타운을 떠날 결심을 했다. 멀리 내어다보면 그 폭동의 여파로 어쩌면 코리아타운이 해체될 수도 있을 것 같았다.

그런데 그 당시 넓은 성전으로 쓰기 꼭 좋은 건물이 있었다. 볼링장이었다. 볼링이 인기가 없어지면서 그 건물이 싸게 매물로 나왔다. 웨스트 코비나 시에도 볼링장이 하나 매물로 나왔다는 정보를 얻었다. 그걸 사려면 시청의 승인을 얻어야 된단다. 그래서 절차를 밟았다. 그랬더니 시의회가 결의해야 한단다. 날짜를 알려주면 꼭 와서 발언을 하라고 했다.

어느 날 나는 박사과정 공부 중이라 학교에 가 있었다. 그런데 학교에 설치된 큰 확성기에서 내 이름을 부르며 집에 빨리 연락하라고 했다. 아내가 '이머젠시'라는 것이다. 무슨 큰 불행한 사태가 생겼다는 뜻이다. 그 때에는 휴대전화는 없던 시절이다. 그래서 공중전화에서 급히 연락했다. 그랬더니 오늘 저녁 6시에 웨스트 코비나 시에서 그 볼링장 사려는 사람들의 의견을 듣는 청문회가 있으니 꼭 참석하란다. 그러면 이머젠시가 아니고 '어전트'(urgent)라고 해야지, 나보다 영어를 훨씬 잘하는 사람이 그런 실수를 해서야 되느냐고 좀 나무랐다. 멋적어 했다.

아무튼 그래서 시의회에 갔다. 그런데 그 볼링장이 빙상경기장 설립계획으로 승인되었다. 교회당 사용은 부결된 것이다. 빙상경기장보다는 교회로 사용해야 범죄가 줄지 않겠느냐고 했지만 5대4로 우리는 낙방했다.

그런데 그 다음날 내게 전화가 왔다. 데인 쟌슨이라는 어떤 교회 부목사였다. 자기가 어제저녁 시의회 광경을 텔레비전에서 보았다며, 그 볼링장 살 정도면 거기에서 멀지 않은 곳에 있는 자신들의 성전을 구입할 수 있겠다고 했다.

게다가 우리교회 성도 가운데서도 연락이 왔는데 똑같은 성전 정보를 제공했다. 그래서 손쉽게 구입한 것이 5천평 대지 위에 1천명을 수용할 예배실과 별도건물의 교육관이 있는 '넓고 또 넓은' 지금의 성전이었다. 정말로 손쉽게 마련할 수 있었다. 그 성전 매입금도 우리 교회 재정형편에 맞추어 단계적으로 지불할 수 있었다. 그들은 은행융자로 더 넓은 성전을 짓게 되었기 때문이다. 아내의 영어 실수를 통하여 하나님은 자신의 집 곧 성전을 마련해 주셨다. 그것도 넓고 넓은 성전이었다.

## 목표는 하나, 과정은 여럿

성경에는 무서운 말씀들이 여럿 있다. 가령 노아 홍수 때에 노아의 가족 여덟 식구 외에는 모든 사람들이 물에 빠져 죽었다는 것을 생각해 보라. 우리가 노아나 그 가족이라면 괜찮겠지만 그것이 아니고 물에 빠져 죽은 그 수많은 사람 가운데 하나라고 생각해 보면 어찌 무섭지 아니한가.

"예수여, 당신의 나라에 임하실 때에 나를 기억하소서" 하고 외쳤던 그 강도가 마침내 구원받은 것은 정말로 통쾌한 일이었다. "내가 진실로 네게 이르노니 오늘 네가 나와 함께 낙원에 있으리라."는 약속을 받았기 때문이다.(눅 23:42-43). 그러나 "불법을 행하는 자들을 거두어 내어 풀무 불에 던져 넣으리니 거기서 울며 이를 갈게 되리라"(마 13:41-42)는 말씀에 해당되는 자들이 있다면 얼마나 불쌍하고 처절한가. 그래서 예수 믿을 바에는 반드시 구원받을 정도는 믿어야 한다.

실로 성경이 무슨 책이냐고 물으면 '하나님의 말씀'이라는 대답부터 여러 가지가 있지만 가장 중요한 것은 영원히 사는 길로 들어가도록 하는 안내서, 줄여서 '영생 안내서'라는 설명을 꼭 잊지 말아야 한다.

그런데 미주이민교회에서는 성도들이 가장 어리둥절한 것이 바로 이 '구원의 길'이다. 코리안 크리스천들 가운데 제일 많은 것이 장로교인들이다. 그런데 장로교인들은 장로교회로 교적을 두게 되니까 미주한인교회들 가운데도 장로교회가 제일 많다. 하지만 문제는 한국에서 장로교인이라 해서 미주에서도 장로교회에만 출석할 수 없는 경우가 많다. 이민초청해 준 사람이 감리교회 신자이면 초청받은 사람이 장로교인이라 해도 우선은 예의로라도 감리교회에 교적을 두어야 한다. 그래서 이민교회는 교파에 관한 한 모두 '짬뽕교회'가 된다.

유니온교회도 그래서 '무지개교회적 성격'을 가졌다. 우선 성결교회이니까 성결교인들이 모였다. 감리교출신들도 있고, 장로교 출신들이 있고, 침례교 출신, 순복음교회 출신, 그리스도의 교회 출신, 그리고 무교회 출신들도 있다. '무지개교회'라는 말을 미국에서는 매우 조심스럽게 사용해야 한다. 그 무지개는 바로 동성애자들이 즐겨 사용하는 상표이기 때문이다.

하여튼 이민목회가 어려운 것은 그런 무지개성에 있다. 교단의 교리를 강요하거나 강조하기가 어렵다. 특히 직분자가 되려면 해당 교단의 신앙고백을 그대로 믿느냐고 공개적으로 고백하는 절차가 있기 때문이다. 그래도 다소 다행인 것은 이민교회들은 교파성이 한국에서보다는 좀 엷어진 점이다. 우리 교파에만 구원이 있다거나 그것만이 참 구원의 길이라는 교파주의 색채가 엷다.

유니온교회도 무지개성이 매우 짙은 편이었다. 교단적으로는 성결교회 소속이지만 성결교회성만 고집하다가는 '하꼬방교회'를 면하기가 어렵다. 그래서 담임목회자의 고민이 매우 컸다.

경상도 출신 장로와 집사 가족들이 있었다. 처음에는 유니온교회가 성결교회라니까 좀 멈칫거렸다. 그런데 예배에 참석해 보니 별로 다르지 않다며 '은혜생활'로 접어들었다. 하지만 장로직분을 받게 되자 고민을 많이 했다. 성결교회 신앙고백에 동의해야 하기 때문이다. 칼빈의 5대교리 가운데 예정론이 특히 마음에 걸렸다. 그들의 고민은 곧 담임목회자의 고민이었다. 어떻게 하면 모든 교파 출신들이 다 편안하게 신앙생활을 할 수 있을까? 우선 설교가 고민이었다. 설교는 어떤 설교를 하든지 직접적이건 간접적이건 구원론과 연결되기 때문이다. 구원론이 없는 설교는 설교가 아니다. 설교는 직접적이건 간접적이건 반드시 구원론의 해답이어야 한다.

그런데 교회는 교파에 따라 구원론을 달리 가르친다. 그러니 성결교회에 출석하는 장로교회, 침례교회, 순복음교회, 그리스도의 교회 신자들의 고민이 얼마나 크겠는가. 그나마 감리교회와 성결교회는 큰 차이는 없어 다행이지만 말이다. 그런 문제를 놓고 고심도 하고 기도도 하고 연구도 했다.

그런데 누가복음 15장을 읽으며 그 해답이 번갯불처럼 내 머리를 흔들어 놓았다. 거기에는 예수님의 유명한 설교가 셋이나 기록되어 있다. 첫째는 잃은 양을 찾아낸 비유, 둘째는 잃은 돈을 찾아낸 비유, 셋째는 잃은 아들을 찾아낸 비유이다. 웬만큼 신앙생활을 한 사람은 다 안다. 아니, 예수 믿지 않는 사람들도 익히 아는 사람들이 많이 있다. 문학적으로도 뛰어난 작품이기 때문이다.

첫째 비유인 잃은 양은 '목자는 양을 부르며 찾아다니고 잃은 양은 목자의 음성을 듣고 응답함으로' 구원을 받게 된다. 둘째 비유인 드라크마(은돈)는 그 잃은 여자가 등불을 켜들고 비로 집을 쓸어서 마침내 찾아낸다. 마지막 비유인 잃어버린 아들은 거지가 된 자신의 처지를 깨닫고 회개하고 결단하여 스스로 일어나 아버지께로 돌아온다. 아버지는 그를 최선의 사랑으로 환영한다.

예수님은 왜 구원론을 세 가지 비유로 말씀하셨을까. 아니, 더 여러 가지로 말씀하셨는데 성경에는 세 가지만 기록되었는지도 모른다. 그러나 우리에게 주는 교훈은 명백하다. 인간의 구원과정은 다 각각 다를 수 있다. 그러나 구원받고 영원한 생명을 누려 창조주 하나님께 영광을 드린다는 목표는 오직 하나일 뿐이다. 구원의 길은 여럿이지만 목표지점은 하나일 뿐이다.

## 예수 믿는 일곱 가지 큰 이유

예수 믿는다고 하면 세상 사람들에게 환영을 받아야 한다. '예수 믿는 사람은 달라도 무언가 달라.' 그런 말을 들을 수 있어야 한다. 그렇게 되려면 예수 믿어서 좋은 일이 무엇인지 마음속에 또렷하게 정리해 있어야 한다. 그래서 전도훈련은 누구에게나 그것 자체가 신앙성숙훈련이 된다.

필자가 청년시절에는 김준곤 목사님이 주도하신 한국대학생 선교회에서 만든 '사영리'(Four Spiritual Laws)라는 조그만 책자가 있었다. 미국 캘리포니아대학교(UCLA)에서 시작된 대학생 선교회가 사용하는 손바닥만 한 소책자였다.

그것에서 아이디어를 얻어 유니온교회도 전도용 소책자를 발행하여 배포했다. 아니 <전도용 명함>이라고 해야 한다. 명함처럼 지갑에 넣어 가지고 다니다가 어디에서든지 전도용으로 사용하도록 만들었다. 그 제목은 <예수님을 믿는 일곱 가지 큰 이유>였다. 물론 유니온교회 담임목회자인 이정근 목사도 주머니에 넉넉하게 넣고 다니며 그것으로 전도했다.

전도는 물론 다른 사람들에게 하는 것이지만 전도하는 사람의 믿음도 엄청나게 변화되고, 단단해 지고, 성숙해지는 효과가 있다. 그래서 전도훈련을 받은 유니온 성도들이 토요일이나 주일 오후에 코리언들이 많이 모이는 곳에 가서 전도를 했다. 담임목사도 시범과 모범을 보였다.

한 번은 한국에 나가서 집회할 때였다. 서울 근교 의정부시 연합집회를 인도하고 교외선을 타고 서울로 돌아오는 길이었다. 옆자리에는 내 나이와 비슷한 50대나 되는 사람이 자꾸 예수 믿는 사람들을 비판하는 말을 했다. 내가 성경을 손에 들고 있는 것을 보고나 들으라고 하는 말이었다. 그러더니 나에게 직접 물었다. "그래 예수 믿는 것들은 에미애비도 없습니까?" 그랬다. 추석 때 자기 부모 성묘를 가자고 아우에게 말했더니 그 날이 일요일이라 교회에 가야 한다면서 안 왔다는 것이다. 입에서는 술 냄새가 풀풀 났다.

그 사람과 논쟁할 필요가 없었다. 전도의 수칙 가운데는 되도록 논쟁하지 말라는 원리도 있다. 그래서 내 지갑 속에서 노란색 종이로 된 전도지를 꺼내 건네주었다. 이 전도지에는 〈예수 믿는 일곱 가지 큰 이유〉라는 제목 아래 다음과 같이 적혀 있다.

1. 죽음을 이기고 영원히 살게 됩니다.
2. 건강하게 오래 삽니다.
3. 넉넉하게 삽니다.
4. 가정이 튼튼하고 자녀들이 훌륭히 자랍니다.
5. 위기에서 구출 받습니다.
6. 마음이 항상 평안하고 행복이 넘칩니다.
7. 사명에 불타는 지도자가 됩니다.

그리고서는 한 번 읽어보도록 권고했다. 하지만 제목만 슬쩍 보고는 그냥 주머니에 넣어버렸다. 집에 가서 차근차근 읽겠다고는 했다. 하지만 된통 재수 없게 잘못 걸렸다는 표정이 그 얼굴에 역력했다. 잘못 걸린 것이 아니라 사실은 정통으로 제대로 걸린 것 아닌가. 영원한 생명으로 인도하는 길을 찾게 되었으니 말이다. 영원한 생명으로 인도받는 좁은 문을 바르게 찾았으니 말이다.

미국에 돌아와서도 코리아타운 그로서리 마켓에 가서 전도했다. 역시 〈예수님을 믿는 일곱 가지 큰 이유〉를 사용했다. 그 전도명함 뒷면에는 유니온교회 약도가 그려져 있다. 주일 오후에는 유니온전도대들이 각 지에 파송되어 전도전을 펼쳤다. 대개 전도에 열심이 지나치면 이단종파로 오해될 수도 있어 부작용도 예상해야 했다. 하지만 전도에는 유익한 속담이 있다. "구더기 무서워 장 못 담그랴.' 바로 그것이다.

〈유니온교회 전도대〉라는 띠를 두르고 전도에 나섰다. 그냥 바삐 휙휙 지나가는 사람들에게는 전도지만 나누어 주었다. 명함판 크기의 노란색 종이였다. 그 앞면에는 앞서 말한 것처럼 〈예수님을 믿는 일곱 가지 큰 이유〉가 기록되어 있다. 그리고 뒷면에는 교회 약도가 그려져 있다.

담임목사가 역시 앞장섰다. "예수님을 믿으세요, 예수님을 믿으세요." 하면서 전도카드를 나누어 주었다. 내 얼굴은 행복한 웃음으로 가득차 있었다. 바삐 지나가는 사람에게는 전도카드만 건네면서, '주님의 축복이 함께 하소서.' 하고 인사를 보냈다. 하지만 질문하는 사람들에게는 간단명료하게 대답해 주었다.

그런데 어떤 젊은 여성에게 그 전도지를 건네면서 예수님을 믿으라고 했더니 인상을 팍 썼다. 그리고는 그 자리에서 그 전도지를 빡빡 찢어서 땅에다 던져 버렸다. 그리고는 이렇게 신경질적으로 말했다.

"그 놈의 예수 귀신이 한국에서도 날 괴롭히더니 미국까지 따라와서 이 지랄이야."

나는 기도했다. '주님, 저 여성이 일곱 귀신 들렸다가 나음을 입은 막달라 마리아 되게 하시옵소서.'

## 사람은 사람 가운데서 사람이 된다

어떻게 하면 예수 믿는 사람들이 불신자들보다 더 훌륭하다는 평가를 받을 수 있을까. 거듭 나서부터 지금까지 글쓴이의 머리를 가득 채우고 있는 질문이다. 특히 '알곡사람 되게 하소서' 하는 기도가 항상 가슴에 불타오르는 나 자신에게는 더욱 더 진지한 질문이 되었다. 사람에게 평가 받는 것도 그렇거니와 역사의 평가, 그리고 한 차원 더 높게는 하늘의 평가를 받을 수 있을까. 아니, 구체적으로 말한다면 우리 주 예수님의 평가를 받을 수 있을까였다. 그런 문제를 안고 고민하며 쓴 글들을 모아 <사람은 사람 가운데서 사람이 된다>는 책을 출판했다. (신지성사, 2003).

이 책의 출판에는 이런 간증이 있다. <미주중앙일보>에서 원고 청탁이 왔다. 성경인물 이야기를 써 달란다. 그래서 1993년과 그 이듬해까지 70회 넘게 게재되었다. 웅산 화백의 삽화도 곁들여 있어 사뭇 흥미진진하게 읽힌다는 평가였다. 한국의 전통종교단체에서도 자기네 인물전을 게재해 달라는 간청이 있었단다.

글의 제목이 꼭 그 글의 주제(theme)를 나타내는 것은 아니다. 그러나 대체로 그런 성향이 있다는 건 문장론의 상식에 속한다. 그래서 그 인물들의 성격을 드러내는 글제목들을 아래에 소개한다. 대표적 사례들이랄까. 잘못 끼워진 첫 단추 아담과 하와, 아우를 죽인 첫 살인범 가인, 구원방주의 선장 노아, 순종하는 믿음의 대표 아브라함, 성범죄를 척결 못한 롯, 미모 때문에 기구했던 사라,

치맛바람의 원조 리브가, 속이고 속았던 야곱, 큰 꿈의 사람 요셉, 고민 많았던 민족지도자 모세, 마지막을 그르친 미리암, 강하고 담대했던 장군 여호수아, 적군을 도운 창녀 라합, 민족을 구원한 여장군 드보라, 긴 머리 천하장사 삼손, 성경판 양녕대군 요나단, 목동시절에 제왕수업한 다윗, 백제의 의자왕 같던 솔로몬, 아니오를 외친 엘리야, 이스라엘의 측천무후 아달랴, 물고기 뱃속에서 새출발한 요나 등등.(이상 구약성경인물)

믿음의 순결한 어머니 마리아, 들사람 세침례자 요한, 관세청 공무원 마태, 고집불통 성경학자 나다나엘, 예수믿고 거듭난 고위관리 니고데모, 일곱귀신 들렸던 막달라 마리아, 나무위에 올라간 세무서장 삭개오, 의예증 고친 도마, 스승까지 노예값으로 팔아먹은 유다, 예수쟁이 죽이려다 뒤집어진 바울, 국제가정에서 태어난 디모데, 무익인에서 유익인이 된 오네시모, 화합시키는 지도자 바나바… 그리고 〈영원하신 스승 예수〉가 마지막이었다.(이상 신약성경인물)

누구나 짐작하겠지만 언론기관들은 독자들의 반응에 대하여 매우 민감하다. 독자들이 원하는 기사가 무엇인지도 모르고 언론사를 경영한다면 그는 눈을 딱 감고 제멋대로 운전하는 사람과 같다. 그런데 언론에서 잘 읽히는 기사는 사람에 관한 뉴스이다. 어디에서 큰 지진이 났더라도 아무도 죽거나 다치지 않았으면 그리 큰 뉴스가 아니다. 그리고 개가 사람을 물었다면 그것도 큰 뉴스가 아니다. 많은 사람이 죽은 사건일수록 큰 뉴스이고, 사람이 개를 물어 죽였다면 그것은 더 큰 뉴스감이 된다.

그런데 한 가지 더 중요한 것이 있다. 그것은 맨 마지막 글에 담은 '예수님은 어떤 분이실까' 하는 질문이다. 그리고 그 대답이다. 예수님은 과연 누구실까. 성경에도 기록된 것처럼 아비가 누구인지도 모르는 사생아실까, 하나님의 아들로서 절대적 신권을 가지신 분이실까.

성경학자나 신학자들은 예수님이 누구시냐는 질문에 우선적인 대답을 이렇게 제시한다. <온전하신 하나님, 온전하신 사람>(vere deus, vere homo)이다. 하지만 이런 말도 그 뜻이 어렵다. 어떤 면에서는 성경 전체가 이 말씀을 풀어 제시하고 있다고 해도 된다. 아니, 기독교의 역사 전체와 신학 전체가 바로 이 문제를 풀어내려는 노력을 하고 있기도 하다.

필자의 평생의 신앙선배이면서 문서선교 동지인 백수복 목사님은 <성결인명사전>을 편찬해서 발행한 매우 큰 업적을 남겼다. 지금은 그 사실에 도전을 받아 다른 교단에서도 비슷한 책들을 낸다는 소식도 들린다. 허나 그 방면에는 <성결인명사전>이 결정적 선례가 되었다. 1,265쪽의 두툼한 책이다.

그런데 이 인명사전에는 책 앞머리에 세 사람의 축사/기념사가 실려 있다. 필자도 그 중의 한 사람이다. 나는 그 글에서 <미주중앙일보>에 게재되었던 성경인물 이야기를 언급했다. 그리고 예수님은 <온전하신 하나님, 온전하신 사람>이시므로 100점 인간, 곧 표준인간으로 삼을 수 있다고 언급했다.

거기에 비추어 보면 성경에 나오는 모든 인물들은 몇 점짜리나 될까 하나하나 평가한다면 자신의 인격과 신앙향상에 큰 도움이 된다고 권고했다. 기독교교육적 시각의 언급이었다. 그리고 더욱 중요한 것은 예수님을 100점으로 놓으면 자신은 몇 점이나 될까도 따져 보라고 조언했다. 가룟 유다는 마이너스 100점쯤 되지 않을까? 그런데 정말로 더 중요한 것이 있다. 그것은 한 걸음 한 걸음씩이라도 그리스도 예수님을 닮아가려고 있는 힘을 다 쏟아 붓는 결단 바로 그것이다.

## 성숙한 신앙인의 일곱 표준

유니온교회는 '학교모형의 목회'를 강조했다. 담임목사가 사범대학 졸업생으로서 중고등학교 교사와 대학교수 출신인 점이 크게 작용했다. 성경말씀으로는 은사대로, 군대말로는 주특기를 따라 목회하는 것이 당연하기 때문이다. 학사, 석사, 박사 학위가 모두 교육에 관한 것이었다.

교육에서는 그것이 무슨 교육이든지를 막론하고 성장, 성취, 성숙, 변화, 창조, 문제해결능력 이런 용어들이 매우 중요하다. '알곡 사람 되게 하소서.' 하는 간절한 기도도 결국은 교육목표를 성취해야 한다는 뜻이다. 교회에서 하는 교육은 일반교육과 같은 점도 있지만 다른 점이 훨씬 많다. 교회교육은 근본적으로 독특한 면이 있다. 우선 성령께서 교육현장에서 역사하신다는 말씀이 그렇다. 그런 점에서 국가교육 혹은 공교육에서 우수한 성적을 얻었다 해도 반드시 교회교육의 성과와 정비례하지는 않는다.

또 교육하는 방식도 공통점도 있지만 확연히 다른 것들도 많다. 일반학교에서 교과서를 열심히 익혀야 하듯이 교회교육에서도 그 표준교과서인 성경을 열심히 익혀야 한다. 그러나 성경을 열심히 배웠다고 해서 신앙교육이 잘 이루어지는 것은 결코 아니다. 기독교 진리를 파괴하고 크게 훼손시킨 인물들 가운데 성경을 엄청나게 정보수준에서 잘 알고 있는 사람들이 얼마나 많던가. 교회교육은 문제해결능력이나 정보지식을 얻는 것보다 신앙적 결단, 체험, 가치관을 더욱 중요시 한다.

또 교육은 그것이 어떤 형태이든지 교육의 목표가 있다. 또 있어야 한다. 최고목표도 있고, 중간목표도 있고, 학교목표도 있고, 학년목표도 있고, 과목목표도 있고, 수업목표도 있다. 숨은 목표도 있고 나타난 목표도 있다. 밖으로부터 정해진 목표도 있고 스스로 학습자가 만든 목표도 있다. 기독교교육은 전체적인 큰 목표는 밖으로부터 주어진다. 그러나 자세한 목표는 교사나 학습자가 개발해 낼 수 있다. 일반 민주교육은 교육목적을 교사와 학생이 협력하여 결정한다.

개체교회(local church)는 그 모형에 따라 여러 가지로 구별된다. 병원모형, 수도원모형, 식당모형, 회사모형, 학교모형, 국회모형, 기도원모형, 공원묘지모형, 사교클럽모형, 피난민수용소모형, 군대모형 등등. 유니온교회는 무슨 모형을 특징으로 삼고 있느냐고 물으면 주저 없이 학교모형이라고 대답한다.

특히 담임목사가 사범대학, 교육대학원, 신학대학원을 통하여, 구체적으로는 학사, 교육학석사, 기독교교육학석사, 목회학석사, 목회학박사, 철학박사과정을 통하여 국어교육, 기독교교육, 목회교육을 전공했고 논문을 썼고 기독교교육분야의 여러 가지 연구서적을 저술했다. 그래서 유니온교회 안에 교회학교도 있고, 성경학교, 한국말학교, 미술학교, 음악학교도 운영했다. 그리고 목회자를 양성하는 〈미성대학교〉도 유니온교회에서 첫 문을 열었다.

성결교회는 초창기와 성장기 때 감리교회나 장로교회만큼 교육목회가 체계적으로 이루어지지 못했다. 대체로 성부 성자 성령 삼위일체 하나님 가운데 성령을 강조하는 교단들은 교육목회가 상대적으로 취약하다. 반면에 인간의 결단을 강조하는 교단들은 교육을 물샐틈없이 하는 성향이 짙다. 그러나 역사가 오래되면 교육을 점차로 강조하게 된다.

교회에서는 예배가 가장 중요하다. 그래서 모든 기관들이 반드시 예배를 드린다. 심지어 아장아장이들도 찬송가를 부르고 기도하며 성경말씀을 옹알이시킨다. 그런데 그 예배 프로그램이 기독교교육의 가장 중요하고 효과적인 교육이라는 점을 놓쳐서는 안 된다. 어떻게 하면 교육효과를 훨씬 더 높이는 프로그램이 되도록 할 수 있을까. 우선 교육에는 목표가 있다. 그 목표는 도달될 수 있는 것이라야 하고, 그 목표는 기독교 신앙의 핵심이어야 한다. 유니온교회는 전체목회의 최고목표를 〈예수님처럼, 꼭 예수님처럼〉(Like

Jesus, Just Like Jesus)으로 정했다. 그것을 수시로 복창시켜 모든 성도들을 의식화시켰다. 설교시간에도 설교자를 따라 자주 한국말과 영어로 소리쳐 외쳤다. 그리고 성숙한 신자의 표준을 다음과 같이 일곱 가지로 정리해서 성도들을 깨우쳤다.

1)구원의 확신이 있는 신앙인, 2)믿음과 생활이 일치되는 신앙인, 3)십자가를 지고 사는 신앙인, 4)남에게 영향력을 주는 지도자적 신앙인, 5)믿음을 스스로 키우는 자립적 신앙인, 6)균형있게 끊임없이 성장해 가는 신앙인, 7)바른 사명을 확고히 깨닫고 십자가 지고 실천하는 신앙인.

그냥 이렇게 제시만 하고 한 번 복창시키고 끝내서는 안 된다. 생각의 깊이를 더하게 하고, 하나님을 현장에서 체험하며 구체적으로 살아 있는 믿음이 되어야 한다. 그렇게 해서 창립 25주년을 맞은 해에 성도들이 자기평가 한 것을 보면 다음과 같다: 자신의 신앙이 성장했다:51%, 별 차이 없다:45%, 퇴보했다:4%. 절반의 성공이었다. 그만하면 되었다고 자부할 수준은 아니었다.

그러나 아무것도 안한 것보다는 훨씬 좋은 열매 아닐까.

## 감쪽같이 고쳐주시니

예수 믿으면 기적을 체험하는 것은 이상한 일이 아니다. 기적이란 논리적으로 설명될 수 없는 일이지만 실제로 생겨진 사건을 말한다. 사실 기독교의 역사는 기적의 역사이다. 아니, 그것은 기독교의 경전인 성경이 바로 기적의 기록이라는 점에 있다. 창세기 첫 장부터 기록된 천지창조부터 시작하여 요한계시록 마지막장에 기록된 예수 그리스도의 다시 오심까지 성경은 기적으로 가득 차 있다. 그리고 가장 믿기 어려우면서도 가장 위대한 기적은 바로 예수 그리스도께서 십자가 위에서 확실하게 처형되어 죽으시고, 무덤에 묻히셨다가, 사흘 만에 다시 살아나신 부활 사건 아닌가.

그런데 그런 기적을 예수 믿는 사람들은 너무나도 확실하게 체험하게 된다는 데 있다. 그런 기적을 체험하고 변화된 것을 다른 사람들에게 말하는 것을 예수쟁이들은 <간증>(testimony)이라고 말한다. 재판정에서도 자주 사용하는 용어이다. 아무튼 성도들의 생애는 실상 그 시작부터 하나님 나라에 가는 때까지 간증의 연속이다. 본인이 말을 하거나 말거나 그 간증이 하늘나라 <생명책>(The Book of Life)에 기록된다. (계20:12). 그리고 그에 기초하여 심판을 받게 되고 그 심판결과에 따라 영원한 상급과 영원한 형벌을 받게 된다. 그것이 성경말씀, 곧 하나님의 말씀이다.

하여튼 이제 이 땅 위에서 만 80년을 살고 보니 회고해야 할 일들이 참으로 많다. 기록해 두고 싶은 일들도 엄청나게 많이 있다. 사건만이 아니다. 내가 말했던 것들, 들었던 말들, 쓴 글들, 읽었던 책과 글들, 만났던 사람들, 그 가운데 나에게 도움을 주신 분들, 아니 나를 모욕하고 학대하고 못살게 굴었던 사람들, 내가 전도하거나 내 설교를 듣고 변화된 사람들, 아니 아직도 나를 비판하는 사람들….

그런데 그건 그만두고라도 우리 가족에 대한 이야기도 하고 싶은 것들이 상당히 많다. 앞에서 조금씩 슬쩍슬쩍 언급은 했지만 그것보다 훨씬 더 많다. 이 글을 읽는 독자들도 마찬가지일 것이다. 그래도 몇 가지 간증은 더 남기려 한다. 목회자의 길로 들어서면서 <목사의 도리>에 대하여서는 많은 것을 배웠고 전문서적을 읽었지만 목사부인에 관한 것은 별로 공부를 못했다. 그런데 목회현장에서보니 실상 목사만의 목회가 아니라 그건 단연 <목사부부의 목회>였다. 우선 목회에서는 심방이 중요한데 그 심방을 목사 혼자 다닐 수가 없다. 홀어머니들을 심방할 수 없기 때문이다.

그래서 목사부부에 관한 역할을 연구하기 시작했다. 목사부인 기준으로 하면 다음 다섯 가지가 있었다. 첫째 하녀사모, 둘째 주부사모, 셋째 비서사모, 넷째 공동사역사모, 다섯째 여왕사모이다. 다른 글에서 더 자세히 설명할 것이다.

이렇게 정리하여 목회자 부부세미나에서 발표하고 자유토론을 가졌다. 그랬더니 가장 궁금해 하는 것이 바로 발표자인 이정근 목사 부부는 어디에 소속되느냐는 질문이었다.

"뭐 저는 여왕사모로 모신다고 하는데 정작 본인은 하녀사모 취급도 못 받는다고 불평이지요." 그랬더니 참석자 모두가 배를 잡고 까르르 웃었다. 전적으로 동의한다는 뜻이다. 그래서 각 목회자들이 돌아가며 자기들의 성분과 성향을 이 틀에 맞추어 이야기했다. 결론은 무엇이었을까. 지혜로운 사모는 경우와 형편에 따라 어떤 때는 하녀가 되고, 어떤 때는 주부, 비서, 동역자, 그리고 어떤 때는 여왕이 되어야 한다는 것이었다. 칠면조사모가 되어야 하는 거냐는 퉁명스러운 반론도 있었다. 아무튼 그렇게 해서 〈사모병〉을 말끔하게 고쳤다. 사실 목사부부는 사역에만 몰두했지 자신들을 위한 사역은 많이 못했다는 아픔이 있었다. 하지만 상당히 치유되었다.

성결교회에는 사중복음의 전통이 있다. 성결교회는 구원론을 목회의 핵심으로 삼고 있다는 가장 확실한 목회신학적 기초이다. 바로 〈중생, 성결, 신유, 재림〉이다. 신유는 하나님이 치유하신다는 뜻이다. 감리교회는 교회론, 장로교회는 신론, 순복음교회는 성령론, 침례교회는 예전론을 강조하지만 성결교회는 구원론이 사역의 최대 강조점이 된다. 이런 주장에 대한 반론도 있다. 그 가운데 병고침은 일차적으로는 육신의 질병이지만 더 확장하면 영혼의 질병, 문명의 질병, 자연환경의 질병까지 고치는 목회사역이 된다.

우리 부부에게는 세 자녀를 주셨다. 그 가운데 첫 아이는 태어나자마자 잘 울지를 못했다. 울 때에는 얼굴이 새파랗게 질렸다. 유명병원에 가서 심층검사를 하니 모두 선천성심장병이란다. 심장에 구멍이 있단다. 그 때로는 고칠 도리가 없으니 어서 둘째 아이를 가지라는 권고만 받았다. 그래서 연년생 둘을 더 낳았다. 그런데 서울의대병원 소아과전문의가 자연치유되는 사례도 드물게 있다는 말을 했다. 내 귀가 번쩍해서 그 가능성이 얼마나 되느냐고 물었다. 1천분의 3정도란다. 낙심천만이었다.

특히 나는 그런 아이를 아내에게 맡겨 두고 혼자 미국 유학을 왔었다. 기도 외에는 다른 도리가 없었다. 그런데 그 아이가 여섯 살 되었을 때 다시 미국에서 심층진단을 받았다. 완벽한 심장이라는 판정을 받고 얼마나 기뻐했는지. 1천분의 3의 기적이 일어난 것이다. 할렐루야. 지금은 물리학박사이면서 대학연구소 연구원이고 안수받은 목사가 되어 목회활동을 열심히 하고 있다. 심장을 어루만져 고쳐주신 주님께 감사하면서.

### 성경번역, 찬송가가사, 코리안의 노래

다시 대학 학창시절로 돌아가서 나눌 이야기들이 더 있다. 나는 책에 대한 굶주림을 안고 자라왔다. 그래서 대학시절부터 책을 사서 모으는 일에 심혈을 기울였다. 열정과 시간을 제일 많이 보낸 곳은 물론 학교였다. 그리고 이어서 교회였다.

하지만 책방을 돌아다니는 것에도 상당히 많은 시간과 정열을 쏟았다. 특히 새 책방보다는 고서 곧 헌책방엘 자주 갔었다. 서울에서는 청계천 5가 고서상들이 즐비한 동네였다. 대학을 졸업할 때쯤 모은 책이 2천 권쯤 되었다. 그리고 보배로운 희귀서들도 몇 권 있다.

대학에 입학하여 국어학자 김형규 박사님으로부터 한국말의 변천사, 곧 <국어사>를 배웠다. 그 과목의 텀 페이퍼(term paper) 곧 소논문 숙제를 할 때에 1887년판 성경과 1950년대 판 성경을 비교하면서 한국말이 60년 사이에 어떻게 변화되어 왔는가를 정리해서 제출했다. 매우 우수하다는 평가를 해 주셨다. 대학 3학년 때에는 그 내용을 다시 정리해서 학내 연구논문발표회에서 발제했다. 참석학생과 교수들이 질문도 하고 조언도 했다. 그 후 보완해서 논문집에 싣게 되었다. 그 후 〈기독교사상〉 잡지에는 “국어학적 시각에서 본 성경 번역의 문제점”이라는 논문을 2회에 걸쳐 게재했다. 서울신학대학교에서 근무할 때였다. 그 논문들이 그 후에 출판한 〈기독교교육신학연구논문집〉에 게재되었다.

가령, ‘사울아, 사울아, 네가 왜 나를 핍박하느냐’(행 6:4)는 ‘사울아, 사울아, 네가 어찌하여 나를 박해하느냐’로 고쳐야 한다고 대안을 제시했다. 핍박이나 박해나 지금 함께 쓰이지만 언어학적으로 볼 때에는 핍박은 죽어가는 말이고 박해는 계속 더 활용될 말이기 때문이다. 그래서 새로운 번역들은 〈박해〉를 선택하고 있다. 아직도 성경에는 〈유월절〉(Passover)이라 한다. 〈뛰넘절〉이 얼마나 좋고 잘 이해되는 말인가. 〈진설병〉도 〈차림빵〉이면 되는데.

그런 사례는 수도 없이 많이 지적했다. 따라서 지금 죽어가고 있는 언어보다는 앞으로 활용되어 가는 말을 사용해서 성경을 번역해야 한다는 주장을 펴냈다. 그런 논문들이 성경출판을 전문으로 하는 〈대한성서공회〉에서 활용되어 성경번역에 상당한 기여를 했다. 그러나 이제는 내가 사용하고 있는 한국말이 반세기 전의 것이기 때문에 그 방면에 공헌할 수 있는 연구논문을 더 쓰기는 어려울 것 같다.

아무튼 이런 원리는 찬송가 가사에도 그대로 적용된다. 지금은 한국교회가 공동찬송가를 사용하지 않기 때문에 사정이 좀 다르다. 그러나 〈합동찬송가〉 시절에는 시대가 지난 표현들이 너무 많았다. 〈구속함을 얻은 우리〉는 〈대속함을 얻은 우리〉로, 〈영세무궁하기까지〉는 〈영원무궁하기까지〉로, 〈예수여, 예수여〉는 〈예수님, 예수님〉으로, 〈창검이 겁없네〉는 〈총칼이 겁없네〉로, 〈샤론의 꽃 예수〉는 〈무궁화꽃 예수〉로, 〈만백성 맞아라〉는 〈온 백성 맞아라〉로, 〈청아하게 들린다〉는 〈웅장하게 들린다〉로, 〈사망권세 이기시고〉는 〈죽음세력 이기시고〉로, 〈예수여, 예수여〉는 〈예수님, 예수님〉으로, 〈영생복락 면류관〉은 〈영원생명 머리관〉으로, 〈나간 자식 돌아오기만〉은 〈나간 자녀 돌아오기만〉으로, 〈옥중에 매인 성도나〉는 〈감옥에 갇힌 성도나〉로, 〈세상부귀 안일함과〉는 〈세상향락 즐거움과〉로, 〈즐거운 노래 부르리〉는 〈즐거운 찬송 부르리〉로 하자고 하는 등 많은 대안을 제시했다. 그리고 상당부분 채택되었다.

이런 연구와 작업을 하면서 찬송가 가사를 쓰게 되었다. 우선 박재훈 목사께서 가사 쓰는 원리를 가르쳐 주셨다. 그래서 그분의 찬송가집 〈창조주 하나님〉(대한기독교서회, 2015)에 13곡이 게재되었다. 그리고 그 책을 출판한 기념음악회에서는 참가성가대연합찬양으로 내가 작사한 〈삼위일체 하나님께 예배 드리네〉 (30장)를 함께 불러 성삼위하나님께 영광을 드렸다. 최근에는 애틀란타 소재 〈주님의 교회〉(담임 김기원 목사) 찬양대가 내가 작곡한 찬양을 특별행사에서 불렀다. 그 찬송가집에 있는 작품들이다.

나는 남북통일을 위하여 '휴전선 철조망 1미터라도 끊어내는 작업을 해야 한다.'는 소명을 가슴에 불태워 왔다. 지금까지 남한과 북조선은 서로 통일방안이라면서 여러 가지를 발표해 왔지만 그 속내는 결국 통일하지 않겠다는 반통일선언문들이었다. 상대편이 냉큼 받아들이면 무슨 다른 이유라도 붙여서 통일을 방해할 방안들 아닌가. 그래서 작심하고 오래 기도하며 결단을 가지고 작사하여 2009년에 발표한 것이 바로 <코리안의 노래>였다. 남북한과 해외한인들이 함께 부를 노래인데 여기 그 가사를 소개한다.

1. 우리는 코리안 하얀 무궁화/ 한강 대동강 거기가 내 고향/ 떨어져도 떨어져도 다시 피어나/ 캄캄한 세상 온 세상 새 희망을 심네/캄캄한 세상 온 세상 새 희망을 심네.

2. 우리는 코리안 붉은 진달래/백두산 한라산 거기가 내 고향/ 잘려져도 잘려져도 다시 자라나/ 사나운 세상 온 세상 새 사랑을 심네/사나운 세상 온 세상 새 사랑을 심네.

3. 우리는 코리안 노란 민들레/삼천리 반도땅 거기가 내 고향/짓밟혀도 짓밟혀도 다시 피어나/거칠은 세상 온 세상 새 평화를 심네/거칠은 세상 온 세상 새 평화를 심네.

남캘리포니아에서는 삼일운동 100주년 행사, 이민 100주년 행사 등에서 함께 불렀다. 어서 속히 남북 북남이 통일되도록 목이 터지도록 불렀다.

## 전파선교와 예기치 못한 사건들

미주복음방송(GBC)은 임종희 목사께서 설립한 라디오 방송이다. 해군장교 출신으로 내외분이 모두 뚝심이 있는 분이었다. 해군장교일 때에 함장을 지낸 분이라 그 때 남가주지역에서 라디오방송을 한다는 것이 쉽지 않은 일이었지만 그 두 분이 마침내 해내었다. AM1190 GBC 방송이었다.

아무래도 남가주지역 목회자들이 중심이 되어 그 방송을 팍팍 밀어 주었다. 재정도 지원하고 그 방송의 프로그램을 맡기도 했다. 제일 많은 것이 물론 설교방송이다. 설교를 매스 미디어에 내어 보내게 되니 서로 경쟁심도 있게 되었고 그래서 설교의 수준이 점차 높아지는 효과도 있었다.

나는 그 방송에서 두 가지 프로그램을 오래도록 했다. 처음에 한 것은 라디오 신앙상담이었다. 직접 전화를 받아서 상담을 하는 일이었다. 직접적 전화가 없으면 상담사례에 있음직한 것들을 소개하며 청취자들과 함께 나누었다. 상담내용은 잡다했다. 주로 신앙생활 문제, 가정문제나 직장문제, 인간관계 문제들이었다. 상식적으로 대답할 수 없는 것들은 다음 기회에 알려 주겠다고 약속하기도 했다.

대학을 졸업하고 라디오 아나운서가 되고 싶어 입사시험을 치렀으나 실기시험의 시험관이 임택근 아나운서였는데 그만 낙방했다는 말을 한 적이 있다. 아무튼 그런데 라디오 신앙상담을 맡게 되었다. 그 때의 경험을 시시콜콜한 것까지 다 말한다면 할 수 있는 일화들이 꽤 많다. 그래도 몇 가지는 꼭 말하고 싶다.

전화 벨이 따르릉 울렸다. 함께 대담하는 여자 아나운서가 받았다. 그래서 신분을 물으니 전통있는 장로교회 권사였다. 그런데 그 때에 방송국에서 간기증캠페인이 있었다. 죽으면 썩을 간이지만 그걸 기증하면 억울하게 죽는 한 생명을 구해 낼 수 있기 때문이었다. 간기증이 아니더라도 장기기증 캠페인은 라디오방송국에서 자주 하는 일이었다.

그런데 그 전화를 건 권사께서 간 기증을 결정하기 전에 한 가지 의문이 있다고 했다. 그래서 무슨 질문이냐고 물었다.

"혹시, 부활하게 되면 그 간을 돌려받는 방법이 있을까요?" 그런 질문이었다. 그런데 나는 그 대답이 준비되지 않았다. 하지만 그런 경우에는 시간을 끌며 대답을 준비하는 지혜는 있었다. 교회 소속을 묻고, 자녀손들이며 가족사항도 물었다. 그리고 왜 그런 생각을 하게 되었느냐고 시간을 끌며 얘기를 나누었다. 부활 뒤에는 간 없는 여자가 될 것도 같아서 묻는단다. 그럴 때에 내 머리 속에 혜성같이 적절한 대답이 떠올랐다.

"권사님 혹시 실례지만 연세가 얼마나 되셨어요?" 그렇게 물었다. 80줄 가까이 왔다고 했다. 그 때 성령께서 혜성같이 좋은 지혜를 주셨다. "권사님은 80년이나 사용하신 간을 기증하셨지만 부활하실 때에는 33년 된 젊은 남자의 간을 선물로 받으실 것입니다. 바로 우리 주님 예수님의 간이지요."

그렇게 대답했다. 부활하면 우리 모두가 '예수님처럼 꼭 예수님처럼' 변화될 것이라고 유니온교회에서 설교한 적이 있었기 때문이다. 그 할머니는 할렐루야를 두 번이나 하면서 기뻐했고 간 기증을 흔쾌하게 약속했다.

그런데 그 뒤 어느 노인 아파트에 우리 교회 권사댁에 심방을 갔다가 내려오려고 엘리베이터를 탔는데 할머니 한 분이 반색을 하면서 자기가 바로 그 간 기증 때 통화했던 사람이라고 소개했다. 자신의 간이 목사님 간처럼 젊어졌다는 은담도 했다. 은담은 은혜로운 대화를 뜻한다.

그런데 그 후에 또 전화상담 사건이 있었다. 음성으로 보아 오륙십대 여성이었다. 상담내용이 무엇이냐고 물었더니 길게 말하지도 않았다. 올림픽가에 있는 교회 이름을 대며 그 교회 담임목사인 000은 청소년들을 모아 호모섹스를 즐긴다는 것 아느냐며 전화를 끊었다. 그러니까 거기까지 이미 방송에 나갔다.

나와 프로듀서는 크게 당황했다. 이걸 어쩌지? 이제 그 교회는 얼마나 성도들이 극성스러운지 방송국으로 폭탄전화가 몰려오는 것만 남았다. 방송국 프로듀서도 나도 얼굴이 하얘질 수밖에 없었다. 방송국과 그 프로그램 담당자를 걸어 법정에 고소한다고 난리를 칠 것이다. 그리고 심지어 내가 시무하는 유니온교회에 몰려와서 데모를 할 수도 있다. 그래도 정신을 가다듬고 차근차근 말했다. "미국의 법은 그것이 사실이라고 입증되고 법원의 유죄판결을 받기 전까지는 사실로 인정하지 않습니다. 소문(rumour)만 듣고 판단하는 것은 위험한 일입니다.” 그렇게 멘트를 남겼다.

다행히 폭탄전화는 걸려오지 않았다. 나중에 방송국 관계자가 그 교회에 전화해서 사과의 뜻을 표했다. 그랬더니 그 관계된 목사가 이렇게 말했단다. “이정근 목사님이 잘 마무리해 주셨는데 왜 우리가 긁어 부스럼을 만들겠습니까? ”

하여튼 생방송은 흔히 “쨍방송”이라고도 하고 “쌍방송”이라고도 한다. 방송인이 되려면 참으로 순발력이 매우 매우 필요하다. 그래서 기독교방송에서는 프로그램을 시작하기 전에 관계자들이 간절히 기도를 한다. 하나님께 큰 영광을 돌리는 방송, 사탄이 악용하지 못하는 방송이 되도록 하기 위해서다.

## 평양방문, 살해협박, 함생통일론

나는 돌연 평양을 방문하는 기회를 얻게 되었다. 1989년 12월 8일부터 5일간이었다. 로스앤젤레스를 떠나 홍콩을 거쳐 북경에서 <조선민항>을 타고 평양에 내렸다. 난생 처음이었다. 오고가는 기간을 합하면 10일쯤 된다.

이 북한방문사건에 대하여는 이미 저서 <주님, 평양에도 계셨네요>(서울 광희: 1991, 225쪽)를 통하여 자세히 기록했다. 내가 ‘북한방문사건’이라고 한 것은 정말 그것이 큰 사건이었기 때문이다. 나에게는 물론이고 남북한 기독교계에서도 큰 사건이었다.

11월 중순쯤일까, 로스앤젤레스에서 목회하던 김의환 선배목사께서 만나자고 했다. 그분과는 그 교회 신자들이 우리교회로 몇 가정이 오는 바람에 매우 떨떠름한 관계였다. 무거운 마음으로 만나 뵈었다.

그런데 뜻밖에도 평양에 같이 가자고 권고하셨다. 남북한교회 대표들과 미주와 해외 한인교회 대표들이 평양에 모여 〈복음화대회〉를 열게 되었단다. 이미 김의환 목사께서 평양을 방문하여 일차합의를 했다며 합의서 복사본을 내게 주었다. 나도 갑자기 흥분했다. 〈함생목회론〉이라는 것을 창안해서 이론화 실천화해가는 과정에 있는데 이제 남북한 사이에 함생통일론을 제시할 수 있는 기회가 될 것 같았다. 가겠다고 약속했다.

북조선에서 비자가 왔다. 홍콩으로 가서 북경으로 가는 비행기를 타고 그곳에서 북조선의 〈조선민항〉으로 갈아타는 일정이었다. 북경에서 하룻밤을 지내게 되었다. 북한영사관에 가서 비자신청을 하니 별말 없이 내주었다. 그래서 다음 날 평양으로 들어갔다.

이번 평양방문 목적은 지난 번 임동선 목사를 공동대회장으로 하고 김의환 목사를 집행위원장으로 하며, 이정근 목사를 집행위원회 총무로 하여 합의된 〈평양국제복음화대회〉를 성사시키는 실무협의였다. 그 평양국제복음화대회는 해외한인기독교신자 1천 명, 북한신자 1천 명, 남한신자 2백 명 도합 2천 2백 명이 참가하여 복음화대회를 평양에서 개최한다는 내용이었다. 그 실무협의차 평양을 방문했다.

그러나 그 계획이 발표되자 남한 당국이 크게 반발했다. 그 때는 전두환 노태우 정권 시절이었다. 그리고 평양측에서 내색은 별로 안했지만 이미 김일성파와 김정일파 사이에 노골적인 긴장과 갈등이 작용한 점도 있었었다. 남한정부의 시각이었다. 아무튼 평양 관계자들을 접촉하니 이미 평양복음화대회는 취소된 것이나 마찬가지였다. 후일 여러 분석가들에 따르면 김일성파에서는 이 대회를 성사시키고 기독교에 대하여 개방할 준비를 했지만 그 후계과정에 있는 김정일파에서는 결사반대했다는 설명도 있다.

그런데 그 협상과정에서 김일성종합대학교 종교학과가 개설된 것과 그 성격에 대한 설명도 들었다. 해당 주임교수가 '고급의 종교지도자를 육성하기 위한 과정으로 설치한 학과'라고 했다. 문익환 목사가 이북을 방문하여 김일성과 합의했단다. 그래서 김의환 목사와 내가 우선 교수로 한두 학기 가르쳐 달라고 정식요청을 했다. 교재는 마음대로 가져와서 자유롭게 가르치도록 '담보한단다.' 김의환 목사와 나는 즉석에서 허락했다. 꿈에도 그리던 북한선교가 마침내 실현된다는 흥분에 사로잡혔다.

그러나 홍콩을 거쳐 다시 서울로 들어왔을 때 한국정부가 엄격하게 우리들에게 경고했다. 결단코 북한공작에 속아서는 안 된단다. 특히 우리 성결교단에서는 군목출신 지도자들을 중심으로 이정근 목사는 서울신학대학교에서 가르칠 수 없다는 강력한 건의안을 냈었다. 정말 남북문제는 뜨거운 감자 정도가 아니라 쇠불덩어리였다. 그래도 동아일보는 앞으로 북한에도 팔도에 하나씩 도립교회를 허가할 계획이라고 보도했다. 내가 제공한 뉴스였다.

어쨌든 미국에 돌아오니까 내가 빨갱이들의 프락치로 전락하고 말았다. 특히 교포언론들이 그 전말을 자세히 보도했는데 반공열기를 부채질하는 내용이었다. 그러더니 바로 며칠 지나서 내게 협박장이 배달되었다. "정근아, 너 들어." 그렇게 시작되는 협박장이었다. 북한에서 내가 너무 날쳤단다. 그리고 찍소리 말고 가만히 있으란다. 말 안 들으면 가족까지 모두 죽이겠다는 섬뜩한 내용이었다. 그걸 읽고 피가 거꾸로 도는 기분이었다.

나는 그것을 우리 가족에게 자세히 알렸다. 중고생 셋이 눈을 휘둥그레 떴다. 그리고 미국 수사당국과 한국총영사관에 즉각 통보했다. 언론인의 눈으로 볼 때 가만두면 이제부터는 내가 시체처럼 살아야 한다. 그래서 미주교포언론과 한국언론에 제보했다. 대대적으로 보도되었다. 아무튼 우리 가족은 지금까지 멀쩡하고 평안하게 살아간다. 언제 또 무슨 일이 생길지는 모르지만 말이다.

북한측에서는 자기들은 아무 관계없다고 했단다. 남한측도 적극적 보호조치가 없었다. 우리가 미국시민인 까닭이다. 그런데 미국정부는 그게 아니었다. "가족이 안전하도록 멀리서 가까이서 살펴드리겠습니다." 관계자가 그런 말을 남겼다. 30여년이 지난 지금도 미국정부는 안전하도록 세심하게 보살피고 있다. 세금을 내도 아깝지 않은 나라이다.

이런 과정과 경험을 통하여 생산해 낸 것이 <함생통일론>이었다. 남한도 유익하고 북한도 유익하고 온 세계가 이로 인하여 유익한 통일론, 곧 함께 신나게 살게 되는 통일론을 뜻한다. 그 함생통일론의 출발점으로 <휴전선교회>를 비무장지대에 설립하여 남북한의 성도들이 함께 예배드리자는 방안도 제시했다. 그것을 위하여 지미 카터 전 미국대통령이 참석한 <휴전선십자가대행진>에도 참여했다. 카터 대통령이 메고 온 십자가를 내가 이어 받았다. 남가주교협회장 시절이었다.

## 교단총무, 총회장, 대학총장

교회의 담임목사가 되면 당연히 교회 목회에 전심해야 한다. 담임목사가 밖으로 많이 나돌면 성도들은 결코 기뻐하지 않는다. 병원에 급히 입원한 환자가 생겼을 경우 담임목사의 기도 받기를 '간절히' 정말 간이 절도록 희망한다. 그런데 담임목사의 소재지가 파악되지 않는다면 어떤 성도들이 기분 좋아하겠는가.

그런데 교회신자들이 늘어갈수록 담임목사 만나기가 어려워진다. 성도들이 흔히 하는 말처럼 '대통령 만나기보다 더 어렵다.' <미주성결교단>이 창설되면서 담임목회직을 은퇴할 때까지 어쩌면 나도 본업이 무엇인지 헷갈릴 때가 많았다. 교단 총무, 총회장, 교단에서 설립한 미성대학교 초대총장, 게다가 남가주교회협의회 총무와 회장 등으로 사역의 범위를 넓혀갔기 때문이다. 한인교회의 전 미국 조직단체에서도 함께 일하자는 목회동지들의 권고가 컸지만 끝내 사양했다.

그래도 미주성결교단 초대총무로서는 몇 가지 중요한 일들을 했다. 우선 교단본부 건물을 마련하는 일에 적극 나섰다. 앞서서 상세히 언급했다. 미주에 성결교단보다 규모도 크고 미국교단으로부터 재정지원을 든든하게 받는 한인교단들이 여럿 있다. 감리교단, 장로교단, 침례교단 등이다. 그런데도 자체총회본부 건물을 확보한 것은 미주성결교회가 최초였다.

교단총무로서 총회장님들을 모시고 이룩했던 업적 몇 가지가 있다. 결코 나 혼자 한 것이 아니다. 위로는 성삼위 하나님께서 도우셨고, 교단에 소속된 모든 교역자와 교회들이 협력했다. 첫째로는 교단본부 건물을 남가주에 확보했다. 지금도 총회본부 건물로 사용된다. 그리고 교단 자산이 꽤 된다.

둘째로 〈미주성결교단〉의 신앙고백서 12개 조항을 초안하고 수정과정을 거쳐 확정했다. 교리는 원래 기독교교육의 핵심사항이기 때문에 기독교교육학 교수였던 나 자신에게는 매우 매우 중요한 일이었다. 한국어와 영문으로 확정되어 사용되고 있다. 특히 성결교회가 미주에서 타인종의 교회당 시설을 임대하여 사용하려고 하면 그들은 반드시 〈신앙고백서〉나 교리의 근간을 알 수 있는 문서를 요구한다. 그 때마다 그 신앙고백서를 제시하면 교회당 건물 주임목회자가 읽어보고는 원더풀(wonderful)이라는 말 한마디로 끝낸다. 그러나 이 신앙고백서는 기독교교육의 근간이라는 점이 핵심적 중요성이다. 성결교회 교리적 선언에는 구원론을 핵심으로 삼고 있는데 이 구원론 교리는 중생, 성결, 신유, 재림의 사중복음(The Fourfold Gospel)에 든든히 기초하고 있다.

셋째로 미군 군목으로 본 교단 목회자들을 파송할 수 있는 길을 열어 놓았다. 물론 총회의 결의와 초대총회장 안수훈 목사님의 적극적 지원이 있었다. 그러나 관련 정보를 얻고, 제안하고, 절차를 밟아 서류를 제출한 실무는 총무의 소관사항이었다. 이로 인하여 한인교회 교단으로서는 드물게 미군 군목을 추천할 수 있는 허가증을 받았다. 성결교회는 장로교회나 감리교회 등과 비교하면 매우 작은 교단이고 미국인들의 교단이 없어서 더욱 활동무대가 좁은 교단이다. 그러나 그간 15명 내외의 미군 군목을 파송했었다. 이러한 일은 그 뒤에 제9대 총회장으로 사역하게 되면서 더욱 강화시켜 나갔다.

총회장으로 선임되려면 그 전에 목사부총회장으로 선출되어야 하는 절차가 먼저 있다. 장로부총회장은 그것으로 마감되지만 목사 부총회장은 특별한 결함이 없는 한 부총회장을 거쳐 총회장으로 일 년 간 사역하게 된다. 나도 부총회장으로 먼저 당선되었다.

그런데 한 가지 큰 변수가 생겼다. 동양선교교회에서 나를 담임목사로 청빙하는 절차가 진행되고 있었다. 어떤 날 하루는 임동선 목사님께서 장로 한 분을 내게 보내서 메시지를 주셨다. 동양선교교회가 담임목회자로 청빙하면 수락하길 바란다고 했다. '기도해보겠다.'는 간단한 대답을 드렸다. 아무튼 총회장을 마치자마자 동양선교교회가 설립한 월드미션대학교의 부총장과 대학원장 사역을 하게 되었다. 하지만 동양선교교회 담임목사직 투표에서는 낙방을 했다. 그 때 동양선교교회는 나성영락교회와 함께 미주한인교회 가운데 그 규모가 가장 컸다. 내가 임동선 목사님을 이을만한 재목이 못 되었다. 그러나 동양선교교회는 그 이후부터 더욱 큰 내분에 휩싸이고 분열되었으며 한인교회로서 법정소송을 제일 많이 했던 기록을 보유한 교회가 되었다. 참으로 안타까운 일이다.

그렇게 되면서 나는 <미성대학교>의 창설총장으로 사역하게 되었다. 유니온교회에서 개교했다. 지금은 자체 건물도 마련했고 박사과정도 활발하게 운영되어가고 있다. 매우 좋은 신학교육기관으로 평가 받고 있다. 미주성결교회에 대형교회가 많지 않지만 그래도 2백 교회가 넘는 지교회에 2만 명 넘는 성도가 열심히 헌신하고 있다.

미성대학교 초대총장이 되기 전후에 하나님은 나를 미리 훈련시키셨다. 교회성장학과 글로벌 미션 분야에서 세계적 선도자가 된 풀러신학대학원(FTS) 한국어부 목회학박사학위 축하식에서 세 번이나 설교자로 헌신했다. 성결교회 교세를 생각할 때 과분한 사역이었다. 그런데 그 때마다 결론은 매번 똑같았다. '박사학위 모자는 바로 예수님께서 쓰셨던 가시관'이라는 것을 평생토록 되새겨야 한다는 것이 핵심이었다.

## 예수님처럼 살 수 있을까

옛날 신라시대에 솔거라는 화가가 있었다. 그가 최선을 다하여 용을 그리고 마지막에 그 눈을 그렸더니 그 용이 살아서 꿈틀거리며 하늘나라로 올라갔다는 설화의 주인공이다. 예술가에게는 그만큼 마지막 부분이 결정적으로 중요하다는 뜻이겠다. 글 쓰는 사람에게도 마찬가지이다. 결론이 전체를 좌우한다. 물론 목회도 시작보다는 결론부분이 엄청나게 더 중요하다.

글을 쓸 때마다 간절한 기도가 있어왔다. '꼭 알곡 같은 글을 쓰게 하여 주시옵소서.'였다. 이 회고록 처음 시작할 때 간증했다. 예수 믿고 첫 번 부흥회의 주제 〈알곡이냐, 쭉정이냐〉에서 받은 은혜였다. 그런데 과연 알곡 같은 글들이었을까. 독자들께서는 쭉정이 글이라 평가되면 과감히 쓰레기통에 버리시기 바란다. 마치 설교 가운데 간혹 있는 '마귀 소리'는 단칼에 잘라 버려야 하듯이.

한국성결교회 문화선교회(회장 백수복 목사)에서는 〈성결인명사전〉을 몇 번 출판했다. 최근 것으로는 2018년 판으로 성결을 강조하는 교단 소속 지도자 1,410명을 소개했다. 그 책에 필자가 기념사를 썼다. 만약 예수님을 100점짜리로 하면 성경인물들은 과연 몇 점짜리나 될까. 아브라함, 모세, 요셉은? 가인이나 가룟 유다나 로마 군병들은 물론 마이너스 몇 점짜리일 것도 같다.

그러나 더 중요한 것이 있다. '이 글을 읽는 당신은 과연 몇 점짜리인가, 예수님을 100점 만점으로 삼는다면' 그런 기도를 가지고 1993년 1년 동안 〈미주중앙일보〉에 70명 정도의 성경인물 이야기를 게재했다. 일간신문들은 독자들의 반응을 매우 중요시한다. 일간신문 기자생활을 했던 사람이기에 이론으로도 알고 체험으로도 안다. 그런데 그 글의 인기가 매우 좋았다. 다른 전통종교에서도 그런 기사를 쓸 수 있는 기회를 달라고 요청했단다.

예수님을 100점으로 한다면 당신은 과연 몇 점짜리인가. 예수님이 알곡의 표준이신데 이 글을 쓰는 이정근 목사는 과연 몇 점짜리 알곡인가, 그런 음성이 끊임없이 들려오고 있다. 회고록 연재가 마감되는 지금까지도. "네가 무슨 알곡이야? 쭉정이를 조금 면한 정도는 될까?" 그런 생각이 내 마음을 휘익 스쳐간다.

그래서 유니온교회 개척목사이고, 30년간 담임목사였던 필자는 그 대표적 표어 그대로 〈예수님처럼, 꼭 예수님처럼〉 그렇게 살고, 말하고, 기도하고, 설교하고, 헌신충성하고, 가르치고, 마지막에는 십자가 처형되듯이 순교라도 해 보려고 단단한 결심을 줄곧 해 왔다

그러나 어림도 없다. 하버드대학교의 철학시간에 한 학생이 교수에게 물었단다. "교수님은 신이 있다는 것을 믿으시느냐" 하고. 그 교수가 창밖을 한참 물끄러미 내다 보더니 이내 수강학생들에게 다 일어나서 창가로 다가서라고 했다. '저기 걸어가는 저 사람을 보게나. 나는 하나님이 계신지 안 계신지 확신할 수 없지만 저 사람을 보면 하나님이 계시다고 생각하네. 그 사람은 걸어 다니는 하나님 아닌가.' 그랬단다. 저 사람은 하버드대학교가 있는 보스턴의 어떤 교회 담임목회자였다. 미국교회 역사에서 가장 큰 존경을 받는 인물의 하나이다.

나도 그런 목사가 될 수는 없을까. 실로 어림도 없는 망상이다. '쳇, 주제파악도 못 하면서.' 그런 음성이 지금도 가끔씩 들려온다.

그래도 유니온교회 목회는 '예수님처럼 꼭 예수님처럼'(Like Jesus, Just Like Jesus)을 표어로 걸었기 때문에, 그리고 그 표어를 성도들에게 의식화하기 위하여 자주 복창시키고 또 풀어서 설교했기 때문에 설교도 예수님처럼 해야 되었다. 예수님이야말로 설교의 대표적 표준이시다. 설교자의 표준형이라면 아브라함도 있고, 모세도 있고, 엘리야도 있고, 세례 요한도 있고, 베드로도 있고, 바울도 있다. 그들도 〈예수성〉을 얼마나 지니고 있느냐가 그들의 대표성을 판단하는 최대기준이다.

그런데 예수님처럼 설교하기도 보통 어려운 것이 아니었지만 예수님처럼 살아가기는 더욱 더 어려웠다. 다른 무엇보다도 십자가에 처형되셨기 때문이다. 예수님처럼 목회한다는 것은 바로 예수님께서 지신 십자가를 항상 짊어지고 살아가야 한다는 뜻이다.

한 번은 유니온교회 그 해 수석장로가 모국방문을 하고 돌아왔다. 그런데 나에게 두 가지를 선물했다. 하나는 〈목양일념〉이라고 쓴 목각품이었다. 한문글자였다. 또 하나는 예수님께서 십자가에 처형되신 모습을 복사한 구리제품이었다. 내가 하도 신학대학원에서 공부하는 것과 강의하는 것에 분주하니까 그래서 그런 선물을 사다 준 것이다. 그리고는 가끔 내 사무실에 들러서는 그것들이 잘 자리 잡고 있는지 확인했다. 그 당시에는 좀 부담도 되었고 감시받는 것 같아 기분도 언짢았다. 그러나 지금 생각하면 매우, 매우 고마운 일이다.

하지만 유니온교회의 영구표어인 〈예수님처럼, 꼭 예수님처럼〉은 내가 제안한 것이고 당회와 성도총회에서 승인받은 것이니 어쩌겠는가. 설혹 여러 가지 형편에 따라 예수님처럼 목회하고, 설교하고, 전도하고, 양들을 사랑하고…. 어림도 없었지만 적어도 그렇게 살려고 '힘쓰고, 애써 더욱 간절히 기도했다.'는 간증은 남길 수 있게 되었다.

그리고 그런 모든 것을 통합하여 〈함생목회론〉으로 정리했다. 첫 단계는 예수 그리스도를 주인삼아 내가 알곡이 되고, 둘째 단계는 너를 알곡 만들고, 셋째 단계는 우리 모두가 알곡이 되고, 넷째 단계는 원수까지 알곡이 되게 하고, 그 다음으로는 자연을 포함한 온 우주가 알곡이 되는 것을 목표로 한다. 예수 그리스도께서 그와 같은 함생의 삶에 목숨을 걸고 사셨고 십자틀에 처형되셨기 때문이다.

이와 같은 함생주의(咸生主義, Combiosism)와 〈함생목회론〉에 대한 자세한 논의는 이 책과 쌍벽을 이루는 목회기 〈목회자의 최고 표준 예수 그리스도〉에 비교적 체계적으로 정리했다. 그래서 지금도, 〈주님, 주님을 꼭 닮은 알곡 지도자가 되게 하여 주시옵소서〉 하는 기도를 평생토록 하면서 〈함생하시는 사람, 함생하시는 하나님〉이신 그분, 임마누엘이신 예수 그리스도 앞에 갈 그날을 희망차게 손꼽아 기다린다.

부록 2 **18편의 작사곡**

# 내 영혼에 불을 내려 주소서

1. 찬양 찬양 하나님께 찬양 2. 하나된 교회
3. 삼위일체 하나님께 예배드리네 4. 준비하고 있으라
5. 사랑하리 6. 중생하라 거듭나라
7. 예수님은 영원하신 스승님 8. 주께서 부르셨네
9. 기도하리 기도하리 10. 내 영혼에 불을 내려주소서
11. 사람 낚는 어부 되라 12. 해골 언덕 십자가
13. 여덟 가지 행복 찬송 14. 하나님이 지으셨네
15. 십자가 위의 일곱 말씀 16. 유니온교회의 노래
17. 우리는 코리안 18. 미성대학교 교가

# 찬양 찬양 하나님께 찬양 23

(출 15:1)

이정근 박재훈

# 하나 된 교회 105

이정근 박재훈

# 30 삼위일체 하나님께 예배드리네

이정근

박재훈

아침과 저녁

우 리 생 명 지 - 으 신 성 부 하 나 님
병 든 몸 을 고 치 시 는 성 자 하 나 님
능 력 부 어 채 우 시 는 성 령 하 나 님
사 랑 으 로 하 나 되 신 성 삼 위 하 나 님
큰 - 영 광 받 으 소 - 서 큰 - 영 광 받 - 으 소 서
큰 - 영 광 받 으 소 - 서 큰 - 영 광 받 - 으 소 서
큰 - 영 광 받 으 소 - 서 큰 - 영 광 받 - 으 소 서
큰 - 영 광 받 으 소 - 서 큰 - 영 광 받 - 으 소 서
후렴
할 렐 루 야 할 - 렐 루 야 저 희 예 배 받 - 으 소 서
할 렐 루 야 할 - 렐 루 야 저 희 예 배 받 - 으 소 서 아 - 멘

# 88 준비하고 있으라

이정근 박재훈

후렴
준 비 하 라 준 비 하 라 빈 틈 없 이 준 비 하 라
부 지런히준비하 라 깨 어있어준비하 라 아 멘

# 116 사랑하리

이정근　　　　박재훈

6

# 중생하라 거듭나라

이정근 작사
전희준 작곡

# 267 예수님은 영원하신 스승님

(마 11:29)

이정근 박재훈

# 주님께서 부르셨네 280

(마 4:21-22)

이정근 박재훈

# 316 기도하리 기도하리

이정근 박재훈

# 339 내 영혼에 불을 내려주소서

이정근　　　　　　　　　　　　　　　　　　　　　　　　　박재훈

# 350 사람 낚는 어부 되라

이정근 박재훈

# 해골 언덕 십자가 368

이정근 박재훈

# 375 여덟 가지 행복 찬송

이정근 박재훈

# 하나님이 지으셨네 394

(창 2:24)

이정근 박재훈

# 십자가 위의 일곱 말씀

가사 정리 이 정근
작곡 백 경환

Moderato ♪ = 104

# 유니온교회의 노래

(교회창립: 1980년 9월 마지막 주일)

이정근 작사 (1983)

박재훈 작곡 (1983)

# 우리는 코리안

이 정근 작사
백 경환 작곡

# 미성대학교 교가

이정근 목사 시
최일인 목사 곡
♩= 120 확신이 가득한 마음으로
내 -양을먹이어라 베드로부르신주 나도
땅끝까지증인되라 바울을부르신주 나도
불러주시오니 그사랑눈물겹네
불러주시오니 그기쁨솟구치네
새 -롭게하옵소서 성경의사람으로
무릎꿇게하옵소서 기도의사람으로
온전케하옵소서 성결의사람으로 우리
불타게하옵소서 전도의사람으로 우리
선지동산에서 하나님의사람으로

# 부록 3 설교 본문 성경 색인